世界长寿之乡
浦北方志
PUBEI FANGZHI
中国·浦北

浦北年鉴

PUBEI
NIANJIAN

2018

◎浦北县人民政府　主办
◎浦北县地方志编纂委员会办公室　编

方志出版社
Publishing House of Local Records

图书在版编目（CIP）数据

浦北年鉴．2018 / 浦北县地方志编纂委员会办公室编．-- 北京 ：方志出版社，2018.12
ISBN 978-7-5144-3552-8

Ⅰ．①浦… Ⅱ．①浦… Ⅲ．①浦北县—2018—年鉴
Ⅳ．① Z526.74

中国版本图书馆 CIP 数据核字(2019)第 013406 号

浦北年鉴（2018）

编　　者：浦北县地方志编纂委员会办公室
责任编辑：冯　松

出 版 人：冀祥德
出 版 者：方志出版社
地址　北京市朝阳区潘家园东里 9 号（国家方志馆 4 层）
邮编　100021
网址　http://www.fzph.org
发　　行：方志出版社发行中心
电话（010）67110500
经　　销：各地新华书店
装帧设计：南宁市佳彩广告设计有限公司
印　　刷：深圳市精一瑞兰印刷有限公司

开　　本：889 × 1194　1/16
印　　张：21.25
字　　数：600 千字
版　　次：2018 年 12 月第 1 版　2018 年 12 月第 1 次印刷
印　　数：001 ～ 500 册

ISBN 978-7-5144-3552-8　**定价**：234.00 元

编辑说明

（一）《浦北年鉴》是全面系统地记述和反映浦北县自然、政治、经济、社会、文化等方面情况的年度资料性文献。《浦北年鉴》正式创办于2017年党的十九大隆重召开期间。自2018年起，每年编辑出版一卷，当年编纂当年出版，国内外公开发行。

（二）《浦北年鉴》的编纂，始终坚持以马克思列宁主义、毛泽东思想、邓小平理论、“三个代表”重要思想、科学发展观、习近平新时代中国特色社会主义思想为指导，坚持辩证唯物主义和历史唯物主义的立场、观点、方法，以《地方志工作条例》的具体要求为支撑点，以对历史负责、对人民负责、对未来负责、对事业负责的崇高精神为出发点，以保存历史、传承文明、发展文化、服务当代的光荣使命为归宿点。

（三）《浦北年鉴》除了具有资政、存史、育人、交流等基本功能外，还兼备六大附属功能：展示发展成就的宣言书、记录领导工作的政绩书、树立单位形象的教科书、了解历史现实的工具书、汇集地情信息的资料书、启迪投资创业的参考书。

（四）《浦北年鉴(2018)》采用分类编辑法。主体内容分为类目、分目、条目3个层级结构，以条目为记述内容的主要形式，条目标题均统一采用黑体加“【 】”表示，撰稿人姓名均统一采用楷体加“( )”标注于条目内容的后面。本卷年鉴卷首设誉说浦北、最说浦北、数说浦北、图说浦北，有类目35个、分目(子分目)210个，收录条目909个、照片111幅，图表14个。

（五）《浦北年鉴(2018)》的稿件、资料全部由县各级、各部门、驻浦北单位提供，部门和单位负责人审稿签字并加盖公章，经浦北年鉴编辑部精心编纂成条目。“统计资料”采用法定计量单位，由浦北县统计局提供，地区生产总值、增加产值、工农业产值均为按当年价计值。本卷年鉴因统计口径原因，书中部门提供的个别数据与县统计部门的统计数据或不一致。

（六）本卷年鉴记述范围以2017年12月31日浦北县行政区域为界。记述时间始于2017年1月1日，止于2017年12月31日；为了事物的连续性和完整性，一些内容的记述时间适当上溯或下延。书中“浦北概览”栏目内容记述时间起自事物发端。

《浦北年鉴》编纂委员会

名誉主任：韦业葵

主　　任：李　军　李　遥

副 主 任：何惠贤　张海兵　梁光宁　杨永冲　陈　华　刘希龙
邓秋晓

委　　员：温国霖　黄　波　梁　彬　黄镜天　刘甫明　苏振东
陈国富　符斯俊　李　新　陈启胜　陈桂军　夏玄新
符立琨　赵国庆　陆文杰　黄昌平　黎世敏　容泽洲
罗世雄　梁　浩　宾万梅　容传松　梁广祥　陈　钊
陈昭荣

《浦北年鉴》编辑部

名誉主编：梁光宁

主　　编：黄镜天

副 主 编：陈　钊　陈昭荣

主编助理：陈碧莹

编　　辑：黄镜天　陈　钊　陈昭荣　陈碧莹　陈作姝　邓广环

编务助理：刘小琼　韦双丽

彩页设计：陈碧莹

书名题写：邓锡华

《浦北年鉴·2018》编辑(编写)组

中共浦北县委办公室

陈忠亮　钟艳艳

浦北县人大常委会办公室

赵星傑

浦北县人民政府办公室

宾　友

政协浦北县委员会办公室

杨敬声

浦北县纪律检查委员会、县监察局

刘振华

浦北县法制办

阮东莲

浦北县政务服务中心

罗毓芳

浦北县人力资源和社会保障局

林熙祥

浦北县外事侨务办公室

张彩虹

浦北县机关后勤服务中心

叶颜贵

浦北县绩效办

陈彦彤

浦北县调解处理土地山林水利纠纷办公室

丁　媚

浦北县人民政府应急管理办公室

莫盛丽

浦北县招商局

李彦丽

浦北县金融办

黄有任

浦北县重点项目建设办公室

梁妙玲

浦北县农业局

吴远祥

浦北县水果局

彭业荣

浦北县农业机械化管理局

陈业超

浦北县水产畜牧兽医局

罗家爵

浦北县林业局

易向明

浦北县水利局

张　雷

浦北县水库移民局

张光勇

浦北县扶贫开发办公室

李甲强

广西农垦国有东方农场

李周文

浦北县国营六万山林场

黄　鑫

浦北县工业和信息化局

包日礼　杨剑平

浦北供电局

何道娟　符文丽

浦北县手工业联社

陆森堂

浦北县工业区管理委员会

李仕红

浦北县交通运输系统设交通运输局

于建荣

浦北县公路管理局

吴可添

浦北县邮政分公司

苏智娟

浦北县商务局

许　雅

浦北县市场开发服务中心

夏其军

浦北县供销合作社联合社

梁梅兰

浦北县粮食局

张光裕

浦北县烟草专卖局

何安伟

中国石化销售有限公司广西钦州浦北石油分公司

马　斌

浦北县工商局

黄　营

钦州市住房公积金管理中心浦北县管理部

林　郁

浦北县市政管理局

高　洁

浦北县征地拆迁中心

劳小丽

浦北县土地储备中心

陶传东

浦北县环境保护局

庞　晖

浦北县旅游局

符安宇

浦北县财政局

刘庆强　黄维维

浦北县国家税务局

吴星栋

浦北县地税局

吴星栋

中国人民银行浦北县支行

黄焯婕

中国农业发展银行浦北县支行

李　郁

中国工商银行股份有限公司浦北县支行

陈　熊

中国建设银行股份有限公司浦北支行

张彩林

中国邮政储蓄银行浦北支行

米小妹

浦北县农村信用合作联社

韦　焱

广西浦北国民村镇银行有限责任公司

陈万柳

浦北县发展和改革局

罗　强

县国有资产管理办公室

陈锋志　米世涛

浦北县物价局

黄永璋

浦北县工商局

黄　营

浦北县总工会

谭福德

共青团浦北县委员会

杨苹扬

浦北县妇女联合会

陈丽芳

浦北县工商业联合会

叶　琳

浦北县文学艺术界联合会

王　访

浦北县归国华侨联合会

马　惠

浦北县科学技术协会

王　旭

浦北县残疾人联合会

杨婵妃

浦北县社会科学界联合会

覃科棵

中国人民解放军广西浦北县人民武装部

梁振连

武警广西总队钦州市支队浦北县中队

浦北中队供稿

浦北县人民防空办公室

陆雄超

中共浦北县委政法委员会

王文伟

浦北县公安局

黄　琼

浦北县人民检察院

陈基常

浦北县人民法院

覃世武

浦北县司法局

宁永东

中国电信股份有限公司浦北分公司

张　平

中国移动浦北分公司

蒋珊珊

中国联合网络通信有限公司浦北县分公司

班光宇

浦北县教育局

韦　达

浦北县科技局

曹　锰

浦北县地震局

宁小梅

浦北县气象局

何传艳

浦北中心水文站

许家斌

浦北县文化体育广电局

蔡　华

浦北县新华书店有限公司

苏键玲

浦北县博物馆

符颖琦

浦北县广播电视台

蔡　华

广西广电网络浦北分公司

梁　樑

浦北县档案局(馆)

香素萍

中共浦北县委党史研究室

陈国富

浦北县地方志编纂委员会办公室

陈　钊

浦北县卫计局

钟仲云　容世稳　冯坚业

国家统计局浦北调查队

国家统计局浦北调查队供稿

浦北县人事和劳动社会保障局

林熙祥

浦北县住房和城乡建设局

梁中卫　谢　均

浦北县民政局

王福滨

浦北县民族宗教事务局

包　丽

浦北县红十字会

陆建戈

浦北县关心下一代工作委员会

潘泽才

浦北县小江街道

罗作雄　麦安春

浦北县江城街道

李　锋　李碧翠

浦北县泉水镇

梁中泽

浦北县石埇镇

陈珈慧　苏桂杰

浦北县安石镇

丁　元

浦北县张黄镇

王世新

浦北县大成镇

赵　芸

浦北县白石水镇

何家斌

浦北县北通镇

赵　爽

浦北县三合镇

高　凤

浦北县龙门镇

宋文锋

浦北县福旺镇

苏圣淮

浦北县寨圩镇

谭文俊

浦北县乐民镇

陈　华

浦北县六硍镇

容兴生

浦北县平睦镇

梁　飞　黎序德

浦北县官垌镇

彭奕锦

浦北县地图

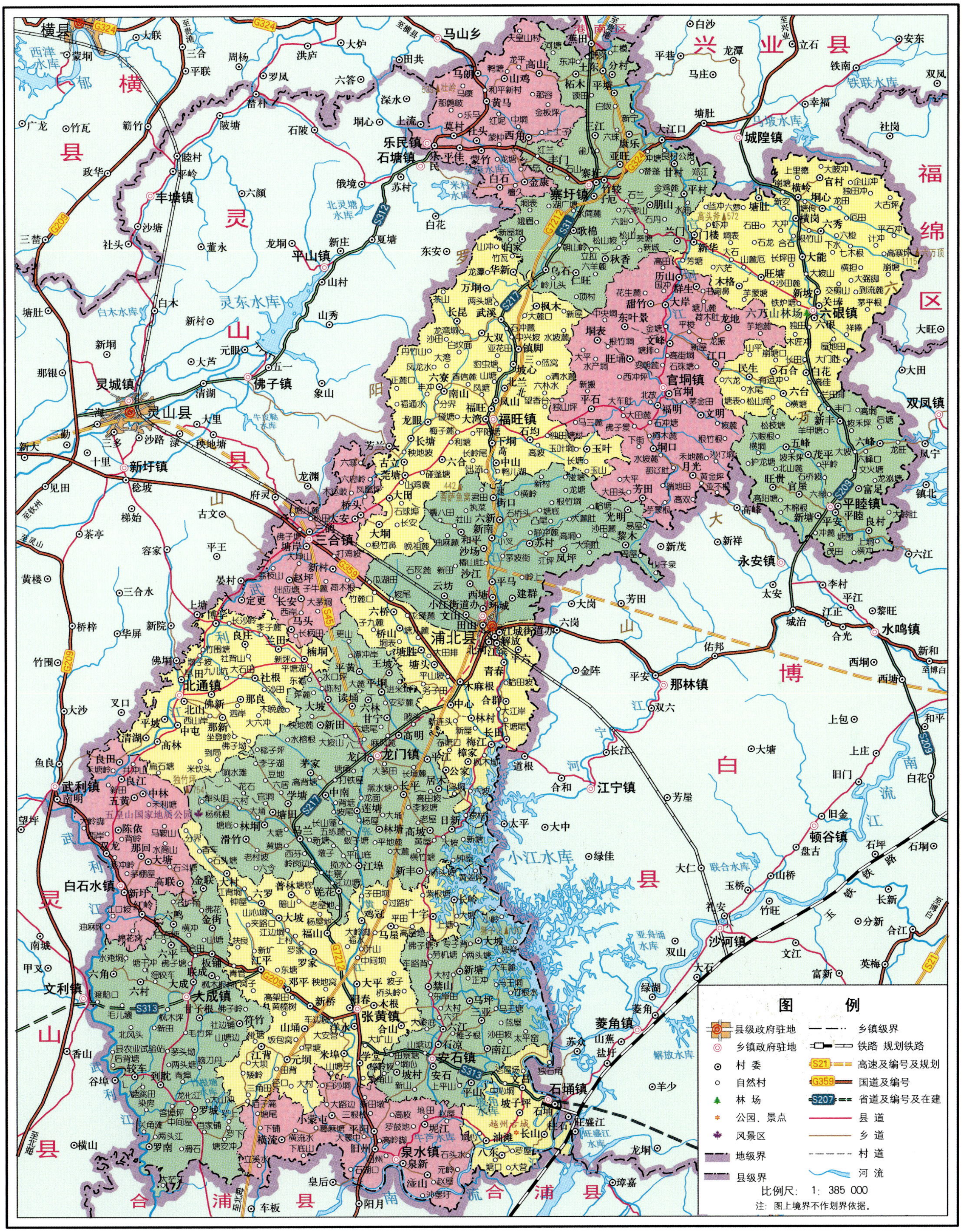

广西壮族自治区地图院编制　　审图号：桂S（2017）100号　　2017年9月

誉说浦北

（2017 年度）

- 世界长寿之乡
- 国家园林县城
- 广西壮族自治区科学发展进步县
- 广西壮族自治区文明县城
- 广西壮族自治区平安县（连续 12 年获得）
- 广西壮族自治区扶贫成效考核一类县一等
- 广西生态板材生产基地
- 广西农村淘宝优秀县城

最说浦北

中国之最

- 连片原始次生红椎林面积全国最大的县
- 野生天然红椎菌产量全国最高的县
- 中华蜜蜂养殖数量全国最多的县
- 山泉水养殖草鱼个体体量全国最大的县
- “抗日”瓷器生产量全国最高的县
- 百年古书院中国最多的县

广西之最

- 南北朝时今广西壮族自治区境内最高一级行政建置越州驻地县
- 中外古钱币收藏数量广西（县级博物馆）最多的县
- 全国高考广西状元最多的县
- 广西陶瓷生产历史最久远的县
- 广西最早成立生态安全警察大队、执法大队的县
- 广西最早在产地报检出口“妃子笑”荔枝的县
- 广西最早成为无公害香蕉、荔枝出口基地的县

数说浦北 2017

- 行政区域面积：2526.40 平方公里
- 耕地面积：4.198 万公顷
- 户籍人口：93.93 万人
- 少数民族人口：0.41 万人
- 人口自然增长率：2.78‰
- 地区生产总值（当年价格）：223.03 亿元
- 农林牧渔业总产值：67.70 亿元
- 粮食总产量：24.78 万吨
- 农民专业合作社：707 家
- 家庭农场：93 家
- 工业总产值：288.67 亿元
- 规模以上企业：96 家
- 亿元企业：88 家
- 规模以上工业总产值（当年价格）：345.98 亿元
- 全社会固定资产投资：222.40 亿元

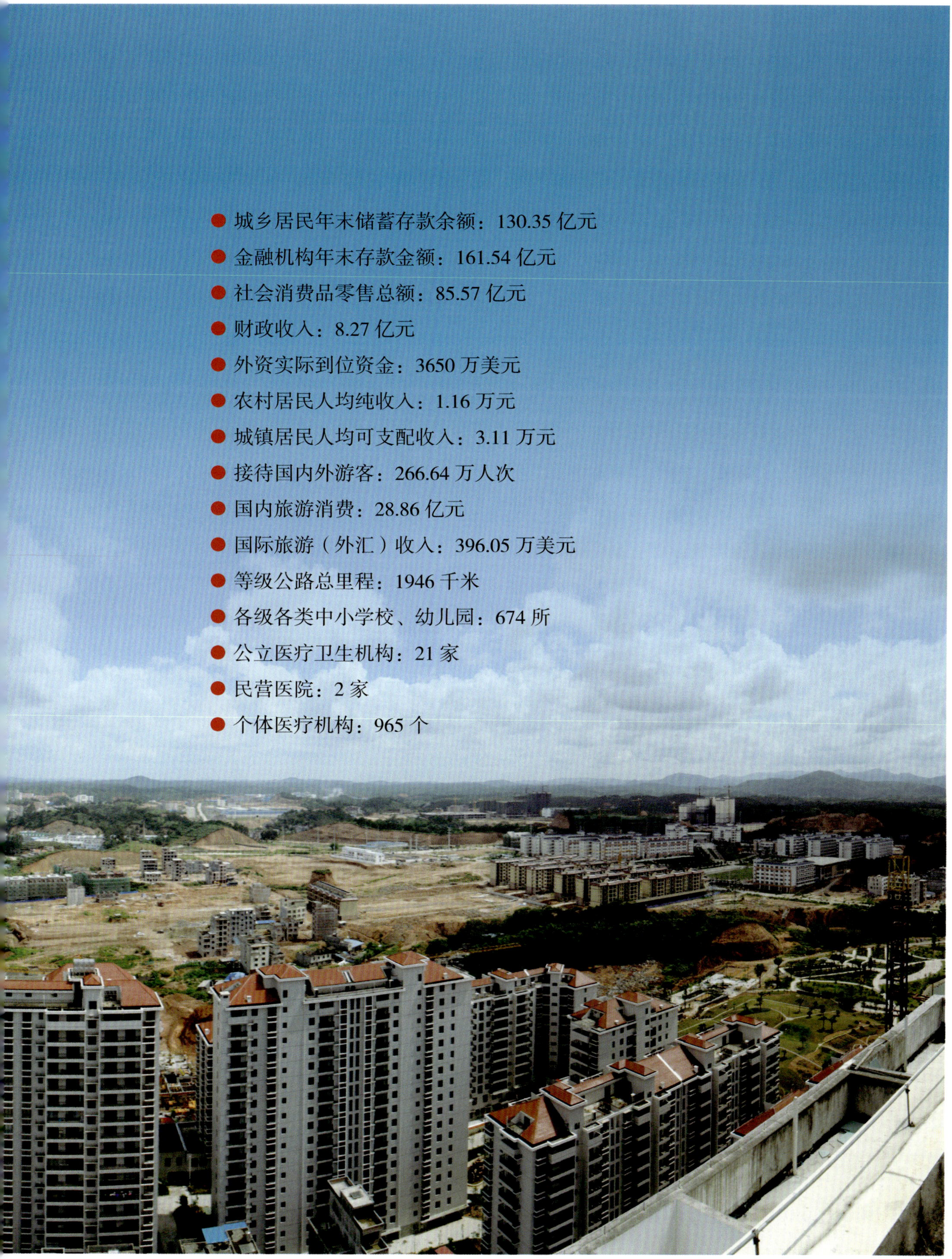

- 城乡居民年末储蓄存款余额：130.35 亿元
- 金融机构年末存款金额：161.54 亿元
- 社会消费品零售总额：85.57 亿元
- 财政收入：8.27 亿元
- 外资实际到位资金：3650 万美元
- 农村居民人均纯收入：1.16 万元
- 城镇居民人均可支配收入：3.11 万元
- 接待国内外游客：266.64 万人次
- 国内旅游消费：28.86 亿元
- 国际旅游（外汇）收入：396.05 万美元
- 等级公路总里程：1946 千米
- 各级各类中小学校、幼儿园：674 所
- 公立医疗卫生机构：21 家
- 民营医院：2 家
- 个体医疗机构：965 个

2017 年 9 月 17 日，国家园林县城考查工作组到浦北县考查验收，县委书记韦业葵（左二）陪同　（梁德艺　摄）

2017 年 9 月 18 日，国安委到浦北县检查安全生产工作，县长李军（左一）陪同

（陆喜击　摄）

2017 年 11 月 9 日—10 日，全国人大代表和自治区人大代表到浦北县视察，县委书记韦业葵（右前四）、县人大常委会主任班博文（右前二）陪同 （梁德艺 摄）

2017 年 12 月 5 日，国家安监总局调研组到浦北县开展安全生产检查调研工作，县长李军（右一）陪同 （梁业钦 摄）

2017 年 4 月 17 日，国际人口老龄化长寿化专家委员专家到浦北考察，县委书记韦业葵（右二）陪同　　（梁业钦　摄）

2017 年 10 月 17 日，贵合高速公路正式通车，自治区人民政府副主席陈刚（前中）出席通车仪式　　（梁德艺　摄）

2017 年 4 月 24 日—25 日，自治区妇联副主席孔献玲（左三）到浦北县调研

（梁业钦　摄）

2017 年 5 月 15 日，原自治区政协副主席潘鸿权率调研组到浦北县召开“六万大山流域森林旅游”专题调研座谈会　（梁业钦　摄）

2017 年 6 月 6 日，自治区国土资源局督察组到浦北县督查地质灾害，县长李军（右一）陪同
（陆喜击　摄）

2017 年 7 月 6 日，自治区考核组到浦北县开展 2016 年度县域经济发展分类考核工作，县长李军参加汇报会　（梁业钦　摄）

2017年10月20日，自治区脱贫攻坚督查组到浦北县督查，县委书记韦业葵（左一）陪同　　（梁德艺　摄）

2017年12月14日，自治区黄位斌（右二）督查城镇污水生活垃圾处理设施建设运行，县长李军（左一）陪同　（陆秋丽　摄）

2017 年 12 月 19 日，自治区扶贫核验组到三合镇定更村开展扶贫成效考核“四合一”实地核查工作，县委书记韦业葵（左三）陪同　（梁业钦　摄）

2017 年 2 月 8 日，市长黄海昆（右三）到浦北县检查安全生产工作，县长李军（左一）陪同　（陆喜击　摄）

2017年9月5日，自治区政法调研组到浦北县调研社会维稳及群众安全满意度工作（陆喜去 摄）

2017年7月26日，市委书记、市人大常委会主任王革冰（左二）率全市县域经济发展大会暨年中工作会议考察组到浦北县业鸿木业公司参观考察，县委书记韦业葵（左一）、县长李军（右二）陪同

（梁业钦 摄）

2017年12月15日，市委书记、市人大常委会主任王革冰（右二）在张黄镇召开全市扶贫领域监督执纪问责工作现场推进会，县委书记韦业葵（右三）陪同（梁德艺　摄）

2017年5月3日，市委书记、市人大常委会主任王革冰（中）到浦北县调研，县委书记韦业葵（左二），县长李军（右二）陪同（梁德艺　摄）

2017年6月14日，市委书记、市人大常委会主任王革冰（右一）到浦北县北通镇调研，县委书记韦业葵（左一）陪同　　（梁德艺　摄）

2017年2月9日，市长黄海昆（左二）到浦北县调研经济发展情况，县委书记韦业葵（左一）、县长李军（右二）陪同　　（陆喜击　摄）

2017 年 3 月 15 日，市长黄海昆（前右一）到浦北县调研，县长李军（后左二）陪同（梁德艺　摄）

2017 年 3 月 15 日，市长黄海昆到浦北县调研
（梁德艺　摄）

2017 年 3 月 7 日，市人大常委会副主任陈丽丽到浦北县调研农业机械化推广工作

（梁业钦　摄）

2017 年 7 月 20 日，市人大常委会副主任黄源扬到浦北县调研　　（梁业钦　摄）

2017 年 6 月 21 日，市政协副主席何敏成到浦北县调研重点热点提案办理情况　　　　（陆喜击　摄）

2017 年 2 月 17 日，县委书记韦业葵（左二）、县人大常委会主任班博文（左四）、县长李军（左三）、县政协主席陈增平（左五）出席第一季度 63 个项目集中开竣工仪式　　　　（王振钊　摄）

2017 年 9 月 4 日，县委书记韦业葵（右四）、县长李军（右三）、人大主任班博文（右五）、政协主席陈增平（右二）等县四家班子领导督查调研城镇化项目建设工作　　　　（陆喜击　摄）

县城南向全景　　（王振钊　摄于2017年9月30日）

金浦新区越州尚城一角　　（王振钊　摄于2017年9月30日）

金浦新区新城公园一角　　（王振钊　摄于2017年9月30日）

县城工业园区新貌　（李海泉　摄于　2007年10月10日）

贵合高速浦北段
（李海泉　摄于2017年10月10日）

2017 年 5 月 10 日，浦北县第一职业技术学校毕业生双选会启动仪式

（梁业钦　摄）

2017 年 7 月 28 日，广西第四届农民工技能大赛浦北县初赛在县职校举行　　（周燊英　摄）

2017 年 2 月 18 日，浦北县在五皇山景区举办首届“中国体彩杯”自行车比赛　（胡俊杰　摄）

2017 年 6 月 2 日，浦北县举办钦州市党外专家“走基层、解难题、促同心”专项行动暨荔枝蛀蒂虫防治控夏梢促果新技术培训班　（周燊英　摄）

2017 年 5 月 13 日—14 日，浦北县举办第五届汉字听写大赛　（梁业钦　摄）

2017年“山水浦北·常来长寿”旅游文化节

2017 年 12 月 2 日，浦北县举办 2017 年全国山地徒步比赛　（胡俊杰　摄）

2017 年 12 月 5 日，浦北县举行“行走长寿乡·寻访福寿人”行走体验活动　（马秋琳　摄）

2017 年 12 月 6 日，浦北县举办首届健康养生论坛　（陆秋丽　摄）

2017 年 12 月 8 日，旅游文化节开幕式暨招商项目推介及签约仪式（梁德艺　摄）

2017 年 12 月 9 日，浦北县举办“十佳特色旅游商品”评选活动（陆秋丽　摄）

2017 年 12 月 8 日，浦北县举办“旅游文化节”主题晚会

2017 年 12 月 9 日，“山水浦北·常来长寿”旅游文化节系列微电影展映（马秋琳　摄）

目　　录

特　　载

大 事 记

浦北概览

组织机构与负责人名录(2017年1月—12月)

中共浦北县委员会

浦北县人民代表大会

浦北县人民政府

中国人民政治协商会议浦北县委员会

社会团体

军　事

法　治

农林水利

工　业

开发园区

信息化建设

交通 · 邮政

商贸流通

城乡建设与管理

环境保护

旅 游 业

财政　税务

金融　保险

经济综合管理

教 育

科学技术

文化 体育

医疗卫生

社会生活

镇·街道

荣誉榜

文　献

文件选录

调研报告

索　引

特　载

世界长寿之乡认证

2017年6月12日上午，广西首府南宁国际会展中心记者云集，新华社、《广西日报》、广西电视台、人民网、中青网、新浪网、腾讯网等40多家媒体聚焦浦北县获“世界长寿之乡”新闻发布暨健康产业招商会。钦州市委常委、市委宣传部部长、市政府副市长韩流，浦北县委书记韦业葵分别致辞。中国科学院地理科学与资源研究所研究员、博士生导师李永华教授对浦北县人口长寿环境因素情况作了说明。国际人口老龄化长寿化专家委员会专家战捷对浦北县申报“世界长寿之乡”认证过程作了介绍。中国社会经济系统分析研究会秘书长王丽莉向浦北县人民政府县长李军转交了国际人口老龄化长寿化专家委员会认证授予浦北县的“世界长寿之乡”牌匾。

2014年下半年，浦北县启动申报“中国长寿之乡”工作，制订《浦北县申报“中国长寿之乡”工作实施方案》，成立了申报“中国长寿之乡”工作领导小组，由县委书记、县长任组长、分管副县长任副组长，各相关单位为成员，下设申报“中国长寿之乡”办公室（以下简称“长寿办”）。县委、县政府还把申报“中国长寿之乡”列入《政府工作报告》，作为县委、县政府重大工作来实施推进。各项申报条件数据达标后，浦北县人民政府向钦州市人民政府提交申报“中国长寿之乡”请示。钦州市人民政府充分肯定了浦北县人民政府的做法，下文同意浦北县向中国老年学学会申报“中国长寿之乡”。2016年7月，浦北县长寿办把申报请示和有关申报佐证材料整理汇编成近500页的《浦北县申报中国长寿之乡材料》《浦北县百岁老人风采》画册、《浦北县长寿之乡探秘》一书和《生态蕉乡长寿浦北》电视专题片提交中国老年学学会，正式申报“中国长寿之乡”。中国老年学学会对浦北县用两年多的时间准备申报工作表示赞赏，也对浦北县良好的人口长寿环境给予充分肯定，建议浦北县向国际人口老龄化长寿化专家委员会申报“世界长寿之乡”。国际人口老龄化长寿化专家委员会是东北亚经济论坛于2012年成立的专业专家委员会，由联合国、美国、俄罗斯、日本、韩国、意大利、荷兰、德国、英国、中国等多个国际组织、多学科的专家学者自愿参加组成，是在美国联邦政府注册的合法非盈利NGO组织，成立注册地点是美国夏威夷州檀香山市。根据2012年国际人口老龄化长寿化专家委员会(ICEPAL)成立代表大会确定的任务，在已经通过的“国际长寿指数”指标体系基础上，专家委员会决定从2012年起开展“世界长寿乡”“世界长寿市”“世界长寿岛”等认证命名活动。经与国际人口老龄化长寿化专家委员会专家沟通了解，对照申报“世界长寿之乡”的认证标准，浦北县的人口长寿环境构成要素完全达到和超过了认证标准。按照“世界长寿之乡”的认证标准，浦北县长寿办重新整理有关申报材料。2016年11月27日，一份关于认证广西浦北县“世界长寿之乡”称号的请示提交到设在北京的国际人口老龄化长寿化专家委员会秘书处。

2016年12月20日中午12点45分，南航7157次航班由北京飞往南宁，机上坐着两位头发已斑白的专家，一位是萧振禹，研究员、高级统计师，国际人口老龄化长寿化专家委员会执行副理事长，国家社会经济系统分析研究会常务理事，北京大学健康老龄与发展研究中心特聘研究员，北京美兰德社会经济调查信息研究中心主任，中国老龄科研中心原副主任；一位是王五一，中国科学院地理科学与资源研究所研究员、博士生导师，国际人口老龄化长寿化专家委员会副理事长，国际地理联合会(IGU)健康与环境委员会主席，国际科学理事会(ICSU)城市环境变化与人口健康和福利工作组成员，国际全球变化人文因素计划(IHDP)健康专家委员会常委，中国地理学会常务理事，中国地理学会医学地理专业委员会主任，中国老年学学会长寿研究委员会副主任，中国地方病协会理事，中华医学会地方病学分会常委，《Journalof Geographical Sciences》《地理研究》《地理科学进展》《卫生研究》《国外医学地理分册》等杂志编委。他们两人此行是前往浦北县进行人口长寿环境实地考察，以确定是否受理浦北县申请认证"世界长寿之乡"称号。12月21日至22日，萧振禹、王五一两位专家开展对浦北县人口长寿环境的考察和申报材料的查阅工作。浦北的一山一水、一草一木，令两位专家感触颇深。萧振禹教授感叹说："到浦北县，就感觉到在走长寿路、吃长寿饭、品长寿茶、喝长寿水、吸长寿氧、享长寿福啊！"经过深入了解各方面情况后，两位专家认为浦北县各项申报指标均达到认证要求，国际人口老龄化长寿化专家委员会决定正式受理浦北县申报认证"世界长寿之乡"称号。2017年元旦刚过，由国际人口老龄化长寿化专家委员委托的第三方机构中国科学院地理科学与资源研究所派出的研究员、博士生导师李永华教授带领的人口长寿环境因素检测评估组来到浦北县。从1月6日至10日，检测评估组对全县17个镇(街道)的空气、饮用水、耕作土壤、百岁老人头发等分别进行抽样检测，对百岁老人生活习惯开展问卷调查，提取浦北县生产的农特产品稻米、红薯、玉米、马铃薯、番石榴、茶叶、红衣花生、红衣花生油、蜂蜜、香蕉、八角等16个样品。2017年3月中旬，经过两个多月的科学检测分析，中国科学院地理科学与资源研究所对浦北县人口长寿环境检测评估报告终于出炉：

1. 生命超越百岁之长寿现象已不足为奇，2016年全县实足百岁老人112位，百岁人口比例为12/10万，远高于全国平均水平(2.7/10万)；

2. 浦北县长寿现象具有较高的稳定性和可持续性，长寿指数(90+岁/65+岁)为4.03%，高于全国平均水平(1.67%)；

3. 气候条件优越，境内属亚热带季风性气候区，日照充足、热量丰富、雨量充沛、无霜期长，气候宜人宜物，享有森林浴、桑拿浴、日光浴，是最佳栖居地；

4. 自然资源禀赋丰富，1月和7月全县月平均植被覆盖指数(NDVI)分别为0.65和0.76，年均NDVI高达0.71，森林和生物资源丰富；

5. 空气质量优良，空气清洁度指数高，2016年全年空气质量优良率为94.80%，空气负离子数520—53000个/立方厘米，平均值为5853个/立方厘米，实属"天然氧吧"；

6. 饮用水水质符合国家生活饮用水卫生标准和WHO（世界卫生组织）生活饮用水标准并富含多种有益人体健康的微量元素，在抽检的21个水样中有9个水样达到国家天然饮用矿泉水的要求，饮用水点位达标率100%；

7. 土地资源类型丰富，农用地土壤中微量元素含量符合农用地土壤环境质量国家标准，土壤中硒元素含量相对富足，59%的土壤样品中硒含量达到富硒等级；

8. 农特产品质量均符合食品安全国家标准的相关要求，且富含生命必需元素硒；

9. 百岁老人体内检查，拥有较优越的微量元素谱，如头发中铬、铜、铁、硒、锌等生命必需微量元素，

2017年6月12日，县长李军(左)接受"世界长寿之乡"牌匾

（陆喜去　摄）

充分验证浦北这方水土养育这方长寿人。

10. 浦北县已经进入人口长寿化时代，且长寿现象具有较高的稳定性和可持续性。

11. 充分的科学数据表明，浦北县符合“世界长寿之乡”的认证标准。

评估报告得出结论：浦北县满足区域人口长寿评价指标体系的要求，建议将浦北县列入国际长寿区名单。2017 年 4 月 5 日，国际人口老龄化长寿化专家委员北京秘书处秘书长原野带着浦北县的申报评估报告到美国夏威夷州檀香山市。6 日至 8 日，聚集夏威夷岛的国际人口老龄化长寿化专家委员会专家，对由中国科学院地理科学与资源研究所和中国广西浦北县人民政府共同提交的申报“世界长寿之乡”《中国广西浦北县人口长寿情况评估》进行科学的评审，一致同意授予浦北县“世界长寿之乡”称号。东北亚经济论坛主席利济·赵教授给代表中国区域参会的国际人口老龄化长寿化专家委员会秘书长原野教授颁发证书和牌匾。至此，浦北县成为由国际人口老龄化长寿化专家委员会认证授予的中国第 4 个获得“世界长寿之乡”称号的县域。

（王访）

首届“山水浦北 · 常来长寿”旅游文化节

自从获悉被国际人口老龄化长寿化专家委员会授予“世界长寿之乡”荣誉后，浦北县就乘势而上，把打响长寿品牌，开发长寿资源，弘扬长寿文化，做好长寿文章作为重头戏来抓，通过举办长寿文化旅游节来促进浦北经济社会的快速发展。经钦州市委、市政府批准，定于 12 月上旬在浦北县城举办“山水浦北 · 常来长寿”旅游文化节。

10 月 16 日，浦北县在广西壮族自治区新闻中心举办 2017 年“山水浦北 · 常来长寿”旅游文化节新闻发布会，重点介绍浦北县的自然资源、文化底蕴、生态环境、长寿元素等。旅游文化节以浦北古代丝绸之路的历史文化为基础，结合浦北“世界长寿之乡”的生态环境与资源禀赋，把“山水浦北 · 常来长寿”作为主题，借助文体商贸等活动项目，大力宣传推介浦北山水养生、食材养生、文化养生为主的旅游文化特色。旅游文化节共设“山水浦北”“美食浦北”“人文浦北”“商机浦北”四大版块，包括“山水拾遗”浦北摄影评比、“行走长寿乡寻访福寿人”行走体验、2017 年全国山地徒步比赛、长寿养生食材营销暨电商大集、美食节暨“十大美食”评选、“十佳特色旅游商品”评比、微电影创作大赛、“世界长寿之乡”论坛、重大项目集中开竣工、旅游健康产业项目签约以及房地产、汽车展销会等 12 项活动。

（方志仁）

2017 年 10 月 9 日，旅游文化节活动——寻访百岁寿星老木匠施春林

（马秋琳　摄）

"山水浦北·康养胜地"健康养生论坛

2017年12月6日，浦北县首届"山水浦北·康养胜地"健康养生论坛在县艺术中心举行。论坛旨在学习贯彻习近平总书记在中共十九大报告中提出的"实施健康中国战略"，搭建一个健康长寿、养生保健领域的政产学研交流合作平台，持续树立浦北"世界长寿之乡"品牌形象，促进健康养生产业可持续发展，为实施健康中国战略做贡献。自治区政协原副主席潘鸿权，原南宁地委书记、玉林地委书记、北海市委书记、钦州地委副书记岑鸿平，自治区药监局原副局长、巡视员刘华钢，自治区政府办公厅原副巡视员韦能雄，自治区人力资源和社会保障厅原副厅长童俊，中共浦北县委书记韦业葵等出席论坛。县长李军主持论坛。

会上，县委书记韦业葵代表浦北县委、县政府对莅临论坛的专家学者和各界嘉宾表示欢迎。他在致辞中说，浦北位于广西南部，境内有绿水青山的生态环境、丰富绿色的农副产品、历史悠久的民俗文化以及通江达海的交通网络，得天独厚的资源禀赋和各级政策的扶持优待让浦北在发展健康产业时占据天时地利。此次论坛的举办，将为浦北县进一步扩大开放合作，加快生态健康产业的发展提供新的机遇。韦业葵希望各位领导、专家学者，能积极而又毫无保留地为浦北健康产业发展把脉问诊、建言献策；希望广大企业家朋友，鼎力相助、倾情加盟，积极投身浦北健康产业发展的美好事业，在特色小镇以及健康养老、康养旅游、休闲运动、智慧健康、医疗康复器械、健康食品及生物医药制造等领域，建立合作发展新平台，书写互利共赢新篇章。

国际人口老龄化长寿化专家委员会执行副理事长、国家社会经济系统分析研究会常务理事、北京大学健康老龄与发展研究中心特聘研究员萧振禹，中国科学院地理科学与资源研究所研究员、博士生导师王五一，中科院地理科学与资源研究所研究员、博导李永华，北京中医药大学教授、硕士生导师景录先，广西医科大学生命科学研究院院长、广西医学科学实验中心主任梁浩，钦州学院资源与环境学院教授、农学博士王道波分别作主题演讲。专家们结合各自的实践，就"弘扬长寿文化，创意产业发展""绿水青山与健康长寿发展""浦北地理环境与康养产业刍议""将浦北世界长寿乡办成有中医特色的养生示范基地""健康浦北，筑梦寿乡""浦北县富硒功能农业定位与农业园区建设"等主题展开讲解，对浦北健康产业的发展提出许多富有建设性的意见建议。当天，参会的专家学者和媒体记者们还实地考察石祖禅茶坊、白石水镇良田村生态园，切身感受浦北独特的长寿魅力和健康养生产业文化的气息。

（方志仁）

2017年12月6日，浦北县首届健康养生论坛在县艺术中心举行

（陆秋丽 摄）

“山水浦北·常来长寿”旅游文化节开幕式暨文化旅游、健康产业招商项目推介及签约仪式

钦州市委常委、市委宣传部部长、副市长韩流(中),县委书记韦业葵(右二),县长李军(左一)等领导出席开幕式活动　　(梁德艺　摄)

2017年12月8日,浦北县2017“山水浦北·常来长寿”旅游文化节开幕式暨文化旅游、健康产业招商项目推介及签约仪式在县体育馆举行。在当天的项目签约仪式上,签约26个项目总投资达62亿元。钦州市委常委、市委宣传部部长、副市长韩流,县委书记韦业葵,自治区人民政府参事、广西医科大学原校长黄光武,浦北县原县长、县委书记李跃飞等领导和嘉宾出席开幕式活动,开幕式由县长李军主持。当晚,“山水浦北·常来长寿”2017浦北旅游文化节晚会在浦北县职教中心体育运动场举行,晚会分为《序幕》《客来越州》《山水浦北》《常来长寿》等篇章。

(方志仁)

“十佳特色旅游商品”展

2017年12月9日,浦北县2017年“十佳特色旅游商品”展及颁奖活动在县文昌公园景区举行,县委书记韦业葵,市旅发委副主任潘雪华,县委常委、副县长程文胜,县人大常委会副主任吴显胜等领导出席活动。县旅游局、商务局及县直单位主要负责人参加活动。比赛设五个奖项,分别为金奖、银奖、铜奖、扶贫贡献奖和优秀奖,获浦北县2017年“十佳特色旅游商品”金奖的分别是石祖禅茶、珠乡橄榄果菜;银奖分别是“大朗书院”挂盘等小江瓷系列工艺品、神蜉酒和官垌鱼;铜奖分别是浦北龙升红椎菌、丹竹液、金浦龙柑普茶、寿乡竹编藤条提手花篮、分体功能电炒锅等产品;扶贫贡献奖则分别由金蕉液、百香果果干、浦生富硒紫红花生等获得。

(方志仁)

12月9日,浦北县举办“十佳特色旅游商品”评选活动

(陆秋丽　摄)

大事记

1月

4日 中共浦北县第十三届委员会第二次全体会议召开。会议主题是讨论酝酿县委常委会提交我县推荐提名广西出席党的十九大代表候选人名单。

同日 民政部专家评估组到浦北开展农村留守儿童关爱保护评估工作。

5—7日 商务部绩效评价工作组到浦北开展绩效评价验收工作。

10日 由钦州市委、市政府主办，钦州市科协、浦北县委、县政府承办的“钦州市科技文化卫生‘三下乡’迎春慰问活动”在浦北西滨广场展开。

13日 浦北县在安石镇召开全县扶贫主导产业发展暨新农村建设现场会，安石镇在会上作经验介绍。

16日 中共浦北县委务虚会暨四家领导班子联席会议在县委常委会议室召开，会议主要是学习贯彻中共十八届六中全会精神、自治区第十一次党代会精神以及市第五次党代会精神，进一步分析当年浦北县经济社会发展所面临的形势和机遇，谋划浦北当年经济社会发展思路和措施，为浦北经济发展献策建言。

同日 浦北县召开专题会议集中研究落实中央环保督察组反馈意见以及问题整改工作。

18日 市委第二巡察组在浦北县政府四楼常务会议室召开钦州市委第二巡察组专项巡察浦北县2016年脱贫攻坚工作反馈会。

19日 中国共产党浦北县第十三届委员会第三次全体（扩大）会议在县城召开。出席这次会议的有县委委员38人，候补委员7人。县纪委委员和县第十三次党代会部分代表等列席会议。

同日 浦北县召开2017年春节廉政提醒会，学习贯彻中央、自治区和市关于推动中央八项规定精神，把监督执纪“四种形态”具体落实到行动上。

同日 浦北县召开市委管理领导班子、市委管理干部2016年度考核和干部选拔任用“一报告两评议”工作会议。

23—24日 市委副书记、市长黄海昆一行到浦北指导县委领导班子2016年度专题民主生活会。

24日 中共浦北县第十三届纪律检查委员会第二次全体会议在县委党校一楼多功能报告厅举行，县纪委委员出席会议。

2月

3日 浦北县在西滨广场举办2017年浦北春风行动暨春季企业用工大型招聘会。本次招聘会进场招聘企业79家，招聘岗位4300多个，有1.30万人进场应聘，现场达成就业意向3100多人，现场报名参加培训600多人，发放春风行动宣传册等宣传资料2.60万份。

8日 市检查考核组对浦北县2016年度落实党风廉政建设党委主体责任和纪委监督责任情况进行检查考核。

8—9日 市委副书记、市长黄海昆到浦北调研县域工业、特色农业和旅游发展情况。

9日 浦北召开2017年“美丽广西”乡村建设（扶贫）工作座谈会，总结交流前阶段“美丽广西”乡村建设（扶贫）工作开展情况，查找存在问题，研究部署下阶段工作。

13—15日 中国人民政治协商会议浦北县第八届委员会第二次会议在县城艺术中心召开。

14—16日 浦北县第十七届人民代表大会第二次会议在县城艺术中心召开。

17日 浦北在县城工业区蕉乡路富通电子新建项目现场（金蕉食品有限公司对面）举行浦北县2017年第一季度重大项目集中开竣工仪式。浦北县富通电子科技园新建项目、浦北县文化休闲滨水公园等一批涉及工业、房地产、交通、旅游、城镇化、文教卫生等领域的56亿元工程项目同日开竣工。

18日　浦北县2017年“中国体彩杯”五皇山自行车比赛县城文昌公园正式拉开了序幕。

20日　浦北实现气象预警大喇叭行政村全覆盖。

22日　市委副书记、市长黄海昆到市五届人大二次会议浦北代表团参加审议报告。

23日　浦北召开全县宣传思想工作暨创建第七轮自治区文明县城动员会议。

27日　县委常委召开扩大会议，传达学习市五届人大二次会议、市政协五届二次会议精神，安排部署浦北学习贯彻市“两会”精神要求。

3月

2日　浦北县召开2017年招商引资工作暨招商引资工作月动员大会，会议传达学习钦州市招商引资工作暨招商引资工作月动员大会会议精神，总结2016年度全县招商引资工作，部署浦北2017年招商引资工作任务，启动3月份“招商引资工作月”活动。

同日　浦北县召开军议警会议。会议强调：要积极适应新形势，新任务，进一步加强党管武装工作，不断提高全县国防后备力量建设水平。

同日　钦州市人大常委会立法调研组到浦北县进行立法调研，调研组实地调研马江平马水源保护区、龙头水库水源保护区、龙门镇水源保护区、龙门镇读埇村水源保护区。

8—9日　钦州市政协调研组到浦北县开展加强古城和古村落保护与开发调研工作。调研组实地考察石埇镇老城村、越州故城、小江平马传统村落和江城街道余屋村。

9日　浦北县开展H7N9禽流感防控工作，对县城市场所有活禽进行统一收购扑杀、无公害处理，进行全面消毒处理，休市7天。对接触过携带病毒活禽的相关人群进行密切监控。

14日　广西壮族自治区政协文史和学习委员会主任伍先华到浦北县考察调研县政协文史馆建设推进情况。

17日　钦州市人大常委会调研组到浦北开展农业机械化推广情况调研。

18日　北京新四军研究会三师分会常务副会长黄楠（原新四军第三师师长兼政委、开国大将黄克诚之女）带队，到浦北越州养老护理院进行考察。

21日　浦北县开展为贫困户无户口DNA亲子鉴定工作，分两批次对贫困户无户口人员免费检测DNA（亲子）鉴定。

23日　钦州市宣讲团到浦北宣讲《中国共产党问责条例》《中国共产党党内监督条例》两部党内法规。

23—24日　百色市乐业县考察组到浦北县学习考察文明城市创建工作。

24日　浦北县委中心组召开2017年第一季度集中学习扩大会，邀请自治区发改新城镇化处处长卓萍作国家新型城镇化综合试点县专题讲座。

4月

6—7日　来自上海、北京、南宁等地的11家国内知名农产品企业代表来到浦北洽谈农产品购销业务。

14日　浦北县在石水镇召开2017年扶贫领域监督执纪问责工作领导干部公开大接访活动。此次活动接待来访人数2100人，受理问题57件，涉及扶贫领域问题20件，现场解答638个，发放宣传资料1.10万份，展出板报24幅。

16日　国际人口老龄化长寿化专家委员会专家到浦北通报认证浦北县为世界长寿乡的有关事宜，考察浦北长寿产业资源开发利用情况。

18日　钦州市人大常委会调研组到浦北开展加快发展养老服务业情况调研。

20日　《广西日报》《钦州日报》、市广播电视台、《北部湾晨报》、钦州930网等媒体记者组成的采访组到浦北开展招商引资工作月宣传报道采访活动。

同日　梧州市蒙山县文明城市学习考察组到浦北县学习考察文明城市创建工作。

同日　浦北县举办为期1天的县委2017年首轮巡察工作业务培训班。

24—25日　广西壮族自治区妇联到浦北开展自治区妇女儿童发展专项资金项目督查暨妇联基层组织建设工作调研。

25日　钦州市人大常委会调研组到浦北县实验小学、县第一幼儿园、县第三中学就“入学难”问题进行跟踪检查。

5月

4日　广西壮族自治区检查组到浦北县开展减轻农民负担执法

检查。

同日 市委书记王革冰到浦北县调研经济社会发展情况，了解基层党建、县域经济和民生事业发展等工作。

12日 浦北县暴雨发生水灾，县城工业区路基水毁约1100立方米；水毁填土约1.80万立方米，污水处理监测房整体倾斜。

15—17日 广西壮族自治区政协原副主席潘鸿权率调研组到浦北县开展“六万大山区域森林旅游”专题调研。

25日 由浦北县人民政府主办，钦州爱尔眼科医院协办的“公益扶贫光明行”惠民工程活动在县城西滨广场正式启动。计划年内救助贫困眼疾患者2000名(其中全额救助患者1000名，定额救助患者1000名)。

6月

2日 市委副书记、市长黄海昆到浦北调研扶贫工作。

6日 广西壮族自治区国土资源厅督察组到浦北督查防灾减灾、救灾工作情况。

6—7日 广西壮族自治区住建厅组织考查专家组到浦北县考查指导创建国家园林县城工作。

12日 浦北县荣获“世界长寿之乡”新闻发布暨健康产业招商会在南宁召开，宣布浦北县获得国际人口老龄化长寿化专家委员会授予的“世界长寿之乡”称号。

14日 广西壮族自治区人大常委会副主任杨道喜带领自治区检查组到浦北县开展《广西壮族自治区乡村清洁条例》执法检查。

15日 陆川县“美丽陆川”乡村建设领导小组到浦北县考察宜居乡村建设工作。

16日 钦州市委宣传部网信办组织开展“网眼看寿乡浦北发展”活动，邀请自治区驻钦及市直主要新闻媒体记者、各网站及网友代表，深入浦北县工业、城建、旅游、文化等领域参观采访。

17日 “浦北佳荔”旅游文化暨首届农产品产销洽谈活动在北通镇清湖村和白石水镇良田村举行。

29—30日 党旗领航·电商扶贫“我为家乡代言”活动组委会综合服务团到浦北县调研。

6月12日，浦北县荣获“世界长寿之乡”新闻发布会暨健康产业招商会在南宁召开 (陆喜击 摄)

7月

6日 广西壮族自治区考核组到浦北县开展2017年度全区县域经济发展分类考核工作。考核组现场考核广西北部湾珠乡橄榄食品有限公司、凯兴电子制品有限公司和垃圾填埋场等企业，以及脱贫任务、重大事情(事故)、廉政建设等附加考核指标。

21日 2017年“名校硕博人才钦州行”科技服务团在浦北县县委常委会议室召开科技服务团总结交流座谈会。县委常委、县委组织部部长杨永冲参加会议。

26日 市委书记、市人大常委会主任王革冰率全市县域经济发展大会暨年中工作会议考察组到浦北县参观考察，实地了解浦北经济发展情况和当前经济运行形势。

28日 广西第四届农民工技能大赛浦北县初赛在浦北县职教中心举办。此次技能大赛项目主要有汽车维修电工、装配钳工、电焊工、钢筋工、砌筑工、编织工、中式面点师、育婴师、养老护理员等9个工种。

8月

1日 全市农村基层党组织建设工作现场会在浦北县召开。

8日 第九届广西体育节浦北县分会场开幕式暨“全民健身 健康广西”百万群众健身走活动在浦北县体育馆举行，450多名运动爱好者参加开幕式。

10日 广西军区副司令员万苏晋到浦北县检查征兵体检工作。

同日 浦北县首个商业综合体——奥园广场隆重奠基。浦北奥园广场项目总规划用地23万平方米，总建筑面积60万平方米，将建设成集大型购物中心、主题商业步行街、高端住宅等多功能业态为一体的大型城市商业综合体。

15日 钦州市委常委、市委组织部部长李盛到浦北县调研指导村（社区）“两委”换届选举工作，详细了解浦北县村（社区）“两委”换届选举工作，并提出具体要求。县委书记韦业葵，县委常委、县委组织部部长杨永冲，县委常委、县纪委书记方明陪同调研。

21日 浦北县召开县委常委（扩大）会，研究2017年重点建设项目推进问题。

23日 浦北县夏季企业用工暨大学生就业专场招聘会在县城西滨广场成功举办。县内外的56家企业参加现场招聘，提供就业岗位3900多个，涉及电子科技、建筑、金融服务、餐饮服务、教育服务等10多个行业，进场求职人数9000多人（次），1900多名求职者与企业达成就业协议。

同日 钦州市各民主党派、无党派人士到浦北县开展扶贫攻坚民主监督专项活动。

31日 钦南区考察组到浦北县学习脱贫攻坚工作管理经验。

9月

7日 浦北县召开2017年新兵入伍批准大会。

同日 钦州市政协主席黄若萍到浦北县开展县域历史文化资源考察。

贵合高速　（李海泉　摄于2017年10月10日）

同日 钦州市人大执法检查组到浦北县检查大气污染防治工作。

17日 国家园林县城考查验收专家组到浦北县，对浦北县创建国家园林县城进行实地考查验收。

同日 浦北县召开义务教育均衡发展市级复核评估汇报会。

17—23日 浦北县组团参加钦州市第六届运动会，选派324名优秀运动员参加篮球、足球、气排球、乒乓球、举重、游泳、射击、田径等19个项目的比赛。获得总奖牌数110枚，其中，金牌53枚、银牌39枚、铜牌18枚。

29日 浦北县“迎接十九大·忠诚保平安”誓师大会在县体育中心大球场隆重举行。

30日 全市“美丽钦州·宜居乡村”活动产业富民暨基础便民工作现场会在浦北县召开。

10月

10日 浦北县召开县四家班子联席会议，部署十九大期间和下一步的工作。

16日 浦北县在广西壮族自治区新闻中心举办2017年“山水浦北·常来长寿”旅游文化节新闻发布会。介绍浦北县的自然资源、文化底蕴、生态环境、长寿文化等。并宣布于12月上旬，在浦北县举办主题为“山水浦北·常来长寿”2017年旅游文化节。

17日 贵港至合浦高速公路通车现场会在浦北县城浦北收费站举行。广西壮族自治区副主席陈刚出席并宣布贵港至合浦高速公路正式建成通车。

同日 浦北县在县城“金浦公园二期”项目现场举行第二批重大项目集中开竣工仪式，第二批重大项目开竣工项目49个，投资87亿元，涵盖工业、交通、旅游、城镇化、文教卫生等领域。

19日 广西壮族自治区第13督查组到浦北县督查脱贫攻坚工作。

同日 市县十月科普大行动科技文化卫生“三下乡”宣传活动在浦北县举行。

21—22日 广西壮族自治区旅发委对浦北县创建广西“四星级乡村旅游区和农家乐”的聚然山

庄、石祖生态园、双良芭乐园等3个景点进行评定验收。

31日　广西壮族自治区旅游景区质量等级评定验收组来到浦北县，对越州天湖创建国家AAAA级旅游景区进行评定验收。

11月

2日　浦北县公安局生态安全警察大队和浦北县生态安全综合执法大队正式挂牌成立。

6日　浦北县组织参加全区2017年贫困户脱贫“双认定”工作动员暨脱贫攻坚大督查情况通报电视电话会。

7—8日　钦州市内主要新闻媒体采访团到浦北县采访考察革命老区脱贫攻坚工作。

9—10日　全国人大代表和自治区人大代表集中视察浦北县域经济和全域旅游发展情况。

16日　钦州市2017年“美丽钦州·宜居乡村”文化乐民工作现场会在浦北县召开。

同日　大塘至浦北高速公路调研组到浦北县开展前期工作调研。

18日　市委书记、市人大常委会主任王革冰到浦北县进行扶贫工作督查调研。

20—21日　市纪委组织人大代表、政协委员和无党派人士到浦北县开展扶贫领域监督执纪问责工作巡查调研。

22日　广西壮族自治区现代特色农业示范区考评组到浦北县开展第五批广西现代特色农业示范区考评。

28日　浦北县部署南流江水域水环境综合整治工作。

12月

2日　广西壮族自治区旅发委调研组到浦北县双良芭乐园、五皇山景区等地开展“世界长寿之乡——浦北旅游踩线”调研活动。

同日　以“徒步五皇·长寿之旅”为主题的浦北县2017年全国山地徒步比赛在五皇山国家地质公园举行，来自全国各地的徒步及马拉松爱好者1000余人参与此次赛事。

4日　浦北县采取“政府出一点、保险公司减免一点”的办法，为全县4.04万位贫困户成员免费购买人身意外保险，每人30元/年，其中财政出资保费60.57万元。

5—6日　浦北县举办以“行走长寿乡·寻访福寿人”为主题的行走体验活动。广西区内外媒体、旅行社、新浪大V等60多人参与。

6日　浦北县举办首届“山水浦北·康养胜地”健康养生论坛。

7日　广西壮族自治区党委第七巡视组组长秦邦元到浦北县宣讲中共十九大精神。

8—10日　浦北县举办首届“山水浦北·常来长寿”旅游文化节。

9日　浦北县举办“十佳特色旅游商品”评选活动，评选出“十佳特色旅游商品”。

15日　钦州市在浦北县召开钦州市扶贫领域监督执纪问责工作现场推进会。

16日　广西壮族自治区“美丽广西”乡村建设活动第七互查组对浦北县“美丽广西·宜居乡村”活动进行抽查。

同日　广西军区司令员肖运洪到浦北县检查调研。

18日　广西壮族自治区扶贫成效考核“四合一”实地核查第十七核验组分成六个小组，到浦北县开展核查工作。

26—27日　广西壮族自治区安委会考核组到浦北县对2017年度安全生产工作进行对标督查、考核。

浦北概览

自然地理

【地理位置】 浦北县位于广西壮族自治区南部，钦州市东部。地处北纬21° 52′—22° 41′、东经109° 14′—109° 51′之间的六万大山余脉，南北最大纵距88.40千米，南部最大横距33千米，中部17.50千米，北部最大横距45.80千米，总面积为2526.40平方千米，折合25.26万公顷。浦北是广西北部湾经济区生态核心区和后花园，大西南出海大通道交通要道之一，也是古丝绸之路始发港之一；是中国东盟自由贸易区长寿福地，泛珠三角区域经济合作宝地，联系沟通粤港澳要地，旅游度假休闲、健康养生养老胜地。东面与玉林市博白县毗邻，西面与钦州市灵山县连贯，南面与北海市合浦县接壤，北面分别与南宁市横县、贵港市港南区、玉林市兴业县交界。广西首府南宁市、钦州市、北海市、玉林市和贵港市等五个地级市犹如“五星拱月”，将美丽的绿色浦北紧紧环绕。

地形状况 浦北县平面地理形状呈微斜束腰狭长形，自东北向西南方向展开。由于东北部的六万山脉、中部的勾头嶂山脉和西北的泗洲山脉及西部的五皇山山脉延绵交错，形成了北部西江和南部南流江两大水系的分水岭。该分水岭东自六硍镇的关埲与白花交界处起，向西南经江城街道与博白县那林镇交界处的腊鸭岭，转向西北经福旺镇与官垌镇交界处的勾头嶂，再折向西北至福旺镇与灵山县交界处的铜锣山。因西江和南流江两大水系分水岭的形成，地势是中部高，南、北低，自中部分水岭起分别向南、北倾斜，但总体地势北部高于南部。北部由东向西倾斜，南部由西向东倾斜。

地貌类型及其分布 浦北县地貌以中低山、丘陵为主，其次有台地、谷地、冲积平原及河成低阶地。其分布状况为：北部属山地中低山地区。六万山及其余脉自东北走向西南，花岗岩建造，地形外貌雄伟，在六硍、官垌境内的高丘陵，一般海拔600米—700米，与玉林市、博白县交界处，山峰林立。中山一般海拔800米以上，分布于六硍、平睦、官垌一带。低山一般海拔500米—800米，分布在龙门镇、北通镇交界处五皇山支链。山岭最大坡度60度，一般是25度以上。中部丘陵地区山头呈馒头状，海拔200—500米之间居多，均属花岗岩建造。南部低丘陵地区一般海拔100米—150米，地势较为平坦，出现小平原。台地主要分布在南部，于南部平原之间，一般海拔50米—100米。平原仅分布在泉水镇及南流江、马江、武利江、张黄江沿岸的冲积平原。呈平坦微起伏状，一般海拔50米左右。

（吴冠良）

【自然资源】 浦北县地处亚热带季风性气候区，自然资源禀赋得天独厚，日照充分、热量充足、雨量充沛、无霜期长，气候宜人宜物，土地肥沃，空气清新，生态良好，物产丰饶。植物资源丰富多样，盛产香蕉、大米、荔枝、龙眼、黄皮、花生、茶叶、百香果、火龙果、番石榴、青梅杨梅等富硒农产品。野生纯天然红椎菌产量质量居全国首位。越州天湖、南流江、马江、武思江、武利江、张黄江，以及大山里的溪流形成的水系发达，淡水渔业资源丰富，适宜鱼虾蟹螺等水产物种的自然生长和人工养殖。石膏、石灰石、花岗岩、陶瓷黏土、稀土、铅锌、锰铁等矿产资源储藏量较大；2017年初，中国科学院地理科学与资源研究所抽检浦北21个水样，其中9个水样达到国家天然饮用矿泉水的要求。

（方志仁）

土地资源 2017年，浦北县土地利用现状变更调查结果显示，全县土地总面积为2526.40平方

2017年浦北县土地利用变更调查八大地类一览表

单位:公顷

土地总面积	变更面积	耕地	园地	林地	草地	城镇村及工矿用地	交通用地	水域及水利设施	其他土地
252640.05	—	38949.06	26086.11	151007.81	10472.95	10769.51	3949.87	8052.73	3352.01

(吴冠良)

千米,折合252640公顷,其中纯耕地38949.06公顷,园地26086.11公顷,林地151007.81公顷,草地10472.95公顷,城镇村及工矿用地10769.51公顷,交通运输用地3949.87公顷,水域及水利设施8052.73公顷,其他土地3352.01公顷。

矿产资源 2017年,浦北县境内已发现矿种41种,其中第一类矿产:锰、铬、铜、铅、锌、钨、锡、锑、银、稀土、重晶石、独居石、萤石;第二类矿产:煤、油页岩、铁(褐铁矿、铬铁矿、黄铁矿)、石墨、磷、水晶、云母、长石(钾长石)、石膏、石灰岩(水泥用灰岩)、含钾岩石、冶金用脉石英(石英)、硅石、高岭土、陶瓷土、花岗岩(建筑用花岗岩、饰面用花岗岩)、泥炭、水泥配料用黏土(页岩);第三类矿产:建筑石料用灰岩、砖瓦用黏土、砖瓦用页岩等。主要矿产资源分布及储量概况如下:褐铁矿主要分布在大成镇到耽、泉水镇横流水一带。保有资源储量为34.14万吨;铁矿主要分布在福旺镇芳塘冲一带,查明资源储量为94.63万吨;锰矿主要分布在寨圩镇南社、丰门、沓里、竹较以及乐民镇白石一带,总保有资源储量81.92万吨;铅锌银矿主要分布在乐民镇白石,六硍镇新华、竹山,福旺镇龙眼、鸭儿湖,小江镇菩萨岭、大山角、石桥头、老君山等地,保有资源储量铅2.94万吨,锌5.64万吨,银126.53吨;稀土矿浦北县境内有大片花岗岩出露,储量不详;萤石矿主要分布在福旺镇大田一带,保有资源量为10.20万吨;含钾岩石多分布在本县浦北岩体中、中粗粒斑状堇青黑云二长花岗岩体内,累计查明资源量20.83万吨;磷矿主要分布在乐民镇社头、寨圩镇大竹根一带,保有资源量为83.53万吨;长石主要分布在福旺镇华新、龙眼、垌表一带,总保有资源储量为38.40万吨;石膏矿分布在石埇镇坡子坪一带,探明资源储量1288万吨;水泥用石灰岩主要分布在寨圩镇丰门、乐民镇平佳一带,总保有资源储量为613.95万吨;建筑石料用灰岩主要分布在乐民镇、寨圩镇一带,保有资源储量88.96万立方米;冶金用脉石英(石英)主要分布在官垌镇垌表、小江镇执菜村、三合镇老周麓、龙门镇新垌尾、岭背、大田排一带,保有资源储量142.25万吨;高岭土主要分布在乐民镇高山、金康,寨圩镇歌棉,小江镇上村平,白石水镇陈依,张黄镇合山,安石镇阳岗岭,泉水镇小蒙屯、坭江等地,保有资源储量251.01万吨;陶瓷土主要分布在三合镇桥头,龙门镇凤鸡坡、莲塘、江埠、龙岸,安石镇三叉塘,泉水镇隔山水、沙煲岭等地,保有资源储量352.22万吨;砖瓦用页岩:主要分布在乐民镇、寨圩镇、大成镇、泉水镇及石埇一带,保有资源储量1363.29万立方米;水泥配料用页岩主要分布在寨圩镇欧鹰岭,保有资源储量866.19万立方米;建筑用花岗岩在浦北县境内分布广泛,保有资源储量1654.87万立方米;饰面用花岗岩主要分布在官垌镇东叶景、旺冲,六硍镇关棒花一带,保有资源储量437.18万立方米。

(何敬符)

渔业资源 2017年,浦北县境内水资源丰富,全县有水域面积5276.80公顷,其中可养水域2781公顷,占水域面积的52.70%。水域类型包括江河、山塘水库、池塘等,在淡水养殖方面具有得天独厚的地理条件。全县淡水养殖面积2091公顷,其中池塘养殖面积1058公顷,山塘、水库养殖面积1033公顷;水产品总产量2.99万吨,养殖产量2.83万吨,捕捞产量1620吨。鱼类组成具有多样性,山涧、溪流、江河、山塘、水库中,生长着各种定居性鱼类和洄游性鱼类;引进品种共有80种,分属于7个目,19个科,66个属。从种类组成看,主要是鲤科鱼类和鳅科鱼类,其中鲤科鱼类有46种,占总数的56%,鳅科鱼类有7种,占8.50%;鲤科鱼类和鳅科鱼类不但种类多分布广,而且数量大,是人们食用的主要经济鱼类。具有经济价值的种类有青鱼、草鱼、鲢鱼、鳙鱼、鲮鱼、鲤鱼、鲫鱼、鳊鱼,以及引进的罗非鱼、野鲮、淡水白鲳、南方大口鲶等鱼类,此外,还有斑鳢、月鳢、黄鳝、胡子鲶、黄颡鱼、泥鳅、鳜鱼等名贵品种。其他主要水生经济动物有甲壳类绒螯蟹、江虾、罗氏沼虾等,贝类三角帆蛙、河蚬、贝螺等，两栖类青蛙、牛蛙、蟾蜍等，爬行类黄沙鳖、山瑞、石龟、草龟等。

林木资源 2017年，浦北县有林业用地面积17.25万公顷，森林面积15.91万公顷，活立木总蓄积量958.48万立方米，森林覆盖率73.27%。林地共有4大林种，其中：防护林面积2.55万公顷，占15.90%，用材林面积9.65万公顷，占60.30%，经济林面积3.81万公顷，占23.80%。全县林木（有林地、疏林、灌木林）各树种所占比重比较均衡，其中，速生桉占25.40%，马尾松类占17.10%，食用原料林木占15.30%，果树林木占10.40%。其他树种包括杉木、国外松（主要为湿地松）、一般阔叶树（主要为天然阔叶混交林）、丛生竹等所占比例较小。全县盛产红椎、桉树、八角、马尾松、荔枝、龙眼等，其中红椎林1.73万公顷，主要分布在龙门、小江、张黄、福旺、北通、六硍、平睦镇，连片红椎林面积7333.33公顷；桉树林4.47万公顷，蓄积量为386.99万立方米，主要分布在福旺、小江、寨圩、泉水、大成、安石、乐民、龙门、平睦、张黄镇；八角林2.44万公顷，主要分布在官垌、平睦、六硍、寨圩、福旺镇；马尾松3.20万公顷，蓄积量为237万立方米，主要分布在龙门、小江、张黄、寨圩、福旺、乐民、三合、安石、北通镇；杉木1.06万公顷，蓄积量为54.51万立方米，主要分布在官垌、六硍、福旺、小江、平睦、寨圩镇；荔枝1.58万公顷，主要分布在北通、白石水、小江、福旺、大成、龙门、寨圩镇；竹林面积4566.67公顷，龙眼140公顷。全县生态公益林面积2.57万公顷，其中国家级公益林面积为2.53万公顷，自治区级公益林面积为440公顷。

植物资源 2017年，浦北县计有植物种类18科104种，其中，珍贵植物有紫荆木、蚬木（铁树）、楠木、罗汉松等。植被覆盖22.28万公顷，占总面积的88.99%，其中，农作物植被占24%，森林植被占38.80%，竹林植被占2.54%，水果、茶园、桑园植被占3.15%，牧草植被占0.37%，疏林、灌丛、荒草植被占20.13%。天然植被属中亚热带常绿阔叶林，针阔混交季雨林和南亚热带常绿阔叶季雨林，以里白科、乌毛蕨科、木兰科、山茶科、蔷薇科、柿树科、杜鹃科、金缕梅科、榛树科、竹亚科、大戟科、兰科、禾本科、莎草科、四照花科、买麻藤科、黄杨拉、松科等为多。树种以马尾松占绝对优势，荷木、枫香、大叶栎、稠木等组成的阔叶林也占一定比重。人工林则以杉木、桉树为主，油茶、油桐、苦楝树等次之；灌木以桃金娘、扫枝群为主，油柑子、野牡丹、水杨梅次之；草坡以中生型的五节芒、铁芒箕群从和旱生的野古草、黄毛草群为主，八月茅、狗尾蕨、东方乌毛蕨、巴茅等次之。乔木的主要树种有樟树、福建柏、栲树、楠木、椎木等一百多种。红椎林在安石、张黄、大成、白石水、北通、三合、龙门、小江、江城、福旺、寨圩、乐民、平睦、官垌、六硍等镇（街道）均有分布，龙门连片红椎林，面积7333.33公顷，是全国最大的连片红椎林。绿化美化植物主要有柏、水杉、水棉、凤凰木、竹柏木、泡桐、杨柳、桂花等。药用植物种类繁多，主要有淮山、茯苓、半夏、何首乌、金银花等。

野生动物资源 2017年，浦北县有野生动物5类9科，约113种，其中，穿山甲、猫头鹰、白鹤、青蛙、山龟、金钱龟被列为国家重点保护动物。兽类有山猪、果子狸、木狗狸、水獭等，鸟类有鹧鸪、大杜鹃、白鹤、猫头鹰、毛鸡、水鸭等，鳞介类有斑鱼、鳝、鹰嘴龟、蛤蚧蛇、金包铁等，昆虫类有蜻蜓、蜈蚣、蚱蜢、蚁、蜂、天蚕、蜗牛、屎壳郎、锯木虫、牛角虫、冬虫、车贝虫等。

【气候】 2017年，平均气温偏高，年总降雨量偏多，年总日照时数偏少。上半年受低温阴雨，下半年受暴雨洪涝、台风、寒露风、低温阴雨等灾害性天气的影响，给农业生产及人民生活造成不利影响，故2017年气候属偏差年景。

气温 2017年，全县平均气温为22.5℃，比常年偏高，比上年偏低。年内各季平均气温与常年相比均偏高；与上年相比，冬季偏高，其余各季偏低。各月平均气温与常年相比，4、7、12月偏低，其余各月偏高；与上年相比，1—3月、9月偏高，其余各月偏低。最热月（8月、9月）平均气温为28.2℃，最冷月（12月）平均气温为15.1℃；极端最高气温为36.9℃（出现在2017年7月30日、2017年8月22日），极端最低气温5.3℃（出现在2017年12月19日）。

降水 2017年，全县总降水量为2056.40毫米，比常年偏多，也比上年偏多。全年雨日182天，暴雨（日雨量≥50毫米）日数5天。从降水量时间分布来看，各季与常年相比，冬季、春季偏少，夏季、秋季偏多；与上年相比，冬季、春季偏少，夏季、秋季偏多。各月降水与常年相比，2月、4—5月、9月、12月偏少，其余偏多；与上年相比，1月、4—5月、11—12月偏少，其余偏多。年内，降水峰值月出现在7月，一日最大降水量为180.20毫米（出现在2017年8月24日）；最长连续降水日数为17天，出现在2017年6月28日到7月14日；最长连续无降水日数为19天，出现在2017年10月19日到11月6日。

日照及其他 2017年，全县日照时数为1391.60小时，比常年、上年偏少。各季日照时数的分布规律为：秋季最多，夏季次之，春季最少；与常年相比，冬季偏多，其余各季偏少；与上年相比，夏季偏少，其余各季偏多。从各月日照时数的分布来看，与常年相比，1—2月、4—5月、9—10月偏多，其余偏少；与上年相比，1月、4—5月、8—9月偏多，其余偏少。年平均相对湿度为81%，1月、3—9月、11月相对湿度较大，都达到80%以上，空气比较潮湿；2月、10月、12月相对湿度较小，空气比较干燥。全年无霜期365天。

主要气象灾害 2017年7月1日—4日受高空槽、切变线和偏南急流影响，出现持续强降水天气，过程最大降雨量327.40毫米，出现在平睦镇。全县受灾人口1.35万人，紧急转移安置人口65人，农作物受灾面积270.90公顷，其中成灾面积176.20公顷，农作物绝收面积4公顷，倒塌房屋24间，损坏房屋2间，直接经济损失283.90万元。2017年8月23日—24日受第13号台风“天鸽”影响，县境大部出现大暴雨，局部特大暴雨，过程最大降雨量286.60毫米，出现在官垌镇东叶景村，最大阵风12.40米/秒，出现在六硍镇。全县受灾人口2.32万人，紧急转移安置人口1057人，农作物受灾面积566.73公顷，成灾面积227.70公顷，绝收面积2.50公顷，倒塌房屋17间，损坏房屋6间，直接经济损失231.85万元。

其他不利天气 2017年，受较强冷空气影响，2月23日—25日连续3天日平均气温≤12℃，影响春播春种进度，不利于早稻适时早播及已播春种作物的出苗、生长。受副热带高压影响，7月28日—30日、8月20日—22日连续出现日最高气温≥35.0℃的高温晴热天气。受冷空气影响，10月15日—18日出现了连续4天日平均气温≤22.0℃的湿冷型寒露风天气，10月22日—24日出现连续3天日平均气温≤22.0℃的干冷型寒露风天气，对部分正处于灌浆期的晚稻灌浆进程有一定的负面影响。11月长期低温阴雨，13日—26日均无日照。12月12日—16日持续低温阴雨寡照天气，不利于冬种作物的生长。

（苏春梅）

历史文化

【建置沿革】 秦始皇三十三年（公元前214年）统一岭南，置桂林、南海、象郡，今浦北县境为象郡辖地。汉初，今浦北县境属南越国辖地。元鼎六年（公元前111年），汉武帝平定南越，划出南海、象郡交界的地方置合浦郡（治所在今广东省湛江市徐闻县），同时设合浦县，县治在今浦北县泉水镇旧州村委古城头，今浦北县境为合浦县辖地。汉建武十九年（公元43年），合浦郡治所从广东省徐闻县迁到今浦北县泉水镇旧州村委古城头，县治郡治同在一个地方。三国时期汉献帝建安十五年（公元210年），孙权派步骘任交州刺史，浦北属孙吴辖地。吴黄武五年（公元226年），浦北归广州管辖。西晋以后，浦北隶属交州合浦郡。南北朝宋泰始七年（公元471年），划出广州的临漳郡和交州的合浦郡、宋寿郡，同时增设龙苏（郡治在今浦北县福旺镇古立村委）、百梁、安昌、南流、永宁、富昌六郡，统称越州。越州与临漳郡驻地均在今浦北县石埇镇坡子坪村委仰天窝（青牛城）。齐建元元年（公元479年），合浦郡郡治迁回广东省徐闻县。齐建元二年（公元480年）分合浦郡为封山郡和龙苏郡（郡治在今浦北县福旺镇古立村委）。齐永明六年（公元488年）合浦郡驻地由广东省徐闻县迁回今浦北县泉水镇旧州村委古城头，此时，越州管辖的郡增至20个。梁天监元年（公元502年）后，撤销临漳郡及其属县，并入合浦县。隋大业元年（公元605年），越州改称禄州，大业三年（公元607年），禄州与合州合并，称为合州；同年合州改称合浦郡，隶属扬州。唐武德五年（公元622年），合浦郡改称越州；贞观八年（公元634年）越州改称廉州，州治在今浦北县泉水镇旧州村唐城遗址。北宋开宝五年（公元972年）廉州驻地迁往今合浦县石康镇顺塔村长沙场。元至元十三年（1276年）升廉州为廉州路，至元十四年（1277年）廉州合浦郡改为廉州路安抚司，至元十七年（1280年）改为廉州总管府，今浦北县境为廉州路合浦县的一部分。明朝洪武元年（1368年）廉州路改为廉州府，属广东布政司；七年（1374年）降为州，撤销合浦县并入石康县；十四年（1381年），廉州复升为廉州府，并恢复合浦县，今浦北县境为合浦县辖地。清顺治元年（1644年），廉州府隶属广东行省，辖合浦、灵山、钦州三县；光绪十四年（1888年），钦州升为直隶州，廉州府辖合浦、灵山两县；光绪三十二年（1906年）

廉州府隶属廉钦道,宣统三年(1911改称钦廉军政府,今浦北境为合浦县辖地。民国元年(1912年)、三年(1914年)、九年(1920年)、十九年(1930年)、二十五年(1936年),合浦县先后隶属钦廉军政府(1912年改称钦廉绥靖处)、钦廉道广东省南区绥靖公署、广东省第八区行政督察专员公署,今浦北境仍属合浦县一部分;民国三十六年(1947年)9月,中共合灵南区军政府在今浦北县大成镇双冲口成立,辖合浦、灵山两县;1949年8月1日成立合浦县人民政府,隶属广东省南路专区;1950年改属广东省钦廉专区。1951年隶属广东省钦州专区。1952年隶属广西省钦州专区。今浦北仍属合浦县一部分辖地。

【浦北地名来历】 1952年5月12日,广西省人民政府下达文件,划出合浦县北部的十三区至二十一区设立浦北县(政务院1952年8月11日批文),因地处合浦县的北部而叫浦北,这是浦北县地名的来由。与合浦县同属广西省钦州专区管辖。1955年7月,经国务院批准,浦北县划归广东省合浦专区(1955年钦州专区改称,1958年撤销)管辖。1958年12月31日,广东省人民政府第二次全体(扩大)会议一致通过决定,撤销浦北县,并入合浦县(国务院1959年3月20日批文),隶属广东省湛江专区。1965年7月19日,国务院批准恢复浦北县,隶属广西钦州专区(1970年改为地区,1994年撤地设市)。

【人文古迹】 浦北建县虽然只有几十年时间,但由于其前世古越州是广西壮族自治区最早成立的省级建制单位,以及后来的越州、合浦、廉州的州治、郡治和县治曾经设立在今浦北县境内,因此,浦北的历史悠久,文化底蕴厚重,人文古迹丰富。主要古迹有越州故城、唐城遗址、旧州古城头、伏波庙、伯绍公祠、大朗书院、香翰屏将军故居、余屋镬耳楼、小江瓷古龙窑、客家古民居等。

(方志仁)

经济建设

【农业】 2017年,浦北县实现农林牧渔业总产值67.70亿元,比上年同期增长4.16%。其中,农业产值39.17亿元,增长4.37%;林业产值6.47亿元,增长7.07%;牧业产值16.34亿元,增长2.75%;渔业产值4.41亿元,增长4.07%;农林牧渔服务业产值1.29亿元,增长5.28%。粮食播种面积4.65万公顷,比上年减少0.11万公顷;粮食总产量24.78万吨,其中水稻播种面积3.67万公顷,亩产量375千克。出栏肉猪55.71万头,增长1.85%;肉类总产量6.37万吨,减少0.83%;水产品总产量4.12万吨,增长4.79%。全县"三品一标"认证44个,健翔红茶、浦生花生等6个农产品获得富硒农产品认证;健美乐牌丹竹液、金塑牌给水管被评为"广西名牌产品";"浦百"百香果获钦州市首个国家生态原产地保护产品。发展柑普茶做法在自治区产业富民现场会上获自治区领导肯定。全县工商注册农民合作社707家、家庭农场93家。完成植树造林面积2266.67公顷。

【工业】 2017年,浦北县出台县域经济发展"1+4"系列政策文件,打造工业增长点。投入2.60亿元建设26个项目,完善工业园区基础设施建设,逐步形成"一带三区"发展格局。编制完善重大项目投资三年滚动计划,入库项目338个,总投资193亿元。开工建设新生制衣、美良木地板等项目67个,科艺家居、龙腾木业等36个项目竣工、投产。龙门风力发电、生物质发电、G359东绕城二级公路等自治区统筹推进的重大项目完成投资4.57亿元,完成年度计划投资任务的139%。落实钦州市24项降成本措施,重点行业稳产提效,新培育规上工业企业7家,全县规上工业企业达96家,新增亿元企业5家,累计亿元企业达88家。富通电子、凯兴电子等新兴产业年产值达亿元。新培育高新技术企业2家,累计高新技术企业9家。制药行业创税2500多万元,裕源药业技术中心被认定为自治区创业技术中心。出台总部经济及企业扶持、木材加工业转型升级等一系列扶持政策,拨付资金3840万元扶持产业发展壮大,昌宏木业、宏茂木业、焕发木业被授予"广西现代林业产业龙头企业"称号,新型木业循环经济产业逐步形成,创税6000多万元。引导烟花爆竹企业转型升级,有13家企业退出烟花爆竹行业。培育营利性服务业企业上规入库,新增入库企业12家,完成市下达6家任务的200%。

【服务业】 2017年,浦北县实现全社会批发和零售贸易业商品销售额106.98亿元,比上年同期增长10.56%。社会消费品零售总额85.57亿元,增长10.6%。城镇消费品零售额75.79亿元,增长10.92%;乡村消费品零售额9.78亿元,增长8.13%。第三产业增加值61.22亿元,增长14.6%。新增限额以上批零住餐企业9家、规模以上重点服务企业12家。投资8.72亿元建设商品住宅,增长8.7%。商品房施工面积157.70万平方米,增长2.0%;竣工面积15.28万平方米,减少8.4%。商品房销售面积31.19万平方米,增长16.0%;销售额9.20亿元,增长20.0%。旅游业发展加快,全年接待国内游客人数266.64万人次,增长56.16%,入境旅游人数0.87万人次,增长14.48%;创国内旅游消费28.86亿元,增长50.39%,国际旅游(外汇)收入396.05万美元,增长23.49%。加强企业融资服务,通过"惠企贷""金企贷""政银保"等金融产品和小额贷款,帮助30家企业解决融资难问题。年末,金融机构存款余额161.54亿元,贷款余额81.49亿元,分别增长9.26%和15.5%,存贷提高0.66个百分点。

社会事业

【教育卫生】

教育 2017年,浦北县有各级各类中小学、幼儿园674所,在校生17.35万人。其中幼儿园377所,在园幼儿4.74万人;小学265所,教学点116个,在校学生7.34万人;初中25所,教学点1个,在校学生3.34万人;普通高中5所,在校学生1.37万人;中等职业学校1所,在校学生5487人;特殊教育学校1所,在校学生68人。2017年,浦北县4934人参加高考,高考上一本线人数首次突破300大关。

卫生 2017年,浦北县共有公立医疗卫生机构21家,其中,县级公立医院3家(浦北县人民医院、浦北县中医医院、浦北县妇幼保健院)、县卫生计生监督所1家、县疾病预防控制中心1家、镇卫生院15家、社区卫生服务中心1家(辖精神病院1家);有行政村卫生室254个,个体医疗机构965个;有国有农场医院1家、民营医院2家。年末有卫生专业技术人员4055人,其中:县级1517人,镇级1249人,乡村医生1289人;注册医师797人,注册护士1223人;开放床位共3328张,其中:县级1836张,镇级1492张。全县医疗卫生机构总诊疗170.66万人(次),出院人数11.87万人。

【科技文体】

科技 2017年初,浦北县实施高新产业培育工程,全县拥有高新技术企业7家。自治区级的农业科技园区,分别由浦北南国水果种植农民专业合作社、浦北五皇山农业科技有限公司、广西北部湾珠乡橄榄食品有限公司实施建设。产业包括百香果、橄榄、五皇山林中茶3个。年内,全县组织发明专利申请145件,占任务(140件)的103.57%;专利授权量38件,其中,发明专利10件、实用新型专利16件、外观设计12件。有效发明累计36件,比上年增长28.50%。提前超额完成上级下达的年度工作任务。

文化 2017年,浦北县开展文化惠民活动,组织开展"县直单位文化宣传活动""群众文艺县城展演""各镇(街道)群众文艺展演"、农村群众文艺演出""浦北县第五届山歌大赛""浦北'县欢乐田园'农村文艺汇演""全县公共文化惠民活动年度总展演电视录制"等文艺演出活动。年内,在县城西滨文化广场开展文艺演出80多场;各镇村"村企校"文艺队在本镇、本村为群众开展文艺演出2000多场;开展文化下乡、广场文化、文化乐民等活动;公共文化设施场所基本服务项目实行免费开放。

体育 2017年,浦北县开展第九届广西体育节浦北分会场开幕式暨2017年"全民健身·健康广西"百万群众健身走活动,全民健身和全民健康深度融合工作走在全市前列。4月,在陕西淮南市举办的全国第十三届运动会预赛中,该县获女子63公斤级银牌1枚,铜牌1枚;75公斤级银牌2枚,铜牌1枚;10月19日,参加陕西宝鸡市举办的全国冠军赛中,获女子63公斤级金牌1枚,银牌2枚;9月15日—23日,在钦州市第六届运动会中,共获得金牌93枚,银牌90枚,铜牌56枚,团体总分3734分的好成绩,浦北代表团被市运动组委会授予体育道德风尚奖。

【社会保障】 2017年,浦北县企业职工基本养老保险参保3.64万人,征缴养老保险基金1.11亿元,分别完成钦州市下达任务的100.43%和103.16%;全县基本医疗保险参保82.05万人(其中职工3.13万人,城乡居民78.92万人),征缴城镇职工基本医疗保险基金1.15亿元,完成市下达任务的116.55%和110.09%;全县工伤保险参保2.30万人,征缴工伤保险基金474万元,完成钦州市下达任务的100.08%和119.47%;全县生育保险参保2.11万人,征缴生育保险基金399万元,完成市下达任务的100.40%和152.80%;全县失业保险参保1.72万人,征缴失业保险基金582.70万元,完成市下达任务的100.92%和119.33%;全县城乡居民基本养老保险参保30.84万人,完成市下达任务的

108.21%。征缴城乡居民基本养老保险基金1868万元；全县机关事业单位养老保险参保1.80万人，完成市下达任务的120.30%。征缴机关事业单位养老保险基金1.69亿元。

【城镇化建设】 2017年，浦北县全面推进第三批国家新型城镇化综合试点县建设，倾力打造宜居宜商宜业县城。改造建设一批市政工程，建成滨水文化休闲公园，启动建设华侨山公园、中心公园，建设县城排污治理工程，投入3.90亿元建成镇级污水处理设施项目10个、镇级垃圾处理中心13个、垃圾中转站16座、村级垃圾处理中心25个。推动房地产去库存，全县房地产实现销售面积35万平方米，比上年增长30%；建成公共租赁住房1736套，棚户区改造745套。寨圩"百镇建设"项目完成一期投资1100万元，龙门镇作为红椎菌小镇入选广西第一批特色小镇，北通镇荣获2017年"自治区级生态乡镇"称号。完成征地搬迁93.33公顷，拆除违章建筑5000多平方米。

【交通网络建设】 2017年10月17日，贵港至合浦高速公路(自治区统筹推进的重大交通基础设施项目)正式通车，结束浦北县无高速公路通行的历史。贵港至合浦高速公路是《国家高速公路网规划》81条联络线中G7212（柳州—北海）构成路段，是《广西高速公路网规划修编(2010—2020)》"6横7纵8支线"中"纵3"线"三江至北海"的主要构成路段，主线全长142.96千米，其中浦北段93.70千米，设寨圩、福旺、浦北(县城)、龙门、张黄5个互通立交出入口，设浦北、张黄两个服务区。基本完成大塘至浦北高速公路浦北段征地任务。龙门至平马一级公路、G359东绕城路、木格经六硍平睦至水鸣、六硍经官垌至福旺二级公路等项目扎实推进。修复浦铁二级公路泉水至张黄、马兰至龙门路段和308省道寨圩至乐民路段。五皇山至越州天湖、北通至五皇山旅游公路启动建设。农村道路基础设施完成投资8135万元，新建成公路211.65千米，实现全县80%的20户以上自然村通水泥路。

（方志仁）

行政区域

【概况】 2017年，浦北县总面积2526.40平方千米，辖小江街道、江城街道、泉水镇、安石镇、石埇镇、张黄镇、大成镇、白石水镇、北通镇、三合镇、龙门镇、福旺镇、寨圩镇、乐民镇、六硍镇、平睦镇、官垌镇2个街道、15个镇。浦北县人民政府驻小江街道。

人口·民族

【人口】 2017年年底，全县户籍人口93.93万人，其中男性为50.90万人、女性为43.03万人，男女性别比(以女性为100,下同)为118.46。全年出生人口1.72万人，出生率18.29‰；死亡人口1.46万人，死亡率15.51‰；人口自然增长率13.93‰。全县户籍人口总户数为23.70万户，户均3.90人。总户数比上年减少3681户，减少1.55%。

【民族】 2017年年底，全县有民族19个。其中，汉族93.52万人，占总人口的99.56%。少数民族18个4088人。其中，以壮族最多，人口3181人；其次为瑶族317人。

2017年浦北县各镇(街道)、村委(社区)一览表

各镇(街道)名称	所辖村民委员会(社区)	合计(个)
小江街道	西塘社区、田山社区、环城社区、文山社区、街口村、六新村、新南村、和平村、沙场村、光明村、黎木村、凤坪村、苏村、平马村、沙江村、建群村、云坊村	17
江城街道	解放社区、江滨社区、北河社区、木麻根社区、塘头社区、平六村、青春村、林村村、中心村、塘胜村、桥山村、六桥村、合群村、长田村、梅江村、樟家村、公家村	17
泉水镇	新圩社区、泉新村、旧州村、平阳村、小蒙屯村、横流村、坭江村、埏山村	8
石埇镇	南流社区、石埇村、文昌村、长山村、油滩村、八东村、坡子坪村、旺盛江村	8
安石镇	平山村、石凉村、六江村、禁山村、新塘村、马坪村、三亚村、南江村、大坡村、安石村、坡村村	11

续表

各镇(街道)名称	所辖村民委员会(社区)	合计(个)
张黄镇	新南社区、阳春村、新桥村、山埇村、元坝村、江背村、邓平村、大村村、六罗村、大坡村、普林村、福山村、鸡冠村、江平村、马屋村、长岭村、木根村、大平村、合山村、米埠村、学堂村、洋水村、十字村、罗家村	24
大成镇	东馆社区、大成村、金街村、六鸣村、六平村、板铺村、符竹村、六角村、六村村、到耽村、罗城村、罗南村、较车村、联成村、金联村、甘子根村	16
白石水镇	新兴社区村、新圩村、五黄村、南明村、陈依村、双龙村、那回村、大塘村、高联村、红岭村、良田村、良江村、中林村	13
北通镇	新城社区、北山村、楠垌村、社根村、那良村、佛新村、旱田村、平坡村、博学村、良庄村、兰田村、那新村、中屯村、高林村、清湖村	15
三合镇	三鸽村、太安村、桥头村、塘岸村、新村村、赵坪村、长安村、马头村、定更村	9
龙门镇	龙城社区、龙门村、林垌村、平黄村、高明村、中南村、江埠村、新田村、姜花村、马兰村、甘宁村、六林村、学塘村、长平村、平江村、莲塘村、林塘村、王坡村、茅家村、滑竹村、塘田村、大坡村、读埇村、平垌村、日新村、居木村、新丰村、高坡村	28
福旺镇	东风社区、福旺村、大垌村、大田村、关塘村、古立村、长塘村、龙眼村、南山村、六潦村、六合村、下垌村、中山村、石均村、玉叶村、大湾村、凤山村、北兰村、坡心村、镇脚村、大双村、武溪村、华新村、万垌村、枫木村、长昆村	26
寨圩镇	朝阳社区、寨圩村、乌石村、仁旺村、伯家村、歌棉村、秋香村、兰门村、子坜村、丰门村、平村村、甘村村、朋山村、竹较村、亚旺村、康乐村、大江口村、三江村、平塘村、分村村、土东村、柘木村	22
乐民镇	乐城社区、乐民村、平佳村、蒙竹村、金康村、白石村、社头村、莫村村、黄马村、马朗村、西角村、山鸡村、高山村	13
六硍镇	六硍村、官村村、横岭村、横岗村、垌心村、六秀村、大能村、新坡村、塘肚村、旺塘村、关棒村、门楼村、新华村、木格村、白花村、石合村、民生村、六台村	18
平睦镇	平睦村、新丰村、六峰村、富足村、茂平村、良村村、平安村、新塘村、官屋村、旺贵村、五峰村	11
官垌镇	官垌村、芳田村、月光村、垌口村、文明村、福明村、平石村、旺充村、垌表村、江口村、龙地村、文丰村、大岸村、甜竹村、群生村、历山村、东叶景村	17
总计		273

组织机构与负责人名录（2017 年 1 月—12 月）

中国共产党浦北县委员会

书　记:韦业葵
副书记:李　军
　　　何惠贤
常　委:彭建平
　　　张海兵
　　　岑光成
　　　钟一任
　　　梁光宁
　　　杨永冲
　　　方　明
　　　张祖培
　　　程文胜

浦北县人民代表大会常务委员会

主　任:班博文
副主任:王小平
　　　陈　华(女)
　　　吴显胜
　　　梁　军
党组成员:宁家枫
副处长级干部:韦　雄
　　　　　　刘秀云

浦北县人民政府

县　长:李　军
副县长:张海兵
　　　梁光宁
　　　程文胜
　　　潘新峰
　　　韦少坚(女)
　　　黄　涛(党组成员)
　　　余　镇(12 月任职)
　　　张经旭
　　　刘希龙(11 月任职)
　　　陈小方(任至 9 月)
副处级干部:梁叶军

政协浦北县委员会

主　席:陈增平
副主席:龚义师
　　　吴小林
　　　邓秋晓(女)
　　　黄虹红(女)

中共浦北县纪委、监察局

书　记:方　明
副书记:宁永勇(监察局长)
　　　陆文辉
常　委:冯丽萍(监察局副局长)
　　　包业伟(监察局副局长)
　　　陈　静
　　　何显能

浦北县人民法院

院　长:钟宪林
副院长:宾子照
　　　宋　军
　　　傅德忠
纪检组长:温恒生

浦北县人民检察院

检察长:梁进佳
副检察长:覃博文
　　　　吴春明
　　　　韦锦高
　　　　廖品超
专职检委:黄国权
　　　　钟德和

中共浦北县委工作机构及直属单位

县委办公室
主　任:张祖培
副主任:黎福富
　　　刘有德
　　　陈明夫
　　　叶联锐
县委组织部
部　长:杨永冲
副部长:宾万利
　　　张　春
　　　陈基亮(任至 9 月)
　　　胡毅炜(12 月任职)
县远程办主任:尹开新
党工委副书记:黎赞辉

县委宣传部
部　长:梁光宁
副部长:容传松
　　　黄燕堂
县新闻信息中心主任:王振钊
县文明办主任:吴丽梅
浦北县社科联
主　席:容传松(3月提名)
副主席:高　聪(任至10月)
　　　覃科棵(10月任职)
县委统战部
部　长:岑光成
副部长:高平凡
　　　刘甫明
县委政法委
书　记:钟一任
副书记:温桂亮
　　　丘　勇
县综治办主任:郑大军
县维稳办主任:李　林
县流管办主任:陆　建
县综治办副主任:宁　进
县610办主任:王文伟
县委党史办公室
主　任:陈国富
副主任:韦志远
县机构编制委员会办公室
主　任:苏振东
副主任:黄　庆
　　　冯远珍
县直属机关工作委员会
书　记:刘廷辉
副书记:黎锦隆
　　　邹　进
县委老干部局
局　长:陆建绍(任至10月)
　　　宾万利(10月任职)
副局长:黄康蔚(任至6月)
　　　李　昆
　　　何　李(6月任职)
县委党校
常务副校长:傅乙朔
副校长:陈贤东
　　　马启崇(6月任职)
县委保密局
局　长:郑广锋(任至3月)
　　　容华康(6月任职)
县民族宗教事务局
局　长:邓春梅(任至10月)
　　　符立琨(10月任职)
县绩效考评领导小组办公室
主　任:梁上平
副主任:黄程高
县委台湾工作办公室(县政府台湾事务办公室)
主　任:马贵媛

县人大常委会机构

县人大常委会办公室
主　任:阮学明
副主任:容小燕
　　　殷亮文
县人大常委会财经工作委员会
主　任:叶子秀
副主任:韦丽玲(12月任职)
县人大常委会法制工作委员会
主　任:陈钊艺
副主任:陈建柳
县人大常委会代表联络工作委员会
主　任:黄有俭
副主任:禤文党
县人大常委会教科文卫工作委员会
主　任:韦立岩
副主任:林建和
县人大常委会农建工作委员会
主　任:谢显新
副主任:黄福善

浦北县人民政府
工作部门及直属单位

浦北县人民政府办公室
主　任:李　新(任至6月)
　　　温国霖(6月任职)
副主任:周世钧
　　　陈善敏(3月任职)
　　　李世槐(1月任职)
　　　黄　波(3月任职)
　　　何显锐(8月任职)
　　　黄　薇(10月任职)
党组成员:邓丽珍
督查室主任:蒋文伟(4月任职)
县发展和改革局
局　长:容泽洲(任至6月)
　　　李　新(6月任职)
副局长:宁　蔚
　　　张　强
　　　何雪梅(8月任职)
　　　罗　强(9月任职)
浦北县国有资产监督管理办公室
主　任:阮小群(9月任职)
副主任:冯　民(1月任职)
县教育局
局　长:陈桂军
副局长:黎亦辉
　　　郑广俊
　　　何　波
　　　胡人源
党工委副书记:姜　业
纪检组长:曹达倡(任至6月)
　　　　张绍林(6月任职)
县科技局
局　长:陆森堂(任至6月)
　　　夏玄新(6月任职)
副局长:陈均银
　　　吴任枝
县文体广电局
局　长:夏玄新(任至6月)
　　　容泽洲(6月任职)
副局长:宁明绍
　　　凌铁耀
　　　赖世明
　　　高　聪(10月任职)
广播电视台副台长:宁　向

县公安局
局　长:潘新峰
政　委:陈　鹏
副政委:苏振宏
党委副书记:韦　强(7 月任职)
副局长:张　震
　　陈明磊
　　姜　森(8 月任职)

县司法局
局　长:丘　勇
副局长:高永东
　　廖永彬
纪检组长:余世勇

县财政局
局　长:梁　彬(党组书记)
副局长:张伟廉
　　陈华强
　　叶永青(9 月任职)
　　米梅青(11 月任职)
纪检组长:龙　琴(6 月任职)
非税局局长:陈　彪

县人力资源和社会保障局
局　长:陆文杰
副局长:龙润福(任至 7 月)
　　张　艺
　　陆崇明
　　陆繁华
纪检组长:龙华家(党组成员)

县国土资源局
副局长:林明鲜(1 月任职)
　　宋　军
　　苏振南
　　韦立佐
　　梁　添
纪检组长:王录有(任至 8 月)

县住建局
局　长:黄昌平
副局长:杨兴光
　　黄育旺
　　容兴剑
　　梁卫中(7 月任职)

县政务服务中心
主　任:李仕槐
副主任:韦　红
　　吴泰海
　　李丽娇

县征地拆迁中心
主　任:王　斌
副主任:宁扬贵(任至 12 月)
　　李小文
　　宁世灵(8 月任职)
纪检组长:陆俊卿

县环境保护局
局　长:刘　佳(任至 11 月)
　　吴　炜(11 月任职)
副局长:邓秀惠
　　陶　勇
　　韦子尧
党组成员:庞广庭
　　庞复伟

县交通运输局
局　长:陈芳明
副局长:李才康
　　陈冬云
　　朱有娟(女,6 月任职)
纪检组长:陈家波
计财股股长:吴永杰

县水利局
局　长:温锦文
副局长:郭向前(任至 12 月)
　　苏传艺
　　吴家锋
纪检组长:刘庆丰(任至 12 月)

县农业局
局　长:黎世敏
副局长:宁良肇
　　韦仕静
　　张　剑
　　陈德良
纪检组长:彭　波

县林业局
局　长:温光宝
副局长:何顺扬
　　张启乾
　　冯巧新
党组成员:陈　琨
　　余平根

县卫生和计划生育局
局　长:陆建绍(任至 9 月)
　　罗世雄(9 月任职)
副局长:刘　火
　　黎　萍
　　赵　洪(任至 6 月)
　　梁宗德
纪检组长:张绍琳(任至 6 月)
党组成员:黄天威
　　吴安世

县招商促进局
局　长:邓春梅
副局长:宁明君
　　陈桂清(8 月任职)
纪检组长:宋金波

县审计局
局　长:刘　佳(11 月任职)
副局长:李　钊
　　何俊丽(11 月任职)

县外事侨务办公室
主　任:张彩虹

县安全生产监督管理局
局　长:张安志
副局长:黎宝才
　　谭　帅(9 月任职)
　　易小董(9 月任职)

县法制办公室
副主任:庞理祥

县食品药品监管局
局　长:黄坚葵
副局长:冯　云
　　米　铨
　　沈　鹏
　　梁宗德

县物价局
局　长:邱　卫
副局长:王福清
　　黄峥嵘

纪检组长:张小雪(任至10月)
价格监督检查分局局长:米秀禄

县粮食局

局　长:杨　雄
副局长:温振梅(女,任至6月)
　　　刘桂楷
　　　龙运翔(9月任职)

县人民防空办公室

主　任:黄宗朝
副主任:陆雄超

县人民武装部

部　长:彭建平(任至7月)
　　　黄雄武(7月任职)
副部长:梁就杭(任至6月)
政治委员:黄雄武
政工科科长:曹富军
保障科科长:许荣模

预备役三团第三营

营　长:谈　鑫

武警浦北县中队

中队长:陈武昭

县消防大队

大队长:李　晓
政治教导员:刘冬坤

县水产畜牧兽医局

局　长:高　智
副局长:周敏荣
　　　陈国锐

县调处办

主　任:黄华焕
副主任:龚　权

县开发扶贫办公室

主　任:冯　民(任至1月)
　　　周　捷(2月任职)
副主任:符立琨(任至11月)
　　　吴春美
　　　李甲强(11月任职)
纪检组长:李世钦

县农业机械化管理局

局　长:邱　冰
副局长:宋　清
　　　黎朝能

党组成员:李　青
　　　　宁有乾

县土地储备中心

主　任:张　雷(任至12月)
副主任:陈书远
　　　吴远璋
　　　朱汝达(8月任职)
党组成员:黄信高

县测绘中心

主　任:马自俊(任至8月)
　　　何显锐(8月任职)
副主任:陈建南

县工业区管理委员会

主　任:容　文
副主任:高　勇
　　　宾万益
　　　梁承南(6月任职)

县机关事务管理局

局　长:黄　炎
副局长:谢昌沛
　　　容寿钧

县档案局

局　长:符斯俊
副局长:丁小平
　　　香素萍

县地震局

局　长:阮鸿维
副局长:何德俭

县旅游局

局　长:阮小群(任至9月)
　　　宾万梅(9月任职)
副局长:颜　林

县信访局

局　长:周世钧
副局长:黄兴海
　　　宋美燕

县重点项目建设办公室

主　任:张海兵(3月任职)
　　　黄　涛(3月任职)
常务副主任:李仕槐(3月任职)
　　　　　李　新(11月任职)
专职副主任:宾万益(3月任职)
　　　　　罗　强(3月任职,任至11月)
　　　　　黄　薇(3月任职,任至11月)
　　　　　黄立君(11月任职)
　　　　　胡新容(11月任职)

县地方志编纂委员会办公室

主　任:龙茂呈(任至11月)
　　　黄镜天(11月任职)
副主任:陈　钊

县供销合作社联合社

理事会主任:刘勇志
监事会主任:黄洪益
理事会副主任:黄鸿海
　　　　　彭炳森
监事会副主任:张　勇

县工业和信息化局

局　长:陈启胜
副局长:吴　峰
　　　梁德东
　　　宁乾明
　　　黄贤业(11月任职)
　　　宾万梅(任至9月)

县市场开发服务中心

主　任:李　伟
副主任:黎文锦
　　　夏其军

县水库移民工作管理局

局　长:巫达雄
副局长:张昆东
　　　张光勇

县民政局

局　长:赵国庆
副局长:朱作华
　　　刘祖偕
　　　蔡海英
　　　刘庆丰
党组成员:叶佳历

县气象局

局　长:刘世业

副局长:韦玉洁
　　　李　灿
　　　雷　琛(2月任职)

县商务局

局　长:莫祝夏
副局长:梁君铭
　　　吴远华

县统计局

局　长:梁　浩
副局长:马　光
　　　米世添
纪检组长:黎炳宁

县工商局

局　长:吴坤贤
副局长:李　伟
　　　覃业鹏
　　　谢树琛
纪检组长:庞　波
经济检查大队大队长:韦　韬

县质监局

党组书记:郭向前(12月任职)
局　长:梁　东(任至12月)
副局长:周　栩(7月任职)
　　　曾　聘
　　　龙海燕(女)

县博物馆

馆　长:黄光清(任至10月)
副馆长:李日思(10月任职)

县市政管理局

局　长:莫德胜
副局长:余敬光
　　　黄　云

政协浦北县委员会办事机构

县政协办公室

主　任:宁　军
副主任:张　伟

县政协经科委

主　任:周国权
副主任:吴秀丽

县政协提法委

主　任:庞朝详
副主任:姜　明

县政协联谊委

主　任:覃桂耀

县政协文史学习委

主　任:杨敬声

县政协文教委

副主任:石春梅

中直、区直、市直驻浦北单位

县国税局

局　长:黄　平
副局长:陈明轩
　　　余先彬
　　　李安济
　　　张艳兰(任至12月份)
纪检组长:劳善宧
稽查局局长:廖创高
小江分局局长:何君扬
寨圩分局局长:陈泫宇
张黄分局局长:张军玉

县地税局

局　长:李　渊
副局长:宁远鹏
　　　余全忠(11月任职)
纪检组长:余全忠(任至11月)
　　　　宋波剑(11月任职)

县供电局

局　长:黄　锐(5月任职)
副局长:覃杰光(5月任职)
　　　黎善伟(5月任职)
　　　黄均光(5月任职)
　　　王家福(5月任职)
纪委书记:龙杰呈(5月任职)

县公路局

书　记:凌月富
局　长:梁进钦
副局长:莫德兴
　　　谭焕升
　　　王金榜
副书记:王祥锋

国家统计局浦北调查队

队　长:张　英(任至7月)
副队长:梁广详

广西农垦局东方农场

场　长:黄富宇
副场长:阮耀礼
　　　钟成芳
纪委书记:李周文

广西广电网络浦北分公司

总经理:张绪毅
副总经理:梁　樑

中国人民银行浦北县支行

行　长:曾业焕
副行长:叶星海
纪检组长:赵　军

中国农业发展银行浦北县支行

行　长:李保君
副行长:韦　民

中国工商银行浦北县分行

行　长:陈　熊
副行长:陈　莹
　　　符振娟

中国农业银行浦北县支行

行　长:姚创能

中国建设银行浦北县支行

行　长:韦　钦
副行长:罗传敢
主　管:钟世宝

中国邮政储蓄银行浦北县分行

行　长:李爱萍

浦北县农村信用合作联社

理事长:李剑锋
主　任:林英东
监事长:闭世华
副主任:潘柳光
　　　张　洪

中国电信浦北分公司

总经理:赖国俊
副总经理:刘滋晓

吴贤周
胡盛辉
总经理助理:李庆梅

中国联通浦北县分公司
总经理:班光宇

中国移动通信浦北分公司
总经理:周平安
副总经理:戴贤江

中国邮政浦北分公司
副总经理:黄以锐
何克勇

浦北县新华书店
副经理:凌　樱(3月任职)
邓　波(1月任职)

浦北县国民村镇银行
董事长:李华荣
行　长:梁　德
副行长:蔡永昇

钦州市住房公积金管理中心浦北县管理部
主　任:林　郁
副主任:张祖坤

社会团体

浦北县总工会
主　席:梁　军
副主席:刘　平
李　强
许　敏
经审主任:陈秋霞

共青团浦北县委员会
书　记:甘长新(12任职)
张福琪(任至12月)
副书记:毛　洁
赖芸莹(6月任职)

浦北县妇女联合会
主　席:刘传美
副主席:陆宗敏
何　如

浦北县文学艺术联合会
主　席:黄镜天(任至11月)
龙茂呈(11月任职)
副主席:张言豪

县手工业联社
主　任:容华康(任至6月)
陆森堂(6月任职)
副主任:滕世强(任至6月)
梁　斌
吕　璐(6月任职)

浦北县科学技术协会
主　席:容　钊
副主席:张洲玲
陈旭群

浦北县归国华侨联合会
主　席:宁健萍
副主席:宁世灵(任至7月)
刘柳莲(9月任职)

浦北县残疾人联系会
理事长:黄　周
副理事长:覃高彬
宁远泉(任至6月)

浦北县工商业联合会
主　席:陈开琳
副主席:叶　琳
丁　炬

中共浦北县委员会

机构设置

【概况】 2017年，中共浦北县委员会设置有县委办公室、县委组织部、县委宣传部、县委统一战线工作部、县委政法委员会、直属机关工作委员会、机构编制委员会办公室7个工作部门，挂牌机构11个。共有行政编制167名，机关后勤服务事业编制11名，在职人员130人（其中工勤人员8人）。全县共有基层党组织1082个，派出工委4个。其中基层党委31个，下辖党总支78个，党支部973个。有党员3.02万名，其中，建制村党员1.65万名，城市社区党员714名，农村社区党员674名。女党员7667名；少数民族党员151名；在职党员8128名；离退休党员4348名。

【机构布局】 2017年，县委督查室、县委政策研究室、县保密委员会办公室（国家保密局）、县委机要局（国家密码管理局）在县委办公室挂牌；县非公有制经济组织和社会组织工作委员会在县委组织部挂牌；县精神文明建设委员会办公室在县委宣传部挂牌；县委台湾工作办公室（县政府台湾事务办公室）、民族宗教事务局在县委统战部挂牌；县社会管理综合治理委员会办公室、县流动人口服务和管理办公室在县委政法委挂牌；浦北县事业单位登记管理局在县编办增挂牌子。合署办公机构3个：纪律检查委员会与监察委员会合署办公；防范和处理邪教问题领导小组办公室、县委维护稳定工作领导小组办公室与县委政法委员会合署办公。部门管理机构1个：县委老干部局由县委组织部管理。议事协调机构1个：县绩效考评领导小组办公室为议事协调机构的办事机构。

县委重要会议

【中国共产党浦北县第十三届委员会第二次全体会议】 2017年1月4日，中共浦北县第十三届委员会第二次全体会议在县城召开。县委委员、县委候补委员、县纪委委员共60余人出席会议，经过反复酝酿，表决通过广西出席党的十九大代表候选人推荐名单。

【中国共产党浦北县第十三届委员会第三次全体（扩大）会议】 2017年1月19日，中国共产党浦北县第十三届委员会第三次全体（扩大）会议在县城召开，出席这次会议的有县委委员38人，候补委员7人，县纪委委员和县第十三次党代会部分代表等列席会议。会议由县委书记韦业葵主持。全会深入学习贯彻党的十八届六中全会、中央经济工作会议、自治区第十一次党代会、市第五次党代会精神，听取和讨论了《中国共产党浦北县第十三届委员会第三次全体（扩大）会议工作报告》。会议系统回顾2016年工作，明确2017年工作总体要求和目标任务，强调要全面加党的建设，深入实施四轮驱动战略，统筹推进社会各项事业，稳中求进，开拓创新，抢抓机遇，乘势而上，加快发展，努力开创“十三五”发展新局面，以优异成绩迎接党的十九大胜利召开。

【解放思想大讨论活动动员会】 2017年5月12日，在县城召开全县解放思想大讨论活动动员会。县长李军、县政协主席陈增平等县四家班子领导以及全县科级以上领导干部参加会议。会议围绕为什么开展解放思想大讨论活动、怎样开展解放思想大讨论活动、如何保障解放思想大讨论活动取得实效等方面作明确要求。县住建、发改、国土、工商、环保等部门负责人就如何解放思想、转变作风，提升审批工作效率作表态发言。

【全县基层党建工作会议暨层级联动解决群众难点热点问题会议】 2017年5月16日，全县基层党建工作会议暨层级联动解决群众难点热点问题会议在县城召开。会议听取前一段时间党建工作汇报，研究解决各镇上报需县层级解决群众难点热点问题，并对当前和今后一段时期的基层党建工作再研究再动员再部署。县委书记韦业葵，县委副书记何惠贤以及岑光成、钟一任、方明、张祖培等县领导出席会议。县委常委、县委组织部部长杨永冲主持会议。

【2017年全县村（社区）"两委"换届选举工作会议】 6月27日，在县城召开2017年全县村（社区）"两委"换届选举工作会议。会议主要传达贯彻2017年全区、全市村（社区）"两委"换届工作会议精神，部署全县2017年村（社区）"两委"换届选举工作。县委书记韦业葵，县委常委、县委政法委书记钟一任，县委常委、县委组织部部长杨永冲等领导参加会议。会议由县委副书记何惠贤主持。

【党建引领脱贫攻坚和乡村建设工作推进视频会议】 2017年9月15日，全县党建引领脱贫攻坚·乡村建设工作推进视频会议在县艺术中心召开，会议总结全县建立运行"1+2+6"工作机制以来的工作成效，分析当前存在的问题，研究部署下一步党建引领脱贫攻坚·乡村建设具体工作。会上，张黄镇、福旺镇、安石镇、官垌镇就党建引领脱贫攻坚和乡村建设工作推进情况作发言，县交通、住建、农业、人社等单位就牵头小组涉及各自指标推进情况作发言。县委书记韦业葵，县人大常委会主任班博文，县长李军，县政协主席陈增平，以及何惠贤、张海兵、岑光成、钟一任、梁光宁、方明、张祖培、程文胜等县四家班子在家领导出席会议。会议由李军主持。

【县委中心组2017年第三季度第二次集中学习专题会】 2017年9月20日，县委中心组进行2017年第三季度第二次集中学习专题会。县委书记韦业葵，县人大常委会主任班博文，县委副书记何惠贤等四家班子在家领导参加专题会。传达学习上级有关文件精神以及习近平总书记在省部级主要领导干部"学习习近平总书记重要讲话精神，迎接党的十九大"专题研讨班开班式上的重要讲话精神。班博文、张海兵、梁光宁、方明、张祖培、程文胜等县领导，分别围绕习近平总书记在省部级主要领导干部"学习习近平总书记重要讲话精神，迎接党的十九大"专题研讨班开班仪式的重要讲话精神进行领学，并结合各自分管工作作发言。会议期间还观看了电视专题片《巡视利剑》。

【全县领导干部大会暨警示教育大会】 2017年9月28日，浦北县召开全县领导干部大会暨警示教育大会。会议深入贯彻全区、全市领导干部大会和全市领导干部警示教育大会精神，对第四季度的工作进行再动员、再部署，推动做好当年最后一个季度的各项工作，确保按质按量按要求圆满完成全年的工作目标，为十九大胜利召开营造良好的政治、经济、社会环境。县委书记韦业葵、县人大常委会主任班博文、县长李军、县政协主席陈增平等县四家班子领导参加大会。会议由县委副书记何惠贤主持。

【贯彻落实自治区脱贫攻坚督查组反馈意见工作会议】 2017年11月2日，县扶贫开发领导小组召开贯彻落实自治区脱贫攻坚督查组反馈意见工作会议。县委书记韦业葵主持会议。县长李军，县政协主席陈增平，县委副书记何惠贤，县委常委、常务副县长张海兵，副县长黄涛、韦少坚出席会议。会议传达自治区脱贫攻坚督查组督查反馈意见。自治区脱贫攻坚督查组反馈了涉及全县在脱贫攻坚工作中存在的4个问题，即村级经济缺少龙头企业带动发展扶贫产业、档案与信息管理有待完善、扶贫手册填写不规范、国家扶贫信息系统数据更新不及时。会议强调，务必对照浦北县的工作短板，切实抓好整改工作，确保完成全年脱贫攻坚任务。

【县四家班子第四季度联席会议】 2017年11月9日，县委书记韦业葵主持召开县四家班子第四季度联席会议，听取全县重大项目建设进展情况和招商引资工作进展情况。县四家班子在家领导、县直有关单位、各镇（街道）主要负责人参加会议。会议听取全县重大项目建设和今年招商引资工作进展情况汇报、县四家班子领导各自联系重大项目的汇报和九个招商小分队的责任领导关于招商引资工作推进情况的汇报。

【县委全面深化改革领导小组2017年第四次会议】 2017年12月22日，县委书记、县委全面深化改革领导小组组长韦业葵主持召开县委全面深化改革领导小组2017年第四次会议。会议传达学习十九届中央全面深化改革领导小组第一次会议、自治区党委全面深化改革领导小组第十九次全体会议和市委全面深化改革领导小组第十次会议精神，审议通过《浦北县总工会改革实施方案(送审稿)》《共青团浦北县委员会改革实施方案(送审稿)》《浦北县妇联改革实施方案(送审稿)》《浦北县科协系统深化改革实施方案(送审稿)》《浦北县侨联改革实施方案(送审稿)》。李军、何惠贤、张海兵、钟一任、梁光宁、杨永冲、方明、张祖培、王小平、韦少坚、黄红虹等县领导出席会议。

县委决策部署

【“1234”发展新思路】 2017年，县委以建设“北部湾美丽后花园”和“国际康养胜地”为发展新目标，以“擦亮一张新名片、打赢两大攻坚战、构建三大核心产业园、实施四个年活动”为发展新思路。新目标新思路进一步明晰新时期浦北今后的发展方向和发展重点，体现全县广大干部群众的热切期盼，体现新时代浦北发展的历史使命，完全符合党的十九大精神，必须保持定力，真抓实干，坚定不移地朝着新目标迈进。“1”就是擦亮一张新名片，即擦亮世界长寿之乡这张含金量最高的新名片；“2”就是打赢脱贫和乡村振兴两大攻坚战；“3”就是构建三大核心产业园，即健康产业园、林业循环产业园和新材料产业园；“4”就是实施“四个年”活动，即深化改革创新年、项目建设提速年、服务企业加强年、民生保障改善年。(详情见文献《中共浦北县委员会关于深入学习宣传贯彻党的十九大精神的决定》)

【“1+2+6”工作机制】 4月12日，正式启动“1+2+6”工作机制。“1”是党建工作。明确党建工作在各项工作中的主导引领地位，以确保由党培养和管理的干部和广大党员始终围绕上级党组织的工作目标步调一致行动。“2”是脱贫攻坚和乡村建设。通过宜居乡村、幸福乡村两个阶段的乡村建设，实现农村生活条件明显改善，生态环境明显改观；通过脱贫攻坚工作，到2019年确保全县78个贫困村全部“摘帽”，全县9454户40381名农村贫困人口全部脱贫。“6”是六部门联动。整合纪检监察、宣传、统战、政法、妇联、共青团等部门资源和力量，把工作触角延伸至“一站一中心”，形成强大的工作合力，为党建引领脱贫攻坚和乡村建设工作保驾护航。

县委重要活动

【十八届六中全会和习近平总书记视察广西时重要讲话精神专题研讨班学习贯彻】 2017年5月12日，在县艺术中心举办科级以上领导干部学习贯彻十八届六中全会精神和习近平总书记视察广西时重要讲话精神专题研讨班，会议学习党的十八届六中全会精神要点，以及习近平总书记视察广西时重要讲话精神，对习近平总书记阐述的全面从严治党一系列新思想、新观点和新论断的理解进行再深化，同时还传达学习市委书记王革冰和市委常委、组织部长李盛在浦北调研座谈会时的讲话精神，为浦北实现“两个建成”宏伟目标提供坚实的思想政治保障。县委书记韦业葵，县长李军，县政协主席陈增平等县四家班子领导出席开班仪式。

【县委首轮巡察工作全面启动】 2017年4月21日，召开2017年首轮巡察工作动员部署会，会议深入学习贯彻中央巡视工作方针和自治区党委、市委巡视巡察工作要求，传达贯彻落实十一届自治区党委第二轮巡视工作和五届市委第二轮巡察工作动员部署会议精神，研究部署县委2017年首轮巡察工作。会议决定成立3个巡察组，于4月25日至6月30日对三合镇等3个镇和县林业局等6个县直单位开展首轮巡察。

【县委第二轮巡察工作】 2017年9月30日，县委第二轮巡察工作部署会议召开。县委常委、县纪委书记、县委巡察工作领导小组组长方明出席会议并作部署讲话。县纪委副书记、监察局局长、县委巡察工作领导小组成员宁永勇主持会议。会议传达县委书记韦业葵关于巡察工作的重要批示精神，宣布十三届县委第二轮巡察工作分组名单及任务分工。十三届浦北县委第二轮巡察对象分别为石埇镇、小江街道、平睦镇、县教育局、县市政管理局、县残联、县民政局、县委党史研究室、县人社局、县编办、县环保局、县物价局等12个单位，第二轮巡察自2017年10月9日开始进驻单位。

【脱贫攻坚月行动暨宜居乡村建设】 2017年10月17日，召开脱贫攻坚月行动暨宜居乡村建设部署会。会议主要通报全县脱贫攻坚、宜居乡村建设工作进展,分析主要存在的问题并部署当时具体工作,全力推进脱贫攻坚和宜居乡村建设工作进入新局面。与会人员还一起现场观摩福旺镇、龙门镇的扶贫档案归档整理工作,并在会前举行2017年"扶贫日"捐资帮困活动,县领导和县直单位负责人分别进行捐资。县人大常委会主任班博文,县长李军,县政协主席陈增平等县四家班子在家领导,各镇(街道)、县直各单位负责人在县城主会场参加会议,各镇(街道)干部职工、各村(社区)两委干部在各镇分会场参加会议。县委常委、组织部长杨永冲主持会议。

【党的十九大会议精神传达暨近期重点工作安排】 2017年10月27日,召开传达学习党的十九大会议精神暨近期重点工作安排部署会议,传达学习党的十九大精神,安排部署近期重点工作。县委书记韦业葵,县人大常委会主任班博文,县长李军,县政协主席陈增平等县四家班子领导、县法院院长,县检察院检察长,以及各镇(街道)、县直(含直线驻县)各单位正科级以上领导干部参加会议。会议强调,要抓好经济主要指标冲刺和脱贫攻坚冲刺验收"两个冲刺"任务,继续跟踪推进各项经济指标任务的完成情况,补齐短板,争取按时间节点完成目标任务;要提前谋划好文化旅游节和2018年工作这"两个谋划",做到工作有新思路,转型跨越有新举措,项目建设有新亮点,民生改善有新内容;要确保绩效考核各项指标顺利完成或超额完成和确保社会稳定安全,圆满完成全年经济社会既定目标。

【自治区扶贫开发工作成效考核】 2017年12月8日,2017年自治区扶贫开发工作成效考核部署会在投资大厦召开。会议要求,各镇(街道)、各单位要认真对照考核标准,准确把握考核内容,认真抓好自查评估,对相关安排部署要做到立说立行,落实好问题整改和查漏补缺,有针对性开展工作,总结推广好经验好做法。会议强调,脱贫攻坚工作重在落实,贵在迅速,各镇(街道)、各单位要坚决贯彻落实县委、县政府的决策部署,在工作上要主动作为、认真履职,在行动上采取有力措施、抓出实际成效,争取在自治区考核工作中取得好成绩,确保年度考核顺利通过。对工作中发现推诿扯皮、作风不实、工作成效差进度慢的单位,将进行通报批评或问责,并把迎检工作完成情况作为当年各单位扶贫工作成效考核的重要依据。县委常委、副县长程文胜出席会议,县委副书记何惠贤主持。

县委办公室工作

【概况】 2017年,县委办公室设文电股、行政股、综合股、信息股、接待室、文印室,挂牌管理县委督查室、县委政策研究室、县委机要局(县密码管理局)和县委保密委员会办公室(县国家保密局),共有在职在编人员29人,其中行政编27名,工勤事业编1名,事业编1名。县委办公室自觉践行"五个坚持",着力提升"五种能力",构建"五大"工作格局,打造一支作风严实、忠诚、干净、担当、实干的党办干部队伍,充分发挥"四最一中枢"的作用,积极做好三服务工作。

【干部锻炼与培养】 2017年,共开展集中学习12次,分2期组织100人参加全市党办主任业务培训班,安排10人异地培训。选派4名干部分别到自治区党委办公厅、市委办公室进行跟班学习,派出3名同志担任第一书记,抽调9名乡镇干部到县委办跟班学习,通过上挂下派的方式,强化干部的能力锻炼,年内,有4位同志被提拔为副科级领导干部。

【以文辅政】 2017年,围绕县委中心工作,紧扣县委重大决策部署,主动谋划,深入调研,坚持重大文稿进行集中调研、集中写作、集中会审流程撰写文稿,提出建议和对策,为县委决策提供第一手资料,助推县委科学决策。年内,共完成《关于如何加快"世界长寿之乡"开发利用的思考》《加快浦北新型城镇化建设的对策研究》等9个调研课题,撰写各类讲话稿106份,总结汇报30多份。

【办文办会】 2017年,共办理下级各类请示、报告278件,下级一般来文1629件,上级来文1136件,县委领导签批方案464件,办理群众来信54件,印发县委及县委办有关会议纪要、通知等449件。把好发文关,精简文件,以县委名义发文27份,以县委办名义发文73份,以县委名义上报文件101件。协助统筹好重要会务和活动。通过采取视频会议、套会和并会的形式召开全县性会议,年内,召开全县性会议21个,分17次召开。会议总数与上年的22个减少1个，召开次数比上年的18次减少1次，没有超过年内全县性会议安排的次数。

【督查督办】 2017年，围绕各级党委重大决策部署开展决策督查132次，形成督查报告96篇。其中，开展会议纪要督查23次，开展重要文件督查25次；重点对学习落实习近平总书记参加全国十二届人大三次会议广西代表团审议时的重要讲话精神，进行专项督查和跟踪问效；突出“三个年”活动、创新活动年、安全生产、脱贫攻坚精准帮扶、清洁乡村、征地拆迁等重大专项工作，共计开展专题督查84次。年内，分3批次对52个单位部门进行全县性通报批评，县委领导对落实工作不力的单位和个人开展13次约谈，约谈部门52个，约谈领导干部110人次。

【信息报送】 2017年，共向自治区党委、市委报送信息3328条，党委信息报送总得分628分，已完成自治区和市下达的绩效考评任务。紧急信息严格按照时限要求报送，年内未出现迟报、瞒报、漏报、谎报现象。向市委党史办报送大事记12期，编写《信息早报》62期。先后参与记录县委常委会、四家班子领导联席会以及各类专题会议190余次，整理下发县委常委会、县委常委(扩大)会会议纪要42份，县四家班子领导联席会会议纪要7份，各类专题会会议纪要70份。

【机要业务】 2017年，共收发密码电报600多份，收发各类明传电报4000多份，通过机要专线视频会议48场，开展办理重要电报演练活动6次，进一步增强了办公室的反应和应急反应能力。严格按照《广西壮族自治区县级密码工作规范化建设标准(试行)》(桂办发〔2009〕82号)的要求，对全县密码工作进行规范化建设，并就管理领导体制、保障机制、基础设施装备和密码干部管理等方面进行自查，完善工作制度13项，确保密码通讯安全畅通。

(陈忠亮　钟艳艳)

保密工作

【保密工作】 2017年，中共浦北县委保密委员会办公室(县国家保密局)下设有浦北县保密技术检查站、浦北县涉密载体销毁管理中心两个二层机构。加强涉密人员培训。年内，开展培训2期140人(次)，组织观看警示教育片4场180人(次)，发放印有保密提醒鼠标垫、保密知识手册等保密法律法规宣传资料200多份。开展5次保密专项检查工作，全面排查全县17个镇(街道)和80多个县直单位保密工作，对于检查中发现的问题，提出整改意见，着力推进保密自查自评工作常态化、制度化。加强涉密人员和涉密计算机管理，对高考招生、中考招生和成人考试试卷押运、保管、分发等环节进行保密监督管理，确保不发生泄密事件。

(容华康)

纪律检查与行政监察

【概况】 2017年，中国共产党浦北县纪律检查委员会与浦北县监察局合署办公，实行两块牌子一套工作机构。县纪委监察局内设职能室7个(办公室、党风政风监督室、信访室、第一纪检监察室、第二纪检监察室、第三纪检监察室、案件审理室)、管理机构1个(县纪检监察电教信息中心)，有核定编制34名(行政编制28名，工勤编制2名，电教信息中心事业编制4名)，实有在编人数29人。县纪委派驻机构改革，共设立12个派驻纪检组，其中9个为综合派驻，3个为单独派驻(派驻县公安局纪检组、县法院纪检组、县检察院纪检组)，每组有4名编制(行政编制或政法专项编制)，共48名编制。

【十三届纪委二次全会】 2017年1月24日，浦北县第十三届纪律检查委员会第二次全体会议在县城召开，参会人数278人。县委常委，县人大常委会、县人民政府、县政协党员领导出席会议。全会学习贯彻习近平总书记重要讲话精神和十八届中央纪委七次全会、自治区十一届纪委二次全会和市五届纪委二次全会精神，总结2016年全县纪律检查工作，部署2017年党风廉政建设和反腐败工作。

【专项整治活动】 2017年，开展“一问责三整治”专项整治活动。对“慵政懒政怠政”等问题启动书记约谈及谈话提醒11次43人(次)，书面通报36人，诫勉谈话15人，警示谈话11人，批评教育17人，函询或责令纠正单位及个人4次，立案处理27件，其中涉及科级干部4人。全年，浦北县各镇(街道)、各单位自查法定节假日发放值班费235.59万元，个人通讯费报销212.93万元；主动清退违规报销差旅补助、值班费等款项47万元。

查处违反中央八项规定精神问题20件,结案20件,给予党纪政纪处分20人。

【监督执纪审查】 2017年,浦北县运用监督执纪"四种形态"(党内关系要正常化,批评和自我批评要经常开展,让"咬耳扯袖""红脸出汗"成为常态;党纪轻处分和组织处理要成为大多数;对严重违纪的重处分、作出重大职务调整应当是少数;重违纪涉嫌违法立案审查的只能是极极少数),处理党员干部499人。其中,第一种形态258人,占处理总人数51.70%。开展领导定期接访56次,带案下访42次,重点约访26次,公开大接访5次。受理群众来信来访404件(次),办结314件。立案239件,结案241件,给予党纪政纪处分241人,比上年同期增长21%;全县"一案双查"立案34件,结案34件,给予党纪政纪处分34人。

【扶贫领域监督执纪问责】 2017年,浦北县纪委监察局制订出台《关于进一步健全党建工作站党风廉政监督机制的意见》。全县69个村级党建(廉洁)工作站开展监督检查1069次,收集问题线索176条,转立案50件,开展谈话提醒209人次,发出廉情预警通知书124份。寄发一万多封信给危改、低保对象,收集问题线索126条。全县立案查处扶贫领域案件65件,通报曝光扶贫领域违纪案件11期25起41人。全市扶贫领域监督执纪问责工作现场推进会在浦北县张黄镇召开,浦北县和张黄镇在会上作经验介绍。

【反腐倡廉宣传教育】 2017年,浦北县举办党风廉政建设警示教育巡展,1万多名县、镇、村党员干部参观巡展。加强廉政文化建设,拍摄和宣传6名浦北县优秀党员干部勤廉榜样宣传片,以榜样的力量带动人。完善9个市级、1个自治区级廉政教育基地的建设,宣传大朗书院传承良好家风家训的好故事,营造讲廉、崇廉、尚廉的社会氛围。在全县开展《中国共产党问责条例》《中国共产党党内监督条例》集中宣讲39场次,引导全县党员干部认真学习党章党规党纪。县纪委组织撰写《关于扶贫领域侵害群众利益不正之风和腐败问题的调研报告》在自治区刊物《广西反腐倡廉建设报告》上刊登。制订出台《浦北县全面推行党风廉政建设主体责任清单制度的实施意见》。深化"书记约谈"和谈话提醒制度,开展廉政谈话和约谈涉及500多人次,县处级领导开展谈话提醒184次,各镇(街道)和县直各单位班子领导开展谈话提醒700多次。

【纪检监察队伍建设】 2017年,完成县纪委派驻机构改革工作,共设置派驻纪检组12个,其中综合派驻9个,单独派驻3个。派驻机构统一使用行政编制(含政法专项编制)。县委成立巡察工作领导小组,全年开展2轮巡察,发现收集问题373个,线索122条,立案20件。完成17个镇(街道)纪委(纪工委)的规范化建设,完成率达到100%。开展"示警明纪 筑牢防线"专题教育活动,督促各级纪检监察干部严以修身、严以用权、严以律己。深入开展纪检监察机关干部家访活动,对走访中发现的倾向性和苗头性问题,及时予以提醒纠正,倡导党员干部在建设良好家风中加强自我监督。结合党员活动日组织县纪委机关干部职工到浦北县大成镇柑子根村第一党支部和市廉政教育基地开展活动,增强纪检监察干部的党性修养。

(刘振华)

组织工作

【概况】 2017年,中国共产党浦北县委员会组织部(简称县委组织部)内设办公室、研究室、干部股、干部教育股、公务员管理股、干部监督室、档案室、人才工作股(人才储备中心)、县党建办(党代表联络室)、组织一股、组织二股(组织员办公室)等11个股室,增挂中国共产党浦北县非公有制经济组织和社会组织工作委员会牌子,下辖浦北县农村基层组织建设办公室、浦北县党员干部现代远程教育管理办公室,共有在职在编干部职工28人。

【"两学一做"学习教育】 2017年,浦北县推进"两学一做"学习教育常态化制度化,开展讲课送学、知识竞赛、习近平总书记系列讲话精神及党的十九大精神专题教育学习活动,推动党员领导干部、党校教师、先进模范人物、贫困村党组织第一书记等到基层一线党支部讲党课2700多场(次),送学2万多人(次),先后结合各类培训班、党内主题活动等开展知识测试、知识竞赛30多场次;共在17班次培训班上开展专题授课学习,培训党员干部8500人次。制定"1+7"方案实施分类,通过"八桂先锋"手机APP、"钦州智慧党建"手机

APP、浦北党建微信公众号等新媒体推送学习内容。在浦北电视台、浦北党建微信公众号开设《浦北先锋》《“两学一做”先进事迹》栏目，用身边的先进典型教育身边人。开展“主题党日”活动3000余次，为群众解决实际困难和问题800多件。自5月中旬起在全县上下开展为期一个月的解放思想大讨论活动，激发全县上下“撸起袖子加油干”的干事创业热情。全县120多个单位分别组织党员干部职工开展大讨论活动，党员干部撰写心得体会1300多篇，应征文章70多篇。

【干部队伍建设】 2017年，县委组织部主办开展8期培训。5月，组织县直单位主要领导、镇（街道）党（工）委书记、镇长（街道办主任）、人大主席（联络办主任）等159名领导干部开展学习贯彻党的十八届六中全会和习近平总书记视察广西时的重要讲话精神大讨论。2017年全县提拔15名非领导职务干部，交流任现职时间较长干部19名，消化非领导职务干部101名，其中有12名领导干部因不胜任现职或工作有重大失误被降免调整。

【干部监督】 2017年，坚持干部监督常态化，从严从实管理干部。组织相关领导干部集中学习“两项法规”2次，并组织全县1076名科级领导干部开展个人有关事项填报工作。对全县102个单位开展“一报告两评议”工作，及时掌握各单位选人用人情况。坚持“四个凡必”原则，强化选拔任用干部前置条件审查，对拟提拔任用的86名领导干部的个人报告事项进行核查，因不如实报告个人有关事项规定暂缓使用2人。坚持多方面了解领导干部，对拟提拔使用（重用）领导干部进行意见征求，发放征求意见函290多次。畅通信访举报监督渠道，共办理信访件165件，其中涉及村（社区）“两委”换届信访件151件，涉及领导干部公示期间信访件2件，接待来访群众16次，妥善处理关于历史遗留问题13宗。深入贯彻落实中组部《关于组织人事部门对领导干部进行提醒、函询和诫勉的实施细则》，把提醒、函询、诫勉等作为从严从实管理干部的重要方式。全年，共对有关领导干部进行谈话提醒276人，函询16人，诫勉2人。

【人才引进与服务】 2017年，县委组织部大力开展高层次人才引进工作，对全日制研究生，通过先适岗后考核再办理入编手续的方式，引进全日制硕士研究生28人，并完成入编手续。对大学本科生，通过“劳务派遣”，采取劳动关系在劳务派遣单位、工作岗位在用工单位的用人方式，招聘大学本科生50人。搭建县校合作发展平台，与南开大学签订《共建研究生挂职锻炼基地协议书》。7月，南开大学和天津大学10名研究生到县开展挂职锻炼活动，中国农业大学、北京林业大学等9所高校20名研究生到县开展“名校硕博人才钦州行”科技服务活动。成立浦北县高层次人才储备中心，对高层次急需紧缺人才实行编制周转和人才储备。配套69套公租房作为“人才公寓”，并完善配套设施，解决人才安居问题。

【党建引领脱贫攻坚和乡村建设】 2017年，县委组织部融合县基层办、县乡村办、县脱贫攻坚办（含扶贫办）“三大办”工作职能和人员，建立“大党建办”。创新实行党建引领脱贫攻坚和乡村建设“1+2+6”工作机制，通过6大战线部门联动，工作触角延伸至村组，有效整合部门、人员、政策、项目、资金、企业等资源力量共同参与、共同发力，推动脱贫攻坚和乡村建设工作全面展开。相关单位组成督查组对工作队员驻村开展工作情况进行集中督查和随机抽查。年内，对工作队员驻村工作情况进行167人次督查，对32个派出单位发文责令进行整改，并要求派出单位将整改落实情况书面报告县基层办，对3名驻村工作开展不力的工作队员要求派出单位进行调整，对9名工作队员和3个派出单位进行全县通报批评。

【村级集体经济发展】 2017年，县委组织部在县、镇两级成立发展壮大村级集体经济工作领导小组，形成县、镇（街道）、村三级齐抓共管的工作格局。指导各镇（街道）、村结合自身资源优势，通过场所改造、项目入股、带资入股、光伏发电、流转合作、荒地改造、劳务输出等模式增加村级集体经济收入。结合村“两委”换届，组织全县各村（社区）成立村（居）民合作社，加强村级集体经济的管理。全县累计整合扶贫、财政资金3900多万元，为78个贫困村发展村级集体经济项目提供资金扶持。积极争取2018年广西扶持村级集体经济示范县项目8个共1600万元，每村安排200万元用于扶持壮大村级集体经济。

【强化基层组织建设】 2017年，县委组织部实行“年终考评+季度考评+动态考评”综合考评办法,形成责任落实倒逼机制。重点加强乡镇党委执政能力建设,开展党建工作、脱贫攻坚、乡村建设等全覆盖轮训,配合上级做好调训工作。组织领导班子成员培训6期、183人次。每个镇(街道)配备2名以上专职组织干事,每个党建工作站配备2名专职人员,全县镇(街道)共有专职党务工作者193名,占镇(街道)干部总数的1/3左右。

【村级组织换届】 2017年,县委组织部于6月27日召开村(社区)“两委”换届选举工作动员会,全县273个村(社区)党组织于8月12日前完成换届选举;村(居)民委员会于8月25日前完成换届选举。村(居)监会、团支部、妇联、村民合作社于8月30日前完成换届选举。共选举产生村(社区)“两委”干部1375名。换届选举工作总体进展顺利,没有发生突发性、群体性事件。

【村级党群服务中心】 2017年,县委组织部按照“规划新建一批、修缮提升一批、规范扩建一批”办法抓好村级办公服务场所建设,做到办公场所干净整洁、牌匾制度悬挂规范、功能室布置合理、档案台账完善健全,确保村级组织有人办事、有场所议事。年内,共筹集48个项目1382万元用于村级阵地建设,从县级财政下拨50万元用于村级党群服务中心建设。坚持实行“村(社区)—党建工作站—镇(街道)—县”四级联动解决问题机制,收集群众意见建议2298条,化解矛盾纠纷1285个,为群众解决热点难点问题1237个,组织开展党员志愿服务活动2091次3.11万人(次),通过层级联动解决问题5321个,其中,村级解决3730个、站级解决1117个、镇级解决452个、县级解决22个。

【“两新”组织党建】 2017年,县委组织部开展“两新”组织党建工作重点任务“百日攻坚”,持续扩大“两个覆盖”,全面提升“两新”组织党建整体水平。全县列入党建基数非公企业201个,建立党组织112个,覆盖率93.03%,单独建立党组织88个,单独组建率43.78%,从业人员100人以上的非公企业36个,100%建立党组织;列入党建基数社会组织104个,建立党组织68个,覆盖率98.08%,单独建立党组织49个,单独组建率47.12%,专职(从业)人员10人以上的社会组织21个,100%有党员。建设“两新”组织县级示范点15个,组建综合(行业)党委4个。共选派107名党建指导员和3名党组织第一书记。着力消除“空白点”,实现党组织和党的工作全覆盖。共发展党员20名,培养入党积极分子65人。全年投入20万元按照“六有”标准,指导“两新”组织党组织开展规范化建设,对3个软弱涣散“两新”组织党组织进行整顿转化。

【“党旗领航·电商扶贫”活动】 2017年,县委组织部组织开展春耕农资购销洽谈、“百年黑叶荔枝”“百香果”电商季暨农特生鲜产品展销、贫困村“第一书记”“一村一品”产业产品展示、“七一红色购物季”等活动,实现线上线下销售额5.10亿元。11月25日,高质量承办自治区党委组织部等五部门联合举办的党旗领航·电商扶贫“我为家乡代言”浦北县电商大集直播活动,17.30万人同时在线观看直播。全年开展党旗领航·电商扶贫活动电商销售总额达4.12亿元。

(冼俞任)

宣传工作

【概况】 2017年,县委宣传部设办公室、宣传股、理论股、新闻股、网络管理股和国防教育办6个职能股室。县新闻信息中心是县委宣传部下属事业单位;县精神文明建设委员会办公室在县委宣传部挂牌,县精神文明建设委员会办公室下设未成年人工作股。县社会科学界联合会与县委宣传部合署办公。行政编12名,机关后勤编1名,实有9人;社科联参公编1名,实有1人;新闻中心事业编12名,实有9人。

【意识形态管理】 2017年,县委宣传部牵头制订《浦北县2017年度基层党组织宣传思想文化工作考评办法》,将意识形态工作列入绩效考评和述职述廉报告内容。不定期召开网站工作会议,对网站实行沟通常态化、管理规范化。2017年,全市网络舆情处置工作交流会在浦北县召开,浦北县作经验交流发言。组织开展“网眼看寿乡浦北发展”活动,邀请自治区、市等各级媒体及网友代表参加,邀请今日头条网络大V、网络名人到浦北进行采风,感受浦北县“世界长寿之乡”的风采与神韵。

【新闻舆论宣传】 2017年,县委宣传部围绕县委、县政府中心工作,以新闻报道为抓手,以《广西日报》《钦州日报》上稿为工作重点,抓好主流报刊、网站及新媒体等的新闻报道工作,大力宣传推介浦北。年内,在《广西日报》上稿64篇(其中一版头条和重点稿21篇),在《钦州日报》上稿620篇以上(其中一版头条27篇,重点稿件288篇)。年内,召开新闻发布会4次。

【“世界长寿之乡”品牌宣传】 2017年,县委宣传部围绕“长寿”主题,先后在首府南宁市召开浦北荣获“世界长寿之乡”新闻发布暨健康产业招商推介会和“山水浦北·常来长寿”旅游文化节新闻发布会,新华社、人民网等数十家新闻媒体进行宣传报道,网上报道转载浦北“世界长寿之乡”相关信息高达6000多条。开展“世界长寿之乡”吉祥物、LOGO设计和宣传口号征集活动,策划制作《香野浦北》《丝路古越·寿乡浦北》《百寿探秘》等3个电视专题片,组织开展“网眼看寿乡浦北发展”活动,在中央电视台1套、中央电视台4套和北京高铁西站LED大屏播放浦北城市形象广告,在南宁机场和南宁高铁东站候客大厅LED在屏播放旅游文化节的宣传广告片,在县外高速公路北海石湾出入口、贵港石龙互通、湛江往广州方向出入口等三地点,设立大型宣传广告牌。围绕“山水浦北”“美食浦北”“人文浦北”“商机浦北”等四大版块筹办《山水浦北·常来长寿》旅游文化节,统筹开展摄影比赛、文艺晚会、美食节等12项具体的活动。牵头组织开展“山水浦北·常来长寿”世界长寿之乡浦北原创歌曲征集活动,评出10件优秀作品。

【网络舆情监控】 2017年,完善“两组三员”制度,构建舆情工作长效机制,调整充实全县网监员、网宣员、网评员队伍,组建“三员”工作群。引进监控软件“舆情秘书”,实时监控网络舆情,准确把握舆情动向。实行24小时值班制度,安排专人监控网络舆情,及时应对处理,营造和谐网络生态环境。共收集到网络舆情信息910条,处理率达100%;广西浦北网络问政大厅留言123条,已答复110条,答复率达89%;人民网地方领导留言板浦北县委书记信箱留言28条,已回复24条,答复率达86%。及时查删违规网帖、违规账号、不实网帖等,共删除有害信息246条,违规账号283个。

精神文明建设

【概况】 2017年,全县各级各部门以文明城市测评体系为导向,合力推进文明创建工作,扩大创建覆盖面,提升创建标准,开展十星级文明示范户、文明村镇、文明家庭、文明校园、文明单位等评选活动,提升全社会文明水平。评选表彰翁叔贞等100户县级“十星级文明示范户”,陈珍洪等790户镇级“十星级文明示范户”;评选表彰文明村镇69个,复查全国级文明村镇1个,北通镇平坡村获第五批全国文明村;评选表彰文明家庭83户,莫祝夏和吴可春家庭获得全国最美家庭;县实验小学和乐民中心小学获得自治区文明校园,县人民检察院获第五届全国文明单位;陈秋月、张叙学入选中国好人榜候选人;张黄卫生院妇幼专干冯恩珍获第六届全国道德模范提名奖,是钦州市唯一一个获得全国道德模范的候选人。浦北县以79.71分的成绩顺利通过自治区文明县城的文明指数动态测评,排名全区18个文明城市第7位,获得第七轮自治区文明城市。年内,县文明办被评为2014—2016年度全区未成年人思想道德建设工作先进单位。

【文明创建活动】 2017年,县文明办坚持“因地制宜、因势利导”的原则,分别在工地围墙、道路路口、公共绿地、社区公园、道路绿化带、文化广场、小区楼口、集贸市场等场所,设置户外公益广告,使思想道德教育耳濡目染,家喻户晓,入脑入心,身体力行。率先在钦州市启动社会主义核心价值观主题公园、主题商业街区、主题广场、主题学校等4类示范点建设。以基层“道德评议会”和浦北大党建“1+2+6”为依托,扎实开展“我推荐、我评议身边好人”活动,全县共上报“身边好人”线索403条,报送好人材料24份;继续开展先进典型评选宣传活动,表彰奖励浦北县道德模范14人及各类先进典型(身边好人)75人和先进集体28个。

【未成年人思想道德建设】 2017年,县文明办突出教育主题,创新活动载体,举行“浦北县喜迎十九大,争做时代小先锋——学习和争做美德少年”主题教育实践活动启动仪式暨现场观摩会,总结推广县实验小学“学习和争做美德少年”的先进经验,在全县广泛开展“认星争优、争做美德少年”活动。7月,县文明办被评为2014—2016年度全区未成年人思想道德建设工作先进单位。

(吴健雄)

统战工作

【概况】 2017年,中共浦北县委统战部有编制6名,其中,行政编制5名、事业编制1名,实有干部职工5人。2017年3月,被钦州市委统战部评为2016年度全市统战信息工作二等奖;3月,《"信息+产业+模式"引导民企参与扶贫攻坚》获2016年度全市统战工作实践创新成果奖。

【情系非公经济人士】 2017年,县委统战部深入开展以"守法诚信、坚定信心"为主题的非公经济人士理想信念教育实践活动,引导非公经济人士参与脱贫攻坚,将一批思想政治强、行业代表性强、参政议政能力强、社会信誉好的非公经济代表人士提名推荐为新一届县工商联领导班子和常委、执委人选。深入非公企业走访调研,开展"非公企业接待日"活动,现场为非公企业解决在发展中面临的困难和问题。开展亲商暖企活动,帮助企业克服生产经营中遇到的问题和困难,为企业转型升级提供优质高效服务,促进全县非公企业和非公经济代表人士健康成长,有效构建浦北县"亲""清"政商关系。先后派出人员赴广州、深圳等市,走访拜会"浦商"60多人次,联络乡情亲情,并诚邀他们回乡投资创业。年内,全县非公有制经济固定资产投资总额达105.07亿元,比上年同期增长23.60%。

【党外干部培养】 2017年,县委统战部结合县镇换届工作,大力举荐符合提拔条件的党外优秀干部到乡镇或县直单位领导岗位。把政治立场坚定、工作能力强、群众威信高的党外人士提名推荐为市、县政协委员人选。新一届县政协委员216名,其中党外人士127名,占委员总数的58.8%;驻浦新一届市政协委员29名,其中党外人士22名,占推荐委员总数的76%。4月份,选派9名党外干部参加到湖南培训学习。5月份,选派13名党外后备干部参加县委党校中青班培训。充分发挥党外代表人士实践锻炼基地作用,选派7名优秀党外后备干部到实践锻炼基地挂职锻炼,为党外干部提供锻炼的平台和施展才干的机会。

【港澳台及海外统战活动】 2017年,县委统战部加强港澳台及海外统战工作,为港澳台同胞海外侨胞及其企业提供帮助和服务。1月18日,召开2017年台胞台属归侨侨眷代表迎新春座谈会,台胞台属归侨侨眷代表欢聚一堂,畅叙友情,共话发展。春节前组织对困难归侨侨眷、新华侨华人、侨届人大代表、政协委员、留守儿童、老人共66户进行了慰问,给他们送去慰问金及油、米(折款)共计3万多元,慰问困难台属10户。充分发挥海外联谊优势,整合港澳台侨资源,先后3次派人赴港澳台向海内外知名成功人士推介浦北县基本情况,宣传浦北的投资环境和优惠政策,牵线搭桥,为引进资金、引进技术、引进人才献计出力。深入泉水工业园区,走访浦北县金沙鱼制品有限公司、广西凯兴创新科技有限公司、中美合资企业浦北县华桁木业等港澳台侨资企业,协调企业解决发展难题。

(刘柳莲)

台湾事务

【概况】 2017年,中共浦北县委员会台湾工作办公室(浦北县人民政府台湾事务办公室)为县委统战部的挂牌机构,属县委、县政府领导的对台工作部门。一个机构、两块牌子,核定编制2名,有在职在编干部2人。年内,县台办被市台办评为对台投诉协调先进单位。

【对台宣传】 2017年,县台办通过召开座谈会、以会代训、联谊交友等方式,组织台办干部及在浦台胞台属深入学习中央对台方针政策,动员全社会的力量,共同做好争取台湾民心的工作。年初,组织全体台办干部专门学习传达全区、全市对台工作会议精神,通报自治区、市台办2017年对台工作的工作计划和主要任务,明确当前对台工作的目标任务。1月18日,举行2017年台胞台属代表迎新春座谈会,台胞台属代表共90多人参加座谈会。动员在浦的台胞台属向台湾亲人开展"四个一"活动(向台湾亲属打一个电话、寄一封信、发一份电子邮件、邀请一个亲友团),大力宣传浦北的优势,欢迎台湾亲属回浦参观考察,亲身感受美丽家乡的发展变化。

【服务台资企业】 2017年4月17日—20日,县台办会同统战部、外侨办、侨联联合开展"亲商暖企"活动,走访调研浦北金沙鱼制品有限公司、广西凯兴创新科技有限公司、浦北县华桁木业有公司等等台资侨资企业,了解企业发展情况,协商帮助解决企业发展存在的难题3个。7月7月，邀请台湾投资考察团一行7人到县内开展农业种植养殖、生态康养、海洋生物医药等投资项目考察，同时召开台湾投资团项目推介座谈会。9月7日至13日，县台办随市台办赴台湾台北、台中、高雄、花莲等地，拜会台北市广西同乡会、台北市钦廉同乡会、台北市海峡两岸民间交流协会、台湾金桥电子集团、台湾元泰集团，参观考察台湾新鲔贸易有限公司、高雄港、花莲文化创意产业园区，与台湾各界人士深入交流，积极宣传推介浦北的资源优势、政策环境、产业发展等情况。

【慰问台胞台属】 2017年，县台办开展台胞台属走访慰问活动。其中，探访回乡探亲的台湾同胞或回乡定居的台湾同胞6户，走访“台湾新娘”3户，慰问困难台胞台属10户并送去慰问金及慰问品。

（马贵媛）

机构编制

【概况】 2017年，浦北县机构编制委员会办公室（简称“县编办”）为县机构编制委员会的常设办事机构，既是县委工作部门，又是县人民政府工作部门，列入县委机构序列。县编办内设机构：综合股（挂信访室牌子）、行政机构编制股、事业机构编制股、监督检查股、电子政务股。县编办增挂浦北县事业单位登记管理局牌子。浦北县行政审批制度改革工作领导小组办公室为临时机构，设在县编办。行政编制10名，机关后勤服务事业编制1名，实有在职人数9人。下属单位浦北县事业单位登记管理所事业编制6名，实有在职人数4人。

【权责清单制度】 2017年，浦北县率先在全市完成政府部门权力清单和责任清单“两单融合”工作。全县42个政府部门保留行政权力事项共3763项，其中，行政许可247项、行政处罚2405项、行政强制172项、行政征收36项、行政给付35项、行政检查329项、行政确认67项、行政奖励57项、行政裁决7项、其他行政权力408项，各部门共性权力事项11项，明确与权力事项对应的责任事项2.63万项，明确与权力事项对应的追责事项3.38万项。7月12日，印发《关于公布县人民政府部门权责清单的通知》（浦政发〔2017〕17号），7月20日，在有关平台公布，接受社会监督。建立健全政府部门权责清单动态调整机制。出台《浦北县人民政府部门权责清单管理办法》（浦政发〔2017〕29号），对依法承担行政职能的部门、法律法规授权具有公共事务管理职能的事业单位和其他行政权力单位，依法实施行政权力事项和责任事项的调整公开、动态管理。

【行政审批制度改革】 2017年，浦北县率先在全市取消、调整两批行政许可事项，于3月16日对外公布浦北县行政许可事项目录。及时调整县内实施的行政许可事项，印发《浦北县人民政府关于取消和调整一批行政许可事项的决定》（浦政发〔2017〕2号），《浦北县人民政府关于第三批取消中央指定地方实施行政许可事项的决定》（浦政发〔2017〕3号），《浦北县人民政府关于印发行政许可事项目录的通知》（浦政发〔2017〕4号）。共取消和调整行政许可事项265项，其中，取消52项、调整227项、新增5项。截至年底，保留的行政许可事项目录共278项，直线驻浦单位行政许可事项目录16项，并将结果在自治区政府信息公开统一平台、浦北网、浦北县机构编制网站公布。清理规范行政审批中介服务事项，印发《浦北县人民政府关于第三批清理规范行政审批中介服务事项的决定》（浦政发〔2017〕24号），《关于取消25项中央指定地方实施行政审批中介服务等事项的通知》（浦审改办发〔2017〕8号），转发《国务院审改办等部门关于取消27项中中央指定地方实施行政审批中介服务和证明材料的通知》（审改办发〔2017〕4号）。共清理规范54项行政审批中介服务事项，不再作为行政审批的受理条件，将清理结果在有关平台公布，接受社会监督。

【镇（街道）“四所合一”改革】 2017年11月13日至15日，县编办牵头召集组织、人社、财政、国土、住建、环保、安监等部门，采取单位自查、听取汇报、实地核查、座谈讨论等方式，对各镇（街道）“四所合一”改革进行专题调查研究，并就镇（街道）“四所合一”改革的基本情况、工作成效、存在问题、意见建议形成书面调查报告，供县委、县政府决策参考。

【纪检监察体制改革】 2017年5月，县编委2017年第一次会议讨论《关于县纪委要求设立中共浦北县委巡察工作领导小组办公室的问题》，印发《浦北县机构编制委员会关于设立中共浦北县委巡察工作领导小组办公室的批复》（浦编字

〔2017〕4号）文件，明确设立中共浦北县委巡察工作领导小组办公室为县委巡察工作领导小组的日常办事机构，设在县纪委，与纪委党风政风监督室合署办公。同时，讨论《关于解决县纪委派驻机构行政编制的问题》，印发《浦北县机构编制委员会关于县纪委派驻机构编制的批复》（浦编字〔2017〕5号）文件，按照自治区时间要求全面完成纪委派驻机构改革任务。

【事业单位分类改革】 2017年，县编办将生产经营类事业单位县国有六万山林场和县天皇山林场整合为县六万山林场，解决涉及林场定性、定编、定经费等问题，完成国有林场改革任务。将浦北县公证处由县司法局的内设机构改为财政差额拨款公益二类事业单位，在全市率先完成公证机构体制改革任务。完成承担行政职能事业单位改革前期调研等准备工作，对全县承担行政职能的主管部门及其下属事业单位的行政职能进行全面梳理，根据中办发〔2016〕19号文件精神及兄弟县区先进经验，积极探索承担行政职能事业单位改革新路径，已着手制定具体方案组织实施。配合县人社局、卫计局等相关部门做好涉及机构编制方面的工作。

【机构编制管理】 2017年，县编办贯彻执行国务院《地方各级人民政府机构设置和编制管理条例》和中办、国办《关于严格控制机构编制的通知》、自治区《关于做好全区控编减编工作的通知》以及《浦北县机构编制委员会工作规则》等文件精神，严格执行机构编制“三个一”制度和用编进人管理规定，严格控制机关事业单位机构和人员编制膨胀，做到机构能撤则撤，编制能减则减，尽量不增加机构个数、编制总量和财政负担。

提升控编减编成效 2017年，撤并县医疗器械修配所、天皇山林场、东方中学和龙门独岭小学等48个事业单位，收回事业单位编制37名，由县编委统一管理。对一些确因改革和工作需要成立机构的，尽可能采取增挂牌子的办法解决。率先成立浦北县生态安全综合执法大队，为县政府负责全县生态安全领域综合行政执法机构，与浦北县森林公安局（浦北县公安局生态安全警察大队）联合办公，实行“三块牌子、一套人马”的管理体制；在浦北县公安局刑事侦查综合大队增挂“浦北县公安局技术情报大队”牌子；在浦北县公安局法制大队增挂“浦北县公安局女子警务大队”牌子。对职能调整和任务增加的部门，所需编制采取内部调剂办法解决，实现行政编制只减不增，事业编制总量控制，后勤编制从严核定。对政策依据不足、理由不充分、情况不清楚、做法不明确的机构编制事宜，特别是需要增加机构编制和财政负担的请示，不予办理。

人员编制使用 2017年，对机构和人员编制管理严格规范，没有突破上级规定的机构限额擅自增设行政机构，没有行政机关自定机关事业编制，没有核增行政机关后勤服务聘用人员控制数，没有随意超配领导职数和超编进人。全县行政编制1284名，实有在职人员1132人，空编152名。全县行政机关配备工勤编制131名，实有在职人员75人，空编56名。事业编制以2012年底为基数实行总量控制，全面完成2013年以来事业编制增量的消化任务。全县各类事业单位共有事业编制12389名，实有在职人员10388人，空编2001名。

【事业单位登记管理】 2017年，采取“网络在线指导”+“现场操作指导”等形式，完成事业单位登记和年度报告公示工作。已办理事业单位初始登记11个，变更登记137项，注销登记8个；已提交2016年年度报告事业单位731个，其中，已公示726个，涉及保密不公示5个，全面完成2016年度事业单位年度报告任务，公示率达100%。对新设立的10个事业单位、注销的8个事业单位全部依法进行实地核查，对变更登记137个事项进行细致核对，确保登记信息的准确性和规范性。扎实开展事业单位法人公示信息“双随机一公开”工作，制订随机抽查事项清单，建立检查对象名录库及执法检查人员名录库。按照731个事业单位2%比例的方式，随机抽查14个事业单位，全部以实地查看方式进行，进一步规范事业单位法人登记事中事后监管工作，促进事业单位健康有序发展。

【电子政务服务】 2017年，县编办完成823个机构的赋码发证工作，其中，机关群团76个、事业单位731个、挂牌机构7个、派驻机构1个、设在机构5个、派出机构2个和直管单位1个，实现“两证合一”“一证一码”。推进电子政务建设，将域名注册管理工作纳入机构编制常态化管理，争取财政专项经费支持注册政务和公益中文域名单位数达493个，100%完成中编办下达的注册及续费任务。完成2016年事业单位公开招聘人员、2017年招聘急需紧缺高层次人才、公开招聘中小学教师和特岗教师、公开选调教师、农村小学全科教师和农村定向免费医学生聘用等编制使用工作。通过机构编制实名制系统操作平台办理出编1666人，入编1141人，实现零投诉。

（苏振东）

县级机关党建

【概况】 2017年，中国共产党浦北县直属机关工作委员会（简称“县机关工委”）管辖机关党委4个、行业党委3个，党总支部21个、党支部177个，管理党员5121名。年内，新发展党员42名，预备党员转正44名，党员党内除名2名，取消预备党员资格8名。严格按照党费收缴的规定，做好党费收缴清查工作，向县委组织部上缴党费108.39万元，其中清缴党费20.34万元。

【基层组织建设】 2017年，县机关工委组建、撤并一些因工作需要或因机构改革、企业改制等原因致使原党支部无法正常运转的党支部，年内，新成立县金浦小学、金投公司、六万山林场、商务系统改制企业、国家税务局政务中心办税服务厅等5个党支部，撤销县工商局总支、商务局总支等2个党总支部，变更广西裕源药业等7个党支部的隶属关系，更名县政务服务中心1个党支部名称，成立县委第一巡察等7个临时党支部，整建制转出广西广电网络浦北分公司1个党支部，新建县电子商务行业等7个非公企业党委，并督促新成立或有变动的党支部做好党员组织关系的转移和组建支部委员会工作。党建工作督导形成制度化、常态化，每次检查结束后由县委组织部部长亲自约谈排名靠后的党组织负责人，通过此举，抓实抓细支部的党建工作，促进县级机关党建工作的制度化、常态化开展。

【信息化管理】 2017年7月至8月，县机关工委在各基层党组织开展党组织和党员基本信息采集工作，建立党员电子身份信息，录入全国党员管理信息系统，运用信息系统开展业务应用，推动党组织和党员工作信息化、规范化。截至8月20日，共设置县直机关系统管理员25名，业务管理员220名；共录入机关党委、党组23个，党总支8个，党支部196个，党员5033名，按组织部要求100%完成录入任务。建立完善钦州智慧党建APP平台，指导各党组织党建业务员熟悉使用平台进行党员管理、党费收缴、交流学习等基本功。截至11月底，县级机关后台建立党支部117个，平台录入党员3569人，党支部平均学习积分261分，准确生成党籍号2756人。

【学习培训】 2017年，县机关工委按中央要求，组织基层党组织结合“三会一课”开展“两学一做”学习教育活动，把“两学一做”学习教育活动融入“三会一课”，使“两学一做”学习教育形成制度化、常态化，增强党组织活力。2017年5月，在县委党校举办2017年县直机关入党积极分子、发展对象培训班，县直机关各单位123名入党积极分子、发展对象参加培训，并到大成镇柑子根、张世聪纪念馆接受革命传统教育。

【机关党员活动】

庆“七一”系列活动 2017年6月22日—28日，在浦北县城举办县直单位庆“七一”党员“先锋杯”运动会。运动会有篮球、气排球、乒乓球3个项目，来自县级机关16支篮球队、37支气排球队及46名乒乓球选手参赛。分别于6月30日、7月1日晚在县城西滨广场举办2017年浦北县直机关庆祝建党96周年“七一”文艺晚会，吸引1500多名群众观看演出，丰富了群众文化生活。以“学党章党规、学系列讲话，做合格党员”为主题举办县直单位“两学一做”书法展，收到县直52个单位128名干部职工硬笔书法作品130幅、毛笔书法作品90幅，评出优秀书法作品40件进行展出。7月13日，在县委党校举行浦北县直单位2017年“浦北党旗红·喜迎十九大”党的知识竞赛，县直单位9大战线分别组队参赛，县委宣传部获第一名。

慰问活动 2017年春节前夕，组织县直机关干部职工走访慰问老党员、老干部、困难党员207人，发放慰问金4.14万元；“七一”期间，慰问165名困难党员，发放慰问金3.30万元。

认领微心愿活动 2017年，组织机关基层党组织在职党员2223人，对照群众需求清单，认领县城各社区困难党员、低保户、五保户的2223个微心愿，为他们送上电饭锅、大米、食用油等生活用品，表达党员心意，传递互助精神。

社区“双报到、双服务”活动 2017年3月，在县委党校召集2016年度党组织书记述职评议会暨2017年“双报到、双服务”工作推进会。县直机关企事业单位153个党组织和2012名在职党员，到解放、江滨、环城、田山、西塘、北河、文山、木麻根、塘头9个社区开展“双报到、双服务”活动，共认领服务项目186个，年内，完成服务项目120个，到位服务资金120余万元，办好事实事265件。

（刘廷辉）

信访工作

【概述】 2017年，浦北县信访局内设秘书股、办信接访股以及二层机构浦北县信访接待中心，有人员9人，其中，行政编制为7名（其中公务员6人，工勤1人）、事业编2名。年内，获广西壮族自治区“三无”标准县称号。

【办信接访】 2017年，县信访局受理办理群众来信来访171件次，比上年同期189件减少9.50%。其中：办理来信66件，与上年同期89件相比减少25.80%；办理网上信访39件，与上年同期2件相比升幅较大，“走访”变“网访”已成为趋势；接待群众来访65批207人次，与上年同期群众来访92批239人次相比，批次减少29.30%，人次减少13.40%（其中：集体访8批114人次，与去年同期集体访17批147人次比，批次减少52.90%，人次减少22.40%）；办理信访复查复核事项1件，与上年同期办理信访复查事项6件相比降幅较大。年内，到市上访为12批33人次（上年同期2批20人次），到自治区上访12批26人次（上年同期16批48人次），进京非法上访为零。上级转来交办或督办的信访案件共12件，其中，4件为自治区信访局关于信访事项群众满意度评价的案件，已办结3件；自治区交办的信访积案4件，上级交办或督办的案件4件，也在年内全部办结。

【县领导接访】 2017年，县党政班子领导每周一至周四轮流到县信访局接待群众来访。参与接访的县党政班子领导17人，接访35件113人次，阅批信访件34件，占信访总量的20%。

（周世均）

老干部工作

【概况】 2017年，县委老干部局有在职干部职工8人（含活动中心2人、关工委1人、公益性岗位1人），有离休干部37人，离退休干部支部5个。局长由县委组织部副部长兼任。年内，接待老干部来信来访10件（次），答复率达到100%。

【落实两个待遇】 2017年，县老干部局认真贯彻执行中共中央组织部《关于进一步加强老干部工作的通知》（中组发〔1990〕5号）精神，扎实开展老干部工作，落实离休干部“两个待遇”。

政治待遇 制订老干部阅读文件和听报告制度、重大节日慰问老干部制度、给老干部订阅报刊杂志制度、离休干部学习日制度，加强离退休干部党支部建设。凡是传达中央文件或县里召开重要会议（如党代会、人代会、政协会等）都邀请老干部列席参加。2017年春节、中秋节等重大节日开展慰问老干部活动，发放慰问金20多万元，县四家班子主要领导参与走访慰问活动。把给老干部订《老年知音》《老年日报》作为落实老干部政治待遇的主要内容之一，全年共订阅报纸杂志1412份。坚持每月月底组织在县城定居的离休干部集中学习一次，主要是学习中共十八届六中全会精神和十九大会议精神，学习县委、县政府的决策部署和老干部相关政策。6月份开始，离退休党支部书记每月领取500元津贴。

生活待遇 行政事业单位离休干部的离休费，由财政在预算中按月发放，其他参加养老保险统筹的企事业离休干部的离休费由劳动保险所和机关事业养老保险所按月发放。行政事业单位离休干部医药费列入财政预算分期拨到医保所管理、支付，已参加医疗统筹的离休干部医药费在医疗制度范围内实报实销，实行统筹后，超支部分由县财政予以解决。年底，提高生活不能自理的离休干部的护理费，由原来每月1000元提到到每人每月2500元。根据自治区党委组织部《关于贯彻执行〈国务院关于老干部离职休养的暂行规定〉的具体意见（试行）》（桂组字〔1981〕9号）精神，9月份组织离休干部进行体检一次，全面掌握离休干部健康状况，做好防病治疗工作。

【老干部活动】 2017年，县委、县政府投入资金100多万元对老干部活动中心楼房进行升层加固，拓展老干部活动场所。年内，老干部活动中心组织元旦、春节、“五·一”、“七·一”等重大节日文体活动，活动内容有麻将、天九、扑克、投篮、丢圈、简易保龄球、钓鱼、飞标，参加活动达1000多人次；老年大学招收学员130多人，组织开展老年大学专场文艺汇演，组织老干部参加钦州市“多彩金秋”活动；老干部党校举办2期老干部学习培训班，培训的内容主要包括：中共十九大精神、老年健康知识讲座、防艾知识讲座等。

（何李）

浦北县人民代表大会

综　　述

【概况】 2017年，县人大机关设2室5委，即常委会办公室、信访室、财政经济委员会、法制与内务司法委员会、教科文卫与民族工作委员会、农业农村与环境资源城建工作委员会、选举联络工作委员会。另，经县编委会批准设立人大机关信息化管理中心。县人大机关行政编制19名，工勤编制1名，事业编制5名，在人大机关工作人员28人，其中，公务员25人，公益性岗位1人，劳务派遣1人，借调1人。

【人大专委会工作】

财政经济委员会 2017年4月，对县政府《浦北县人民政府关于公开2016年政府债务限额的议案》进行了审查；8月，对县政府《关于浦北县2016年财政预决算（草案）》《浦北县人民政府关于2016年度浦北县预算执行和其他财政收支情况的审计工作报告》《关于提请审议2017年政府新增债券项目调整方案的议案》进行了审查；11月，对人民县政府《关于提请审议浦北县2017年财政预算调整方案（草案）的议案》进行审查，经常委会表决通过。

法制与内务司法委员会 2017年9月中旬，就全县贯彻落实《中华人民共和国行政诉讼法》情况进行专项执法检查。常委会执法检查组听取县人民法院、检察院、公安局、法制办等有关单位的工作汇报，实地视察县人民法院诉讼服务中心建设、行政诉讼庭审视频等。11月下旬，开展关于社区矫正工作情况的专题调研。修改并在县十七届人大常委会第三次会议通过《浦北县人民代表大会常务委员会规范性文件审查办法》。

教科文卫与民族工作委员会 2017年，开展两项执法检查和一项专题调研。5月，组织开展全县《预防未成年人犯罪法》执法检查。10月17日，对全县实施《中华人民共和国旅游法》和《广西壮族自治区旅游条例》（以下简称《旅游法》和《旅游条例》）情况进行执法检查，并形成报告。10月11日至13日，开展全县乡村旅游工作情况专题调研，形成高质量的调研报告。

农业农村与环资城建工作委员会 10月18日—19日，对全县贯彻实施《中华人民共和国森林法》情况进行执法检查，形成关于检查《中华人民共和国森林法》贯彻实施情况的报告，报送人大常委会会议审议，将审议的意见建议转送县政府，要求县政府及相关单位限期内作出整改和将整改情况报县人大常委会。11月23、24日，对全县集镇和村庄的建设规划情况进行专题调研，形成书面材料提交县人大常委会审议，为县委、县政府对集镇和村庄的建设规划方面的决策提供了依据。

选举联络工作委员会 2017年，对代表的议案、建议进行分类整理，按时召开交办会，及时转交有关单位办理，并定期或不定期对代表建议办理情况进行督办；有针对性地筛选出事关社会经济全面发展特别是人民群众关心的热点难点问题作为办理重点，要求承办单位面对面答复代表。

人大重要会议

【县十七届人民代表大会第二次会议】 2017年2月14日至16日，浦北县第十七届人民代表大会第二次会议在县城召开。应到会代表283人，出席265人，会议听取和审议县长李军代表县人民政府所作的政府工作报告，审查和批准《浦北县2016年国民经济和社会发展计划执行情况与2017年国民经济和社会发展计划的报告》《浦北县2016年预算执行情况与2017年预算的报告》,听取和审议县人大常委会主任班博文代表县人大常委会所作的《浦北县人大常委会工作报告》,听取和审议县人民法院院长钟宪林代表县人民法院所作的《浦北县人民法院工作报告》,听取和审议县人民检察院检察长梁进佳代表县人民检察院所作的《浦北县人民检察院工作报告》,并通过相应的决议。审议浦北县人大财政经济委员会工作报告和浦北县人大法制与内务司法委员会工作报告,市人大常委会副主任李绍兰亲临大会指导并发表讲话。会议期间,代表依法提出建议、批评和意见32件。

【县十七届人大常委会会议】 2017年,县十七届人大常委会共召开常委会会议7次,即第三次至第九次会议,听取和审议“一府两院”专项工作报告15项、重大事项议案5项,作出决议、决定5项。

第三会议 2月9日,在县人大常委会议室召开。会议审议通过《浦北县第十七届人民代表大会代表的代表资格审查报告》。听取县十七届人民代表大会二次会议筹备工作情况报告,通过有关事项。表决通过《浦北县人民代表大会常务委员会关于召开浦北县第十七届人民代表大会第二次会议的决定》,审议并原则通过《县人大常委会工作报告》《浦北县人大财政经济委员会工作报告》《浦北县人大法制与内务司法委员会工作报告》。

第四次会议 4月25日,在县人大常委会议室召开。会议审议通过《浦北县人民政府关于公开2016年政府债务限额的议案》,听取县人大财政经济委员会关于2016年政府债务限额的议案的审查报告和县人民政府关于办理县十七届人民代表大会第一次会议代表意见建议办理情况的报告,通过有关人事任免事项。

第五次会议 6月27日,在县人大常委会议室召开。会议听取和审议《浦北县人民代表大会常务委员会规范性文件备案办法(修订草案)》和关于《中华人民共和国预防未成年人犯罪法》贯彻实施情况的执法检查报告,通过有关人事任免事项。

第六次会议 7月22日,在县人大常委会议室召开。会议审议接受黄寿贵辞去钦州市第五届人民代表大会代表职务。

第七次会议 8月29日,在县人大常委会议室召开。会议听取和审议通过《浦北县人民政府关于提请审议2017年政府新增债券项目调整方案的议案》和浦北县2016年财政决算的报告、审计工作报告,审查批准浦北县2016年财政决算,审议县人民政府关于2017年上半年计划执行情况和预算执行情况的报告,通过有关人事任免事项。

第八次会议 11月2日,在县人大常委会议室召开。会议听取和审议《县人民政府关于提请审议浦北县2017年财政预算调整方案的议案》,审查批准2017年财政预算调整方案。听取和审议通过县人民政府关于县十七届人大第二次会议代表建议意见办理情况的报告、关于2016年度浦北县预算执行和其他财政收支情况审计查出突出问题整改情况的报告、关于浦北县乡村旅游发展情况报告。听取和审议通过贯彻实施《中华人民共和国行政诉讼法》情况的执法检查报告、县人民法院关于司法体制改革工作情况的报告、县水利局关于2017年浦北县水利项目建设情况的工作报告、县农业局关于2017年浦北县扶贫产业发展情况的工作报告,通过有关人事任免事项,同意陈基亮同志辞去浦北县第十七届人民代表大会常务委员会委员职务的请求。

第九次会议 12月13日,在县人大常委会议室召开。本次会议听取和审议通过县人民政府关于浦北县预算绩效管理工作的报告、关于浦北县社区矫正工作的报告、关于浦北县村庄和集镇规划建设情况的报告和县人大常委会执法检查组关于检查《中华人民共和国森林法》实施情况的报告,通过有关人事任免事项。

人大主要工作

【讨论决定重大事项】 2017年,县人大常委会首次开展县本级预算执行和其他财政收支审计查处突出问题整改情况的监督,督促相关部门和单位针对审计查出的10项问题进行整改,涉及资金5.97亿元,促进经济发展质量和财政资金使用效益的提升。把预算审查监督放在重要位置,不断改进预决算审查监督方式,坚持对预算编制、审批、执行、调整及决算进行全过程、全口径监督,2次听取审议计划报告、预算报告,提出审议意见和建议。审查和批准政府公开债务限额及政府新增债券项目调整的议案,依法对县城2016年决算、2017年预算调整等重大事项进行了审议并作出决议、决定。

【人事任免】 2017年，县人大常委会对党委推荐的人选和“一府两院”提请任免的干部，严格按照主任会议审议、法律知识考试、情况介绍、审议酝酿、供职发言、无记名投票表决等程序办理，依法进行人事任免。年内，依法任命国家机关工作人员15人，免职17人，接受辞职1人，补选县代表12人。

【代表履职与培训】 2017年，县人大常委会深入推进人大代表履职平台和基层人大规范化建设工作，在福旺镇召开全县人大代表履职平台暨人大规范化建设现场推进会；在福旺、白石水等4个镇（街道）开展“在企业、农村专业合作社设立代表之家”的试点工作，并逐步向全县推开，建成镇级“代表活动中心”17个，在有条件的行政村建成村级“代表之家”71个，创建企业（合作社）“代表之家”5个。先后组织培训各级人大代表2000多人（次）。

【代表建议意见办理】 2017年，代表依法提出建议、批评和意见79件，均在法定期限内由承办单位书面答复代表，办复率达100%。县人大常委会充分发挥人大信访作为了解民意、化解民忧的重要作用。年内，共接待群众来访200多人（次），处理各种涉法涉诉案件127件，经整理分类，按“分级负责，归口管理”的规定召开交办会交由“一府两院”及其职能部门研究办理，并通过督办、催办等形式，促使代表建议意见得到落实办理。

（赵星傑）

浦北县人民政府

综　　述

【县人民政府机构人员概况】 2017年,浦北县有镇(街道)以上工作机构18个,其中县人民政府1个,镇(街道)人民政府(办事处)17个。县人民政府工作机构25个,派出机构0个,直属事业单位14个,挂牌机构11个,在设机构8个。全县行政编制1859名,实有在职人员1667人,各类事业单位事业编制1.24万名,实有在职人员1.04万人。

【主要经济指标】 2017年,全年GDP实现223.03亿元,比上年同期增长9.50%。完成财政收入8.27亿元,增长9.75%。完成固定资产投资222.40亿元,增长18.10%。规模以上工业总产值345.98亿元,增长20.30%。实现社会消费品零售总额85.57亿元,增长10.60%。城镇居民和农村居民人均可支配收入分别达3.11万元、1.16万元,分别增长7%、8%。

重要会议

【政府全体会议】 2017年,召开浦北县十七届人民政府第一次全体(扩大)会议和浦北县十七届人民政府第二次全体(扩大)会议。

浦北县十七届人民政府第一次全体(扩大)会议 2月8日,浦北县第十七届人民政府第一次全体(扩大)会议在县城召开,会议审议并原则通过2016年《政府工作报告(送审稿)》。

浦北县十七届人民政府第二次全体(扩大)会议 12月25日,浦北县第十七届人民政府第二次全体(扩大)会议在县城召开,会议审议并原则通过2018年《政府工作报告》和《浦北县2017年国民经济和社会发展计划执行情况与2018年国民经济和社会发展计划草案的报告(送审稿)》。

【政府常务会议】 2017年,召开浦北县第十七届人民政府第8次至第24次常务会议。

第8次常务会议 1月12日召开,县长李军主持。会议审议《浦北县县级公立医院绩效考核办法(试行)》《浦北县县城供水水源规划(报批稿)》,研究县残疾人托养中心及综合服务设施项目工程、发放村(居)民小组长工作补贴、2017年水利项目前期工作经费及地方配套资金列入财政预算、开展2017年水利项目前期工作、广西玉鑫置业有限责任公司PB2012—006号地块国有建设用地使用权收回方案、“浦北县长寿指数”项目协议、扶贫小额信贷贴息等问题,审批有关经费事项。

第10次常务会议 3月1日召开,县长李军主持。会议审议《浦北县进城务工人员随迁子女就读义务教育学校实施意见》《浦北县2016年扶持村级集体经济发展试点项目招标方案》《浦北县2016年度招商引资工作任务考核情况报告》《浦北县品牌建设和农产品“三品一标”认证奖励暂行办法》,研究2016年水库移民后期扶持项目招投标工作、立项建设浦北县人民医院感染性疾病科大楼、六硍经官垌至福旺二级公路穿越饮用水源保护区、设立预决算公开统一平台(或专栏)、浦北县2017年招商引资工作任务分配、浦北县金浦建设投资有限责任公司管道燃气特许经营权、设立浦北县安全生产发展专项资金、建设泉水水力发电站、调整工业土地出让价格、解决义务教育均衡发展设备融资租赁等问题,审批有关经费事项。

第11次常务会议 3月28日召开,县长李军主持。会议审议《浦北县开展国家新型城镇化综合试点工作实施方案(2017—2020年)》《2017—2018年浦北县开展国家新型城镇化综合试点工作实施方案》

《浦北县审计局2017年度审计项目计划》《浦北县重点货运源头监管制度》《浦北县交通运输局加快推进2017年脱贫攻坚村屯道路项目建设实施方案》《浦北县2017年第一批财政专项扶贫资金产业化项目实施计划》《浦北县2017年第一批财政专项扶贫资金(发展资金)分配计划》《2017年县城东部片区及中南片区部分巷路面清扫保洁垃圾收集清运采用购买服务承包方案》《浦北县国有林场改革实施方案》,研究把县交通运输局无编制的工作人员纳入机构事业单位工作人员养老保险缴纳、加快改制浦北县机动车辆综合性能监测站、立项建设浦北县城南汽车商贸城、自治区扶贫小额信贷风险补偿资金管理办法(征求意见稿)、遴选优秀本科师范生等问题,审批有关经费事项。

第12次常务会议 4月25日召开,县长李军主持。会议审议《浦北县民办幼儿园办园许可评估暂行办法》《浦北县人民政府与华能国际电力股份有限公司广西分公司合作开发风电项目协议》《浦北县国有资金投资建设项目管理暂行办法》,研究解决县房产开发中心债务及职工安置、石埇八东移民新村旧房改造补助、增加财政经费预算、浦北越州橄榄现代林业核心示范区项目(一期)招标方式等问题,审批有关经费事项。

第13次常务会议 5月11日召开,县长李军主持。会议审议《浦北县优质高产高糖糖料蔗基地建设工作暂行实施细则(修订)的办法》《浦北县特岗教师服务期满考核转岗工作的方案》《2016年现代特色农业示范区奖励资金分配的方案》《广西浦北福旺产业园总体规划(2015—2030)》《浦北县龙门镇产业园启动区控制性详细规划》,研究越州建筑工程公司改制为浦北县金浦建设投资有限责任公司子公司、组建汽车租赁服务公司、越州橄榄核心示范区项目招标等问题,审批有关经费事项。

第14次常务会议 6月2日召开,县长李军主持。会议研究浦北县人民医院监所分院配备协警、全县义务教育学校教学仪器设备采购招标工作、官垌镇保障性安居工程配套基础设施建设项目(一期工程)的招投标、变更增加北通镇平坡用水者协会水厂、平睦镇五峰水厂饮水净化工程扩建项目、成立浦北县兴建担保有限责任公司等问题,审批有关经费事项。

第15次常务会议 6月16日召开,县长李军主持。会议审议《浦北生物质发电项目投资框架协议、投资协议》《奥园城市综合体投资协议》《优秀学生奖励暂行办法》,研究龙门镇至平马村公路工程招标、钦州六硍经官垌至福旺公路工程招标、泉水工业区泡滩坡市政道路采用EPC总承包模式实施建设等问题。

第16次常务会议 7月7日召开,县长李军主持。会议审议《奥园城市综合体项目投资补充协议书》《2017年招商引资工作目标任务及考核奖励办法》《招商引资项目预审制订》《加强耕地占用税征收管理办法(修订)》《浦北县民办幼儿园办园许可评估暂行办法(试行)》,研究设立第三方平台公司专户管理扶贫小额信贷风险补偿金、建设龙门供销社农贸市场、殡仪馆项目建设、浦北县2017年新增债券项目等问题,审批有关经费事项。

第17次常务会议 7月31日召开,县长李军主持。会议审议《关于浦北县福旺水库建设工程可行性研究报告送审稿》《关于浦北县2017年"县域工业提升工程"奖励工作方案》《关于浦北县2017年财政专项扶贫资金"以奖代补"工作方案》。研究关于增加宜居乡村建设活动经费预算,调整2017年第一批财政专项扶贫资金产业化项目部分项目和项目管理费,张黄消防站车辆及器材装备购置经费列入2017年下半年预算,《浦北县管道燃气特许经营协议》并明确签订主体,对浦北县外国语学校的改制,寨圩镇第二中心小学、龙门镇第二中心小学等2个教学综合楼项目招标方案有关条款,2017年特岗教师岗位调配,2017年中央补助浦北县博物馆陈列布展经费使用和政府采购方式,六硍经官垌至福旺公路项目业主变更,协调处理土地受让人支付的土地价款列入项目土地成本,钦州市机动车驾驶人考试中心浦北分考场工程追加投资额,追加科园路越州大道路口(鱼窝头)棚户区东向安置地变更规划后项目总投资,增加考试车辆及设备,办理县政协《关于在全县15个镇建设电子屏幕的提案》,浦北县2017年一事一议财政奖补特惠制项目招标方案,2017年机关事业单位工作人员正常晋升工资,《钦州市特困人员救助供养实施细则(试行)》相关标准,发放特困人员救助供养金,安排使用历年项目结余资金,浦北县"世界长寿之乡"老年人安康保险方案,《委托征地工作协议书》等问题,审批有关经费事项。

第18次常务会议 8月16日召开,县长李军主持。会议审议《浦北县烟花爆竹生产企业整县退出实施方案》《浦北县2017年财政专项扶贫资金"以奖代补"工作方案》《浦北县国有林场改革经费测算方案》《“山水浦北·常来长寿”旅游文化节县城绿化美化提升设计方案》。会议研究关于确定浦北县龙门镇至平马村公路工程勘察、初步设计招标控制价,张黄消防站工程招标方案的问题,推进浦北县公共实训基地项目建设工作,大塘至浦北高速公路(浦北段)征地搬迁方案,大塘至浦北高速公路(浦北段)征地搬迁工作协议书,从当年特岗教师落选人员和退休教师中择优聘用150名担任支教老师,浦北县小江街道办保障性安居工程配套基础设施项目(一期工程)的招标方案,审批奥园项目供电线路迁改工程款,审批2016年度村(社区)“两委”干部实绩奖励款,人武部新靶场和新民兵武器装备仓库征地主体和建设业主等事项,开展劳务派遣工作及相关派遣经费,搬迁浦北国家气象观测站,上报2018年浦北县农村公路安全生命防护工程项目,上报2018年度浦北县农村公路路网结构改造工程项目,拨款购买广播电视设备,审批县城城南区水沟修复工程款,审批县城城南区新建水沟工程款,审批钦州六硍经官垌至福旺公路(官垌至福旺段)征地经费等问题。

第19次常务会议 8月30日召开,县长李军主持。会议审议《浦北县2017年各镇(街道)财税工作考核方案》《浦北县2017年完成经济发展指标考核奖励方案》《浦北县交通运输局2017年脱贫攻坚村屯道路项目(第二批)实施方案》《浦北县2017年“县域工业提升工程”奖励工作方案》《关于建设“山水浦北·常来长寿”浦北旅游一卡通及“智慧旅游—电子景区”项目的工作方案》《浦北县2017年财税三局财税工作考核方案》,浦北县关于引进高层次(紧缺)人才待遇的补充规定。研究关于开展《浦北县全域旅游发展规划》编制,明确2017年财政收入指导性计划,北通镇人民政府提交的关于请求解决自治区第二批百镇建设示范工程,保障性住房配套设施工程等项目设计费、监理费、预算费和审计费,北通镇上缴的土地出让金,中小学教师空缺岗位人员变动聘用,处置浦北县教育印刷厂国有资产,审批办理县第四中学女生宿舍楼施工许可证经费,审批钦州六硍经官垌至福旺公路工程水土保持补偿经费,划拨2017年预算安排资金实施贫困村产业基地道路,划拨南进城大道(K44+220—K44+880)段路面改建工程资金,县土地储备中心关于审批第三季度贷款(土地储备贷款)利息,县土地储备中心关于审批到期贷款(浦北县城城北片区800亩土地储备整理项目)本金,审批寨圩工业区沿江洪堤挡土墙及边坡防护治理工程进度款,利用传统村落保护发展项目补助资金修缮伯玉公祠,审批北通镇垃圾处理中心项目审计多出部分资金,支付机动车驾驶人考试中心供水管安装工程款,支付应急救援物资储备库工程结算款,划拨龙门至平马一级公路项目融资贷款利息,钦州坭兴陶文化创意产业园浦北展示馆经营管理,划拨修编张黄、寨圩、北通、福旺、龙门、泉水、乐民七个镇总体规划经费,请求审批龙门产业园征地补偿款,审批浦北县推行河长制开展江河湖库信息调查工作经费,审批龙门风电项目风机座位及进场道路征地补偿款,党群服务中心建设工作经费等问题。

第21次常务会议 9月27日召开,县长李军主持。会议听取《广西壮族自治区重大行政决策程序规范》法治政府建设专题报告讲座、县安监局汇报近期全县安全生产工作情况、县食品药品监管局汇报2017年上半年食品药品安全工作情况。审议关于浦北县棚户区改造项目(三期)采用政府采购模式有关事宜,《美丽浦北·宜居乡村活动实施意见》及四个配套文件,浦北县环境保护工作职责规定(试行),2017年财政收入指导性计划,浦北县橄榄小镇项目框架协议书,浦北县关于加快提升全县住宿业接待能力的奖励办法,浦北县人民政府部门权责清单管理办法,《“世界长寿之乡”浦北县首届微视频展播征集活动组织策划方案》《浦北县碧桂园项目投资开发协议书》《浦北县委托招商暂行办法》(修改稿)。研究北通镇那新村民委员会与龙门镇学堂村民委员会李子湖村民小组等9件土(林)地权属纠纷案件,审批乐民产业园2017年第三期征地补偿款,安石派出所与安石农业站国有土地置换申请,增加各镇(街道)工作经费,审批双良桥至钦浦二级公路路段道路扩建项目建设经费,审批荣和路清泉街道路照明工程建设资金,成立广西林权交易中心浦北县服务站,拨款购买清漂船清理水葫芦,设立广西金投浦北城建扶贫发展合伙企业(有限合伙),采用PPP模式建设浦北县龙门镇至平马村公路及六硍经官垌至福旺公路,举办“山水浦北·常来长寿”旅游文化节晚会,审批浦北县殡仪馆建设用地土方平整工程余付款,提高长寿高龄补贴,核定浦北县2017年义务兵家属和部分优抚对象优待金标准发放,安排使用历年水库移民项目结余资金,县机动车辆综合性能检测站安检线购买设备，审批编制五皇山国家生态旅游示范区总体规划工作经费，对五皇山创建国家生态旅游示范区进行创建指导和编制申报材料，审批石埇、安石、乐民、白石水、大成5个镇级污水处理厂前期工作相关费用，浦北县县城供水工程项目增加合同外造价情况，审批县城工业区项目征地费用，各镇（街道）交通站自收自支工作人员考核转为财政全额拨款人员，将全额拨款事业单位工作人员的失业保险费列入财政预算，安排2017年县级精准扶贫档案管理工作专项资金，补缴原企办退休人员医疗保险费，PB2013-02号地块处理方案，组织开展一键式报警器、视频监控设备、安保器械及联网型独立式感烟火灾探测器等设备采购，组织开展张黄镇寄宿制小学和福旺镇寄宿制小学教学仪器设备采购工作，2017年第二批农村中小学校舍维修改造资金安排项目招标方案，审批江城街道中心小学土方工程款，县城城北片区53.33公顷土地储备整理项目建设内容调整方案，2016年度绩效奖励发放有关工作，核准浦北县2017年劳务派遣人员招聘计划，审批2017年村级综合服务中心服务惠民专项工作经费，审批开展南流江水环境整治规划编制工作经费，《浦北县光伏发电扶贫工程实施方案》，审批贫困村村级集体经济发展资金委托经营收益分红，县公共实训基地设备及办公用品采购方案等问题。

第22次常务会议 10月26日召开，县长李军主持。会议组织学习《广西壮族自治区规范性文件监督管理办法》法治政府建设专题。审议浦北县义务教育均衡发展项目资金支付管理办法，浦北县2016年冬季转业士官安置工作方案，《2017年浦北县发展总部经济扶持办法》《2017年浦北县企业发展扶持办法》《浦北县木材加工业转型升级扶持办法》，浦北县2017年财政预算调整方案（草案），全面推进供给侧结构性改革的实施意见，2017年浦北县扶持工业企业上规入库工作方案，《浦北县“十三五”实行最严格水资源管理制度考核工作实施方案》。研究提高浦北县村（社区）干部基本报酬，审批维修村级办公场所工作经费，配备县、镇（街道）、行政村扶贫信息员（档案管理员），审批县人武部2017年度增加预算经费，预审批张黄工业区国有东方农场用地青苗费，审批寨圩镇海洋石油气库搬迁项目征地工作经费，审批浦北县建业物流中心项目征地工作经费，审批凤坪至梨木、苏村至光明公路水毁工程资金，审批浦北县经樟家至安石三级公路路面改建工程资金，审批2017年第二批农村义务教育薄弱学校改造计划补助资金县级配套专项资金，审批浦北县第一阶段不动产登记历史数据整合建库工作经费，县房产局原房屋登记资料移交与人员划转，提高城市特困人员救助供养标准，审批婚姻登记档案进馆工作经费，实施2016年度就业困难人员灵活就业社会保险补贴工作，原浦北县造纸厂债务纠纷案件，2017年“美丽广西·宜居乡村”农村改厕改厨一体化三格化粪池公开采购方案，审批碧桂园南向土地及零星土地征地补偿款，审批高新产业园、考试中心、越秀大道及周边征地余下征地及项目工作经费，审批园林绿化维护费，审批工作经费购置一批环卫设备，审批城市管理执法人员执法制式服装和标志标识采购资金，审批2017年“党旗领航·电商扶贫”我为家乡代言电商大集暨浦北长寿养生食材营销活动承办经费，审批浦北县旅游交通指示牌工程工作经费，审批浦北县木材公司七宗房地产转让起始价，县第四中学配电工程招标方案，开展五皇山周边地区重点水资源开采勘探和评价项目，开展五皇山周边地区水资源普查项目，浦北县越州养老护理院配电房工程招标方案，拨款注册浦北县建科环保科技有限公司，合作出版浦北县地方文化图书方案，浦北县公正机构体制改革，确定福旺镇产业园、龙门镇产业园道路及厂房工程招投标地点及控制价，确定龙门镇至平马村公路招投标地点及控制价，确定钦州六硍经官垌至福旺公路工程（一期）招投标地点及标控制价等问题。

第23次常务会议 11月21日召开，县长李军主持。会议听取县扶贫攻坚办2017年脱贫攻坚工作的汇报，并研究部署扶贫攻坚工作。审议《浦北扶贫保险承保方案》《浦北县县级公立医院管理委员会工作规程》《浦北县财政专项扶贫资金管理办法（修订）》《浦北县国有土地使用权出让金管理暂行办法（修订）》《浦北县推进户籍制度改革实施意见》《浦北县开发投资集团有限公司、浦北县金浦建设投资有限责任公司高级管理人员岗位设置、经营业绩考核及薪酬管理方案（试行）》《浦北县全面推行河长制工作方案》《浦北县河长制相关工作制度》（试行）。研究实施贫困村集体经济增收光伏项目，审批资金建设南明村黑大帅养殖分场猪舍项目，审批2017年“以奖代补”扶贫产业项目资金，补发村（社区）干部养老补贴，审批资金建设综治中心，划拨公路桥梁项目前期工作经费，建设公安机关窗口服务大厅和青少年法治教育基地，钦州坭兴陶文化创意产业园浦北展示馆后期运营管理，组建浦北县金浦建设投资集团有限公司，钦州六硍经官垌至福旺公路工程（一期）工程监理服务费招标控制价，组建浦北县专业森林消防队，审批浦北县金浦中学体育馆建设超预算工程款，解决中职特岗教师2017年工资性补助经费差额，审批设立河长公示牌工作经费，审批金浦大街人行道铺砖广告牌工程建设管理工作经费，审批县城基础设施城镇生活污水垃圾处理设施建设等9个项目工作经费，追加流浪乞讨救助救治工作经费等问题。

第24次常务会议 12月25日召开，县长李军主持。会议审议《县发展和改革局等42个县直单位及镇（街道）行政权力运行流程》《浦北县官垌鱼现代特色生态养殖示范区（奖励资金）建设总实施方案》《草鱼优质苗种养殖基地建设实施方案》《官垌镇三和水产养殖专业合作社“官垌鱼现代特色养殖示范区”奖励资金项目实施方案》《浦北县第三期学前教育行动计划（2017—2020年）》《浦北县进一步强化企业创新主体地位实施办法》《浦北县“十三五”节水型社会建设实施方案》《浦北县促进企业上市企业扶持及奖励暂行办法》《浦北县人民政府关于公布继续保留的22份县级政府规范性文件》《浦北县人民政府办公室关于公布继续保留的12份县级政府规范性文件》。研究审批泉水工业区公租房配套设施项目建设资金，乐民产业园区2017年第三期征地补偿款，官垌镇群生村委方树木根村地质灾害险情排除工作经费，张黄镇新车站小区土地出让金，解决县纪委派驻机构办公经费，建设综治视联网，发放人民警察法定工作日之外加班补贴，在县殡仪馆同步建设尸体解剖室，县城“白改黑”路段施画交通标线，龙门水泥厂拆迁补偿，县水泥厂拆除旧生产车间厂房，建设南明村工程，越州养老护理院电力设备采购安装招标方案，审批浦北佳荔特色水果核心示范区基础设施工程款，金浦新区地下人防工程采用总承包（EPC）模式进行建设，张黄工业区污水处理设施（主管）工程建设方案，张黄镇污水处理厂及配套管网工程二级路大桥至镇区段管网变更为水下施工作业，审批县外租赁高炮广告牌租金工作经费，县机动车辆综合性能检测站改制，户外广告牌公开招租，县金浦中学体育馆建设超预算工程款，报送三年计划县级妇女儿童活动中心项目以及2018年度实施计划项目，减免县东昇剑麻制品有限公司2008年800吨剑麻制品加工扩建项目财政有偿资金占用费，2017年部门预算县统筹专项资金调剂使用，建立浦北县政府采购网上商城平台，增加浦北县开发投资集团有限公司注册资本，县金浦建设投资有限责任公司第三期注册资本列入2018年财政预算，县开发投资集团有限公司2016年高层管理人员绩效发放，村级综合服务中心建设配套经费，乡村学校任教累计满20年及以上人员岗位聘用，浦北县城城南片区控制性详细规划第二笔项目编制费，县生活垃圾卫生填埋场2017年运行经费缺口资金，更换安装城区道路名称指示牌，将县城金浦新区、工业园区已建成部分主要道路垃圾清运路面保洁经费列入2018年度财政预算，审批“山水浦北·常来长寿”旅游文化节县城绿化提升工程工作经费，建设城市管理数字化城市管理平台，审批2017年度市政零星修补工程经费缺口资金，解除PB2013-02号地块土地出让合同，审批县越州橄榄核心示范区橄榄种植一期工程款，开展2018年县水利项目前期工作及审批前期工作经费，2017年浦北县农村环境综合整治项目工程公开招投标，审批浦北县第二次全国污染源普查经费，石埇镇第二批南流江禁养区养殖场清拆工作经费，小江街道田山社区鱼湖麓等四个村搬迁补偿价格评估公司，给予广西浦北县泉水烟花基地产业结构调整升级退出资金补助，县殡仪馆项目新增工程，县城部分街道命名，县第四中学建设项目（教师周转房）工程招标方案，《浦北县扶贫保险承保方案》等问题。

施政纪要

【项目建设】 2017年，浦北县深入开展“招商引资突破年”活动，举行重大项目招商洽谈会86场，接待客商105批（次），新引进项目47个，到位资金88.90亿元。在2017年“山水浦北·常来长寿”旅游文化节上，成功签约文化旅游、健康产业招商项目26个，总投资63.93亿元。组建9个招商小分队，分赴山东、广东、福建等8个省份开展招商引资，成功引进3个重大项目，其中投资35亿元的浦北奥园城市综合体项目、投资4亿元的农林废弃物发电项目相继落户。推动以商招商，落实驻点招商，引进香港天润制衣等20多个项目落户。

【县域工业提升工程】 2017年,出台县域经济发展“1+4”系列政策文件,打造工业增长点。投入2.60亿元建设26个项目,完善工业园区基础设施建设,“一带三区”发展格局逐步形成。编制完善重大项目投资3年滚动计划,入库项目338个,总投资193亿元。成立县重点项目办公室,协调推进项目建设,组织开展两批次项目集中开竣工,开工建设新生制衣、美良木地板等项目67个,科艺家居、龙腾木业等36个项目竣工、投产。龙门风力发电、生物质发电、G359东绕城二级公路等自治区统筹推进的重大项目完成投资4.57亿元,完成年度计划投资任务的139%。落实钦州市24项降成本措施,重点行业稳产提效,新培育规上工业企业7家,全县规上工业企业达96家,新增亿元企业5家,亿元企业达88家。着力承接东部产业转移,富通电子、凯兴电子等新兴产业不断发展壮大,年产值达亿元。新培育高新技术企业2家,全县高新技术企业达9家。加强与科研院所合作,裕源药业技术中心被认定为自治区创业技术中心。制药行业逐步回暖,创税2500多万元。出台总部经济及企业扶持、木材加工业转型升级等一系列扶持政策,审批资金3840万元扶持产业发展壮大。引导烟花爆竹企业转型升级,2017年有13家企业退出烟花爆竹行业。大力扶持木业产业发展,浦北县成为“广西生态板材生产基地”,昌宏木业、宏茂木业、焕发木业被授予“广西现代林业产业龙头企业”,新型木业循环经济产业逐步形成,创税6000多万元。加强企业融资服务,通过“惠企贷”“金企贷”“政银保”等金融产品和小额贷款,帮助30家企业解决融资难问题。大力培育营利性服务业企业上规入库,新增入库企业12家,完成市下达6家任务的200%。

【交通畅通提升工程】 2017年,贵港至合浦高速公路于10月17日正式通车,实现浦北交通“高速梦”,真正融入北部湾“1.50小时经济圈”。基本完成大塘至浦北高速公路浦北段征地任务。龙门至平马一级公路、G359东绕城路、木格经六硍平睦至水鸣、六硍经官垌至福旺二级公路等项目扎实推进。修复浦铁二级公路泉水至张黄、马兰至龙门路段和308省道寨圩至乐民路段。五皇山至越州天湖、北通至五皇山旅游公路启动建设。农村道路基础设施完成投资8135万元,新建成公路211.65千米,实现全县80%的20户以上自然村通水泥路。

【城镇建设】 2017年,浦北县打造宜居宜商宜业县城,全面推进第三批国家新型城镇化综合试点县建设。改造建设一批市政工程,建成滨水文化休闲公园,启动建设华侨山公园、中心公园,升级改造县交易市场、大发市场,铺设金浦大道延长线连接高速路出口,建设县城排污治理工程,实施主要街道白改黑提升工程,推进县县通管道天然气工程。推动房地产去库存,全县房地产实现销售面积35万平方米,比上年同期增长30%。做好住房保障工作,建成公共租赁住房1736套,棚户区改造745套。寨圩“百镇建设”项目完成一期投资1100万元,龙门红椎菌特色小镇入选广西第一批特色小镇。加快户籍制度改革,推进农村人口城镇化进程。全县上下联动,大力开展征地搬迁攻坚宣传月活动,完成征地搬迁93.33公顷。坚决打击“两违”,拆除违章建筑5000多平方米。常态化开展城区市容市貌整治,县城居住环境进一步优化,获评为“国家园林县城”。

【生态建设】 2017年,浦北县打造全域旅游新名片,创新推进“乡村旅游+扶贫、特色农业、特色产品”模式,成功创建越州天湖国家4A级旅游景区,东方生态园、双良芭乐园分别获评广西五星级、四星级乡村旅游区,三合桑生生态园、聚然休闲中心分别获评广西五星级、四星级农家乐。大力推进绿化工程,全年植树造林2266.67公顷,全县森林覆盖率提高到73.03%,居全区前列、全市第一。投入3.90亿元建成镇级污水处理设施项目10个、镇级垃圾处理中心13个、垃圾中转站16座、村级垃圾处理中心25个。全面开展农村环境综合整治,浦北县在全区“美丽广西·宜居乡村”活动综合现场会上作书面经验交流,北通镇获2017年“自治区级生态乡镇”称号。成立广西首支生态安全警察队伍。抓好中央环保督察组关注的重点问题及全县突出环保问题的整改,扎实推进武思江、南流江等水系水环境综合治理,打击取缔非法采砂场66家,拆除禁养区内养猪场90多家。落实推行河长制,建立治水长效机制和责任体系。

【特色农业】 2017年,浦北县依托“世界长寿之乡”金字招牌,大力发展现代特色农业。成功创建1个自治区级、1个县级和3个乡级特色农业示范区,全县“三品一标”认证达44个,健翔红茶、浦生花生等6个农产品获得富硒农产品认证。健美乐牌丹竹液、金塑牌给水管获评

"广西名牌产品","浦百"百香果获钦州市首个国家生态原产地保护产品。利用"互联网+"模式,加速"黑大帅"等特色农产品进城,实现农产品网上交易1.94亿元,比上年同期增长67%,被评为"广西农村淘宝优秀县城"。产业富民工作有成效,发展柑普茶做法在全区产业富民现场会上获自治区领导肯定。加大新型农业经营主体培育力度,全县工商注册农民合作社707家、家庭农场93家。

【民生工程】 2017年,浦北县大力实施"五个一批"和"八大扶贫攻坚行动",投入各级财政专项扶贫资金1.56亿元支持扶贫项目建设,深入推进产业扶贫、健康扶贫、金融扶贫等工作,实现13个贫困村脱贫摘帽、8510贫困人口脱贫,20个脱贫村达到稳定脱贫。扎实推进"产业富民、服务惠民、基础便民和文化乐民"四个专项活动。完成农村改厕、改厨、改圈共1.62万户,完成农村危房改造1476户,改造农村电网工程61个。发展新型农业经营主体800家,建立生产基地254个,带动60%以上农户实现增收。投入资金5.30亿元推进教育均衡发展,义务教育均衡发展工作通过市级验收。2017年高考上一本人数创历史新高,共334人,比上年同期增长39.70%。创建教育发展基金会。全年开展文化娱乐活动2300多场次,小江瓷技艺申报为自治区级非遗项目。全市"文化乐民"工作现场会在县内召开。平坡村、县人民检察院分别获"全国文明村""全国文明单位"称号。卫计事业稳步发展,计生服务水平不断提升,深入推进医疗体制改革,医疗费用增幅控制在10%以内。妇幼保健院整体搬迁项目加快建设,浦北城南医院、越州医院建成使用。社会救助工作体系进一步完善,双拥优抚安置工作扎实推进、县地名普查工作通过区、市验收。投入6200多万元,加快实施中央财政小型农田水利重点县项目,建成6个农村饮水安全工程,加快推进3个河段防洪治理工程建设。共投资28亿元实施为民办实事项目44个。

【平安浦北】 2017年,浦北县以群众安全感和满意度工作为抓手,全面推进"平安浦北"建设,获评为广西"三无县",荣获"2015—2016年度建设平安广西活动先进县",连续12年被评为"自治区平安县"。中共十九大会议召开期间全县社会环境平安稳定,安全维稳工作获全市通报表扬。建设天网三期工程,织牢安全防控网。开展"全警巡城",组建镇村两级巡防队。成立浦北县人民医院监所分院,从源头上解决关押身患传染病及其他严重疾病的违法犯罪人员问题。保持对犯罪行为的高压态势,刑事案件立案964起,比上年同期下降20.7%。创新建立群众报警、求助、投诉、举报快捷处置的社会应急联动工作机制。排查各类矛盾纠纷2303件,调结率97.80%,获评自治区"三大纠纷"调处先进集体。落实"党政同责""一岗双责",筑牢安全生产"红线意识"和"底线思维"。集中开展普法宣传教育,增强全民守法意识。

县政府办公室工作

【概况】 2017年,浦北县人民政府办公室设文电、行政、信息、综合、督查等5个职能股室,编制26名(含县政府领导),实有22人。年内,发挥办公室的参谋助手、综合协调、督促检查和后勤保障作用。

【参谋助手】 2017年,浦北县人民政府办公室起草、撰写和审核各类文字综合材料750多份。向自治区信息办公厅报送政务信息和网络信息2173多条,有18条信息得到采用。处置应急突发事件13件,网络舆情办理5件,办理率100%;市长服务热线办理454件,办结率100%。

【综合协调】 2017年,做好协调工作,发挥办公室联系上下、协调左右的枢纽作用,抓好各项会议前期工作,确保县人民政府常务会议和各种专题会议的顺利开展。起草和审核以县人民政府、县人民政府办公室名义下发的文件和通知1000多件,承办部门单位请示报告5000多件。

【督促检查】 2017年,制订20套(个)表格督查工作机制,科学分工,调动各相关部门督查力量,形成立体式大督查格局。全年开展100多次督查活动,督查落实70多项重大决策和重要批示,确保县委、县政府各项中心工作有效督促落实。此外承办建议提案79件,建议、提案办复率均为100%。

(宾友)

政府法制

【概况】 2017年,浦北县法制办内设机构2个,在编人员3人。全年,县法制办审查规范性文件26件,立案受理行政复议案件 15 件；代表县人民政府参加行政诉讼案件 34 件；年内审查“三大纠纷”案件 25 件；参与项目建设、安全稳定等涉法事项的审查，出具法律意见 720 件（次）。在 2017 年广西壮族自治区法治政府建设工作会议、2017 年钦州市法治政府建设工作会议上均作经验介绍。在钦州市县（区）2017 年度法治政府建设专项绩效考核中，获满分 110 分（含加分 10 分），在全市排名第一，是钦州市唯一获考核满分的县（区）。

【规范性文件起草和审查】 2017 年，县法制办根据《广西壮族自治区规范性文件制定程序规定》的规定，开展规范性文件的起草及合法性审查工作。对以“浦北县人民政府”“浦北县人民政府办公室”名义颁布的规范性文件，按照“调研起草——征求意见——合法性审查——政府常务会议审议——公开发布”的程序制定、颁布。并采用座谈会、专题会、听证会等多种形式，广泛听取、征求各方面的意见。全年共审查、起草规范性文件 26 件。

【行政复议应诉】 2017 年，县法制办共收到行政复议申请 16 件，立案受理 15 件。代表县政府参加行政诉讼活动的案件 34 件，县政府领导出庭应诉行政案件 32 件。

【行政执法监督】 2017 年，县法制办加强行政执法和执法监督的管理，确保行政执法机关严格依法行政。年内，对县政府行政执法部门评查行政执法卷宗 273 件。各专项执法活动中，县法制办牵头，会同其他部门组成法律服务工作组，提供“一对一”的法律服务。同时，对各项行政执法活动进行合法性监督，及时纠正行政执法的违法违规行为，确保各项行政执法的合法性。在上级部门组织的行政执法专项督查中，被抽查的各类行政执法案件，全部符合要求，合格率为百分百。县人民政府的规范性文件制订颁布后，县法制办及时收集有关材料，依法将规范性文件报送钦州市法制办备案。年内，共报送市法制办备案审查的规范性文件 12 份，并全部通过备案审查。年内，组织行政执法人员 101 人参加考试。经考试合格后申办行政执法证件 72 本。

【政府法律事务办理】 2017 年，县法制办按照《广西壮族自治区法治政府建设实施方案（2016—2020 年）》的要求，参与政府法律事务工作，确保县人民政府行政重大决策的合法性。在浦北县招商引资工作过程中，对县政府的项目合同进行审核修改。经县委、县政府同意，县法制办印发《浦北县人民政府关于建立政府法律顾问制度的工作方案》《浦北县人民政府法律顾问工作规则》和《浦北县人民政府聘请法律顾问遴选程序规定》等相关文件，聘请县人民政府法律顾问 3 名，法律顾问助理 3 名，建立健全政府法律顾问制度。2017 年，推行行政机关负责人出庭应诉制度，县政府负责人出庭应诉案件 32 件，各级行政机关负责人出庭应诉行政案件 46 件。

（阮东莲）

行政审批

【概况】 浦北县政务服务中心（以下简称“中心”）位于县城越秀大道金浦新区。“中心”的管理机构是“浦北县政务服务管理办公室”，内设综合协调股、公共资源交易管理股、行政法规监督股、政务公开股、财务核算股 5 个股室，下设政务审批代办站和公共资源交易中心。“中心”另设立 2 个分中心（县人社局分中心、县公安局分中心），共有 42 个行政审批服务部门、1 家金融机构以及 14 个便民服务部门进驻，150 多名窗口工作人员。进驻“中心”的 247 项行政事项，采取即办、承办、联办的“一站式办理、一条龙服务”行政审批运行模式规范高效办理。全年，共受理行政审批事项 12.97 万项，办结 13.04 万项，当月办结率 99.98%，满意率 100%，超期件数为 0，投诉件数为 0，办理提速率 91.60%，否定报备 2 件，行政审批目录完整率和制度执行率均达 100%。全年，全县 17 个镇（街道）建成镇级政务服务中心和 273 个村级政务（党群）服务中心。“中心”排名在全县第二类承接重点工作县直单位类首位；获得“钦州市政务服务先进单位”“浦北县年度绩效目标管理工作先进单位”“创建第七轮自治区文明城市先进单位”“浦北县先进基层党组织”等称号。

【硬件建设】 “中心”面积约 3750 平方米，其中主体办公大楼三层，面积约 2400 平方米，公共资源交易中心位于县总工会大楼三、四楼，面积约 900 平方米，婚育综合服务中心窗口位于县体育馆南面一楼大厅，面积约 450 平方米。另设立 2 个分中心（县人社局分中心、县公安局分中心），其中县人社局分中心位于县人社局一、二、三楼，面积约 2700 平方米；县公安局分中心位于县公安局一楼办证大厅，面积约500平方米。“中心”具备自动化办公系统、电子触摸查询系统、电子评价系统、音频系统、监控系统、排号机、政务服务评价器、咨询台、LED显示屏、休息区、空调、饮水机、有线电视等设施设备。

【制度建设】“中心”制订首问负责制度、限时办结制度、一次性告知制度、责任追究制度、否定报务制度、联合审批制度等一系列规章制度。实行朝九晚五上下班制度，电子考勤、佩证上岗、微笑服务；实行每日巡查制度，每天不少于6次不定时督查，督促检查窗口工作人员纪律作风，受理群众咨询、投诉工作，协调处理相关事务，维护窗口办事秩序，处理有关纠纷和做好投诉受理及查处工作；实行每月定期或不定期回访制度，对前来办事群众进行电话回访，全年回访办事群众413人，群众对政务中心工作人员服务表示满意的比率为100%。“中心”加强对窗口工作人员的日常考核，并将考核结果作为年终考核和每季度“红旗窗口”“服务之星”评比的重要依据，2017年评出“红旗窗口”24个、“服务之星”32人。

【公共资源交易中心】2017年，完善公共资源交易平台。建立“浦北县公共资源交易中心”网站、安装交易中心外电子显示屏和双向视频通话系统、增加两间评标室和购置评标专家随机抽取器等基础设施，实现县公共资源交易中心网站与全国公共资源交易平台的信息衔接、同步发布。全年，交易项目810宗，交易总价10.38亿元。工程交易、政府采购节约资金0.28亿元，节约率4.23%，国有土地使用权出让、产权交易溢价资金0.20亿元，溢价率5.20%。

【行政审批】2017年，组织全县42个审批部门和17个镇（街道）对行政审批事项和公共服务事项进行清理，共取消36项，调整217项，清理后浦北县保留行政许可事项247项（其中19项上级委托下放，直线驻浦单位行政许可事项16项）、公共服务事项190项，重新梳理行政许可事项和公共服务事项目录；完善重大投资项目帮办中心职能。与县重点办、县工管委、县住建局等单位深入企业走访服务，对入园企业办证进行一次性告知，并对受委托帮办的企业进行材料收集，实行全程跟踪帮办。全年走访企业68家，走访次数135次。在“中心”设立“多证合一”联办窗口，实行“一个窗口受理、一站式审批”。在“中心”三楼设立国、地税联合办税大厅。办税服务厅设置办税窗口27个，其中国地税业务“一窗通办”窗口16个、车购税专窗3个、二手房交易专窗2个、咨询及其他业务窗口6个。在“中心”安装新型电子触摸评价器，接受群众监督与评价。

【政务公开】“中心”负责指导全县政务公开和政府信息公开，设立县政务服务中心、县档案馆、县图书馆3个政府信息公开查询点。推行掌上政务服务，开通政务服务中心微信公共平台，内设“中心简介”“办事指南”“公共资源”三大栏目，发布政务服务工作动态信息、公共资源交易等相关内容，提供政务服务中心各窗口电话、服务事项及办件信息办结进度查询等信息。2017年，全县政府部门在政府门户网站发布信息8678条，基层平台1.97万条。

（罗毓芳）

人才·人事

【概况】2017年，浦北县人力资源和社会保障局（简称县人社局）内设办公室，行政审批股（政策法规股）、规划财务基金监督股、人力资源开发股、军转干部安置管理股（县军队转业干部安置工作领导小组办公室）、公务员股、事业单位人事管理股、专业技术人员管理股、工资福利股、就业促进股、社会保险管理股、调解仲裁管理股、劳动监察股等13个职能股室。下辖县社会保险事业管理局、县就业服务中心、县人才交流服务中心、县劳动人事争议仲裁院、县劳动保障监察大队等5个二层事业单位。

【公务员管理】

公务员招录　2017年，浦北县政府系统各单位招录公务员（含参公人员）69名。批复公务员（含参公人员）登记82人，办理公务员（含参公人员）调动107人。审核批复公务员（含参公人员）职级晋升17人。

公务员考核　2017年，完成浦北县公务员（含参公人员）年度考核837人，初评为优秀等次101人，占考核人数的12.07%，称职等次663人，不定等次73人。审核各单位报来机关（含参公单位）工作人员年度考核247人，初评为优秀等次12人，占参加考核人数的4.86%，合格等次235人。审核同意41个单位报来138名人员车改补贴材料。

档案管理 2017年，完成纳入管理干部人事档案924本，指导填报干部任免审批表924人。

公务员培训 2017年，组织109个单位、1854人报名参加公务员全员培训，组织人社系统97人参加全国人社系统在线学习，组织2017年新考录公务员100多人参加法律知识、消防安全知识专项培训班。

【事业单位人事管理】

年度考核 2017年，完成浦北县154个事业单位10571名工作人员（含机关工勤）年度考核，考核结果为优秀等次1522人，合格等次8428人，基本合格1人，不合格等次2人，不定等次618人。

事业单位公开考试招聘 2017年，完成浦北县安全生产执法监察大队等58个单位公开考试招聘工作人员135人。完成中共浦北县委党校等16个单位引进急需紧缺高层次人才27名。公开考试招聘中小学教师172名，特岗教师250名，聘用中职教师8名，小学全科教师44名，办理特岗教师转为地方编制公办教师266名。聘用3名农村订单定向免费医学本科毕业生为基层卫生院专业技术人员。

岗位设置管理 2017年，审核浦北中学等119个事业单位调整岗位设置方案，审批浦北县计量检定测试所等145个事业单位3103人岗位聘用。审核使用105个高级岗位推荐申报评审高级专业技术职称资格。审核聘用在乡村从教满20年以上取得高、中级职称资格上人员321人，其中，中级237人、高级84人。

人事制度改革 2017年，将浦北县天皇山林场、浦北县六万山林场整合成立浦北县六万山林场，定性为公益二类差额拨款事业单位，核定事业编制64名，并完成岗位设置方案的调整和人员竞争上岗人员聘用工作。

2017年11月18日，县人社局开展2017年浦北县事业单位公开招聘考试工作 （县人社局提供）

人事人才业务 2017年，办理事业单位人员调配手续366人（次），其中，调出县外21人、县外调入5人、县内调配340人，配合县实验小学等3所县城学校公开选调教师67名。开展对全县机关事业单位“吃空饷”清理整治工作，逐步建立长效治理机制。

档案管理 2017年，接收事业单位干部人事档案422份，接收大中专毕业生返乡报到2283人，其中，研究生18人、本科生1086人、大专生1011人、中专生168人。接收档案3235份，办理档案材料转出808份，其中为各机关单位整理转移档案材料470份，为流动人员办理档案材料转移338份，为流动人员出具档案托管证明568份，为239名流动党员办理组织关系转移，组织对708名流动党员加强管理联系。

职称评选 2017年，审核申报高中级职称资格348人，审核审批初级职称资格928人。核发各类职称资格证书587本。办理各级各类期满需要验证注册登记的职称资格证书5953本。推荐上报高级职称评审专家库评审专家2人。审核推荐上报享受政府特殊津贴人选和广西“十百千”人才工程第二层次人选各1人。组织全县专业技术人员参加2017年广西区人社厅举行的“互联网+”开放合作公需科目继续教育培训考试1.13万人，及格率100%。

【工资福利】 2017年，审批机关事业单位晋升工资9906人次，增资74.26万元，月人均增资75元。办理机关事业单位退休审批手续318人，其中提前退休3人。办理机关事业单位病故抚恤审批手续202人。审批2016年度机关事业单位绩效考评奖金和事业单位绩效工资增量10820人，人均5000元，机关事业单位离退休人员2016年度生活补助5608人，人均发放2500元。

（林熙祥）

外事·侨务

【概况】2017年，浦北县有归侨、侨眷2825人，其中归侨约900人，与世界32个国家和地区的华侨、华人及其社团保持联系；在海外的浦北籍华侨、华人及港澳同胞1.25万多人，分布于世界28个国家和地区。

【海外联谊】2017年，浦北县外事侨务办公室在元旦、春节期间向海外侨胞、港澳同胞及海外知名客商、友人寄发贺年卡30份；联合侨联、台办等单位召开2017年归侨侨眷代表、台胞台属迎新春座谈会，21名代表参加。

【侨务】

侨资企业 2017年，认真贯彻"走出去"战略，帮助合资、港资企业凯兴电子公司等更好地拓展海内外业务，积极支持侨资企业"走出去"参与国际经济贸易合作，并给予企业提供有效便捷服务。

"送温暖"活动 2017春节期间深入走访贫困归侨21户，送去慰问金共计1.10万多元；中秋期间，慰问贫困归侨侨眷31户；6月16日，在华侨新村组织开展困难归侨医疗救助义诊活动；10月，对患强制性脊椎炎的侨眷何礼琛发放医疗救助金5000元，使其得到更好的治疗；11月，开展秋冬季老年归侨侨眷健康体检活动，30多名老年人得到暖心热水袋等保健慰问品，100多人受益。

侨情调查统计 2017年5月15日—19日，组织对集中安置点归侨侨眷进行信息统计工作。据统计，集中安置华侨村目前居住归侨侨眷183户，归侨侨眷约400人。12月6日，召集各镇和相关单位召开全县侨情调查工作会议，部署自治区侨情调查相关工作。

为侨服务工作 2017年年初，投入2万多元组织安置点企业在华侨村开展环境卫生整治活动，修缮路灯，美化篮球场，建设归侨侨眷新活动中心。4月，对浦北县2017年参加普通高考"三侨生"考生身份进行审核和公示，并把相关材料报送到上级侨务部门审核备案。组织1期下岗归侨侨眷职业技能培训班，培训人员20人；为符合条件的17户贫困归侨、侨眷落实最低生活保障政策。全年，接待来信来访7批16人，主要涉及侨房、生活困难等问题。

【外事管理】2017年，加强因公出国（境）管理，加强对因公出国（境）的党政领导干部的报批审核工作，严格控制因公出国团组。年内，全县无因公出国团组。落实《广西壮族自治区因公临时出国经费管理办法》，加强预算监督。对3名因公出访人员在外事纪律、国家安全和涉外保密等方面进行行前教育。加强外事管理及资源整合。年内，全县无突发事件发生。

【进驻县政务服务中心】2017年，贯彻执行"浦政发〔2012〕8号《浦北县人民政府关于印发浦北县政务服务中心进驻工作方案的通知》"精神，安排首席代表进驻县政务服务中心办理"归侨侨眷身份审核认定""华侨回国定居初审"等事项。

（张彩虹）

机关事务管理

【概况】浦北县机关后勤服务中心在2001年12月机构改革时组建，2007年9月增挂浦北县机关事务管理局牌子，实行"一套人马、两块牌子"的管理体制，是为县委、县人大、县人民政府、县政协以及其工作机构、直属单位等提供后勤服务工作的参公事业单位。人员编制为42名（含县四家班子部分从事后勤服务工作人员的编制）。其中，主任（局长）1名、副主任（副局长）2名。

【安全保卫】2017年，浦北县机关事务管理局做好安全保卫管理工作，确保县委、县政府大院以及县投资大厦办公区的安全与稳定。合理安排保卫力量，坚持门卫24小时巡逻值勤制；严格管理进入办公区的车辆，实行划定区域停放；在县投资大厦负一楼车辆通道出入口处安装电动伸缩闸门，实行凭卡出入，确保车辆停放的安全；加强门卫管理，配合信访部门处置群体性上访事件，维护机关正常工作秩序。

【会议会务服务】2017年，浦北县机关事务管理局认真做好县委、县人民政府会议会务服务工作，保证会场布置、清洁、音响、茶水供应等会务工作能及时完成。全年共完成县"两会"、全县村（社区）"两委"换届选举工作动员会议等全县规模较大的会议（活动）70多场（次）。

【公共机构节能管理】2017年，浦北县机关事务局开展开发使用新能源、推进节能改造、以"节能有我·绿色共享”和“工业低碳发展”为主题的节能宣传周活动、业务培训、加强监督检查等系列公共机构节能管理工作。年内，全县公共机构人均综合能耗58.92千克标煤/人，比上年同期下降2.65%；单位建筑面积能耗3.39千克标煤/平方米，比上年同期下降2.65%；人均水耗22.97立方米/人，比上年同期下降3.30%，完成市下达的节能目标任务。

【党政机关办公用房管理】 2017年，浦北县机关事务管理局根据县机关办公地点较为分散的实际情况，通过领导带头、部门配合、加强督查等形式规范县办公用房的使用和管理。4月，组成3个检查组到全县各镇（街道）和县直各单位进行一次办公用房大检查，按照上级规定的标准，逐个办公室进行测量检查，没有发现超标违规使用办公用房现象。同时，注意做好日常的监督检查，合理调配使用清理腾出的办公用房。全年通过调配，解决县纪委派驻机构、县土地储备中心等单位的办公用房1000多平方米。

【公务用车综合保障服务平台管理】 2017年，浦北县机关事务管理局对全县执法用车统一管理。5月，对保留的21辆公务用车按要求喷涂“浦北公务”“浦北执法”及“监督电话0777-12388”统一标识。

（叶颜贵）

绩效工作

【概况】 2017年，浦北县绩效办有编制3名，在职3人。县绩效办下设绩效考评中心，为县绩效考评领导小组办公室管理的全额拨款事业单位，编制4名，在职2人。年内，召开绩效工作会议、指标拟定培训会、年中督查反馈会议、绩效工作推进会议、创新工作会议、社会评价宣传发动会议等11个重要绩效工作相关会议。协助自治区、钦州市绩效考评小组开展绩效核验督查和组织县本级绩效核验工作共7次。

【钦州市对浦北县的绩效考评】 2017年，钦州市下达浦北县2017年度绩效考评指标215项，由县绩效办将指标分解给54个县直（含直线驻县）单位承接，钦州市绩效办对浦北县2017年度设区市绩效指标进行评定。经钦州市2017年度设区市指标核验，浦北县在县（区）类中总得分39.75分，县（区）类排名一第，被评为优秀等次。

【浦北县机关绩效考评】 浦北县2017年度县级指标考评对象分为5类104个绩效考评对象，镇（街道）17个、经济管理部门22个、社会管理与服务部门27个、党政综合管理部门30个、直线驻县部门8个。按千分制计分，开展“满意度目标/评议评价、职能目标/职能工作、共性目标/专项考评工作、创新争优/创新加分工作”五个维度相结合的综合考评方式，对被考核对象按照四个等次进行评定。评定绩效目标管理优秀单位58个，财税工作先进个人68人，综治（平安建设）工作先进单位33个，综治（平安建设）工作先进个人63人，人口计生工作先进单位84个，安全生产工作先进单位22个。

【社会公众意见建议整改】 2017年，浦北县承接钦州市绩效办反馈2016年设区市绩效考评民意调查征集群众意见共99条，其中，重点整改20条，未列入市级层面重点整改的有79条。县绩效办对99条群众意见建议分解到镇（街道）和县直责任单位，县本级相关责任单位制定相关整改方案，对99条群众意见按照市级要求整改，对整改的内容和结果在浦北县政务公开平台（http://www.gxpb.gov.cn/）进行公示。

【社会评价】 2017年3月9日，钦州市绩效办委托国家统计局钦州调查队到浦北县进行绩效考评社会评价工作。参与评议的代表共150人，其中县直单位代表30人，各相关镇（街道）代表30人，服务对象代表90人。

（陈彦彤）

调处工作

【概况】 2017年，浦北县调解处理土地山林水利纠纷办公室有编制5名，其中行政编制4名，事业编制1名，实有人数4人。全年受理“三大纠纷”案件25起，调结25起，调结率100%。其中：土地纠纷案件12起，山林纠纷案件13起。4月7日，县调处办获自治区“‘三大纠纷’调处工作先进集体”荣誉称号，并在自治区“三大纠纷”调处工作会议上作经验介绍。

【调处工作情况】 2017年，继续推行调处“三大纠纷”工作经费奖励实施方案，将“三大纠纷”调处工作列入当地政府年度工作职能考评，

2017 年 4 月 7 日，浦北县人民政府潘新峰副县长、公安局局长代表浦北县政府在会上做发言 （县调处办提供）

调动县、镇、村三级联动。9 月到 11 月，浦北县调处办组织县国土资源局、县林业局的调处部门开展集中调处，把排查出来的 25 件（其中土地 12 件、林地 13 件）“三大纠纷”案在三个月内全部办结。每季度组织领导小组成员单位召开一次联席会议，协调沟通各部门之间的工作。

（丁媚）

应急管理

【概况】 2017 年，浦北县人民政府应急管理办公室设在县人民政府办公室，同时增挂县委县政府总值班室、浦北县应急指挥中心牌子，实行一个机构，三块牌子、一套人马。有人员 5 人。办公地点设在县人民政府三楼。

【应急工作】 2017 年，浦北县有 1 个总体应急预案、22 个专项应急预案和 71 个部门应急预案，以及各镇、村（社区）、企业、学校等应急预案共 1965 个。基本建立由县总体应急预案、镇应急预案、部门应急预案、专项应急预案和企事业单位应急预案组成的全县应急预案体系。组建有县综合应急救援队伍 1 支，县级专业救援队伍 8 支、街道和乡镇专业应急救援队伍 17 支，救援人员 1405 人。全年共整理各类信息 150 条，处置各类应急突发事件 30 多件。

（莫盛丽）

招商引资

【概况】 2017 年，县投资促进局内设综合股、项目股、投资服务股三个职能机构，核定参照公务员法管理编制 8 名。年内，全县组织实施项目 82 个，实际到位资金 88.90 亿元，完成钦州市下达到位资金 81 亿元任务的 109.80%；外资到位资金 3300 万美元，完成钦州市下达 2500 万美元任务的 132%；引进亿元以上项目 29 个，完成钦州市下达 19 个亿元项目的 152.60%。

【建立项目库】 2017 年，县投资促进局建立招商引资项目统筹推进及协调机制，实行全县一盘棋招商。组织各镇（街道）和招商小分队重点包装 31 个具有浦北特色的投资项目。组织专门人员建立在谈项目库（储备 138 个，动态落实 43 个），重大引资项目库（储备 26 个），亿元项目库（储备 31 个），客商名录库（316 人）等 4 个项目（名录）库。

【招商引资服务】 2017 年，县投资促进局落实对重大项目以“五快一优”（洽谈快、对接快、签约快、开工快、建设快、服务优）工作理念，提高服务客商水平。出台 2017 年招商引资考核办法，完善“五包”（包协调征地、包筹融资、包服务、包进度、包宣传）工作机制。将全年招商引资任务量化到各镇（街道）及 9 个招商小分队，签订招商引资目标责任状。推进以商招商、委托招商、市场化招商。发挥在浦企业及浦北籍在外老乡的联络效应，吸引上下游合作伙伴、商界朋友前来投资。搭建专业化投资促进平台，联合市投资促进局在重点产业转移区域实施驻点招商。全年，招商项目有 40 多个，其中广东的项目有 16 个，投资额约 42 亿。

【优化服务】

跟踪对接 2017 年，围绕世界长寿之乡带来和形成的资金流、物流、人流聚集的良好态势，主动对接广东奥园、山东琦泉，华能集团公司，中交集团，颐高集团等 20 多个集团公司，及时了解掌握企情、商情等，为县委、县政府决策提供参考，做好项目落地服务。

主动服务 2017 年，主动为客商解决项目选址、土地平整、征迁、调规等实际问题47个，帮助客商办理有关手续，及时协调有关部门为意向项目落户前期工作收集客商需要的有关资料，为投资业主兑现招商政策及承诺事项，做到主动服务，诚信服务，言必信，行必果，强化政府公信力，营造浦北较好的政治生态环境。

宣传推介 2017年，通过新闻发布会、专题推介会、恳谈会、微信公众平台、发放宣传资料（袋）等方式分别在浙江、上海、福建、广州、深圳、南宁等省市组织开展生物质能源、城市综合体建设、世界长寿之乡暨健康产业招商引资精准推介会8场次，重点推介浦北特色招商引资项目24个。

（李彦丽）

金　融

【概况】 浦北县金融办内设综合股、金融发展股2个职能股。2017年，8家银行机构、14家保险机构、1家小贷公司进驻浦北。

【农村金融改革】 在2016年设立41个村级三农金融服务室示范点的基础上，2017年实现全县农村三农服务室村级全覆盖，在白石水镇良田村创建有收储和支付业务的三农金融服务综合室1个；在原有6个信用镇79个信用村基础上，2017年增创张黄、龙门2个大镇为信用镇，增创信用村30个。浦北县的农户信息数据系统共享平台2017年初完成硬件安装。

【信用联社改制】 2017年，浦北县农村信用社改制的几个关键性指标：注册资本（股本金）、资本充足率、不良贷款率、拨备覆盖率、所有者权益、法人股占比和最大单户贷款集中度已达到改制的要求，抵债资产的评估工作已经完成。3月初，钦州银监分局对筹建工作和清产核资、资产评估工作进行验收。同月底，正式向银监会请示，待批复。

【财税调研】 2017年，每月深入镇（街道）、厂矿企业以及周边县区开展财税调研工作，对全县的财税运行情况进行分析，同时把我办调查掌握的情况向财税部门反映，对出现的财税收入异常信息及时与财税部门进行沟通协调，定期向县委、政府汇报全县财税运行情况，并作出相关分析意见建议，为县委县政府提供决策参考。

【防范打击非法集资】 2017年5月15日至6月15日，金融办牵头组织处非领导小组各成员单位在县内集中开展"防范和打击非法集资集中宣传月"活动。此次活动组织县金融办、人民银行、公安、工商等部门在全县每个镇（街道）各开展1次以上咨询服务活动，接受群众咨询220多人次，发放宣传资料、传单1.20万多份。5月15日和6月7日，在县城家家福商场和西滨广场开展宣传教育活动，在活动现场解答群众的咨询，现场气氛非常活跃，深受群众好评。9月—11月，开展预付卡领域非法集资专项排查和金融风险专项整治活动，此次活动共出动检查执法人员24人（次），发放宣传材料（文件）10份，检查发卡企业5家，检查经营户24户；经查，经营者存在推出预付式消费现象，但尚未发现违法行为，亦未接到侵害消费者权益的投诉举报。

【保险业务】 2017年，完善政策性农业保险经营机制，规范政策性农业保险运作行为，政策性农业保险各项目均完成上级下达的指标；协调各保险公司在各镇学校开展学生保险工作，在教育部门的配合下，各保险公司签订学生保险拓展协议书，开展学生保险业务，县内的学生保险在钦州市各县区中投保率居首位；加强推进农村小额人身保险工作，完善社会保险体系。

【示范区建设、产权改革】 2017年，在越州橄榄示范区和五皇山现代农业示范区的创建工作中，县金融办配合有关牵头部门和建设单位做好创建示范区所需的金融服务工作，收集完善各种材料，完成示范区建设所负责的任务。在国有林场产权改革中，对接有关金融机构，理清县内国有林场不良贷款的情况，并提出解决的合理建议。

（黄有任）

中国人民政治协商会议浦北县委员会

综　述

【概况】 2017年，县政协机关设一室五委，即办公室、提案法制委员会、经济科技委员会、文教卫体委员会、文史资料和学习委员会、联谊委员会。另，经县编委会批准设立政协机关信息化管理中心。政协机关行政编制14名，工勤编制2名，事业编制5名；政协机关工作人员31人，其中，公务员20人、公益性岗位3人、劳务派遣1人、借调6人、临聘1人。全年县政协召开全委会1次，常委会5次，主席会议16次。

【政协重点提案办理】 2017年，县政协八届二次会议共收到提案99件，立案96件，其中，集体提案6件、个人提案90件。确定3件提案作为重点督办提案，由中共浦北县委员会、县政府、县政协主要领导领衔督办。县委书记韦业葵领衔督办《关于加快推进我县国家新型城镇化综合试点工作的提案》，中共浦北县委员会、县人民政府成立工作领导小组，出台《浦北县开展国家新型城镇化综合试点工作实施方案》等一系列文件，推进“一二三”产业融合发展，以县城工业园为平台，构建农民工返乡创业园和创业孵化基地。县长李军领衔督办《关于加快推进重大项目建设的提案》，组织召开重点项目建设现场推进会，加快奥园广场等重大项目建设。

【政协专委会工作】

提案法制委员会 2017年，在县政协八届二次全会召开之前，发动委员撰写提案。全会结束后，召开提案交办会，交政府相关部门办理。推荐重点督办提案，开展提案办理协商活动。组织开展提案办理考核工作。

经济科技委员会 2017年，开展加强助推房地产健康发展，推进新型城镇化建设，促进产学城融合发展等专题调研。

文教卫体委员会 2017年，开展加强教师队伍建设，助推“五名”工程实施，深入挖掘浦北长寿元素，推进浦北健康产业发展等专题调研。

文史和学习委员会 2017年，建设浦北政协文史馆，争取自治区政协项目资金30万元，县政府支持10万元。3月筹建，12月底建成并投入使用。

联谊委员会 2017年，做好与各级政协的联络联系工作，做好市政协领导到浦北县考察视察的接待工作，先后接待西林县、横县等10多个市县(区)政协考察团。

政协重要会议

【政协浦北县第八届委员会第二次会议】 2017年2月13日—16日在县城召开。应到委员218名，实到202名。会议听取并审议通过县政协主席陈增平所作的政协浦北县第八届委员会常务委员会工作报告；听取并审议通过县政协副主席吴小林所作的提案工作情况报告；列席浦北县第十七届人民代表大会第二次会议，听取和协商讨论《政府工作报告》及其他报告；审议通过县政协八届二次会议的各项决议；审议吴小林副主席所作的县政协八届二次会议提案审查情况报告；表彰2016年度提案办理工作先进单位9个、提案办理工作先进个人9名、优秀提案10件。钦州市政协副主席林雪梅、县委书记韦业葵到会指导。

【政协浦北县常委会议】 2017年，政协浦北县常委会共举行会议五次，即第八届常务委员会第二至第六次会议。

第二次会议 2017年2月8日召开。会议协商决定召开县政协八届二次会议的时间、建议议程、日程;协商通过县政协常委会工作报告和提案工作情况报告,并确定陈增平为常委会工作报告报告人,吴小林为提案工作情况报告报告人;协商通过县政协八届二次会议秘书长、副秘书长名单,县政协八届二次会议委员分组讨论召集人名单,县政协八届二次会议委员分组讨论名单,县政协八届二次会议驻浦市政协委员和镇(街道)统战委员名单,邀请人员名单,列席人员名单,增补、请辞委员名单,增补毛洁(女)、冯铭、宁万庆、张传东、张英(女)、陈文强、陈铭华(女)、高开一、黄鸿海、梁就杭等10人为政协浦北县第八届委员会委员,高朝东辞去政协浦北县第八届委员会委员;协商通过县政协2017年度协商工作计划,政协浦北县委员会各专门委员会组成人员名单,政协浦北县委员会各专门委员会联系委员名单,有关人事事项,常委会决议。

第三次会议 2017年2月16日召开。各小组汇报协商讨论"两会"工作报告和政治决议(草案)、常委会工作报告决议(草案)的情况;审议通过八届二次会议政治决议(草案)、常委会工作报告决议(草案);审议县政协八届二次会议关于提案审查情况的报告(草案)。

第四次会议 2017年6月29日召开。会议协商通过《关于"创新金融支持、助推产业扶贫"的调研报告》及建议案(草案);协商通过张伟不再担任县政协副秘书长职务,潘振发不再担任八届政协常委职务,同意潘振发、苏俊鹏不再担任政协浦北县第八届委员会委员。

第五次会议 2017年9月29日召开。会议听取县政府、县人民法院、县人民检察院通报2017年上半年工作情况;听取县纪委通报2017年上半年全县党风廉政建设和反腐败工作情况;县政协主席陈增平讲话。

第六次会议 2017年11月28日召开。会议协商通过《关于切实推进浦北县新型城镇化建设,促进产学城融合发展的调研报告》及《建议案(草案)》。

政协重要活动

【政协委员视察调研】 2017年,组织委员开展视察活动6次,参加视察委员380多人(次)。组织委员开展专题调研6次,参加调研委员80多人(次)。

"创新金融支持、助推产业扶贫"专题调研 2017年4月,组织2个调研组到乐民、寨圩、泉水、白石水、北通、龙门、福旺等8个镇调研。5月8日—12日,调研组到大化、都安、宜州、罗城、扶绥、大新、天等、德保、平果等县区学习考察。调研结束后,形成专题调研报告。6月29日,经县八届政协常委会第四次会议通过,形成《关于"创新金融支持、助推产业扶贫"的建议案》,报送中共浦北县委员会、县人民政府作决策参考。

房地产业健康发展专题调研 2017年4月,组织4个调研组深入房地产企业和县直有关单位开展调研活动,通过实地考察、走访和召开座谈会,广泛听取各方面的意见建议。7月,形成《关于助推我县房地产业健康发展的调研报告》,报送中共浦北县委员会、县人民政府作决策参考。

开展"加强教师队伍建设,助推'五名'工程实施"专题调研 2017年5月开始,组织调研组到小江、北通、寨圩、张黄、平睦等镇中小学以及高(完)中、职校调研。6月,调研组赴博白、北流、平南、宾阳、武鸣等县区考察,学习外地先进经验。调研结束后,形成专题调研报告。11月1日,召开对口协商会议,部分委员和县教育局、县委组织部、县委宣传部、县人社局、县编委办、县财政局、县住建局等单位的一名主要负责人参加。会后,将协商成果报送中共浦北县委员会、县人民政府。

推进国家新型城镇化发展,促进产学城融合发展专题调研 2017年7月,组织2个调研组深入江城、寨圩、张黄等10个镇调研,通过召开座谈会和实地考察等形式了解情况,听取各方面的意见建议。赴北流、平果等6个县(市)学习借鉴先进工作经验,形成专题调研报告。11月28日经县八届政协常委会第六次会议协商通过,形成《关于推进我县国家新型城镇化建设,促进产学城融合发展的建议案》,供中共浦北县委员会、县人民政府决策参考。

挖掘浦北长寿元素,推进浦北健康养生长寿产业发展专题调研 2017年9月,组织调研组深入北通、龙门、张黄、泉水、江城、小江、福旺、寨圩、六硍、官垌等10个镇调研。11月上旬,调研组赴巴马、昭平等县区学习借鉴先进经验。12月,形成《关于深入挖掘浦北长寿元素,推进浦北健康养生长寿产业发展专题调研报告》,报送中共浦北县委员会、县人民政府作决策参考。

【联谊活动】 2017年12月12日，政协机关与参加单位干部职工50多人，到五皇山石祖禅茶特色生态农业示范区视察，视察后召开座谈会，听取各参加单位通报2017年工作，与会人员对助推农业生态示范区建设发展提出意见建议。

【走访委员】 2017年12月13日—15日，分南中北片组织开展集中走访委员活动，向委员通报中共浦北县委员会、县人民政府、县政协有关工作情况，了解委员工作生活情况，听取委员对县委、县政府及县政协工作意见建议。南部片委员集中视察泉水工业园昌宏木业公司、宏茂木业公司，在泉水镇政府会议室召开座谈会；中部片委员集中视察白石水双良芭乐园、北通旱田生态农业示范区，在北通镇政府会议室召开座谈会；北部片委员集中视察官垌镇垌口官垌鱼养殖基地，在官垌镇垌口村委会议室召开座谈会。

【民主评议】 2017年，开展民主评议县食药监局、县工商局工作。评议前，11月15日至12月4日，组织3个调研组先后到张黄、泉水、大成、北通、福旺、三合、寨圩、乐民、平睦等镇对县食药监局、县工商局近两年工作进行调研。调研采取召开座谈会、发放调查问卷、走访镇食药监所、工商所等形式了解情况。调研结束后形成调研报告，并于12月22日召开民主评议会议。会后，将民主评议情况向中共浦北县委员会汇报，向县人民政府反映。

【政协优秀提案】 2017年，县政协评选出优秀提案10件，并予以表彰。

（杨敬声）

2017年度政协浦北县第八届委员会优秀提案

提案名称	提案人
关于加快推进我县国家新型城镇化综合试点工作的建议	李仕槐
关于加快推进重大项目建设的建议	刘有德
关于发展特色优势农业产业，推动精准扶贫的建议	吴任枝
关于提高浦北县企业管理人员管理水平的建议	陈如锋
关于加大我县公共免费WiFi网络建设的建议	县政协提法委
关于打造特色景区，做大旅游蛋糕的建议	释法广
关于加快特色小镇建设，推动经济转型升级的建议	谢黎黎
关于把县城学校“拥挤”生源分流到城中区学校平衡我县教育发展的建议	陈小梅　宋　渝
关于在推进我县城镇化建设中应该注重文化元素的建议	县政协文教卫体委
关于加强我县法治队伍建设的建议	吴春明

社会团体

浦北县总工会

【概况】 2017年，浦北县总工会内设办公室、组织部、劳保部、女工部、宣教部、财务部、困难职工帮扶中心7个部室。全年县总工会本级收缴工会经费453万元。全县有16个镇（街道）工会联合会（总工会）和教育、卫生两个系统工会。县总工会核定编制6名，工人文化宫编制5名。有干部职工12人，其中工人文化宫5人。全县基层工会委员会615个，其中：非公有制企业工会431个，机关事业单位118个，农村合作社工会46个，其他20个；全县工会会员4.97万人。浦北县总工会获2017年钦州市工会工作先进单位一等奖。

【建设管理】

工会组建 2017年，浦北县总工会在全县开展“农民工入会集中行动”，共组建贫困村农业专业合作社工会26个，完成任务108.30%；新发展农民工入会7713人，完成任务100.20%。

职工之家建设 2017年，浦北县总工会继续按照“六有”基层工会建设标准（即有依法选举的工会主席，有独立健全的组织机构，有服务职工的活动载体，有健全完善的制度机制，有自主管理的工会经费，有会员满意的工作绩效），树立广西健美乐食品有限公司、湘桂糖业集团公司、桂合丝绸有限公司、张黄永兴养殖专业合作社、福旺绿康园种养专业合作社等5个基层工会规范化建设示范点。建成合格职工之家591家，建制率达96.20%。开展“会员评家”活动，开展面达95.30%。

县城工业园区职工之家建设 2017年，投资60多万元建成县城工业园区职工之家，职工之家室内面积300多平方米，室外活动面积1800平方米。室内配有电脑室，职工娱乐室等，室外配有篮球场、健身场所等。

企业民主管理 2017年，浦北县总工会突出抓好非公有制企业民主管理工作，不断扩大企、事业单位职代会、厂务公开制度覆盖面。全县国有及控股企、事业单位82家，100%建立职代会和厂务公开制度；非公有制企业435家，建立职代会和厂务公开制度的419家，建制率达96.30%。

【劳动模范工作】 2017年“五一”前夕，浦北县总工会召开“五一”劳模座谈会。全县60多位各级劳模、五一劳动奖章、巾帼标兵代表参加。同时，组织参会劳模到浦北县工业园区的浦生粮油有限公司、凯兴电子有限公司、浦北县大朗书院等地参观。开展“五一”劳模慰问活动，对全县劳模、五一劳动奖章获得者90多人进行慰问，发放慰问金3万元。免费为各级劳模、五一劳动奖章、巾帼标兵进行健康体检。组织30多名一线劳模、先进工作者到桂林、陆川等地疗养、休养。

【劳动竞赛】 2017年，参与开展选树、评选“广西工匠”“钦州工匠”工作。浦北县总工会与县人民医院11月联合举办医务工作人员技能竞赛活动，全院52科104人参赛。全县12家国有及国有控股企业参加，参赛面达到100%，参赛职工2343人；规模以上非公企业45家，参赛43家，参赛面达95.50%，参赛职工5060人，参赛率96.20%。1人被评为“钦州工匠”。

【维权服务】

工资追讨 2017年，浦北县总工会与县人社部门联合开展农民工工资支付专项检查行动，帮助农民工追讨欠薪2900多万元。开展为农民工送温暖活动3次，全县建立困难农民工档案1200多份，帮扶农民工230多人（次），发放帮扶资金12万多元。深入开展送清凉活动，县总工会对15家农民工较集中的企业职工进行慰问，共送去清凉饮料一批，价值4万多元。

集体合同 2017年，共签订集体合同企业210个，建制率达91.30%。其中，签订区域性集体合同17份，覆盖企业185家；签订行业性集体合同1份，覆盖企业21家。

医疗保障 2017年，全县参保人数1.44万人，完成任务112.43%。

【专题活动】

慰问活动 2017年春节期间，县总工会走访慰问困难职工250多户，发放慰问金20万多元。慰问劳模30人，发放慰问金2万多元。

助学活动 2017年，浦北县总工会开展“金秋助学”活动，资助困难职工子女上大学、上高中136人，发放资金28.35万元。

竞赛活动 2017年，广泛开展“安全生产月”宣传活动，认真开展群众性安全监督检查活动。以“安康杯”竞赛为载体，夯实安全生产和职业病防治基础，保障职工群众生命的安全和职业健康的权益。参加广西安康杯竞赛活动的企业479家，覆盖面达到91.10%。

职工培训 2017年，县总工会与县人社、基层工会等单位联合举办职工技能培训班，共培训284人。其中，锅炉工、叉车技能培训114人，防治家禽霍乱病技术培训120人，黄瓜种植增产、增效技能培训50人。

文艺活动 2017年“五一”前夕，浦北县总工会在县艺术中心举行主题为“中国梦、劳动美”职工文艺晚会。14个基层工会180多名表演者参加演出。在县城举办庆“五一”职工运动会，比赛项目有篮球、气排球、羽毛球、乒乓球、象棋等，有75个基层代表队800多名职工参加比赛。

【县总工会改革】 2017年12月，县委下发《浦北县总工会改革方案》，启动县总工会改革工作。

（谭福德）

共青团浦北县委员会

【概况】 2017年，共青团浦北县委员会内设办公室，编制人数4名，实有人数4人。全县有镇（街道）团（工）委17个，村（社区）团支部书记273人。学校团委26个，乡镇直属团组织354个，团员总数约2万人。组织开展5次青年活动、24次青年志愿服务活动、1次青年思想教育活动、1次少年先锋队活动。全县共有19人被评为市级优秀共青团员，14人被评为市级优秀团干；7个团委被评为市级五四红旗团委；7个团支部被评为市级五四红旗团支部；5人获“钦州市青年五四奖章”称号；1人被评为自治区级优秀共青团员；1人被评为区级优秀共青团干部；1个团委被评为自治区级五四红旗团支部。

【青年活动】

2017年5月25日，共青团浦北县委员会、浦北县国税局联合举办“青春喜迎十九大—2017年浦北县青年联谊活动”，来自县直各条战线的100多名青年才俊参加活动。

8月26日，团县委联合县旅游局、县妇联等单位，在五皇山国家地质森林公园开展“七夕·爱在五皇山”主题活动。活动共有县内外200多名青年、9对新婚夫妇、2对百岁长寿夫妇参加。

5月13日，由团县委、县文广局联合爱心企业——蒙牛乳业有限公司，在县体育中心举办“学习总书记讲话 做合格共青团员”——广西浦北县各界青年助力脱贫攻坚、乡村建设和创文明城健身跑活动。

7月21日，团县委在浦北投资大厦11楼政协会议室组织召开大、

2017年5月25日，团县委、县国税局联合举办“青春喜迎十九大——浦北县2017年青年联谊活动”

（陈景华 摄）

中学生“1+1”基层培养计划启动仪式及培训会，选派一批优秀的大学生到基层团组织开展挂职锻炼。

【青年志愿者服务】 2017年，团县委共联合各有关部门及爱心企业志愿者700人，共赴20所小学、17个镇（街道）开展青年志愿者服务22次。共关爱空巢老人60人、留守儿童50人、学生3000人，发放慰问物资价值共1万元。多次开展免费理发、修理家电、健康咨询、禁毒防艾宣传、爱心捐助等一系列志愿服务活动，服务约1.40万人次。

【青少年思想道德教育】 2017年4月12日上午，团县委组织召开全县共青团系统“学习总书记讲话做合格共青团员”教育实践动员部署会。5月3日，召开浦北县纪念“五四”运动98周年大会。县委副书记何惠贤、县委常委、县委宣传部部长梁光宁、县人大副主任陈华、县政协副主席黄红虹等县四家班子领导出席大会。

【少年先锋队活动】 2017年，团县委联合县教育局在全县各中心小学、中学、少先队总部广泛开展“喜迎十九大，向习爷爷说句心里话”主题队日活动。

（杨苹扬）

2017年，浦北县实验小学庆祝“六一”暨“喜迎十九大，向习爷爷说句心里话”主题活动在学校操场上举行 （陈景华 摄）

浦北县妇女联合会

【概况】 浦北县妇女联合会（简称：县妇联）的基本职能是代表和维护妇女权益，促进男女平等。2017年，全县有15个镇、2个街道以及253个村、19个社区，均设有妇联组织，县直机关、事业单位建立有妇委会25个。全年新成立妇委会4个；非公“两新”组织建设妇联组织27个，其中在企业建设妇女之家25个，在县城工业集中区、泉水工业区分别成立妇联。同年，县妇联获钦州市三八红旗集体、浦北县创业就业工作先进单位。

【妇女建功平台搭建】 2017年，浦北县新建县级巾帼脱贫示范基地6个，推荐申报武思江（土东库区）优势特色鱼类产业扶贫示范园获“全区巾帼脱贫示范基地”称号；推荐浦北县众联科技企业孵化基地有限公司、浦北县恒昌农业产销家庭农场、浦北县扬丰养殖有限公司黑猪生态养殖基地等3个巾帼基地获钦州市“巾帼脱贫示范基地”称号；组织县妇联第十三届执委助力“巾帼脱贫”活动，走进“巾帼脱贫示范基地”，为企业及帮扶的贫困妇女献言献策。对全县18个获得自治区、市级的巾帼文明岗开展检查。

2017年，浦北县“七彩假期”青年志愿者关爱留守儿童志愿服务活动仪式在县国税局举办 （陈景华 摄）

2017 年 5 月，在龙门莲塘召开“会改联”工作观摩会 （陈丽芳 摄）

推荐申报浦北县人社局社保就业服务窗口获“广西巾帼文明岗”称号，县人民法院何徽获“广西三八红旗手”称号。

【妇女儿童关爱】 2017 年，县妇联召开全县妇女儿童工作会议，总结工作，表彰一批女性先进代表及集体，共 200 多人参加会议；举办“浦北梦·巾帼颂”原创歌舞作品表演比赛，共 14 支队伍参加；与县文明办联合举办“越州尚城杯”广场舞大赛，共 255 支队伍参赛，参与人数 5000 多人，其中女性占 96%；举办 1 次全县正科级女领导干部座谈活动。开展“春蕾计划”1+1 结对扶助活动，50 多个扶持单位到联谊村及结对扶持的“春蕾女童”家中开展关爱慰问活动，共帮扶 54 个“春蕾女童”。组织女企业家分别到三合、白石水、泉水和小江开展“六·一”儿童节送爱心活动。开展贫困母亲“两癌”救助工作扎实推进，项目资金救助“两癌”贫困妇女 20 人，发放救助金 20 万元。

【妇联改革】 2017 年，全面完成村(社区)妇代会改妇联工作。截至 8 月 29 日，全县 273 个村(社区)全部完成会改联工作，选举产生村(社区)妇联主席 273 名，100% 进入村(社区)“两委”任职，兼职副主席 1357 名，执委 2995 名，正职“两委”女领导 41 人，占村(社区)“两委”正职领导数的 15%，完满完成村(社区)“两委”换届中达到 2 个 100% 和 1 个 10% 的任务。加强非公“两新”组织妇联建设。先后成立浦北工业园集中区妇女联合会和泉水工业园区妇女联合会。建成县妇女儿童活动中心，于 9 月份投入使用。12 月底，出台《浦北县妇联改革方案》。

【家庭文明建设】 2017 年，启动寻找“最美家庭”活动。3 月份，举办寻找“最美家庭”活动启动仪式，推荐申报的吴可春家庭获全国“最美家庭”称号。根据县委统一部署，牵头开展“孝老爱亲”道德模范评选活动，评选出 4 名“孝老爱亲”道德模范。2017 年，开展家庭教育大讲堂 7 场，受益家长 1500 多人，受益学生 1000 多人。联合县教育局、团县委举办“弘扬中华美德，传承良好家风”故事比赛，全县共 26 名学生参加比赛。

【项目专业化建设】 2017 年，全县新建儿童家园 33 个，其中贫困村儿童家园 10 个。在儿童家园开展“快乐童年 喜迎十九大”手工创意制作活动共 33 场，受益儿童 10 万余人。

探索政府购买服务“妇女之家”模式，孵化以女性为主要负责人的社工机构，选取小江街道新南村、江城街道解放社区、龙门镇莲

2017 年 11 月，在江城街道桥山村开展家庭教育大讲堂 （龙光莲 摄）

塘村、北通镇旱田村、白石水镇良田村、白石水良江村委、三合镇新村村6个村(社区)"妇女之家"导入社工理念和机制,使村(社区)妇联组织凝聚力增强,促进农村妇女自身良好发展,提高农村妇女群体的生活水平和生活质量,实现"妇女之家"项目化专业化管理。

【妇女儿童合法权益维护】 2017年,全县共接待妇女群众来信来访24件,受理率100%,办结率达100%。联合县人民法院召开家事维护与审判新闻发布会。联合县司法局、人社局、公安局、检察院、总工会等部门在公众场所设立宣传专栏以及平安校园行的安全知识宣讲活动。县人民法院、公安局、检察院妇女儿童维权岗作用明显,认真贯彻和落实《妇女权益保障法》《未成年人保护法》等法律法规,切实保障和维护妇女儿童的合法权益。县公安局、县检察院获2017年度"广西维护妇女儿童权益先进集体"。

(陈丽芳)

浦北县工商业联合会

【概况】 2017年,浦北县工商业联合会(简称:县工商联)无内设股室,下辖镇(街道)商会17个。核定编制4名,实有工作人员5人。2017年,全县有个人会员730人,企业会员68家,团体会员15家。其中,2017年发展个人会员35人,企业会员38个;被自治区工商联评为"广西五好县级工商联"。

【主要工作】 2017年2月4日,与县招商局联合举办"2017年浦北县非公经济人士春节座谈会",109人参加。5月18日,召开县工商联九届二次执委(扩大)会议。抓镇(街道)商会换届工作,15个乡镇商会换届,2个街道商会成立。抓异地商会建设,筹备成立广东广西浦北商会。4月18日,广东省社会组织管理局批准成立广东省广西浦北商会。建立工商联主席、副主席(会长、副会长)分片联系制度。搭建维权服务平台。县工商联与浦北县人民法院联合成立"浦北县人民法院非公经济纠纷巡回法庭"。

【"双思"教育】 2017年,县工商联加强"双思"教育,引导会员投身光彩事业。3月22日,广东浦北商会会员捐款3万多元,慰问在车祸中身受重伤的六硍镇兄妹儿童2人。7月18日,举办浦北县教育发展基金会首次捐赠仪式,非公企业老板和各界人士捐资220万元。9月底,浦北香蕉价格低廉,浦北县东信汽车销售公司和浦北县深奥建材公司等一批会员企业购买2000多件香蕉;浦北韵达快递公司每天免费托运100件;10月18日,广东广西浦北商会领导回家乡认购爱心香蕉3.50吨。11月23日,县工商联与县委统战部联合组织召开浦北县非公经济代表人士学习贯彻党的十九大精神会议暨举办民企助力脱贫攻坚捐资活动,共收到工商联会员及非公企业捐资36万元。组织会员外出参观考察。10月20日—22日,12月1日—3日,县工商联分别组织两批次共96名会员代表前往河池市南丹县丹泉酒业有限公司进行参观,参加商务座谈会,与南丹县工商联举行交流联谊活动。

(叶琳)

浦北县文学艺术界联合会

【概况】 2017年,浦北县文学艺术界联合会(下称:县文联)实有在职人员3人,公益性岗位1人。文联内设办公室,编制3名,其中主席1个,副主席1个,科员1个。在县委、县政府的领导下,在各级主管部门的重视支持下,围绕培养文艺人才,繁荣文艺创作,积极组织创作精品、办好期刊、开展征文、助申寿乡、拓展学会、文艺惠民和推荐文艺村户取得成效。

【创作精品】 2017年,为打造文艺作品中的精品,县作家协会组织创作力量创作《浦北,荣获"世界长寿之乡"称号》《神奇古越州　美丽新浦北》《在申报世界长寿之乡的日子》等纪实性作品,创作歌曲《世界寿乡新浦北》和歌词《浦北的引诱》。县摄影家协会深入基层一线,用光影表现浦北美,用镜头反映生活美,用艺术展示特色美。2017年6月,到安石镇开展荔枝摄影采风活动;7月,到官垌拍摄国家级非物质文化遗产名录及木偶戏传承人张老,并承办浦北乐民荷花摄影比赛;9月,承办浦北旅游文化节摄影大赛;有3位摄影家参加"大美钦州"摄影比赛并获得优秀奖。

【办好期刊】 2017年,利用《浦北文艺》这个阵地,培养、扶植、发现文艺新人,推出新人作品。年内,共编印出版4期《浦北文艺》,共发表本土作者作品200多篇首,培养作者40多人。其中,《浦北文艺》2—3期合刊和第4期,利用文艺形式重点宣传浦北县荣获世界长寿之乡，为提高浦北县世界长寿之乡的知名度发挥重要作用。

【征文活动】 2017年，县文联与县委宣传部联合主办、浦北县作家协会承办“放歌新浦北，献礼自治区六十年华诞”主题文学创作征集活动，面向全县征集优秀文学作品。

【学会拓展】 2017年，县文联积极筹备成立浦北县长寿文化研究会，有会员50多人。学会的业务服务范围是研究长寿文化、长寿产品研究与开发、健身养生、长寿服务、组织民俗学术交流，长寿培训及出版内部刊物等，这是钦州市成立的首家长寿文化研究会。学会按照县委、县政府的工作部署，充分发挥民间组织的作用，组织开展老年文艺活动。先后组织庆祝浦北县荣获世界长寿之乡文艺晚会、与企业联手开展为百岁寿星庆生活动、编辑创刊出版以反映浦北健康长寿产业发展和健康养生研究为主题内容的内部刊物《长寿之音》。

【文艺惠民】 2017年1月20日至21日，县文联组织县书法家协会10多名书法家先后深入白石水镇良田村、张黄镇江平村陈家庄开展为期两天的“贺鸡年送春联纳福气文艺惠民活动”。同月22日，在龙门镇文化广电站的支持下，6名书法家也书写春联400副。同时，部分书法家先后在县城金浦华苑等小区开展免费书写赠送春联活动，累计送出春联1800多副，整个活动为群众送上春联3600多副。5月23日上午，联合爱心企业浦北县浦生粮油食品有限公司，到白石水镇南明小学开展党日主题暨“到人民中去”文艺志愿服务活动，为南明小学捐赠《浦北县长寿之乡探秘》《五皇山民间故事传说》《浦北文艺》等一批书刊。《钦州日报》《北部湾晨报》对此进行报道。县志愿者协会深入到安石镇六江村小学为学生讲授题为《学习国粹文化，致力富强中华》专题讲座，并为学生进行即兴书画表演，深得学校师生的欢迎和好评。

【文艺村户】 2017年，县文联及各协会积极与基层街道社区、学校、乡村开展“结对子，送文化”活动。与此同时，发挥文艺村文艺户的作用，为基层播撒文化种子，通过教、学、帮、带一系列服务，培养一支带不走的文化队伍。争取自治区文联扶持资金1.30万元用于扶持平睦镇富足文艺村、官屋文艺村、福旺镇坡心文艺村、乐民镇蒙竹文艺村的发展；动员文艺村文艺户深入村屯进行文艺演出。11月，到乐民镇承办2017年钦州市文联推进文艺精准扶贫创新工作系列培训班（浦北片区），对30多名农村文艺骨干进行民族舞蹈培训。

（王访）

浦北县归国华侨联合会

【概况】 2017年，浦北县归国华侨联合会（简称:县侨联）有编制3名，实有3人，其中主席1名，副主席1名。办公地点在浦北县投资大厦10楼东南向。

【五届六次、七次全会】 2017年5月18日，召开五届六次全会。9月15日，召开五届七次全委会议，选举产生一名副主席。

【惠民工程】 2017年6月2日，在三合镇政府门前，县侨联联合钦州市爱尔眼科医院组织开展“侨爱心—光明行”惠民工程，对塘岸、三鸽等村群众共筛查眼疾患者132人，计划实施免费手术78人，目前已到眼科医院接受手术23人。同时，开展侨法宣传，发放资料200多份。

【海外联谊】 2017年1月18日，在县人大常委会议室与县外侨办、台办联合举行春节台胞台属、归侨侨眷庆新春谈会。台胞台属、归侨侨眷、台资侨资企业代表共80多人参加会议。县委副书记何惠贤，县委常委统、县委战部部长岑光成在会上作重要讲话。通过召开座谈会，扩大交流，为联谊搭建平台。2017年，先后参加世界广西同乡联谊大会、香港广西同乡会成立50周年及香港回归20周年联谊活动、第五届世界钦廉灵防同乡恳亲大会。在活动中，宁健萍先后拜见香港广西同乡会会长黄时良、副会长黄荣森、赖有余；浦北籍香港同乡会会长、浦北海联会副会长黄坤灿。接受越南同奈省庆市钦廉同乡会会长陈荣森赠送的联谊旗，浦北旅穗校友会会长刘小曼赠送的联谊旗。在联谊会的活动中，宁健萍牵线搭桥，利用有利时机，加强与海内外侨胞的联系，共发放浦北县招商引资资料30套，以吸收侨商到浦北县考察投资和洽谈。利用交流关注的微信群平台发送介绍浦北优美生态环境、投资创业等优势的视频，加深他们对浦北的了解，激发他们的投资热情。

【献爱心活动】 在2017年春节前，

组织对困难归侨侨眷、新华侨华人、侨界人大代表、政协委员、留守儿童、老人共66户进行慰问,给他们送去慰问金及油、米(折款)共计3万多元。2月20日,经组织调查筛选出优秀贫困学生4名,争取到侨爱心人士张原天博士的爱心基金资助各2000元,解决入学难问题。为争取更多的2018年爱心基金,深入贫困户调查,提交81名优秀贫困大学生资料,助力脱贫。协调小江瓷器厂,把原来建设运输过程中损坏的上坡道路修复,并对公共活动场所破旧饭堂进行重建。

【调研工作】 2017年,结合当前开展的脱贫帮扶工作,县侨联人员深入安置点及散居群众中走访调查,摸排出有困难的归侨侨眷66户,256人。重点围绕县华侨村住户进行新侨情动态调研,为规划该村的未来发展,掌握民情民愿。对安置点小江瓷器厂(美玉瓷器有限公司)走访调研,了解企业生产经营中遇到的问题,并协调有关部门给予解决。深入侨资企业进行调研。4月17日至20日,与县委统战部、县侨办、县台办联合到泉水工业园金沙鱼制品有限公司、广西凯兴创新科技有限公司、中美合资企业浦北县华桁木业有限公司开展"亲商暖企"调研和协商做好联系服务工作。

【信访工作】 2017年,县侨联积极为侨众排忧解难,热心做好信访调解服务工作。2017年共接待来信来访8件,协调相关部门化解内部权属纠纷6件。华侨村反映由于小江瓷器厂因建棚户改造房,在运输过程中把入村路压坏,影响居民出入,经协调小江瓷器厂表示近期会安排修复,有效防止事态的发展,稳定了侨心。

【侨联改革】 2017年,经过多方征求意见,反复修改,并通过县委改革办审核,12月28日,县侨联以浦北县委办公室名义出台《浦北县侨联改革实施方案》。

(马惠)

浦北县科学技术协会

【概况】 浦北县科学技术协会(简称:县科协)内设机构有办公室、学会部、科普部。参照公务员管理人员4人,在编4人。县科协主管的学会7个、协会1个,农村专业技术协会14个(县民政局登记),17个镇(街道)建立科协,260个行政村和13个社区建立科普工作小组,建立广西农村致富技术函授大学浦北分校、浦北县科普讲师团和中国科普志愿者浦北志愿队。2017年,浦北县科协获得2017年广西"十月科普大行动"先进单位。

【"三进"活动】 2017年3月29日,县科协联合县博物馆,在龙门镇连塘村陆河小学开展"快乐科普进校园"活动,200多名小学生观看科普图片,并向陆河小学赠送科普书籍近500册。4月26日晚,在龙门镇马兰社区举办"浦北县2017年科普三下乡文艺晚会",500多名群众观看科普文化演出。5月25日,在福旺镇六寮村委举办"浦北县2017年科普三下乡福旺专场文艺晚会",300多名群众观看科普文艺演出。

【科普行动】 2017年10月19日,钦州市科协、浦北县科协联合在寨圩镇主办2017年市县十月科普大行动"科技文化卫生三下乡"活动,钦州市科协主席符锦成,浦北县政府副县长张经旭等市、县领导出席活动。钦州市27个单位55名科技人员、浦北县25个单位43名科技人员,为群众解决种养技术难点15项,印发各种科普资料6万多份。

【科技创新】 2017年,县科协联合县教育局,以"启迪科学智慧、成就科学梦想"为主题,在全县中小学开展青少年科技创新活动,评选师生的科技创新作品,参加自治区、钦州市开展的科技创新比赛活动。浦北二中陈宁《手电钻钻墙防尘器》、浦北二中谭月斌《新型光电灭蚊器》获得全市中学生科技创新成果二等奖,乐民中学韦海丝老师《彩丁格板》获全市科技辅导员科技创新成果(科教类)二等奖,《海底世界》等5件科学幻想绘画作品获市三等奖。

【"五个一"培训】 2017年,县科协先后举办百香果管理、红衣花生种植、肉鸡养殖、茶叶等培训班5期,共培训群众500多人(次)。

【科普惠农】 2017年,县科协组织推荐3个农村基层科普组织、科普带头人参加科普惠农评奖。浦生源红衣花生种植示范基地获得广西"科普惠农兴村计划"先进单位,获奖补资金8万元;浦北县华丰养殖技术协会、寨圩朝阳社区获全国基层行动计划先进单位,分别获奖补资金10万元。

【技术协会】 2017年,培育"浦北

3 月 29 日，浦北县科协在龙门镇六河小学开展快乐科普进校园活动

（王旭 摄）

县毓苑茶叶专业技术协会”等 1 家农技协，覆盖平睦镇，会员 50 人。

【科普中国 e 站】 2017 年，在寨圩镇朝阳社区、浦北县华丰养殖技术协会建设科普中国 e 站 2 个。

【学术交流】 2017 年，县科协在华丰养殖技术协会举办 1 期技术学术交流活动，3 名科普专家、20 多个种养能人参加交流活动。

【科技调查】 2017 年，按照中国科协和自治区科协的要求，上报中国科协、广西科协有效信息 4 篇，完成全年报送任务。4 月，在中国科协对 2016 年度考核评级中，获得中国科协通报表彰，被评为全国 A 级优秀站点。

【新春慰问】 2017 年 1 月 10 日，钦州市 2017 年科技文化卫生“三下乡”迎春慰问活动在浦北县西滨广场举办。市政府副市长梁辉出席讲话，县委常委、县委组织部部长杨永冲致辞，市领导向江城街道办赠送科技书籍。市、县 30 多个部门 130 多名科技文化卫生工作者，现场开展科技咨询服务、卫生义诊等科普宣传活动，市书法家协会的书法家为群众书写春联。市白海豚演艺公司为现场 1000 多名群众举行文艺演出。

（王旭）

浦北县残疾人联合会

【概述】 2017 年，浦北县残疾人联合会（简称：县残联）内设人秘股、康复股、教育就业股等 3 个职能股，下设 1 个残疾人综合服务中心。浦北县残疾人联合会职务编制 3 名。其中：理事长 1 名，副理事长 2 名。2017 年增编 1 名，共 6 名。

【项目建设】 浦北县残疾人托养中心及综合服务设施项目，位于浦北县江城街道办木麻根社区祖文山村，用地面积 12 亩，属 2016 年中央预算内投资项目。该项目于 2017 年 1 月 25 日公开招标，2 月 13 日正式开始施工，8 月 5 日完成七层主体建设，12 月底进行项目竣工预验收，项目总投资 730 万元（其中：中央预算内投资 584 万元，地方投资 146 万元）。主要建设残疾人托养中心及综合服务设施大楼 1 幢。其中：托养中心建筑面积 3307.60 平方米，设置床位 88 张；综合服务设施 884 平方米。

【镇（街道）残联换届】 2017 年 10 月 25 日，召开县、镇（街道）残联换届动员会，全面启动镇（街道）残联换届工作。至 11 月 10 日，全县 17 个镇（街道）全部按要求完成换届工作，产生新一届主席团成员和理事会。

【康复工作】 2017 年，浦北县对 73 户残疾人家庭进行居家无障碍改造，每户补助改造资金 4000 元；免费为残疾人安装大小腿假肢 24 例，为贫困残疾人适配 11 名成人助听器；对 453 名智障、精神和重度肢体残疾人实施居家托养补贴，每人 1500 元，共计 69.75 万元，全面完成残疾人康复等相关工作。

【就业创业】 2017 年 7 月，县残联分别到 17 个镇（街道）举办种养实用技术知识培训班各 1 期，参加培训人员共计 566 人；12 月，县残联邀请钦州市海天培训学校到浦北，为 60 名残疾人进行为期 12 天的职业技能培训。全年扶持残疾人自主创业 105 户，每户扶持资金 5000 元，共计 52.50 万元。

【助残活动】 2017 年，全县 2 个“残疾人阳光助残扶贫基地”项目（区、市各 1 个）共帮扶残疾人 260 户，每户发放土阉鸡 50 只，投入资金

47万元。开展“党员扶残温暖同行”活动1次，全县共帮扶271户建档立卡贫困残疾人，每户帮扶资金1000元，合计27.10万元。

【慰问活动】 2017年春节期间，全县慰问贫困残疾人共405人，发放慰问金、慰问品折款8.47万元。5月21日助残日，慰问特殊教育学校聋哑学生45名、社区贫困残疾人5名，各镇（街道）残联慰问农村贫困孤残儿童34名，发放慰问金共计金额1.68万元。

【创新服务】 2017年，县残联指导社会人士注册浦北县首个家政服务部，指导各镇（街道）残联专职委员到工商部门注册成立“镇级家政服务部”。8月29日—30日，全市残疾人精准康复暨“阳光家园”建设业务培训班在浦北举行。9月，县残联组织全县残疾人工作者，对全县26115持证残疾人进行调查登记并录入系统。

（杨婵妃）

浦北县社会科学界联合会

【概况】 浦北县社会科学界联合会（下称：县社科联），有编制1名，实有人员2人。2017年3月29日，浦北县社科联一届五次常委会，选举容传松同志为新一届主席。

【活动开展】 2017年，县社科联向自治区社科联申报和完成科普资助项目1个，举办“中国传统文化的传承和发展”科普报告会1次。与县委党校联合出版《浦北论坛》刊物共2期，刊发一批重点理论调研文章；举办“创新大家谈”征文活动，共评出“金点子”10篇，“好点子”10篇；加强对广西科普教育基地浦北县博物馆的指导，组织开展“5·18国际博物馆日”和“中国文化遗产日”活动。年内，新成立浦北县龙狮文化协会和浦北县旗袍文化研究会。

（覃科棵）

军　事

人民武装

【概述】 2017年，中国人民解放军广西浦北县人民武装部（简称：县人武部），归军队建制，隶属钦州军分区领导。内设军事科、政治工作科、保障科。下属机构有民兵训练基地和民兵武器装备仓库；全县17个镇（街道）和县直属工委、国营东方农场均建立有武装部。年内，县人武部以“把人民军队全面建设成为一流军队”为目标，稳步推进国防动员建设，积极开展拥政爱民和扶贫工作，完成全年民兵军事训练任务。获钦州军分区组织的全市民兵应急分队年终考核总分第一名。

2017年，协调县公安局、人防办、林业局和水利局先后组织3次封路控道、维稳处突、抢险救灾等行动演练，培养一批抢险救灾和应急处突骨干。年初，组建常驻民兵应急分队，担负营区安全警戒，协助维护县委、县政府大院安全，联防巡逻等任务；自组建以来参加县应急分队扑灭山火行动3次，共计扑灭火点20余处。全年县民兵应急分队先后出动6批500多人次协助政法机关进行节日安保、战备执勤、社会维稳和抢险救灾等“急、难、险、重”任务。

【队伍建设】 2017年9月，县人武部组织全县专武干部带训骨干集训，以轮训的方式对双合格青年进行封闭式训练，提高专武干部队伍的业务能力素质。年内，议军议警会议确定武装工作绩效考评权重值由原来的1%提升至1.50%，即由原来的10分调整至15分。

【后勤保障】 2017年，县人武部完成新营院项目营院附属设施及营院绿化等二期工程及通往新营院道路的建设，配套完成民兵武器装备仓库配套建设，监控设备、警报设备和温控设备的安装，配发夜间照明器材等。

【征兵工作】 2017年，县人武部组织的“征兵宣传一条街”活动在网易新闻、中新网、浦北天天网等多家网络媒体转载，适龄青年踊跃报名应征。全县报名应征青年中，大学以上学历占28%。经体检、政审合格，圆满完成全县新兵征集任务，其中，大学生比例为41%。

【学生军训】 2017年，配合县教育局制定《浦北县高中阶段教育学生军事技能训练计划》，先后协调选派教练员140人（次），分期分批对浦北中学、浦北二中、县一职校、金浦中学、张黄中学、寨圩中学等6所中学约1万余名新生展开军训。

【双拥共建活动】 2017年，浦北县

2017年，县人武部举行浦北县第一期民兵军事训练开训动员大会
（梁振连　摄）

议军议警会议决定对大学生士兵在部队期间立功受奖的经济奖励进行调整。其中，三等功由300元调整至600元，二等功由800元调整至1600元，一等功由1500元调整至3000元；浦北县义务兵优待金由去年的1.18万元/年提高到1.30万元/年。年内，县人武部联合县民政局，对退役士兵开展汽车驾驶技能培训，给予补贴4500元/人。

（梁振连）

2017年，专武干部教浦北县双合格青年敬礼与礼毕　（梁振连　摄）

人民武警

【概况】 武警广西总队钦州市支队浦北县中队（简称：浦北中队），主要负责浦北县看守所外围武装警戒任务、驻地安保工作。2017年，按照武警广西总队、武警钦州支队两级党委的工作部署，围绕强军目标，加强部队建设，圆满完成驻地执勤处突、反恐维稳、抢险救灾等任务。年内，在武警钦州支队组织的勤训轮换、军事技能比武活动中分别取得团体总分第一名的成绩。

【政治教育】 2017年，浦北中队结合实际，制定"1256"落实机制（聚集一个主题，强化"两种意识"、注重"五个结合"、实现"六个高度自觉"），按照支队"1大课+2小课"的组教方式，认真搞好小课的备课授课，从"听得懂、记得住、做得好"3个环节，开展官兵思想政治教育；定期培训思想骨干，心理骨干和网络骨干3支骨干队伍，落实"三包一"帮教转换机制等方法，做好一人一事的思想工作。

【任务执行】 2017年，浦北中队先后动用5次兵力，完成"清明"备勤、高考警戒、"迎接十九大·忠诚保平安"誓师大会等任务；完善各类执勤设施8处；开展备战训练，培养搏击、散打、格斗、器械体操等科目教练员共6名。

【军事训练】 2017年，浦北中队严格执行总队关于县（市、区）中队应急班编携配装备有关要求和3人应急小组出动携装规定，完善应急班处突装备，积极开展指挥、技能、战斗训练，培养搏击、散打、格斗、器械体操等科目教练员共6名；参加支队组织的勤训轮换中，获得团体第一名。

【内部管理】 2017年，浦北中队严格落实总队"十条铁规"和"八条硬性规定"，以及支队制订的干部、士官、车辆、枪弹、手机等5个方面的规定。对武警广西总队、武警钦州支队2次安全专项检查中发现的5大类17处安全隐患，逐一建档，逐项整治，挂账销号，安全隐患全部得到有效整改。

（武景）

人民防空

【概况】 浦北县人民防空办公室（简称：县人防办）在县住房与城乡建设局挂牌。2017年，县人防办行政编制3名，后勤服务事业编制1名。全年共办理行政审批34件，其中：防空易地建设审批32件，收缴防空地下室易地建设费927万元。被评为"2017年度人民防空工作目标管理达标先进单位"。

【疏散演练】 2017年10月23日上午7点30分，在县人武部的指挥下，浦北县人民防空办公室与县教育局、县第三中学一起组织第三中学全体师生进行一次防空袭疏散演练。

【警报试鸣】 2017年9月18日上午10时30分到10点45分，根据自治区人防办的统一部署，在县城区范围内开展防空警报试鸣活动，全县城区9台固定音响警报器准

2017 年 10 月 23 日，在浦北三中进行防空袭疏散演练

（陆雄超　摄）

2017 年 6 月 7 日，市人防办在浦北县新城公园进行人防训练

（陆雄超　摄）

时鸣放，预先警报、空袭警报、解除警报依次响起。试鸣期间，全县社会秩序良好，无突发事件发生。

【政策宣传】 2017 年，为了做好人防知识“五进”（进机关、进企业、进社区、进学校、进网络）宣传，投入 1.50 万元征订 3000 册《人防科普知识宣传册》《人民防空及应急防空知识》和《钦州市人民防空知识宣传汇编手册》等宣传教育读本，发送给解放、塘头、北河、江滨、木麻根、西塘、田山、文山、环城等 9 个社区，以及外国语学校、浦北二中、浦北三中、浦北五中、金浦中学等 5 初级中学，开展人防法律、法规、政策和人防知识宣传。

【人防训练】 2017 年 6 月 5 日至 8 日，市人防办到浦北县开展人防机动拉练及野外通信训练。训练期间，市人防指挥信息保障中心和浦北县人防办联合开展全自治区卫星联网、单兵图传、信息采集训练、传输与处理、应急机动指挥通信车的无线短波和超短波、20 瓦短波电台架设及开通、手持北斗训练等项目。

（陆雄超）

法　治

政法与综治

【概况】 2017年，中共浦北县委政法委员会(简称县委政法委)与县综治办、防范和处理邪教问题领导小组办公室、县委维稳办、县流管办合署办公，在职在编人员11人。全县17个镇(街道)建立社会管理综合治理委员会，镇防范和处理邪教问题领导小组办公室、维稳办、流管办、禁毒办等均与综治办合署办公。年内，浦北县分别与钦州市委、市政府、镇(街道)、县直各单位签订《综治、防范和处理邪教、禁毒、反恐目标管理责任书》。实行领导综治责任查究制和“一票否决”制。主要领导维护稳定负总责和单位一票否决权制，分管领导实行“一岗双责”，把信访维稳工作纳入党建工作范畴，与党建工作同部署、同检查、同考评、同奖励。年内，全县领导干部没有因综治维稳问题被问责，全县17个镇(街道)、273个村(社区)全部达到平安镇(街道)、平安村(社区)标准。浦北县被自治区授予“平安县”“建设平安广西活动先进县”称号。

【基层基础建设】 2017年，浦北县投入150万元开展综治中心建设，切实解决各级综治中心的场所、设施、人员、经费等问题。为提高基层综治人员的业务水平，浦北县组织县、镇(街道)、村(社区)综治、信息员、社区网格员进行业务培训，发放村级综治信息员工作补贴8.30万元。全县村级综治工作站、调解室、警务室、治安巡防队、视频监控系统等“五个一”建设覆盖率达到100%，“五个一”平台效能作用得到发挥。

【社会矛盾处置】 2017年，浦北县针对社会上出现的各种矛盾，充分发挥道路交通事故、征地拆迁、医患纠纷、劳动争议、消费者权益等五大调解机制的作用，通过“五位”协调机制，共调处交通事故纠纷269件，征地拆迁5件，劳动争议8件，消费者权益22件，医患纠纷11件。同时，以“案结事了、息诉罢访”为目标，扎实开展积案化解工作。按照“属地管理、分级负责，谁主管、谁负责”的原则，和“七个一”和“五包”工作机制落实责任，做到依法、及时、妥善解决好信访积案。全年全县受理信访案件62件，办结59件，办结率95%；全县共排查各类矛盾纠纷2303件，调解2303件，调结2253件，调结率为97.80%。浦北县把“三大纠纷”的调处工作列入年度绩效考评，有效调动县、镇、村三级联动，发挥镇(街道)、村(社区)、党建工作站前沿阵地作用，此举成为全自治区的调处工作亮点。4月6日，浦北县在全自治区“三大纠纷”调处工作会议上做调处工作经验介绍。

【严打治理防控】 2017年，浦北县公安机关继续深入推进“神剑2号”行动，严厉打击、严密防范“盗抢骗”及“黄赌毒”等犯罪活动。开展“神剑·打黑除恶”1号行动，对治安乱点和农村宗族恶势力实施重拳治理。全县共立刑事案件736起，其中重大案件103起，与上年同期相比下降24.70%，重大案件下降31.30%;共破421起(破现案269起，年前积隐案152起)，与上年同期相比上升4.50%，大案比上年同期下降2%；逮捕283人，与上年同期相比，逮捕人数上升7.60%。全县共受理治安案件965起，查结462起，其中查处赌博治安案件113起，查处涉黄治安案件10起。共查处违法人员967人次，其中强制隔离戒毒201人，社区戒毒43人，罚款190人，行政拘留527人，警告3人，其他3人。完善环浦北出入治安卡口和视频建设，织牢安全防控网。第三期天网建设共投资2900多万元，规划监控点位586个，摄像头1064个、高空瞭望机2套，治支关口42套，抓拍单元72个。建设一

2017年3月8日，县委常委、县委政法委书记钟一任（二排中）参加浦北县平安校园行出征仪式　　（县委政法委提供）

支80人的专业巡防和应急处突力量，配置武装巡逻车，实现县城全时段无盲区的警力覆盖。加强各单位内部治安防控能力建设，形成信息互通、资源共享、警民联动的工作常态。推进县、镇（街道）、村（社区）级综治中心建设和党建工作“五个一”建设；建立和完善区域协作网，与相邻的合浦县、博白县、玉州区、兴业县、港南区、横县、灵山县七个县区建立警务合作机制，提升区域防控能力。加强对重点乡镇的治安整治，县委、县政府分管领导亲自带队驻点对张黄镇提升安全感工作进行研判指导，组织县、镇巡防队在张黄夜间加强巡逻。

【综治工作】 2017年，浦北县拓展综治信息平台建设，重新调整配置综治信息化电脑终端152个和综治E通手机161台。全县19个社区，共划分为87个网格，专职网格员26人，兼职91人，共录入人口信息99万多条。加强特殊人群的服务管理和社区戒毒工作，全县逐渐开展以自然村划分网格，采集特殊人员信息进行登记，推动网格化管理工作向农村迈进。加强流动人口服务和管理工作，全县登记出租屋551间，登记流动人口3452人，颁发流动人口居住证495张。加强对校园及周边治安综合治理，组织法制教育工作组深入各中学、中心校开展“关爱明天，普法先行”法制宣传教育课共261场次，开展“平安校园行”“不让毒品进校园”“创无邪教校园”“零犯罪学校”“平安学校”“平安班级”等活动；完善法制副校长驻校制度，充分发挥青少年“维权岗”的作用，预防和减少违法犯罪。全县137名社区服刑人员和刑释解矫人员，有46人无重新犯罪现象。全县共排查出各类精神障碍患者5000多例，其中重性精神病患者3159例，建档规范管理2554例，危险性评估三级以上875例，肇事肇祸55例，严格精神障碍患者15例。严厉打击传销，保持无传销县良好成绩。加强危爆物品，寄递物流清理整顿，年内检查10家客、货运企业，对24间烟花爆竹厂、3间烟花爆竹批发企业、188个烟花爆竹零售点、23间石场和露天矿山、11个涉爆单位、5个炸药库、9个爆破作业项目点、25个注销的涉爆作业点进行排查，排查涉爆人员181人（其中证件有效人员127人，证件注销人员54人），排查持有危险化学品生产许可证企业2家，剧毒危险化学品储存使用单位6个，持有危险化学品经营许可证单位247个。加强道路护路联防工作，通过排查、整治、巡防、宣传等措施，实现安全畅通无事故的工作目标。

2017年6月29日，县委常委、县委政法委书记钟一任（左三）到张黄镇开展浦北县“6·26”国际禁毒日宣传活动　　（县委政法委提供）

【政法综治宣传】 2017年,利用宣传车、横额、永久性标语、电视、"政法综治宣传一条街"等,组织和发动全县人民积极参与平安建设活动。在各重点路段、县城出入口处制作巨幅宣传牌,宣传提升社会群众安全感。2月23日至3月23日,县普法办联合相关单位,通过一个专题片、一列板报、一封致家长信、一份安全感问卷调查、一堂法制教育课等,在全县范围内开展"平安校园行"宣传教育活动;3月20日至24日,县普法办联合县团委积极开展"禁毒小卫士,天天小村行"的活动;4月20日、5月11日,县普法办联合县关工委、县教育局、县综治办、县文明办等相关单位,分别在县第一职业技术学校、龙门中学召开第三届"关爱明天,普法先行"青少年普法教育活动报告会,并发放青少年普法读本;"6·26"国际禁毒期间,浦北县在江滨广场举办禁毒日宣传晚会,县四家班子分管领导参加晚会。晚会以文艺节目、有奖问答等形式开展宣传活动,并通过各单位电子屏幕和广播电视滚动播出宣传标语,提高全民禁毒意识;6月29日,县委政法委组织政法系统各部门深入张黄镇开展"送法下乡"活动,发放宣传资料物品15000多份,并在张黄镇世聪广场开展刑事案件公判大会。年内,全县表彰和奖励见义勇为先进个人3人。

【民间信仰场所调查】 2017年5月下旬,浦北县民族宗教事务局对全县62个民间信仰场所开展调查工作,为全市宗教工作规范化、信息化、网络化管理提供重要的基础信息数据。年内,共组织5次重大民族宗教风险排查工作,走访调研7个宗教活动场所和5个节假日聚会人数较多的民间信仰场所,加强对全县民族宗教领域的管理,坚决取缔非法宗教组织的违法活动。

(王文伟)

公　安

【概况】 浦北县公安局(简称:县公安局)围绕"2017年公安工作出成效"工作目标,以"十大工程"为重点,一手抓业务工作,一手抓队伍建设,全年单项安全感均达到90%以上,全区排名第73名;在群众对全区公安机关满意度测评中,全区排名第5名。2017年,浦北县被评为全区六个"三无县"(无重大群体性事件、无重大非正常信访事件、无重大社会治安事件)之一,获"2015—2016年度建设平安广西活动先进县",连续12年获"平安县"称号,社会稳定动态八项工作在全区排名第14名。

【维稳工作】 2017年,县公安局依托党建"一站一中心",建立社会矛盾纠纷调解联动机制,把问题化解在基层。年内,全县共成功调解各类矛盾纠纷105起,防止群体性械斗2件,排查整治混乱地区2处,稳控重点人群26人,无因矛盾纠纷激化引发的群体性事件发生。全县社会政治大局持续稳定,被评为全区六个"三无县"之一,连续12年获自治区级"建设平安广西活动先进县"称号。

【打击刑事犯罪】 2017年,全县共立刑事案件964起,抓获各类刑事违法人员742人,提请批准逮捕343人,逮捕比上年同期上升6.20%,逮捕、直诉490人,比上年同期上升13.95%。

开展打击盗抢骗等多发性侵财犯罪专项行动。全县共逮捕、直诉盗抢骗、掩饰隐瞒犯罪所得及犯罪所得收益罪嫌疑人293人,打击跨区域系列团伙1个。

2017年,全县开展"神剑.打黑除恶"行动,共破涉黑涉恶类案件44起,提请批准逮捕、直诉100人,打掉涉恶团伙14个。

2017年,全县开展打击涉枪涉爆工作,共立涉枪案件31起,破35起,破案率达100%;立涉爆案件3起,破3起,破案率100%;提请批准逮捕、直诉涉枪涉爆犯罪嫌疑人31人,缴获枪支41支。

2017年,全县开展追逃工作,共抓获网逃人员110人,其中历年逃犯28人,区厅千名督捕逃犯16人,100%完成区厅督捕逃犯目标数。

2017年,全县强化打击毒品违法犯罪力度,共破获毒品案件58起,比上年同期下降7.94%;提请批准逮捕(直诉)犯罪嫌疑人70人,比上年同期上升1.45%;缴获各类毒品133.30千克,强制隔离戒毒490人,比上年同期升8.89%;社区戒毒105人,比上年同期降22.22%;查处隐性吸毒人员198人,比上年同期上升19.28%。

2017年,浦北县对查处黄赌问题"零容忍"。全县共受理治安案件2112起,查结917起,其中,查处赌博治安案件208起,涉黄治安案件23起。立涉黄涉赌刑事案件9起,破获涉黄涉赌刑事案件11起,刑事拘留31人,执行逮捕或起诉23人。端掉赌博窝点22个,抓获成员242人,查扣赌博游戏机10台,没收赌资、赌具一批。

2017年,全县共受理经济案件

2017年6月30日，白石水镇良江村举行成立巡逻队仪式，成为浦北县第一支农村义务巡防队 （覃辉 摄）

32起，其中，立案26起，破案13起，刑拘13人，逮捕9人，起诉10人。

【治安整治】 2017年，各镇（街道）党委、政府组织巡逻队坚持常态化上街巡逻，各村、社区均建立巡防队，常态化的巡逻。

组织全局民警开展“全警巡城”和“全警夜巡”模式，提高见警察率、见警车率、见警灯率。巡防大队按照“以巡为主，积极防范，打防结合”的原则，抓获一批现行违法犯罪。查获无牌无证摩托车673辆，BIBO车154辆，为群众做好事和解决群众求助150多人（次）。张黄镇的重点整治取得初步成效，安全感满意度摘掉全市后十的帽子。

【服务增效】 2017年，县公安局按照短信评警工作要求，对不满意评价275条进行化解，通过电话进行沟通，了解群众不满意的原因，争取群众对公安工作的理解和支持；户政窗口共办理二代证93468张，受理临时身份证8187张，异地受理二代证3262张，接受群众咨询18.38万人次，解决无户口人员落户2878人，流动人口3715人；出入境窗口共受理出入境业务1.86万人（次），其中护照5580人（次），往来港澳通行证1.26万人（次），前往港澳通行证16人（次），往来台湾通行证424人（次），查处逃避边防检查案件5起6人；交管窗口办理驾驶证3.03万张，车辆入户1.19万辆。自浦北驾考中心2月底正式启用以来，全县参加汽车科目一考试1.28万人，合格率85.19%；科目二1.44万人，合格率71.22%；科目三1.50万人，合格率62.24%。各科目考试合格率位居全市前列。

【亮点工程】 2017年，浦北县成立浦北县人民医院监所分院，从源头上解决对身患传染病的违法犯罪人员的关押问题；成立浦北县公安局生态安全警察大队，严厉打击各种破坏生态安全的违法犯罪活动，守护浦北绿水青山；推进“1+2+6”党建工作机制，切实做好“一站一警”“一村一警务助理”，完善治安防控体系。目前，全县招聘助理275人，给配备警务助理人员服装的装备；成立浦北县应急联动指挥中心，并在县局设立情报指挥中心，源头上减少小案；把交通事故纠纷纳入人民调解工作范畴，进一步解放警力。2017年，县公安局被自治区妇联授予“广西维护妇女儿童权益先进集体”称号；在女警宣传队的基础上，2017年成立浦北县公安局女子警务大队，打击以老年人、妇女和未成年人为侵犯对象的违法犯罪活动，保护老年人、妇女

2017年3月28日下午，浦北县公安局举办户籍业务培训班 （黄琼 摄）

和未成年人合法权益。

【队伍建设】 县公安局以“2016年半年搭框架，2017年出成效，2018年上台阶”的工作要求，以“把浦北县打造成钦州最安全县城”为奋斗目标，建设“四好”警营。2017年，在“局家”理念的带动下，以寨圩派出所、森林公安局、龙门派出所为示范，推动基层所队“四好”建设工作的开展；举办民警光荣退休仪式及新警入警仪式，增强民警职业认同感和荣誉感；举行“迎接十九大·忠诚保平安”誓师大会，锻造一支铁心向党、铁志守纪、铁胆勇为、铁肩担当的队伍；以“两学一做”常态化及“五查五整顿”促进队伍建设。局党委坚持从严治警，敢于刚性问责，主动向县委纪委、县委组织部汇报，对违纪民警不袒护，对履职不力，有违纪苗头的中层所队领导、民警坚决采取组织措施，调整岗位。

【基础设施建设】 2017年，县公安局提出十大工程建设，推动公安事业发展进步。6月26日，浦北县人民医院监所分院正式启用。年内，共收治因吸毒衍生的患艾滋病、肺结核、高血压及其他严重疾病等不宜关押的违法犯罪人员120人；完成“指挥中心、情报中心、合成作战中心、110社会联动中心”的“四中心合一”建设；投资2900多万元建设的天网三期工程，共规划建设治安监控点位586个，摄像头1064个，高空瞭望机2套；治安卡口42套，抓拍单元72个，已竣工投入使用。

（黄琼）

2017年6月9日，浦北县公安局民警光荣退休暨新警入警仪式在县艺术中心举行

（黄琼　摄）

1月9日上午，浦北县新看守所竣工投入使用举行揭牌仪式

（黄琼　摄）

检　察

【概况】 2017年，浦北县人民检察院（简称：县检察院）完成内设机构改革，将原来15个科局室合并成检务保障部、政治监察部、诉讼监督部、侦查监督部、公诉部、业务管理部、反贪污贿赂局等6部1局，有政法编制62名（含机动编1名），事业编制2名。全年在职在编检察人员58人，其中政法编56人，事业编2人。年内，获“全国文明单位”和“全国检察机关文明接待示范窗口”两个国家级称号，获23项区级、13项市级和10项县级称号。

【职务犯罪查办】 2017年，县检察院立案侦查职务犯罪案件12件14人，结合办案开展个案预防12件。强化职务犯罪预防法制教育，举行预防职务犯罪法制讲座31场（次），3000多名干部职工受到教育。开展重点工程、生态环境保护领域的专项预防，重点行业和领域的系统预防。

【刑事犯罪打击】 县检察院着力打击严重暴力犯罪、涉毒涉枪涉赌案件，以及多发性侵财犯罪等严重危害人民群众生命财产安全的刑事犯罪。2017年，全年受理呈捕案件314件408人，批准逮捕249件314人；受理各类刑事案件388件486人，提起公诉336件427人。

【法律监督】

刑事诉讼监督 2017年，县检察院重点对应立不立、不应立而立、违法取证等问题进行监督。监督公安机关立案10件12人，监督撤案1件1人。认真贯彻非法证据排除和诉权保障的有关规定，纠正漏捕12人。书面纠正公安机关违法11次，提前介入7次，提出抗诉1件。

民行检察监督 2017年，县检察院加大对审判机关、行政机关依法履职的法律监督，受理民事行政诉讼监督案件6件，法院采纳检察建议10份；1起民事检察建议获广西检察机关第五届精品法律文书。

刑事执行监督 2017年，县检察院对看守所不规范的监管行为提出书面检察建议6份，对不规范的刑罚执行行为发出纠正违法通知书10份，检察建议1份；对社区矫正工作开展了4次执法监督检查，发出纠正违法通知书5份，发出检察建议7份。

【诉求渠道创新】 2017年，县检察院开展律师参与化解和代理涉法涉诉信访案件，通过引入社会第三方参与涉检信访化解，提高办理涉检信访案件的透明度和公信力，预防和减少涉检信访的发生，维护公平正义和司法权威。全年共办理群众信访案件82件，开展司法救助9件。

【法制宣传】 2017年，县检察院开展“平安校园行”“关爱春雷女童”等活动，进行法制宣传教育49次，普及师生2万余人(次)；开展“校园欺凌”心理疏导2件8人(次)，制作防治“校园欺凌”宣传板报在中小学进行宣传教育；邀请县教育局副局长梨亦辉、县各中学教师代表、县职校中心学生代表共40多人参加防治“校园欺凌”检察开放日活动。

2017年5月26日，浦北县人民检察院邀请县教育局、教师、学生参加“防治校园欺凌，护航未成年人成长”检察开放日活动 (陈基常 摄)

【体制改革】 2017年，县检察院推进内设机构改革，优化司法资源，推进司法责任制落实，按照“谁办案谁负责、谁决定谁负责”原则，完善司法权力运行机制，明确岗位责任，组建新的独任办案组，明确办案任务数，完成人员分类管理工作，首批员额检察官完成宪法宣誓仪式。

(陈基常)

法院

【概况】 2017年，浦北县人民法院(简称：县法院)内设立案庭、民一庭、民二庭、刑庭、少年庭、行政庭、审监庭、审管办、执行一庭、执行二庭、执行综合科、执行法警中队、办公室、政工科、纪检监察室、调研室、后勤服务中心、法警大队等21个科室(含张黄、北通、寨圩3个人民法庭)，共有编制111名，其中员额法官37人。年内，县法院共受理各类诉讼案件3589件，结案3550件，结案率98.91%，结案率位居钦州市法院第一名，名列全区法院前茅，审限内结案率100%；微电影《百姓的助梦人》荣获全国法院第四届十佳微电影优秀奖；司法宣传工作被最高人民法院政治部、人民法院新闻传媒总社联合发文通报表扬，荣立集体三等功；在2017年度群众对全区政法队伍满意度调查中排名钦州市第1名、全区法院系统第6名；共有35个集体、48人受到市级以上表彰。

【刑事审判】 严厉打击刑事犯罪,维护社会安全稳定。2017年,全县共受理刑事案件309件,审结309件,结案率100%;积极参与浦北县"6·26"国际禁毒宣传活动,严厉打击"两抢一盗"、黄赌毒等犯罪行为,增强公众安全感;受理刑事附带民事诉讼案件28件,调解成功14件,撤诉6件,调撤率71.43%,兑现64.30万元。

【民商事审判】 浦北县人民法院妥善化解民商事纠纷,促进经济社会健康发展。2017年,受理民商事案件2187件,结案2159件,结案率98.72%。为贵合高速公路建设排忧解难,全力为全县查控"两违"和征地搬迁攻坚工作提供优质的法律服务。结合辖区面积广、交通不便的特点增设巡回审判点,深入村委、进入农户调解因家庭、邻里、赡养等引发纠纷的案件进行巡回办案796件。加大诉前联调和诉前调解工作力度,完成诉前联调和诉前调解案件1306件。

【行政审判】 2017年,浦北县人民法院加强行政审判,推进法治政府建设。全年受理行政案件44件,审结44件,结案率100%。积极推动落实行政机关负责人出庭应诉制度,行政机关负责人出庭应诉10人(次);先后5次受邀到县政府参加各类疑难复杂问题分析协调会,为县委、县政府重大决策提供法律服务,为实施强拆违法建筑的行政执法行为提供规范指导。

【案件执行】 2017年,受理执行案件986件,已执结案件977件,结案率99.09%,涉案申请标的金额1.34亿元,实际到位金额3899万元;推行使用执行案款"一案一账户"信息化管理模式,依法向社会公布失信被执行人名单231人(次),限制高消费273人,对拒不履行执行生效法律文书的被执行人司法拘留46人(次),罚款11人(次)。加大司法救助工作力度,向22起案件的困难申请执行人发放司法救助资金15万元。

【体制改革】 2017年,浦北县完成法官单独序列职务套改、法院三大类人员的分类管理、建立健全司法人员职业保障制度和完善司法责任制、建立健全审判组织等多项改革举措,人均结案数97件,较司法体制改革前比上年同期增加34件,上诉案件发改率下降20%、一审服判息诉率90.40%,比上年同期上升3.21%,涉诉信访率比上年同期下降15%。积极向县人大常委会、政协作司法体制改革工作情况专题汇报,获得全票通过。组建审判执行团队,由37名员额法官分别组建速裁、刑事、民事、行政、立案、执行等12个审判和服务团队,院长、主管副院长和庭长全部纳入审判团队参与办案。

【服务大局】 2017年,县法院深入县城工业园区和全县各金融机构走访调研36次,开展"送法进企业、法律巡诊"活动30次,为企业发展排忧解难。加强涉农民工权益纠纷案件审判执行力度,两周快速审执某镇花炮厂破产案件,帮助42名工人拿回50万元工资。2017年,全县共培训村级调解员436人,参与化解矛盾案件749件,为群众提供法律咨询486人(次),收集社情民意366条,帮助群众解决458个法律疑难问题,发放普法宣传资料5000多份。非公经济纠纷巡回法庭先后为辖区企业和职工发放《巡回法庭诉讼服务便民卡》200份、《巡回法庭服务企业发展手册》60份,提供法律咨询46人(次),成功化解企业矛盾纠纷12件,诉讼标的720万元,帮助企业解决30个法律疑难问题。

2017年,县法院服务重大项目建设,全力做好"南亚国际"房地产项目扫尾工程服务工作,通过努力,不仅让南亚国际大厦于11月

2017年6月29日,浦北县人民法院刑事审判巡回法庭在张黄镇世聪广场开庭 (覃世武 摄)

15日顺利圆满交房给458户购房业主，而且依法服务地方供给侧结构性改革，实现了多方共赢。

【普法宣传】 全力打造"互联网+法治宣传"青少年普法品牌。2017年，继拍摄微电影《冬日暖流》《百姓的助梦人》后，联合县教育局等单位拍摄《法治护春苗——青少年法治警示教育案例微视频》，并深入全县各中小学校公映。组建30人的浦北法院天平先锋队，积极参与浦北县2017年"平安校园行"法治教育活动，让全县328间中小学校9万多名中小学生接受法治教育。

【司法服务】 2017年，微电影《百姓的助梦人》获全国法院第四届十佳微电影优秀奖；司法宣传工作被最高人民法院通报表扬；调研室主任覃世武被最高人民法院新闻局授予9月"网评之星"称号；《正片来袭！浦北法院〈法治护春苗——青少年法治警示教育案例微视频〉大放送！》获2017年"我爱钦州"原创微信大赛第一季"优秀创意奖"和年度优秀作品奖；两篇案例《农村集体组织持有土地证的，不影响其作为相关诉讼主体的资格——浦北县小江镇北河村民委员会振文村民小组诉陈业新等停止侵害、排除妨害案》（编写人：浦北县人民法院李玉霞）和《在相邻排水关系中高地所有人或使用人应当采取适当排水措施——高大远诉高大伟相邻排水案》（编写人：浦北县人民法院何正昌、黎黎）入选《中国法院2016年度案例(物权纠纷)》；3月28日，县法院以《抓文化强队伍 踏实奋进创业绩》为题受邀在全区法院大力提高审判质效、党风廉政建设和队伍建设现场推进会上作经验交流发言。

（覃世武）

司法行政

【概况】 2017年，浦北县司法行政系统有县司法局1个，乡镇（街道）司法所17个。全县司法行政系统在职干警48人、协警28人。内设办公室、政工股、法制宣传股、基层股、公证律师股、社区矫正工作股、刑释解教安置帮教股；下设公证处、法律援助中心、医疗纠纷人民调解中心3个二层机构。全县17个镇（街道办）、273个行政村（社区）共成立291个调委会，有调解人员1455人。

【普法宣传】 2017年，制订《2017年浦北县普法依法治理工作要点》，建立健全了领导小组和办公室职责制度，深入推进"七五"普法规划。抓好"法律六进"工作。2017年，以县委党校为干部学法基地，通过组织2次法制讲座、1次警示教育等形式深化法律学习，参与干部13700人（次）；由政法委牵头，联合公、检、法等单位在全县范围内开展"平安校园行"活动。在全县学校举办法治讲座28次，1万多名学生受到法治教育；联合县关工委、县教育局、县综治办、县文明办等相关单位分别在县第一职业技术学校、龙门中学、县第五中学召开第三届"关爱明天，普法先行"青少年普法教育活动报告会，受教育学生6200人，赠送《少年法制教育读本》1000余本。全面落实"一村（社区）一法律顾问"制度，全县在174个村（社区）建立一村一法律顾问点。2017年，在企业用工招聘会开展法治宣传教育活动3次，发放资料1200份。联合药监局、政务办、禁毒办在3月29日、5月25日、6月26日、12月4日分别开展"12331守护食品药品安全"、政务公开、禁毒、国家宪法日等宣传教育活动。活动中，出版宣传板报5期，挂宣传横额8条，解答法律咨询256人（次），发放《青少年法制教育读本》《妇女权益保障法》和《人民调解法》等宣传图册共3000册，发放公

2017年9月29日，县司法局到县五中开展青少年普法教育活动

（王俊华 摄）

证及法律援助业务宣传单2000份，农民受教育面达1万多人次。

推进民主法治创建活动。12月29日，龙门镇马兰村委被司法部、民政部授予第七批全国民主法治示范村，并获得了10万元的创建基金，是浦北县首次获得全国民主法治示范村的称号，也是钦州市唯一一个获此称号的行政村。

加强新闻报道及新媒体宣传。2017年，共在各级网站、报纸、杂志发表文章48篇。其中县级网站13篇，市级网站9篇，区级网站4篇，全国网站18篇，《钦州日报》1篇，《广西法治日报》1篇，《长安》杂志1篇，今日头条1篇。

2017年3月16日，大成镇包姓与合浦石康镇韩姓坟山纠纷调解现场

（李德晓　摄）

【调解工作】 2017年，全县共排查各类矛盾纠纷2303件，调解了2303件，其中2253件调解成功，调解成功率为97.80%。深化医患纠纷调解，全年县医患纠纷调解中心共调解纠纷11件，其中成功调结6件，建议通过司法途径解决的5件。

【特殊人群教育管理】 2017年，制订《浦北县司法局社区矫正突发事件应急处置预案》。通过利用手机定位、微信位置共享、电子手环定位等信息化技术实施监管。全年共警告8人，撤销缓刑1人，执行收监1人，解矫86人，社会调查评估20人(次)，全县在矫137名社区服刑人员无出现重新违法犯罪现象。2017年，浦北县共衔接刑释人员174人，衔接率达到100%，安置率100%，帮教率100%，没有出现重新犯罪现象。2017年，全县挂牌成立的社区戒毒(康复)工作站17个，县级社区戒毒(康复)中心已落实建设用地，中心建设项目正在立项申报。2017年，全县社区戒毒349人，社区康复287人，自愿服用美沙酮药物维持治疗124人。

【基础建设】 2017年，浦北县抓好行业纠纷大调解中心和司法所规范化建设。整合资源，在原县医患纠纷调解中心的基础上，加层建设行业纠纷大调解中心办公楼，并配足各种办公设备；投入11.70万元为全县17个司法所置换新的摄像机，对各司法所的电脑和打印机进行维护或更换。

【律师和公证工作】 2017年，浦北县依托司法所设立法律援助工作站17个，建成县镇公共法律服务平台和‘12348”服务热线，对已建立的“管理一站式、服务一家人、办事一卡通”的服务平台进行了完善。年内，共办理各类法律援助案件144件，其中刑事案件110件、民事案件34件，为群众挽回经济损失132万元，接受群众咨询593人(次)，开展普法讲座13次。

2017年，全县共有律师事务所6家，专职律师23人，兼职律师4人，成立党支部1个。律师担任政府及行业、企事业单位法律顾问共23家，担任“一村一法律顾问”24人，办理民事案件332件，刑事辩护69件，办理行政案件20件，办理非诉讼法律事务18件，法律咨询和代书1348人(次)，为当事人挽回经济损失1062万。

2017年，共办理公证业务601件，收入15.38万元，为当事人解答公证事项咨询700多人(次)，处理公证事项来信5封。

【法律顾问点建设】 2017年，浦北县全面完成建立91个“一村一法律顾问”点的任务，全县一村一法律顾问点达到了174个。年内，各点共接受当事人来信来电来访咨询3700多人(次)，调处各类纠纷310件，协助办理公证22件，法律援助30件，代理诉讼50多件，非诉讼30多件，代书125件；为当事人挽回经济损失150多万元；防止群体性事件2件，涉及250人，制止群体性械斗2件。

（宁永东）

农林水利

农业综述

【概况】 2017 年,全县粮食播种面积 4.93 万公顷,总产 26.50 万吨,增长 1.10%。创建五皇山林中茶示范区等一批现代特色农业核心示范区;土地经营权确权登记颁证工作完成可发证率 97%;打造有 37 个“三品一标”农产品和 6 个富硒农产品;3 月,在自治区“三品一标”工作大会作整县推进无公害发言,与全区所有市、县作经验交流。6 月,在县内召开全区唯一一个县级广西无公害农产品内检员培训班。产业富民专项活动成效显著;10 月,在县内召开全市产业富民现场会;11 月,在全区产业富民现场会上,浦北县发展柑普茶的做法得到自治区领导的肯定。新型农业经营主体发展迅猛,农民专业合作社、家庭农场分别新增 275 家和 33 家。276 名农民获得职称。完成或超额完成各项中心工作任务。

（吴远祥）

粮食生产

【水稻】 2017 年,浦北县农业局下发《关于认真做好 2017 年春耕备耕工作的通知》,动员各镇农业部门扎实抓好春耕备耕工作。树立季节意识,狠抓“五个五”的生产季节[早稻 3 月 5 日播完种、4 月 5 日抛(插)完秧;晚稻 7 月 5 日播完种、8 月 5 日抛(插)完秧;11 月 5 日开始冬种马铃薯],确保粮食增产丰收。

2017 年,浦北县在全县农村工作会议上各镇政府和县政府签订《粮食安全生产责任书》,县农业局拟写《关于稳定粮食播种面积的通知》,以县政府名义下发,把稳定粮食播种面积工作纳入各镇各部门的绩效考评指标。

2017 年,浦北县出台《关于印发 2017 年粮食绿色高产高效创建“擂台赛”活动实施方案的通知》,大力推广良种良法,推广水稻免耕抛秧、测土配方施肥、多播一斤种增收百斤粮、水气平衡、病虫害绿色防控等“十大技术”。深入发展富硒水稻、富硒马铃薯等特色粮食产业,打造浦北县优质粮食品牌,增加市场占有率。

【其他粮食作物】

玉米 2017 年,浦北县玉米种植面积 5525 公顷,单产 5244 千克 / 公顷,总产量 2.89 万吨。栽培的品种有正大 808、绿海 733 等品种。县内的北部乡镇种植面积较大。

豆类 2017 年,浦北县豆类种植面积 609 公顷,单产 1846 千克 / 公顷,总产量 1124 吨。其中,大豆 301 公顷、绿豆 28 公顷、其他豆类 280 公顷。县内的中、南部乡镇种植面积较大。

红薯 2017 年,浦北县薯类种植面积 4849 公顷,其中,红薯种植面积 2324 公顷,单产 14233 千克 / 公顷,总产量 3.31 万吨。主要种植桂薯系列等品种。

马铃薯 2017 年,浦北县春收 2016 年冬种马铃薯 2525 公顷,单产 22.83 吨/公顷,总产量 5.76 万吨。种植的品种主要是费乌瑞它、合作 88 等。重点推广应用费乌瑞它、合作 88 等高产栽培技术。

经济作物

茶叶 2017 年,浦北县新发展茶园约 53.34 公顷。新种茶园区域主要以龙门、北通、福旺、官垌、平睦、寨圩、乐民等镇为主,其中石祖农产品产销专业合作社发展迅速,该社连片租赁的野生茶叶面积 133 多公顷。合作社发动群众清理五皇山凤凰谷一带野生茶叶 67 多公顷,使其成为集有机茶园体验、观光娱乐、吃饭住宿于一体的具有五皇山特色旅游文化元素的景点。

花生 2017年，浦北县农业局协助广西浦生粮油食品有限公司和德海种养农产品加工专业合作社等企业，扩大种植小种红衣花生和引进推广高产优质花生品种。在泉水镇泥江村和龙门镇滑竹村各建立面积6.67公顷的花生高产种植示范基地，在示范基地各举办培训班5期，推广花生优质高产栽培管理技术，全县种植春花生面积1200公顷，秋花生333.33公顷，均比上年同期略有增加。

蔬菜 2017年，浦北县蔬菜播种面积1.43万公顷，主要品种为叶菜类、瓜果类、根菜类和豆类。常年蔬菜基地面积稳定在80多公顷，发展规模较大的有大成镇龙政蔬菜种植专业合作社、浦北县流香种植农民专业合作社和浦北县广源蔬菜种植农民专业合作社等。

木薯 2017年，全县稳定木薯面积7173.33公顷。推广木薯间套种技术3613.33公顷，比上年同期增加200公顷，在增加全年木薯产量的同时，也增加木薯套种的春花生、黄豆等短期作物产量，提高单位面积土地产出率。

水果生产

【概况】 2017年，浦北县水果总产量70.90万吨，完成计划的102.50%，比上年增长7.50%；总产值19亿元，完成计划的103.20%；农民人均水果收入3260元，比上年增长25%。其中，蕉类总产量40.90万吨，产值5.60亿元；荔枝产量7.50万吨，产值6亿元，比上年增长6000吨、增加2.13亿元；龙眼产量1.50万吨，产值1亿元；柑橙产量11.60万吨，产值5亿元；芒果等其他水果产量9.90万吨，产值1.34亿元。

【特色水果种植】

柑橘 2017年，浦北县柑橘新种133.33公顷，主要是砂糖橘、沃柑、四会柑等品种。全县柑橘种植面积2460公顷。以北通、龙门、白石水、大成等镇较多。年内，全县柑橘投产面积2000公顷，产量11.60万多吨，产值5亿元，柑橘种植成为县内主要水果产业。

百香果 2017年，浦北县新发展百香果种植333.33公顷，全县种植面积566.67公顷，预计产值7500万元。已发展到大成、白石水等镇。

大青枣 2017年，主要在大成、白石水、安石等镇种植，面积80公顷，产量2400吨。

【万亩荔枝品种改造】 2017年，浦北县继续做万亩荔枝品种改良示范长廊创建，主要抓黑叶荔枝果树的高位嫁接换种。已完成666.67公顷的高位嫁接换种工作。

【水果生产标准化】 2017年，投入资金300万元，完成浦北神湖水果种植专业合作社荔枝标准化生产基地建设。实施面积100公顷，主要建设果园道路、水肥一体化、荔枝采后商品化处理设施及推广标准化生产技术。

【特色水果（核心）示范区建设】

浦北佳荔特色水果核心示范区 浦北佳荔特色水果（核心）示范区位于北通镇清湖村至白石水镇良田村之间302县道两侧，总面积5万多亩，其中核心区453.33公顷，核心区主导产业荔枝、番石榴266.67公顷。示范区集生态水果、生态家园、观光旅游于一体，区内有四季常绿的十里荔枝长廊、部级志海荔枝标准园、碧水荔枝标准园和千亩番石榴基地，有全国生态文明村福多堂村、生态乡村铺儿村、车木阁民居和清湖荔枝生态园等景点。

2017年，示范区项目设计总投资2.10亿元，累计投入资金1.06亿元；其中，市财政资金4537.80万元，业主和农户投入6059.40万元。示范区建成3个荔枝品种改良示范点，入驻2个农业龙头企业和4个农民专业合作社，带动土地流转220公顷建设标准化水果种植基地。在浦北县帮财专业合作社的带领下，打造了“百密”“健美乐”牌荔枝和“帮良”牌番石榴等广西名牌农产品，实现了“互联网＋农业”全覆盖，实现了“你在线上下单，我在田边发货”，成为全区一流的“田头型”村级电商服务点。

示范区建设“一轴两带三区”。其中，建成北通镇清湖至白石水良田约2500米为主轴的荔园大道（一轴），清湖荔枝产业带、良田番石榴产业带，良田休闲农业区、福多堂生态旅游区和清湖荔园胜景农业观光区，建设竣工观荔亭、环湖路、环山路、登山步梯、停车场、游客接待中心等基础设施。另外，番石榴产业带还建设竣工白石水镇良田村委门前小广场、农房装修美化工程、环村水泥路、太阳能路灯、太阳能诱虫灯、水肥一体化喷灌工程等基础设施。进一步完善示范区的路网、水网、电网等设施，呈现出亮丽的特色生态水果观光农业格局。

浦北南国百香果种植示范区 浦北县南国特色水果示范区位于江城街道公家村和樟家村，核心区包括1个苗圃场和5个种植示范基地，是一个集种苗培育、百香果种植、收购、保鲜加工、技术推广和新品种引进、技术交流和咨询服务于一体的示范区。2017年，示范区以南国水果种植农民专业合作社为依托，不断加大投入，累计已投入6000万元，建设了6千米上山水泥路和3000平方米的百香果育苗大棚。种植百香果核心区80公顷，拓展区5000亩，辐射区666.67公顷。示范区生产的百香果获得国家绿色食品认证和百香果种植出口基地认证，是目前广西最大的绿色百香果出口基地。年内，注册“浦百”牌热带水果商标，已获“绿色食品”认证、中国水果出境基地、广西著名商标、广西名牌产品、全国一村一品示范村镇。

2017年，示范区推广“合作社+基地+农户+工厂”的合作经营发展模式，形成了由合作社统一供应种苗、技术指导和销售服务等一条龙服务机制。以5个标准化种植示范基地为示范样板，定期举办种植技术培训班和上门服务指导，提高种植户的技术管理水平，辐射带动广大农民发展百香果产业。年内，注册“浦百”牌水果商标，与加工企业进行深加工合作。同时向农户提供技术培训、技术宣传、技术帮扶，帮助农户进行规范化生产管理。按照绿色食品生产要求，以“五统一”模式建立高标准基地，示范区公家村和樟家村种植基地作为全县乃至全国规模最大、标准最高的绿色百香果种植示范点，多次接待农业部、自治区、市和县内外各级领导和专家的参观考察。在示范区的示范带动下，农民种植百香果的热情空前高涨，全县种植面积逐步扩大，带动了农民增收致富，2017年，示范区农民人均纯收入核心区1.28万元、拓展区1.14万元、辐射区1.03万元、江城街道9789元。核心区比拓展区高12%，核心区比辐射区高24.70%，核心区比所在街道高30.80%。

【病虫害防治】 2017年，浦北县建立柑橘黄龙病、荔枝蒂驻虫、香蕉枯萎病等灾害观测点。病虫防治以防为主，以减少污染、提高效率为原则。坚持片区统一行动，集中开展的方针，派出技术员亲临指导，提倡果农采用生物、物理防治方法，尽量少用或不用化学防治以减少农药对环境的污染。

【技术培训】 2017年，浦北县水果局配合全县实施精准脱贫攻坚，派出技术员针对贫困户举办技术培训班8期，参训培训户400多人，开展新农村建设培训班6期，培训果农300多人。

农业科技

2017年，浦北县以专业大户、家庭农场、农民合作社、农业企业、返乡涉农创业者等新型农业经营主体带头人为重点培育对象，同时加强对农村实用人才的培训。年内，共开展新型职业农民培训1.13万多人(次)，129名优秀村干部和农村科技人才接受农村中等专业实用人才中专学历教育，树立农业科技示范户490户，276名新型农业经营主体带头人获得“新型职业农民”初级“职称”证书。

农业植保

2017年，浦北县农作物病虫草鼠害总体为中等、局部中等偏重发生，以水稻稻飞虱、稻纵卷叶螟、三化螟、稻瘟病、纹枯病、荔枝霜疫霉病、蒂蛀虫，香蕉叶斑病、柑橘

2017年10月26日，新型职业农民培育学员到钦州市九佰垌生态园参观学习。图为技术专家在现场开展技术指导　（县农业局提供）

红蜘蛛、白菜软腐病、小菜蛾、菜青虫和黄曲条跳甲等病虫为主，南方水稻黑条矮缩病在局部田块发生严重，其他病虫发生与上年持平。发生面积为40.53万公顷次，防治面积为36.53万公顷次，经防治后挽回损失约16.23万吨，其中粮食3.85万吨，油料488.50吨，水果5.43万吨，蔬菜1.50万吨，其他经济作物5.40万吨；实际损失约2.02万吨。防治总体效果88.95%，总体损失率约1.49%。

农业产业化

【龙头企业培育】 2017年，浦北精丰农牧业有限公司、浦北五皇山农业科技有限公司、浦北县龙腾食品有限公司等3家企业申报2017年市级农业产业化重点龙头企业成功。

【新型经营主体】 2017年，全县新注册登记农民专业合作社173家，增长32%。合作社覆盖粮、菜、茶叶、畜牧、水产、果和农机(资)等农业所有产业；新注册成立家庭农场34家，增长40%。截至12月底，全县累计获认定国家级示范社4家，自治区示范社29家，市级示范社37家，市级家庭农场5家。浦北县浦生源红衣花生种植、浦北县三合镇象古岭茶园种植、浦北县桂荔王果业共3家合作社获得区示范合作社，推荐浦北县石祖农产品产销专业合作社、浦北县安石镇富园果业专业合作社、浦北县五云山种养专业合作社、浦北县三合镇桑生生态种养专业合作社、浦北县瑞丰养殖专业合作社、浦北县圣扬农机专业合作社、浦北精丰种养专业合作社、浦北县国礼种养农民专业合作社等8家合作社获得市级示范合作社，浦北县兴茂家庭农场、浦北县绿丰家庭农场等两家家庭农场获市级家庭农场称号。

【合作社项目】 2017年，进行合作社规范化运作培训160人(次)，发放资料800多份。实施对2015年区级示范合作社进行奖补活动和荔枝产业烘烤加工设施建设奖补项目，两项奖补资金共扶持补助顺丰农产品等11家农民专业合作社达115万元。12月底，对35家自治区、市、县示范合作社进行规范化记账补助，补助资金35万元。

农业机械化

【概况】 浦北县农业机械化管理局内设人秘股、监督管理股、财务股等3个股室，下属县农机安全监理站(参公单位)、县农业机械学校、县农机技术推广站(事业单位)和15个镇、2个街道农业机械化推广站。2017年，有干部职工74人，其中，科技人员66人、教师6人。年内，荣获广西壮族自治区农机局授予“2017年全区农机化工作先进单位”称号、“2017年全区农机质量投诉监督体系规范化建设”考核优秀档次，获浦北县委员会、县人民政府“2016年绩效”考评优秀档次。

【农业机械】 2017年，浦北县拥有农业机械总值(原值)5.37亿元，农机净值3.69亿元，农业机械总动力49.28万千瓦(根据自治区农机局的要求，农用载重汽车、机动运输船、农用运输车等三项指标不再列入统计)。各类拖拉机拥有量24865台(套)/12.75万千瓦，其中大中型拖拉机101台/0.59万千瓦，小型拖拉机2094台/2.71万千瓦(手扶拖拉机934台/1.01万千瓦，折腰式方向盘拖拉机1062台/1.51万千瓦)，耕整机1.14万台(套)/4.93万千瓦，微耕机1.13万台/4.52万千瓦。大中型拖拉机配套农具221台(机引犁82台、开沟犁31台、机引耙71台、深松机31台)。小型拖拉机配套农具743台(旋耕机613台、滚筒耙130台)。水稻插秧机121台/0.04万千瓦(乘座式插秧机7台/0.01万千瓦)，甘蔗联合种植机2台。农用排灌动力机械6953台/6.86万千瓦，农副产品初加工动力机械9219台/6.81万千瓦，工副业用动力机械2644台/2.39万千瓦。机动喷雾(喷粉)机3212台/0.65万千瓦，中耕培土机43台/0.02万千瓦。农用水泵31656台，喷灌机械1761套。稻麦联合收割机265台/0.83万千瓦，其中：半喂入34台/0.13万千瓦。机动割晒机186台/0.04万千瓦，甘蔗提升机192台/0.53万千瓦。机动脱粒机6508台/2.05万千瓦，谷物烘干机8台。粮食加工机械9767台，油料加工机械142台，茶叶加工机械42台。饲料草加工机械5732台/1.49万千瓦，畜产品采集加工机械16台/0.01万千瓦。渔用机动船15艘/0.02万千瓦，增氧机220台/0.03万千瓦。小型多功能拖拉机3272台/5.65万千瓦。推土机189台/1.52万千瓦，装载机371台/2.52万千瓦，挖掘机532台/4.45万千瓦。微型水力发电机组7套/0.44万千瓦，柴油发电机组112套/0.19万千瓦。

【农机化作业】 2017年，浦北县机

耕面积6.54万公顷，其中水稻机耕面积3.68万公顷，甘蔗机耕面积0.16万公顷，玉米机耕面积0.15万公顷，花生机耕面积0.10万公顷，马铃薯机耕面积0.25万公顷，其他机耕面积2.20万公顷。机播（插）面积0.62万公顷，其中水稻机插面积0.47万公顷，甘蔗机械联合种植面积0.15万公顷。机电灌溉面积0.17万公顷。机械植保面积0.49万公顷。机收面积3.89万公顷。单项农机化作业情况：机械深耕面积0.16万公顷，机械深施化肥面积2.95万公顷，机械化秸秆还田面积1.69万公顷，动力机械脱粒面积3.74万公顷，脱粒量20.70万吨，机械烘干粮食0.15万吨，机械初加工农产品数量25.64万吨（其中：加工粮食24.86万吨，加工油料0.77万吨），机械化饲草料加工数量12.37万吨。甘蔗生产：深耕0.16万公顷，中耕培土0.37万公顷，宿根蔗破垄0.68万公顷。跨区作业面积1.69万公顷（其中，跨区机收水稻作业面积1.59万公顷，甘蔗机收作业面积0.10万公顷）。农机专业合作社作业服务面积0.46万公顷。甘蔗播种面积0.76万公顷，其中新植面积0.16万公顷。农机总作业值5.51亿元，运输作业量9262万吨公里/24519万元，其中农业运输4078万吨公里/10468万元。

【农机作业经济效益】 2017年，浦北县农机总作业值5.51亿元，其中机耕1.03亿元、机种144.72万元、机收1359万元、运输作业2.45亿元、农副产品初加工作业1.07亿元、其他作业8150万元。平均在册每千瓦完成作业值2500元，作业总成本4.64亿元。农机化管理服务与经营效益总收入1691.34万元，其中农机商品供应189万元、农机维修1488.69万元、培训13.65万元，成本与费用249.90万元，利润总额1441.44万元。

【农机化投入】 2017年，浦北县农机化投入2455.15万元。其中：一般行政事业支出420.23万元，农业机械购置1978.28万元（中央财政218.40万元、自治区财政21.72万元、其他1738.16万元），推广培训56.65万元。

【农机化生产服务】 2017年“春耕、双枪、秋收与冬种”等重要农时季节期间，浦北县分别组织县、镇（街道）农机干部，农机技术人员下乡共5046人（次）；组织拖拉机（含耕整机、微耕机）66130台投入农业生产；检修农机具56672台套；召开农机化作业现场会22次。

【购机补贴】 2017年，中央和自治区安排浦北县农机购置补贴资金325万元。浦北县农机局开展农机购置补贴政策宣传，在浦北电视台滚动播放农机购置补贴政策；开展农机购置补贴政策宣传月活动，下乡巡回宣传，出动车辆20车（次），干部200多人（次），发放宣传资料5000多份。在政府网站、镇（街道）、村委公开栏宣传补贴政策及农民购置补贴机具相关信息。全年共结算农机购置补资金240.12万元。

【农机安全监理】 2017年，浦北县农机局与二层单位、各镇（街道）农机站签订2017年度农机安全生产目标管理责任状；县农机安全监理站分别与3225位机手签订2017年度农机安全生产责任状。2017年年检拖拉机2193台，完成任务100.36%；2017年入户注册27台，考核发证82人。出动宣传车169台（次），出动宣传人员720人（次），张贴标语360条，发放资料28000多份，发送安全短信20000多条，设置展板15幅，拉横额30条。全年投入1万多元宣传经费，在重要节假日、农忙季节等关键时间节点

2017年10月25日，自治区农机局督查组到龙门镇平黄村开展2017年农机购置补贴工作专项督查。图为自治区农机监理站长黄卡林（右二）、钦州市农机局长梁平波（中）、浦北县农机局长邱冰（左二）、梧州市农机局管理科长黄瑛（左一）在调研现场 （县农机局提供）

2017 年 3 月 23 日，在浦北县北通镇博学村委路段实施农机安全生产巡查。图为钦州市农机局长梁平波（右二）、钦州市农机监理所长陈科（右一）、浦北县农机局副局长宋清（右四）、浦北县农机监理站副站长高永德（右三）在巡查现场 （县农机局提供）

前后，在《浦北新闻》中或重要黄金时段播出农机安全生产温馨提示，并及时报道农机安全知识进校园等活动。以“农机手安全学习之家”“两站两员”为平台进一步加强对农机手的教育。通过组织机手座谈、观看警示教育片，组织学习新安全生产法等法律法规提升农机手安全意识。2017 年，浦北县农机局联合县教育局、县交通局、县安监局、县交警大队，到北通镇兰田小学、楠垌小学，白石水镇良田小学开展农机安全知识教育示范长廊。设置不锈钢固定式宣传牌 6 块，宣传专栏 13 幅，横额 9 条，发放各类宣传资料 2500 余份，受教育学生达 1000 多人。6 月 21 日，在县城西滨广场开展 2017 年农机“安全生产月”集中宣传咨询日活动。活动当天发放宣传资料 600 多份，宣传小册 200 多本，现场接受 150 多名群众咨询。5 月 25 日，组织业务骨干参加浦北县第五届政务公开日活动，活动当天发放宣传资料 100 多份，接受现场群众咨询 15 人（次）。6 月 17 日晚，浦北县农机局组织农机监理人员到北通镇平坡村委办公楼前举办“农机安全文化乡村行”电影晚会，参加观看晚会的农机手和群众有 200 多人，发放宣传资料 200 多份。7 月 6 日，浦北县农机局组织农机监理人员到国有东方农场剑麻厂开展“农机安全知识进企业”宣讲活动，国有东方农场相关人员和东方剑麻厂农机手、职工等 60 多人参加此次活动。6 月 23 日上午，浦北县农机局在小江街道街口村境内机耕路上举行 2017 年农机事故应急救援预案演练。2017 年，浦北县农机局共完成中国农机化信息网稿数 8 篇，广西农机化信息网稿数 20 篇，广西农机安全监理专题网稿数 20 篇，市农机化信息网稿数 22 篇，浦北电视台播放数 8 次。浦北县农机局建立和完善农机安全事故预防体系，建立公安、农机信息沟通和协调配合巡查机制，建立和落实组织、协调、分工的工作制度。在组织实施农机安全大检查过程中，配合公安交警等开展路面交通秩序的整顿。深入各村、镇进行路检路查，包括拖拉机违法载人，无证驾驶，酒后驾驶等违法行为。2017 年，出动执法车 166 台（次），执法人员 695 人（次），共计检查拖拉机 2745 台（次），查处各项农机安全违法行为 543 起。

【农机教育与培训】 2017 年，举办拖拉机驾驶员培训班 2 期，共培训

2017 年 12 月 5 日，浦北县农机局在三合镇三鸽村委举办 2017 年马铃薯机械种植与人工种植对比试验培训现场会 （县农机局提供）

人员91人，考试合格82人。培训村“两委”干部3期共125人。

【农机技术推广】 2017年，浦北县推广各类农业机械1210台(套)，其中大型拖拉机5台，水稻联合收获机14台。大力推广适用新型、大型高效的农业机械，召开各类现场会8场，组织群众560多人参加，带动农户购买农业机械350台(套)。开展农机化技术推广应用工作，建立水稻、甘蔗机械化示范点3个，示范面积40公顷，辐射带动400公顷。2017年，浦北县农机局在三合镇和白石水镇开展水稻机械化直播技术试验8公顷，早稻亩产达到680千克，晚稻亩产570千克。在自治区项目绩效评比中，浦北县获全区第三名，代表广西接受农业部的项目现场点考评。2017年，浦北县农机局在三合镇圣扬农机合作社和小江街道华农农机合作社建立集中连片的机械化示范区面积27.61公顷，其中华农农机专业合作社基地9.73公顷、圣扬农机专业合作社基地17.88公顷。通过2个基地，加大浦北县马铃薯生产机械化技术的推广及技术培训力度，示范带动全县马铃薯生产机械化种植面积214.67公顷。

【农机质量】 2017年，浦北县农机局制定《2017年浦北县农机质量管理工作方案》，扎实开展农机质量管理工作。多种形式开展农机质量宣传工作，结合“3·15”、春耕期间等时机，出动宣传车8车(次)，印发宣传资料1000份，到村镇张贴农机质量宣传挂图300套。组织人员15人(次)，深入三合、寨圩、张黄等镇开展以“发展与安全”为主题的农机质量宣传咨询活动，接受群众咨询30人(次)。开展农机产品质量集中整治和专项检查工作，组织9个检查小组共36人(次)，深入10家农机经销店进行集中检查与整治，检查农机产品6种。

【农机化专业合作社】 2017年，浦北县登记注册的农机专业合作社有33家，社员577人，常年从业人员515人，服务农户的数量达到1.32万户。浦北县农机专业合作社拥有各类机具935台(套)，固定资产总值2243.38万元，作业服务面积3.90万亩，总收入557.60万元。2017年，浦北县农机局引导农机合作社以租赁、代耕代种的方式流转农村丢荒水田，在三合镇圣扬农机合作社建立流转丢荒水田开展优质水稻全程机械化生产示范基地65亩，破解农村丢荒水田“谁来种、怎样种”难题。

2017年3月6日，联合工商局开展农机质量整治活动。图为浦北县农机局长邱冰(右二)浦北县工商局执法大队长韦韬(右三)、浦北县农机质量投诉站长陈坤忠(右一)在整治活动现场 (县农机局提供)

畜牧业与水产业

【概况】 浦北县水产畜牧兽医局内设6个机构：办公室、财务股、渔业生产与执法监督管理股、畜牧与饲料生产管理股、防疫检疫监督股、水产畜牧产品质量安全监督股；下属事业单位22个：县动物卫生监督所、县动物疫病预防控制中心、县畜牧站、县水产技术推广站、县渔政管理站以及17个镇(街道)水产畜牧兽医站，有在职人员125人。2017年，浦北县水产畜牧业总产值23.44亿元，比上年同期增长2.80%；肉类总产量6.37万吨，比上年同期增长1.62%；水产品总产量4.12万吨，比上年同期增长4.79%；肉猪出栏55.71万头，比上年同期增长1.85%；家禽出栏1392.52万羽，比上年同期下降1.76%。

【养殖示范基地(区)建设】 2017年，创建浦北黑猪现代特色养殖县级示范区和寨圩镇粤桂龟鳖养殖乡级示范区，浦北县聚然休闲中心被国家农业部认定为全国休闲渔业示范基地。

【现代生态养殖】 2017年，浦北县

规划建设高架网床猪舍2800平方米；全县37家规模畜禽养殖场通过生态养殖星级认证，其中五星级5家、四星级10家、三星级22家。

【特色优势养殖】 2017年，浦北县官垌鱼养殖农户达2.40万户，比上年同期增长3%；养殖面积达6000亩，比上年同期增加20公顷；产量1.80万吨，产值3.85亿元。黑猪饲养量72.10万头，占全县生猪饲养量的86.10%；出栏49万头，比上年同期增长4.20%，占生猪出栏量的88%。蜂群10.50万群，比上年同期增长5%；产量2580吨，产值1.55亿元。

【动物疫病预防控制】 2017年，浦北县春秋两季共免疫注射猪瘟、猪口蹄疫75.39万头(次)，牛羊口蹄疫8.07万头(次)，高致病性猪蓝耳病70.15万头(次)，鸡新城疫1469.40万羽(次)，家禽高致病性禽流感1546.57万羽(次)。各个重大动物疫病免疫病种免疫密度100%、免疫抗体70%以上，浦北县没有区域性重大动物疫情发生。

【水产畜牧产品质量安全监管】 2017年，浦北县共完成水产畜牧产品质量安全抽样检测453批次，完成任务数440的103%。经检测，浦北县规模养殖场没有违法使用“瘦肉精”等违禁药品及有毒有害化合物的行为。2017年，浦北县没有水产畜牧产品质量安全事件发生。

【动物卫生监督】 2017年，浦北县17个镇(街道)动物产地检疫、屠宰检疫申报点全部实现电子出证，电子出证率100%；17个镇(街道)动物产地检疫申报点实现远程监控。2017年，全县受理产地检疫生猪39.30万头，牛1300头，家禽384.20万羽、生猪屠宰检疫25.80万头，牛870头，屠宰环节病害猪无害化处理53头。依法向浦北县人民法院移送行政处罚案件5起，捣毁生猪私宰滥宰窝点1个，处罚涉案违法人员1人。立案查处动物卫生监督、兽药、饲料案件共7件，罚款1.18万元，结案率100%。监督养殖环节病死猪无害化处理2502头。

林　　业

【概况】 浦北县林业局是县林业行政主管部门，负责全县森林资源管理、林业生态建设和产业建设任务，科级建制，内设行政股、计财股、营林股、林政股、行政审批股、产业股6个职能股。主管浦北县森林公安局(副科级行政单位)；主管林业技术推广站、森防检疫站、农村能源站、防火办、绿委办、森林资源调查设计队、五皇山森林公园管理所、县林科所、寨圩木材检查站、泉水木材检查站、北通木材检查站11个事业单位；主管浦北县国营六万山林场。林业系统在职干部职工124人。全县17个镇(街道)均设有林业站，由县林业局主管，各镇政府(街道)协管。2017年，浦北县林业产业总产值46亿元，其中木材加工产值22.50亿元，实现木材加工税收4375万元；林下经济产值达25亿元；林业行业固定资产投资16亿元；林业部门固定资产投资1.50亿元。植树造林面积3.40万亩，全民义务植树100万株。完成自治区绿化示范村村屯建设84条，一般村屯建设1836条；建设农村户用沼气300户。

【植树造林】 2017年，浦北县完成植树造林总投资1571万元，造林2266.67公顷，其中荒山人工造林166.67公顷，迹地人工更新造林140公顷，萌芽更新造林1960公顷。完成义务植树100万株，提高森林覆盖率。

【林业产业】 2017年，浦北县充分发挥资源优势、区位优势和市场优势，招商引资壮大林业产业集群。林业产业示范项目有五皇山石祖林中茶、越州橄榄种植、泉水焕发木业、宏茂木业、凤源林下养鸡、佳荔林下养蜂、流香林下种植中草药、黑豚、淡水虾养殖。2017年，浦北县木材经营(加工)规模企业共33家，其中，纤维板、刨花板各1家，胶合板28家。木材加工总产值22.50亿元，上缴税金4375万元。

【林下经济】 2017年，林业局引导广大农民发展林下经济，抓好藤芒编织、红椎菌、中草药、养鸡、养蜂、养畜、森林旅游七大产业基地建设。2017年，林下经济产值25亿元。争取自治区林下经济示范项目3个，项目资金达155万元。

【林政资源管理】 2017年，浦北县有序推进国有林场改革，深化林权主体改革、政策性保险改革、速生桉森林采伐管理改革、行政审批改革，加强林政资源管理。

【林权管理服务】 2017年，完成政策性森林保险2.97万公顷，办理林权抵押贷款1857万元，缓解林农在发展林业中资金紧缺的难题。起草制订浦北县《集体林地林权证发放查缺补漏纠错工作实施方案》及积极筹建浦北县林权流转服务平台。修改林权证错证226本，涉及面积约282.27公顷。

【沼气生态建设】 2017年，浦北县建设农村户用沼气池300户，完成投资145.50万元。完成建设2015年规模化大型沼气工程项目2个（浦北县越州黑猪养殖专业合作社沼气工程、浦北县张黄万头瘦肉型养猪场沼气工程），完成项目总投资516.15万元；其中，中央预算内投资231.15万元，自治区配套资金11万元，县配套资金11万元，业主自筹263万元。

【林业科技推广】 2017年，浦北县林业技术推广结合扶贫工作，全年举办种养技术培训班4期。在龙门镇滑竹村委集中贫困户举办黑豚养殖技术培训班2期，培训农民120人（次），举办林下套种鸦胆子技术培训班1期，培训农民65人；在江城街道青春村举办苗木花卉培育技术培训班1期，培训农民72人。共投入技术培训经费5480元。

【森林病虫害防治】 2017年，浦北县继续以松林线虫病等重大林业有害生物防治为重点，落实防控目标责任制，加强普查和对松毛虫、松材线虫病、桉树病虫害等灾害监测工作，利用社会化服务和新技术，对森林病虫害进行防治。同时，加大植物检疫监管力度，抓好种苗、木材产地、木材调运的检疫，确保森林病虫害成灾率小于4.2‰。

【森林防火】 2017年，浦北县多措并举宣传防火知识，发挥护林防火协会的作用，筑牢群防群治的底线，同时，层层落实防火责任制，签订责任状，加强村级消防队建设，加大经费投入，加强巡逻监控，抓好防火工作。全县成立森林防火协会5个，会员达300人。全年发生森林火灾8起，比上年同期下降25%。

【森林资源保护】 2017年挂牌成立浦北县生态安全警察大队和浦北县生态安全综合执法大队。年内，浦北县森林公安局办理各类案件757起，其中立刑事案件38起，侦破27起，追究刑事责任32人；立行政案件303起（其中治安案件5起），处罚330人次；制止、责令恢复非法占用林地179起；摧毁非法采矿点140处；调结或平息共计97起因纠纷引发的群体事件。罚没款332.60万余元，扣押作案车辆22台，共计为国家挽回损失1000多万元。

【动植物保护】 2017年，浦北县继续禁止采伐天然林、保护区范围内的林木。根据自治区林业厅《关于开展严厉打击破坏野生动物资源违法犯罪专项行动的通知》《关于开展打击破坏森林和野生动物资源违法犯罪专项行动的通知》文件，林业执法人员到林区、集贸市场、花鸟市场、宠物店、酒店餐馆等地进行宣传和执法打击。在执法期间，共收缴捕兽工具20件，放生鸟类110只、蛇类35条。

【城镇绿化】 2017年，浦北县城镇绿化累计投入资金187.56万元，完成县城工业园区、五仙湖湿地公园、越州大道至工商局路段等街道的绿化及提升，扶持龙门镇、福旺镇的部分街道绿化美化。

【现代特色农业（核心）示范区建设】 2017年，浦北县推进广西县级现代特色农业（核心）示范区建设。根据《广西现代特色农业示范区建设（2016—2017年）行动方案》和县委、县政府的工作部署，积极开展现代特色林业示范区的创建工作，其中，浦北五皇山石祖林中茶示范区入围自治区级示范区，浦北县越州橄榄核心示范区被评为市级示范区。打造泉水工业园区，使之成为广西木业出口加工区。2017年年底，全县示范区上规模木业企业达30家，产品远销广东、上海，出口韩国。

【“南药鸦胆子林下套种技术推广示范”项目建设】 2017年，浦北县实施“南药鸦胆子林下套种技术推广示范”项目建设。项目投资87.53万元，在江城街道公家村、龙门镇日新村、石埇镇坡子坪村，完成林下套种南药鸦胆子示范林20.10公顷的护理和嫁接工作，使二年生鸦胆子挂果投产，单株产量为0.4—0.60千克。辐射带动大成、张黄、福旺等镇的群众在林下种植鸦胆子。实施蓝花楹和胭脂树等绿化观赏树木项目建设，培育新型苗木市场。

水利

【概况】 2017年，浦北县水利局内设行政股、水政水资源股、财会股、行政审批股4个职能股，下辖水利工程站、水利工程管理站、防汛抗旱指挥部办公室、水政监察大队、城区河堤管理站、综合服务站、水土保持监督站、水利工程安全与质量监督站、南流水利工程管理所共9个二层事业单位。全局行政、事业单位共有编制83个,有在职干部职工70人,2017年新录用4人。

【水质监测】 根据2017年自治区水利厅、钦州市环保局对浦北县马江、张黄江、武利江、武思江共4个河段断面进行水质监测评价,全部达到地表水环境质量标准基本项目标准限值的Ⅲ类水质标准。马江:在马江布设江城街道长田村水质监测断面,水质为III类。武利江:在武利江布设武利江拦河闸水质监测断面,水质为III类。张黄江:在张黄江布设泉水镇江口皇后大桥水质监测断面,水质为III类。武思江:在武思江布设大江口水文站水质监测断面,水质为III类。

【防汛抗旱】

防汛工作 2017年,浦北县水利局落实"防汛五种责任制"(以行政首长负责制为核心,包括分级负责制、部门负责制、技术负责制、防汛岗位责任制),明确水库行政责任人、技术责任人、工程管理责任人,将各级防汛责任人名单在《钦州日报》刊登公布,接收社会监督。按照防大汛、抗大洪、抢大险、救大灾的要求,修订完善各类应急预案、方案,包括《浦北县洪涝灾害应急预案》《浦北县城区防洪应急预案》《浦北县干旱灾害应急预案》《浦北县防台风预案》《浦北县地质灾害防治方案》以及全县42座水库的防洪抢险应急预案等;同时还根据实际,要求各镇制定完善镇级和有地质灾害隐患点的村委级的山洪灾害防御预案、各类防汛应急预案。根据浦北县的实际情况,组织人员对县内的山塘、水库和地质隐患点进行安全检查,将存在问题和整改意见及时反馈给相关单位和人员,及时做好整改工作,并密切跟踪、督促和落实问题的整改。明确防汛值班人员、值班场所和值班电话,落实每天24小时值班,保证每个水库移动通讯报讯设备24小时畅通。组织抢险队伍6300人,除了县武装部组织有一定数量的队伍外,各镇还另外组织防汛抢险队伍,为抢险救灾做好充分的准备。2017年,浦北县储备编织袋6万条,土工布600米,冲锋舟2艘,救生衣200件,桩木22立方米,还落实汽车、机动船等以及其他物资。各镇政府根据实际,储备编织袋、锄头、铁铲及救生衣等防汛应急物资。

利用"5·12"第8个防灾减灾日进行防汛知识进行宣传,提高广大人民群众的防汛抗旱素质和能力。6月16日,浦北县组织2017年抗洪抢险暨水上救援演练,提高防汛抢险救灾的组织指挥、协作配合和快速反应能力。

2017年,浦北县降雨总量为1803.80毫米,汛期(4—9月)降雨总量为1589毫米,比上年同期增加287.40毫米,上升22%。同年,遭受4次较强台风和三次强降雨袭击,浦北县水利局提早部署,组织开展防汛抢险各项工作,确保全县42座水库及27座电站正常运行,没有出现人员伤亡、江河决堤和水库垮坝的安全事故。

抗旱工作 2017年,浦北县境内雨情基本平稳,没有出现大的旱情。

【水利建设】

农村饮水安全工程 2017年,浦北县水利局对13个贫困村、贫困户饮水安全进行调查,排查出存在饮水问题贫困户75户,列入2017年人饮项目计划,于2017年10月底完成全部建设。浦北县水利局在贫困村实施集中式人饮工程共6个,分别是福旺镇大垌村高山塘人饮工程、浦北县福旺镇万垌村茶山屯人饮工程、浦北县福旺镇六合村屋背垌屯人饮工程、浦北县北通镇旱田村水车坡屯人饮工程、浦北县白石水镇南明村大岭屯人饮工程、浦北县安石镇石凉村九叉塘屯人饮工程。

【中央财政小型农田水利重点县项目】

2015年度泉水—石埇片区渠系节水改造工程 2017年,配套改造渠道总长度127.34千米,建设塘坝3处,引水堰(闸)2座,新建小型泵站1处,受益人口2.78万人。

北通—白石水镇生态果园示范区节水灌溉工程 2017年,项目涉及12个行政村,其中6个贫困村,其核心区为白石水镇良田、良江村(贫困村)已初具规模的"番石榴生态果园示范基地"和北通镇清湖村的"清湖荔枝生态园",拓展区为白石水镇南明、五黄2个村。辐射区为北通镇那新、佛新、旱田3个村,受益人口4.27万人。

【中小河流治理项目】

武利江北通镇防洪治理工程 2017年,治理河段5.19千米,新建防洪堤总长1.86千米、护岸总长5.57千米,截至2017年12月完成护岸3千米。

马江江城街道青春至合群段防洪治理工程 2017年,项目分为三标段,I标(青春至合群段),新建防洪堤及护岸总长680米,护岸总长1339.71米,项目于2015年6月

11日开标，2017年5月5日开工建设，截至12月完成主体建设400米长；II标（龟蛇尾至合群段）新建防洪堤及护岸总长900米，护岸总长954.60米，项目于2015年6月11日开标，2015年12月5日开工建设，截至2017年12月已完成380米长挡土墙建设；III标（云坊河段）新建防洪堤及护岸总长2.24千米，护岸总长2233.10米，项目于2015年6月11日开标，工程因征地未完成，未能开工建设。

浦北县马江木麻根河段防洪治理工程 2017年，项目新建防洪堤总长7.55千米，整治河道总长7.55千米，布置排涝14座、下河码头31座，改建跨河交通桥4座，项目于2016年9月27日开标，2016年12月3日开工建设。

【其他项目建设】 2017年，福旺水库建设工程前期工作稳步推进中，项目设计总库容880万立方米，建成后将能解决浦北县县城及周边居民群众中长期的生产生活用水问题。浦北县石埇镇（集镇）、安石镇（集镇）、泉水镇（集镇）抗旱应急供水工程项目，正在开展前期工作。浦北县白石水镇良田良江防洪治理工程、福旺镇北兰坡心防洪治理工程初设完成审查工作，待批复。

【水政水资源管理】

水资源管理 2017年，浦北县开展水事案件的查处和水事纠纷的调解处理，截止11月，全县接群众来信、网友反映、市长热线41次，经过认真调处和及时办理、回复群众，维护全县社会稳定。加强节水型社会建设和宣传。利用“世界水日”“中国水周”，开展主题宣传晚会，取得较好的宣传效果。

水规费征收 截至2017年11月，全县共征收水资源费43.21万元，行政许可29件。

【水土保持监督】 2017年，浦北县水利局加强《中华人民共和国水土保持法》宣传力度，抓好“三权、一方案、三同时”制度的落实，做好技术指导与服务工作，加强开发建设项目水土保持方案的编制、审批、监督实施工作，落实项目建设市场准入、招标投标、工程管理和竣工验收各项制度，推进工程质量监督，加强质量检查，开展水利安全生产隐患大检查大整治和“六打六治”打非治违等安全生产专项活动。截至11月，开展水土保持执法检查23次，检查项目21个，审批水土保持方案15份，收取水土保持监督费372.89万元。

【全面推行河长制】 2017年上半年，开展全县有关江河湖库的数据及名录调查工作，截至6月，完成流经县辖区内流域面积50平方千米以上的24条河流信息名录调查；10月，完成流域面积5—50平方千米及5平方千米以下的江河信息调查；完成小（二）型以上水库名录编制工作。

2017年8月，成立以县委副书记何惠贤为组长，分管副县长韦少坚为副组长，相关部门为成员的浦北县推行河长制工作领导小组。

2017年10月30日，制订《浦北县全面推行河长制工作方案》和《浦北县河长制相关工作制度》。到11月20日，浦北县17个镇（街道）的《河长制工作方案》和《河长制相关工作制度》全部出台印发。5个镇（街道）成立河长制工作领导小组，张黄镇率先成立河长制办公室。

浦北县、镇（街道）、村三级河长体系已基本建立，县总河长2名，县河长6名；镇（街道）总河长34名，镇（街道）河长141名；村河长334名。

水库移民

【概况】 2017年，浦北县有大中型水库农村移民4.61万人，涉及68个村447个村民小组；小（一）、小（二）型水库有移民3.11万人，涉及40个村142个村民小组，主要分布在浦北县13个镇（街道）。浦北县水库移民工作管理局内设人秘股、政法股、后扶股3个股室，有编制8名。

【水库移民后期扶持资金管理】 2017年，加强后扶金发放监管，确保及时、准确发放后期扶持资金。全年发放后期扶持直接补助资金2625.90万元，补助4.38万人，按时发放到移民个人账户。同年，组织核减自然减员资金11.35万元，核减202人；其中，停发财政供养人员11人6600元；自然减员资金计划用于该村民小组公益性基础设施项目建设。全年移民发放粮差资金159万元。

【水库移民项目建设】 2017年，完成水库移民项目建设投资2027.90万元，其中，新建水库移民村11个，续建水库移民新村8个，旧房改造55户，改建硬化村屯道路16条共13.98千米。

【库区维稳】 2017年，承办自治区信访局信访转办件1件，县内寄访

（电话）件2件，接访1批4人（次），妥善处置好中央第三巡视组（驻广西）转来的石埇镇八东移民新村陈铭吉等人信访件，化解社会矛盾。加大移民群众咨询服务平台建设，接待各种咨询7批21人（次），与去年同期比有所下降。开展值班7批65人（次）。局领导下访23批49人（次），下访移民群众25批69人（次），解决（落实）17件。开展“一项活动、六项工程”和谐库区工程工作4批（次），进移民家工作人员50人（次），进移民家80户（次），解决简易问题18件。年内、全县无移民非正常上访，无群体性突发事件发生，无网络舆情发酵现象。

【水库移民培训】 2017年，浦北县依托大中专技术学院，组织库区移民2批68人前往广西玉林农业学校参加农业实用技术培训和创业就业技能培训，推进水库移民就业。

【水库移民子女身份审核免除学费】 2017年，审核认定全县库区移民子女学费减免843人，其中就读幼儿园0人，初中、高中、中职中专793人，大专、大学50人。

扶贫开发

【概况】 2017年，浦北县扶贫开发办公室有行政编制4名，工勤编制1名，下设扶贫信息培训中心，有事业编制6名。浦北县扶贫开发办公室围绕“坚决打赢脱贫攻坚战”的目标任务，根据脱贫户“八有一超”和摘帽村“十一有一低于”的脱贫标准，争取上级财政扶贫专项资金1.20亿元，推进脱贫摘帽指标落实。2017年，脱贫人数为1834户8510人，贫困村脱贫摘帽13个。2016年20个脱贫村达到稳定脱贫。未脱贫贫困人口（含返贫、新纳入）6861户2.84万人。

【产业扶贫】

“5+2”扶贫特色产业 2017年，浦北县根据本地实际，选定优质水稻、柑橘、猪、水产（鱼）、鸡、茶叶、百香果“5+2”个扶贫特色产业。在年初通过设立产业项目库，遴选一批扶贫特色产业项目进行入库管理。

量化到户带资入股 2017年，浦北县采取“量化到户带资入股”的方式，安排2900万元以贫困户每户1万元入股21家扶贫产业龙头企业（合作社），辐射带动全县产业可持续发展，确保贫困户5年内每年有不少于800元的收入来源。

以奖代补 2017年，浦北县发放“以奖代补”产业发展资金1234.11万元（其中5+2扶贫特色主导产业奖补资金达1037.77万元，占奖补总资金的84%），主要奖补贫困户的养猪、养鸡、养牛、种植优质稻、百香果、柑橘等产业项目，受益农户涉及78个贫困村及面上村6171户27769人，每户贫困户获得奖补资金300—5000元不等，全县贫困户有特色产业覆盖率达77.23%以上。

村级集体经济 在2016年以每村10万元投入78个贫困村的基础上，2017年，加拨1320万元村级集体经济发展资金，以每村40万元投入到20个2016年脱贫村和13个2017年计划脱贫村，33个村每村累计投入50万元，为贫困村发展村级集体经济项目提供资金保障，通过采取自主发展项目、入股联营产业、实施光伏发电项目等形式综合发展集体经济产业。2017年，全县33个脱贫村村级集体经济收入均达2万元以上。全县273个村（社区）均已成立村（居）民合作社，强化村级集体经济的管理。

农民合作社 2017年，新增238户私营企业，增加农民合作社（农场）230家，新建的合作社（企业）为贫困户提供长期务工岗位750个，临时工种4917个，为贫困户发展产业提供农资、管理技术、保价收购服务等。累计培训贫困户6385人（次），发放农资856户，带动1377户跟着合作社（企业）发展特色产业。

党旗领航·电商扶贫 2017年，建成镇级电商服务站14个和物流站点15个，村级综合电商服务点566个，覆盖95.28%的行政村和100%的贫困村。引入乐村淘、京东商城、村邮乐购等知名企业，辐射发展电商购销企业213家，采取“合作社＋农户＋电商平台”共赢发展模式，并通过开展党旗领航·电商扶贫、红色电商季、土特产进城、我为家乡代言等专项电商促销活动，不断提高浦北县农产品销售量。全年，全县实现各类农产品电商交易额达906.20万吨，交易额达3.17亿元。11月，举办“党建引领·电商扶贫暨我为家乡代言”展销活动，活动当天现场销售额达10.80万元，通过电商平台实现销售额170.33万元。

【“雨露计划”“农民实用技术”和“中期技能”培训项目】 2017年，浦北县以免、补、奖、助等形式资助建档立卡贫困户子女读学前教育、中小学校、职校和高等院校共

12953人(次),资助资金约1180.56万元。全县受理贫困大学生生源地信用助学贷款5408人,按合同金额发放助学贷款3672.01万元。2742名建档立卡贫困学生申请雨露计划补助,补助资金493.02万元;其中,申请普通高校本科学历教育的贫困学生共234人,已发放补助资金117万元;申请春季学期职业学历补助共1040人,发放补助资金156万元;申请秋季学期职业学历补助共1468人,发放补助资金220.02万元。结合产业开发项目,投入扶贫资金2.79万元,在泉水、石埇、安石等镇17个贫困村开展以百香果、水稻种植管理技术,养鸡、养猪等养殖技术为主要内容的农民实用技术培训班17期共654人。参加中期技能培训贫困生67名(其中有5名是2016年的"两后生"),发放补助资金18.43万元,参加培训人数位居全市第一。

【金融创新扶贫】 2017年,浦北县设立2000万元扶贫小额信贷风险补偿基金,采取自主经营和"委托经营、收益分红"的模式,加大金融杠杆支持扶贫攻坚力度。依托基金担保平台,贫困户可在农村信用社争取到不少于5万元的产业扶贫贷款,并委托浦北县筛选入围的合作社及龙头企业经营形成资产性收益,经营主体按年收益不低于8%的标准支付分红给贫困户,贫困户可连续3年每年稳定获取不低于4000元的收益。2017年,承办浦北县扶贫小额信贷发放工作的县信用联社发放的扶贫小额贷款余额1.54亿元,户数3299户,其中采用委托经营方式发放扶贫贷款2564户,金额1.29亿元,共委托17家企业、16家专业合作社;采用自主经营方式发放扶贫小额贷款735户,金额2552.76万元,累计贴息874.20万元,直接为贫困户带来分红收益约995.91万元。

【社会扶贫】

捐资(物)扶贫 2017年,在县委、县政府的倡议下,全县各镇(街道)、各单位全体干部职工、爱心企业人士共捐款107.56万元,捐物折款23.12万元。捐资款用于帮扶贫困村、贫困户改善生产生活条件、发展产业或村集体经济。县财政与中国人寿保险股份有限公司浦北支公司签订合作协议,财政投入资金61.50万元,不足部分由保险公司负责,为全县全部4万多贫困人员购买每人30元的人身保险。2017年,为贫困户办理理赔案件241件,赔付金额47.65万元。

残疾人补助 2017年,浦北县残联、医疗等部门采取上门服务进行现场鉴定,核发二代残疾人证409本,落实残疾人补助政策。筛查适合"阳光家园居家托养"项目残疾人425人;严格审核残疾人4970名困难补助材料,发放5766名重度残疾人护理补贴,扶持111户贫困家庭残疾人创业。

低保补助 2017年,将符合农村低保条件的贫困户纳入低保对象,把符合扶贫条件的农村低保对象纳入贫困户,全县建档立卡贫困户6309户21051人享受农村低保政策,发放低保金3764.85万元,两项政策重合率43.27%;及时把孤儿、残疾儿童等困境儿童纳入特困人员供养、临时救助和低保等范畴,救助补助累计8518人。

无籍入户 2017年,浦北县组织县公安、卫计、扶贫等部门排查无户籍贫困人员,联系鉴定机构免费为无户口贫困人员进行75例DNA采样亲子鉴定,解决贫困人员入户难题。

【基础设施建设】 2017年,浦北县的254个行政村已100%通硬底化道路,20户以上自然村道路硬化率达75%。全县2017年危房改造项目任务1476户竣工1443户,竣工率97.80%,其中贫困户危改项目775户全部竣工并达到入住标准,完成率100%。实施6个预脱贫村公共服务中心项目,投入826.68万元实施"小农水"工程项目,整合移民、民宗等部门项目资金262万元建设12条村屯道路,预脱贫村有饮水困难的75户324贫困人口实施饮水安全提升工程,更换贫困村配电变电器26台,全县实现广播电视信号全覆盖。投入新增债券资金6114万元用于基础设施项目(由县交通局实施项目),其中投入5523万元,新建硬化道路156条160.05千米,受益人口9963户4.68万人,涉及贫困村42个面上村31个;投入591万元新建独立桥11座246.80延米,受益贫困户945户4498人,涉及贫困村10个面上村1个。完成33个(预)脱贫村城乡居民基本医疗保险98%以上、养老保险90%以上的指标,全县33个(预)脱贫村适龄人员参保人数为4.02万人,其中建档立卡贫困户适龄人员5047人,参保率达100%;60周岁以上(含)参保享受养老保险待遇人数为1.41万人,100%享受养老保险待遇。建成投入使用行政村卫生室249个,覆盖98%行政村;聘请646名乡村医生进行乡村医疗签约服务,参加签约服务贫困人口9133户3.98万人,占贫困总户数约90%。

【扶贫档案管理】 2017年,浦北县落实391.92万元经费用于县、镇、村扶贫档案室标准化建设和配置扶贫信息(档案)员。按照自治区精准扶贫档案整理工作要求和目录清单,先行建立4个镇扶贫档案整理工作示范点,采取“以工代训、全面推进”模式,全面推进全县扶贫档案整理工作。已完成2016年、2017年扶贫档案整理工作,配备扶贫信息员(档案员)293名。各镇、村按照档案管理“三铁九防”工作要求建立标准化档案室,不断推进扶贫档案规范化管理。

【问题反馈与处理】 2017年,浦北县收集各镇、各单位上报协调解决问题共179个,完成169个。建立脱贫攻坚基层问题“集中接访”和“上门服务”机制,及时解决工作中的热点难点问题。“集中接访”活动每季度组织开展一次,收集各类问题149个,现场解决54个,部门研究解决49个,联合协调解决18个,向上报送问题11个。各专责小组根据工作需要,组织相关单位到每周上报问题突出的镇和村开展“上门服务”活动,就反馈问题进行现场联合办公。

【督导巡查】 2017年,开展各类督查41次,发出“红黑榜”21期,公文表扬10次。向党员干部群众推送信息11.59万份,谈话提醒750多人(次),立案查处49件,结案43件,给予党纪政纪处分43人。开展县、镇、村三级各类脱贫攻坚业务培训活动50期。派出业务骨干到自治区、市、先进县学习30人(次);县级集中组织档案整理、“户卡册”信息填写、“双认定”工作等方面培训20批(次)。派驻78名党员担任贫困村第一书记和583名扶贫工作队员,通过换届选举产生村(社区)“两委”干部1375名,整顿软弱涣散贫困村党组织4个。

东方农场

【概述】 广西农垦国有东方农场始建于1952年11月,位于广西钦州市浦北县张黄镇南部,与浦北县张黄、安石、石埇、泉水等4个乡镇相邻,场部驻张黄镇,北距县城41千米,南离广西北海市82千米,距离贵合高速路出口3千米;农场土地面积3551.18公顷;2017年,农场总人口3480人,有在岗职工382人,离退休干部职工701人;农场机关设四部一室,分别是综合管理办公室、财务部、生产经营部、土地管理保卫部、开发建设部;基层有5个分场23个生产队,医院1所;有管理人员52人,其中:机关35人(含领导4人),基层17人;医院29人。

【产业】 2017年,农业产业有剑麻733.33公顷(其中国有土地种植340公顷),青梅266公顷,香蕉66.67公顷,甘蔗200公顷,火龙果6.67公顷,金菠萝6.67公顷。农场企业有广西浦北县桂垦东方农业专业合作社、广西浦北县禾桂剑麻专业合作社、浦北县庆慧华食品厂、兴浦烟花溶剂有限公司建设烟花溶剂加工厂。

【重点建设项目】 2017年,“越州天湖——广西农垦越州天湖休闲农业核心示范区”获“国家4A级景区、广西最美休闲农业庄园、广西五星级乡村旅游区、广西农垦越州天湖休闲农业核心示范区”称号,2.40公顷的浦北县张黄工业园规划开发建设;职工危房改造工程。

【农垦改革任务】 2017年,浦北县根据中发〔2015〕33号、桂发〔2017〕3号文件精神,进行农场深化改革,包括农场企业化运作,农场办社会职能分离移交浦北县政府管理,农场国有土地确权登记发证。

【经济建设】 2017年,农场地区生产总值(GDP)1.85亿元,农业总产值6804万元,经营总收入4.58亿元,固定职工人均年纯收入4.75万元。完成产品产量:剑麻纤维1650吨,青梅总产鲜果928吨,甘蔗1.15万吨(含职工经营),火龙果49吨。

六万山林场

【概况】 浦北县国有六万山林场坐落在浦北县六硍镇境内,东邻六万山葵扇顶、西山一带,南至新坡村云塘岭岗,西至龙潭坡旧坪村,北抵玉林市南缘。2017年9月,国有六万山林场、天皇山林场整合为浦北县六万山林场,定性为公益二类财政差额拨款事业单位,核定编制64名。现属钦州市林业局管辖,场部设在六硍镇横岭圩。浦北县六万山林场行政上隶属于广西浦北县人民政府,由林业局主管,属正科级事业单位,林场下设横岭、大化、黄冲水、高寨坪、横担、天皇山、沙垌、龙湾、日禾山等9个工区,场部设有办公室、财务股、生产股、供销股、森林资源管护股、值班室等职能科室。全场有总人口550人，其中在职在编职工54人，退休职工151人。全场总建筑面积1.2万平方米，其中住宅面积1万平方米。境内林区公路40千米，有汽车1辆。按经营面积算，路网密度为23.1m/h㎡。场部和黄冲水、高寨坪、横担、大化等工区都架设有照明输电线路，安装有自来水。场部有固定电话8台，电脑8台，各工区基本覆盖通信网络，林区内可随时拨打电话。六万山林场总面积1846.70公顷，在林业用地中，有林面积1613.30公顷，占林地面积的87.3%，用材林占有林面积78.5%，经济林占有林面积21.5%，森林覆盖率为88.14%，林木绿化率88.14%。

【产业及产品】 2017年，浦北县六万山林场完成新造林173.33公顷，其中，幼杉13.33公顷、火力楠13.33公顷、桉树萌芽更新146.67公顷；抚育割草施肥共133.33公顷，其中抚育幼杉13.33公顷。木材采伐1.26万立方米，其中采伐桉树1.21万立方米，其他采伐出材500立方米。维修防火线2.16万平方丈，桉树喷除草剂64.13公顷；新开林区公路5千米。维修林区公路30千米；维修炼山防火线1000米，施放桉树肥140吨，全年生产开支约180万元。2017年度，浦北县六万山林场经济总收入314.50万元，年末总负债600万元，比上年同期增1%。获得中央财政拨付旧楼项目补助款70万元。浦北县六万山林场是钦州市杉木基地之一，主要经营杉树、松树、桉树、八角等林木。2017年，销售木材1.26万立方米，产出八角鲜果50吨。

工　业

工业综述

【概况】 2017年，浦北县的工业企业约130家，其中亿元企业82家，规模以上企业96家。分别为制药、建材、造纸加工、工艺编织、缫丝、制糖、烟花爆竹、陶瓷、食品、木材加工、矿业、电子、塑管等行业。全年实现工业产值349.53亿元，比上年同期增长20.10%；规模以上工业产值345.98亿元，比上年同期增长20.26%。税金1.53亿元，比上年同期增长0.60%。工业增加值89.49亿元，比上年同期增长11.40%。完成技改投资56.06亿元，比上年同期增长4.45%；工业投资86.99亿元，比上年同期增长9.80%；制造业投资71.90亿元，比上年同期增长2.20%。

2017年，浦北县工业和信息化局（简称县工信局）内设行政股、综合股、经济运行股、科技投资股，信息产业股、人教股、中小企业股、中小企业技术指导站、监察节能中心、职教办等，有行政编制17名，事业编制10名。

（包日礼　杨剑平）

新兴产业

【生态工业】 2017年，浦北县农副产品加工规模以上企业5家。以当地农副产品的资源优势转化为产业优势，打造农业特色企业名片。浦北县建成9个农业商品基地，官垌鱼、红椎菌是国家地理标志性农产品；地方特色的农副产品加工企业有浦北县桂合丝绸有限公司、广西健美乐食品有限公司、广西珠乡北部湾橄榄食品有限公司、广西浦北县湘桂糖业有限责任公司等。

【电子信息及其他制造】 电子信息制造业是浦北县的新兴产业。2017年，该产业规模以上企业2家。凯兴电子主要产品是LED节能灯、智能开关等。富通电子主要产品是国内外名牌手机耳机配件。两者的共同点是以劳动密集型传统企业。有职工500人，年产值10.49亿元，增长31.48%，缴纳税金471.63万元，比上年同期增长39.35%。

【其他】 2017年，其他及新能源企业7家，年产15.28亿元，比上年同期下降37.16%；缴纳税金432.83万元。

优势传统产业

【陶瓷业】 2017年，浦北县瓷器业1家，年产值4773.30万元，税收115.77万元。主要生产各种日用碗、碟、盆等。

【制药业】 2017年，浦北县有制药企业4家，分别是广西裕源药业有限公司、广西世彪药业有限公司、浦北制药厂、浦北新科药业包装有限公司。有3家主要企业均有产品制造核心技术、多项国家专利。裕源药业是全国排名第三的软包装输液企业，其产学研基地是自治区级技术研发中心，生产的软包装大输液产品在全国排前三位。世彪药业主要生产丹参片、穿心莲等中成药，销售网点遍布全国。其中，复方丹参片、穿心莲片、元胡止痛片、咳特灵片4个产品销量高居全国第一。年内，全县制药业实现产值21.80亿元，增长15.70%；税收2725.60万元，比上年同期增长41.35%。

【制糖业】 2017年，浦北县有制糖企业2家，有企业员工700人，管理技术人员60人。2017—2018年榨季榨蔗49.96万吨，产糖5.68万吨。年产值8.58亿元，比上年同期增长

14.90%；年收入7.85亿元，比上年同期增长22.35%；税收1296.96万元，增长48.59%。

【食品业】 2017年，浦北县有酒及食品企业4家，年产值10.98亿元，比上年同期增长35.72%；收入10.74亿元，比上年同期增长34.75%。

【造纸业】 2017年，浦北县有规模造纸企业6家，年产值4.22亿元，比上年同期下降28.91%；税收845.21万元，比上年同期增长161.60%。

【建材业】 2017年，全县有建材企业9家，均为规模企业。主要有水泥制造业、混凝土企业、红砖制造、塑料管道制造业。海特水泥的"菩娇山"牌荣获"国家水泥产品质量认证"，质量体系符合ISO0 9002国际标准。绿宝石水泥拥有60万吨水泥粉磨生产线。塑管企业产品主要有市政管道及给(排)水管，生产企业主要分布在县内工业园区乐民镇。年内，建材业实现产值46.45亿元，增长22.79%；税收947.50万元，比上年同期下降41.46%。

【矿产业】 浦北矿业有县铅锌矿有限公司。2017年，企业有员工230人，年产值3.96亿元，比上年同期增长21.25%；收入1.52亿元，比上年同期增长4.90%；税收101.27万元，比上年同期增幅较大。

【编织业】 2017年，浦北工艺编织品产业企业13家，全部为规模企业。企业坐落在北通、龙门等镇。产品销往欧美、韩、日、中东、东南亚等国家和地区，编织企业实行"公司＋基地＋农户"的产业化经营模式，带动了当地农民脱贫致富。年内，实现产值51.92亿元，比上年同期增长21.56%；税收613.14万元，比上年同期增长4.79%。

【缫丝业】 2017年，全县有缫丝生产企业公司1家，有职工600人，机器设备有2000型自动化缫丝机20组，复摇机720台等。主要生产白厂丝产品。年内，完成产值2.49亿元，比上年同期下降36.47%；税收228.96万元，比上年同期增长2.13%。

（包日礼　杨剑平）

电力业

【概况】 浦北供电局前身为浦北县电厂，创建于1954年。2017年5月，经广西电网公司批复和浦北县工商管理部门核准，正式更名为"广西电网有限责任公司钦州浦北供电局"（简称钦州浦北供电局）。供电局下辖9个职能部室，8个二级机构，现有员工579人(其中领导班子成员6人)，党员总数250人。

2017年，浦北县供电局主要负责浦北县15个镇和2个社区的电力供应和供电服务工作，辖区供电面积2521平方千米，共有客户25.33万户，服务人口93万人。315千伏安及以上用电大客户203户，县城低压用电客户4.36万户，农村地区居民客户20.97万户。浦北县内共有220千伏变电站1座，110千伏变电站4座，35千伏变电站14座；35千伏公用线路20回，总长度274千米；10千伏线路96回总长度233千米；0.40千伏线路总长度8196千米。公用变压器2049个，总容量48.50万千伏安。

2017年，浦北县供电局继续保留"全国文明单位"称号，白石水良田台区工程获2017年度中国南方电网优质工程奖，浦北县委办通报表扬2017年"山水浦北.常来长寿"旅游文化节工作成绩突出单位，2016年度钦州市县域工业提升工程纳税大户企业，广西电网有限责任公司2016年模范职工之家，广西电网公司2016年度"优主网、强配网"劳动竞赛优胜集体县级供电企业组三等奖，广西电网有限责任公司2016年县级供电企业安全生产先进集体，南方电网公司2016年度基建工程优秀设计配网工程组二等奖，广西电网公司2016年内部审计先进集体，广西电网公司2016年信息化工作先进单位等10项区级、1项市级、7项县级称号。

【主要指标完成情况】

安全生产 总体态势平稳，没有发生安全生产事故(事件)，年内实现安全生产365天，实现连续安全生产长周期2192天。

营销管理 售电量6.17亿千瓦时，比上年同期增长3.18%；综合线损率6.32%，比上年同期下降0.39个百分点；电费回收率100%，保持92个月连续12年100%结零。

客户服务 客户平均停电时间(中压)23.88时/户，客户平均停电时间(低压)25.01时/户；城市供电可靠率99.95%，农村供电可靠率99.70%，综合电压合格率99.14%。

电网建设 2017年电网建设投资9696万元，完成率100%。

【精益管理工作】 2017年，浦北县制订《钦州浦北供电局精益管理工作总体推进方案》，明确未来三年的工作目标和任务，班站所培训覆盖率达100%；以问题为导向开展精益改善和7S劳动竞赛，推进降损、降低线路设备故障跳闸率、电力堡垒户等一批局长项目、书记项目，制订《钦州浦北供电局低电压治理提升方案及领导挂点分配方案》，对低电压台区实行领导挂点跟踪督办。截至12月，累计上报低电压整治项目40项，完成31个低电压台区治理工作，28个新增低电压专项治理项目施工图预算书评审及物资采购工作；加强星级班站所创建工作，小江供电所服务一班等3个班组获得广西电网公司首批三星级班站所称号，北通供电所创四星级供电所工作持续推进；书记项目《电力堡垒户工程》作为优秀精益项目，被网局向广西电网公司推荐以及2017年年度组织绩效考核在钦州供电网区排名第一。

【安全生产】 2017年，浦北县供电局累计开展承包商施工作业现场的检查和停电施工的安全监督检查1246人（次），检查现场289处，查处各类违章行为8起，有效防范人身风险。优化电网结构，强化配网调度管理，制定预控措施69项，提高线路的环网供电能力和电网应对风险能力。推进“设备主人”机制，加强辖区内设备运维和砍青力度，全年重点对11条重复故障跳闸线路进行综合整治，对14座35千伏变电站进行运维和消缺，实现设备紧急缺陷消缺率100%；重大缺陷消缺率100%，确保线路设备的安全可靠运行。成功应对台风“天鸽”“帕卡”“卡努”的应急处置工作。以全国两会、十九大及节假日为契机，积极开展安全大检查活动，全面排查整治安全生产隐患，增强物资储备和供应能力，强化保电责任担当，圆满完成节假日、十九大、县旅游文化节等各项保供电任务。先后组织建设完成张黄网区10千伏十字线、10千伏木根线、10千伏金街线、10千伏邮局线等4条联络线的改接工作，提升浦北电网供电的可靠性及设备完好率，确保设备安全运行。

【市场营销】 2017年，浦北县供电局负责奥园房产、贵合高速公路、污水垃圾处理中心等一批县内重点用电项目的投产服务工作。聚焦客户关注的热点、难点问题，重点解决“一带三区”等重点客户用电问题，完成31个客户诉求低电压台区治理，实施转供电52条（次），累计减少客户停电时户数2.89万时户，主动服务及保供电工作多次获得浦北县委发文通报表扬；强化配网带电作业，全年累计完成带电作业26起，减少客户停电3702.50时户数，减少停电1.30小时/户，切实提升供电可靠性。推广应用南网95598服务平台，开辟免审批、供电方案等“绿色通道”、片区经理负责制、电力堡垒户工程等便民惠民多举措，推动优质服务制度化、常态化。

【电网规划建设】 2017年，浦北县完成县内7个工业园区增量配电网专项规划；完成“一所一册”“十三五”配电网规划修编工作，将低电压、重过载台区等一批急需解决的项目提前至2018年开展前期工作；增强储备，完成2017年农网前期343个项目可研批复工作。2017年，如期完成9696万元投资建设任务。项目的建成投产，进一步夯实浦北电网构架，有效解决农村“卡脖子”、低电压等突出问题。

二轻集体工业

【概述】 2017年，浦北县手工业联社内设财务股、安监股、人事秘书股，有干部职工6人，退休干部13人。主要职能是承担全县二轻行业管理职能，指导和发展二轻集体经济；主要工作职责是深化行业管理工作，促进二轻行业健康发展。重点是负责上传下达，沟通信息，搞好行业发展规划，实施行业政策，进行宏观指导，协调解决二轻集体经济发展中的有关问题，维护二轻系统社会稳定，维护成员单位的合法权益和为企业提供服务、监督集体资产依法运作、不流失，简单概括为对行业“指导、维护、监督、协调、服务”的职能。

【二轻集体工业】 浦北县手工业联社下辖6个城镇集体企业，分别为浦北县塑料厂、浦北县木器厂、浦北县饮料厂、浦北县塑编厂、浦北县五金铸件联营厂、浦北县服装厂，有职工500多人，企业已全部停产。

【主要成绩】 2017年，浦北县手工业联社组织陶瓷和编织工艺品参加广西工艺美术作品评比活动。组织浦北金良工艺品有限公司和广西小江瓷艺有限公司2家企业组织展品参展参评，共选送9个参评作品，获金奖2个、银奖1个。组织申报“广西生态板材生产基地”授名各项工作。10月18日，自治区二轻联社下文授予县“广西生态板材生产基地”称号。开展“服务基层、创新发展”活动。2017年，浦北县获得5个单项优胜单位（特色区域调查、特色区域培育、参展参评、信息报道、新增成员单位），得到自治区二轻联社的通报表扬。

开发园区

综　述

【概况】 浦北县工业集中区(简称浦北工业区)为自治区A类产业区,规划面积为13.09平方千米;由县城工业园(规划面积2.52平方千米)、泉水工业园(规划面积5.77平方千米)、张黄工业园(规划面积2.80平方千米)、寨圩工业园(规划面积2平方千米)组成。2017年,全县工业区完成项目投资15.13亿元,基础设施投资1亿元,新开发平整土地14公顷,安排就业3000人(新增)。完成工业总产值253.01元,比上年增长20.26%;实现工业增加值89.49元,增速11.60%。

【管理机构】 浦北县工业区管理委员会内设办公室、综合股、工程建设股、招商引资服务股。下设浦北县工业区综合服务中心,核定编制20名,其中行政编制7名,事业编制13名,实有在职行政编制6人,事业编13人,共计19人。办公地点位于浦北县东滨路107号。

县工管委的主要职责是贯彻落实国家和自治区有关工业园区建设的方针政策及县人民政府对工业园区的工作部署,制定园区相关管理规定,审核园区的投资项目,负责园区的招商引资以及规划、建设、管理园区的基础设施和公共设施,对园区的企业进行协调、管理和服务等。

县城工业园

【概况】 县城工业园规划面积2.52平方千米,2017年签订入园项目4个,引进投资1.12亿元,完成项目投资2.05亿元,基础设施投资0.65亿元,完成工业总产值98.63亿元,工业增加值11.27万元。

【招商引资】 2017年,县城工业园新签投资合同4个,合同约定投资额1.12亿元,分别是:三叔农副产品项目、五皇山生态农产品项目和红韵轩家具项目。

【基础设施建设】 2017年,县城工业园基础设施建设完成投资6457.60万元,项目主要有:浦北县江城街道武珠塘棚户区安置小区公共活动中心基础设施配套工程、浦北县农民工创业园基础设施配套工程、浦北县金浦大道延长线道路工程等。

【项目建设】 2017年,县城工业园实现工业投资20519万元,主要是广西浦北富华木业制品有限责任公司塑钢衣架生产线扩建项目、浦北县威普斯出口藤草木铁线工艺品生产基地建设、浦北县乐福鞋厂出口鞋制品科技园建设和广西小江瓷艺有限公司陶瓷研发科技园建设。

泉水工业园

【概况】 泉水工业园规划面积5.77平方千米。2017年签订入园项目5个,引进投资2.85亿元,完成项目投资2.54亿元,基础设施投资0.16亿元;完成工业总产值109.74亿元,工业增加值17.74亿元。

【招商引资】 2017年,泉水工业园新签投资合同5个,约定投资额2.85亿元。分别为:昌宏新增生产项目(三期)、家常乐家具项目、万家兴环保木地板项目、美良木地板项目和龙腾木业项目。

【基础设施建设】 2017年,泉水工业园基础设施建设完成投资1632.30万元,项目主要有:泉水工业园公租房配套设施工程、泉水工业园进园大道道路工程和泉水镇污水处理三级配套管网工程。

【项目建设】 2017年,泉水工业园实现工业投资2.05亿元,主要有浦北县鑫鑫木业有限公司10万立方米出口生态板扩建项目、浦北县金沙鱼制品有限公司出口鱼深加工生产线扩建项目、浦北县泉水镇宏茂木业有限公司5万立方米出口生态板扩建项目、浦北县伟新木业有限公司8万立方米生态板扩建项目、浦北县百盛木业有限公司12万立方米复合实木地板生产项目等。

（李仕红）

张黄工业区

【概况】 张黄工业园位于张黄镇南部,处于浦铁二级公路旁边,距贵合高速4千米。园区规划面积2.79平方千米。2017年4月启动二期建设,总规510公顷,完成征地40公顷。计划入园企业2家,其中,浦北县明新剑麻有限公司计划总投资1.50亿元,占地6.66公顷;浦北县新兴彩印包装有限公司计划投资4000万元,占地3.33公顷。实现入园企业7家,总投资超1.40亿元。其中,正常运转的企业有华源混凝土有限公司、张黄广发食品厂、张黄镇权远木材厂、张黄雄丰实木家具有限公司、张黄高级纸制品厂等5家,建设完善的企业有浦北博杰渔用网具有限公司、浦北县弘盛物流有限公司等两家。

【入园企业】

华源混凝土有限公司于2013年7月成立,占地面积16亩,总投资2800万元。2017年全年生产商品混凝土将近10万立方,上缴税款100万元,解决60人就业。

张黄广发食品厂占地面积40亩,总投资800万元。2017年,实现年产值2600多万元,上缴税款5万元,安置就业80多人。

张黄雄丰实木家具有限公司占地18亩,总投资1400万元,于2010年6月动工建设,2010年12建成运营。2017年,实现销售2000多万元,安排就业岗位30多个。

张黄高级纸制品厂2002年投入3000多万元建成并投产,注重对产品创新及研发,现产品有200多种。代表产品有水井坊、贵州茅台出口包装以及广西巴马天成香烟盒等多个国内知名品牌。2017年,实现产值7000万元,上缴税款280万元。

浦北博杰渔用网具有限公司于2016年6月登记注册办理工商、税务营业执照。企业占地面积16.20亩,计划总投资2200万,完成投资1000万。主要生产:有结网、无结网、乙纶绳、乙纶线,以及50万个养殖网箱加工。企业正在试产中。

广西浦北县弘盛物流有限公司于2015年6月进驻张黄工业园,项目计划用地2公顷,提交用地1.80公顷,拟计划投资3800万,完成投资2200万元,其中基础设施投资1200万元,购买机械设备1000万元。完成厂区土地平整、厂区道路建设和给排水工程,建设5000平方米物流仓库、1000平方米车辆维修车间、800平方米综合楼,购置12辆运输车辆及车辆维修与检测设备。

张黄权远木材加工厂占地40亩,计划投资3200万元,完成投资2000万,年上交税款60万元。

（劳宁　钟锋　王世新　马自俊）

寨圩工业区

【概况】 寨圩工业园区位于浦北县北部,省道20123线与20124线交汇点上,处于3市4县的交汇点,距离县城40千米,地理位置优越,自然资源丰富,规划面积2平方千米。于2008年9月开始动工建设,为东部产业区和建材矿产品加工区,以发展建材、矿产业、现代冶炼、竹木出口产品加工、物流仓储、针织服装等及东部产业转移等为发展方向。

【园区建设】 2017年,累计投入基础设施建设资金2.12亿元。有入园企业16家,规模以上企业1家,分别是:广西绿宝石置业有限公司、60万吨粉磨站、浦北县业鸿木业有限责任公司、广西浦北华益电池新能源有限公司、浦北县立宁塑料制品有限公司、浦北县国泰塑料制品有限公司、浦北县寨圩镇恒惠胶合板厂、浦北县粤桂物流有限公司等。其中华益电池新材料项目第一期工程已完成并已进入试产阶段,业鸿木业已经建成试产,博雅皮具有限公司、卡通龙皮具有限公司进入全面生产阶段。2017年,实现工业总产值2000万元,工业增加值500万元。

（包日礼　杨剑平）

龙门产业园

【概况】 龙门产业园总规划面积约314.77公顷。其中,工业用地布局,规划一类产业用地靠近镇区生活区布置,主要承接高新技术产业转移。二类产业用地沿靠近高速公路一侧布置,规划用地207.15公顷,其中工业用地158.60公顷(其中:一类工业用地44.53公顷,二类工业用地114.07公顷),占建设总用地的50.39%。主要为竹木藤草柳编织制造产业和特色农副产品精益制造产业。

【园区建设】 2017年,已入园项目有:海龙高档家私及铝门业项目、生态环保组合房屋材料项目、广西桂浦马铃薯食品项目、广西五皇再生资源有限公司再生资源分拣中心项目、广西苏仕特色食品项目。

(包日礼　杨剑平)

福旺产业园

【概况】 福旺产业园位于福旺镇南部,规划范围北与现状镇区建成区相连,东临贵港至合浦高速公路,南至下垌村,西至石头桥、大和垌,总规划面积约278.63公顷。功能定位为钦州现代生态工业示范园及浦北重要的商贸物流基地、产融融合示范基地。

【园区建设】 2017年,福旺产业园已征收土地约133.33公顷,平整土地660公顷。入园项目有2个,分别是:浦北福旺信和燃气储配站项目(计划用地1.33公顷,投资2500万元),浦北县福旺供销合作社日用品物流仓储中心项目(计划用地0.67公顷,投资1200万元)。

(包日礼　杨剑平)

乐民产业园

【概况】 乐民产业园位于乐民镇区东部。距浦北县55千米、钦州市130千米、铁山港160千米,距广昆高速公路入口60千米,资铁高速公路入口95千米。产业园规划总用地面积273公顷。产业规划以建材业为主导,适宜发展服装、电子原材料、林产品加工物流、农副产品深加工。产业发展思路为集聚化、特色化、产城一体化。

【园区建设】 2017年,已入园项目有:广西浦北海特管桩构件建设项目、广西浦北海特建材物流项目、浦北宇航五金塑料制品有限公司项目。

(包日礼　杨剑平)

信息化建设

中国电信股份有限公司浦北分公司

【概况】 中国电信股份有限公司浦北分公司（简称：中国电信浦北分公司）管理龙门、北通、大成、白石水、安石、石埇、泉水、三合、官垌、平睦、乐民、张黄、福旺、寨圩、六硍、城南、城北、政企18个支局，4个部门，1个班组。设总经理1人；副总经理3人；总经理助理1人。2017年，中国电信浦北分公司年末用工总量224人，其中在岗合同制员工47人，病退职工1人，离、退休54人。党员人数28人。在岗合同制员工中：本科学历27人，高中、技校20人。

【业务经营】 2017年，中国电信浦北分公司业务收入完成全年预算目标的107.78%，业务收入增幅和过网份额的增幅均在本地网排名第一，全区排名第一，业务收入增长率达25.95%；业务发展方面，天翼完成277%，天翼过网份额提升8.58%，全区排名第一；宽带完成132%；IPTV完成106.80%

【通信建设】 2017年网络质量运行情况总体良好，无出现重大通信阻断情况。各项维护任务类指标基本达标，月度维护指标考核平均绩效总体排名本地网第一名。2017年，全县自然村FTTH通达率约70.80%；政企ICT重大项目完成浦北“天网”三期、浦北电子政务外网、泉水村安工程等；全年共完成基站新建、改造122个；传输网络完成浦北—安石—石埇—泉水—张黄—白石水—县城、浦北—官垌—六硍—寨圩—县城密波环四、五的建设。

（张平）

中国移动浦北分公司

【概况】 中国移动浦北分公司内设综合部、市场部、政企部、工程部，自有人员99人，合同工93人，代理合同工6人。2017年客户到达40.85万户，其中4G客户到达22.62万户，家庭宽带客户到达2.65万户，4G在网站点规模达到603个，2G在网站点规模达到343个，全网规模达到946个，站点规模增加24.47%，网络覆盖能力得到不断提升。

【打响“3·15”保卫战】 2017年3月15日上午，中国移动浦北分公司参加由浦北工商局、县消费者协会联合主办的“3·15”国际消费者权益日系列宣传活动，活动中积极宣传公司的4G网络和宽带、终端业务，共解答群众咨询50余人（次）。

【校企共建“智慧”校园】 2017年8月4日，中国移动浦北分公司成功与浦北中学签订《中国移动“和校园”业务合作协议》以及《浦北中学校园一卡通合作协议》，双方在未来三年内在校讯通、学习辅导以及校园一卡通业务上面将深入合作，实现学生到校离校查询、学生校园考勤管理以及家庭作业通知、学生成绩通知查询、身份标识、校内支付等功能，切实贴近学校用户需求。

【互联网+旅游】 2017年，中国移动浦北分公司于10月27日举行浦北“智慧旅游—电子景区”建设项目及“山水浦北·常来长寿”旅游一卡通启动仪式。本次合作推进物联网、大数据等新一代信息技术融入旅游经济发展领域，加快补齐旅游发展信息化短板，为浦北县智慧旅游建设提供强有力的支撑。

【助力信息扶贫】 截至2017年12月，浦北县100%的乡镇和100%行政村均已开通移动通信光缆线路，

2017 年 10 月 27 日，县领导与中国移动钦州分公司领导在浦北县西滨广场共同启动水晶球　（蒋珊珊　摄）

100% 的行政村通移动电话，共建有通信枢纽 3 个、移动通信设施 17 个，网络基站 544 个，通信网络基础设施建设较完备。2017 年 12 月，浦北分公司联合各乡镇移动代理商，到各乡镇村委开展信息扶贫义卖活动，为贫困群众建起脱贫致富的信息桥梁。

（蒋珊珊）

中国联合网络通信有限公司浦北县分公司

【概况】 中国联合网络通信有限公司浦北县分公司（简称：浦北联通）是中国联合网络通信有限公司钦州市分公司的分支机构。2017 年年底，公司在编员工总数 30 人，各类营业服务网点 78 个。2017 年，浦北联通积极推进混改工作，强化机制体制改革，深化落实聚焦战略，加快模式转型，加强创新合作，积极参与当地“互联网 +”信息化建设，积极推进 4G 网络及光纤化建设，落实好提速降费工作，实现企业收入、市场份额稳步提升，公司效益持续改善。

【业务经营】 2017 年，浦北联通以混改试点为契机，积极响应政府号召，加大提速降费力度。推出冰激凌、智慧沃家等全国、区内流量不限量业务，与腾讯联合推出腾讯应用全国免流量服务的大王卡产品；加快宽带 LAN 小区光纤化改造，为宽带老用户免费提速；推出沃钱包电子券业务，积极推进“互联网 +”惠民应用。

【便民服务】 2017 年，浦北联通加强与电信用户委员会、消费者权益保护委员会等组织的沟通联系，拓宽社会监督渠道，持续改善客户服务感知，切实提升窗口服务水平。通过线上线下等方式主动向用户公示服务类、范围、资费标准和时限，履行服务协议，落实服务承诺；做好用户投诉申诉处理，妥善化解服务纠纷，投诉限时办结率达到 97%，比上年同期优化 6.3PP；参与市消费者权益保护委员会主办的“网络诚信，消费无忧 3·15”消费者权益保护日活动；“以客户为本”，每月开展固定党日服务流程体验活动。围绕影响客户感知的难点痛点问题，开展客户感知体验及专项攻坚行动，促进生产流程客户化和一线服务便捷化，持续改善客户 NPS 口碑。

【网络服务】 2017 年，浦北联通实现 LTE-FDD 县城、乡镇网络全覆盖，持续强化网络与信息安全管理。2017 年新建网络投资约 800 万元，新建基站约 98 个。网络能力逐年快速提升；大力开展网络优化改造，移动网平均宕站改善 34.50%，宽带故障申告量下降 7.97%，APP 卡顿率改善 15.20%，整体网络指标位于同行先进水平。

（中国联通浦北分公司供稿）

交通·邮政

交通运输

【概况】 2017年，浦北县交通运输系统设交通运输局、公路管理局、道路运输管理所3个行政事业单位及钦州泰禾运输集团有限责任公司浦北分公司和钦州湾汽车运输有限责任公司浦北分公司2个企业单位，共有干部职工447人。2017年，县交通运输局下设县乡公路管理所、地方交通规费征收稽查所、县城环绕城路收费管理所、公路路政管理大队、货运服务站等5个事业单位，有在职干部职工146人，其中：行政编制9人、机关工勤编制1人、机关工勤临时编制1人、事业编制69人、临时编制12人、无编54人。

2017年，浦北县完成交通建设项目投资2.34亿元，新增公路里程440.24千米、桥梁635.88延米；全年查处各类路政违法案件925件，比上年结案量增长1.04%；在养公路总里程达1803.94千米，年末平均优良率达47.78%。在2017年度工作目标考核中，浦北县交通运输局获钦州市农村公路建设养护管理与运营评比第二名、“四好农村路”督导检查全市第二名、自治区文明城市(县级)工作先进单位等称号。

【公路建设】 2017年，浦北县实施建设项目495个，竣工489个，完成总投资2.34亿元，新增公路里程440.24千米、桥梁26座635.88延米。贵港至合浦高速公路浦北段年内完成投资1759.79万元，完成境内总里程96千米，于10月17日建成通车。南宁(苏圩)至北流(清湾)高速公路项目一期工程大塘至浦北段于6月28日举行项目开工现场会随即进入征拆工作。截至12月25日，浦北段完成项目投资1000万元，完成征地拆迁55公顷，完成征拆任务的43%，位列灵山、钦南、浦北三县区第一名。龙门至平马一级公路完成投资1300万元，截至12月30日，项目的前期工作、内分测量已基本完成，征地拆迁工作完成119.09公顷，完成征拆总任务126.51公顷的94.13%。木格至水鸣二级公路年内完成投资4000万元，其中：平睦路段共14.24千米已全线通车，六硍路段共18.47千米已完成16.97千米水泥路面铺设，完成率达91.88%。G359浦北县东绕城公路一期工程年内完成投资4600万元，路基、涵洞完成率为100%，桥梁完成率为82%，二期工程完成前期工作。钦州六硍经官垌至福旺二级公路项目已完成工可、环评、水保等前期工作，建设用地边线已放完，征地搬迁工作完成23.33公顷。

2017年，浦北县完成投资1.07亿元，建成农村公路328.13千米、桥梁635.88延米。县交通运输局先后投资563万元实施建制村通畅工程，建成八东至塘底、龙祥水路口至龙祥水、兰冲至大化林场、沙铲垌至圣塘、拓木至东冲等5条共8.70千米农村公路。投资345万元建成水儿口桥40延米、双良桥68.08延米等两座新建桥梁项目。投资306万元完成建制村通硬化路项目歌棉至大岸公路4.70千米。投资807万元实施革命老区转移支付项目，建成农村道路硬化项目14个，建成公路总里程23.10千米。新增国债用于脱贫攻坚村屯道路建设项目6114万元，完成农村道路156条160.05千米，实施桥梁11座246.80延米。北通至五皇山旅游公路建设里程15.10千米已进入征地搬迁工作。此外，县水库移民局投入资金497万元，实施交通建设项目15个，完成农村公路14千米，桥梁2座270米。县财政局通过“一事一议”方式投入资金2065万元，实施交通建设项目271个，完成农村公路102.48千米、桥梁11条11延米。

【公路运输】 2017年，浦北县共有

道路旅客运输企业2家,道路货物运输企业14家,全年新增营运客车8辆(纯电动车),新增营运货车319辆,新增运力1944吨。全县拥有营运汽车3508辆,其中:营运货车3264辆,总吨位约为2.07万吨,全年完成货运量2014.10万吨,比上年同期增长8.66%,货运周转量35.61亿吨公里,比上年同期增长9.10%;拥有营运客车189辆,共7075个座位,出租汽车55辆,共257个座位,全年累计运送旅客269.97万人(次),比上年同期下降4.47%,完成客运周转量17509万人公里,比上年同期下降4.80%。春运期间,全县日均投入客车222辆,累计发班2.63万班次[其中:省际5090班次、区内2.13万班次、正班2.52万班次、加班(含包车)856班次],共运送旅客51.55万人次,比上年同期减少12.36%;完成客运周转量9727.10万人公里,比上年同期减少12.67%。

年内,浦北县先后开展打击非法营运、非法改装、危险货物道路运输清理整顿、打非治违、道路交通安全和百日攻坚等专项整治行动,累计检查客货运输车辆2.04万辆(次),检查教练车300多辆(次),检查汽车、摩托车维修企业(店)200多次,暂扣非法运输车辆61辆次,依法依规处罚违章企业、营运车辆875次。其中,春运期间检查车辆2802车(次),暂扣非法运输车辆9辆(其中非法营运大客车1辆),暂扣营运证108本,查扣假春运证4块。

【公路管理】 2017年,浦北县紧紧围绕依法行政、便民利民的目标开展治超、治违和清理路障等工作,认真按照法定程序,依法办事,全县共查处各类路政违法案件925件,结案数量是上年度的1.04倍,收取路产赔偿费及罚款共计283.20万元,是2016年度的1.10倍。其中,县交通运输局查处超限超载案件421起,卸载(分装)货物8600吨。查处违法建筑68起非法增设道口、非交通标志标牌案件14起,清理非交通标志65块,强拆涉路违法埋设线杆3路35条,清理堆积物217处共325立方米;浦北公路局查处路政案件9起、新增许可项目3起、年审许可项目20起,处理超限超载车辆358台(次),卸载(分装)货物1.10万吨,完成违法超限超载车辆结案172.70件,完成率为12.99%,完成非法改装、回复原装车辆218件,完成率达109%,拆除非法标志标牌26块,撤并道口5个,清理垃圾(堆积物)324立方米。有效维护公路桥梁基础设施完好。

【公路养护】 2017年,浦北县在养公路总里程为1803.94千米(其中:国道54.14千米、省道146.84千米、县道295.01千米、乡道509.47千米、村道798.47千米),年末优良路率为47.78%,公路绿化里程1549.73千米,绿化率达88.17%。

浦北县公路局管养公路里程200.98千米,投入养护资金4741.11万元,国省干线年末优良路率53.94%,超任务指标0.27%,公路绿化里程183.05千米,绿化率91.08%。投入小修保养270.58万元资金,完成水泥路面碎石化修补折算面积12.43万平方米,水泥路面灌缝3.37万米,修补路面坑槽2.35万平方米,碎石填坑1.35万米,整修路肩190千米,疏通排水沟165千米,清挖水沟5555米;完成10座桥梁小修保养;投资4470.53万元,完成Y105线(新S207线)、S217线、新S207线挡土墙496.90立方米,完成S103线K124+900涵洞大修,完成G209线K3278+407—K3291+507段、S217线K54+760—K65+000段、S217线K67+000—K67+200段路面大修。

浦北县交通运输局管养里程1602.96千米,投入养护资金2062万元,年末优良路率为41.61%,公路绿化里程1366.68千米,绿化率85.26%。投资1440万元,完成窄路基路面加宽工程15个共95.88千米;投资292万元完成三多竹至龙门公路K19.8—K23.47段路面大修工程3.67千米。年内,投入小修保养资金330万元,清理塌方1.02万立方米,建设浆砌挡土墙37处共3400立方米、修复涵洞12个103米、小桥1座10延米,在养路面技术状况(PQI)明显改善,公路优良路率稳步提高。

【交通安全】 2017年,浦北县建设安全生命防护工程7个共12.32千米,组织安全检查37次,消除隐患212处。其中:浦北公路管理局完成S217线K13+700—K13+900段K75+615—K75+800危险路段整治工作,更新S207、S131、G359、G324等公路警示标志30块,新增含牌杆臂标志22块,建成波形防护栏0.30千米。全年组织安全检查15次,消除隐患66处;县交通运输局投资678万元,完成安全生命防护工程6个共12.02千米,处理安全隐患里程53.62千米。开展安全生产大检查22次,检查道路客运企业2家、道路运输企业39家、渡口1道、渡船1艘,督查客运企业落实“三不进站、六不出站”“安全带—生命带”、安全告知、客车凌晨2时至5时停运等工作,督查货运企业落实货车非法改装排查治理、安全例会、驾驶员培训等,消除安全隐患146处。

【公共交通】 2017年,浦北县新增纯电动班线客车8辆,新开通浦北至桂林客运班线1条,累计开行客运班线88条,其中:省际22条,市际25条,县际11条,县内30条,开行的班线中39条农村客运班线,实现202个建制村通客车(含公交车),占具备通客车条件207个建制村总数的97.58%,占全县254个建制村的79.52%。全年新增公交车12辆,累计达40辆,总核准人数2188人,新增出租汽车11辆,开通公交线路9条,全年运行总里程19.49万千米,有效缓解客运高峰期专线班车的压力。累计完成78个村级候车亭、11个农村客运站和3个镇级港湾式简易站,群众公共出行更加便捷。

邮　政

【概况】 2017年,浦北县邮政分公司设置为1室(综合办公室)1部(市场与网运部),下辖15个乡镇邮政支局、1个村级邮政所及8个县城班。年内,业务总收入累计完成4265.39万元,完成分公司预算任务的95.28%,比上年同期增长31.59%。

【代理金融业务】 2017年,总资产规模不断扩大,储蓄余额持续扩增,全年新增余额16.64亿元,比上年同期多增1.39亿元,点均余额净增2.08亿元,全市列第3位,市场占有率11.60%。开展新春走基层帮扶活动协助储蓄网点,通过大堂揽客、外拓营销活动、移动送积分、存款享积分、到村邮乐购点宣传、发放宣传资料、等宣传储蓄存款、IC卡业务,电子银行业务和储蓄短信业务,与国寿联合开展“航天无创检测”保险沙龙。

【包裹快递业务】 2017年1月—11月,全县快递包裹业务,月标准快递、国际包裹、特快收寄、单证照业务与往年同比增长不大,其中二代证寄递、驾证、临时证寄递等业务相比上年有较大的增长。年内,累计完成业务收入298.05万元,完成预算161.57%,比上年同期增长54.25%。

【基础业务创新发展】

函件业务 根据本地实际认真研究每个销售时期商品特点和卖点,借助走访邮政大客户时机展开有效销售,开展的业务有广西钱币展、全年政讯通业务、一带一路函件产品销售纪念册、纪念章。实现收入83.92万元。

报刊业务 10—12月,主要向乡镇各单位、县直各机关单位宣传各类报纸、书刊的订阅工作。2017年度报刊收订完成流转额116.50万元,比上年同期增长16.18%,完成进度79.90%。

机要业务 1—11月,保持通信安全,无事故发生。

分销业务 2017年,在乡镇和村委开展54场村邮乐购店嘉年华、农资促销活动,开展移动积分兑换项目,各支局、班组摆摊设点开展积分兑换活动,开展农资促销活动、家电福利会、“思乡月”专项营销会等商品营销活动。

【邮件服务】 2017年,邮件质量、服务管控取得初步成果。对投递PDA终端的使用与管理,提高实时信息反馈率指标值。做推行投递外勤监控点的考核工作,对11183工单反馈处理的培训与管理,提高工单反馈质量。

【企业管理】

人力资源管理 2017年,县邮政局落实代理金融3项规定,制订全年代理金融人员轮岗及强制休假计划,配合金融业务部开展行为排查“百日大行动”专项活动。做好2016年度员工收入统计,2017年员工的医保、养老保险等申报工作。做好员工职业技能等级鉴定工作,继续开展相关的网络培训远程教育及业务培训活动。加强人员管理和人才评价选拔,组织宣贯“员工退出管理办法”和“人才评价选拔工作”等。继续完善用工管理及深化薪酬分配考核的改革,执行零基预算考核,协助综合办做好相关的党建、工会工作。

安全生产 明确安全生产管理目标,落实各单位负责人安全生产管理职责。加强日常监督检查力度,发现问题及时要求落实整改;加强消防安全管理,对支局、班组配备的灭火器进行登记造册,及时更换一批过期或失效的灭火器;加大安全投入力度,根据公安部最新安防标准,完成龙门邮政支局储蓄营业、营政营业物防、技防设备投资建设,提高网点安全防护能力;组织开展营业网点防暴防抢、消防应急预案演练,通过演练,不断提高员工处置突发事件的能力;抓好员工安全意识教育,年初组织员工进行一期交通安全、消防安全专项培训活动。

服务能力 2017年,浦北县邮政分公司完成张黄支局、龙门支局综合楼的搬迁工作;邮件处理中心建设项目装修完成,8月份投入使用;福旺邮政支局营业综合楼年内在进行施工;乐民、白石水、六硍支局重建项目区公司审批,年内准备前期各项工作。

商贸流通

国内贸易

2017年，浦北县商务局设行政股、内贸市场股、外贸外资股、行政审批股、执法大队5个机构；行政编制5名，事业编制4名，实有11人。年内，浦北县消费品市场平稳增长，实现全县社会消费品零售总额完成85.57亿元，增长10.60%，增幅在全市两县两区中排名第一。全县限额以上企业实现销售额3.78亿元，增长24.39%，批发业销售额10.45亿元，零售业销售额2.82亿元，餐饮业销售额0.15亿元，住宿业销售额0.30亿元。年内，培育规上限上商贸企业9家。现代服务业新引进项目6个，到位资金2.21亿元，包装项目8个，举办推介活动5场。

对外经济贸易

2017年，全县外贸进出口任务艰巨，完成外贸进出口总额3.84亿元，完成全年目标任务4.83亿元的80%。其中，出口合计3.82亿元，进口合计181万美元。2017年，有进出口实绩企业15家，其中，新增有实绩企业2家，分别是浦北县金沙鱼制品有限公司和广西凯兴创新科技有限公司。全年实现出口额分别为20.97万元、748.77万元，填补浦北鱼制品和电子产品出口的空白，是浦北外贸出口的亮点及新经济增长点。

（许雅）

商品交易市场建设与管理

【概况】 浦北县市场开发服务中心是县工商行政管理局主管具有独立法人资格经费自理的事业单位。设有办公室、人教股、财务股、纪检监察股、市场经营管理股、稽查股、市场开发服务股和市场安全股7个职能股室，下属泉水、安石、石埇、张黄、大成、白石水、北通、三合、龙门、小江一所、小江二所、福旺、寨圩、乐民、六硍、官垌、平睦共17个市场管理所。2017年年底，全系统干部职工213人（其中退休72人）。管辖市场28个，占地面积约3.68万平方米，建筑面积约5万平方米，固定摊位约2900个。

【市场培育建设情况】 2017年，建设浦北交易场南面门楼和市场周围的硬底化、规范设置，改造二楼成衣行摊位，翻新市场立面等，县城大发市场通过招商引资的形式，整体出租升级改造。

【队伍建设及市场经营管理】 建立健全摊位收费及水电收支登记台账，组织中心财务、经营股到各所检查，指导建立健全收费台账工作2次。规范收费行为。对符合招标条件的市场摊位都严格按有关程序进行公开招租，公开招租率达90%以上，2017年，收入突破1700万元大关。社会管理综合治理、维稳工作进一步加强，宣传教育得到强化，印发宣传资料9000张，开展矛盾排解活动5次，全系统和谐稳定。严格落实安全生产责任制，建立健全市场安全、隐患排查治理制度，认真排查安全隐患，组织开展安全生产专项检查8次，及时排除安全隐患，全年市场无安全事故发生，营造良好市场购物环境。

（夏其军）

供销合作

【概况】 浦北县供销合作社联合社（以下简称“浦北县供销社”）是参照公务员管理的事业单位，核定事业编制12名，县社机关经费纳入县财政预算，实行全额拨款。2017年有在编人员11人，内设理事会办公室、监事会办公室、综合业务股、财统审计股4个职能股室。供销系统现有独立核算单位20个，其中，社属企业4个、基层社16个；有干部职工1486人，其中，在职干部职工375人、离退休1111人；有农资配送中心2个，有超市、商场20间，镇级综合服务站6个，村级综合服务社10个，农民专业合作社38个，专业合作社联合社6个，大型农贸市场1个。全系统商品销售总额8.84亿元，比上年同期增长15.02%；完成商品购进总额7.73亿元，比上年同期增长11.30%，其中农副产品购进4954万元，比上年同期增长14.52%；消费品零售5.72亿元，比上年同期增18.87%；售给农民农资3.02亿元，比上年同期增长8.10%；再生资源购进900万元；电子商务销售51万元。实现利润107万元，比上年同期增长11.50%，全年各经济指标比往年都有所增长。

【农资商品供应】 2017年，全县供销社系统供应各种化肥7.01万吨，农药764吨，农膜108吨。

【农副产品购销】 2017年，全县供销社系统完成农副产品购进4954万元，农副产品销售4879万元。

【为农服务网络体系建设】

土地托管 分别在泉水、大成、白石水等镇开展土地托管90.25公顷，以农民专业合作社为载体，为农民提供土地托管服务。

农民专业合作社 分别在白石水、泉水、大成、张黄等镇领办农民专业合作社7个，全系统领办和发展农民专业合作社达38个。

农民专业合作社联合社 2017年10月—11月，注册登记成立浦北县张黄镇顺畅农民专业合作社联合社、浦北县大成镇农民专业合作社联合社、浦北县三合镇凯丰种养农民专业合作社联合社。

镇级综合服务站和村级综合服务社 2017年，在龙门镇的樟家、马兰，白石水镇的良田、良江、陈依，大成镇的板铺，寨圩镇的乌石、土东、大江口，张黄镇的新桥等村，规范建设10个村级综合服务社；在张黄供销社、大成供销社、三合供销社三个基层社建设3个镇级综合服务站。

【基层供销社建设】 2017年，对张黄、大成、三合、六硍四个基层社实施改造，投入资金约150万元，主要招展经营服务项目，配套建成镇级综合服务站、镇级电子商务服务站、农资配送服务站、食盐配送服务点、金融服务点、燃气服务点等设施。北通供销社利用原油库，引进南宁三燃公司投资近2000万元，建设占地1公顷的液化气储配站，9月份竣工开业，为周边20万群众提供燃气供应服务，预计年产值2000多万元。张黄供销社综合服务站完成投标、设计、建设等工作，完成项目投资50万元，项目财政补助资金25万元。张黄供销社、三合供销社冷库项目各总投资40万元，得到财政补助资金各20万元。

（梁梅兰）

粮食购销

【概述】 2017年，浦北县粮食局为县发展和改革局挂牌机构，内设人秘股、业务股、计财股，下属单位有储备粮管理中心、直属粮库和鑫浦粮油购销有限责任公司（下辖张黄、龙门、寨圩分公司及三合、平睦收粮点）。全县粮食系统共有干部职工54人，其中企业员工36人。全年收购储备粮订单粮食5600吨（贸易粮，下同）；轮换出库储备粮5916.30吨。粮食保管均达到“一符四无”标准。

【粮食直补订单收购】 2017年，自治区人民政府下达浦北县的直补订单粮食收购计划5600吨。浦北县粮食部门的6个收粮点（直属粮库、张黄、龙门、寨圩、三合、平睦）分别负责张黄、北通、三合、龙门、小江、江城、福旺、寨圩、乐民、平睦等10个粮食主产镇（街道）的粮食收购。在收粮期间，除平睦收粮点采用手工开票外，各收粮点采用电脑开票。当年，早籼稻（杂优）收购价格为2.62元／千克，比上年的2.68元／千克减少0.06元。直补资金仍按照上年的标准，每千克稻谷（不分品种）补贴0.24元，由订单粮食收购企业根据农户实际交售的订单粮食数量及订单农户的姓名、银行存折账号造册送镇财政所，财政所再通过“一折通”方式，根据售粮农户的售粮计划和售粮数量，一次性发放到售粮农户手中。到9月29日止，全县国有粮食企业共完成直补订单粮食收购计划5600吨，占自治区人民政府下达的计划100%。共发放直补资金192万元。

【轮换销售储备粮】 2017年，县粮食部门加强粮食市场调控，适时轮换销售储备粮，全年共销售储备粮5916.30吨；其中，自治区级储备粮4204.90吨、县级储备粮1711.40吨，比上年2340.10吨少销售628.70吨。自治区级储备粮由区储备粮公司在网上拍卖，成交价分别为 2400 元 / 吨、2450 元 / 吨。县粮食局会同财政局、农发行浦北县支行向县政府请示，对 2014 年度生产的县级储备粮 1711.40 吨进行拍卖。共亏损约 149 万元（按原粮 2444.90 吨计）。

【粮食仓储保管工作】 2017 年，浦北县粮食局直属粮库负责承储区级储备粮，鑫浦粮油购销有限责任公司下属的张黄、龙门、寨圩等分公司负责承储县级储备粮。各储粮单位的粮食仓储保管采用双低密闭、环流熏蒸、机械通风、微机粮情检测等科学技术。储备粮全部实现“一符、三专、四落实”，即统计账、会计账、保管账与库存实物相符，专仓存储、专人保管、专账记载，数量落实、质量落实、品种落实、地点落实。粮食仓库均达到“一符四无”的粮仓标准，即账实相符，无虫害、无变质、无鼠雀、无事故。

【粮食仓储设施建设】 2017 年，浦北县粮食部门共投资 47.70 万元用于粮食流通基础设施建设，其中地方财政资金 38 万元用于县直属粮库仓储智能化升级，企业自筹 9.66 万元用于仓储设施维修，维修仓容 3600 吨。直属粮库投资 5 万元，用于仓库、登高移动升降机、监控、地磅和药房等维修，以及更换消防水箱，以上资金在代管储备粮保管费收入中列支。鑫浦粮油购销有限责任公司投资 4.66 万元，用于龙门分公司门市部、围墙、瓦面房、药渣房、沙池，寨圩分公司仓库密闭槽，平睦仓库等的维修。

（张光裕）

烟草专卖

【概况】 浦北县烟草专卖局（营销部）的前身为浦北县烟草专卖局（公司），成立于 1985 年 1 月，是浦北县烟草市场管理和卷烟经营的专门机构。2003 年 12 月，浦北县烟草专卖局（公司）取消企业法人资格，保留履行县级局行政执法主体的职责，更名为浦北县烟草专卖局（营销部），隶属于钦州市烟草专卖局（公司）垂直领导和统一管理。浦北县烟草专卖局（营销部）位于浦北县小江镇东风路 31 号，占地面积 1900.50 平方米。下设综合管理股、专卖监督管理股（稽查大队）、内部专卖管理监督派驻组、第一专卖管理所（客户服务站）、寨圩专卖管理所（客户服务站）、张黄专卖管理所（客户服务站）6 个部门。2017 年，有在职员工 60 人，辖区卷烟零售客户 2983 户。

2017 年夏粮入库期间，鑫浦粮油购销有限责任公司三合收粮点在采用机械设备输送粮食入库 （张光裕 摄）

【营销管理】 2017 年，重点抓好农村和公路沿线一、二类烟市场开发，在 10—15 元价位、20—25 元价位上营造消费热点，促进消费升温。加强重点培育品牌上柜宣传，细分目标到各市场、各线路，品牌培育工作有方向，有目标，可量化，可考核。调控市场拉动结构提升。以有效增加客户赢利为目标引导“四转三”，提升经营户盈利水平，减少五类烟投放，拉升整体销售结构。全年，实现卷烟销售总量 17206.50 箱，完成年度任务 1.72 万箱的 100.04%；实现单箱销售额 2.20 万元，完成年任务 2.19 万元的 101.30%；实现卷烟销售额 38185 万元，完成年任务 37668 万元的 101.37%。

【三位一体】 2017 年，通过会议、内部培训、外出学习等方式加强宣讲动员，统一员工思想，提升客户主动参与意识，开展客户培训 714 场（次）。树立标杆，分层次推进终端建设。打造 4 个示范小组，每个示范小组打造终端标杆店 1 户，小组之家 1 户，整店打造店 1 户；积极引导其他终端户升级硬件，提升形象，截至 11 月，打造终端标杆引领户 25 户，现代终端店 283 户，其中，六件套 38 户、三件套 229 户。强化一对一跟踪指导客户扫码销售，示范线路终端户扫码率大幅度提升，三量平衡率得到提升，整体终端扫码上传准确率为 40%。开展“四众”“五统一”工作，引导客户抱团采购非烟商品，降低成本，确定五统一培育品牌。

【市场监督】 2017年，浦北县烟草专卖局贯彻“坚持向强化专卖要销量，保持卷烟打假打私高压态势，提升烟草系统市场控制力和占有率”的工作要求，查获“4·24”“8·20”等一批较为典型的假烟、走私烟案件。全年累计查处涉烟违法案件167起（其中1万元以上卷烟案件34起、1万元以上烟丝案件4起、千元以上案件114起、千元以下案件15起），其中，一般案件167起、简易案件0起；查获“假、非、私”烟29789.11条（其中假烟735.54条、走私烟25921.70条、钦州外非烟248.30条、钦州本地非渠道烟2883.57条），查获烟丝1538.10千克；移送工商部门处理案件81起，移送公安部门处理案件7起。联合公安、工商等部门开展“围猎”“飓风”“闪电”等专项行动，对涉烟违法行为进行严厉打击。查获“9·14”“10·18”等卷烟黑配送案件。查获物流寄递涉烟案件42起，比去年同期增加38起。清理取缔无证经营户80户，比上年同期增加26户。许可证办理依法办结，累计受理许可证申请486户，准予行政许可210户（其中县城74户、乡镇40户、农村96户）、不予行政许可126户、补办2户、停业4户、歇业24户、恢复营业5户、注销110户。

（何安伟）

石　油

【概述】 2017年，浦北县在营加油站51家，其中，中石化9家、中石油6家、社会站36家。

2017年，中国石化销售有限公司广西钦州浦北石油分公司所属加油站有9家，其中城区站1家、城郊站3家、乡镇站5家。年销量8000吨1家，为城南站；5000吨1家，为张黄站；4000吨1家，为龙门站；4000吨以下6家，分别是仓库站、西塘站、平马站、福旺站、寨圩站、乐民站。

【油品经营】 2017年，浦北县石油分公司成品油纯销量为3.05万吨，完成年度任务的104.12%，比上年同期增长2.69%。其中，零售2.82万吨，完成年度任务的96.24%，比上年同期增长3.30%。汽油销售1.42万吨，比上年同期增长13.60%；柴油销售1.40万吨，比上年同期下降5.41%。油品直分销0.22万吨，比上年同期下降8.33%。

各站员工引导推介客户使用高标号汽油，各站早上提前1小时，晚上延迟1小时营业，同时实行1人多卡，及时服务，提高通过率，高标汽油全年销售3873吨，比上年同期增加1743吨，增幅81.83%。每月组织加油站员工进行现场服务水平和推销语言应用的集中培训。浦北县石油分公司和站长每月走访CRM客户，全年走访700多次，根据不同客户推荐加油站各项促销业务，把部分流失的积分客户发展为柴油联名卡客户，全年办理437张联名卡。全年新发展零配客户11户，全年零售配送505吨。开发官垌加油站、平睦加油站、平睦永顺加油站和白石水诚信加油站等四座加油站，全年销售油品410吨。

【非油品经营】 2017年，全年非油品销售580.44万元，完成年任务804万元的72.19%，其中，零售518.80万元，完成年任务564万元的91.99%；零售比上年同期增加68.15万元，增长15.12%，团购61.64万元，完成年任务80万元的77.05%；团购比上年同期减少34.45万元，下降37.14%；便利店服务累计0.83万元，比上年同期减少53.64万元，下降6462.65%，实现毛利120.96万元，毛利率20.84%。门店基础品类销售577.12万元，比上年同期增加180.11万元，比上年同期增长45.37%。

浦北县石油分公司每月把重点商品细分到站，每天微信跟踪各站销售，组织片区销售能手巡站培训，6月，开展重点商品燃油宝“每周一星”评比活动。全年燃油宝销售58.02万元，完成年度任务96.70%。柴油尾气处理液销售42.42万元，完成年度任务38万元的111.63%。鸥露纸5.80万元，完成年度任务5.60万元的103.57%。枸杞销售1.32万元，完成年度任务146.67%。

（马斌）

电子商务

【概况】 2017年，浦北县在实施全国电子商务进农村综合示范县项目建设的工作成果被商务部绩效评价为优秀等级，名列广西第一；被评为2017年自治区级优秀电子商务进农村综合示范县。

2017年，全国第二批电子商务进农村综合示范县项目已建成“一园两中心”（县城电子商务产业园，运营中心和物流中心），镇级电商服务站14个，镇级物流站点15个，各类村级电商综合服务点566个，覆盖全县95%的行政村和100%的贫困村。2017年，以建设全国第二批电子商务进农村综合示范县为契机，将发展电子商务作为实施精准扶贫的重要举措，共组织各类电商培训班69期，培训1.57万人(次)，其中培训贫困户4850人(次)。2017年全县实现电商交易额7.32亿元，其中农产品网络交易额3.12亿元，比上年同期增长64%;带动投资4.36亿元，带动创业就业人数2.57万人。

【电商扶贫】 2017年，浦北县成立钦州市首个电商行业党委，以“党旗领航·电商扶贫”为引领，先后举办电商春耕节、“壮族三月三”电商节、七一红色购物节、“双百”电商季、电商运行大练兵、浦北县电商大集暨长寿养生食材营销、电商年货节等电商扶贫系列活动。龙升牌红椎菌、健美乐丹竹液获“广西特产行销全国核心品牌”，珠乡橄榄、“浦百”牌百香果获“广西名牌产品”称号，小江瓷获“2017年广西老字号认定”。

11月25日，党旗领航·电商扶贫“我为家乡代言”活动是为精准扶贫而打造的大型电视直播活动。截至大集当天17:00联通第一书记创富商城、顺路发农村电商平台等电商平台共实现电商销售170.33万元。

7月中旬，启动旅游文化节系列活动，持续时间4个月。“浦北县电商大集暨浦北长寿养生食材营销活动”把浦北名优特产、特色旅游浦北、优质农副产品与互联网时代“电商大集”电商营销相结合，打造一场电商+电视+全媒体+党建扶贫的标杆工程;“浦北县‘十佳特色旅游商品’评比活动”征集到参选实物商品1000余件、创意设计方案100余份，最终评选出浦北县“十佳特色旅游商品”23件;“浦北县房地产、汽车展销活动”，现场售车133多辆，交易额1200多万元，意向购车200辆，合同交易额超2000万元;“浦北县美食节暨‘十大美食’评选活动”，评选出“浦北十大名菜”“浦北十大小吃”。

(许雅)

物流业

2017年，浦北县工商局多措并举促进物流业健康发展，在法律法规许可范围内，放宽物流业准入条件。对物流业登记注册开辟“绿色通道”，优先为其办理注册登记，落实优惠政策;扶持高效发展。鼓励扶持创业者更多地从事物流服务业，支持信息技术、旅游休闲、现代物流等现代服务业发展;拓展服务范畴。鼓励各类资本进入现代物流业领域，积极开展不动产抵押登记、股权出质和出资登记，为物流企业提供新的融资担保渠道;引导和扶持品牌物流企业，提高自身的品牌价值和市场竞争力。截至12月31日，全县从事物流业的市场主体70户，其中，有限责任公司19户、分公司12户、个人独资企业2户、个体37户。2017年新增物流业市场主体21个，比上年同期增长23.53%。

(黄营)

社会服务业

【概况】 2017年，浦北县工商局立足职能，加大帮扶力度，优化发展环境，助力全县社会服务业健康发展。截至12月31日，全县从事社会服务业的市场主体2408户，其中，有限责任公司231户、分公司40户、个人独资企业77户、个体2060户。2017年，全县新登记服务业市场主体478户，比上年同期增长37.75%。

【市场主体增量工程】 2017年，浦北县工商局贯彻落实注册资本由实缴制改为认缴制，先照后证，企业和个体实施“多证合一、一照一码”等商事登记改革政策，最大限度地降低准入门槛。按照“非禁即入”的原则，支持各类投资者以各种投资方式注资服务业，鼓励城镇失业人员、高校毕业生、退伍军人从事个体服务业，2017年，新增个体户3095家。放开服务业企业名称、住所、经营范围登记限制，引导社会资本进入文化、现代物流、电子商务、科技信息服务、社区服务等行业为重点的现代服务业。2017年，新增服务行业516家，其中，文化服务业7家。现代物流20家。电子商务79家。科技信息服务35家。其他375家。

【品牌发展】 2017年，浦北县工商局帮助服务业企业树立品牌发展意识，指导申办商标注册。以餐饮、物流、房地产、物业等现代服务业为重点，2017年，浦北县服务业注册商标67个，其中餐饮13个，物流2个，房地产6个，其他46个。

【监督管理】 2017年，浦北县工商局建立以信用监管为核心的新型监管模式，对失信企业向社会予以披露，2017年1275户市场主体被列入经营异常名录。规范服务业市场秩序，查处侵犯服务业企业商标、商号等知识产权的行为、不正当竞争和垄断行为，2017年查处15起，其中，商标维权案件14起、不正当竞争案件1起，保护自主创新，保护消费者合法权益，维护公平竞争市场环境。

(黄营)

城乡建设与管理

城市建设与管理

【概况】 2017年,浦北县积极推进新型城镇化建设,注重规划、建设、管理三个抓手的结合。年末,全县总人口为93.92万人,城镇化率达31.51%。2017年,县城建成区面积10.90平方千米,县城道路面积111.92万平方米,其中车行道面积77.54万平方米,人行道面积34.38万平方米,公共绿地面积344.72公顷,人均公园绿地面积13.23平方米。

【城市建设】 2017年,浦北县获得第三批国家新型城镇化综合试点县和自治区新型城镇化示范县,投资2100万元规划建设滨水休闲公园仿古风雨桥、休闲滨水公园雕塑、文化休闲公园;投资450万元规划建设金浦市场及配套工程;投资1800万元规划建设横一路、横二路、横三路、横四路,县城路网逐步完善。

【城市规划】 2017年,浦北县严抓《中华人民共和国城乡规划法》的贯彻落实,加大规划编制力度,加快规划编制和规划修编。县城30平方公里总体规划通过钦州市人民政府批准。委托广西城乡规划设计院编制县城18平方千米控制性详细规划,县城控规覆盖率将达60%。完成《浦北县绿地系统专项规划(2016—2035)》并通过审批。编制县城越秀大道内涝整合和道路提升工程规划,县城排水、供水管网改造及管线入地规划。完成县城金浦大街景观提升、云坊桥初步规划设计。严格执行"一书两证"制度,全年核发建设选址意见书22份,核发《建设用地规划许可证》146份,《建设工程规划许可证》229份;严格规划专家评审制度;严肃查处不按规划建设、乱搭乱建等违法违章行为,共发出停止违法行为通知书330份。依法立案查处188宗,已结案150宗,强制拆除违法建设24户共4919.31平方米,有效打击违法建设行为,保证规划的严肃性和权威性。在规划审批过程中,不断规范审批行为,严格审批程序,公开审批项目,强化社会监督,规划编制的科学性、执行的严肃性日益增强。

【村镇规划和建设】 2017年,浦北县2016—2018年五皇山片区乡土示范带建设范围主要位于浦北县龙门镇内。计划投资750万元,示范带共5个村庄,分别为担寮村、马麓窝村、中间村、佛子边村、茅车坪村。对5个村庄进行的建设项目为:村屯规划编制、房屋外立面乡土化改造、道路改造、景观配套设施、绿化、小菜园防护栏、综合整治。年内5个村全面开工,对村庄进行综合整治、外立面改造、微田园、微果园、微菜园改造建设中。寨圩镇"百镇建设"实施年限为2016—2018年,共计5个建设项目,计划投资2180万。目前开展建设的项目主要有:镇区排水管网项目、镇区道路改造项目、镇区道路硬化项目、镇区绿化亮化工程、镇区休闲广场建设项目,累计完成资金支出1780万元。泉水镇、龙门镇、福旺镇、北通镇、三合镇、安石镇、石埇镇、大成镇、白石水镇、乐民镇污水处理厂及配套管网工程进入试运行阶段;开展农村生活垃圾治理两年攻坚工作,13个镇级农村垃圾处理中心和25个村级垃圾处理中心完工应用;投资3095万元,改造农村危房1574户。

【建筑业管理】 2017年,共办理公建施工许可证58份,工程总造价6.96亿元,建筑面积53.59万平方米。全年收取建安劳保费1066.88万元、拨付529.66万元。全年收缴墙金61.10万元,核退100.70万元。完成建筑业总产值26.41亿元,比上年同期增长45.30%。在建工程项目62个，合同造价6.05亿元，其中房建项目62个，工程建筑面积52.73万平方米，市政道路工程0个。2017年新增建设项目62个，合同总造价6.05亿元，其中房建项目62个，造价6.05亿元，建筑面积52.73万平方米；市政等其他项目0个。

全年新增受理质量安全监督执法登记项目62个，合同总造价6.05亿元。其中房建项目62个，造价6.05亿元，建筑面积52.73万平方米；市政等其他项目0个。

全年监督在建工程项目45个，其中房建项目45个，工程建筑面积71.52万平方米；市政道路工程0个；监督竣工验收项目14项。其中房建项目14项，工程建筑面积26.14万平方米，市政道路工程0项；开展建设工程质量安全检查30次，共发出限期整改通知书455份、停工整改通知书61份、扣分通知书166份，行政处罚决定书0份，罚款0万元。

【房地产开发】 2017年，浦北县在建在售房地产项目33个，完成房地产完成投资8.73亿元，共核发《商品房预售许可证》26宗，面积41.15万平方米，商品房销售面积34.89万平方米，比上年同期增长15.24%；其中商品住房销售面积33.05万平方米，比上年同期增长13.77%。商品房销售额11.56亿元，比上年同期增长29.92%；其中商品住房销售额10.42亿元，比上年同期增长31.70%。商品房均价3312.02元/平方米，比上年同期增长12.74%；其中商品住房均价3153.75元/平方米，比上年同期增长15.76%。

【房产管理】 2017年，浦北县严格执行商品房预售合同登记备案制度，切实加强房产交易市场管理。从2016年6月28日起，浦北县的土地、房屋、林木等不动产登记职责整合到浦北县不动产登记局。全年共办理商品房买卖合同备案登记1655宗，二手房买卖交易备案168宗；白蚁防治36宗，防治面积2.38万平方米，灭治28宗，灭治面积10300万平方米。

【住房制度改革】 2017年，浦北县严格执行保障性住房管理规定，完成钦州市下达浦北县的保障性安居工程建设棚户区改造290套（户），基本建成2351套，分配入住3950套的目标任务。抓好公房售后的服务管理工作，做好房改住房上市交易和单位房改工作。审核批准公有住房上市交易20套。

（梁卫中　谢均）

住房公积金管理

【概况】 2017年，钦州市住房公积金管理中心浦北县管理部（简称浦北县管理部）是钦州市住房公积金管理中心的派出机构，非法人单位，3名党员隶属钦州市住房公积金管理中心党支部管理。内设归集、提取、贷款3个股室，有工作人员6名。

【抓好业务工作】 住房公积金管理部的主要业务工作是归集、提取、贷款。

住房公积金归集 2017年，浦北县新增缴存公积金单位13个，新增缴存1587人；缴存公积金单位达到415个1.84万人。年内公积金归集1.86亿元，比上年同期增0.30亿元；归集余额4.86亿元，比上年同期增0.80亿元，增长20%。

住房公积金提取 2017年，浦北县共有4243人提取公积金1.02亿元，比上年同期增1541万元；提取额占本年度归集额的55%，与去年基本持平。其中提取用于住房消费的为0.71亿元，占年度提取额的70%。

住房公积金贷款 2017年，浦北县发放公积金贷款429户1.10亿元；累计发放贷款3193户5.48亿元；贷款余额2463户4.36亿元，比上年同期增0.85亿元，增长24%。年内逾期贷款仅为1.60万元，逾期率为万分之零点三六，远低于规定的万分之五。

【提升审批效率】 2017年，浦北县管理部积极推进“互联网+政务服务”，实现一站式全程网上审批。年内，钦州市住房公积金信息系统上线，提取审批实现从10个工作日缩短到3个工作日；住房公积金微信公众号、手机APP、个人网厅等综合服务平台的推出，实现从“最多跑一次”到“一次不跑”的业务办理时效。

（林郁）

市政市容管理

【概况】 2017年，浦北县市政管理局内设办公室、行政审批股、市容环卫股、市政园林股4个股室，核定行政编制6名，在编5人；下辖县城建管理监察大队、县环境卫生管理站、县园林绿化管理所、县路灯管理所、县燃气管理站5个二层事业单位。8月22日签订《浦北县管道燃气特许经营权协议》,9月15日开工建设,目前浦北县管道燃气项目稳步推进。9月18日,经国家核验专家组实地考评,浦北县已基本达到国家园林县城标准。10月27日,《住房和城乡建设部关于命名2017年国家园林城市的通报》决定正式命名浦北县为国家园林县城。浦北县市政管理局加强县城的规划、建设和管理,重点对市容市貌环境卫生综合整治,"四个入"(即经营入室、临时摊点入市、垃圾入桶、车辆入位)工作取得初步成效。

【市容市貌管理】 2017年,浦北县组织开展市容市貌专项集中整治共8次,包括文明县城创建工作以及创建国家园林县城"三清理"专项整治。年内,累计清理拆除陈旧广告120余幅,清理各类小广告3万多条,各种遮阳伞260处,清理入户台阶910处,清理县城卫生死角5000多处,清理各种有碍市容市貌行为堆积物1000多处、垃圾500多吨,查处取缔乱设摊位990多个,查处流动商贩2500多人(次),暂扣和收缴一大批早、夜市违法违规各类占道物品。

【城区户外广告管理】 2017年,浦北县规范户外广告审批管理,加大违法行为的处罚力度。对新增拟建的广告牌,认真引导持相关手续进政务中心市政窗口按程序审批。同时,开展清理违法设置店牌店招和不规范户外广告设施,加强对城区内标志性建筑周边、主干道两侧未经审批擅自设置违法广告牌的查处,对不符合设置要求、有碍市容观瞻、存在安全隐患的广告牌、遮阳篷等进行拆除。全年共清理违章广告牌200多个,违章店牌店招649个,限期修复破损广告牌50多面;拆除越秀大道、越州大街等主干道两侧乱装乱设各类广告一大批,广告牌乱的现象得到有效抑制。

【城市环境卫生管理】 2017年,浦北县环卫站对城区进行垃圾清运共计4.18万吨,日均清运114.50吨,100%运至垃圾填埋场进行卫生填埋;乡镇清运生活垃圾7299.95吨。年内春节、元宵、国庆、中秋期间,浦北县环卫站主要负责城区道路110万平方米的清扫保洁,上门收集垃圾1.25万多户,共出动作业车辆1384台次、洒水降尘约98余次、保洁员4025人次。其中,春节期间日均清理垃圾达220吨,国庆、中秋期间日均清理垃圾达103吨。

2017年11月,县市政局开展市容市貌"三清理"动员会

【垃圾无害化处理】 2017年,浦北县无害化处理生活垃圾4.20万吨(含小江街道办、江城街道办、张黄镇、安石镇、三合镇、福旺镇、龙门镇、平睦镇),进场垃圾无害化处理率100%。处理垃圾渗沥液2.02万立方米,月均进水COD(化学需氧量)浓度进水每升1170毫克,出水COD(化学需氧量)浓度为每升16.50毫克,月均进水氨氮浓度为每升184.71毫克,出水氨氮浓度为每升2.25毫克,出水水质均达到国家一级排放标准。

【市政公用设施管理】 2017年,浦北县共投入市政资金541万元。投入市政零星资金310万,用于对县城范围内的市政公用设施的维护。在排水排污方面,完成马江河排污管清污488米,东风路至园林所路段排污管道清污150米,越秀大道明沟清理1500米,一江两岸15座树池改造工程以及县城科园路(职校段)、浦越路雨水井座85座等;在市政道路方面,完成金浦大道人行道以及金浦大街人行道修补改造等320平方米,以及建设木麻根道路隔离栏430米等。在路灯照明方面,完成荣和路(越州大道至横三路路段)、清泉街(蕉香路至荣和路路灯)道路照明工程建设等市政设施维护。

在县城绿化提升方面,投入129万,完成"山水浦北·常来长寿"绿化提升工作。

积极推进公厕建设,解决群众

如厕难问题。2017年市政公厕建设(包括改建)共投入102.27万元,其中体育中心公厕、东滨路浦北大桥底公厕、金浦市场公厕、西滨广场公厕等11座年内完成投入使用。

【公共照明】 2017年,共投入23万元对县城的4659盏路灯进行日常维修改造以及处理地埋线路故障。其中日常维护维修1205盏(次),改造东风路、金浦大道南亚国际等路段路灯,协助处理维修损坏线路31处;及时调整66只多功能时控开关,全年共调整17次。更换交流接触器5个;对公猪脊森林公园和财政广场路灯进行5次大检修;更换电箱保险32次。

【燃气管理】 2017年,浦北县组织人员每月对液化石油气充装站、瓶装燃气分销网点进行抽查。年内进行安全大检查16次,对各燃气企业存在的安全隐患问题发出检查意见表59份,整改复查录书40份;发放燃气用户安全使用手册(及购物袋)共6000多份(册);查处群众举报黑气案件3件。同时,浦北县市政局与金投公司配合推进浦北县管道燃气项目的进程,2017年8月22日签订《浦北县管道燃气特许经营权协议》,9月15日开工建设,截至12月底,已建成县城旧城区市政中压管道约18千米,投资金额约789万元,完成县城江滨东西路、滨河路、越州大道、金浦大街、民兴路、新华街、金浦大道延长线等主干道及其支线。

【园林管理】 2017年,浦北县围绕"兴产业、建交通、扩城镇、办旅游"四轮驱动发展战略和建设"天蓝、水绿、山青、城美"与"水在城中,城在林中,人在山水之中"的具有岭南特色的山水田园城市目标,积极开展创建国家园林县城工作。规划建设县城中心公园、华侨山公园。县城城区完成绿化投资约1500万元,完成浦越路、东滨路等的绿化补植,种植扁桃树、小叶榄仁树等绿化树共270株,对西滨路、越州大道等的绿化带插入间种福建茶、龙船花等7850株,投入临时工约285个工日,资金约15万元。2017年年底,县城建成区绿化覆盖率达34.24%,绿地率达38.10%,人均公园绿地面积达12.26平方米。

9月18日,经国家核验专家组实地考评,浦北县基本达到国家园林县城标准。10月27日,《住房和城乡建设部关于命名2017年国家园林城市的通报》决定正式命名浦北县为国家园林县城。

(高洁)

土地征收与拆迁

【概况】 2018年,浦北县征地拆迁中心内设综合股、法规股、征地股、拆迁股4个职能;核准事业编制27名,实有在职在编人员24人。

【征地搬迁】 2017年,浦北县实施奥园城市综合体、海豚国际大酒店、党校北向扩征、金浦小学北向足球场、马江河小江青春至合群段防洪治涝工程等项目用地,以及北河路、荣和路、越州大道延长线K0+676.8—870段等市政道路用地征收,全年征收土地8.45万平方米,发放征地补偿款311.15万元;加大对奥园城市综合体、田山社区大麓肚、矮禾塘、丹竹塘、鱼湖麓四村整村搬迁以及北河路、党校北向扩征等项目用地房屋的搬迁力度。年内签订搬迁协议17户,拆除房屋面积0.64万平方米,发放房屋搬迁补偿款270.18万元。

【迁坟工作】 2017年,浦北县对奥园项目城市综合体、青春至合群段防洪治涝项目、金浦小学北向足球场等项目建设用地开展坟山迁移工作,全年迁移坟山493穴,发放迁坟补偿款313.15万元。

【制订征地搬迁政策】 2017年,浦北县征拆中心按照上级最新征地搬迁类政策、广西壮族自治区新一轮征地统一年产值标准以及本县现行的征地搬迁补偿标准,制定《大塘至浦北高速公路浦北段征地搬迁补偿方案》(浦政发〔2017〕22号)并予以实施。

【工程建设】 2017年,浦北完成大岭麓7个村安置小区内的L路道路工程,车垌塘、佛子山村安置片区支路砼路面及D1路剩余路段道路、雨水管工程;荣和路拆迁安置地二期土方平整工程;越州大道延长线K0+676.8—870段右侧路面遗留道路完成铺设竣工通行;浦东新城二次土方平整后交付业主建设使用;完成越兴路东段道路给水管道安装工程、天隆万象城西向第一座山头土方平整工程、人民医院南向第一标土方平整工程;下半年,对金浦大街延长线(即贵合高速公路入口引线)南北两向的山岭开展土方平整工作,完成土方工程量137.57万立方米。

【办理失地农民证明】 2017年,浦

北县征拆中心为小江街道、江城街道的六新、北河、塘头、沙场、田山5个社区60人办理失地农民证明60份。

（劳小丽）

土地储备

2017年9月12日，县土地储备中心在林村积极开展为民服务活动

（县土地储备中心提供）

【概况】 浦北县土地储备中心为县国土资源局下属相当于正科级财政全额拨款事业单位，承担浦北县土地储备工作，业务上受县国土资源局指导。内设办公室、计划财务股、综合服务股、土地储备股、开发利用股5个机构。事业编制20名，其中设主任1名，副主任3名。

【职能工作】 2017年，浦北县加大土地收储力度。根据年度收储计划，全年共收储县城工业区、泉水工业区、平睦粮油贸易中心等7宗土地，总面积约1022亩，完成城南汽车城、气象观测站、机动车驾驶人考试中心、谭供安置地等征地项目，以最大限度发挥土地价值。城南片区、大朗书院二期、县四中大门口等征地工作稳步推进，浦北县城镇化建设得到充足的土地资源。按序推进项目建设，北河路、县住建局东向70亩地块土方平整等项目已完成。县妇幼保健院、县人武部新营院、龙珠街等项目也在按进度推进。

（陶传东）

环境保护

【概述】 2017年,浦北县环境保护局设办公室、污控股、综合股、审批股,下设浦北县环境监察大队、环境保护监测站、环境应急和事故调查中心,全局干部职工37人。全局严格监管执法,年内督促检查企业350多次,检查企业170多家,核发排污许可证162本,下达现场整改通知、停产通知15份,立案查处案件13件,其中移送公安机关行政拘留4件,限制生产1件,停产整治2件,查封扣押6件。年内接处环保投诉123件,处理率100%,没有发生突发环境事件。创建1个自治区级生态镇,北通镇获评自治区级生态镇。

2017年,县环保局召开专题会议部署环境综合治理工作

【环境建设】 2017年,浦北县申报获得农村环境保护综合整治资金455万元,分别在小江街道六新村、新南村、平马村建设集中式污水处理设施6套,采用有动力好氧处理工艺,处理规模为油麻山40吨/日、中间垌300吨/日、大罗坪60吨/日、江儿口40吨/日、村尾40吨/日、大朗村30吨/日,配套管网9.9千米。年内,组织开展南流江水环境整治规划编制,获得县政府拨出150万元经费;督促建成10个镇级污水处理厂并试水运行。

2017年,浦北县建设村级污水处理厂,强化农村环境综合整治

【环境管理】 2017年,浦北出台《浦北县环境保护工作职责规定》,推进环境保护综合治理,重点强化南流江、武思江等重点流域水环境综合治理,牵头清理拆除武思江、南流江重点流域禁养区养猪场100家,清理取缔66个非法采砂点,网箱105处3000多平方米,拆除江边焚烧炉12个,实现武思江交接

断面水质提升。严格环境准入，年内审批新建项目 147 个，项目总投资 61.38 亿元，其中环保投资 1.17 亿元。

【污染控制】 2017 年，浦北县组织实施中央环境保护督察反馈意见的整改工作，深入开展南流江、武思江环境综合治理，部署开展“蓝天保卫战”专项行动，重抓大气和水污染防治，完成化学需氧量、氨氮、二氧化硫、氮氧化物等减排指标和任务。通过开展“双随机”抽查、网格化监管等措施，对县内造纸、酒精、制糖、水泥、缫丝制造等排污企业进行全面排查，开展砖瓦行业、涉危废企业、涉尾矿库企业、禁止露天焚烧农作物秸秆和垃圾等专项治理行动，切实加强重点排污企业环境安全隐患排查治理，年内没有发生较大环境安全突发事件。全年，全局出动人员 280 多人(次)，检查企业 130 多家(次)，下达现场整改通知、停产通知 11 份，立案查处案件 12 件，其中移送公安机关行政拘留 2 件，限制生产 1 件，停产整治 1 件。年内，接处各类环保投诉 92 件，处理率 100%，处理市长热线 27 起。

【环境质量】 2017 年，浦北以 PM10、SO_2、NO_2、CO 为主要监测项目。完成饮用水水源地、地表水、废水、大气、噪声等各环境要素的常规监测任务，获取多组监测数据 500 多个，检测结果显示，浦北县水质均为地表水Ⅲ类水质及以上，县城和农村环境空气质量均在一级标准范围内。对县内 4 家危险废物产生企业开展检查，加强监管、指导，加强危险废物规范管理，对检查出问题的企业限期整改。辖区 4 家危废产生企业评价结果均为达标。

【环境监测与科研】 2017 年，浦北县通过政府购买服务方式对浦北农村环境质量以及县城环境质量进行监测，通过分析氨氮、化学需氧量等 63 个水质项目，结果表明浦北县水质均为地表水Ⅲ类水质及以上，环境空气臭氧、二氧化硫等 6 项结果表明浦北县城环境空气质量优良。在张黄十字村、龙门林垌村以及白石水良田村 3 个农村环境监测点每季度进行一次为期 5 天的环境空气及主要河流地表水(地下水)监测。结果显示，浦北农村环境质量状况优良，南流江水质总磷、总氮超标，地表水水质达标率均为 96.9% 以上。全年，共开展常规性污染源监测企业共 36 家(次)，涉及工业废水监测共 18 家次，工业废气监测共 16 家(次)，噪声监测共 14 家(次)。对浦北县官垌镇木头村 2 起死鱼投诉事件、樟家水库死鱼现象进行应急监测，为消除污染隐患、确定污染范围和污染程度提供准确有效的监测数据。年内环境保护监测站通过资质认证复核评审；建立空气自动监测站，加强控制质量监测；配合推动成立浦北县生态安全警察大队和生态安全综合执法大队，创新生态安全执法机制。

(庞晖)

旅游业

综　述

【概况】 2017年，浦北县有国家AAAA级旅游景区2家，AAA级旅游景区3家，广西五星级乡村旅游区1家，四星级乡村旅游区1家，广西五星级农家乐1家，四星级农家乐2家。全年接待国内游客人数266.64万人(次)，比上年同期增长56.16%，入境旅游人数8666人(次)，比上年同期增长14.48%；创国内旅游消费28.86亿元，比上年同期增长50.39%，国际旅游(外汇)收入396.05万美元，比上年同期增长23.49%。

全年，县旅游局内设有规划股、办公室，下设二层机构浦北旅游质量监督所，有在职人员7人。1月22日，召开全县旅游工作会议，总结2016年全县旅游工作和部署2017年工作，举办2017年浦北县乡村旅游扶贫致富带头培训班1期。制订印发《关于加快县域特色旅游发展的工作方案》，确定浦北县至2020年加快县域特色旅游发展的目标任务和重点工作，进一步明确全县县域特色旅游发展方向。11月，出台《关于加快提升浦北县住宿业接待能力实施方案》。全年，旅游景区景点创A创星成效显著，浦北县东方生态园创建为广西五星级乡村旅游区，桑生生态园创建为广西五星级农家乐，双良芭乐园创建为广西四星级乡村旅游区，聚然休闲中心创建为广西四星级农家乐，越州天湖景区创建为国家AAAA级旅游景区。

【旅游规划编制】 2017年，启动编制《浦北县全域旅游发展规划》，完成规划前期调研工作；启动编制《浦北县大成柑子根红色旅游区发展规划》，深度挖掘大成革命根据地红色旅游文化，着力把大成柑子根打造成为国家AAA级旅游景区，钦州市第一革命根据地。

旅游市场开发

【基础设施建设】 2017年，浦北县投资1.18亿元对五皇山地质公园、越州天湖景区、五仙湖公园、双良芭乐园、石祖生态园等旅游景点的基础设施进行完善。

【五皇山景区】 2017年，浦北县完成投资约3000万元。花石湖特色名村旅游基础设施一期工程完成全部建设工作，二期工程完成70%的施工工作；月亮山庄餐厅改造工程完成；知青茶吧AA旅游厕所工程主体部分在建；五皇山客运架空索道项目完成外业调查；五皇寺一期完成第三层框架结构；五皇山综合服务区完成征地5.33公顷；马兰至塘田景区道路完成征地5.33公顷，塘田至中间村道路扩建工程(南门扩路)基本完成。

【越州天湖景区】 2017年，浦北县完成投资约2500万元。完成环湖区道路的建设和绿化、大岭区的绿化、6.67公顷火龙果基地建设和33.33公顷青梅林基地建设；百果园种植约5.33公顷台湾桃花树；观光塔(吉星阁)基本装修完毕；新建别墅式住宅木屋8套；新建垂钓区1个；餐厅建成并投入使用；景区内及入口区道路、停车场基本硬底化。

【双良芭乐园】 2017年，浦北县完成投资约921万元。新建完成景区综合楼(游客服务中心)、风雨桥、双良桥、鸳鸯树停车场铺设工程、双良芭乐园球场铺设及排水管道工程、双良芭乐园荷苑排水沟工程；自行车环道硬底化铺设完成1000米；新建停车场3个(分别位于良田共

2017 年，越州天湖景区大门　　（县旅游局提供）

享厨房旁、良江村委及良江江口小学对面）；开展景区内部分景点绿化等环境整治（如芭乐荷苑旁的周边及良江鸳鸯树旁的村庄绿化等）；新建垂钓区及游泳池；特色民宿完成主体建设；建设良江村委大草坪旁的木栈道。

【石祖生态园】 2017 年，浦北县完成投资约 5000 万元，建设游客中心、茶文化展示中心、农产品展示中心、生态停车场、5 座休闲凉亭、无边际泳池、景区标识系统、茶文化长廊、花果长廊、采茶观光石板步道铺设 11 公里；云水石居、石祖客栈在建。

【其他项目】 2017 年，三合桑生生态园完成投资约 300 万元新建游客中心与会议室、特色民宿等设施。聚然山庄完成投资约 72 万元，建设 400 平方米儿童游泳池和 650 平方米成人游泳池，建好 3 个休闲亭和 1 个厕所，平整停车场和民宿建设用地，并对山庄环境进行绿化。五仙湖公园完成投资约 18 万元，主要建设整个园区的三处护坡、供电和喷淋设施地下线路以及完善游客服务中心装修。

【旅游厕所】 2017 年，浦北县新建旅游厕所 6 座：双良芭乐园旅游厕所、浦北佳荔综合服务区厕所、浦北良江公共服务中心厕所、五仙湖湿地公园旅游厕所、凤凰谷林中茶园旅游厕所、越州天湖游客服务中心厕所；改建 3 座：桑生生态园厕所、五皇山景区接待中心厕所、南洋大酒店厕所。新建和改建完成数均超额完成自治区下达任务的 50% 以上。

旅游景点简介

【自然风光】

五皇山景区 五皇山景区主要位于浦北县龙门镇境内，距离县城 32 千米，钦州 135 千米，南宁 200 千米，北海 110 千米。景区面积 40 平方千米，由高山草坪、高山茶园、高山梯田、溪流瀑布、亚热带季雨林、花岗岩奇石等自然景观和社戏傩舞人文景观构成的生态旅游风景区，具有“山高林茂、草绿石奇、谷幽水秀、雾浓云美、民俗奇异”的特点，是一个集观光旅游、休闲度假、风情体验于一体的国家 AAAA 级旅游景区。

五皇山景区位于全国最大的 7586.67 公顷连片天然次生红椎林中心腹地，由平均海拔 700 米的 9 个主峰组成，（最高峰青山顶 778.80 米），分为人头石、妹追寨、石柱岭 3 个相对独立的景域。

人头石景区由独竹坪、人头石、上单竹、下单竹等 4 个主峰组成，主要的景点有：高山天然牧场、

2017 年，五皇山风光　　（王振钊　摄）

巨阳石、阳石谷梯级瀑布、高山古梯田。妹追寨景区由青山顶、晒谷岭、吐鱼岭、妹追寨、龙凤头等5个主峰组成，主要的景点有：响水谷亚热带季雨林、高山云雾野茶林、晒谷岭草坪、高山天池、观音石、弥佛石等。石柱岭景区由石柱岭、六凤湖、北通荔园等景点组成。

五皇山景区于2003年开发，2006年正式对外开放。2008年8月被区国土厅命名为省级地质公园，2011年11月被区林业局命名为省级森林公园，2011年12月获得国家地质公园资格，2014年12月被评为国家AAAA级旅游景区。

越州天湖 浦北县越州天湖景区位于浦北县张黄镇十字村，距离县城30千米，贵合高速公路入口20千米，合浦县城70千米，北海市100千米。越州天湖景区由广西浦北县东垦旅游有限公司投资建设，计划总投资3000万元，总规划面积为1292公顷，其中核心旅游功能区225.33公顷（含水面33.33公顷），休闲农业核心示范区400公顷，青梅、剑麻种植基地各266.67公顷、火龙果6.67公顷。项目规划建设现代农业生产基地、休闲娱乐功能区、住宿餐饮功能区、农耕体验功能区、文化展示功能区、产品展示功能区、专题活动功能区、综合服务功能区八大功能区。景区按照“因地制宜、突出特色、多元发展”的思路进行规划和布局，建设有旅游服务中心、吉星阁、景观长廊、别墅式住宅木屋、登山步道、垂钓台、餐厅、自行车慢道、烧烤区等旅游项目设施及青梅园、火龙果园、桃花岛等观光采摘园。景区目前主要有仙鹤岛、东坡渡、伏波滩、望夫岭、清浊湖、对歌坡、三帝庙等自然景点。景区定位为集生态农业标准化、休闲娱乐、观光度假为一体的旅游景区。2017年12月被广西壮族自治区旅游景区质量等级评定委员会评定为国家AAAA级景区。

公猪脊森林公园 公猪脊山脉属县城周围最高点，其中越州阁为全公园制高点。在越州阁上，可俯览整个浦北县城和周围的山光景色，观望林涛云海；北帝庙坐落于两山之麓，在树高林密、清泉流淌、环境清雅之处独显尊贵与典雅。2015年12月被钦州市旅游景区质量等级评定委员会评定为国家AAA级旅游景区。

葵扇岭飞瀑 葵扇岭飞瀑，是钦州市第一高峰葵扇顶的主要景点之一，因其落差大，故又称“万丈涧”，以其瀑高、形美、声脆闻名。该景点已列为浦北县重点旅游项目，年内在规划建设当中。

【生态旅游】

浦北佳荔特色水果核心示范区 浦北佳荔特色水果（核心）示范区分布于北通镇清湖村和白石水镇良田村，面积453.33公顷，2016年度被认定为四星级广西现代特色农业（核心）示范区。

双良芭乐园 浦北县双良芭乐园是由浦北县越丰农业开发投资有限公司投资建设，该项目到目前总投资额度大约为1700万元。双良芭乐园位于浦北县白石水镇良田、良江村委，与武利镇、北通镇相邻，交通便利。距离白石水镇镇政府约11.5千米，距离浦北县约40千米。双良芭乐园拥有良好的生态环境，区内果林连绵，瓜果满枝，植被茂盛，村落肌理与自然和谐共生，与远处沿线自然山体形成一幅朴素恬静的乡村画卷。区内有千亩珍珠番石榴种植园、郁郁葱葱的古荔枝林，蜿蜒曲折的武利江横穿而过，构成区内独特的自然资源条件，具有重要的科研价值、景观美学与生态旅游价值、生态环境价值、社会经济价值。其中千亩珍珠番石榴种植林是钦州最大的农业标准化台湾珍珠番石榴种植基地，与北通镇清湖村委的万亩荔枝林组合成为浦北县生态农业休闲观光示范园两个基地。双良芭乐园主要以休闲观光、乡村农业体验、科普教育、休闲养生等为主。2017年12月被广西壮族自治区旅游景区质量等级评定委员会评定为广西四星级乡村旅游区。

2017年，双良芭乐园露营地　　（县旅游局提供）

福多堂生态旅游村 福多堂位于浦北县北通镇内，有“全国创建文明村镇工作先进单位”“全国文明村”称号。

村中生态环境优美，土地肥沃，以种植荔枝、香蕉等水果为主。现已经开放建设成集生态观光、科普教育为一体的人文风景旅游区。

县城文化休闲滨水公园 滨水公园位于浦北县文昌公园园区西侧，马江河上，项目用地面积3.74公顷（含水面）。2017年，公园配套用房总建筑面积1863.17平方米，建筑占地面积988.51平方米，绿地率82.6%，总投资1200万元；主要建设：风雨桥、文化休闲体验园；其中文化休闲体验园建设有梦想广场、奇石碑刻园、浮雕文化景墙、滨江休闲带等配套设施。

石祖禅茶园 石祖禅茶园位于世界长寿之乡广西浦北县，距离县城30千米，距离县城二级公路9千米，离贵合高速入口13千米，交通便捷，旅游配套设施完善，年接待游客能力30万人（次）。

石祖禅茶园规划总面积约700公顷，园区内既有植被原始、古木参天、瀑布泉清、山巍水澈、石奇藤怪、云海神峰的神奇自然景色，又有风情浓郁的四合院古茶坊、林中茶亭、半山古庙、流动山泉泳池、无边际游泳池、云水石居、石祖客栈、百亩花果山生态采摘园、360度无边际景观餐厅、石祖古村落等地方特色人文景观。在云雾缭绕的原始森林、深山幽谷之间品尝石祖禅茶及原生态农家菜，如入诗画仙境，顿悟人生。2017年，石祖禅茶园获“中国森林养生基地”称号，该景区的建设目标是国家AAAA级旅游景区，年内正在创建中。

2017年，浦北夜景　　（韦立岩　摄）

浦北县桑生生态园 桑生生态园位于浦北县三合镇新村村境内，种植芒果、台湾梨、番石榴、百香果等亚热带名优水果，发展特种生态水鸭、鸡、草鱼、龟、鳖等物种养殖，建成客栈、商店、人工湖、生态休闲长廊等旅游休闲设施。

2017年12月被广西壮族自治区旅游景区质量等级评定委员会评为广西五星级农家乐。

浦北县聚然休闲中心 聚然休闲中心位于浦北县城西北面墨岭山脉，浦北至南宁邕浦二级公路三合镇与江城街道交汇处旁，距浦北县城9千米、灵山县城25千米、钦州市区130千米、南宁市区150千米，距浦北县境内国家AAAA级五皇山景区25千米，交通便捷。休闲中心四周群山环抱，环境悠然，绿树成荫，小溪潺潺，巨石有形，气候清爽，是一个主养地理标志产品官垌草鱼的休闲观光农业基地。集农业生产、旅游观光、休闲娱乐、体验生态、避暑养生、住宿餐饮为一体的休闲山庄。

2017年12月被广西壮族自治区旅游景区质量等级评定委员会评为广西四星级农家乐。

【人文景观】

大朗书院文化园 大朗书院景区，位于广西浦北县小江镇平马村，距县城3千米。景区由大朗书院、伯玉公祠、主题文化广场、艺术创意文化村四大部分组成，是以古书院文化及客家文化为特色的人文景观，是省级重点文物保护单位、国家AAA级旅游景区。

大朗书院始建于清朝光绪二十五年（公元1899年），是浦北县清代兴建的16所书院中保存最完整的书院，客家文化浓郁，书香古风犹存，是一座古老的中原建筑文化和岭南建筑文化相交融的建筑群。整座书院三进两厢设计，采用砖、瓦、石、木的传统结构与小型园林风格相结合，高雅别致。大朗书院正门上方，用花岗岩阳刻楷书“大朗书院”匾额，两旁嵌挂阳刻“大成声振尼山铎、朗润文方浦水珠”的对联，清晰如新。院内共有方石柱10条，圆形南木柱4条，全部阴刻有“大朗”字头的对联。

伯玉公祠（客家文化村）始建于清光绪二十二年（公元1896年），是清代进城乡上村坪的开明绅士宋安甲筹建，坐东北向西南，布局为三进两厢，后侧为花园和炮楼（已拆除），大门前有广场，广场前有钓鱼池。为当时地方宋氏家族居住生活的地方，保存完整。现作为客家人的起源、迁徙及分布展示，客家人生产、生活工具展示区。

文昌景区 文昌塔，是景区中的主要景观，始建于2009年3月，为浦北县县城标志性景观；孔园，大殿供奉孔子大理石雕像，供游人瞻仰、拜祭，已成为弘扬传统文化教育，激励学子奋发进取的人文景观。

2014年12月被钦州市旅游景区质量等级评定委员会评定为国家AAA级旅游景区。

六万山革命烈士纪念碑 浦北县是广西壮族自治区人民政府和广东省人民政府划定的抗日战争和解放战争的革命老区。为缅怀先烈，激励后人，弘扬革命传统。浦北县六万山革命烈士纪念碑位于县城西面绕城二级公路旁，可容纳5000多人集会举行瞻仰纪念活动，可作为爱国主义教育基地和地方历史文化场所。

柑子根党支部 （原白石水地区农村第一党支部）。1938年8月，日军侵占合浦涠洲岛，合浦特别党支部派朱兰清、许家骅、邱鸿就等3位党员到六万山区柑子根村（当时属合浦县旧州乡管辖）建立中国共产党浦北第一个党支部——柑子根党支部。

为缅怀革命前辈丰功伟绩，弘扬爱国主义精神，浦北县委决定重建原白石水地区农村第一党支部，并于2008年4月30日完成旧址修复。2017年，柑子根第一支部旧址已成为广大党员、共青团员以及社会各界人士缅怀和景仰革命前辈的爱国主义教育基地。

世聪广场 张世聪烈士墓始建于1954年，是一处纪念1940年至1945年参加浦北县白石水地区武装斗争而牺牲的仁人志士烈士墓园，2002年4月当地党委、政府将烈士墓园扩建为世聪广场。

镬耳楼古民居 余屋“镬耳楼”始建于清嘉庆年间(1796年)，距今已有200多年历史，属于具有浓厚的地方民族特色风格的民宅。

余屋镬耳楼古民居建筑群于2002年被浦北县人民政府公布为重点文物保护单位，对研究中国南方古代建筑艺术，建筑风格和社会历史、政治、经济、文化的发展及旅游观光有着重要的研究、开发利用价值。

越州故城遗址 越州故城遗址是国家级重点文物保护单位。据史料记载，越州当时辖百梁、龙苏、永宁、安昌、富昌、南流、临漳、合浦等地。有关专家认为，此为南北朝至唐代，全国保存比较完整的故城址之一。

广西天日红博物馆 天日红博物馆坐落于广西浦北县张黄镇江平村爵盆村陈家庄，由土生土长的农民企业家陈天日自筹近亿元资金兴建。该馆2008年开始规划设计，2014、2015年全面建设，2016底初具规模。2017年，该馆占地面积1.6公顷，展馆面积约4000平方米，分设有辛亥革命、红军长征、抗日战争、解放战争主题纪念馆、张世聪纪念馆、反腐倡廉馆等九大馆区；共有藏品10万余件，涵盖红色文献、革命史料、早期证章、军用物品、民间民俗、瓷器钱币、古玩玉器、宣传画等十多类。截至2017年年底，天日红博物馆是广西乃至全国规模最大、档次最高、藏品最丰富、全国红色收藏界具有较高影响的自然村博物馆。2015—2017年，天日红博物馆被自治区文化厅授予“广西优秀非国有博物馆”称号。

旅游宣传及管理

【宣传方案】 2017年，浦北县制订《浦北县2017年旅游宣传工作方案》，以建设“一山一水一城”为发展定位。设计完成浦北县旅游交

2017年浦北县旅游文化节晚会 （县旅游局提供）

12 月 8 日，浦北县旅游文化节开幕　　（梁德艺　摄）

通地图，在钦陆一级公路莲塘三岔路口投放三面高杆旅游宣传牌，改建县辖区内的主要街道旅游交通指示牌 24 块，新建完成旅游交通指示牌 29 块。

【活动宣传】 2017 年，浦北县在“春节”“五一”“5·19 中国旅游日”“七夕”“国庆”“重阳”等节假日举办文艺演出、传统文化表演、国学文化体验、野外拓展活动、景区门票优惠等活动，各景区游客量再创历史最高纪录。年内，举办“醉美浦北，乐骑五皇”自行车骑行赛、“七夕·爱在五皇山”“2017 全国山地徒步比赛”“越州天湖梅花节”等活动，打造浦北县休闲旅游品牌；举办“山水浦北·常来长寿”旅游文化节系列活动，旅游文化节共策划 4 大版块 12 项活动。

【外出宣传】 2017 年 5 月—7 月，浦北县先后组团到深圳、珠海、厦门、昆明、贵阳、重庆、湛江、茂名、北海举办“山水浦北·常来长寿”旅游宣传招商推介会。10 月组团代表钦州市到桂林国际会展中心参加“2017 中国－东盟博览会旅游展”，并获“最佳展示奖”。

【影视媒体宣传】 2017 年 8 月，CCTV－发现之旅频道《美丽家园》栏目摄制组到浦北县拍摄《山水浦北·常来长寿》专题宣传片。10—11 月份，广西电视台《绿色广西》栏目组到浦北县拍摄 5 部以“山水浦北”为主题的系列微电影，并在旅游文化节期间展播。

【“浦北旅游一卡通”】 2017 年，浦北县启动“智慧旅游－电子景区”建设项目，开展“浦北旅游一卡通”的宣传推介，五皇山国家地质公园和大朗书院率先实现电子导览和电子门票的使用。

【旅游行业管理】 2017 年 11 月，浦北县新增旅行社 1 家（广西南宁溢彩旅行社浦北门市部），全县旅行社总数达到 6 家。全年，浦北县没有受理过任何涉旅安全生产信访举报件，全县旅游行业秩序和安全生产工作持续稳定发展。

（符安宇）

财政　税务

财　政

【概况】 2017年,浦北县财政局有干部职工133人,科级以上干部10人。内设15个股室:办公室、预算股(挂小汽车定编办牌子)、国库股、人事股、党务办公室、社会保障股、经济建设股、农业股、企业股、会计管理股、教科文股、综合股、行政政法股、农村财政财务管理股、法规监督股;10个下属事业单位:浦北县农业综合开发办公室、浦北县经济发展资金管理所、浦北县财政监督检查局、广西中华会计函授学校浦北县函授站(挂浦北县财政局干部教育中心牌子)、浦北县非税收入管理局、浦北县国库支付中心、浦北县政府采购监督管理办公室、浦北县财政局预算编审中心、浦北县财政局投资评审中心、浦北县财政信息管理办公室,17个乡镇(街道)财政所。年内,浦北县财政局获2016年度钦州市财政信息工作三等奖、"2017年度自治区卫生先进单位"等荣誉称号。

【财政收支】 2017年,全县一般公共预算总收入39.40亿元,比上年增加3.74亿元,增长10.48%;全县一般公共预算总支出38.94亿元,比上年增加3.70亿元,增长10.49%;收入和支出相抵,年终滚存结余4558万元。

全县一般公共预算总收入的构成如下:一般公共预算收入5.01亿元,比上年增加3205万元,增长6.84%,其中:税收收入3.22亿元,比上年增加2442万元,增长8.21%,非税收入1.79亿元,比上年增加763万元,增长4.46%,非税收入占公共预算收入比重为35.70%,比上年同期下降0.82个百分点,税收质量有所提高;转移性收入34.40亿元,比上年增加3.42亿元,增长11.03%,其中:上级补助收入26.91亿元,比上年增加3827万元,增长1.44%,调入资金3.35亿元,比年增加1.94亿元,增长138.23%,债务转贷收入3.72亿元,比上年增加1.35亿元,增长56.85%,其他4170万元。

全县一般公共预算总支出构成情况如下:一般公共预算支出38.25亿元,比上年增加3.50亿元,增长10.07%;转移性支出1.15亿元,比上年增加2396万元,增长26.32%,其中:上解上级支出1478万元,比上年增加123万元,增长9.08%,债务还本支出5462万元,比上年增加1885万元,增长52.70%。

【民生支出】

涉农补贴政策 2017年,浦北县涉农补贴政策资金共发放9861.71万元,其中耕地地力保护补贴4706万元;农机购机补贴240.12万元;森林生态效益补偿资金547.48万元;粮食订单补贴资金192万元;农村危房改造补贴资金4176.11万元。

一事一议项目建设 2017年,浦北县列入广西村级公益事业建设一事一议财政奖补试点县范围。财政奖补资金总额3851万元,开展一事一议普惠制财政奖补项目580个,覆盖207个村委,2171个自然村,受益人口43.02万人。开展一事一议特惠制财政奖补项目14个。

社会保障支出 2017年,浦北县社会保障和医疗卫生科目总支出12.24亿元,比上年同期增长6.42%,支出进度98.67%,其中:"社会保障和就业"科目支出6.67亿元,支出进度98.33%,比上年同期增长0.94%;"医疗卫生和计划生育支出"科目支出5.57亿元,支出进度99.08%,比上年同期增长13.82%。

【非税收入】 2017年浦北县政府非税收入(公共财政预算)1.79亿元,比上年同期增长4.46%。其中:行政性收费收入7668万元,比上年同期增长25.81%；罚没收入2695万元，比上年同期下降29.49%；专项收入2659万元，比上年同期下降27.07%；国有资源（资产）有偿使用收入4819万元，比上年同期增长43.42%；政府住房基金收入及其他收入34万元，比上年同期下降82.01%。

【政府采购】

政府采购备案管理 2017年，浦北县政府采购计划备案2020项，采购预算金额为5.88亿元，实际采购金额为5.70亿元，节约采购资金1798.53万元，节约率3.06%，其中：货物类预算金额3.49亿元，实际采购金额3.42亿元；工程类预算金额1.98亿元，实际采购金额1.88亿元；服务类预算金额4069.81万元，实际采购金额3986.16万元。

政府采购监督管理 2017年，浦北县政府采购监督管理办公室收到供应商举报信1次，质疑4次，投诉3次，行政复议1次。关于举报信反映招标文件资格条件有排斥性的问题，县采购办责令代理机构进行整改，该项目后因采购单位项目资金未落实，最终发布终止公告。关于4次质疑，根据《中华人民共和国政府采购法》及实施条例等相关规定，不属于县采购办管辖范围，后按规定转送采购人或代理机构处理。因供应商对采购人或代理机构的质疑答复不满意，最终出现3次投诉。关于这3次投诉案件，县采购办依法受理且作出处理决定，并将处理结果在广西壮族自治区政府采购网公告。关于1次行政复议，是供应商对县采购办2016年作出的处理决定不服而向钦州市采购办申请的行政复议，最终钦州市采购办作出维持原投诉处理决定。

【财政投资评审】 2017年，浦北县财政局投资评审中心共评审30万元以上的财政投资建设招标控制价项目507个，送审金额达13.80亿元，审定金额为12.81亿元，核减资金9944.82万元，核减率为7.21%。

【财政监督管理】 2017年，浦北县财政局组织和开展财政系统内部监督检查、以工代赈扶贫项目资金检查、政府非税收入检查、教育系统会计信息质量检查、“美丽钦州”财政奖励资金检查、小Ⅱ型病险水库除险加固项目及补助金资金检查等。1月—2月，监督检查局组成5人检查组，组织开展财政系统内部监督检查，检查石埇财政所、张黄财政所、大成财政所、白石水财政所、乐民财政所、六硍财政所、官垌财政所、平睦财政所及社保股、行政政法股、经建股、企业股等单位，检查发现大额现金支出、现金盘点长款、白条支出、固定资产不入固定资产账核算、未执行政府集中采购、会计基础工作不规范、部门预算执行中动态监控落实不到位、未按规定要求业务主管部门报告专项资金使用和监督情况、未按时拟订资金分配方案、专项资金未在规定时限内拨付、未对纳入财政绩效评价范围的专项资金进行绩效评价等问题；2月，组织开展对浦北县发改局以工代赈扶贫资金管理使用情况检查，检查出未经批准，擅自调整以工代赈项目投资和建设规模、未履行监管责任，违反国家规定和合同约定，在项目施工方未安排当地群众参加以工代赈劳动情况下，申请拨付包括劳务报酬费8万元在内的以工代赈资金给施工单位、未分账核算2014年以工代赈项目资金、未建立以工代赈项目库、未对2014年以工代赈项目进行公示等问题，县财政监督检查局对上述问题作出整改处理决定，追缴以工代赈财政补助资金8万元并存入国库；3月—5月，组织开展对浦北县平睦镇国土规建环保安监站、寨圩镇国土规建环保安监站、浦北县第一职业技术学校、浦北县房产管理局、浦北县食品药品监督管理局等单位政府非税收入缴存情况检查。检查出平睦镇国土规建环保安监站未按时足额将政府非税收入20.31万元缴存入财政专户、会计机构不健全，不依法配备会计人员、不依法设立和登记会计账簿等问题；检查出寨圩镇国土规建环保安监站委托外单位代征非税收入不向财政部门备案、政府非税收入账款不符、发放给代征单位的非税收入票据无领取、填用、核销记录等问题。已追缴非税收入20.31万元和罚款3千元，已缴存入国库；6月初，对浦北县官垌镇政府管理使用“美丽钦州”乡村建设活动考核评比市本级财政奖励资金情况进行检查，检查发现浦北县官垌镇政府挤占挪用“美丽钦州”乡村建设活动考核评比市本级财政奖励资金10.88万元，浦北县财政监督检查局作出处理决定，将被挤占挪用的“美丽钦州”乡村建设活动考核评比市本级财政奖励资金10.88万元追缴存入国库；7月—9月，组织开展对浦北县寨圩镇中心小学、浦北县寨圩镇中学、浦北县福旺中学、浦北县教育局、浦北县学前教育中心等单位会计信息质量检查，检查出公用经费用于人员经费支出19.63万元和工程建设支出7.35万元、未及时收缴非税收入1.37万元、固定资产购置费6.55万元未计入固定资产账核算、未建立物品采购登记台账和未制订物品领销制度、大额现金支出4.26万元、在往来账会计科目核算收支,虚减收入、支出等问题。浦北县财政监督检查局对上述问题作出整改处理决定,并罚款3千元。11月底,组织开展对浦北县水利局2014—2015年小II型病险水库除险国固项目的专项检查,检查出项目工程没有按时进行完工结算和峻工结算,项目未验收、未设立基建账套核算项目补助资金、未建立病险水库除险加固信息报送制度、部分项目工程存在严重质量问题和安全隐患等问题,浦北县财政监督检查局作出整改处理决定,要求被检查单位进行整改。

2017年11月17日,浦北县财政局领导班子到泉水污水处理厂检查督促建设进展情况 (周传武　摄)

【财政体制改革】

加强公务用车改革　2017年,浦北县根据《广西壮族自治区党委办公厅自治区人民政府办公厅关于印发〈广西壮族自治区公务用车制度改革总体方案〉的通知》(桂办发〔2015〕33号)精神,在3月30日前完成全县党政机关公务用车标识的发放与粘贴,领取率达100%。5月12日前完成浦北县党政机关公务用车喷涂标识的统一喷涂,统计车改的节支率,使公务用车的使用更加透明化,更有利于群众的监督。

规范政府性债务管理　2017年,根据财政部《关于进一步规范地方政府举债融资行为的通知》(财预〔2017〕50号)和《关于坚决制止地方以政府购买服务名义违法违规融资的通知》(财预〔2017〕87号)以及自治区财政厅《关于进一步加强政府性债务管理的通知》(桂财预〔2017〕81号)精神,在全县范围内开展政府性债务管理问题自查与排查工作,并成立专门检查组对重点单位的债务情况进行检查,对检查中发现的问题要求在规定期限内进行整改,进一步规范政府性债务管理,防范财政金融风险。

加强新增政府债券资金管理　2017年,浦北县政府新增债券资金3.3亿元,主要用于市政建设、农村民生工程和农村基础设施建设等社会事业基础设施以及其他基础性公益性项目建设。其中用于市政建设资金3000万元,农村基础建设资金6114万元,均衡性义务教育建设项目1.20亿元,其他基础性公益性项目建设资金1.19亿元,项目基本建设完工,资金支出100%严格按照项目管理办法支出债券资金,加大督促力度,督促项目主管单位加快项目施工进度,及时按照施工进度申请债券资金。

(刘庆强　黄维维)

国家税务

【概况】　2017年,国家税务局内设办公室、人事教育股、征收管理股、收入核算股、税源管理股、政策法规股、财务管理股、纳税服务股(办税服务厅)、信息中心、机关党办、监察室等股室。二层机构设稽查分局、小江分局、寨圩分局、张黄分局。全系统有干部职工80人。年内,浦北县国税局组织总局口径税收收入4.35亿元,比上年同期增收1.31亿元,增长43%;组织自治区政府口径税收收入3.76亿元,比上年同期增收1.03亿元,增长38%,完成自治区政府考核口径税收任务的100%。其中,增值税收入3.32亿元,比上年同期增收9895万元,增长42%;消费税1714万元,比上年同期增收-293万元,增长-15%;企业所得税收入2656万元,比上年同期增收691万元,增长35%;车辆购置税收入4131万元,比上年同期增收1057万元，增长34%。2017年，浦北县国税局团支部被授予“钦州市五四红旗团支部”称号，1名干部被授予“钦州市优秀共青团干部”称号，1名干部被评为钦州市“优秀共青团员”。

【税收管理】

便民措施 2017年，浦北县国税局开展提醒服务、预约服务、延时服务、上门辅导服务。对快到期但仍未办理业务的纳税人进行电话或短信提醒；对纳税人确有特殊情况，需在休息日或节假日办理涉税事宜的，可预约时间由办税服务厅安排专人加班办理；到下班时间仍未办理完毕的涉税事项，大厅办税人员推迟下班时间，直至为纳税人办结涉税事项。针对少数纳税人遇到涉税问题无法当面告知其解决的，安排工作人员上门对其进行辅导。2017年，在全国纳税人满意度专项调查中，浦北县国家税务局荣获钦州市第2名，总体满意度达86.3%，每一项指标得分均高于全国平均水平。

“营改增”工作 从2016年5月1日开始，浦北县国家税务局与全国同步开展“营改增”工作。2017年，浦北县国家税务局组织增值税收入3.32亿元，其中改征增值税入库1.62亿元，“四大行业”营改增后整体税负只减不增的目标在浦北基本实现。

实名办税 2017年，浦北县国家税务局通过进户走访、电话宣传、发放宣传资料、发放短信等多途径多形式宣传实名办税工作，同时将采集信息任务分配到部门、个人，促进纳税人及代理人身份等信息采集工作有效推进。截至2017年11月08日，完成进度为96%，采集信息进度在全市国税系统排名第一，采集率达100%。

示范基地建设和行业风险监控模型建设 2017年，浦北县国家税务局通过有针对性地开展纳税评估，对重点税源、税负异常变化、长时间零税负申报、纳税信用等级低下的21户纳税人进行评估，补缴增值税18.16万元、核减留抵税额5.06万元；补缴企业所得税12.14万元、调增所得额533.12万元、核减亏损额133.59万元；补缴税款加收滞纳金2829.26元。

巡查问廉活动 2017年，浦北县国家税务局纪检组共巡查问廉83户次，较上一年度增加84%，通过开展巡查问廉活动，保证干部职工清正廉洁。至2017年，浦北县国税局干部职工连续17年违法违纪“零发生”。

【重要活动】 2016年5月，浦北县国税局、浦北县地税局、浦北县农村信用合作联社联合签署“银税互动助力小微企业发展”工作方案，截至2017年2月，有18家诚信纳税的胶合板制造企业在浦北县农村信用合作联社贷款1.27亿元，为企业提供“税务+”的服务。

10月，根据《增值税发票管理办法》及《增值税专用发票使用规定》，浦北县国家税务局税源管理股通过抵扣联凭证审核检查系统提供的相关异常发票信息，履行职责，认真核查，力求保证增值税专用发票被合法、正确使用。本月，税源管理股共完成5份异常发票的处理。其中，稽核系统比对异常自动转入，显示异常问题类型为“缺联”的有3份，经实地检查发票及在金税三期系统和防伪税控系统数据对比，结合发起异地协查后对方税务机关的信息回复，完成对缺联发票的检查；接收异地核查份数4份，其中，作废发票异常检查份数有2份，失控发票2份。

2017年12月，浦北县国家税务局参加学法用法考试88人，其中公务员86人，事业单位人员1人，工勤人员1人。经统计核实，人员参考率100%，考试合格人数88人，合格率100%。

（刘鹏翔）

地方税务

【概况】 浦北县地税局于1994年10月19日国、地税机构分设后成立。2012年设有13个税务机构，其中内设机构7个、税务分局4个（张黄分局、小江分局、越州分局、寨圩分局），有在职干部职工94人；负责全县各镇的地方税务征收管理。2017年，全县地税系统组织区局口径收入2.79亿元，同口径收入比上年同期增收2215万元，增长8.84%。其中县级税收收入27939万元，完成上级局及县委、县政府分配的各项税收工作任务。

【征收管理】

强化税收风险应对 2017年，浦北县地税局承接上级地税局推送的风险任务6批82条，入库税款28万多元，滞纳金1.8万多元，应对率和贡献率100%。同时，根据金三系统上的信息进行风险分析，向4个征收分局推送风险任务8批31条，组织入库税款400万多元，滞纳金45万多元。

“放管服”改革 全年，浦北县

地税局保留行政许可1项、行政处罚49项、行政强制3项、行政征收16项、行政检查6项、行政奖励2项、其他1项。

深化国地税合作 全年，浦北县地税局落实国地税合作工作规范(3.0版)，细化52项工作内容，联合开展征管培训8次，参加培训人员达490人(次)。联合开展税收宣传12次，发放税收宣传资料2000多份。

【纳税服务】 2017年，浦北县地税局共为3488户(其中一、二手房交易3412户)纳税人减免税款4167.54万元。深化国地税联合办税，建设国地税联合办税服务大厅，推行“一人一机一网双系统”模式，实现每个窗口都能办理国地税涉税业务。联合办理设立登记、变更登记和注销登记，共为4544户纳税人办理设立登记，为1731户纳税人办理变更登记，为864户纳税人办理注销登记。推进行政审批权前移，统一纳税服务业务流程、规范纳税服务事项管理，提升文明高效服务、公开透明执法的工作水平；开展“税收宣传月”“地税开放日”“政务公开日”等活动各1次，通过现场咨询、发放宣传资料、为纳税人解答涉税问题、向纳税人问需、问计、问廉等，增进社会各界和纳税人对地税工作的理解和支持。互动开展以来，共接收税法咨询350多人(次)，发放税收宣传资料6000多份。

【纳税信息化】 2017年新增主体户数4300多户，其中新增“三证合一”企业277户，新增“两证整合”个体工商户4000多户。逐步委托邮政等机构代开发票、代征税款，全年邮政代征税款235万元；推广自助办税，开通24小时自助办税终端。年内，纳税人在终端机打印税票360份。

(吴星栋)

金融　保险

综　述

【概述】 2017年，浦北县有中国人民银行1家，系中国人民银行浦北县支行；银行业金融机构有7家，分别是农业发展银行浦北县支行、工商银行浦北县支行、农业银行浦北县支行、建设银行浦北支行、邮政储蓄银行浦北县支行和浦北县农村信用合作联社、浦北国民村镇银行；网点56个，其中乡镇网点38个；478名从业人员；保险公司14家(其中营销部4家)，分别是中国人民财产保险公司浦北支公司、中国人民人寿保险公司浦北县支公司、中国人寿保险公司浦北县支公司、中国人寿保险财产保险公司浦北支公司、阳光保险公司浦北支公司、华安财产保险公司浦北支公司、天安财产保险有限公司浦北县支公司、泰康人寿保险公司浦北县支公司、平安财产保险公司浦北县支公司、北部湾财产保险公司浦北分公司、太平洋财产保险公司浦北营销部、太平洋人寿保险公司浦北营销部、安邦财产保险公司浦北营销部、大地财产保险公司浦北营销部；证券公司1家，为国海证券股份有限公司钦州浦北县解放路证券营业部；小额贷款公司1家，为浦北县民兴小额贷款公司。

【存款业务】 2017年，全辖区各项存款余额161.54亿元，比上年同期增长9.26%。其中农业发展银行浦北县支行各项存款余额2.71亿元，比年初增加60万元；工商银行浦北县支行各项存款余额10.77亿元，比年初减少7559万元；农业银行浦北县支行各项存款余额34.82亿元，比年初增加2.13亿元；建设银行浦北支行各项存款余额1.86亿元，比年初增加6339万元；邮政储蓄银行浦北县支行各项存款余额22.51亿元，比年初增加2.10亿元；浦北县农村信用合作联社各项存款余额83.18亿元，比年初增加10.28亿元；浦北国民村镇银行各项存款余额5.48亿元，比年初增加7930万元。

【贷款业务】 2017年，全辖区各项贷款余额81.49亿元，比上年同期增长15.50%。其中农业发展银行浦北县支行各项贷款余额2.26亿元，比年初减少3221万元；工商银行浦北县支行各项贷款余额8.14亿元，比年初增加1862万元；农业银行浦北县支行各项贷款余额13.40亿元，比年初增加3.71亿元；建设银行浦北支行各项贷款余额4858万元，比年初减少3533万元；邮政储蓄银行浦北县支行各项贷款余额3.76亿元，比年初增加3325万元；浦北县农村信用合作联社各项贷款余额48.36亿元，比年初增加5.89亿元；浦北国民村镇银行各项贷款余额5.08亿元，比年初增加7896万元。

【中间业务】 2017年，全辖区中间业务收入3137.05万元，比上年同期增长19.61%。其中农业发展银行浦北县支行中间业务收入1.14万元，比上年增加0.34万元；工商银行浦北县支行中间业务收入430万元，比上年减少120万元；农业银行浦北县支行中间业务收入1256万元，比上年增加70万元；建设银行浦北支行中间业务收入189.69万元，比上年增加106.58万元；邮政储蓄银行浦北县支行中间业务收入568万元，比上年增加396.58万元；浦北县农村信用合作联社中间业务收入679.40万元，比上年增加61.2万元；浦北国民村镇银行中间业务收入12.82万元，比上年减少1.16万元。

【保险业务】 2017年，全辖区各项保费收入3.19亿元，比上年同期增长13.63%。其中中国人民财产保险公司浦北支公司保费收入4844.73万元，比上年同期增长20%；中国人寿保险公司浦北支公司保费收入1.66亿元、比上年同期增长21%；中国人寿保险财产保险公司浦北支公司保费收入832.26万元，比上年同期下降0%；中国人民人寿保险公司浦北支公司保费收入3491.29万元，比上年同期增长11%；泰康人寿保险浦北支公司保费收入2383.90万元，比上年同期增长28%；阳光财产保险浦北支公司保费收入498.77万元，比上年同期下降40%；平安财产保险浦北支公司保费收入1121.98万元，比上年同期增长13%。

（黄焯婕）

银行业监管

【概述】 2017年，中国人民银行浦北县支行加强对辖区内银行业金融机构柜面及前置系统受理业务的日常监管，采取开展执法检查、约谈领导班子、强化业务人员培训等手段，扎实开展辖区银行业监管工作。

【会计业务监管】 2017年，中国人民银行浦北县支行加强对辖区内银行业金融机构准备金、财政性存款缴存、ACS业务柜面及前置系统受理业务的日常监管，每旬关注辖区内两家法人机构是否按时、足额缴存法定存款准备金，审核各银行业金融机构是否按时缴存财政性存款。法人机构每次发生支付，必先核算法定存款准备金再办理支付业务，确保全年法定存款准备金、财政性存款的足额、正确缴存。每日按时监督各开户金融机构做好电子对账系统的账务核对工作，月末与各银行业金融机构进行余额核对，及时向各银行业金融机构发出和收回对账单，核对账户余额，确保集中核算系统账务的准确性。落实与各银行业金融机构面对面对账制度，定期检查、核对账账、账实情况，全年无差错发生。

【执法检查】 2017年，中国人民银行浦北县支行全年对辖区银行业金融机构开展执法检查11次，检查内容涉及内控管理制度建立落实，涉农贷款比例和贷款投向，资产质量，法定存款准备金缴存，经营财务状况及风险控制，支农再贷款实际使用效果，档案管理，货币信贷，调查统计，支付结算，人民币现金收付及假币收缴鉴定，国库管理，金融机构缴存财政存款，征信管理，金融消费权益保护，征信内控制度建设及报备，个人和企业信用信息报送、查询和使用的合规，征信相关业务流程、业务系统和业务文本合规，个人不良信息报送前告知，征信异议处理情况，贷款审核和相关管理，县级“三农金融事业部”信贷投放监测和检查，存款准备金率执行情况，缴存及动用法定存款准备金的情况，差别存款准备率考核，浦北县农村信用联社核心监管指标和财务经营指标的动态变化情况，浦北县农村信用内控制度落实情况，浦北县农村信用置换资产处置尽职情况，浦北县农村信用信息披露工作及政府扶持政策的落实情况。

【约谈领导班子】 2017年，中国人民银行浦北县支行对辖区内银行业金融机构报送报表及材料存在问题约谈银行业金融机构分管领导1次，银行业金融机构领导班子表示接受并马上纠正。

【业务培训】 中国人民银行浦北县支行分别邀请中国人民银行钦州市中心支行、浦北县发改局、浦北县统计局联合举办征信合规管理专题培训班、浦北县农村信用体系建设工作培训班、金融统计业务培训班，共196人（次）参加培训。

【农商行改制调研】 中国人民银行浦北县支行到浦北县农村信用合作联社开展农商行改制情况调

中国人民银行浦北县支行开展征信业务检查

（中国人民银行浦北县支行提供）

研，了解浦北联社改制工作进展情况、困难和需求，助推浦北县农商行改制工作顺利开展。

【货币信贷会议】 2017年，浦北县按月召集辖区银行业金融机构召开货币信贷会议，不定时组织召开浦北县金融管理和服务工作会议、2017年浦北县货币信贷工作会议、2017年浦北县民贸民品贷款贴息工作会议、2017年浦北县金融支持“四轮驱动”发展战略总结交流会、浦北县金融支持“世界长寿之乡”发展座谈会、浦北县金融学习十九大精神·贯彻落实货币政策座谈会等主题信贷工作会议，宣传货币信贷政策，落实辖区货币信贷工作，维护辖区金融稳定。

（黄焯婕）

银行业金融机构

中国人民银行浦北县支行

【概述】 2017年中国人民银行浦北县支行共有在职职工20人；内设办公室、综合业务股和会计国库股3个股室。

【社会信用体系建设】 2017年，中国人民银行浦北县支行指导辖区涉农银行业金融机构积极推进辖区社会信用体系建设进程，全年创建信用村40个、信用户3.29万户、信用镇2个。全辖区现共有信用村117个、信用户10.87万、信用镇8个。

【农村金融改革】 中国人民银行浦北县支行召集相关金融机构落实2017年浦北县农村金融改革工作要求，全年创立“三农”金融服务室185个。全年，全辖区共有金融扶贫示范点9个，“三农”金融服务室226个。

【农村支付环境建设】 中国人民银行浦北县支行积极推进辖区农村支付环境建设进程，2017年创建升级4个创建综合金融服务站。全辖现共有建设助农取款服务点暨惠农支付服务点445个，综合金融服务站18个。

【金融精准扶贫】 全年，全县有金融扶贫示范点9个；发放涉农贷款70.45亿元，对各项贷款余额占比为86.45%，比上年同期增长13%，其中，办理农户贷款余额40.40亿元，对涉农贷款余额占比为57.45%，比上年同期增长20%。

【小额担保贴息贷款】 中国人民银行浦北县支行督促辖区四家农民工及创业担保贴息贷款经办行规范相关工作。2017年，全县办理农民工及创业担保贴息贷款，累计发放569笔，金额5638万元。

【国库业务】 全年，国家金库浦北县支库共办理一般预算收入缴款书6.12万笔，实现各级一般预算收入12.35亿元，增长5.84%；办理预算支出1.95万笔，一般预算支出42.25亿元，比上年同期增长7.20%；办理预算收入退库425笔，金额1.28亿元，比上年同期增长20.40%；办理其他业务4.05万笔，金额1.73亿元，比上年同期增长15.13%；更正调库142笔，金额4086万元，比上年同期下降14.00%。

【支付结算账户管理】 全年，中国人民银行浦北县支行规范办理单位银行结算账户开销户工作，全年共办理支付结算账户开户931户、销户375户、变更488户；每周按时向上级行报送行政许可周报。

【反假币业务】 中国人民银行浦北县支行积极指导辖区金融机构的现金管理及人民币管理检查工作，督促各金融机构做好假币收

2017年3月10日，中国人民银行浦北县支行组织开展“3·15抓启蒙·守未来—送金融知识进校园”自行车宣传活动

（中国人民银行浦北县支行提供）

缴、上缴工作。全年，全辖区共收缴假币 2092 张，金额 16.73 万元。

【金融宣传】 全年，中国人民银行浦北县支行组织开展金融宣传 6 次，其中 3 月 10 日，中国人民银行浦北县支行组织开展“3·15 抓启蒙·守未来—送金融知识进校园”自行车宣传活动；3 月 15 日，浦北县支行参加“3·15”国际消费者权益日集中宣传活动；5 月 15 日，联合浦北县公安局、金融办等部门共同开展防范和打击经济犯罪宣传活动；6 月 27 日，浦北县支行联合县财政、税务部门及辖内银行业金融机构在县城西滨广场集中开展“国库与‘一带一路’同行”宣传月活动；9 月 22 日，浦北县支行组织辖内银行业金融机构在西滨广场开展“金融知识普及月”暨“国家网络安全周”宣传活动；9 月 25 日，开展“普惠金融”钦州公众号宣传；10 月 20 日，参加市县科技文化卫生三下乡宣传活动。全年浦北县金融宣传活动范围涉及辖区各乡镇，共向社会公众发放宣传折页 1 万余份。

（黄焯婕）

农业发展银行浦北县支行

【概况】 2017 年，中国农业发展银行浦北县支行内设办公室、会计结算部、信贷业务部 3 个部门；有在岗员工 22 人，退休员工 8 人，其中正式员工 16 人、正式员工中被借调上级行 7 人，正式工实际在岗上班 9 人；派遣劳务员工 6 人。

【存贷款业务】 2017 年，全行各项贷款余额 22567 万元，比上年减少 3220 万元；2017 年各项存款余额 28040 万元，比上年减少 22 万元。

【财务状况】 2017 年，实现各项收入 1451 万元，比上年减少 81 万元，全年各项支出 705 万元，比上年减少 30 万元，全年实现利润 746 万元，比上年减少 51 万元。

【支持粮食收购情况】 2017 年，累计发放粮食贷款 4072 万元，支持粮食收购部门完成订单粮收购 8000 吨。

【支持农业农村基础设施及实体经济情况】 2017 年，累计获得上级统贷资金 1.18 亿元用于浦北县改善农村人居环境建设。对广西浦北县湘桂糖业公司投放 5000 万元贷款，支持企业榨季生产。

（李郁）

工商银行股份有限公司浦北支行

【概况】 中国工商银行股份有限公司浦北县支行是中国工商银行股份有限公司钦州分行辖区内分支机构，营业场所位于浦北县小江镇解放路 197 号。2017 年，设有行长室、综合管理部、客户经理部和营业部、光明路支行两个网点；在职员工 32 人。经营范围：办理开户企、事业单位的人民币存、贷款业务；办理现金出纳、结算、票据贴现、汇票承兑业务；办理人民币储蓄业务；外汇存款、外汇汇款、结汇售汇业务；外币兑换业务。现任行长陈熊，副行长陈莹、符振娟。

【存贷款业务】 2017 年，存款余额 10.80 亿元，比年初减少 1.63 亿元；其中对公存款余额 3.79 亿元，较年初减少 1.54 亿元；储蓄存款余额 7 亿元，比年初增加 3069 万元。

2017 年，贷款余额 8.13 亿元，比年初减 1746 万元；其中法人贷款余额 9915 万元，较年初减 2449 万元，个人贷款余额 7.14 亿元，比年初增 4195 万元。

建设银行股份有限公司浦北支行

【概况】 2014 年 4 月 25 日，中国建设银行股份有限公司浦北支行（简称“建行浦北支行）开业，内设浦北支行营业部、综合部、办公室 3 个部门，在职员工 10 人。2017 年，各项存款余额新增 9790 万元，各项贷款余额新增 4864 万元。

【金融服务】 全年，建行浦北支行积极响应区分行“综合金融服务提升年”的宗旨，加大力度，实施“走出去”战略，送金融服务到各个单位，为单位职工和农民工办理工资卡、减免手续费，防范金融诈骗，宣传非法集资及关爱个人征信等金融知识。持续开展服务水平提升活动，通过实行劳动者港湾、设置爱心服务站及应急急救箱等措施，改善网点服务环境。利用晨、夕会时间加强员工服务技能培训，推广电子银行服务渠道、金融产品创新等途径，促进整体服务水平的提高，进一步提升市场竞争力。

【社会责任】 全年，建行浦北支行围绕县经济发展战略目标，积极配合支持地方政府经济的中心工作，突破传统的贷款模式，2017 年下半年创新推出线上申请的小微企业快贷。全年，授信金额192万元，为解决中小企业的融资难、贵等问题提供融资渠道；维护金融秩序，加强对营业网点、自助银行设备管理，防范抢劫、诈骗、破坏等犯罪活动，保障国家资金、人民财产安全；积极参与公益事业，开展反洗钱、金融知识进万家等金融知识宣传活动13次，提升社会公众的金融素质和金融安全防范意识。

（张彩林）

中国邮政储蓄银行浦北支行

【概况】 2017年，邮政储蓄银行浦北支行内设综合管理部、三农金融部、综合业务部4个部门，员工42人。储蓄网点10个，其中县城储蓄网点3个，乡镇储蓄网点7个。年末存款余额22.51亿元，新增2.1亿元；贷款余额9.21亿元，新增2.3亿元。致力做好地方金融服务和金融维稳，连续十年无经济案件，经营业绩在邮储银行广西区分行县级支行中名列前茅。

【存贷款业务】 全年，发放涉农贷款1216笔，金额1.59亿元，1000多户种养户得到资金支持。发放创业担保贴息贷款219笔，金额2174万元。支持“贵合高速公路”建设，授信8亿元，已支用3.3亿元用于浦北境内路段建设。支持“浦北龙门风电场”建设，授信4.9亿元，已支用1.97亿元。

【金融服务】 全年，安装自助设备45台，布放转账电话118部、助农取款机具166台，范围遍及所有乡镇、村委，满足民众金融需求。加大惠民补贴政策执行力度，代发民政补助资金78.4万笔，金额1.6亿元，受惠民众6.4万人次，为特殊人群开设绿色通道，提供上门服务480多人次。在香蕉、红菌、荔枝、龙眼等农副产品收购旺季，投放现金服务1.78亿元，促进寿乡农副产品流通。

（米小妹）

浦北县农村信用合作联社

【概况】 2017年，浦北县农村信用合作联社（简称：浦北联社）内设11个部门，在职员工313人。下辖1个营业部，17个信用社，10个分社，共28个营业网点，网点遍及城乡。2017年末，各项存款余额83.18亿元，较年初净增10.28亿元；各项贷款余额48.36亿元，较年初净增5.89亿元，存款和贷款市场份额分别占全县各金融机构的51.49%和59.35%，是浦北县存贷款规模最大的金融机构；实现各项收入4.12亿元，比上年同期增加5574万元。2017年浦北联社获中国金融思想政治工作研究会授予“2016—2017年全国金融系统思想政治工作先进单位”称号。

【支持地方经济发展】 2017年，浦北联社累计发放各项贷款35.32亿元，余额达48.36亿元，比年初增加5.89亿元，增量和总量市场占有率分别53.85%、59.35%，居全县同业第一位，是县内第一家贷款余额过40亿元的金融机构。涉农贷款增速高于各项贷款增速，实现小微企业贷款增速、户数和申贷获得率的“三个不低于”、个人贷款增量占新增贷款比例不得低于45%的工作目标。贷款投放除烟花爆竹、陶瓷等“三高”行业外，涉及县内农户、返乡农民工、创业青年、个体工商户、公务员等客户群体和农业、林业、加工业、制造业、商业、药业等地方行业，基本覆盖浦北县每一项产业发展的贷款需求。

【金融精准扶贫工作】 2017年，累计发放扶贫小额贷款1103万元，贫困户256户，其中委托企业或合作社累计发放扶贫小额贷款255万元，贫困户51户。全年，扶贫小额贷款余额达1.53亿元，户数3250户，其中通过委托经营方式支持龙头企业16家，支持专业合作社17家，带动贫困户2564户，金额1.29亿元，直接为贫困户带来分红收益约666万元。

【助力地方基础设施建设】 2017年，浦北联社贯彻执行区联社关于信贷投向的指导意见，大力推荐政府购买服务项目融资业务。年末，浦北联社自主发放的政府融资购买服务项目两笔—浦北县金浦建设投资有限责任公司3800万元（授信额度5.6亿元，已用信1.2亿元），其中授信2.8亿元，用于龙门镇至平马村一级公路项目建设，目前已用信3000万元；授信2.8亿元，用于浦北县龙门、福旺、乐民产业园基础设施建设，目前已用信9000万元。

【组建农商行工作】 2017年3月27日，向广西区银监局报送组建农商行筹建申请，于2017年11月27日获得区银监局批复同意，2017年12月13日召开广西浦北农村商业银行股份有限公司创立大会暨第一次股东大会，审议通过筹建工作报告、公司章程及相关议案，选举产生第一届董事会、监事会，董事会、监事会相应选举产生董事长和监事长，并通过聘任行长、副行长及其他高管人员决议，于2017年12月25日向广西区银监局报送农商行开业申请，预计将于2018年获得广西区银监开业批复，将率先挂牌组建成为钦州市首家农村商业银行。

【普惠金融】 2017年，浦北县共安装ATM机27台，存取款一体机27台，POS机751台，全县17个乡镇（街道办）均装有ATM机，在泉水工业园、县职校、县人民医院、越州人家小区、寨圩中华大道设立离行式自助银行，填补浦北县工业园区、职业学校的金融空白。在全县260个行政村布放“桂盛通”助农取款便民服务点，并在此基础上不断升级设立农村金融综合服务站，同时全力推进“农金村办”建设，信用社共创建104个三农金融服务室，占全县232个三农金融服务室的44.83%，实现“零距离”金融服务，惠及全县94万多人口。

【信用体系建设】 2017年，信用社在全县累计创建有7个“信用镇”，分别是泉水镇、张黄镇、大成镇、白石水镇、北通镇、六硍镇和平睦镇，占全县信用镇（8个）创建面的87.5%；信用村97个，占全县信用村（117个）的82.91%，覆盖农户8.60万户、人数30多万人、贷款户数9768户、贷款余额2.42亿元。在“信用村、镇”内实行“贷款优先、手续简便、利率优惠、服务优先”等优惠政策，年内减少农民贷款利息支出250多万元。

（韦焱）

浦北国民村镇银行

【概况】 广西浦北国民村镇银行有限责任公司（以下简称浦北国民村镇银行）成立于2013年8月，是经中国银行业监督管理委员会依法批准设立，由浙江宁波鄞州农村商业银行发起设立的具有独立法人资格的新型银行业金融机构，总部设立在浦北县小江镇南洋街1号。2017年，内设业务发展部、综合管理部、风险合规部、财务部等4个职能部门，下辖营业部、张黄支行、寨圩支行、北通支行、榕侨支行等5个营业网点，共有员工64人；各项存款余额5.48亿元，各项贷款余额5.08亿元。

【存贷款业务】 2017年，浦北国民村镇银行各项存款余额5.48亿元，比上年同期增加7930万元，增长16.93%；各项贷款余额5.08亿元，当年累计发放贷款5.08亿元，累计收回4.29亿元，净投放7896万元；增长率为18.38%，涉农贷款100%，2017年缴纳税款478万元。

（陈万柳）

保险业机构

人民人寿保险股份有限公司浦北支公司

【概述】 2017年，中国人民人寿保险股份有限公司浦北县支公司（简称人保寿险浦北县支公司）内设经理室、客服部、银行保险部、个险业务部、互动业务部、团体业务部6个职能部门。下辖泉水、张黄、福旺、寨圩、官垌5个乡镇网点。在岗员工5人，大专及以上学历3人，年末营销人员51人，兼业代理客户经理6人。主经营险种：人寿保险、健康保险和意外保险等保险业务。全年共完成规模保费2106万元，比上年同期增长48%；获得广西分公司颁发的“2017的年度先进单位奖”。

【业务发展】 2017年，完成规模保费3800万元，比上年同期增长60%；累计收入长险首年保费2050万元，比上年同期去年增长60%；完成短险保费200万元，比上年同期减少2%；实现期交保费370万元，比上年同期增长200%。理赔支出60.3万元，总量在浦北当地市场排行第二。

华安财产保险浦北支公司

【概述】 华安财产保险股份有限公司浦北县支公司（简称“浦北华安保险”）2011年落户浦北的销售网点，于2014年7月正式成立。内设经理部、理赔部、业务部、承保部。2017年，在岗员工10人。主要经营险种：各种财产险、责任险、信用保证险、农业险、意外伤害险、短期健康险和再保险业务。全年共完成规模保费884万元，比上年同期增长4.47%。

【业务发展】 2017年，完成规模保费884万元，比上年同期增长4.47%；累计收入车险保费807.31万元，比上年同期增长4.1%；完成人身险保费76.69万元，比上年同期减少0.47%。理赔支出200万元。

泰康人寿保险浦北支公司

【概述】 2017年，泰康人寿保险有限责任公司浦北县支公司（简称泰康人寿浦北支公司）内设经理室、客服部2个职能部门。在岗员工4人，大专及以上学历4人，年末营销人员390人。主经营险种：人寿保险、健康保险和意外保险等保险业务。全年共完成规模保费904万元；获得广西分公司颁发的“2017优秀服务部”。

【业务发展】 2017年，完成规模保费904万元，；累计收入长险首年保费904万元；全年共理赔46件案例，理赔支出33.01万元。

大地财产保险股份有限公司浦北营业部

【概述】 中国大地财产保险股份有限公司浦北营销服务部成立于2006年4月27日，2017年有在岗员工9人，大专及以上学历9人。主经营险种：企业财产损失保险、家庭财产损失保险、建筑工程保险、安装工程保险、货物运输保险、机动车辆保险、船舶保险、飞机保险、航天保险、核电站保险、能源保险、法定责任保险、一般责任保险、保证保险、信用保险、种植业保险、养殖业保险、短期健康保险、意外伤害保险，上述保险业务的再保险业务。

【业务发展】 2017年，完成规模保费537.20万元，比上年同期增长23%。理赔支出242.18万元。

经济综合管理

宏观经济管理

【概况】 2017年，浦北县发展和改革局(简称县发改局)内设办公室、综合股、投资股、项目前期工作股、医改办等股室。核定编制15名，实有行政编制11名、事业编制3名、工勤人员1名。县国民经济动员办公室、节排减排办公室、县深化医药体制改革领导小组办公室、县车改办设在县发改局。

【年度计划与编制】 2017年，浦北县大力实施“兴产业、建交通、扩城镇、办旅游”四轮驱动发展战略，以“十大提升工程”为抓手，主动适应经济发展新常态。全年，县发改局争取上级发改部门支持资金7737万元)；争取龙门风电场一期工程、五皇山旅游景区提升工程、龙门至平马一级公路、汽车商贸城等4个项目先后列入自治区统筹推进重大项目，项目支撑投资，投资拉动经济平衡增长。年内，浦北县生产总值完成223.03亿元，比上年同期增长9.5%；固定资产投资完成222.4亿元，增长18.1%；财政收入完成8.27亿元，增长9.75%，其中税收收入6.48亿元，增长11.3%；一般公共预算收入5.01亿元，增长6.84%；规模以上工业总产值完成345.98亿元，增长20.3%；城镇居民人均可支配收入达3.14万元，增长8%；农村居民人均可支配收入达1.17万元，增长9.5%；社会消费品零售总额完成85.57亿元，增长10.6%。城镇登记失业率控制在4.5%以内。

2017年，浦北县生产总值、固定资产投资、规模以上工业总产值、财政收入、城镇居民人均可支配收入、农村居民人均可支配收入等指标增速排全市前列。连续12年获评为“自治区平安县”。年内，浦北县被国际人口老龄化长寿化专家委员会授予“世界长寿之乡”称号。

【重大项目建设】 2017年，浦北县重大项目工作取得突破。贵港至合浦高速公路于2017年10月17日正式通车，改写浦北没有高速公路的历史。龙门风电场一期工程、五皇山旅游景区提升工程、龙门至平马一级公路、汽车商贸城等4个项目先后列入自治区统筹推进重大项目，入列项目数是上一年的4倍，创历史新高，为全市各县区之最；年内，解决用地指标169.84公顷，为浦北县重大项目建设提供有力的支撑。

【经济结构调整】

新型工业发展 2017年，浦北县大力实施“县域工业提升工程”，出台一系列扶持激励政策，支持烟花爆竹企业转型升级，如期实现13家烟花爆竹企业平稳退出；加大帮扶企业力度，开展“非公经济接待日”“千名干部入千企”活动，累计争取上级企业发展扶持资金731万元，县本级扶持企业发展资金532.9万元；全力推进园区建设；积极构建“一带三区”产业发展布局，共投入2.6亿元实施26个园区基础设施项目建设；完成龙门、福旺、乐民产业园总规、控规、环评等编制工作。

现代服务业 2017年，大力培育营利性服务业上规入库，新增入库12家。发挥党建引领，汇聚电商力量，共推精准扶贫，成功举办“我为家乡代言”电商大集直播活动；研发推出“顺路发物流电商综合服务平台”“广西土特产商城”；全年电子商务交易额达7.32亿元；电子商务进农村综合示范项目建设工作成果获得商务部评为优秀等次，位列广西第一名；成功举办2017年“山水浦北·常来长寿”旅游文化节；金融信用建设不断加强，增创张黄、龙门镇为信用镇，增创信用村30个。

农业现代化 2017年，浦北县

举办“浦北佳荔”旅游文化暨首届农产品产销对接洽谈活动，打造乡村旅游升级版；持续完善新型农业经营体系，全县工商注册农民合作社707家、家庭农场93家；成功创建1个三星级示范区、1个县级示范区、3个乡级示范区；全年完成无公害农产品认证3个，绿色食品认证2个，有机产品认证2个，富硒农产品认证6个；健美乐、金盛科技被评为2016年度“广西名牌产品”；“浦百”百香果被评为生态原产地保护的农产品，成为全国首个获得生态原产地保护的百香果产品；小江瓷荣获“2017年广西老字号”认定。

【固定资产投资】 2017年，浦北县全社会固定资产投资目标220.40亿元，增长18.11%。发改部门根据国家有关固定资产投资的政策规定，从地方实际出发，大力调整投资结构，提高投资效益，加强重点建设项目，简化项目审批程序，开展项目建设跟踪检查。2017年全县固定资产投资完成222.40亿元，增长18.1%。其中项目投资719个，完成投资213.67亿元，增长18.5%。5000万元及以上投资项目33个，完成投资45.57亿元，增长21.2%。房地产开发投资8.72亿元，增长8.7%。非公经济固定资产投资完成额150.49亿元，增长9.4%。

（罗强）

国有资产监督管理

【概况】 2017年，县国有资产管理办公室有人员9人，编制数4名，负责全县国有企业改制工作，国有资产租赁、国有资产处置等工作。

【国有企业改革】 2017年，浦北县对各国有企业采取分类指导，打包改革的办法，启动县医药公司的企业改制工作。11月中旬，资产评估完成。经县人民政府同意，采取竞争性谈判的方式聘请第三方财务公司落实县医药公司财务审计工作，理顺县医药公司资产及债权债务，拟订企业改制方案。

【国有企业资本和利润】 2017年，浦北县开发投资集团有限公司国有资本为1.50亿元，公司实现利润294.75万元，比2016年增加164.75万元，增长126.7%。县金浦建设投资集团有限责任公司国有资本为5.69亿元，利润总额为-186.45万元。

【国有资产处置】 2017年，浦北县国资办接收县国土资源局移交的违规罚没土地及违章建筑共29宗。

【国有资产租赁】 2017年，浦北县国资办协助行政事业单位、国有企业对铺面和商店进行公开招租，出租总底价555.59万元（按一年租金总收入计算，下同），出租总成交价935.30万元，出租总成交价比出租总底价增长69.33%。

（陈锋志　米世涛）

物价管理

【概况】 浦北县物价局编制6名，机关工作人员6人，内设价格综合股、价格管理股、收费管理股3个职能股室；派出机构为浦北县价格监督检查分局，下属事业单位为浦北县物价局价格认证中心。2017年被广西壮族自治区物价局评为全区物价格监督检查工作先进集体、全区价收费统计工作先进集体，邱卫同志被评为全区价格监督检查工作先进个人。

【价格监管与调控】 2017年，浦北县继续推进简政放权、放管服结合，贯彻落实降费减免政策。全面放开食盐出厂、批发和零售价格，由企业自主确定。推进医疗服务价格改革，63项医疗服务项目价格实行市场调节价管理，多批次调整医疗服务项目价格；明确两部制电价用户执行基本电价有关问题。新建住宅区供配电设施建设和维护费实行市场调节价。调整销售电价，降低全区一般性工商业电价、大工业电价0.72分/千瓦时；取消、降低部分政府性基金及附加；17次调整成品油价格(11升6降)。贯彻执行清理规范行政事业性收费政策。婚姻登记费等41项行政事业性收费取消或停征；商标注册收费标准降低50%；取消赃物估价费等4个地方设立的行政事业性收费项目；降低公民出入境证件费、机动车行驶证工本费等4项收费标准。取消地籍档案资料信息咨询服务收费等3项经营服务性收费，放开城市住宅自来水管道工程配套建设和维护收费等4类经营服务性收费，由供求协商形成价格。调整客运出租车运价，起步价由每车次4元调整为5元。越州天湖景区门票价格试行市场调节价(试行期为三年)。2017—2018年榨季普通糖料蔗收购首付价为500元，继续采取蔗糖价格挂钩联动、二次结算方式。推进权力清单和责任清单“两单融合”，编制和优化县本级价格行政权力运行流程。

【价格执法】 2017年，浦北县物价局开展元旦、春节、中秋、国庆节日市场价格检查，市场检查出动80多人(次)，重点检查单位和商家150多家(次)，维护节日市场价格稳定。开展医疗服务价格检查，经查县内某二级医院涉嫌价格违法，有多计医用耗材数量变相提高耗材价格、超过规定差率收费等行为，违法金额18.90万元，全额没收上缴财政并处罚款2万元。继续开展涉企收费检查，进一步贯彻落实国家和自治区支持实体经济发展的优惠政策和措施，切实减轻企业负担。开展电力价格专项检查，督促电力企业清退单位和个人临时接电费210万元。

【价格服务】 2017年，浦北县物价局认真做好价格检测及价格认证工作。每周将监测品种的价格监动态报送中共浦北县委员会、县人民政府和钦州市物价局。办理各类价格鉴证643件，评估金额1.99亿元。出具价格结论书643份，无一起复核裁定。

（黄永璋）

市场监督管理

【概况】 2017年，浦北县工商局主要职责共14项，内设办公室、法规与行政执法督察股、反不正当竞争执法与商标广告监督管理股、消费者权益保护股、市场与合同规范管理股、企业与个体私营经济监督管理股、人事股、财务股、经济检查大队、12315消费者申诉举报中心10个机构。浦北县工商系统共有行政编制82名，实有人数75人，工勤编制6名，实有人数1人。

【市场监管】 2017年，浦北县工商系统共立案查处各类案件332起，结案332起，案件类型涉及商标广告、不正当竞争、产品质量等类型。

加大查处无照经营力度 2017年，浦北县工商局组织开展查处取缔无照经营行为“百日”专项整治行动，以及紧密结合每季度的安全生产“打非治违”工作，进一步整顿和规范市场主体经营行为，打击无证无照违法经营。全年，共检查各类经营主体1664户，引导办理营业执照569余户；依法立案查处案件94宗，罚没款24.72万余元，案值50多万元。

“扫黄打非”专项行动及烟草市场整治 2017年，配合有关部门开展“扫黄打非·净网”、打击取缔“黑网吧”“卫星电视地面接收设施设备”和“农村小片网”等专项整治行动。加大对出版物销售场所、批发零售单位以及报刊亭的检查和管理力度。支持“扫黄打非”等行动共出动执法人员82人(次)，检查印刷企业36家(次)，出版经营企业21家(次)，责令改正4家；依据《卫星电视广播地面接收设施管理规定》对擅自销售卫星地面接收设施的经营户进行处罚，立案查处1件，罚款2000元。配合烟草局开展整治烟草市场，规范烟草制品经营行为。年内，共接收县烟草专卖局移交涉烟案件74件，其中结案70件。

开展“红盾护农” 2017年，在全县范围内开展“春季农资打假”专项行动，以种子、化肥、农机具和农用薄膜等为重点，强化农资市场执法检查，严厉打击销售假冒伪劣农资商品等“坑农害农”行为，为春耕生产保驾护航。深入龙门、城区、北通、寨圩等工商所，组织农资经营户法律法规知识培训4期，参训农资经营户150人，悬挂宣传横幅50条，发放农资打假宣传资料2000余份。年内，共检查农资经营户192户(次)，因无照经营、不按规定索票索证等立案查处81起，办结81件。

创建“无传销城市” 2017年，通过开展创建“无传销社区(村)”活动，全社会齐抓共管、群防群控的综合治理格局逐步形成，创建工作取得阶段性成效。2017年2月被自治区打击传销工作领导小组授予浦北县“广西壮族自治区无传销县”(2014—2016年)荣誉称号。

商标专用权监管 2017年，浦北县开展拉网式查处打击“傍名牌”行动，重点查处家用电器、日用百货、食品、服装、建筑装修材料以及涉农产品等领域发生的“傍名牌”行为。年内，在打击“傍名牌”专项行动中，检查各类市场主体1100户(次)，检查各类市场、商场、重点商贸街区16个(次)，检查重点商品和广告178批(次)，排查案源线索11个，立案查处商标侵权等违法经营行为案件11起，其中立案查处傍名牌案件11起。

开展集贸市场整治 2017年，浦北县工商局充分发挥市场监管职能作用，组织县市场服务中心、城区工商所开展县城集贸市场及周边环境专项整治工作。通过规划疏导、政策引导、督查整改等措施，集中整治集贸市场及周边环境，共对县城3家集贸市场开展整治10余次，检查经营主体820户(次)，纠正不亮照经营325户(次)，引导办照180户；下发整改通知书56份，督促清理垃圾20余吨，清理市场乱张贴小广告0.7万份，有效解决场容场貌、环境卫生、亮照经营、经营秩序等各类问题50多处，市场面貌和环境卫生得到较大改善。

开展安全生产工作，落实岗位职责 2017年，浦北县工商局对重点行业市场主体实地检查，向各类市场主体宣传安全发展的科学理念、安全生产法律法规。严把市场主体准入关，规范加油站、充气站、农药、烟花爆竹、娱乐场所、非煤矿山、民爆器材等重点行业领域市场主体的登记注册程序。积极部署安全生产大检查，及配合全县重点行业专项或联合执法行动。全年，共出动执法人员389人(次)，检查各类经营主体1200多户(次)，立案查处71户，发放限期整改通知书52份。

【企业登记管理】 2017年，浦北县多角度激发市场活力，助力地方经济发展和脱贫攻坚。

商事制度改革 全面推进商事制度改革，充分释放市场主体发展潜力。主动适应简政放权新要求，在实现“六证合一、一照一码”的基础上，牵头整合县商务局、县林业局、县住建局等14个单位的行政许可及备案等20项内容，并于8月4日发出浦北县首张“二十证合一”营业执照。商事登记制度改革落地有声，有效激发市场活力，支持大众创业，万众创新。全年，浦北县新增市场主体4346户，比上年同期增长27.56%；注册资本24.7亿元，比上年同期增长91.76%。其中：企业404户，比上年同期增长36.94%；个体工商户3671户，比上年同期增长19.42%；农民专业合作社170户，比上年同期增长47.82%。

“双随机一公开”工作 县工商局牵头承担全县“双随机一公开”工作实施。全力完善浦北县“一单、两库”和“双随机”抽查系统功能。牵头制定《浦北县2017年度双随机一公开抽查实施方案》建立工作机制，逐步推动随机抽查监管常态化。推动全县行政执法部门落实“双随机”抽查，提高监管的规范性、公正性和透明度，构建新型市场监管体系。年内，浦北县工商局联合县农业局、烟草局首次实施“双随机一公开”联合抽查行动，对全县化肥、农药市场、烟草市场开展联合抽检。实践“一次抽查，全面体检”的综合监管执法新模式，避免部门多头执法、重复检查，降低市场主体的制度性成本。

政府部门涉企信息归集 浦北县推进“全国一张网”建设，制定《浦北县政府部门涉企信息统一归集公示工作实施方案》，协调、指导各部门做好信息推送、归集、公示等工作。年内，浦北县政务外网已成功接通并投入使用，建成完善商事主体信息公示平台等涉企信息归集共享平台，实现部门间无障碍归集、推送、共享和应用企业信息提供技术支撑。

实施市场主体信息公示制度 浦北县积极开展年报突击月活动，多举措推进市场主体年报。年内，组织业务骨干深入基层调研和检查，组织全系统人员强化宣传、主动服务，积极探索年报新方法。2017年，全县市场主体年报公示率已达到国家和自治区规定的目标任务，提前60天完成自治区工商局既定的各项指标，年报公示率在全市各县区位列第一。年内，连续两次获得市工商局通报表扬，并作为年报工作先进典型向全区推送学习。

【商标管理】 2017年，浦北县实施商标战略，积极打造浦北知名品牌。按照“商标兴企”“品牌兴县”的战略要求，指导企业、个体工商户、农民专业合作社申报注册商标，引导浦北地理标志商标申报工作。在浦北县获得“世界长寿之乡”称号之际，制订《浦北县实施商标战略加快品牌强县建设工作实施方案》，并组织开展广泛宣传和指导，市场主体申请注册商标呈现前所未有的“注册潮”。7月，148个商品向国家商标局提交材料并拿到《商标受理通知书》。9月，新公布的2016年度广西名牌产品中，广西健美乐食品有限公司注册的“健美乐”“丹竹液”商标榜上有名。同月，县工商局获得市工商局通报表扬。全年，全县有注册商标370件、广西著名商标11件，广西著名商标拥有量居全市首位。

【广告管理】 2017年，浦北县通过采取多项举措，提高广告监管执法效能。加强电视台的广告监测，采取“依托监测平台、查找存在问题，力促限期整改”的监管措施，先后监测广告420条(次)，发出责令整改通知书8份。加强对超市、商场巡查力度，严查虚假打折、特价以及误导消费者的违法行为。严查招生广告，重点对招生主体是否合法、是否符合招生政策、招生广告中是否含有“最佳”“第一”等绝对化用语。严格查处房地产发布广告是否取得预售许可证、是否含有风水、占卜等封建迷信内容以及广告中是否出现升值、投资回报等内容。将广告监管与“一会两站”“创文明城市”工作结合,在违法广告多发区域设置12315警示牌,聘请20名群众担任广告社会监督员,营造“群防群控”的良好氛围。全年查处虚假违法广告共出动执法车辆150台(次),执法人员260人(次),监测各类媒体广告281条(次),检查各类广告301条。清理虚假违法户外广告牌110块,限期拆除广告60块,收缴虚假违法广告宣传单1200份,下发责令改正通知书5份,立案查处虚假违法广告案件3件,有效规范广告市场秩序。

【消费者权益保护】 2017年,浦北县工商局大力提升消费维权效能,努力营造安全放心消费环境。

积极开展消费维权工作 浦北县以“网络诚信消费无忧”消费维权年主题为主线,大力开展法律法规宣传和消费教育,引导科学消费。“3·15”活动中,在县城越兴街创建“诚信经营放心消费”一条街,各项创建工作均在全市前列。在关注寿乡浦北老年人消费维权方面,成立浦北首个老年人消费维权教育基地,为老年人消费维权护航。

加强流通领域商品质量监管 2017年,浦北县以保障商品和服务质量为重点,集中开展重点商品抽查检验专项整治。组织对建材、成品油、化肥等15组样品,学生用品商品10个样品,铝型材、电线电缆等商品14个样品进行检验。根据检验结果,依法对16个不合格商品的经营者进行立案查处。

“一会两站”建设 全县17个镇(街道)全部成立消委会分会,273个行政村(社区)全部建立“消费者投诉站”“12315联络站”,“两站”工作人员531名,实现消费维权“一会两站”在镇(街道)、行政村(社区)的全覆盖,为全县消费者搭建便捷快速的维权服务平台。全年,浦北县共处理消费投诉举报55个,受理并完成申诉、举报、咨询352件,为消费者挽回经济损失26.55万元。

推进小个专党建工作 浦北县工商局在引领非公党建工作方面,通过抓住重点、突破难点、集中攻坚,有效扩大“两个覆盖”,推进小个专党建工作取得显著成效。2017年1月6日,钦州市首个小个专党委在浦北县工商局挂牌成立。4月19日,小个专党委组织召开第一次党员大会,选举产生第一届党委班子。钦南区工商局、灵山县工商局及县民政局、县住建局、县商务局、县食药监局等单位先后来浦北县工商局进行小个专党建工作经验的交流学习。年内,浦北县“小个专”党委下辖18个党支部,有党员111名,党建工作指导站16个,“小个专”党员流动服务站1个,实现党组织的区域全覆盖。

(黄营)

教　育

综　述

【概况】 2017年，浦北县各级各类中小学、幼儿园674所，在校生17.35万人，专任教师9986人。全县中小学占地面积268.28万平方米，校舍面积128.51万平方米。全年教育经费投入9.47亿元，比上年同期增长7.34%。全年落实奖、勤、贷、补免资金8157.20万元，自助家庭经济困难学生6.78万人次。

学校数和学生数 2017年，有各级各类中小学、幼儿园674所，在校生17.35万人。其中幼儿园377所，在园幼儿4.74万人；小学265所，教学点116个，在校学生7.34万人；初中25所，教学点1个，在校学生3.34万人；普通高中5所，在校学生1.37万人；中等职业学校1所，在校学生5487人；特殊教育学校1所，在校学生68人。

教师数和师生比 有专任教师9986人，其中幼儿园2321人，小学4347人，初中2120人，普通高中890人，中等职业学校296人，特殊教育学校12人。师生比例为幼儿园1∶20，小学1∶17，普通初中1∶16，普通高中1∶15，中等职业学校1∶19，特殊教育学校1∶6。

每万人口在校生 幼儿园474人，小学734人，普通初中334人，普通高中137人，中等职业学校55人。

基础教育普及程度 学前三年毛入园率86%，九年义务教育巩固率94.12%，高中阶段教育毛入学率82%。

基本办学条件 占地面积及生均情况：小学177.42万平方米，生均24.16平方米；普通初中47.72万平方米，生均14.31平方米；普通高中31.05万平方米，生均22.67平方米；中等职业学校12.09万平方米，生均22.03平方米。校舍面积及生均情况：小学63.50万平方米，生均8.65平方米；初中30.78万平方米，生均9.23平方米；普通高中25.80万平方米，生均18.84平方米；中等职业学校8.43万平方米，生均15.36平方米。

2017年，在建设的浦北四中　　（李海泉　摄）

【经费管理】 2017年，浦北县教育经费总投入9.47亿元，比2016年增加6479万元，增长7.34%。其中财政拨款收入8.79亿元，比2016年增加6416万元，增长8.31%；预算外资金收入6793万元，比2016年减少244万元，减少3.46%。教育经费总支出9.47亿元，比2016年增加6479万元，增长7.34%。其中财政拨款支出8.79亿元，比2016年多6416万元，增长8.31%；预算外资金支出6793万元，比2016年少244万元，减少3.46%。教育经费总支出中，人员经费支出6.31亿元，公用经费支出1.24亿元，基建支出1.60亿元，其他支出（设备购置）3196万元。

【学前教育】 2017年，浦北县共有幼儿园377所，其中公办园164所（县直幼儿园4所，镇中心幼儿园18所，村级幼儿园142所）；民办园213所，其中已批办87所，未批办126所，多元普惠性幼儿园41所。在园幼儿4.72万人，其中公办园幼儿2.26万人，民办园幼儿2.48万人。学前三年幼儿入园率86%，学前一年入园率100%。全县有3所自治区示范幼儿园，15所钦州市示范幼儿园。

【义务教育】 2017年，创建义务教育发展基本均衡县。浦北县投入资金1.8亿元，为各义务教育学校（教学点）配备多媒体、教学电脑、仪器、实验室成套设备，确保每个班级均配备多媒体，每个教师人手一台电脑。投入资金1.2亿元维修改造义务教育学校（教学点）校舍，提升校园文化建设水平，实现办学条件改善从义务教育学校到教学点的全覆盖。积极争取上级项目资金3.5亿元，实施教育项目521个，覆盖290所学校，新建、维修改造校舍面积27.1万平方米。投资1.53亿元新建县第四中学，在张黄镇和福旺镇各投资3000万元新建两所寄宿制小学，在寨圩镇和龙门镇分别投资6100万元和4000万元新建第二中心小学。9月通过市级复核评估，复核评估总分为96分，公众满意度为95%。

2017年4月下旬，由县教育局陈桂军局长带领浦北县中小学校长代表14人，参加钦州市教育局组织的北京学习考察北京市义务教育学区制管理改革工作培训班；制定《浦北县义务教育学区制管理改革工作方案》，采取先试点，再逐步铺开的工作步骤，目前试点学区设置分为部分融合型学区设置、学校联盟型学区设置、城乡帮扶学区设置3大类。

【普通高中教育】 2017年，浦北县4934人参加高考，高考一本上线人数首次突破300大关。高考一本上线334人，比上年增加95人，增长率为39.75%；二本上线2139人，比上年增加232人，增长率为12.17%。二本以上上线合计2473人，比上年增加327人，增长率为15.24%。浦北中学学生张扬、高雨童分别被清华大学、北京大学录取。

【中等职业教育】 2017年，浦北县一职校共招生3982人，完成总任务数的112.2%。其中，全日制学历教育招生2520人（含与广西幼专联合办学217名学生），完成2150人任务数的117.2%；成人在职学历教育招生1462人，完成1400人任务数的104.4%，全日制招生总人数排在全区同类学校的前列。

【成人教育】 2017年，浦北县一职校继续与相关部门合作，共举办2期编织工培训，培训人数61人；配合县政府举办第四届全区农民工技能比赛浦北初赛。

【特殊教育】 2017年，浦北县特殊教育学校共有8个班，学生68人，教师12人。学校加强与浦北县人民医院的合作，联合举办"孤独症康复"项目活动，浦北县特殊教育学校定期派出教师到县人民医院培训学习，县人民医院定期派出专业医生到浦北县特殊教育学校指导残疾学生进行康复。

（梁训宝）

2017年9月21日，浦北县义务教育均衡发展创建工作顺利通过市级复核评估 （韦达 摄）

【队伍建设】 2017年，浦北县面向高等师范院校和其他全日制普通高校毕业生招聘义务教育阶段"特岗教师"250名、中等职业学校特岗教师20名，其中149人为本科学历。2017年向全社会公开招聘中小学教师172名，全部分配到边远山区义务教育学校教学岗位。第三批44名小学全科教师学成归来，分配到小学教育阶段学校任教。2014年招聘的274名特岗教师经考核合格转为地方公办教师。2017

2017年5月12日，在张黄镇中学举行全县中小学生防恐、防暴、消防、地震安全疏散应急演练 （钟东 摄）

教职工自然减员229名，其中退休186人，辞职等43人。

【教育科研】 2017年，浦北县组织教师参加“一师一优课”课例评审活动，其中4节课例被评为部级优课，11节课被评为自治区级优课；积极组织教师申报市、自治区级课题，有21个课题获得市教科所“十三五”规划2017年度立项课题，有27个课题结题，其中自治区级课题1个、市级课题26个；教育教学论文奖励280篇，其中一等奖60篇、二等奖120篇、三等奖100篇。

【校园安全】 2017年，浦北县教育局获钦州市“平安校园”建设工作先进单位，广西壮族自治区中小学生安全知识网络竞赛优秀组织奖；白石水中学等18所学校获钦州市2017年“平安校园”建设达标单位；县第三中学等6所学校被认定为钦州市防震减灾科普示范学校。

【教育资助】 2017年，浦北县落实各项资助政策，全年共落实奖、助、贷、补、免资金8157.20万元（其中：县配套222.52万元，学校自筹2.73万元），资助家庭经济困难学生6.78万人（次）［其中：建档立卡贫困户1.32万人（次），补助金额1201.97万元］，基本实现“应助尽助”。

（韦达）

科学技术

【概况】 2017年，浦北县科技局（简称县科技局）内设行政股、工业科技股（对外挂县火炬办公室牌子）、农业科技股（对外挂县星火办公室牌子）、成果管理和知识产权股。局行政编制8名，实有职工7人。其中大学本科以上学历3人，大专学历4人，中级职称1人（工程师、农艺师），初级职称5人；下辖浦北县科学技术情报研究所、浦北县科技开发中心、浦北县生产力促进中心。科技开发中心现有编制4名，实有干部职工4人，科技情报所编制4名，实有干部职工3人。浦北县科技开发中心和浦北县生产力促进中心实行两块牌子、一套人马的管理方式。

【科研与开发】 2017年年初，县科技局制订《浦北县政产学研合作对接活动方案》，并在1—3月，组织工作队深入企业，了解企业的技术需求。年内，共走访、联系316家企业、合作社征求意见，收到技术需求61项。帮助提出技术需求的企业，联系高等院校、科研院所开展产学研合作。促成钦州学院在广西凯兴创新科技有限公司挂牌成立产学研基地，梧州食品药品检验所和广西裕源药业有限公司签订产学研战略协议。

【科学技术普及】 2017年，先后组织3家到期的高新技术企业申报重新认定；7月，组织富通电子和金洋电厨具公司2家新增企业提交申报高新技术企业材料，复核和新增企业都已到公示阶段。全年，全县拥有高新技术企业7家。

【科学技术成果】 浦北农业科技园区是自治区级的农业科技园区，2017年是建设的第二年。年内，争取自治区项目资金200万元。农业科技园区产业包括百香果、橄榄、五皇山林中茶三个，实施建设单位分别是浦北南国水果种植农民专业合作社、浦北五皇山农业科技有限公司、广西北部湾珠乡橄榄食品有限公司。

【专利与知识产权】 2017年，建立专利代理机构服务企业工作联系机制，实现专利申请“零距离、一站式”服务。2017年，全县组织发明专利申请145件，占任务（140件）的103.57%；专利授权量38件，其中发明专利10件，实用新型专利16件，外观设计12件。有效发明累计36件，比上年增长28.5%。提前超额完成上级下达的年度工作任务。 （曹锰）

防震减灾

【概况】 浦北县地震局属浦北县政府直属相当正科级事业单位，内设综合管理股、防震减灾股2个股，在浦北县政务服务管理中心设有独立审批窗口，编制3名，在职4人，实有工作人员5人（其中单位自聘1人）。2017年，浦北县地震局被钦州市防震减灾工作领导小组评为“钦州市2016年度防震减灾工作成绩突出单位”。

【体系建设】 2017年，浦北县政府财政投入防震减灾经费57.63万元（包括人员工资经费），按抗震设防要求确认行政权力共60项（行政许可）。2017年，浦北县地震局在全县范围内布设地震前兆宏观观测点49个，配备地震宏观观测员49名。6月份，浦北县地震局配合广西壮族自治区地震局完成张黄木根、江城桥山、官垌洞口3个地震烈度速报与预警系统台站的光伏仪器设备安装。2017年，参加自治区地震局举办的防震减灾法制和行政管理培训班1人（次）。

【地震监测】 2017年，浦北县有强震台1个（寨圩大江口小学校园内），地震烈度速报与预警系统项目3个（张黄木根村、江城桥山村、官垌洞口村），广西北部湾经济区中小学校烈度速报与预警台站5个（泉水中学、龙门中学、三合中学、浦北第六中学、六硍中学)，宽频带流体地震台1个(龙门王坡村)。全年，浦北县相对固定的地震前兆宏观观测共有49个站点，有观测人员49个，观测的项目有井水数字观测，猪、蛇、鸡、鱼等动物养殖观测。

【防震减灾宣传】 2017年，浦北县以宣传《中华人民共和国防震减灾法》《广西壮族自治区防震减灾条例》为重点，推广普及地震应急避险、自救互救知识、建设工程抗震设防、农村民居保安工程等防震减灾科普知识。利用“5·12”汶川地震纪念日、全国防灾减灾宣传周、浦北县第五届政务公开日、科普下乡开展防震减灾科普知识宣传。5月12日晚，浦北县减灾委成员单位联合在县城西滨广场举办防灾减灾宣传晚会。1—12月，共发放宣传海报8000多份，防震减灾法律法规读本3000本，防震减灾科普知识读本2000本，制作宣传版报2幅，解答群众现场咨询300多人(次)。

【示范点创建】 2017年，小江街道环城社区被中国地震局认定为“国家地震安全示范社区”，江城街道江滨社区被自治区地震局命名为“2017年度自治区地震安全示范社区”。2017年，浦北中学、浦北第一职业技术学校被广西壮族自治区地震局认定为“广西区防震减灾科普示范学校”，浦北县第三中学、浦北县金浦小学、官垌中学、官垌镇中心小学、龙门镇中心小学、泉水镇中心小学被钦州市地震局、钦州市教育局认定为“钦州市防震减灾科普示范学校”。

【地震应急疏散演练】 2017年5月12日，浦北县地震局联合浦北县教育局、浦北县公安消防大队等单位在张黄镇中学举办反恐、地震应急避险疏散演练活动。中共浦北县委员会书记韦业葵，中共浦北县政法委员会书记钟一任，中共浦北县委会员常务委员、中共浦北县委员和宣传部部长、浦北县副县长梁光宁，浦北县副县长、浦北县公安局局长潘新峰到现场指导。2017年，浦北县338间中小学校(含80人以上教学点)在全国防灾减灾日、全国防灾减灾宣传活动周以及秋季新生入学期间开展地震应急疏散演练活动，每间学校都开展2次以上的地震应急疏散演练活动，参加演练的师生30多万人(次)。

(宁小梅)

气象事业

【概况】 2017年，浦北县气象局(简称：县气象局)系中央直属事业单位，属国家一般气象站。内设浦北县防雷中心、气象灾害防御管理中心、气象台等直属单位及内设机构。主要业务有气象法规建设、行业规划，气象防灾减灾，气象科技攻关与成果推广，气象宣传，气象预报，气象服务，防雷装置检测，防雷工程设计审核、验收、技术开发、技术培训，农村气象信息员培训，人工影响天气等。全县有人工影响天气标准化作业站1个，负氧离子观测站1个，国家一般气象站1个，自动气象站42个，气象预警大喇叭262套，气象电子显示屏25块，有效解决预警信息传播最后一公里难题。2017年，有人员17人(在编10人，其中到湖南洪江市气象局交流1人，到钦州市气象局挂职交流1人，聘用7人)，广西自治区气象局到浦北县气象局挂职1人，湖南洪江市气象局到浦北县气象局交流1人，退休5人。

【气象服务】 2017年，县气象局全年发布气象服务信息45期，专项气象服务15期，重大气象服务2期，天气快报3期，春种春播气象服务9期，夏收夏种气象服务5期，秋收秋种气象服务7期。预警信号95次，其中台风预警信号3次，霜冻蓝色预警信号2次，暴雨红色6次，暴雨橙色25次，大雾2次，雷电52

2017年12月，浦北县气象局在浦北县汽车站外建成5×4米的LED显示屏

(何传艳 摄)

2017年12月5日，浦北县气象局完成8个气象自动站的升级、新建工作，其中，升级改造3个，新建5个。图为升级后的钦州浦北乐民镇气象观测站 （韦玉洁 摄）

次，高温4次，大风1次。暴雨预警信号提前量为49分钟，雷电预警信号提前量为51分钟。监测网络保持较高的质量，仪器设备运行正常，气象大喇叭正常率保持85%以上，全年业务质量综合指数100%。

【气象建设】 2017年，浦北县气象局现代化建设内容纳入县政府工作计划，气象站搬迁项目纳入县政府“十三五”规划纲要；浦北气象观测站搬迁已完成立项项目选址意见、项目环境影响登记、地震评估报告、项目用地预审、可行性研究报告批复等前期工作；完成征地4.33公顷。观测站搬迁方案已通过县人民政府同意，并印发《浦北县国家气象观测站搬迁方案》，成立工作领导小组，明确目标任务、建设主体、建设经费、部门职责及质量要求，已投入征地和前期报批等费用约150万元。同年，浦北县“三农”专项项目已投入经费30万元，完成《浦北县2017年中央专项三农服务方案》，与县水果局、县农业局联合印发《关于联合开展为农气象服务工作的通知》，成立联合专家小组，联合发布荔枝、龙眼、水稻气象服务6期；在县城建成一块5×4米的LED显示屏；建设5个55寸液晶电视用于播放气象信息；组织官垌镇申报中国气象局气象灾害防御标准化乡镇。升级改造8个自动气象站；在五皇山建设负氧离子观测站1个。升级完善浦北县地质灾害气象条件监测预警系统，完善网页版和开发手机APP版，除有预报预警、资料查询和科普宣传等功能外，网页版有预警信息一键发布功能，手机APP版有灾情文字、图片、视频等上报功能，把科研成果及时投入业务应用。投入10万元在自治区气象局气象信息中心配置专用服务器，提高网速，便于推广使用。全年投入经费累计35万元。

【人工增雨】 2017年，乐民镇金康水库标准化人工影响天气地面作业站通过自治区气象局组织的验收；组织人影作业2次，发射火箭弹7枚，累计增加降水量约258.8万吨，产生直接经济效益25.88万元。

【防雷减灾】 2017年，县气象局办理行政审批事项32件，其中审核防雷装置设计文件6件，验收防雷装置26件。全年共检测烟花爆竹厂27个（次）、加油（气）站43个（次），中小学校等其他单位64个，验收防雷装置89单，发放整改通知42份。

【科普宣传】 2017年，县气象局与县防汛办一起开展全县防汛知识培训1次，与国土部门开展一次地质灾害及气象知识培训1次，组织全县气象知识培训会1次，培训人数

2017年3月23日，世界气象日开放气象台站。图为火箭人工增雨作业操作演示 （何传艳 摄）

300多人；在“3·23”世界气象日、全国科技活动周、“5·12”防灾减灾日、安全生产咨询日、“十月科普大行动”宣传活动期间，县气象局开展户外科普宣传活动6场，发放宣传资料2000余份，参与人数近1500人。在“3·23”世界气象日开放气象台站活动中，邀请北河小学师生走进浦北气象台站，开展气象日科普知识讲座5场，发放科普宣传资料200余份。在官垌镇、六硍镇开展气象信息员培训共2场，培训近200人（次），发放气象科普资料1500余份。

（何传艳）

水文事业

【概况】 浦北中心水文站是2016年成立的水文管理机构，主要负责辖区水文监测、巡测、巡检和水文应急测报，水文测站及其测报设施设备运行、维护和管理，水质监视、采送样和信息报告，水文分析、水文资料整编和水情预警预报等工作。辖大江口、张黄、西塘3个水文站，三合、白石水、西塘（雷达）3个水位站，官垌、兰门、六万山、横岭、大江口、寨圩、武溪田、北兰、福旺圩、社底、苏村、大水塘、浦北、樟家、平垌、十字铺、张黄圩、张黄、三合（旧）、三合（新）、洋塘、乐民、瓦窑田、北通镇、博学、罗成、大成镇、白石水、六寮、浦北龙门、马兰、扶良、平阳、五皇山公园等34个雨量站，辖区主要站点见下表：

浦北县中心水文站辖区站点

序号	测站编码	测站名称	河流名称	水系名称	站类	经度	纬度	站址	附注
1	80718400	大江口	武思江	西江	水文	109° 40′ 50″	22° 35′ 52″	钦州市浦北县寨圩镇大江口村	
2	81410500	浦北	马江	桂南沿海	水文	109° 33′ 23″	22° 17′ 23″	钦州市浦北县小江镇西塘村	原西塘站
	81410501		马江	桂南沿海	水位	109° 33′ 19″	21° 17′ 21″	钦州市浦北县小江镇西塘村	雷达站
3	81411350	张黄	张黄江	桂南沿海	水文	109° 26′ 52″	21° 59′ 42″	钦州市浦北县张黄镇洋水村洋园角	
4	81411450	三合	武利江	桂南沿海	水位	109° 24′ 59″	22° 19′ 38″	钦州市浦北县三合镇三合圩	
5	81411750	白石水	武利江	桂南沿海	水位	109° 17′ 07″	22° 05′ 52″	钦州市浦北县白石水镇新圩	
6	80757200	官垌	武思江	西江	降水	109° 40′ 27″	22° 25′ 24″	钦州市浦北县官垌镇官垌圩	
7	80757300	兰门	武思江	西江	降水	109° 41′ 37″	22° 31′ 54″	钦州市浦北县寨圩镇兰门村	
8	80757400	六万山	武思江	西江	降水	109° 47′ 21″	22° 29′ 13″	钦州市浦北县六硍镇六万山	
9	80757500	横岭	武思江	西江	降水	109° 46′ 36″	22° 34′ 05″	钦州市浦北县六硍镇横岭村	
10	80757600	大江口	武思江	西江	水文	109° 40′ 50″	22° 35′ 52″	钦州市浦北县寨圩镇大江口村	
11	80757700	寨圩	武思江	西江	降水	109° 37′ 40″	22° 34′ 03″	钦州市浦北县寨圩镇寨圩	
12	81434200	武溪田	马江	桂南沿海	降水	109° 33′ 33″	22° 28′ 49″	钦州市浦北县福旺镇武溪田村	
13	81434500	北兰	马江	桂南沿海	降水	109° 33′ 42″	22° 25′ 56″	钦州市浦北县福旺镇北兰村	
14	81434600	福旺圩	马江	桂南沿海	降水	109° 33′ 24″	22° 24′ 15″	钦州市浦北县福旺镇福旺村	
15	81435100	社底	马江	桂南沿海	降水	109° 33′ 43″	22° 21′ 38″	钦州市浦北县小江镇社底村	

续表

序号	测站编码	测站名称	河流名称	水系名称	站类	经度	纬度	站址	附注
16	81435500	苏村	马江	桂南沿海	降水	109° 34′ 46″	22° 19′ 40″	钦州市浦北县小江镇苏村	
17	81435700	大水塘	马江	桂南沿海	降水	109° 32′ 24″	22° 20′ 14″	钦州市浦北县小江镇大水塘村	
18	81436000	浦北	马江	桂南沿海	降水	109° 33′ 23″	22° 17′ 23″	钦州市浦北县小江镇西塘村	原西塘站
19	81436200	樟家	马江	桂南沿海	降水	109° 33′ 00″	22° 12′ 00″	钦州市浦北县小江镇公家村石塘口屯	
20	81436400	平垌	平江河	桂南沿海	降水	109° 28′ 21″	22° 13′ 42″	钦州市浦北县龙门镇平垌村	
21	81437100	十字铺	马江	桂南沿海	降水	109° 30′ 11″	22° 04′ 16″	钦州市浦北县张黄镇十字村	
22	81437700	张黄圩	张黄江	桂南沿海	降水	109° 27′ 06″	22° 00′ 23″	钦州市浦北县张黄镇张黄圩	
23	81437701	张黄	张黄江	桂南沿海	水文	109° 26′ 52″	21° 59′ 42″	钦州市浦北县张黄镇洋水村洋园角	
24	81438300	三合	武利江	桂南沿海	降水	109° 25′ 27″	22° 20′ 16″	钦州市浦北县三合镇三合村	
25	81438301	三合	武利江	桂南沿海	水位	109° 24′ 59″	22° 19′ 38″	钦州市浦北县张黄镇洋水村洋园角	
26	807N5000	洋塘	马山河	西江	降水	109° 35′ 17″	22° 35′ 26″	钦州市浦北县寨圩镇丰门村委洋塘十二队	
27	807N5003	乐民	大炉河	西江	降水	109° 30′ 51″	22° 35′ 59″	钦州市浦北县乐民圩镇社区	
28	807N5004	瓦窑田	江口河	西江	降水	109° 42′ 57″	22° 26′ 53″	钦州市浦北县官垌镇江口村	
29	814N5000	北通镇	武利江	桂南沿海	降水	109° 19′ 51″	22° 13′ 24″	钦州市浦北县北通镇北通圩	
30	814N5001	博学	武利江	桂南沿海	降水	109° 21′ 17″	22° 16′ 52″	钦州市浦北县北通镇博学村	
31	814N5002	罗成	丹竹江	桂南沿海	降水	109° 20′ 00″	21° 56′ 44″	钦州市浦北县大成镇罗成村	
32	814N5003	大成镇	武利江	桂南沿海	降水	109° 19′ 57″	22° 01′ 31″	钦州市浦北县大成镇大成圩	
33	814N5004	白石水	武利江	桂南沿海	水位	109° 17′ 07″	22° 05′ 52″	钦州市浦北县白石水镇白石水圩	
34	814N5005	六寮	武利江	桂南沿海	降水	109° 31′ 24″	22° 26′ 11″	钦州市浦北县福旺镇六寮村	
35	814N5007	浦北龙门	武利江	桂南沿海	降水	109° 27′ 51″	22° 10′ 59″	钦州市浦北县龙门镇龙门圩	
36	814N5008	马兰	马兰河	桂南沿海	降水	109° 24′ 35″	22° 07′ 45″	钦州市浦北县龙门镇马兰圩	
37	814N5009	扶良	张黄江	桂南沿海	降水	109° 22′ 19″	22° 04′ 13″	钦州市浦北县张黄镇江平村委扶良村	
38	814N5010	平阳	张黄江	桂南沿海	降水	109° 27′ 45″	21° 55′ 29″	钦州市浦北县泉水镇平阳村	
39	814N6120	五皇山	张黄江	桂南沿海	降水	109° 20′ 20″	22° 08′ 51″	钦州市浦北县龙门镇五皇山公园	

【气候特点】 2017 年，浦北县强对流天气频繁，气候比较反常，暴雨日数偏多，极端降水事件频繁，汛前雨量也较往年偏多，干旱与洪涝并存。热带气旋影响个数接近常年，影响时间集中在 7 月上旬至 9 月中旬。全年进入广西影响区的热带气旋有 4 个，分别为第 13 号台风“天鸽”、第 14 号台风“帕卡”、第 14 号热带低压，而影响浦北的台风主要有 13 号台风“天鸽”和 14 号台风“帕卡”。这两个台风相继而来，具有移速快、登陆强度大、带来的强降雨范围广、强度强、过程持续时间长、雨区重叠的特点。受台风影响，台风期间浦北县辖区内普降中到大雨，局部暴雨到大暴雨过程。

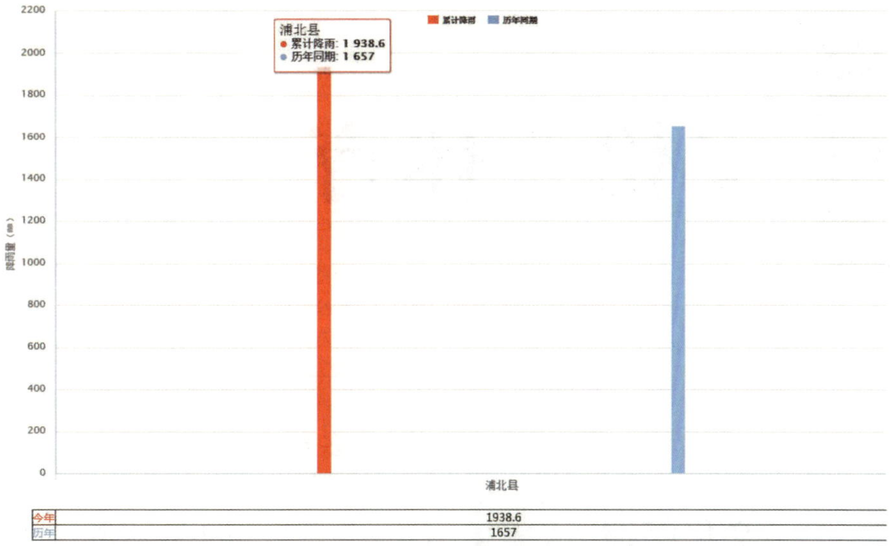

旬月降雨柱状图

（2017 年 1 月—12 月）

【雨情】 2017 年，受切变线、低涡和西南急流影响，浦北县出现几次强降水和台风带雨过程，覆盖区域较广，各乡镇降雨过程及降雨量比较接近。降雨量主要分布 5 月中下旬至 9 月上旬，全年全县面雨量 1939 毫米，与多年平均降雨量 1657 毫米相比偏多 17%。2017 年是浦北县降雨量偏多的年份。

附浦北县 2017 年 1 月—12 月降雨柱状图（见上图）：

【水情】 2017 年，受台风和强降雨影响，县境内各主要河流及其他中小河流反复出现明显涨水过程。其中马江西塘站于 8 月 24 日出现年内最高水位 69.90 米（警戒水位 70.00 米）、武思江大江口站年内最高洪峰水位 110.86 米（超警戒水位 2.36 米），武利江三合水位站年内最高水位 78.50 米（警戒水位 79.00 米），以上洪水均为常遇洪水。辖区内各中小河流水位也出现不同程度的涨幅，但均没超警戒水位。各河流年最高洪水位见下表：

河名（站名）	时间	水位（米）	流量（立方米 / 秒）	警戒水位（米）
马江（西塘）	8 月 24 日　10:00	69.90	220	70.00
武思江（大江口）	8 月 24 日　5:25	110.86	1080	108.50
武利江（三合）	8 月 24 日　9:30	78.50		79.00
张黄江（张黄）	8 月 24 日　10:45	30.12		31.50
武利江（白石水）	8 月 25 日　0:20	37.95		40.00

【水情服务】 2017 年，浦北县中心水文站抓好转职能、转方式、定编制、定职责、定人员的“两转三定”落实，承担浦北县县域水文测报的主体任务以及水情信息服务等具体工作，充分突出中心水文站信息枢纽、会商平台、服务桥头堡的“三大功能，”利用三级互通网络和中小河流预警预报系统平台，强化辖区和上游关联区域水文信息汇聚与监视，确实履行“一张纸专报”和“一键式短信”的服务模式，建立面向地方党委政府和社会媒体的信息报送渠道，确保重要水情信息第一时间报告浦北县党政主要负责人并及时向社会公众发布。全年，向中共浦北县委员会、县人民政府以及防汛部门各报送重要水情信息专报 1 期，水情信息专报 5 期，水情旬报 8 期、水情预警 6 期、水情快报 2 期、水资源质量月报 7 期，手机水情服务短信 2.45 万人次，为浦北县党委政府防汛抗旱决策提供有效的技术支撑。

（许家斌）

文化　体育

文化综述

【概述】 2017年，浦北县文化体育广电局机关内设文化股、体育股、广电股、市场股、行政审批股、办公室等6个股室，编制12名，实有工作人员20人；广播电视台有工作人员39人。下辖二层机构有文化稽查大队、文化馆、图书馆、博物馆、电影公司等。

（蔡华）

群众文化

【节庆活动】 2017年，中共浦北县委宣传部、县文化体育广电局联合印发《浦北县2017年元旦春节文体活动方案》，在元旦春节期间组织开展2017年元旦春节文艺晚会、元宵文艺晚会、2016年文化惠民活动年度总展演电视录制展播活动、"唱响浦北蕉乡梦·浦北好声音"电视歌手大赛、贺新春狮龙表演、美术书画摄影作品展、贺新春足球赛、乒乓球赛、篮球赛、气排球赛、象棋赛等系列文体活动30多场（次），参与人数700多人（次），观众达5万多人（次）。

【文化惠民】 2017年，根据《浦北县2017年公共文体惠民活动方案》的要求，县文化体育广电局发挥职能部门作用，组织开展"县直单位文化宣传活动""群众文艺县城展演""各镇（街道）群众文艺展演""农村群众文艺演出""浦北县第五届山歌大赛""浦北'县欢乐田园'农村文艺汇演""全县公共文化惠民活动年度总展演电视录制活动"等7个活动载体的公共文化惠民文艺演出活动。全年，在县城西滨文化广场开展文艺演出80多场，参与单位有17个镇（街道）、县直（含驻县）各有关单位，参与人数2025人（次）。各镇村"村企校"文艺队在本镇、本村为群众开展文艺演出2000多场，参与人数3000多人（次）。观众达60多万人（次）。

【文化下乡】 2017年，浦北县文化馆送戏下乡演出20多场，受益群众4万多人；到各镇（街道）社区进行舞蹈、声乐排练、美术绘画技巧知识等文艺辅导30多次，辅导人数500多人；选派文艺工作者到各镇（街道）社区进行喜剧、书法、钢琴等8类培训，培训基层文艺工作者1600人；县文化馆开展进校园、进农村演出活动12场（次），服务师生、群众8000多人（次）。县图书馆送书下乡展出15次，展出各类书刊2500多册（次）。

【广场文化】 2017年，浦北县引导民间文艺队伍在西滨广场、文昌公园广场、体育中心广场、各镇（街道）中心广场、社区小广场开展各类民间文艺表演、展演活动。每天早、晚固定时间表演，表演形式有山歌对唱、龙门八音、麒麟舞、舞青龙、鹩剧、舞春牛、跳岭头、采茶戏等，广场文化活动成为浦北群众文化活动的一大特色。

【便民服务】 2017年，图书馆、文化馆、博物馆、体育馆、各镇（街道）文体广电站等公共文化设施场所基本服务项目实行免费开放，每周开放时间达到56小时。开展各类培训，展览文艺、科普、讲座等文化活动。县图书馆共接待到馆读者23.10万人；外借书刊11.60万人（次）、11.80万册（次），阅览23.20万人（次）。开展各种读书、培训活动48次，服务群众2.80万多人次，进行业务辅导12次，发放各类宣传资料3000份，开展县支中心—网络讲座活动15次，春节期间开展"春节，我推荐一本书""今天你读书了吗""共享过新年""新春佳节新年新诗会作品展”等系列活动,展出各类书刊1800册(次),参加群众2000多人(次),发放资料500多份。县文化馆开展美术、书法、舞蹈、葫芦丝、戏曲、广场舞等各类培训班26期,培训人数达3030人次。县博物馆免费开放接待参观人数达11.75万人(次),其中,未成年人4.77万人(次)。各镇(街道)文体广电站接待群众7万多人(次)。县体育馆举办公益性体育赛事活动4次,举办讲座、展览4次,举办少年篮球、太极拳、气功八段锦、社会指导员培训5期,培训人数1760人(次),国民体质监测达到300人。

【文化乐民】 2017年,浦北县抓“一中心·七项服务”工作。提前谋划,抓早、抓实,文化乐民工作走在全市前列。2017年11月16日,钦州市“美丽钦州·宜居乡村”文化乐民工作现场会在白石水镇良江村召开,得到群众的好评。

【文艺赛事】 2017年3月28日,在县城西滨广场举办2017年浦北县第五届“壮族三月三”山歌大赛。5月18日,举办“国际博物馆日”文艺演出。6月10日举办“中国文化遗产日”文艺晚会。9月29日,在白石水良江村举办“庆国庆”暨2017年浦北县“欢乐田园”农村文艺汇演。11月8日,举办“中国记者节”文艺晚会。

2017年,浦北县组织参加各类文艺比赛取得好成绩。其中,民歌选手陈业贵、陆星宇在参加钦州市第二届“欢乐三月三”壮族传统文化节民歌比赛,被评为钦州市十大歌手;县文化馆声乐培训中心培训的28名选手,参加第十三届少年儿童歌曲卡拉OK电视大赛钦州选拔赛,获金奖5个,银奖8个,铜奖15个;县文化馆声乐培训中心13名选手,代表钦州市参加第十三届中国少年儿童歌曲卡拉OK电视大赛广西选拔赛,获金奖6个,银奖7个,1人晋级全国半决赛;11月18日组织9个节目参加2017年钦州市“欢乐田园”农村文艺汇演,获金奖1个,银奖3个,铜奖3个,优秀奖2个。

【文化产业】 2017年,浦北县根据桂财文〔2017〕4号文件精神,抓好龙门海龙编织工艺有限公司、港龙编织工艺有限公司、小江瓷艺有限公司等3个文化企业单位专项资金申报。5月,海龙编织工艺有限公司获得40万元文化产业专项资金扶持。截至11月底,体育彩票销售额达1072万元,完成增机扩点3个。

【艺术创作】 2017年,县文化馆黎均桓创作的油画《三姐戏秀才》,在广西重大历史题材美术书画展参评,油画《五皇小溪》在纪念“刘永福诞辰180周年”书画展中参展;县文化馆彭卫斌创作的油画《幽林》在“美丽广西·魅力北部湾”广西群众美术书法摄影优秀作品展中获优秀奖,油画《问道》在2017年广西壮族自治区艺术作品展中参展,油画《风清林静》《幽林》《明月松涧照·清泉石上流》在纪念“刘永福诞辰180周年”书画展中参展。县图书馆易春丽主创的微视频《壮族“三月三”浦北县文化活动》获“文化广西”微视频优秀作品奖。

(蔡华)

文化市场管理

【文化市场管理】 2017年,浦北县检查各类文化经营场所(单位)1408家(次),出动执法车辆176台(次),出动执法人员1116人(次)。受理举报案件3起,办结3起,行政执法方案35起,办结35起,行政罚款2.05万元,查处违规经营场所11家。

【监管服务】 2017年,浦北县文化市场监管技术服务平台使用不断完善,全年录入日常检查1408家(次),执法案件35件。

【“扫黄打非”】 2017年,以贯穿全年的“清源2017”“净网2017”“秋风2017”“剑网2017”四大行动为载体,协调公安、工商、行政执法、网络等职能部门深入开展相关执法行动,对浦北中学、浦北二中校内及周边印刷复制经营单位进行清查,收缴涉嫌盗版光盘40余张、损害青少年儿童身心健康出版物100多册,出动执法人员20人(次),检查经营单位20家(次)。

【“扫黄打非”专项行动】 2017年,浦北县将全县中小学周边相关书店、文具店作为重点检查对象,收缴涉嫌盗版光盘100余张、损害青少年儿童身心健康出版物600多册。推进“扫黄打非”进校园活动,在实验小学、福旺凤山小学、北通清湖小学等地方开展“护苗2017”专项行动暨“绿书签”宣传活动,现场向中小学生及其家长派发“绿书签”200

余个，张贴海报20余张；组织公安、工商、网络等单位，专项整治六合彩街，捣毁游离地摊18个，收缴六合彩资料400多份；完成2017年度“扫黄打非”进学校、进企业、进景区等57个单位“三进”建设工作；完成2017年度“扫黄打非”工作及五大事项行动相关材料录入上报全国、全区的“扫黄打非”平台。

（蔡华）

公共图书事业

2017年，浦北县以庆祝第二十三个世界读书日活动为契机，开展“书香八桂”主题活动。4月9日，县图书馆在江城解放社区举办“全民读书”活动；4月20日，在官垌镇松山小学开展小学生爱国主义读书教育比赛活动；4月21日，在乐民镇白石小学开展“诵经典、品书香、塑人格”读书活动；4月23日，在西滨广场开展“书香伴我行，悦读越快乐”读书活动；4月24日，在县第一幼儿园举办2017年“世界读书日”幼儿故事大王比赛；4月25日，在县图书馆开共享工程网络讲座；展出各种书刊1500多册（次），服务群众2100多人（次）。

（蔡华）

图书发行

【概况】 2017年，浦北县新华书店有限公司（简称：县新华书店），内设经理室、办公室、计财股、业务股、教材股、农村辅导批发股等6个股室，辖综合门市部、张黄门市部、北通分店寨圩分店、官垌分店。在岗职工39人。全年主营业务收入4089万元，完成计划指标的163.49%，比上年同期增长11.36%。实现利润总额408万元，完成计划指标的128.30%。获全国青少年爱国主义读书教育活动发行先进奖、广西新华书店集团股份公司2017年度优秀基层党组织、“社会效益”二等奖、“主营业务增长”一等奖等荣誉称号。

【书籍发行】 2017年，县新华书店抓好教材、教辅的征订和发行工作，确保全县300多年中小学教材“课前到书，人手一册”政治任务的圆满完成。全年，发行免费教材484万元，征订发行教辅资料1674万元。开展“送书下乡、流动供应”活动，年内出动车辆100多辆（次），人员400多人（次），销售码洋328.85万元。2017年，开展青少年爱国主义读书教育活动，发行活动用书《百年追梦·全面小康》9.96万册，并与县教育局联合举办全县青少年爱国主义读书教育活动讲故事暨演讲比赛。做好2017年全国两会文件及辅导读物、党的十九大文件及辅导读物等政治理论学习书籍的征订发行，销售1806册，码洋3.24万元；与县司法局联合征订发行《普法教育读本》1.3万册，码洋32.50万元。

【庆祝活动】 1937年4月24日，新华书店在革命圣地延安清凉山诞生。2017年，为庆祝全国新华书店成立八十周年，县新华书店以“风雨兼程八十载，不忘初心百年梦”为主题，开展“迎店庆有奖购书活动”；启动“朗读者”公益朗读活动；在县城西滨广场、门市部开展“世界读书日”图书展示展销活动；开展“关爱龙门镇中心小学留守儿童捐赠”公益活动；参加钦州市“庆祝新华书店成立80周年”职工座谈会，公司职工自编自导自演宣传新华书店主渠道的小品《卖书》等共10项的系列纪念活动。

【图书网点建设】 2017年，按照全区乡镇图书网点建设试点工作的部署要求，选取北通、寨圩、官垌、张黄4个乡镇作为2017年县新华书店网点建设的试点，建设面积达160平方米，投入装修、书架费用16.5万元，年内全部完工开业。

（苏键玲）

文物管理

【概况】 浦北县博物馆（简称：县博物馆）位于小江镇西环路金浦新区两馆三中心，是自治区爱国主义教育基地、自治区科普教育基地、钦州市社科教育基地。2017年，县博物馆内设群工组、田野考古组、保管组、财务组、安全保卫组5个工作小组。编制数10名，退休5人，现有人数9人，其中副研究馆员1人，馆员2人，助理馆员4人，管理员1人，高级技工1人；外聘2人（讲解员、保安各1人）。2017年，浦北县博物馆获钦州市“先进社科普及基地”称号。

【文物馆藏】 2017年，县博物馆馆藏文物1551件（套），其中国家一级文物2件、二级文物30件、三级文物63件。古钱币系列收藏，贯穿各个历史朝代，共有504个品种，共

4.30 万多枚。全县不可移动文物共264 处,各级重点文物保护单位 20 处,其中全国重点文物保护单位 1 处——越州故城遗址;自治区重点文物保护单位 5 处——大朗书院、伯玉公祠、施渡坡古城遗址、余屋村古建筑群、香翰屏旧居;县级重点文物保护单位 14 处——古立山岗遗址、伏波将军庙、平马榄核型古石桥、张世聪革命烈士陵园、东馆小学革命旧址、官垌革命烈士纪念碑亭、临漳郡古城遗址、龙门碗(瓷)厂古窑址、土东瓷窑群遗址、豫园围屋、乐民洞穴遗址群、封山郡古城遗址、高明根竹祠堂、枫木榄核型古石桥。

【陈列展览】 2017 年,县博物馆陈列按文化板块划分为七部分内容。第一展厅为古生物、石器、古城遗址;第二展厅为青铜器、陶瓷器、民俗;室外展区为石刻碑林展示,重点突出具有浦北特点的古生物骨骼化石、石器加工遗址、古城遗址、东汉时期的青铜器、南朝时期的铜鼓和陶瓷器以及浦北小江瓷器;第三展厅(临时展厅)为“抗战——勿忘的记忆展览”,通过馆藏的浦北小江抗战瓷、抗战兵器、抗战书报以及抗战期间发行的钱币等抗战文物,集中展示浦北人民在抗战时期积极支持抗战、参与抗战的爱国思想和民族精神。

【文物展览免费开放】 2017 年,县博物馆坚持常年对外免费开放文物展览。做好组织县城各中小学校秋季入学新生到馆参观的工作;与旅游部门协作,全年共接待县外参观团观众人数 117536 人(次),其中未成年人参观人数 47686 人(次)。3 月 29 日,与县科协开展科普进校园活动,把一批科普书籍和科普画报送到龙门镇六河小学;组织县城机关单位的干部职工和中小学校的师生 5000 多人,参观“浦北县历史文化陈列展览”和“抗战——勿忘的记忆展览”。

【文物保护】 2017 年,《共赴国难——浦北抗战瓷展》展陈大纲,通过自治区文化厅组织的专家组的评审,并送国家文物局和财政部申请经费,获得中央补助地方博物馆逐步免费开放补助资金 150 万元;向县财政申请文物征集经费,把流散在社会上的抗战题材小江瓷等文物共 65 件征集回馆,并做好文物分类、建账、编目和上架;完成香翰屏旧居、余屋村古建筑群、施渡坡古城遗址推荐申报第七批广西壮族自治区文物保护单位工作,并于 12 月由广西壮族自治区人民政府公布为自治区重点文物保护单位;1 月,完成香翰屏旧居第二座屋顶腐朽的行条、角子及漏水瓦面的维修;2017 年,获得广西文化厅拨款 30 万元专项经费维修余屋村古建筑群,完成“镬耳楼”第一座和第二座屋顶腐朽的行条、角子及漏水的瓦面的维修;12 月,县人民政府拨款 2 万多元抢救性维修伏波将军庙右厢房崩塌的屋顶及左厢房腐朽的行条、角子;12 月向县政府申请经费 5 万多元,铺设各级文物保护单位(文物建筑)电线线路,确保文物保护单位消防安全。

【宣传工作】 5 月 17 日,在博物馆帮扶村——乐民镇高山村举行“5·18 国际博物馆日”“中国文化和自然遗产日”暨扶贫攻坚文艺晚会,宣传文化遗产保护和传统村落保护知识,发放资料共 600 多份。

(符颖琦)

广播电视·电影

【广播电视】

与时俱进,勇于创新 2017 年 2 月,县广播电视台开通浦北电视台浦北新闻微信公众号《浦北微播》(8 月更名为《浦北县电视台》),实现电视节目的双屏播出。《浦北微播》在浦北县“两会”召开前推出并推介。开设专栏,增设新闻子栏目,提升宣传引领艺术。在新闻子栏目方面,推出《向人们汇报》《勤廉榜样》《喜迎十九大》等栏目,十九大召开后,及时开设《十九大时光》《贯彻学习十九大精神》等栏目,推出上半年乡镇(街道)亮点展播系列报道。在专题栏目方面,与中共浦北县委员会组织部合作,推出《浦北先锋》栏目,全年共播出 10 期。抓重大主题、专题的摄制、展播。组织摄制、播出《生态浦北·生机勃发》《小城多美丽》《我是百年黑叶荔》《共建绿色生态路》等专题,加大宣传报道的深度和力度。

内外攻坚,成果斐然 2017 年,浦北县广播电视台播出新闻稿件 5020 篇,其中电视新闻 2510 篇,广播新闻 2510 篇,电视专题 26 部,广播电视 28 期。全年,上送钦州电视台播出新闻 326 篇,钦州电台播出新闻 342 篇;上送广西台播出新闻 27 篇,专题 4 部,大型直播 1 场;上送中央台播出新闻 3 篇,专题 4 部。

加强监管,安全播出 2017 年,县广播电视台完善全县广播电视安全播出应急预案,每月均组织 2 次安全生产大检查。在党的十九大召开期间，对一楼值班室、二楼电表墙、四楼编辑室等处的用电隐患进行整改，实现重大事故率为零、非法画面插播率为零的“双零”目标。

净化美化荧屏工作 2017年，县广播电视台坚持节目先审后播、重播重审制度，加强广告播放管理，自觉抵制低俗化倾向和虚假广告，公益广告比例达到广告总量的40%以上，进一步净化美化荧屏。

【电影放映】 2017年，农村公益电影是中共浦北县委员会、县人民政府为民办实10件实事之一，全年放映电影4512场(次)。其中，农村公益电影放映任务3120场，中小学爱国主义教育电影放映任务1344场，工业园区电影放映任务48场。

（蔡华）

广播电视网络

【概况】 2017年，广西广电网络浦北分公司(简称：浦北分公司)内设企业管理部(办公室与财务室合署办公)、客服营销部、工程技术部、集团客户部、农村网络部等5个工作部门，共辖15个镇广播电视管理服务站，共有员工50人。年内，做好广播电视信息网络的规划、建设、改造和运营维护管理，确保全县广播电视节目和相关网络数据信息的安全、优质传输。

【网络建设】 2017年，浦北分公司争取上级投资130万元，对县城网络和农村网络进行部分新建和改造，共立项建设或改造项目9个。

【业务开展】 2017年，浦北分公司开展的业务有：标清数字电视的安装和维护；高清互动数字电视(HITV)的安装与维护；专业付费电视节目频道的销售；互联网(宽带)业务；电视电话会议(视频会议)等数据专网系统以及单位内部办公网(内网)建设与维护；道路交通、治安卡口的视频监控以及单位、小区、家庭、公共场所的安防监控系统的安装与维护；广电网络线路的租赁；电视机等广播电视器材和电脑、手机等通信器材以及冰箱、空调、洗衣机等家用电器的销售。2017年重点工作是实施“智慧广电升级工程”，积极打造智慧城市、智慧乡村、智慧行业、智慧小区、智慧单位、智慧家庭。

【客户服务】 2017年，浦北分公司完善客户服务标准化工作规范，对客服、营销业务及人员实行“捆绑式”“网格化”“营维一体”考核管理，及时为广大用户提供更加细致、周到、优质的服务。年内，上门为群众服务约10000人次，解决用户收视故障3800例。

【村村通工程】 2017年，浦北分公司投入资金96万多元开展农村网络建设改造，完成农网项目6个。

【安全传输】 2017年，浦北分公司完善《浦北分公司安全播出传输应急预案》等相关规定，确保广电网络安全运行和信号正常播出传输，在党的“十九大”召开期间，确保播出与传输万无一失。全年无广电网络安全事故。

（梁樑）

档案管理

【概况】 2017年，浦北县档案局(馆)(简称：县档案局)有馆舍建筑面积1276平方米，其中18间库房实用面积364.5平方米。内设秘书股、业务指导法规股、档案管理股。有编制5名，现有职工为5人。现有馆藏103个全宗，馆藏档案2.91万卷又41.70万件，折合7.08万卷，相片4569张，资料4989册，印章316枚，地名卡片3190张，其中民国档案3065卷。馆藏档案主要有国家重点档案中的民国档案、文书、婚姻、涉外婚姻、收养、土地承包、土地证存根、干部死亡、地名卡片、人名卡片、水库项目、基建、科技、工程许可、印章、会计、相片、党员卡片等17类。为浦北县经济建设、职级并行、修志、落实政策、机关查考、调解纠纷、核实工龄、工作调动等方面提供帮助共112件多。

【信息化建设】 2017年，县档案局投入经费14万元，完成档案数字化0.33万卷，共36万页，刻录214张光盘，容量870G，累计完成馆藏档案数字化79.74%，获得广西壮族自治区档案局2017年度馆藏纸质档案全文数据和多媒体档案数据奖励经费4万元，走在全自治区前列。年内，完成1万条民国档案文件级目录，获得上级补助资金3万元。指导县公安局对档案数字化加工，年内完成21万页，完成工作总量100%。

【档案征集】 2017年，全县共有14个单位(县委办、县委组织部、县林业局、县财政局、县手工业联社、县商务局、县委党校、县编办、县政务中心、县妇联、县工商联、县政府办、县科技局）档案进馆，进馆数量为0.75万卷，占馆藏档案总量的11.8%，比2016年进馆档案增长37%。

【档案利用】 2017年，共接待社会各界档案利用者750人（次），利用档案1180卷，其中复印摘抄880卷共2580页，为解决山林权属、边界纠纷、案件查办等问题提供依据。

【宣传培训】 2017年，县档案局共举办1期档案知识宣传，发放宣传资料300份、解答群众咨询和疑难问题32个（件）。每月编印一期信息简报，向县委办、县政府办报送12期信息简报，共26条信息。其中，向自治区档案信息网投稿7条信息，得到采纳有5条。到16个镇（街道）和县开投公司、卫计局、扶贫办等37个单位进行档案业务指导。

【执法检查】 2017年，县档案局对全县96个机关单位（含镇）的年度档案管理工作进行考评，评出优秀单位28个，良好单位35个，合格单位30个、不合格的2个，报县绩效办备案。

【安全管理】 2017年，按照"八防"（防盗、防火、防潮、防尘、防虫、防高温、防强光、防水）的要求，县档案局搞好安全配套措施，对上架档案进行消毒；制定档案保密、档案资料保管保护、档案库房检查、安全与消防等制度；做到每月对档案库房进行安全检查2次，确保档案的安全和完整。

【设备升级】 自2012年档案数字化加工以来，服务器容量使用已达到饱和状态。2017年，增加数字档案设备经费13万元，用于购买服务器、防磁柜等，成立档案数据中心，安装使用新的gd2016v1.0新软件，把馆藏所有数字化的档案挂接到新服务上。

（香素萍）

党史编研

【概述】 中共浦北县委党史研究室（简称：县党史办）属中共浦北县委正科级事业单位，2017年，核定事业编制5名，在职4人，其中女1人，中共党员4人；本科1人，大专3人；设主任1名，副主任1名，内设办公室、编研、宣教室。主要承担县委党史研究室工作。

【党史编纂】 2017年，做好《中国共产党浦北历史》第二卷第一编、第二编初稿编撰；征集、撰写《浦北革命斗争小故事读本》初稿；组织做好《钦州市委执政纪事2016年卷》浦北县委工作概述、乡镇（街道）党委工作概述以及幅彩色图片征编工作以及上报工作。2017年，组织撰写的《钦州市浦北县四轮驱动改革创新纪实》研究课题，交由自治区党史研究室送广西人民出版社出版。

【党史宣教】 2017年，县党史办到小江街道西塘社区、县水电局、安石镇马坪村等单位共开展各种党史宣讲活动10多次。在建党96周年、七·一到来之前，出版1期党史宣传专栏。

（陈国富）

地方志工作

【概况】 2017年，浦北县地方志编纂委员会办公室（简称：县方志办）实有参公事业编制6名，在职5人，设主任1名，副主任1名。内设秘书股、编辑股（年鉴编辑部）、资料股3个股室。年内，完成《浦北年鉴·2017》出版发行。

【业务开展】

志书完善 《浦北县志》于2015年12月通过自治区的审查验收后，2017年，根据终审意见对志书资料的完备性、准确性、系统性，以及时代特色体现，行文、图表、体例规范等方面进行全面的梳理和完善，达到了出版要求。

年鉴编纂 2017年，县方志办启动《浦北年鉴·2017年》的编纂工作。4月份制订编纂方案和编目报县政府审批，并于年内完成《浦北年鉴》（2017卷）出版发行。

业务学习 2017年，县方志办派出2人参加全市年鉴培训会；举办全县承修单位年鉴业务培训班1期，参加培训人员120多人；8月13日—15日，派员参加自治区方志办在博白县召开的广西年鉴精品工程项目评审会暨地方综合年鉴全覆盖推进会等。通过各种途径培训，提高修志人员的业务水平。

【网站建设】 2017年，县方志办加强浦北地情网的维护与管理，及时更新发布方志动态、县情要闻、旅游景点、民俗风情、志鉴信息等信息，年内，发布各类信息近300条。同时，按照有关规定，对浦北地情网的网络安全问题进行排查，消除安全漏洞，确保网站安全运行。

【读志用志】 2017年，县方志办接待复旦大学等各单位来访查询资料3批7人(次)；向有关部门提供相关地情资料14次；加大《浦北地情网》的开放力度，年访问量达2万余人(次)。

(陈钊)

小江瓷品牌

【概况】 2017年，小江瓷被广西壮族自治区商务厅认定为“广西老字号”，被广西壮族自治区科学技术联合会确定为广西科普教育基地。小江瓷是一个具有1500多年历史的传统文化品牌，也是岭南文化的重要标志，历史悠久，享誉中外，民间素有“北有景德镇，南有小江瓷”之美誉。2012年，“小江瓷器手工制作技艺”被列入广西壮族自治区非物质文化遗产代表性项目名录。

【广西小江瓷艺有限公司】 为了传承千年小江瓷技艺，弘扬优秀传统文化，打造具有浦北特色的文化品牌，在小江瓷第四代传承人陈世俊的协助下，小江瓷第五代传承人林河源筹集资金注册成立广西小江瓷艺有限公司，致力于挖掘、研究、展览、传承与发展小江瓷文化。2017年，该公司被广西壮族自治区文化厅确定为“小江瓷器手工制作技艺”项目保护单位、非物质文化遗产代表性项目传承基地，获得广西特色文化产业发展重点项目的支持。

【小江瓷新荣誉】 2017年，广西小江瓷艺有限公司组织参加中国东盟博览会文化展，获“文化创新奖”称号。在广西工艺美术作品评比中，青年美术工艺大师林枚枚创作的作品《五子登科喜洋洋》获“八桂天工奖”金奖，《春日·私语》获银奖。在第七届中国(北流)国际陶瓷博览会上，该公司选送的作品《三人行之青瓷》获得艺术陶瓷类金奖，《醉美壮乡》获得铜奖，《壮家女孩》《鸿运天成》《金鳞岂是池中物》三件作品获得优秀奖。

(陈世俊)

体育综述

【综述】 2017年，浦北县体育事业以大群体工作推进全民健身服务体系，积极实施农民健身工程，加快建设体育人才队伍，创新多形式开展体育运动。扎实开展全面健身和全民健康深度融合工作，竞技体育呈现新亮点。2017年，浦北县体育代表团参加钦州市第六届运动会，获得金牌93枚、银牌90枚、铜牌56枚、团体总分3734分，浦北县代表团被授予“体育道德风尚”荣誉称号。

【群众体育】 2017年，浦北县发挥职能部门职责，开展全民健身系列活动，推动全民健身与全民健康深度融合发展，使广大市民共享全民健身工程建设成果。

元旦春节期间，组织开展篮球、气排球、足球、乒乓球、象棋、自行车等系列比赛活动，县直各机关单位都参与比赛活动，参与人数达800余人。4月22日—30日，与县总工会联合举办“五一”职工运动会，各镇(街道)县直各机关单位学校均组织干部、职工参与，参与人数达1000余人。6月25日—28日，与直属工委联合举办2017年党员“先锋杯”运动会，县城各单位学校支部组织参与，参与党员人数达600多人。8月8日，组织开展第九届广西体育节浦北分会场开幕式

浦北县举办2017年“中国体彩杯”五皇山自行车比赛活动

2017 年 9 月 18 日，浦北县代表团参加 2017 年市六运会开幕式

（易春丽　摄）

暨 2017 年“全民健身·健康广西”百万群众健身走活动，小江街道、江城街道、县直（含直线驻县）各机关单位干部、职工以及老体协组织的中老年人共 1000 多人参加开幕式和健身走活动，县委何副书记及县政府、县人大、县政协分管领导出席活动。

2017 年，浦北县开展全民健身和全民健康深度融合试点县申报工作，在全市率先成为全民健身和全民健康深度融合试点县，全民健身和全民健康深度融合工作走在全市前列。

【竞技体育】 2017 年，浦北县组织协调参加各类体育比赛活动，并取得了较好成绩。4 月份在陕西淮南市举办的全国第 13 届运动会预赛中，县业余体校举重运动员谢丽获得女子 63kg 级银牌 1 枚，铜牌 1 枚；梁小梅获得女子 75kg 级银牌 2 枚，铜牌 1 枚。7 月 20 日—31 日，在北海举办的 2017 年“龙光地产杯”广西青少年男女举重锦标赛中，县业余体校女子举重运动员宁秋雪、宾秀凤、郑丽婷、包文慧等 4 人获金牌 8 枚，银牌 3 枚。10 月 19 日，在陕西宝鸡市举办的全国冠军赛中，谢丽获得女子 63kg 级金牌 1 枚，银牌 2 枚。8 月 16 日，组织代表队参加广西首届百县青少年五人制足球比赛。9 月 15 日—23 日在钦州市第六届运动会中，派出 502 名运动员参加 29 个项目的比赛，共获得金牌 93 枚，银牌 90 枚，铜牌 56 枚，团体总分 3734 分的好成绩，浦北代表团被市运动组委会授予体育道德风尚奖。

【体育设施建设】 2017 年，自治区下达浦北县村级篮球场建设项目 7 个，总投资 35 万元，7 月已全面建成启用。包装申报浦北县级公共体育场标准田径跑道和足球场项目和浦北县中心公园足球场项目。全年，投资 20 多万元对体育中心大门口及周边硬底化维修建设。

（蔡华）

医疗卫生

【综述】 2017年，浦北县共有公立医疗卫生机构21家，其中，县级公立医院3家(浦北县人民医院、浦北县中医院、浦北县妇幼保健院)，县卫生计生监督所1家、县疾病预防控制中心1家，镇卫生院15家、社区卫生服务中心1家(辖精神病院1家)；有行政村卫生室254个，个体医疗机构965个；有国有农场医院1家、民营医院2家。年末有卫生专业技术人员4055人。其中，县级1517人、镇级1249人、乡村医生1289人，注册医师797人、注册护士1223人，开放床位共3328张(其中，县级1836张、镇级1492张)。全县医疗卫生机构总诊疗170.66万人(次)，出院人数11.87万人。

2017年，浦北县获自治区艾滋病防治工作以奖代补二等奖、广西消除疟疾先进县、自治区卫生先进单位。浦北县卫生计生工作成效在广西公共频道《人口与健康》栏目播放，《中国会计报》刊登浦北县基层医疗机构会计核算工作的经验做法。

【体制改革】 2017年，浦北县医疗机构实施基本药物制度让利群众1227.41万元，医疗费用增幅控制在10%以下；民营的浦北城南医院、浦北县越州医院建成使用；打造浦北县越州养老护理院“医养结合”服务新模式；在全区卫生与健康大会上作经验介绍；在浦北县人民医院建成总面积达3130平方米的“浦北兵检站”，当年完成兵检任务1000多人(次)；建成浦北县人民医院监所分院，浦北县监所分院因此成为全自治区少数几个能关押特殊病嫌疑人的县，此项服务功能已辐射到周边县区。为符合发放养老补助的乡村医生274人发放养老补助196.14万元；及时对证件丢失的127名乡村医生进行个案调查，并向上级申报。

2017年4月28日，浦北县卫计系统“主动作为、敢于担当”活动动员和疾控重点工作暨防治艾滋病培训会在县疾控中心五楼会议室召开

(容世稳　摄)

【疾病预防】 2017年，全县共开展12次冷链运转；上卡人数1.32万人，上卡率为14.05‰；开展H7N9疫情联防联控，疫情得到有效控制；建成寨圩、张黄2个艾滋病治疗延伸点；新发现报告艾滋病病例与2016年同期下降1.14%，完成责任指标；完善食品风险监测机制，完成全年监测大米12份任务。2017年，浦北县被授予“广西东部地区消除疟疾联防区2017年消除疟疾先进县”，连续三年获此殊荣；浦北县疾控中心获广西东部地区消除疟疾联防区2017年消除疟疾先进单位。

【基本公共卫生】 2017年，浦北县人均基本公共卫生服务经费标准提高至50元；建立城乡居民健康电子档案66.16万份，建档率87.4%；

0~6 岁儿童健康管理人数 9.42 万人，管理率 92.72%，超额完成自治区下达任务；开展“分层签约·网格管理”家庭医生签约服务，全县签约服务家庭 11.79 万户 42.30 万人，签约率 52%；重点人群签约 13.22 万人，签约率 68%，超额完成自治区下达任务。

【妇幼保健】 2017 年，全县住院分娩率 100%，孕产妇死亡率 0，婴儿死亡率 4.29‰，5 岁以下儿童死亡率 6.81‰，出生缺陷发生率 7.80‰。无新生儿破伤风病例发生，如期完成自治区政府绩效考核各项目标。全县举办 2 期产儿科技术培训班，县、镇医疗保健机构共 177 人（次）参加培训。创新妇幼保健服务模式，孕产妇管理率在全市名列前茅，在钦州市母婴安全保障培训会上作工作经验介绍。

【医政管理】 2017 年，浦北县龙门镇卫生院、福旺镇卫生院、北通中心卫生院获全区“建设群众满意的乡镇卫生院”。广西医科大学一附院与浦北县人民医院建立“广西胸痛中心联盟”协作医院，提升诊断和治疗能力。县中医医院完成“冯时傧全国名老中医传承工作室”项目建设，举办中医药“十技五方”基本技能培训 6 期，培训镇村医生 760 人（次）。加强卫生应急处置工作，浦北县卫生和计划生育局牵头与浦北县总工会、县妇联、团县委联合举办浦北县卫生应急技能竞赛活动，设理论知识、实践操作比赛项目 6 项，参赛 110 人，对比赛获得优秀的 4 个单位、8 人进行表彰。全县公民无偿献血共 2785 人（次），献血量达 101.64 万毫升；全县医疗单位使用血浆 18.57 万毫升，红细胞（U）6022.5，血小板（u）142，冷沉淀（u）235，实现临床用血来自公民无偿献血的目标。

【卫生计生监督】 2017 年，浦北县开展医疗卫生、打击非法行医和打击“两非”、集中式供水、学校、职业（放射）、“3·15”健康维权、餐饮具集中消毒单位、传染病防控、卫生监督协管等日常监督和专项卫生计生监督执法工作，共检查管理相关单位 1594 家（次）。加大对卫生计生违法行为查处力度，共立案处罚案件 64 件，罚款 8.135 万元。其中一般程序案件 27 件，罚款 7.44 万元；简易程序案件 37 件，罚款 6950 元；依法取缔无证行医摊点 10 起，没收非法所得 505 元。卫生计生许可窗口许可办结 135 件，许可办结率 100%，服务对象满意度 100%。外派监督员 45 人（次）参加自治区、钦州市举办的各类卫生计生监督执法工作培训班 22 期。浦北县卫生计生监督所获 2016 年度全县卫生监督协管服务工作一等奖。

2017 年 6 月 30 日，浦北县启用广西基本公共卫生服务项目管理信息网络直报系统培训班，在县卫计局五楼会议室开班，来自 16 个镇（中心）卫生院分管领导及公共卫生负责人参加培训　　（容世稳　摄）

【医学科研与教育】 2017 年，浦北县选派卫生计生技术人员参加区内外学术交流及继续医学教育培训 450 多人（次），举办县内学术讲座 25 次，组织培训基层卫计技术骨干 3500 人（次）。完成 3 名农村订单定向医学本科毕业生履约率、签订就业合同率及参加规范化培训率均达 100%；与 22 名农村订单定向医学本（专）科生签订免费培养定向就业协议书。全年组织培训基层卫生计生技术骨干 1200 多人（次），完成 75 人申报医疗卫生高级专业技术资格评审工作。浦北县人民医院开展《县镇村三级联动在浦北县艾滋病感染者抗病毒治疗的应用研究》课题获广西医药卫生适宜技术推广奖。

【爱国卫生】 2017 年，浦北县开展爱国卫生运动 4 次，清运各类垃圾 340 多吨，除“四害”购买、使用各类消杀药物 1200 千克。积极开展全民健康素养促进行动项目，全年举办健康巡讲活动 7 场（次），接受宣教受众人数累计达到 2000 多人，发放宣传资料 5000 多份。浦北县博物馆、浦北县人民医院、浦北县妇幼保健院等3个单位获“钦州市无烟单位”称号；福旺镇获“自治区卫生镇”称号；浦北县大成镇板铺村、大成镇六鸣村、福旺镇北兰村白坡坳屯、福旺镇镇脚村、小江街道沙场村上阳村、小江街道西塘社区上荣村等6个村获“自治区卫生村”称号；浦北县卫生和计划生育局、县财政局、县住房和城乡建设局等3个单位获“自治区卫生先进单位”称号。

【项目建设】 2017年，全县卫生基础设施建设项目16个，完成总投资6650万元。其中，中央预算内投资浦北县妇幼保健院整体搬迁项目，建筑面积1.82万平方米，计划总投资7446万元，项目于2016年10月开工建设，年内已建成至主楼三层、裙楼二层工程，完成投资2500万元；浦北县中医院综合大楼项目竣工投入使用；自治区投资的龙门镇卫生院业务用房建设项目，总建筑面积1000平方米，总投资250万元，于2017年11月开工建设；自治区60周年大庆项目北通中心卫生院业务用房扩建项目，总建筑面积450平方米，总投资110万元，于2017年10月开工建设，截至2017年12月底完成项目投资90万元。

【健康扶贫】 2017年，开展全县建档立卡农村贫困人口因病致贫因病返贫调查，完成3878名调查对象的数据采集、录入和上报国家系统工作。参加全县2017年脱贫攻坚基层问题“集中接访”活动，编印《浦北县健康扶贫惠民和计生奖励扶助政策宣传资料》，现场发放200本，接受群众咨询300多人（次）。开展贫困人口家庭医生签约服务，全县贫困人口签约3.97万人，签约率100%。在全县公立医院全面推进城乡居民县域内住院费用先诊疗后付费信息化“一站式”结算服务，2017年贫困人员享受住院报销提高5%和免除贫困人口住院起付线的共有1736人，报销比例达67.7%。对白内障患者兜底手术治疗，完成白内障手术41例，完成任务率100%。实施“9+1”（儿童急性淋巴细胞白血病、儿童急性早幼粒细胞白血病、儿童先天性心脏房间隔缺损、儿童先天性心脏室间隔缺损、食管癌、胃癌、结肠癌、直肠癌、终末期肾病和白内障）重大疾病集中救治，救治贫困人口165人，占9种大病和白内障贫困人口的154.2%。

（钟仲云　容世稳　冯坚业）

社会生活

城镇居民生活

【城镇居民生活收入状况】 2017年，国家统计局浦北调查队以抽样调查方式开展城镇住户收支和生活状况调查，调查点3个，调查样本为30户城镇住户。调查显示：年内，浦北县城镇居民家庭人均可支配收入3.11万元，比上年同期增加2033元，增长7%。其中，工资性收入1.61万元，比上年同期增加1314元，增长8.90%；经营净收入6695元，比上年同期增加138元，增长2.10%；财产性收入1604元，比上年同期增加91元，增长6%；转移性收入6628元，比上年同期增加490元，增长8%。

【城镇居民消费支出状况】 2017年，浦北县城镇居民家庭人均生活消费支出1.74万元，比上年同期增加1176元，增长7.20%。其中，食品烟酒类消费支出6298元，比上年同期增加510元，增长8.80%；衣着类消费支出726元，比上年同期增加83元，增长12.90%；居住类消费支出4019元，比上年同期增加32元，增长0.80%；生活用品及服务1024元，比上年同期增加86元，增长9.20%；交通通信类消费支出2178元，比上年同期增加144元，增长7.10%；教育文化娱乐类消费支出1764元，比上年同期增加188元，增长11.9%；医疗保健类消费支出1142元，比上年同期增加117元，增长9.70%；其他用品和服务类消费支出277元，比上年同期增加17元，增长6.50%。

【城镇居民消费支出主要特点】 2017年，浦北县城镇居民消费支出的主要特点：衣着消费支出增长幅度位列第一，比上年同期增长12.90%。随着人民的收入水平不断提高和消费观念转变，体面的生活已经成为当前居民的追求，对衣着的消费需求增加。教育文化娱乐已成为城镇居民提高自身素质的途径。随着城镇化进程的加快，居民的生活水平不断提高，对教育的重视程度不断提高，文化娱乐生活不断丰富，城镇居民家庭对教育、文化娱乐的消费支出不断加大。城镇居民更注重医疗保健。随着收入的增加，观念的转变，更加追求健康和保养，城镇居民对医疗保健的需求增加，加大对医疗保健的支出。

农村居民生活

【农村居民生活收入状况】 2017年，国家统计局浦北调查队以抽样调查方式开展农村住户收支和生活状况调查，调查点7个，调查样本为70户调查户。调查显示：年内浦北县农村居民人均可支配收入为1.16万元，比上年同期增加857元，增长8%。其中：工资性收入4156元，比上年同期增加233元，增长5.90%；经营净收入4712元，比上年同期增加548元，增长13.20%（第一产业经营净收入3342元，比上年同期增长14.30%；第二产业经营净收入103元，比上年同期增长9.60%；第三产业经营净收入1267元，比上年同期增长10.40%）；财产净收入81元，比上年同期增加2元，增长2.50%；转移净收入2624元，比上年同期增加74元，增长2.90%。

【农村居民消费支出状况】 2017年，浦北县农村居民人均生活消费支出7375元，比上年同期增加502元，增长7.30%，其中：食品烟酒类消费支出3042元，比上年同期增加230元，增长8.20%；衣着消费支出193元，比上年同期增加22元，增长12.90%；居住消费支出1777元，比上年同期增加50元，增长2.90%；生活用品及服务消费支出360元，比上年同期增加30元，增长9.10%；交通通信消费支出614元，比上年同期增加55元，增长9.80%；教育文化娱乐消费支出616元，比上年同期增加59元，增长10.60%；医疗保健类消费支出642元，比上年同期增加49元，增长8.3%；其他用品和服务消费支出131元，比上年同期增加8元，增长6.5%。

【农村居民消费支出主要特点】2017年，浦北县农村居民消费支出主要特点：衣着类消费比上年同期增长12.90%，成为生活消费支出增长幅度最高的消费。随着农村居民的收入水平不断提高，消费观念不断转变，体面的生活已经成为当前居民的追求，对衣着的消费需求增加。教育文化娱乐支出明显加大，比上年同期增长10.60%。随着农村居民对教育意识的提高，对下一代教育的重视程度提高，特别是学前教育投入不断加大。交通通信消费支出加大，比上年同期增长9.80%。随着农村的交通基础设施不断完善，农村居民的收入水平不断提高，小车、摩托车已经成为农村家庭的主要交通工具，交通消费不断加大。农村的通信网络已基本完善，农村居民手机、电脑等购买力也不断加大，通信类的消费支出加大。

婚姻·家庭

【家庭文明】2017年3月，浦北县启动寻找"最美家庭"活动，推荐申报的吴可春家庭获全国"最美家庭"称号；开展"孝老爱亲"道德模范评选活动，评选出4名"孝老爱亲"道德模范；开展家庭教育大讲堂7场，受益家长1500多人，受益学生1000多人；县妇联、县教育局、团县委举办"弘扬中华美德，传承良好家风"故事比赛活动。

【妇女儿童权益】2017年，浦北县共接待妇女群众来信来访24件，受理率100%，办结率达100%。县妇联、县人民法院联合召开家事维护与审判新闻发布会。县司法局、县人社局、县公安局、县检察院、县总工会等部门在公众场所设立宣传专栏以及平安校园行的安全知识宣讲活动。县人民法院、县公安局、县检察院妇女儿童维权岗作用明显，县公安局、县检察院获"广西维护妇女儿童权益先进集体"。

【婚姻登记】2017年，浦北县共办理结婚、离婚登记6786对（结婚登记5707对，离婚登记1079对），登记合格率为100%。

【家庭纠纷】2017年，浦北县受理未成年人刑事案件20件，审结20件，结案率100%；受理涉家事纠纷案件869件，审结825件，结案率94.93%。县法院、县实验小学挂牌共建"法治护春苗"教育基地，打造"小手拉大手　共建平安校园"的青少年法治教育特色品牌。县法院、县妇联联合召开家事维权与审判新闻发布会，并为全县287名基层妇女干部授课，提升浦北县妇女儿童维权工作能力和水平。

（王福滨　陈丽芳　覃世武）

人口与计划生育

【概况】2017年，浦北县17个镇（街道）卫生和计划生育办公室、卫生和计划生育服务所，有在职在编在岗人员164人，273个村（社区）有计生专干273人。全县人口自然增长率为9.36‰，出生人口性别比105.33，政策外多孩率5.62%，均控制在考核指标以内。2017年，浦北县获全区计划生育优质服务先进单位、钦州市人口和计划生育工作完成任务奖；浦北县卫生和计划生育局获国家卫生和计划生育委员会、人口与计划生育杂志社授予的2017年度《人口与计划生育》杂志宣传工作先进单位、广西人口计划生育工作先进单位。

【目标管理】2017年，中共浦北县委员会、县人民政府高度重视人口计生工作机制的创新，坚持计划生育"三个不变"方针，严格党政同责、联动履责，把计生工作与经济社会发展放在同等重要位置，同研究、同部署、同考核、同奖惩。实施县领导挂点联系制，建立目标管理责任考核机制，全年组织对各镇（街道）、县直各单位开展两次计划生育目标管理责任制考核。县委、县政府主要领导、分管领导亲临基层一线，现场调研解决计生工作中所遇到的实际问题和困难。2017年，新录用计划生育工作人员20名，全部充实到镇（街道）一级计生队伍；配齐村级计生专干，把村级计生专干待遇报酬纳入当地财政列支，享受村级副主任待遇。财政投入计划生育工作经费1973.1万元，为人口计生工作提供保障。

【政策宣传】2017年，浦北县在主要街道人口安装大型计生宣传画。在镇（街道）、村委道路旁安装LED宣传屏，24小时不间断、滚动宣传卫生计生避孕节育、优生优育等知识。组织文艺队开展联合会演、跨

2017 年 3 月 1 日，县委、县政府召开加强基层卫生计生机构人才队伍建设工作座谈会（容世稳　摄）

镇巡演，以群众身边的人、身边的事为题材做宣传教育。全年共开展大型宣传活动 26 场（次），发放宣传资料及物品 3 万多件，喷刷和张贴标语 6000 多条。

【综合治理】 2017 年，浦北县调整充实出生人口性别比综合治理协调领导机构，由县委督查室、县政府督查室牵头，组织公安、卫计、工商、食药监、卫监等部门定期开展整治“两非”专项行动，严格执行 B 超检查、孕 14 周以上终止妊娠、住院分娩实名登记、计划生育孕情跟踪服务和孕情消失责任倒查等制度。全年，开展打击“两非”活动 4 次，查处“两非”案件 1 例。同时，各级各单位深入开展“关爱女孩行动”，强化男女平等宣传教育，引导群众树立正确的性别观念。全年，全县出生人口性别比为 105.33，保持在合理范围内。

【优质服务】 2017 年，浦北县推进农村妇女增补叶酸、适龄妇女“两癌筛查”产前血清学筛查和艾滋病、梅毒、乙肝母婴阻断等妇幼重大项目，免费婚（孕）前优生健康检查目标人群实现城乡全覆盖，新生儿遗传代谢性疾病免费筛查病种扩至 8 种。做好公共卫生妇幼保健项目、孕前优生健康检查项目和计生免费技术服务项目，为 5084 对夫妇提供检查服务，目标人群覆盖率达 105.3%。为 1.02 万人次实行优生咨询指导，优生咨询指导率 100%。妇幼保健院组织技术人员，分批轮流到相关镇（街道）、村开展技术服务。同时，加强对出生人口监测预测，跟踪评估政策实施成效，研判人口变动态势，加强宣传引导，培育新型婚育文化，提供优质服务，切实让群众“生得出、生得起、养得好”。实行生育网上登记一站式服务和承诺制，方便育龄群众办事。全年，全县生育登记共 5832 份，受理再生育申请 82 份，审批发放再生育证 82 份。

【落实政策】 2017 年，浦北县不断完善计划生育利益导向机制，各部门协调推动惠民政策的落实。年内，县人社局共投入 85.12 万元，为 1148 人实行计划生育企事业单位退休人员增发退休待遇；县林业局结合诚信计生“千万珍贵树种送农家”活动，分配给 3316 户诚信计生家庭橄榄树、香樟等树苗 3.2 万株；县住建局优先为 52 户计划生育户提供危房改造资金 82.79 万元；县扶贫办将 771 户计划生育户纳入到精准扶贫范围内；县教育局为“两

2017 年 4 月 13 日，县委书记韦业葵（中）到张黄镇阳春村委开展计生工作调研，县委常委、宣传部部长、副县长梁光宁（右一）等参与调研（容世稳　摄）

户”家庭子女中考高考加分57人。全县获得国家、区、市部分农村计划生育家庭奖励扶助1163人,兑现率达100%。通过推进计划生育家庭意外伤害保险项目,为9926户、3.51万人办理各类计划生育保险。全县19家医疗机构为独生子女发生伤残、死亡未再生育或收养子女的家庭开通“先救治、后结算”“就近救治”的“绿色通道”。

【流动人口管理】 2017年,浦北县打响“健康浦北,人人共享”的卫生计生服务品牌,对流动人口实施网格化管理,确定专人采集辖区内流动人口基本信息及服务需求,为流动人口提供更加精准及时的服务。并将流动人口服务与计生协会工作相结合,通过协会的形式,开展企业流动人口服务管理;加强区域协作,完善流入地与流出地之间双向管理、协作配合制度。同时深入开展流动人口均等化服务,卫计、公安、人社等部门以企业流动人口计生协会为平台,开展流动人口均等化服务。全年,流动人口服务目标人群覆盖率达96%以上。

(钟仲云　容世稳　冯坚业)

社会保障

【概况】 2017年,浦北县社会保障工作主要包括:企业职工基本养老保险、基本医疗保险、工伤保险、生育保险、失业保险、城乡居民基本养老保险、机关事业单位养老保险等。

【企业职工基本养老保险】 2017年,浦北县企业职工基本养老保险参保3.64万人,征缴养老保险基金1.11亿元,分别完成钦州市下达任务的100.43%和103.16%。按时足额发放城镇企业职工养老保险待遇3.21亿元。

【医疗保险】 2017年,浦北县基本医疗保险参保82.05万人(其中职工3.13万人,城乡居民78.92万人),征缴城镇职工基本医疗保险基金1.15亿元,完成市下达任务的116.55%和110.09%。支付医疗保险待遇4.10亿元。

【工伤保险】 2017年,浦北县工伤保险参保2.30万人,征缴工伤保险基金474万元,完成钦州市下达任务的100.08%和119.47%。支付工伤保险待遇860万元。

【生育保险】 2017年,浦北县生育保险参保2.11万人,征缴生育保险基金399万元,完成市下达任务的100.4%和152.8%。支付生育保险待遇717万元。

【失业保险】 2017年,浦北县失业保险参保1.72万人,征缴失业保险基金582.7万元,完成市下达任务的100.92%和119.33%。支付失业保险待遇447万元。

【居民基本养老保险】 2017年,全县城乡居民基本养老保险参保30.84万人,完成市下达任务的108.21%。征缴城乡居民基本养老保险基金1868万元。支付城乡居民基本养老保险待遇1.13亿元。

【机关事业单位养老保险】 2017年,浦北县机关事业单位养老保险参保1.8万人,完成市下达任务的120.3%。征缴机关事业单位养老保险基金1.69亿元。支付机关事业单位养老保险待遇2.88亿元。

(林熙祥)

住房保障

【概况】 浦北县住房和城乡建设局(县住建局),有行政编制23名、机关后勤服务事业编制4名。内设办公室、城乡规划和村镇建设管理股、行政审批股、计划财务股、建筑业管理股、项目建设办公室、房地产股、住房保障股(县住房制度改革委员会办公室)等8个职能股室,下辖浦北县城乡规划设计室、浦北县规划建设监察大队、浦北县建筑设计室、浦北县建筑工程质量安全监督站、浦北县建筑安装工程劳动保险费管理站、浦北县房产管理局、浦北县房产开发中心等7个事业单位。

2017年,浦北县总人口为93.93万人,城镇化率达31.51%;县城建成区面积10.9平方公里,县城道路面积111.92万平方米,其中车行道面积77.54万平方米,人行道面积34.38万平方米,公共绿地面积344.72公顷,人均公园绿地面积13.23平方米。

【城市规划】 2017年,浦北县严抓《中华人民共和国城乡规划法》的贯彻落实,加大规划编制力度,加快规划编制和规划修编。县城30平方公里总体规划通过钦州市人民政府批准。委托广西城乡规划设计院编制县城18平方公里控制性详细规划,县城控规覆盖率将达到60%。完成《浦北县绿地系统专项规划(2016—2035)》并通过审批。编制县城越秀大道内涝整合和道路提升工程规划，县城排水、供水管网改造及管线入地规划。完成县城金浦大街景观提升、云坊桥初步规划设计。全年核发建设选址意见书22份，核发《建设用地规划许可证》146份，《建设工程规划许可证》229份；发出停止违法行为通知书330份。依法立案查处188宗，已结案150宗，强制拆除违法建设24户共4919.31平方米。

【城市建设】 2017年，浦北县获得第三批国家新型城镇化综合试点县和自治区新型城镇化示范县。新型城镇化建设，实施年限为2016—2019年。浦北县新型城镇化建设共6个项目，计划总投资6700万元，年度计划投资2800万元。目前累计完成资金支出6000万元。开展建设的项目主要有：完善县城路网建设，城区内涝治理，绿化、亮化改造，滨水文化休闲公园，县城主要街道基础设施提升，金浦综合市场及周边配套。已完成建设的有五项：县城路网建设、金浦市场和滨水文化休闲公园、城区内涝治理、县城主要街道基础设施提升项目(白改黑)。未建设的有一项：绿化、亮化改造，投资估算550万元，目前项目设计阶段，方案讨论中。

【村镇规划和建设】 2017年，浦北县2016—2018年五皇山片区乡土示范带，建设范围主要位于浦北县龙门镇内，计划投资750万元，示范带共5条村庄，为担寮村，马麓窝村，中间村，佛子边村，茅车坪村。对5条村庄进行的建设项目为：村屯规划编制、房屋外立面乡土化改造、道路改造、景观配套设施、绿化、小菜园防护栏、综合整治。目前五条村全面开工，对村庄进行综合整治、外立面改造、微田园、微果园、微菜园改造建设。寨圩镇“百镇建设”实施年限为2016—2018年，共计5个建设项目，计划投资2180万元。目前开展建设的项目主要有：镇区排水管网项目，镇区道路改造项目，镇区道路硬化项目，镇区绿化亮化工程，镇区休闲广场建设项目。累计完成资金支出1780万元。泉水镇、龙门镇、福旺镇、北通镇、三合镇、安石镇、石埇镇、大成镇、白石水镇、乐民镇污水处理厂及配套管网工程进入试运行阶段。开展农村生活垃圾治理两年攻坚工作，13个镇级农村垃圾处理中心和25个村级垃圾处理中心完工应用。投资3095万元，改造农村危房1574户。

【建筑业管理】 2017年，浦北县共办理公建施工许可证58份，工程总造价6.96亿元，建筑面积53.59万平方米。全年收取建安劳保费1066.88万元、拨付529.66万元。全年收缴墙金61.10万元，核退100.70万元。全年，完成建筑业总产值26.41亿元，比上年同期增长45.30%。在建工程项目62个，合同造价6.05亿元，其中房建项目62个，工程建筑面积52.73万平方米，市政道路工程0个。新增建设项目62个，合同总造价6.05亿元。其中房建项目62个，造价6.05亿元，建筑面积52.73万平方米。2017年，新增受理质量安全监督执法登记项目62个，合同总造价6.05亿元。其中房建项目62个，造价6.05亿元，建筑面积52.73万平方米。2017年，监督在建工程项目45个。其中房建项目45个，工程建筑面积71.52万平方米。监督竣工验收项目14项。其中房建项目14项，工程建筑面积26.14万平方米。开展建设工程质量安全检查30次，共发出限期整改通知书455份、停工整改通知书61份、扣分通知书166份。

【房地产开发】 2017年，浦北县在建在售房地产项目33个，房地产完成投资8.73亿元，共核发《商品房预售许可证》26宗，面积41.15万平方米，商品房销售面积34.89万平方米，比上年同期增长15.24%；其中商品住房销售面积33.05万平方米，比上年同期增长13.77%。商品房销售额11.56亿元，比上年同期增长29.92%；其中商品住房销售额10.42亿元，比上年同期增长31.70%。商品房均价3312.02元/平方米，比上年同期增长12.74%；其中商品住房均价3153.75元/平方米，比上年同期增长15.76%。

【房产管理】 2017年，浦北县严格执行商品房预售合同登记备案制度。全年，共办理商品房买卖合同备案登记1655宗，二手房买卖交易备案168宗；白蚁防治36宗，防治面积2.38万平方米，灭治28宗，灭治面积1.03亿平方米。

【住房制度改革】 2017年，完成钦州市下达浦北县的保障性安居工程建设棚户区改造290套(户)，基本建成2351套，分配入住3950套的目标任务。审核批准公有住房上市交易20套。

(梁中卫　谢均)

民政事业

【概况】 浦北县民政局位于江城街道东风街19号。2017年,内设机构有办公室(行政审批股)、规划财务股、民间组织管理股、优抚股、退伍军人和军队离退休干部安置办公室、救灾股、基层政权和社区建设股、区划地名股、社会福利和社会事务股、老龄股(县老龄工作委员会办公室)10个股(室),核编14名。下设有浦北县城市居民最低生活保障资金发放管理中心、浦北县民政局婚姻登记处、浦北县民政福利中心、浦北县综合福利院、光荣院、浦北县殡葬管理所、浦北县救助管理站、浦北县低收入家庭经济状况核对中心7个下属事业单位,核编22名,全局含下属事业单位实有在编干部职工31人。

2017年度,浦北县民政局先后获"全市社会组织登记管理工作先进单位"称号、全区2013—2017年度民政工作中做出重大贡献记二等功。

【救灾救济】 2017年,上级下拨浦北县的冬春生活救助资金共144万元,冬春期间,救助灾民3.09万人;7月,受洪涝灾情影响,下拨25万元到各镇(街道),用于解决受灾困难群众的生活问题;全年,全县因灾倒房重建任务8户,补助标准2万元/户,已100%动工,春节前可全部竣工入住;投入资金219.33万元,为全县19.41万户农村居民住房进行政策性保险,截至12月份,获得理赔185户,赔付金额104.17万元;完成28个社区(村委)减灾准备认证工作;开展第九个"防灾减灾日"宣传周活动。

【城乡低保】 2017年,浦北县有城乡低保对象1.82万户4.99万人,享受低保政策的贫困户6248户2.09万人,贫困人口与农村低保对象的重合率为44.18%,低保对扶贫的贡献率为57.99%,累计发放城乡低保金1.22亿元。全县城市和农村居民最低生活保障标准分别为495元/月·人、3300元/年·人,城市和农村低保平均补助水平分别为348.36元、177.14元。开展低保专项整治,纠正"错保""骗保""关系保""人情保"等违纪违规行为,对全县近亲属享受低保备案375户1121人进行全面核查,符合低保条件的有302户921人,清退不符合低保条件的有73户200人,将符合条件的建档立卡贫困户全部纳入农村低保范围,提高农村低保对象与贫困人口的重合率,做到应保尽保。加强民政惠民政策宣传,2—3月,在全县开展"浦北县民政惠民政策宣传月活动",发放宣传资料10万份。

【特困人员供养】 2017年,浦北县共有城乡特困人员7108人(城市212人、农村6896人),城市和农村特困对象供养标准分别为645元/人·月、311元/人·月,共发放特困人员供养金2904.97万元。

【医疗救助】 2017年,浦北县实施医疗救助8.76万人,支出医疗救助金1733.58万元,其中实施住院医疗救助5521人969.84万元,资助城乡特困人员、孤儿、城乡低保对象参加2017年医保、新农合6.18万人603万元,资助城乡特困人员、孤儿、城乡低保对象参加2018年医保1万人160.74万元,救助建档立卡贫困户776人(次)197.75万元。

【临时救助】 2017年,浦北县困难群众申请临时救助1662人(次),共发放临时救助金422.86万元,平均救助水平每户2544.28元。救助建档立卡贫困户186户,支出临时救助资金50.68万元。

【优抚安置】 2017年,浦北县足额按时发放各种优抚对象抚恤和定期补助金共1680多万元。6月,开展"大走访、送温暖"活动,组织8万元救助特困优抚对象46户(次)。为重点优抚对象缴交医疗保险28.2万元,为55名优抚对象进行大病救助15万元。接收2016年退役士兵152人,5名转业士官安置到位,发放自主就业一次性补助金159.3万元。组织开展退役士兵技术培训,2016年退役士兵89人参训。2017年有86人报名参训。切实抓好涉军群体稳定工作,确保无涉军人员越级上访,有力维护全县社会大局的稳定。

【"双拥"活动】 2017年春节、"八一"期间,浦北县开展拥军优属,慰问驻军,走访在乡老复员军人等双拥工作,发放慰问金和慰问品折款61.24万元。9月30日,开展纪念革命烈士公祭活动,参加人数2000多人(次)。通过到驻县部队与官兵们联欢、座谈、慰问等形式,密切军政军民关系,增进军政军民团结。

【社会福利和社会事务】 2017年,浦北县办理国内收养登记23件;

发放全县206名孤儿保障金145.10万元；发放“两项补贴”资金656.00万元(困难4625人299.65万元、重度6004人356.35万元)；10月对全县农村留守儿童和困境儿童进行更新排查，共有留守儿童5710人，困境儿童共有1553人；开展流浪乞讨救助，共接待和劝导救助人员465人(次)，支出流浪乞讨救助资金124万元；推行“公建民营”试点改革工作，把县综合福利院进行公建民营，健平颐养院(福利院公建民营后的更名)开始运营。

【区划地名】 2017年，浦北县完成与横县、贵港市港南区行政区域界线联合检查工作。第二次全国地名普查工作，于5月顺利通过市和自治区验收，现由自治区申请国家验收。做好地名标志牌安装，各镇(街道)行政村、自然村的870个标志牌，已全部安装完毕，于9月底组织人员进行验收。完成《标准地名词典(广西部分)》的编撰工作。

【基层政权和社区建设】 2017年，浦北县完成273个村(社区)“两委”换届选举工作，并对新任村(社区)干部进行培训，培训1320人(次)。完成江城街道平六、北通镇新城、福旺镇东风等3个社区服务中心项目的建设并投入使用。利用自治区福彩公益金100万元，市级福彩公益金80万元。在继续完善去年20个点基础上，新增龙门学堂等10个农村社区建设试点。白石水镇良江、北通镇平坡、北通镇那新、龙门镇连塘、福旺镇北兰、官垌镇垌口等村被评为自治区农村社区试点示范社区，白石水、龙门等2个镇被评为农村社区建设试点示范镇。

【民间组织】 2017年，浦北县社会团体成立登记和民办非企业单位成立登记有212个(社会团体106个，民办非企业单位106个)。2017年，争取上级资金30万元投入扶贫工作，扶持贫困农户早日脱贫致富。对本级社会团体、民办非企业单位进行2016年网上年度检查。

【行政审批】 2017年，浦北县抓好行政审批事项“接、放、管”工作，加强对本单位行政审批事项的事中事后监督管理。1—12月，城乡低保、城乡医疗救助、五保供养、收养登记、社团、民间组织等办件录入2.35万件。完成“两单融合”工作。经梳理，有责任事项84项。按照县政府公示的78项权责清单事项认真进行编制权力运行流程，已将78项行政权力事项实施清单上报到县行政权力运行流程工作领导小组办公室审核。办理老年人优待证。全年，共办理老年人优待证591张。

【殡葬管理】 2017年，浦北县加强殡葬改革政策宣传力度。2017年，共有208个对象享受惠民殡葬政策，累计减免基本殡葬服务费28.08万元。抓好殡仪馆建设，截至12月底，整个项目累计投入建设资金约2450万元。 (王福滨)

民族、宗教事务

【概况】 2017年，浦北县民族宗教事务局现有人数2人，在编1人。浦北县境内有壮族、蒙古族、苗族、彝族、朝鲜族、满族、侗族、瑶族、白族、土家族、黎族、仫佬族、毛南族、回族、藏族、布依族、傣族、仡佬族等18个少数民族，人口4088人。其中，以壮族最多，人口3181人；其次为瑶族317人。少数民族群众都是由外地婚嫁到当地，居住比较分散，大体上都是以汉族为主。2017年，浦北县境内主要有佛教、天主教两大教，合法开放宗教场所7所。年内，浦北县组织开展民族宗教政策、法规的宣传教育管理，保障少数民族和宗教团体的合法权益，维护民族团结。

【民族事务】

民族宣传活动 2017年，浦北县民族宗教事务局通过版报、横额、标语等形式在县城、镇、村进行民族政策宣传。4月7日，联合中共浦北县委统战部等相关单位在三合镇三鸽村委举办“壮族三月三·和谐在浦北”文艺晚会。12月6日，在三合镇定更村委举办“促进民族团结·助力脱贫攻坚”文艺晚会，宣传扶贫政策和促进民族团结，共有1200多群众观看晚会，发放宣传资料1000多份。活动的举办不仅仅传承和弘扬了传统的民族文化，还增进了各民族之间的友谊。

民品企业优惠政策 2017年，浦北县做好民品企业贷款贴息资金申请工作。通过走访调查，全面掌握了解全县民品企业发展状况和困难问题，帮助企业解决资金困难问题，为他们向上争取贴息贷款。

少数民族经济社会发展 2017年，上级民委下达浦北县的少数民族发展资金共205万元，资金投入使用范围主要是少数民族聚居贫困村(屯)道路硬底化等基础设施建设，已实施项目13个。分别是三合镇赵坪村下直村至替应塘水淹路段硬底化道路建设项目12万元、三合镇定更村委三角塘环村路硬底化道路建设及舞台设施建设项目17万元、三合镇太安村委楠木根至大麓表硬底化道路建设项目22万元、大成镇联成村委枫木根自然村硬底化道路建设项目13万元、六硍镇白花村委义子塘村舞台设施建设项目4万元和龙门镇日新村委路上田生产队入村路硬底化道路建设3万元、三合镇塘岸村委二级路口至打鸡坡村道路52.49万元、三合镇太安村委村头塘至山心村道路10.7万元、三合镇三鸽村委佛子塘进村路5.37万元、三合镇定更村中间坡至狮子岭村道路及配套设施路灯建设10.81万元、福旺大垌村委六队村、满坡村至大门塘路口、大门塘路口至糯禾田村道路35.81万元、小江镇凤平村委枫木麓村道路10.53万元、北通镇佛新村委高岭垌队环村路8.9万元等。

服务少数民族群众工作 2017年,浦北县做好民族成分变更审批手续初审;完成2017年特困少数民族优秀学生专项补助资金申报。上级民委给予浦北县特困少数民族优秀学生名额2人。分别是初中升高中1人1000元,高中升大学1人3000元。

【宗教事务】 2017年,浦北县境内主要有佛教、天主教两大教,经上级宗教局批准开放的合法宗教场所共7处。浦北县佛教协会认真贯彻执行宗教法规和方针政策,坚持独立自主自办的原则,团结广大信教群众,爱国爱教,遵循国家有关法律和教义教规,过着正常的宗教生活。浦北县民族宗教事务局继续开展创建和谐寺观教堂"教风"活动、开展"宗教政策法规学习月"活动,规范管理宗教活动场所,维护宗教界社会稳定。

五皇禅寺建设 2017年,浦北县民族宗教事务局为加快五皇禅寺施工进度,确保五皇禅寺按时保质完成施工任务,多次深入施工现场考察调研,协助县佛教协会解决施工过程中遇到的困难5个。

宗教法规学习月活动 2017年8月,浦北县民族宗教事务局在全县开展"宗教政策法规学习月"活动。组织宗教团体和宗教活动场所负责人集中学习研讨;推进宗教政策法规上墙;宗教团体和宗教活动场所将宗教政策法规纳入日常讲经讲道及日常集体学习中。

(包丽)

就业创业

【劳动就业】 2017年,浦北县累计就业补助资金收入1271.9万元,累计就业补助资金支出1210.28万元,累计完成农民工创业专项扶持资金支出2243.86万元。年内,全县累计城镇新增就业5015人,完成年初市下达任务数4000人的125.38%;城镇失业人员再就业1223人,完成年初市下达任务数1000人的122.3%;就业困难人员就业252人,完成年初市下达任务数170人的148.2%;农村劳动力转移就业新增9983人,完成年初市下达任务数7000人的142.6%;城镇登记失业率为2.06%,低于市下达指标控制数4.5%的2.44个百分点。

【企业用工招聘】 2017年,浦北县举办县域企业用工专场招聘会12场(次),累计帮助企业招工3900多人(次),邀请浦北小江瓷等27家浦北名特优产品企业参加县城招聘会现场产品展示。

【创业担保贷款】 2017年,浦北县受理发放创业担保贷款236笔2345万元,其中,国家创业担保贴息贷款44笔440万元、农民工创业担保贴息贷款192笔1905万元;直接扶持236人创业,带动1500多人就业。财政贴息223万元,其中农民工创业担保贴息贷款贴息159.2万元。对进驻2个创业孵化基地的小微企业共发放创业担保贷款60万元。

【农民工创业园】 2017年,浦北县获"自治区农民工创业园"称号。浦北县公共实训基地项目获得2017年中央预算内投资1000万元。浦北县农民工创业园入驻企业20家,总投资1.2亿元,其中登记入驻创业园的中小微企业中,农民工创办企业(含入股)9家,吸纳就业人数766名,其中农民工664名。2个创业孵化基地新进驻孵化小微企业23户,累计为47户进驻小微企业落实场地水电补贴34.2万元。

【劳动技能培训】 2017年,浦北县累计组织开展各类技能培训班12期,培训学员732人,其中:组织培训机构举办职业技能培训班1期,培训学员46人;组织广西北部湾珠乡橄榄厂、浦北县焕发木业有限公司等10多家企业对其在岗员工开展职业技能提升培训工作,共举办在岗技能提升培训班7期,培训员工414人;组织农村党员开展创业就业培训示范班培训学员100人;组织开展餐厅服务员、客房服务员在岗技能提升培训班2期,培训学员98人;组织建档立卡的贫困家庭“两后生”180人报名参加钦州市技工学校培训,其中74人经审核符合扶持条件到校就读;组织48名农民工参加市技能大赛,获得3个工种一等奖3人,7个工种二等奖9人,7个工种三等奖8人,有8名农民工代表钦州市参加全区第四届农民工技能大赛决赛,2名选手获得三等奖;组织开展职业技能鉴定工作,共1122人取得初级职业资格证书。

【劳动力资源】 2017年,浦北县累计办理求职登记356人,档案托管5970人,办理退休249人,协助办理医保材料276人(次),接受档案查询730人次。累计办理《就业创业证》338本,对368人进行就业困难人员认定。加强了全县332个公益性岗位管理,其中“4050”人员166人,高校生166人。对浦北县国有企业改制后下岗的就业困难人员进行社会保险(养老保险)申请补贴77.5万元。

(林熙祥)

劳动监察与仲裁

【劳动保障监察】 2017年,浦北县完善解决企业拖欠工资问题联席会议制度,开展工资支付专项检查4次,共检查用人单位131家,涉及劳动者8421人。发出限期改正指令书65份,责令用人单位支付工资444万元,涉及劳动者774人。解决拖欠农民工工资案件17件,为农民工追讨工资1549万元,涉及劳动者1132人。劳动合同签订率达95%以上。

【争议仲裁】 2017年,浦北县处理劳动人事争议案件34件,其中案前调解15件、受理立案15件、不予受理4件,涉及劳动者38人,涉案金额178.43万元,仲裁案件结案率为100%,调解成功率为60%。受理工伤认定申请77件。接待来电来访政策法规咨询690多人(次)。

(林熙祥)

老龄工作

2017年,浦北县发放高龄生活补贴565万元,办理老年人优待证591张。4月,成功申报“世界长寿之乡”,6月12日在南宁召开新闻发布会。宣传《中华人民共和国老年人权益保障法》,维护老年人的合法权益。组织开展全国第五个“老年节”庆祝活动,营造“尊老爱老、全民行动”的良好社会氛围。

(王福滨)

红十字会工作

【概况】 2017年,浦北县红十字会有编制1名,专干1人,属副科级参公管理事业单位,经费来源县级财政拨款。属浦北县卫计局下属单位,办公地点在小江镇江滨东路107号。浦北县红十字医院挂靠在浦北县中医院。

【救灾帮困】 2017年元旦、春节期间,县红十字会在乐民镇西角村委、平佳村委、龙门镇中南村委麻风村等开展“红十字会博爱送万家”活动。共发放温暖箱50个,龟苓膏800件,袜子1500双。物品包括棉被、花生油、方便面、大米等总价13.11万元,受益群众3500人。

【无偿献血】 2017年,浦北县红十字会通过文艺演出、深入村镇,利用横额、宣传标语、宣传资料等形式进行无偿献血宣传。共组织文艺演出3场,进村入户拉横额3000条,书写宣传标语5000多条,发放宣传资料2万多份。全年,全县献血达到2785人(次),献血量101.64万毫升,全县临床用血100%来自无偿献血。

【应急救护培训】 2017年5月22日,浦北县红十字会在北通镇中心卫生院对全县各村卫生室医生256人开展应急救护知识培训;9月21日,在浦北职校对3850个师生进行应急救护及吸烟有害健康的专题讲座及培训,发放应急救助知识宣传资料3000多份。

【捐献救助】 2017年,浦北县红十字会审核上报先天性心脏病16例、白血病13例的救助申请材料。

(陆建戈)

关心下一代工作

【概况】 浦北县关心下一代工作委员会(简称:县关工委)成立于2000年2月,挂靠老干局。2017年,县关工委有在职干部职工1人。

【“党史”“国史”教育】 2017年,县关工委组织全县各中小学根据本校实际,利用好校园文化阵地,开展丰富多彩的纪念活动。通过演讲、墙报、征文、广播、文艺演出等形式，歌颂党的丰功伟绩和社会主义国家建设辉煌成就，传承党的优良传统。

【主题教育活动】 2017年，浦北县关工委指导全县各中小学开展以“爱劳动、爱学习、爱祖国”为主要内容的“三爱”教育活动，突出抓好“爱劳动”。特别是城镇学校要创建劳动基地，培养青少年的劳动习惯和对劳动人民的深厚感情，用“爱劳动”促进“爱学习、爱祖国”。

【普法教育活动】 2017年，浦北县成立由关工委、公、检、法、司、教育局及“五老”志愿者等成员组成的普法宣讲团，以《刑法》《未成年人保护法》《预防未成年人犯罪法》、社会主义核心价值观教育为重点，以各校学生存在的突出问题为目标，针对性地对青少年进行面对面、心对心的互动交流、法律解惑教育活动。2017年，全面铺开“零犯罪学校”和普法示范区的创建工作，第一批上报8所“零犯罪学校”。

【教育基地建设】 2017年，浦北县关工委发挥“浦北县青少年学习校外活动中心”的作用，利用节假日、课外时间对该县青少年开展专业技术、技能的培训。加强与该县广西首家农民筹办的红色革命教育基地——天日红博物馆（在张黄镇江平村）的联系，在重大节日、纪念日，对青少年进行革命传统斗争史的教育。

（潘泽才）

镇·街道

小江街道

【概况】 2017年，小江街道辖区总人口7.22万人，其中城镇常住人口6.9万人，城镇化率43.48%；流动人口0.32万人。党员1755人。街道总面积146.9平方千米。辖社区4个，分别是环城、文山、田山、西塘，辖村13个，分别是街口、六新、新南、和平、沙场、黎木、光明、凤平、苏村、平马、健群、沙江、云坊。村民委员会13个，居委会4个，村民小组377个。全年，小江街道财政收入1.68亿元，比上年增加503万元，增长3.1%；社会固定资产投资7.71亿元；农民人均纯收入1.18万元，城镇居民人均收入1.50万元。工业以瓷器、建筑材料、针织品为主，街道内有广西浦北县恒安木业有限公司、广西健美乐食品有限公司等6家规模以上企业，规模以上工业总产值23.40亿元。农业总产值1.9亿元，耕地面积1514公顷，粮食总产量7.55万吨，人均103.59千克。畜牧业以生猪为主，有规模以上养猪场10个，生猪饲养量4.83万头，存栏2.11万头，家禽饲养量16.35万羽。林业主要以桉木为主，年采伐量3.16万立方米。境内主要矿产资源为钛铁砂矿、磷矿、石灰石、花岗岩等。主要景点有浦北客家文化村、平马大朗书院。街道内特色产品有荔枝、龙眼、黄皮、柑橘、香蕉。

2017年，小江街道城乡居民养老保险参保2.3万人，领取农村居民养老补贴6795人，发放率100%。大病医疗救助93人，补助金额18.24万元；城镇低保户262户633人，补助金额49.49万元；农村低保户1100户2975人，补助金额120.38万元；五保户439人，补助金额113.75万元。完成危房改造40户，发放补贴98.75万元。硬化道路52条，共8.13千米。

2017年，小江街道有文化体育广电站1个，村级文化中心5个，藏书2.6万册，有省、市级文物保护单位2处。年末，有幼儿1395人，教师75人；小学17所，在校学生4105人，教师481人，小学适龄儿童入学率100%；小升初升学率、九年义务教育覆盖率均为100%。有街道医疗卫生机构1个，乡村门诊部(所)32个，乡村医生163人，床位99张；固定资产总值1700万元、专业卫生人员120人，其中执业医师9人、执业助理医师51人、注册护士60人。

年内，共排查矛盾纠纷245起，化解233起，调处245起，调处率100%。立刑事案件109起，破案25起。

【经济目标任务】 2017年，小江街道完成税收考核基数任务1.44亿元，占任务数的113.7%；完成财政收入1.68亿元，其中，国税收入9521万元、地税收入6609万元、财政非税收入626万元；完成固定资产投资7.71亿元，占任务数的100.07%；引进300万元以上项目3个，1000万元以上项目4个，行业涉及贸易、物流、营销、印刷、酒店管理、电子科技等，实现社会稳定、经济发展的目标。

【基层党建工作】 2017年，小江街道各党支部开展主题党日活动383次；开展党的十九大精神宣讲活动22场(次)，1169名党员参与学习。8月，顺利完成村(社区)“两委”换届选举工作(其中党员72名，占83.7%)，村(社区)干部平均年龄44.19岁。工作站共指导村(社区)党支部党建208次，发现问题189个；收集难点热点问题62件，解决55件；开展监督362次，发现低保、生态乡村等方面问题63个；发展党员26名。发挥基层党组织引领脱贫攻坚和乡村建设作用，在各党支部的带动下，街道17个村(社区)根据片区的不同特点，因地制宜，分别制定以小窝鱼、黑山羊、大肥鹅、中药材种植为主的村级集体经济发展方向，为消除村级集体收入"空白村"作好了规划。继续开展在职党员到社区开展"双报到、双服务"活动，778名在职党员认领修理小水沟、优化儿童活动场所、上党课、与社区困难老党员结对联系等服务项目49项。继续加大干部培养与选拔力度，通过选派年轻干部到上级单位进行跟班、挂职锻炼的方式拓宽干部学习的渠道，举办培训班、座谈会等，提高干部学习理论知识水平与能力。

【农村基础设施建设】 2017年，小江街道推进农村项目建设，整合"一事一议"财政奖补、革命老区等项目资源，加大基础设施建设，推动道路优化升级。年内，修建路基1条，铺设硬底化水泥道路20条，总投资约2266万元，受益人口3万多人；贵合高速公路小江段按期交付使用，打破了境内无高速公路通过的困境；争取村级公益事业建设"一事一议"财政奖补项目32个，投资金额约2.32亿元，为15个村委(社区)共172个村民小组新装路灯295盏，新建篮球场2个；验收危房改造户40户，有效保障群众的基本住房需求；投资237万余元建设苏村江河坡坝、健群大王关新村水利、黎木村委牛亦麓村和西塘社区头山村等4个人饮工程，受益人口约1万人。

【农业经济发展】 2017年，小江街道辖区粮食播种面积2800公顷，其中水稻播种面积2167公顷，粮食总产量达1.45万吨。落实补贴农户共1.01万户，共发放农民种粮补贴249.23万元；落实农机购置补贴15.13万元，投入作业农机3000多台(套)，充分提高农业机械化水平。造林约70公顷，指导林农进行采伐迹地更新330公顷，抚育幼林1333公顷；累计出材约3.80万立方米。全街道共有生猪饲养量4.83万头，现有生猪存栏2.11万头，年内出栏生猪2.72万头；耕牛存栏901头，出栏271头；家禽存栏16.35万羽，出栏29.5万羽；渔业养殖面积167公顷，产量2700多吨。发展猪、鸡、鹅、蜜蜂等养殖大户共15户。

【民生事业】

精准扶贫 2017年，小江街道推进"量化到户带资入股"项目，200户贫困户实现每年增收800元；小额信贷分红共112户贫困户受益，发放分红22.60万元；"以奖代补"扶贫产业项目共发放80.04万元，受益贫困户407户。2017年实现一个贫困村(健群村)脱贫摘帽，贫困户脱贫112户535人，现有贫困户360户1607人。

社会综合治理 2017年，小江街道加大力度，开展矛盾纠纷精细排查和精细调处，消除信访隐患；继续落实"社区戒毒和社区康复"全国示范点建设工作；1—12月，共排查调处矛盾纠纷245起，调结245起，无进京到邕赴钦上访事件发生，确保无群体性事件和重特大刑事案件发生；提高群众安全感和满意度，在2017年第二期钦州市群众安全感调查乡镇(街道)结果排名中，小江街道安全感得分96.53分，排在全县第一名全市第四名。

食品安全生产 2017年，小江街道建立健全安全隐患排查治理、源头约束防范机制。开展安全生产大检查活动4次，出动检查人数510余人(次)、检查车辆180辆(次)、现场检查记录近300条；开展食品安全联合大检查共5次，出动执法人员96人(次)；开展专项工作检查涉及食品经营企业139家，出动执法人次325人(次)；举办食品药品安全法律法规管理培训4期，参与培训306人。

"美丽小江"乡村建设 2017年，小江街道继续加强"桶、池、炉、人"等配置，投入资金12.82万元用于购买保洁车、垃圾桶配置到各村；落实长效监督管理，收取保洁费48万元，收取率达91%；完成沙场垃圾中转站和苏村垃圾中转站项目建设；按照"产业富民、基础便民、服务惠民、文化乐民"的目标要求，认真开展宜居乡村活动。

党管武装工作 2017年，小江街道抓民兵预备役建设。组织4次共60人(次)民兵参加县武装部的民兵训练；做好兵役登记工作，18岁以上男性青年兵役登记率达100%；完成2017年夏秋季征兵工作任务，为部队输送21名青年。

打击"两违"和征地搬迁工作 2017年，小江街道组织"两违"巡查工作组人员，重点对县城规划区内所涉村(社区)进行拉网式动态摸底巡查；配合上级拆除"两违"建设4宗、1260平方米；巡查发现"两违"建设46宗，全部发放停建通知书；扎实完成贵合高速征拆扫尾攻坚工作，保障贵合路于2017年10月17日顺利通车；强力推进与自治区地产集团合作的53.3公顷土地征收、田山小学扩建、云坊河堤小江段征迁项目、平马村委扩征、华侨山公园等项目的征地搬迁工作。

科教文卫事业 2017年，小江街道推进义务教育均衡发展和学前教育，教育教学稳步发展。全街道小学生2017年秋季学期一至六年级中英数各科平均分80至94.3分；全街道未出现一例师生安全事故；组织免费“送电影下乡”活动204场(次)、文艺巡演26场(次)；培养形成6个较规范的文艺队，成绩较为显著；结合日常党建工作会议，组织开展意识形态工作教育培训6次；开展“扫黄打非”工作9次，收缴六合彩等非法出版物8件，回复网络舆情12件，在县主流网站发布党建工作等主流思想动态30余篇；配合县委宣传部进行网上正面舆论引导15次。全面落实二孩政策，做好计划生育优质服务工作。2016年10月1日至2017年9月30日，全街道总人口7.37万人，已婚育龄妇女1.24万人，人口出生数1016人，符合政策生育率94.78%，出生人口性别比为107，政策外多孩率为5.22%，人口出生率为13.83‰，自然增长率9.29‰。开展防艾知识流动宣传活动10余次，防艾知识培训进学校1次，防艾“面对面”宣传专场文艺演出2场(次)，发放宣传资料7000余份。

优抚救济工作 2017年，小江街道发放农村低保金120.37万元，城镇居民低保金49.49万元；五保享受人数439人，发放金额113.75万元；医疗救助批复93人，发放金额18.24万元；临时救助批复48人，发放金额11.91万元；发放孤儿生活费10.08万元；资助429户五保户购买新农合，金额7.72万元；发放春荒救灾救济金4.50万元。2017年城乡居民医疗保险参保5.37万人，参保率达92.15%。

“四城联创”活动 2017年，小江街道开展绿化、美化、亮化县城环境工作，配合开展新城公园二期、华侨山公园等项目的建设工作，进社区、进机关单位开展创城宣传活动10余次，入户宣传3000多户(次)，发放宣传资料10000多份。

【党风廉政建设】 2017年，小江街道召开4次专题党委会，专题研究落实“两个责任”工作。全面落实中央八项规定，开展“回头看”和“小金库”等问题治理；组织本街道办、机关单位干部职工及村委(社区)干部共200多人(次)观看党风廉政建设巡展，组织学习会议20余次、学习培训8次、观看廉政宣教片3次、参观廉政教育点1次；补充完善《小江街道办财务管理制度》《小江街道村社区干部目标管理考评办法》等规章制度，并严格执行；1—12月，街道党工委进行常规查岗24次，节日查岗7次，运用第一种形态共进行谈话提醒共30人(次)；全街道4个工作站共对扶贫领域进行监督72次，收到问题线索4条；街道纪委共接到信访件7件，立案7件，办结7件。各村(社区)、机关单位均按要求开展“一问责三整治”专项整治活动自查自纠工作，签订领导干部个人公开承诺书200多份，开展谈心谈话150多次；对开展扶贫工作督查中发现扶贫工作人员存在不作为问题的单位和个人进行通报批评，共通报批评机关单位1个，干部职工6人。

(罗作雄　麦安春)

江城街道

【概况】 2017年，江城街道总人口7.48万人，其中城镇常住人口3.98万人，城镇化率53.20%，党员1378人。全街道总面积121.90平方千米，辖村(社区)17个，分别是解放社区、江滨社区、北河社区、塘头社区、木麻根社区、平六村、青春村、林村村、中心村、塘胜村、桥山村、六桥村、合群村、长田村、梅江村、樟家村、公家村。村民委员会12个，居委会5个，村民小组382个。

2017年，生产总值81.35亿元，增长12%；财政收入1.63亿元；社会固定资产投资7.06亿元，增长45%；农民人均纯收入1.20万元，城镇居民人均可支配收入3.11万元，分别增长6.20%、40.90%。工业以制药、工艺编织、塑料管道为主，街道内有广西浦北制药厂、浦北县供电公司、广西浦北富华木业制品有限责任公司等19家规模以上企业，工业总产值79.26亿元。其中，规模以上工业总产值62.73亿元(工业园区累计投资132亿元，入园企业21家，园区工业总产值47.10亿元，规模以上工业产值44.45亿元)；农业总产值3.88亿元，增长11%，粮食种植面积2623公顷，总产量1.46万吨。耕地面积1497公顷，粮食作物以水稻为主。生产粮食1.46万吨，人均196千克；畜牧业以养猪、养鸡为主，有规模以上养殖场35个，生猪饲养量5.98万头，存栏1.93万头，家禽饲养量98.60万羽；林业主要以造林、村屯绿化为主，年内采伐量约3万立方米；主要景点是公猪脊森林公园、文昌公园、余家大宅镬耳楼、水榕塘、张家坡；街道内特色产品是百香果。

2017年，办理新型农村养老保险1267人，7737人续缴养老保险，领取农村居民养老补贴6694人；城镇低保户230户555人，补助金额232.38万元；农村低保户1018户2748人，补助金额584.27万元；农村五保户384人，补助金额143.31万元；城镇特困人员28人，补助金额21.67万元。完成危房改造42户，发放补贴24.8万元。硬化道路3条，共1.7千米，修建桥梁3座。

2017年，江城街道有文化体育广电站1个、村级文化中心17个、藏书15万册。年末，有幼儿园7所，在园幼儿841人，教师56人；小学17所，在校学生3556人，教师217人，小学适龄儿童入学率100%。财政预算内教育经费279.01万元。有各级医疗卫生机构1个，门诊部(所)81个，床位254张；固定资产总值1700万元，专业卫生人员103人，其中执业医师4人，执业助理医师18人，注册护士63人。

年内，共排查矛盾纠纷145起，调处145起，调处率100%，受理刑事案件226起，立案211起，破案59起。

【工业园区项目】 2017年，江城街道完成县城工业园百路喜冷链农副产品加工配送基地、荣和路金塑—凯兴路段、越州街延长线、工管委公租房北向(商住用地项目)、源安堂、县城工业区凯兴电子西向5个项目的征地搬迁工作任务；生物发电项目完成征地1公顷；成功人员创业园五厂项目完成征地5.5公顷；冠益一期续建项目签字30户，丈量土地面积5.7公顷，完成征地4.6公顷；电子智能项目签字109户，丈量土地15公顷；介数塘完成征地5.2公顷。

【征地搬迁安置】 2017年，大浦高速路江城段完成征地11.4公顷，迁移坟山38穴；华侨山公园完成征地1.7公顷；县城东绕城路G359线全部完成土地的征收和11处房屋的征拆，目前只有青春村委1处房屋没有同意拆迁；木麻根路口拓宽(大转盘扩征)征地1公顷，11户签订协议；平六小学扩建征地3公顷，目前完成征地1.7公顷；西绕城路建设，完成征地0.9公顷，房屋搬迁3户；石塘村和笋口麓村，解决历史遗留及石塘村祠堂的搬迁问题，共完成22户的房屋搬迁，解决源安堂和富通电子厂项目用地和越州大道延长线项目用地问题；介数塘村和六秀村，完成搬迁协议签订29户；武珠塘村，完成搬迁安置协议签订7户，未签订搬迁协议的9户已完成房屋评估。

【脱贫攻坚工作】 2017年，江城街道以精准脱贫为抓手，推行“1+2+6”工作机制，发挥党建工作在脱贫攻坚工作中的主导引领地位，开展脱贫攻坚工作。年内，江城街道组织开展脱贫攻坚业务培训，采取“四大举措”推动“一户一册一卡”工作，按照自治区“回头看”要求进行整改，对“一户一册一卡”、“以奖代补”、财产检索、危改进度、低保整治、养老保险、城乡居民医疗保险缴交、“双认定”“动态调整”等常规工作。在自查基础上，组织开展4次交叉检查，使各项脱贫指标稳步推进。落实贫困人口“动态调整”工作，做到“应纳尽纳”“应返尽返”“应剔尽剔”，共排查出新纳入贫困户41户178人，剔除5户22人，返贫贫困户2户7人。做好预脱贫户脱贫工作，全街道2017年预脱贫户91户441人。按照“两不愁、三保障”和“不得纳入脱贫户五类人员”原则制定有针对性的措施，对预脱贫户的帮扶进一步巩固提高，按照“双认定”工作部署推进脱贫认定工作。2017年扶贫档案管理收集完成70%以上，做2016年脱贫户跟踪服务工作，2017年无返贫现象。年内，抓自治区、县大督查提出问题整改工作，针对江城街道8项问题制定整改方案，明确责任到人，按照“四个匹配”进行整改落实。

扶贫村基础设施建设 2017年，江城街道共投入239万元，用于桥山小学教学楼和调田山、旱田垌桥梁工程建设。

扶持贫困村集体经济 2017年，江城街道发展村级集体经济，依托县资金扶持，增强集体经济组织“造血”功能。采取委托经营和自主经营模式，落实村集体经济收入，青春、桥山集体经济收入超过2万元，其余三个村的村集体经济收入均超过1万元。林村村和桥山村已各投入40万元建设光伏发电项目，并与南方电网并网运行。

扶贫产业发展 2017年，江城街道抓“以奖代补”工作，带动发展优质水稻、柑橘、养鱼、养猪、百香果、养鸡等16个项目，奖补金额42万元。抓百香果、优质稻、黑猪等具有市场发展前景的扶贫主要产业发展。发展养鸡30万羽，黑猪养殖2万余头，特别是百香果产业，创建167公顷自治区县级示范基地。

【社会事业发展】

国土规建环保安监 2017年，江城街道落实推进“四所合一”改革工作。开展土地执法巡查，年内共巡查制止土地违法案件50多宗，立案查处28宗，面积3000平方米，共收取罚没款23.4万元；落实地质灾害防治工作，落实汛期值守和巡查，发放地质灾害避险及防灾明白卡各81份，完善地质灾害一点一预案81份，汛前、汛中、汛后巡查约100多次；开展“两违”打击，加强“两违”打击工作宣传，拆除合群、青春村委、解放社区5宗违法建设用地共545平方米；制止中心、林村、桥山、六桥、塘胜村委11宗违法用地共2000平方米；做好农村住宅建设许可初审工作，受理私人住宅建设规划许可证申请5宗，面积约600平方米；落实“两改”和危房改造工作，全年街道危房改造任务50户，改厨、改厕各335户，完成任务的100%；做好群众来访、来信调处工作，年内共处理土地纠纷及土地信访案件64宗；落实安全生产责任，开展安全生产工作专项整治活动，对辖区内企业进行5次安全生产检查，受理烟花爆竹经营(零售)初审3宗，对砖厂进行定期或不定期检查，煤气、加油站检查2次。

民政保障 2017年，江城街道做冬令春荒救助造册登记和自然灾害救助款发放，发放自然灾害救助款11.10万元，救助群众433户1548人(次)。其中，对城乡困难群众临时救助48人13.60万元；开展城乡低保对象大排查和特困供养人员排查认定工作，做“按户施保、应保尽保、应退尽退”，农村低保停保110户297人，城镇停保29户48人；解决倒房户住房8户，理赔金额8.70万元；资助特困人员购买农村合作医疗430人，资金6.50万元，向上级申报城乡医疗共救助235人；开展残疾人和留守儿童复核工作，符合条件残疾人1002人，不符合条件101人，留守儿童185人，困境儿童48人；做好优抚双拥工作，发放义务兵家属优待款3.50万元，26户27人；办理新申请60周岁以上的农村退伍军人生活补助11人；指导各村(社区)完成换届选举工作，推动村务公开和基层民主政治建设；做好来信来访工作，特别是全力抓好复退军人维稳工作，及时疏导化解矛盾，全年处理来信来访25件，办结率100%。

计生管理 2017年，全街道人口出生总数884人，人口自然增长率为7.12‰，出生率11.35‰，符合政策生育842人，出生性别比为105∶100，出生政策符合生育率95.24%，征收社会抚养费52.56万元。落实诚信计生奖励扶助政策，开展贫困计生家庭扶贫项目和免费孕前优生健康检查，各项指标均达到县目标管理责任制要求。开展全面二孩政策、法律法规和优生优育等知识的宣传，制作宣传牌11块，宣传标语42条。

社会保障 2017年，江城街道落实合管站与街道办社保所合并办公；全面完成2017年城乡居民医疗保险参保任务；收缴城镇居民基本医疗保险1.04万人，城乡居民基本医疗保险4.58万人；完成扩大社会保障覆盖面工作，完成调查人数6442人；办理新型农村养老保险98人，城镇新增就业1530人，农村劳动力转移就业600人。

土地确权、三农普和农业补贴 2017年，江城街道推进土地承包经营权确权登记颁证工作，完成12个村委材料审核。开展第三次全国农业普查，完成1.04万户农户数据采集录入。年内，进行农业三项补贴共核实8252户、887.75公顷，发放金额204.40万元；粮食直补、储备粮补贴农户166户，补贴金额19.2万元；农机补贴受益农户38户12.41万元。

【宜居乡村建设】 2017年，江城街道落实乡村保洁和村容村貌整治工作，开展环境卫生大整治、督查、评比工作；完善村规民约、保洁清运制度等文明制度；抓好保洁费的收缴，全年收取保洁费45.70万元，完成率93%，投入财政专项资金30多万元；在党建“一站一中心”建设的基础上，扶持和发展农村电子商务，挂牌成立4个村级综合服务中心示范点；通过“一事一议”项目44个，投资267.59万元，建设村文化娱乐场所、硬底化水泥路、路灯等；开展送文化下乡活动和星级文明户评比，由村企校文艺队每年到各村开展文艺演出2次以上，开展村迎新春文艺晚会、春节篮球赛、山歌比赛等。

【社会维稳】 2017年，江城街道落实“五个一”宣传，组织“平安”主题文艺演出，以街道包村(社区)、村包户的形式入户宣传，悬挂横幅标语59条，发放宣传、调查问卷3.80万份，出动宣传车60余次，提升群众对公共安全感和法治满意度的知晓率、参与度。年内，江城街道万荣华府小区在参加平安小区评比中，获得“钦州市四星级平安小区”称号。当年，江城街道在乡镇(街道)第二期全市群众安全感调查中排名第五，全县第二。2017年，江城街道加大矛盾纠纷排查调处，当年累计受理矛盾纠纷69件，解决69件，达100%。

【党风廉政建设】 2017年，江城街道修订“两个责任”落实办法和“四个清单”，强化宣传教育，组织观看党风廉政教育图片展5次；开展村(社区)干部党风廉政建设培训6次；组织观看《巡视利剑》教育宣传片2次；传达违反扶贫领域监督执纪问题和中央八项规定精神的典型案例。落实扶贫领域监督执纪问责工作，开展低保、危改线索排查工作，对帮扶干部开展帮扶工作进行监督；畅通信访渠道，设立130多个举报信箱，受理业务内群众信访举报件9件(次)，信访件办结6件；对农村党员构成破坏耕地的违法事实，立案2起，给予党纪处分2人；成立5个廉洁工作站，共提供问题线索10条，发出廉情预警通知书2份；运用廉政谈话提醒机制，对有苗头性倾向的2名干部进行谈话提醒。

（李锋　李碧翠）

泉水镇

【概况】 泉水镇位于浦北县最南部，距县城54千米，东和石埇镇接壤，南与合浦县交界，西同大成镇相邻，北跟张黄镇相连。2017年，行政区域面积98平方千米，辖7个村委会、1个社区，153个村(居)民小组；年末户籍数7532户，总人口2.97万人。2017年实现财税收入5800万元，增长10.50%；社会固定资产投资2.05亿元，比上年增长8%；农民人均纯收入1.36万元，城镇居民人均可支配收入3.12万元，分别增长9.0%和8.6%；镇内有31家规模以上企业，实现工业总产值100亿元，增长136.4%；农业总产值4.03亿元，完成粮食作物栽种面积2274公顷，实现粮食总产量1.47万吨；主要经济作物有蚕桑、甘蔗、淮山、粉葛、花生；畜牧业以生猪饲养为主，生猪饲养量24.93万头，存栏6.216万头，家禽饲养量396.93万羽。

2017年，泉水镇参加城镇居民基本医疗保险27298人，参加新型农村养老保险10981人；城镇低保户14户，20人，补助金额8.4万元，农村低保户419户，1070人，补助金额95万元；完成危房改造84户，发放补贴176万元。

2017年，泉水镇辖区有幼儿园11所，在园幼儿852人，教师47人；有小学10所，在校学生1913人，教师163人，适龄儿童入学率100%；有初中1所，在校学生789人，教师56人，初中适龄人口入学率100%。有乡村图书室8个，藏书1.27万册。有卫生院1所，医务人员52人；村级卫生室7个，乡村医生24人。

【企业发展】 2017年，泉水镇继续实施“大工业”战略，筹资10万元新建设泉水工业园一站一中心；通过协会加大招商引资力度，新引进山东琦泉生物质发电项目、美良木业有限公司、龙腾木业有限公司等项目，总投资超过3亿元。全镇共有企业51家，其中木业企业28家、烟花企业5家、缫丝企业1家，其他企业17家，安排就业约1万人。全年实现工业总产值100亿元，增长136.40%；新增规上企业1家，达到31家；亿元企业25家，挂牌上市企业6家，实现财税收入5800万元，增长10.50%；形成以烟花、缫丝、木业加工为主产业的“大工业”格局。

【农业产业】 2017年，泉水镇实施农业产业提升，重点推进红衣花生、富硒水稻等基地建设；加快推进蚕桑、甘蔗、淮山、干葛、养鸡、养羊、养猪等种养业发展。在碰山、泉新等村委打造4个糖料蔗“双高”示范基地，新发动种植甘蔗80公顷；扩建成牛大力基地1个，种植面积达35公顷；养殖业方面，养鸡年出栏300多万羽，养羊年出栏达到2600多头，养猪出栏24.93万头。

【民生工作】 2017年，泉水镇发放低保金195万元、优抚金51.6万元、特困金72万元。新农合参合率达到95%以上，城镇医疗保险、社保方面均完成任务的100%。严格执行中央惠农资金政策，积极做好涉农资金的监督管理和发放工作，全年农业三项补贴资金发放补贴面积1234.2公顷，补贴金额284万元元；实施“一事一议”项目25个，项目覆盖6个村委120多个自然村。其中：农民筹资22万元，财政奖补资金110多万元，完善农村水泥路、球场、路灯等设施建设，受益人口2万多人；争取资金176多万元，完成农村危房改造84户。年内，成功申报立项新建旧州蒙屯大桥，方便4个村委群众出行。

【扶贫攻坚】 2017年，泉水镇扎实开展“一帮一联一卡”工作，指导和协助帮扶干部入户制订帮扶计划，努力争取上级扶贫部门、帮扶单位项目资金，用于开展产业扶贫工作，完满完成年度的脱贫任务。年内，投入资金40万元发展村级集体经济，光伏发电和养鸡产业；在横流村、平阳村探索实行土地流转发展村级集体经济工作，共流转土地20公顷，直接为村级集体经济收入增加3万元；筹集资金10多万元，购买鸡苗、肥料发放给贫困户，增加贫困户收入，为185名建档立卡贫困户子女争取教育资助扶持资金15万元，30名贫困户子女获得张原天博士教育扶持奖学金4.40万元；全镇121户贫困户口541人享受低保；全年给140多户贫困户发放小额信贷1180多万元；为28户贫困户完成危房改造；开展“以奖代补”工作，核验产业包括花生、优质水稻、油茶、黑猪养殖等18个项目，发放奖补金额达40多万元。

【宜居乡村建设】 2017年,泉水镇对镇、村"脏、乱、差"现象进行全面整治。开展宜居乡村建设工作,共筹集资金8万元完善全镇各个村级党校规范化建设;筹资12万元完成坭江村新办公楼主体建设,进一步方便群众办事;筹集资金10万元新购置村级垃圾垃圾桶1000多个;新建成镇、村级垃圾处理中心各1座并成功试行运营;在村级聘请服务惠民专(兼)职管理员7名,调整4名保洁员,为全镇保洁员购买人身意外保险,巩固优化保洁员队伍。

(梁中泽)

石埇镇

【概况】 石埇镇位于县东南边陲,南流江畔,流经石埇境内有10多千米,镇驻地距县城60千米。镇境东与博白县菱角镇交界,南与合浦县曲樟乡接壤,西邻泉水镇,北连安石镇。2017年,石埇镇总面积为61平方千米,下辖1个社区(南流社区居委会)和石埇、文昌、长山、油滩、八东、坡子坪、旺盛江7个村委会,105个村民小组,总人口2.04万人,旅居港、澳、台同胞和海外侨胞300多人。

2017年,全镇工业总产值5.52亿元,农业总产值1.81亿元;财政税收入750.87万元;农民人均纯收入9550元,城镇居民人均可支配收入1.13万元。完成固定资产投资3.30亿元;规模以上工业企业2家,主要以烟花爆竹、造纸等行业为主。2017年有耕地面积787公顷(其中水田387公顷,坡地267公顷,旱地133公顷),林地面积1847公顷。粮食总产量3900吨,经济林面积1266公顷。糖料蔗种植面积543公顷,总产量3.31万吨。全镇家禽存栏23万羽,生猪存栏3.92千头,水产品产量4400吨。主要农作物有稻谷、蚕桑、地菠萝、红皮花生、香蕉、甘蔗、马铃薯、火龙果、百香果等。冬种以种植马铃薯为主。

2017年,石埇镇参合人数1.59万人,参合率99.28%。年度居民医保参保846人全部录入,新农保新增13人,劳动力调查录入9835人,农村劳动力转移36人,城乡灵活就业人数完成14人。开展义务兵家属、残疾等人员的春节慰问活动,慰问金折合人民币1.6万元;全镇共集中供养五保户25人;为182个五保户购买新农合,金额2.18万元,参保率达到100%;发放春荒救济3.5万元,发放人数299人,发放冬令救助3.8万元,发放人数325人;为40多名残疾人申请重度补贴和生活补贴,创业扶持残疾人4人,共2万资金,残疾人无障碍改造2户,共8000元。

2017年,石埇镇排查各类矛盾纠纷118起,调解95起,调结94起,成功率98.9%。年内,开展执法巡查192人(次),发现违法用地建设18处,立案18起,拆除4处,处理土地纠纷15起,征收违法用地处罚7多万元。

2017年,石埇镇有文化体育和广播电视站1个,有乡村图书室7个,藏书1.2万册;香翰屏将军故居是省级文物保护单位。年末,有幼儿园9所,在园幼儿735人,教师41人,小学适龄儿童入学率100%;初中1所,在校生358人,教师27人。有卫生院1个,床位45张;固定资产总值553.4万元;专业卫生人员32人,其中执业医师4人,执业助理医师5人,注册护士7人。

【项目建设】

污垃项目 2017年,石埇镇投资1338万元用于建设污水处理厂;投资75万元建设集镇垃圾中转站;投资330万元用于建设镇、村级垃圾处理中心,工程已基本完工;投资100万元建设国债项目。

农村基础项目 2017年,石埇镇获得"一事一议"财政奖补审批项目15个,总投资114万元;完成村级道路硬化1840米;建设篮球场3个、排球场1个;装置太阳能路灯108盏,涉及6个村委31个自然村,受益人口1.2万人;争取坡子坪村老区路至料高冲、老区路至沙田垌、三块田自然村等道路建设项目,硬底化道路2.6千米,总资金68万元,年内已建设完工。

集镇基础项目 2017年,石埇镇保障性安居工程配套基础设施建设项目总投资604万元,第一期工程资金302万元年内到位,并完成前期设计规划工作,通过招投标年内9月份开工建设。项目的内容包括道路硬化3245米,排污沟6280米,安装路灯108盏,绿化面积4720平方米,年内完成总工程的80%。

【工业生产】 2017年,石埇镇大力推进烟花爆竹生产企业"三库四防"建设(危险品中转库、药物总库、成品总库、防爆、防火、防雷、防静电),该项目建设于3月开工建设,总投资150万元,占地面积为1.7公顷,6月底完工并投入使用。"三库四防"的建设确保烟花厂药物、半成品、成品合理中转、正常存放,对保障生产流程顺畅、防止危险品超量、消除安全隐患等至关重要。

【农业生产】 2017年,石埇镇新种

植甘蔗98公顷，任务67公顷，完成率达146.9%，全县排名第二。作为自治区2015年农村土地承包经营权确权试点镇之一，石埇镇年内已完成档案归档工作，待县农业局审核通过，可进行颁证工作。农业普查工作于年初开始入户调查，年内全部完成并通过上级验收。培育建设兴胜火龙果种植专业合作社，浦北县浦北黑猪生态养殖示范区已经过自治区验收。

【安全生产工作】

生产安全 2017年，石埇镇开展烟花爆竹、造纸企业安全生产大检查、大排查，共发现安全隐患26处，下发现场检查记录或整改通知书26份，企业整改26处。

交通安全 2017年，石埇镇派出所、交通站、农机等部门联合执法对重点路段的违规车辆进行蹲点查堵，杜绝客运车辆超员、机动车超速、货车违法载人、酒后驾车和无牌无证车辆上路等违法违规行为，共出动车辆20辆(次)，人员84人(次)，查出违章驾驶45起，并对违章驾驶员进行安全教育处理。

食品安全 2017年，石埇镇食监、卫生、工商等部门对辖区内的市场、个人加工作坊及所有餐馆、小卖部等食品消费点进行排查清理，严查各种“三无”产品，进行登记造册，共发现卫生食品问题39处，整改完成39处。节日期间没有任何食品安全事故发生。

消防安全 2017年，石埇镇主要对人员密集的中学、小学、超市、市场、电脑室等场所进行排查，共发现安全隐患20处，落实安全整改20处。

施工安全 2017年，石埇镇对全镇的建筑工地进行一次大检查，主要检查施工脚手架、架设支架是否稳固，安全警示标志是否悬挂、施工安全帽是否佩戴等安全性问题，共发现安全隐患16处，施工方落实整改16处。

【宜居乡村】 2017年，石埇镇105个村民小组开展宜居乡村建设工作，投入及筹措资金40多万元，聘请保洁员56人，增加配置垃圾桶350多个，配备三轮摩托车10辆。定期对城镇街道及村庄进行清洁保洁工作。根据各村的贫困户和低保户有劳动能力的人数，把村屯划分成若干网格，形成贫困户、低保户、村干部、镇干部分片负责管理，对各自负责的片区进行定期垃圾清理和村屯绿化维护工作，并由所在片区党建工作站负责监督，对发现的问题通过周报表反馈到镇党委，推进工作落实。

【脱贫攻坚】 2017年，石埇镇巩固通过“公司+合作社+基地+农户”产业扶贫模式，成立越海养殖、兴胜火龙果等2个特色产业专业合作社。其中越海养殖专业合作社是以现金入股的方式自愿组互助经济联合体，以基地化、规模化、产业化、品牌化为经营之路，采取“山上放牛羊，山下养猪鸡，水里养鱼”的立体生态养殖模式经营。年内，该合作社拥有可利用放养牛羊的林地335公顷，养鱼水域5.3公顷，建有牛、羊、鸡、猪舍8000多平方米，预计年出栏黑山羊2000头、牛100头，鸡1万羽，猪500头；出产罗非鱼100吨，年创产值800万元，初步具备现代立体生态养殖生产规模。浦北县兴胜火龙果专业合作社以种植优质红心火龙果为主的基地，坐落于石埇镇贫困村坡子坪村委沙滩坡自然村，由本地人投资兴建。主要采用机械自动化滴灌模式，提高标准化生产。该合作社种植基地规划面积13.33公顷(其中火龙果6.67公顷、大青枣2公顷、百香果2公顷、沃柑2公顷、金花茶0.67公顷)，计划投资500万元，年内已实施种植火龙果3.33公顷。立足本地自然资源特点，大力发展百香果种植特色产业，其中长山村种植7公顷，坡子坪村种植1.50公顷，统一由浦北南国水果种植专业合作社提供种苗培育，技术培训指导、水果收购等服务，预计农户每户每年增收1.50万元。获得危房改造指标的贫困户22户，其中13户已经建好待验收。

（陈珈慧　苏桂杰）

安石镇

【概况】 安石镇位于浦北县南部，东与石埇镇交界，南跟泉水镇相连，西同张黄镇接壤，北和龙门镇相邻。镇政府所在地距县城51千米。2017年，安石镇辖村11个，分别是安石村、石凉村、平山村、坡村村、大坡村、六江村、禁山村、新塘村、南江村、马坪村、三亚村。有11个村委会，232个村民小组，总人口为3.45万人。有22个党支部，党员965人，其中农村党支部11个，党员730人。辖区总面积130多平方千米。全镇有林面积7020公顷，耕地面积1745公顷，其中水田面积595公顷。全年，财政收入1058万元，社会固定资产投资3亿元，农民人均纯收入9700元，城镇居民人均可支配收入2.35万元。工业以烟花爆竹为主，工业总产值

3.50亿元，镇内有金田烟花生产基地等1家规模以上企业，年内投入500多万进行技术整改。粮食总产值2930万元，粮食种植面积2506公顷，总产量1.46万吨。耕地面积1745公顷，粮食作物以水稻为主。畜牧业以黑猪、肉鸡为主，有规模以上养殖场52个，生猪饲养量10万头，存栏5万头，家禽饲养量290万羽。林业主要以桉树为主，年内采伐量2万立方米。镇内特色产品有黑猪、荔枝、富硒花生等。

2017年，安石镇医疗保险参保人数为3.05万人，参保率98%。领取养老保险4450人，发放城乡养老保险金480.6万元；参加城镇养老保险220人，发放城镇养老金448.8万元。年内，安石镇80~89周岁老人673人，90~99周岁老人101人，百岁以上老人6人，每月共发放高龄补贴2.41万元。年内共发放春荒粮食救济款11万元。

2017年，安石镇新增低保户57户，共发放低保金537.58万元。按时发放五保供养金。全镇农村五保供养对象305人，发放五保供养金9.61万元。

2017年，安石镇有文化体育和广播电视站1个，村级文化中心11个，有乡村图书室11个，藏书2.50万册。有幼儿园9所，在园幼儿1280人，教师51人；小学15所，在校学生2142人，教师145人；有初中1所，在校学生634人，教师58人，初中适龄人口入学率98.5%。有卫生院1所，医务人员50人；有村级卫生室11个，乡村医生23人。

2017年，共排查矛盾纠纷272起，化解267起，调处272起，调处率100%。年内，安石镇纪委查办案件13件，其中给予党纪处分13件13人，立案13件13人。

【党建工作】 2017年，安石镇加强工作站建设，配足配强人员，每季度落实保障费2000元，党建工作站站长列席班子会议23次。加强党员学习，开展党委中心组学习12次，县宣讲团宣讲1次。通过党建工作站统筹协调各支部党员活动日，开展党员活动68次，活动人数达1000人（次）。对钦州智慧党建APP和“八桂先锋”的推广应用组织培训4次，党建工作站到村指导累计66次，加强党建学习和党费收缴。

【意识形态】 2017年，安石镇建设“十里宣传长廊”，清理各种小广告1000多处，张贴宣传广告800多处。党委中心组开展20多个专题学习。年内，安石镇在县级以上媒体发表新闻211篇。其中，浦北之声微信68篇、浦北之声53篇、浦北党建网45篇，浦北扶贫网33篇、钦州日报5篇、钦州电视台2条、浦北电视台5条。加强网络舆情应对工作。按照网络舆情应对“四原则”（快、稳、准、狠），加强网络舆情应对。安石镇发生网络舆情12条，回复12条，100%回复。2017年，安石镇开展社会主义核心价值观“进校园，进社区”活动，张贴宣传板报100多幅；开展宣传晚会5场，开展主题班会60多场；开展“道德模范”“文明村镇”“文明家庭”等活动；有42户家庭获文明家庭称号，阮家联被评为浦北县道德模范候选人。

【招商引资】 2017年，安石镇引进2个1000万元以上的项目，分别为浦北县荣泰家具有限公司和安石加油站。

【特色农业】 2017年，安石镇调整农业产业结构，不断引导加快特色农业发展。安石镇浦北县精丰农牧业有限责任公司投入2000多万元，按照种养结合、循环利用农业资源和可持续的生态农业标准要求，建设生态农业示范区135公顷。年内，建设养猪场8630平方米及配套设施；第一期种植台湾凤梨18公顷。

【城乡建设】

“亮城镇”工程 2017年，安石镇投资450万建设安居工程、投资250万元建设垃圾处理中心；投资1800万元建设安石污水处理厂项目；总投资700万用于棚户区改造；投资70多万元，在主要街道安装太阳能路灯项目等。年内，开展街道整治大行动32次，对街道所有违章建筑全面整治12次，对乱摆乱卖摊贩全面整理。

新农村建设 2017年，安石镇开创“拆旧建新”新模式，促成新塘村委两头塘村新农村建设示范点。年内拆旧房2000平方，规划出2800平方的建设用地。在原址上建设18栋楼房，占地1910平方，户均面积95平方，工程造价450万元，全部建设资金由村民自筹资金解决；投资10多万元，对三亚村委马王塘村进行提档升级，建成安石镇宜居乡村示范点。

【脱贫攻坚】 2017年，安石镇推进脱贫攻坚工作，年内满足“八有一超”脱贫标准的贫困户共161户，686人，脱贫完成率100%。石凉村各项指标达到贫困村的脱贫要求。

基础设施建设 2017年，安石镇六江村村级公共服务中心项目申请资金43万元，年内建好三层主体；争取资金137万元，硬化石凉村委、六江村委共4.55千米村级道路;投资150多万元对安石镇村级主干硬化道路进行加宽加固;投资400多万元,修建新塘村至马坪村委三面光工程3千米。

村级集体经济 2017年,安石镇各行政村均成立村民合作社。新塘村委和石凉村委投入80万元发展光伏发电项目。年内石凉、新塘两个贫困村村级集体经济收入达到2万元以上。

危改项目 2017年,安石镇共有52户建档立卡贫困户申请危房改造。年内,已全部完成危改房建设,达到入住条件。

金融扶贫 2017年,安石镇154户贫困户,每户获得小额信贷半年分红2000元,分红总额30.8万元。年内,安石镇采取"量化到户带资入股"扶持模式共获取扶贫资金205万元,预计2018年6月贫困户能获得入股分红16.4万元。

产业扶贫 2017年,安石镇共有438户贫困户提交财政专项扶贫资金"以奖代补"项目的申请,产业奖补金额98万元。

其他扶贫 2017年,安石镇在享农村低保对象贫困户共有425户1298人,低保对扶贫的贡献率47.58%。年内,开展5期农业技术培训班,培训1000多人(次)。

【生态乡村建设】 2017年,安石镇实行"宜居乡村"村屯环境卫生"一月一检查,一月一通报"。定期开展行政村流动红旗评比工作,对排名前三名的村委进行全镇通报表扬,并给予适当的工作经费奖励。召开乡村建设现场会12场,表扬奖励36村(次),通报批评36村(次)。

2017年,安石镇加强对活动经费管理,并健全保洁费收取、使用、监督管理制度,做到专款专用。2017年,全镇保洁费收取金额35万元,收取率达90.1%。对保洁费使用进行专项检查,年内未发现违规使用保洁费的情况。

【维稳工作】 2017年,安石镇组织派出所、综治办等部门组建成一支拥有50名队员的治安巡防队伍,共开展巡查100余次,开展夜间突击行动55次;进一步完善纠纷排查、突发事件处理工作机制,加大纠纷的排查调处工作力度。年内,共依法调处各种矛盾纠纷272起,调解成功234起,调解成功率为86%。

(丁元)

张黄镇

【概况】 张黄镇是浦北县南部的交通枢纽和商贸中心,素有浦北县南大门之称。处于浦铁二级公路旁边,距贵合高速3千米,交通便利。2017年,全镇总面积240平方千米,有1.9万户,总人口8.6万人。集镇建成区面积2.75平方千米,集镇人口2.5万人。是广西北部湾经济区四级城镇建设重点建制镇、全国重点镇,被列入广西第一批百镇建设示范工程,是浦北县实施"一带四区"产业崛起工程和"一轴三镇"城镇现代化工程的重点镇。辖村委23个,分别是阳春、新桥、山埇、元坝、江背、邓平、大村、六罗、大坡、普林、福山、鸡冠、江平、马屋、长岭、木根、大平、合山、米埠、学堂、洋水、十字、罗家;社区1个,新南社区。

2017年,全镇实现生产总值43.48亿元,增长15.20%;完成社会固定资产投资9.43亿元,增长24.90%;实现财税收入5259万元,完成任务的136%,增长17.80%;农民人均纯收入1.03万元,增长11%;城镇居民人均可支配收入2.76万元,增长9%;工业总产值31亿元,其中规模以上工业总产值25亿元,增长13.60%;农业总产值9.40亿元,增长14.70%;有耕地面积2940公顷,粮食种植面积500公顷,总产量5.60万吨;生猪饲养量8.50万头,存栏4.50万头;家禽饲养量600万羽,肉鸡出栏量220万羽,是浦北县最大的肉鸡生产出口基地;境内主要矿产资源为花岗岩;旅游景点有天日红博物馆和越州天湖景区;特色产品有烟花、月饼、原糖等。

2017年,全镇城乡居民养老保险参保2.86万人,领取农村居民养老补贴1.02万人,发放率100%;大病医疗救助78人,补贴金额146.9万元;城镇低保户118户224人,补贴金额8.95万元;农村低保户931户2536人,补贴金额49.66万元;五保户508人,补贴金额18.29万元;完成危房改造159户,发放补贴318.15万元;农村改厨项目31个、改厕项目178户;硬底化道路33条27.2千米。

2017年,有文化体育和广播电视站1个,村级文化中心23个,有乡村图书室23个,藏书4万多册。有幼儿园12所,在园幼儿园4353人;小学28所,在校学生6586人,教师408人,小学适龄儿童入学率100%;初中2所,在校学生2653人,教师323人,初中适龄人口入学率100%,小升初升学率100%,九年义务教育覆盖率100%。有医疗卫生机构2个,门诊部(所)23个,床位253张;有专业卫生人员198人,其中执业医师49人，执业助理医师98人，注册护士103人。

年内，排查矛盾纠纷283起，调处283起，调处率100%，调处成功277起，成功率97.9%；受理刑事案件83起，立刑事案件61起，破刑事案件24起；受理行政案件282起，办结163起；抓获各类违法犯罪人员353人，其中抓获在逃人员14人，强戒88人，行政处罚146人。

【工业发展】 2017年，张黄镇以工业园区为平台，大力抓好工业企业发展。重新调整张黄工业园区"十三五"规划面积为507公顷，目前已征收土地40公顷，为实现工业强镇提供强有力保障；服务企业，优化结构，增强企业发展的可持续力。大力支持造纸、制糖、剑麻加工、凉果加工等传统产业升级转型，扩大经营规模和提高经营效益。截至年底，全镇发展有各类工业企业158家，其中规模以上工业企业8家，产值超亿元企业1家。

【特色农业】 2017年张黄镇在巩固、稳定粮食生产确保粮食安全的基础上，依托资源优势，不断优化农业产业结构，增强农业的可持续发展，带动农民群众增产增收。坚持"公司+合作社+农户"的发展模式，大力发展香蕉、干葛、淮山、剑麻、酸梅、甘蔗、百香果等种植业和养鸡、养蛇、养鸽、养鱼等传统养殖业。目前，全镇发展农民专业合作社62家，推动特色农业发展。全年肉鸡出栏量600万羽，存栏量220万羽，发展成为浦北县最大的生产出口基地；白鸽出栏量120万羽，存栏量19万羽。

【集镇规范化建设】 2017年，张黄镇坚持"亮城镇"发展思路不动摇，以"百镇项目"建设为轴心，以创"文明县"为契机，不断加快集镇规范化建设进程。增加基础设施的投入。投入资金355万元，完成张黄镇保障性安居工程配套基础设施建设项目(一期工程)建设；张黄镇棚户区综合整治改造项目(二期工程)，投入资金530万元。该工程涉及新南路、城东路、文化街道路建设、排水、人行道、绿化等基础设施建设。加大集镇乱象的整治力度。镇党委政府多次组织力量对集镇的乱搭乱建、占道经营进行依法拆除，并划定街道行车线，规范集镇车辆摆放。共拆除违章建筑67宗，发放整改(停建)通知83份，拆除面积约1038平方米。

【社会事业】 2017年，张黄镇认真抓好社会各项事业的统筹工作，积极推进文化教育、卫生计生、社会保障等各项事业获得均衡发展。

教育 加大经费投入，改善办学条件。推进依法治校工作，规范办学行为。注重师资队伍建设，提高教师整体素质。加强教育教学常规管理，提升优质教育教学质量。全镇新建、改建及维修校舍面积近4000平方米，消除D级危房，完善相关基础设施。把原东方中学打造成一所规范的六年级寄宿制学校，解决小学高年级学生分散教育问题。通过整合教育资源，使得薄弱学校的师资力量得到加强，实现结构、规模、质量、效益的协调发展。2017年，全镇考上浦北中学初中部14人，浦北中学216人。

卫生计生 推进医疗卫生体制改革，全面提升公共卫生及医疗服务水平。强化责任落实，艾滋病防治工作取得新成效。贯彻落实全面二孩政策，计划生育基层基础工作扎实推进，全镇人口自然增长率、性别比、多孩率等指标均在上级下达指标的范围内，顺利通过自治区验收。

文化活动 深入实施"文化惠民工程"，文艺活动开展有声有色。曲艺队、粤剧团、狮子队、民族舞蹈队、广场舞队以及各"村企校"文艺队等充分利用重大节目，并结合开展党的路线方针政策主题宣传演出，其中自主编排的客家山歌《山歌唱出情和爱》参加县第五届山歌大赛荣获一等奖；张黄镇三位歌手代表浦北县参加钦州市第二届山(海)歌大赛，歌手颜美玲获取钦州市山(海)歌"歌王"称号，吕超源获第二名，有效地提升张黄的知名度。全年为群众放电影300场，文艺演出65场。

社会保障 围绕社会救助、社会保险扩面、新型农村合作医疗等工作，不断完善社会保障体系建设。新型农村合作医疗2017年实现参合人数7.21万人，参合率达103%，超额完成上级下达的工作任务；在享受危改、低保方面，全镇实施危房改造158户，为529户贫困户2230人办理低保。

【平安创建】 2017年，张黄镇推进"创平安"工作，确保社会大局和谐稳定，群众安居乐业。完善综治基础设施。坚持打防并举，动员各村和各镇直单位积极参与治安管理，加大综治宣传工作；推动"天网工程"和村级综治"五个一"实现全覆盖。建立治安巡防队伍。联合派出所、交警、城监等部门组建成一支拥有32名队员的治安巡防队伍，每天除了坚持定时或不定时巡查外，还夜间突击检查宾馆、旅社、网吧、酒吧、KTV等重点场所，并对违法车辆进行设卡查处。全年共接处警912起，受理刑事案件83起，立刑事案件61起，破刑事案件24起；受理行政案件282起，办结163起；抓获各类违法犯罪人员353人，其中抓获在逃人员14人，强戒88人，行政处罚146人。排查调处群众矛盾纠纷。坚持化解矛盾从源头抓起，做到工作在先，预防为主，妥善处置，维护稳定。坚持矛盾纠纷月排查调处制度，对排查出的矛盾纠纷，认真进行梳理归类，提出解决方案，明确责任，落实专人逐一解决。对于一般纠纷，明确由各村及镇包村干部、党建工作站负责解决；对时间较长、案情较复杂、跨区域矛盾纠纷，由镇综治办组织有关部门解决。年内，全镇村级共排查调处矛盾纠纷263件，通过村调委会调处188件，司法所和镇综治办调处75件，调处成功率达95%。加大群众安全感和满意度的宣传力度。实现网格化包片负责制，共划分为6个片区，安排人员抓落实，发放七问七答宣传资料，并做好解释引导2次以上。2017年，第一期群众安全感和满意度抽查综合得分89.55分，比上年同期提升7.43分；第二期抽查得分92.68分，比第一期提升3.13分。加大打击毒品犯罪的力度和开展禁毒重点整治。坚持打防并举、堵源截流的方针，通过禁毒宣传，增强广大群众对毒品的认识；建立健全吸毒人员档案资料归档的同时，通过组建社会专门帮教力量，对涉毒人员成立由责任区民警、综治特派员、社区干部、吸毒人员家属及其所在单位组成“五位一体”帮教小组，开展跟踪帮教活动。全年共破获6起毒品案件，起诉6人，强戒88人，社戒10人，行政拘留2人，行政罚款1人。

【脱贫攻坚】 2017年，张黄镇认真贯彻落实上级党委、政府脱贫攻坚工作的要求，严格按照贫困村、贫困户的脱贫标准，做到应纳尽纳、人口动态调整工作。全镇动态调整新增应纳尽纳贫困户18户130人，退出户返贫2户8人，剔除错评户5户26人，彻底解决扶贫对象信息数据不精准的问题；新建的普林、罗家、六罗村级公共服务中心已竣工使用；全镇扶贫产业“以奖代补”596户，奖补资金150万元；全镇参加扶贫小额信贷395户，贷款金额1580万元，年分红约158多万元；大力宣传“雨露计划”政策，确保不漏一户，不缺一人，有114名贫困学生享受“雨露计划”政策补助，补助金额17.10万元。年内，全镇有199户941人贫困人口达到“八有一超”标准顺利脱贫。

【旅游发展】 2017年，张黄镇充分发挥旅游资源优势，大力抓好“越州天湖”景区和江平村“天日红博物馆”建设。年内，共投入资金4500万元，建设越州天湖景区入口道路、木屋小别墅、展厅、餐厅、客房部、桃花岛建设、绿化、环湖路、环湖路灯、环山路以及其他配套设施，景区获评为国家AAAA级景区。在2017年全国旅游投融资促进大会上，浦北县越州天湖景区开发项目成功入选《2017年全国优选旅游项目名录》。同时，天日红博物馆发展成为浦北县红色旅游的一大品牌。

（王世新）

大成镇

【概况】 大成镇地处两市三县交界，位于浦北县最南端，东与张黄镇接壤，南和合浦县常乐镇相邻，西同灵山县文利镇隔江相望，北跟白石水镇交界。2017年，全镇行政区域面积184平方千米，辖15个村委，分别是金联、金街、板铺、六鸣、六平、大成、联成、符竹、柑子根、六村、六角、到耽、较车、罗城、罗南；辖1个社区，东馆社区，总人口3.44万人。

2017年，全镇实现财税收入1276万元，完成任务的104.70%；其中国税入库533万元，地税入库414万元，财政非税入库329万元；全社会固定资产投资3亿元，增长11.11%。农民人均纯收入1.23万元，增长9.80%；城镇居民人均可支配收入2.17万元，增长8.90%；工业总产值7.4亿元；有耕地面积1780公顷，粮食种植面积1500公顷，总产量0.90万吨；生猪饲养量1.30万头，存栏0.70万头；家禽饲养量23.60万羽，出栏量9万羽。境内主要景点有柑子根第一党支部旧址、张世聪故居旧址、东馆小学革命旧址、张世聪纪念馆、合浦工委旧址、通天岭生态自然风光等。特色产品有“通天”牌、“桂越”牌香蕉。

2017年，全镇城乡居民养老保险参保1.31万人，领取农村居民养老补贴4928人，发放率100%；大病医疗救助84人，补贴金额30.53万元；城镇低保户10户11人，补贴金额4.81万元；农村低保户1094户2439人，补贴金额534.01万元；

五保户264人，补贴金额102.93万元；完成危房改造111户，发放补贴243.58万元。完成农村改厨改厕项目508户；硬底化道路15条34.22千米。

2017年，有文化体育和广播电视站1个，村级文化中心9个。有幼儿园16所，在园幼儿918人，幼师42人；小学15所，在校学生2232人，教师189人，小学适龄儿童入学率100%；初中1所，在校学生715人，教师45人，初中适龄人口入学率100%，小升初升学率100%，九年义务教育覆盖率100%。有医疗卫生机构1个，门诊部（所）1个，床位64张；有专业卫生人员34人，其中执业医师1人，执业助理医师7人，注册护士16人。

年内，排查矛盾纠纷368起，调处368起，调处率100%，调处成功362起，成功率98.3%；立刑事案件35起，破刑事案件14起。

【农业产业】 2017年，大成镇通过调结构，促变革，农业产业再升级。发展果蔬、中草药种植。在对“大成香蕉”这个主打品牌改良升级的同时，推广发展百香果、大青枣、黑蜜黄皮、沃柑、莪术等特色产品约150公顷；新种植甘蔗200公顷。发展油茶新产业。争取项目资金200万元，指导成立甘子根山油茶专业合作社，引种山油茶80公顷。农户以山坡地入股，由合作社统一经营管理，按股份收益分红。培育奶水牛产业。通过“合作社+基地+农户”的模式培育畜牧产业，使奶水牛养殖由松散型变为紧密型，逐步实现奶水牛的规模化养殖。年底，全镇养殖奶水牛达800头，是全县唯一一个养殖奶水牛的乡镇。同时，奶水牛养殖产业被确定为全县五大扶贫产业之一。引进浦北县金穗丰农业有限公司，投资1000万在罗城村委竹根塘水库一带约80公顷建设现代特色农业示范区，带动林下养羊、蜜蜂养殖等林下产业。五是发展成立16个村（社区）村民合作社，有效带动村级集体经济发展。符竹村2017年集体经济收入达3.4万元；柑子根2017年集体经济超1万元。

【宜居乡村建设】 2017年，大成镇获县财政局批准“一事一议”财政奖补项目29个。争取到15条村屯水泥道路硬化扶贫项目，共计34.22千米，投入资金1194万元，其中7条道路已竣工，8条年内在建设，有1173户共5304人口受益；建成76千米三面光水渠，完成15个农村饮水安全项目，划定4个饮用水源保护区。

【脱贫攻坚】 2017年，大成镇认真围绕脱贫攻坚工作目标，突出工作重点、狠抓工作落实，全力推进脱贫攻坚工作。

年内，全镇共开展15期农业技术培训班，培训1200人（次）；成功发展六村村奶水牛和甘蔗、六平村大青枣和百香果、罗城村养鱼、联成村黑蜜黄皮等一批“一村一品”产业；通过“量化到户带资入股”模式，全镇有150户贫困户通过合作社每年获得8%的收益分红；利用“以奖代补”政策，337户贫困户获得产业发展补助金；借助金融扶持，130户贫困户每年通过小额信贷委托经营方式得到分红4000元，31户贫困户通过小额信贷自主经营方式获得3万~5万元不等生产发展资金；落实危房改造政策，全镇有51户贫困户住进安心房。全年，全镇实现98户412名贫困人口脱贫，脱贫村符竹村脱贫摘帽。

【勤政廉政】 2017年，大成镇政府“三公”经费支出共计13.71万元，比上年同期下降18.86%；严格落实政府部门党风廉政建设主体责任，层层压实，集中开展“一问责三整治”专项行动，对“慵政、懒政、怠政”行为“零容忍”，对“不正之风”动真碰硬。年内，全镇对此约谈单位和个人共计45人（次）。

【乡村生态旅游】 2017年，大成镇按照“红绿融合、以绿托红、丰富内涵、突出主题”的旅游发展总体思路，开发本地丰富的红色资源，以柑子根第一党支部为点，结合独具特色生态旅游产品，打造大成镇革命老区红色旅游名片、国家AAA景区。同时，以点带面，辐射全镇，制订出红色旅游和生态旅游开发规划，拓宽进村道路，推进乡村生态旅游与产业发展相结合，与农民增收致富相结合。

【“两委”换届】 2017年，大成镇严格按照自治区党委、市委、县委的统一部署，依法有序推进村（社区）“两委”换届工作，共选举产生新一届村支部委员56人，其中调整党支部书记6人，调整村委主任8人。新一届村“两委”干部中有致富带头人77人，平均年龄47.5岁。

（赵芸）

白石水镇

【概况】 白石水镇位于浦北县西南部，距离县城57千米。东、南、北与县内龙门、张黄、大成等镇接壤，西与灵山县武利、文利两镇隔江相邻，209国道穿境而过。2017年，行政区域面积86.87平方千米，辖12个村委和1个社区，共165个村民小组，年末人口4.34万人。全年实现工业产值3.90亿元，财政收入811万元；全社会固定资产投资2.8亿元，增长17%；农民人均纯收入8035元，城镇居民人均可支配收入1.06万元；有乡镇企业38家，工业总产值7850多万元。主要以造纸、木材加工、烟花爆竹等行业为主。有林地面积4553公顷，耕地面积1673公顷，种植优质水稻面积1753公顷，抛秧技术普及率98%，粮食产值1.18万吨；经济林面积146公顷。主要经济作物有荔枝、龙眼、芒果、香蕉、莲藕、甘蔗等；畜牧业以禽畜为主，生猪饲养量4.02万头，存栏1.52万头，家禽饲养量39.3万羽；林业主要以桉树和松树为主，年采伐量1300立方米。主要景点有通天岭；镇内特色产品有电砂锅、荔枝、龙眼、黄皮。

2017年，白石水镇城乡居民养老保险参保1.62万人，领取农村居民养老补贴5151人，发放率92.8%，城乡医保参合率95.8%。大病医疗救助273人，补贴金额176万元；城镇低保户33户62人，补助金额36万元；农村低保户559户1432人，补助金额306万元；五保户294人，补助金额112万元；完成危房改造49户，发放补贴99万元。硬化道路16.9千米。

全年，白石水镇有文化体育和广播电视站1个、村级文化中心6个、乡村图书室13个，藏书21712册。有幼儿园14所，在园幼儿1821人，教师73人；小学13所，在校学生3255人，教师191人；有初中1所，在校学生1095人，教师59人，初中适龄人口入学率95.3%。有卫生院1所，医务人员58人，村级卫生室12个，乡村医生25人。

全年，共排查矛盾纠纷45起，化解43起，调处43起，调处率96%。

【生态示范农业】 2017年，白石水镇番石榴基地再扩种35公顷，基地面积达203公顷；柑橘基地规模达35公顷。开发“双良”自行车乡村旅游、农夫泳池、古荔园休闲活动中心等特色农业旅游项目，推广“共享厨房”“共享蔬菜”等新创意，打造“双良芭乐”生态休闲文化一体的旅游区。引导养蛇、竹鼠、蜂等林下经济，年内特种养殖户新增52多户，特种养殖收入产值达200多万元。成功举办“‘浦北佳荔’旅游文化节暨特色水果核心示范区首届农产品产销对接洽谈体验活动”，现场水果销售签约额达500多万元。

【基础设施建设】 2017年，白石水镇建成道路15.5千米，其中一事一议建成6千米；扶贫项目建设9.5千米。全年，白石水镇实施南明村2千米三面光水渠项目，实施节水灌溉50亩项目，投资总额100万元。2017年，白石水镇级污水处理厂完成投资500万元，镇级垃圾处理中心完成投资100万元、那回、良江、双龙等村级垃圾处理中心完成投资120万元，年内完成主体工程的95%，装修、设备设施安装调试工程年内实施。

（何家斌）

北通镇

【概况】 北通镇位于广西钦州市浦北县西南部，东与龙门镇相邻，南与白石水镇接壤，西与灵山县武利、新圩两镇交界，北与三合镇相接。距浦北县城35千米，距钦州市104千米，钦浦二级公路贯穿全境。全镇面积115.3平方千米，辖北山、楠垌、社根、那良、佛新、旱田、平坡、博学、良庄、兰田、那新、中屯、高林、清湖14个村委和新城社区；有266个自然村、1.95万户7.26万人。

2017年，北通镇完成财税收入1923万元；完成社会固定资产投资4.14亿元，比上年同期增长27.80%；有规模以上企业4家，亿元企业2家，规模以上企业总产值12.50亿元；农民人均纯收入1.11万元，增长10%；城镇居民人均可支配收入3.27万元，增长9.50%；有林地面积7800公顷，水田面积1835公顷，种植粮食作物1472公顷，粮食总产量9150多吨；荔枝总产2.10万吨，龙眼总产1067吨；生猪饲养量3.40万头，存栏1.35万头；家禽饲养量160万羽，出栏量115万羽。主要景点有：石祖生态园、五皇山石祖林中茶示范区、福多堂生态农业观光园、浦北佳荔特色水果（核心）示范区等。特色产品有：荔枝、茶、百香果、黑猪等。

全年，北通镇共安排生活救助资金9万元，帮助自救能力弱的灾民1788人解决生活困难；有城乡低保对象1340户3806人，其中城镇12户25人，农村1328户3781人；发放低保金815.14万元，其中城镇10.61万元、农村804.53万元；享受低保的贫困对象有405户1421人；有特困人员供养对象516人，发放供养金195.78万元，其中城市特困人员供养对象8人，农村特困人员供养对象508人；分散供养477人，集中在敬老院、五保村供养45人，占供养总数的8.62%；有老复员军人17人、三属3人、带病回乡退伍军人1人、参战涉核48人、伤残7人、参战民兵66人、60岁以上义务兵183人、60岁以上烈士子女19人。全年发放抚恤、生活补助金共121.06万元；发放高龄补助41万元；发放医疗救助资金18.07万元，资助特困人员参加新农合547人，资助金额8.21万元；困难群众申请临时救助共68户（次），共发放临时救助金20.12万元。

全年，北通镇设有浦北县图书馆北通分馆，藏书9600余册；农家书屋17个，藏书3.5万册。有幼儿园20所，在园幼儿2092人，教师56人；小学19所，在校学生6476人，教师652人，小学适龄儿童入学率99.5%；有初中1所，在校生2355人，教师135人，初中适龄人口入学率、小升初升学率、九年义务教育覆盖率分别是100%、93.09%、94.20%。有中心卫生院1所，床位84张，医务人员92人；其中执业医师21人，执业助理医师9人，注册护士24人；有村级卫生室14所。

年内，北通镇被评为自治区级生态乡镇、自治区文明城市（县级）工作先进镇、钦州市2017年度平安镇；平坡村被评为第五届全国文明村镇；福多堂村通过中央文明委复查确认继续保留“全国文明村镇”称号。

【生态特色产业】 2017年，北通镇紧抓长寿之乡和禅茶特色，开发400公顷的石祖山野生古茶树。目前开工建设水上乐园、矿泉水项目、水果物流综合加工项目，推动禅茶养生特色旅游产业；利用优越的生态环境，大力发展现代高效农业，扩大无公害农产品、富硒产品、有机食品生产，致力打造一批荔枝、百香果、蔬菜等生态农业基地；利用浦北佳荔水果核心示范区带动作用，联合白石水镇共同举办浦北佳荔特色水果核心示范区首届农产品产销洽谈会和旅游文化节，吸引各地客商和游客到北通镇生意洽谈、旅游观光3万多人（次），广西电视台、钦州电视台等多家媒体到镇进行现场直播报道。

【农业生产持续增产增收】 2017年，北通镇坚持技术扶持，推广杂优良种、测土配方施肥、水汽平衡、病虫综合防治等技术。全年完成播种面积1465公顷，总产8820吨。坚持针对性指导，从修剪、攻秋梢、控冬梢、保花保果、病虫防治等技术环节入手，指导果农按季节管理好荔枝、龙眼等。全年荔枝总产7000吨，总产值4900万元；龙眼总产1067吨，总产值800万元；柑橘产量6000吨，产值2800万多元。扎实发展科技示范户，通过科技示范户的选择、年度工作方案的制订、分户分案的制订、集中培训示范户等，全年工作已基本完成。黑黄皮、沃柑、百香果、蜂蜜等因品质高、味道好深受广受消费者喜爱，相应市场持续扩大，农民持续增收。

【宜居乡村建设】 2017年，北通镇深入推进“美丽北通”乡村建设，巩固提升清洁乡村、生态乡村建设成效。大力推进宜居乡村建设，积极开展“产业富民”“服务惠民”“基础便民”“文化乐民”4个专项活动。开展“产业富民”活动。年内全镇14个村委均结合实际制订村级经济发展计划，发展集体经济收入2万元以上的行政村7个，占全镇行政村50%；打造现代农业生产示范基地7个，发动贫困村农户流转土地66.67公顷，培育带动农户增收的新型农业经营主体45个，覆盖13个村委。开展“服务惠民”活动。整合现有资源，全镇共建设15个村级综合服务中心，基本实现公共服务全覆盖、农民群众办事不出村。开展“基础便民”专项活动。以改厨、改厕、改圈为重点，不断改善农民群众生产生活条件，依法清除、取缔2家对饮用水源地有污染影响的养殖场，加快污水处理中心项目建设。开展“文化乐民”专项活动。各村委（社区）均组建有村企校文艺队，率先制定实施“一村一场”文艺活动，跳广场舞、健身锻炼成为农村的新时尚。

【脱贫攻坚】 2017年，北通镇认真围绕脱贫攻坚工作目标，突出工作重点、狠抓工作落实，全力推进脱贫攻坚工作。

产业扶贫 利用流转土地打造连片特色农业核心区，大力发展富硒农产品、百香果、黑猪种养殖产业。上半年，旱田村流转土地35公顷，直接带动贫困户39户154人，年内该村的黑猪养殖场、富硒农产品核心示范区、百香果和柑橘种植基地初具规模。佛新村流转林地约55公顷，浦北县华源农牧有限公司计划投资2500万元发展林下经济，开展畜禽养殖和水果、中草药种植等。同时发挥帮扶单位的产业助推效应，全镇共发放黄皮果苗83户1.11万棵，油茶苗8户700棵，猪苗20户40头，鸡苗44户1320羽，惠及贫困户500多人。

任务落实 加强对“一户一册一卡”的督促指导，建立“1+N”督查制度，实施定期交叉检查，不定期随机督查，发现问题及时整改，确保脱贫台账内容规范真实。加强对扶贫政策宣传，及时将政策落到位，做好各项政策实施后的跟踪工作。加强对驻村工作队员管理，坚持例会制以会代训，坚持将党建、清洁乡村等领域的最新文件和领导讲话精神融合到扶贫工作中，坚持加强工作经验交流、鼓励创新工作方法，保障驻村工作队员按时高效进行扶贫工作。

基建设施建设 投资820万元对旱田村关塘坡旧村进行改造，加快建设关塘坡扶贫新村。引进第三方投资建设住房60间，同时配套做好排污、排水以及公共道路、绿化等，新村二期项目竣工后，可解决8户无稳固住房贫困户和8户人均住房面积达不到13平方米稳固住房贫困户的住房需求。

【村（社区）“两委”换届】 2017年，北通镇按照自治区党委、市委、县委的统一部署，依法有序推进村（社区）“两委”换届工作。全镇村（社区）选举产生新一届支委成员共65名、村委成员共57名、团支部书记15名；调整党支部书记5人，村委主任11人，支委委员34人，村委委员26人。新一届村“两委”干部中致富带头人32名，村干部整体年龄下降3岁，实现党组织和群众“双满意”的目标。

【社会维稳工作】 2017年，北通镇高度重视社会维稳工作，保障群众安全感的不断提升。强化巡查机制，从政府干部、镇直单位和预备役队伍组建治安巡逻队，坚持晚间全方位巡逻，并投入警力在博学、兰田、北通街等人口聚居密集的区域开展检查防范整治工作，着重加大对娱乐场所、旅馆、网吧、出租屋和发廊等易发案件行业的巡查监管。发挥“1+2+N”工作机制做好各类矛盾纠纷调处工作，发挥层级联动效应，不断完善综治报告机制，提升矛盾纠纷调处效率。全年，全镇共排查调处矛盾纠纷74起，调处74起，调处率100%，调处成功69起，调处成功率93.20%；村级排查矛盾纠纷228起，调处228起，调处率100%，调处成功217起，调处成功率95.10%。强化安全生产管理，严格落实安全生产责任制，坚持定期或不定期对企业和有安全责任的单位进行督查，发现有安全隐患问题，责令及时整改；按时召开安全生产例会，定期开展安全生产大检查活动。同时加大力度深入村屯开展综治安全维稳工作宣传，有力地保障全镇经济的发展和社会的稳定。

【社会事业】 2017年，北通镇教育、卫生、民政、劳动保障、共青、妇联、工会等各项社会事业全面发展。北通中学教师公租房、新城社区新办公楼投入使用；镇中心养老院主体工程已经完工；污水厂建设提上日程并不断加快；“一江两岸”工程建设加快推进；新农合、社保工作有序开展；社会养老保险扩面征缴、城镇居民医疗保险按时完成各项指标；民政工作持续健康发展，顺利完成镇残疾人联合会换届工作。全年安排生活救助资金9万元；发放低保金768.88万元；发放医疗救助资金12.07万元；资助特困人员参加新农合547人，资助金额8.21万元；发放临时救助金55户次共14.12万元。

（赵爽）

三合镇

【概况】 三合镇地处浦北县西部，镇驻地距县城约19千米。2017年，行政区域面积78.56平方千米，辖桥头、太安、三鸽、塘岸、新村、赵坪、长安、马头、定更村委会，159个村民小组，总人口4.13万人。完成财税入库1309万元；固定资产投资3.36亿元；农民人均纯收入达9905元，城镇居民人均可支配收入9905.67元；工业总产值3150.4万元；农业总产值2.53亿元；粮食种植面积1340公顷，总产量1.06万吨；生猪存栏1.1万头，比上年同期增长26.70%；生猪屠宰3.1万头，比上年同期增长31.68%；家禽饲养量10.10万羽。境内主要景点有燊生生态园、仙女山庄。镇内特色产品有茶叶、黄瓜、柑橘、莲子。

全年，三合镇城乡居民养老保险参保1.42万人，参加农村居民养老补贴9548人，领取补贴4342人，发放率100%；大病医疗救助69人，补贴金额19.12万元；城镇低保户11户，23人，补贴金额9.67万元；农村低保户801户，2292人，补贴金额488.60万元；五保户349人，补贴金额130.24万元；完成危房改造78户，发放补贴93.94万元农村改厨改厕项目各319户。

全年，三合镇有幼儿园13所，在园幼儿园1300人；小学12所，在校学生3300人，教师173人，小学适龄儿童入学率100%；初中1所，在校学生1395人，教师95人，初中适龄人口入学率95%，小升初升学率100%，九年义务教育覆盖率95%。有医疗卫生机构1个，门诊部1个，床位73张；专业卫生人员54人，其中执业医师6人，执业助理医师8人，注册护士16人。

年内，排查矛盾纠纷211起，调处211起，调处率100%，调处成功207起，成功率98.10%；立刑事案件15起，破案4起。

【特色产业建设】 2017年，三合镇依托资源优势打造现代特色林业示范区，带动产业发展。一期投入3500万元建设的橄榄基地项目按计划推进，橄榄核心区管理中心、观光设施、路网、停车场等建设中。全镇柑橘种植面积达233公顷，初具规模。

【城镇化建设】 2017年，三合镇投入25万元，在全县率先试行集镇环卫服务外包。集中开展清洁乡村活动61次，参与人员达3266人（次）；投入18万元对全镇陈旧的垃圾清运设备进行更换。

【农村基础设施建设】 2017年，三合镇投入28万元建成新村社区服务站；投资80万元建设的赵坪村村级垃圾处理中心完成土建工程和设备安装；投入160万元完善集镇污水管网，新安装旧街、朝阳路、沿江路、油行岭及二级路鸡塘至社山等路段路灯；整合扶贫、一事一议、民宗、革命老区等项目资金1200多万元铺设定更三角塘、新村车达麓、打鸡坡等一批涉及9村委村级道路，里程达12.8千米，修复启用桥梁一座，球场舞台等文体场所一批。

【"两违"拆除】 2017年，三合镇集中开展"两违"整治活动两次，拆除"两违"建筑509平方米。集中开展打击非法抽砂活动2次，共摧毁非法抽砂点31个，捣毁铁筛、水管、抽砂机、柴油机等非法抽砂工具一批。

【脱贫攻坚】 2017年，三合镇推动定更村农民水果种植、三合镇华泽蜜橘等专业合作社发展壮大，助推扶贫产业发展。利用财政扶贫专项资金100万元，实行"量化到户带资入股"，助力100户贫困户增收。贫困人口动态调整，做到应纳尽纳18户84人。全镇共计涉及产业奖补项目14个283户贫困户，奖补资金累计约34万元。2017年，全镇成功脱贫户94户451人。

【获荣誉称号】 2017年，三合镇先后获一批自治区级、市级、县级荣誉：桑生生态园被认定为2017年全区"金绣球"农家乐示范点、广西现代特色农业乡级示范园；获评为钦州市2017年度平安镇；越州橄榄示范区获"钦州市现代特色农业示范区"称号；圣扬农机专业合作社获"2017年钦州市农民专业合作社示范社称号"；在全县2017年"美丽浦北·清洁乡村"活动巩固提升阶段第一次考核名列第四名、第二次考核名列第三名；浦北县2017年征兵工作先进单位。

（高凤）

龙门镇

【概况】 2017年，龙门镇辖区总人口10.3万人，其中城镇常住人口6500人，城镇化率11%。流动人口2.90万人、党员2577人。全镇总面积272平方千米。辖村27个、社区1个，分别是平黄、王坡、平垌、六林、甘宁、高明、龙门、读埇、大坡、新田、平江、长平、居木、日新、高坡、新丰、林塘、莲塘、江埠、姜花、滑竹、马兰、林垌、塘田、学塘、中南、茅家、龙城社区，村民小组546个。

2017年，龙门镇财政收入4407万元，比上年增加457万元，增长10.30%；社会固定资产投资5.92亿元，增长24.90%；农民人均纯收入1.34万元，城镇居民人均可支配收入3.31万元，分别增长17.4%、9%；工业以编织、烟花为主，镇内有广西海龙工艺品有限公司、广西浦北港龙工艺品有限公司、广西浦北德新工艺品有限公司、广西浦北腾龙工艺品有限公司、广西浦北县龙镇工艺品有限公司、浦北县南洋烟花公司、广西浦北兄弟高木礼花有限公司等7家规模以上企业，工业总产值31.30亿元，其中，规模以上工业总产值27.42亿元；农业总产值3.55亿元，粮食种植面积1533.33公顷，耕地面积259公顷，粮食作物以水稻为主；畜牧业以养猪为主；林业主要以木材为主，年内采伐量4000立方米。全镇27个村委全部完成经济发展计划制定完善工作，做到"一村一品"。初步确定包含柑普茶、芋头、茶叶、百香果、小龙虾、鱼类养殖、黑豚、柑橘、荔枝等为特色产业的农业格局。全镇共建设现代农业生产示范基地12个，涵盖柑橘种植、柑普茶加工、芋头种植、黑豚养殖、荔枝种植、乡村旅游、休闲农业等；建设农村电子商务服务点35个，共有农民专业合作社126家，家庭农场9个，其中2017年新增培育农民专业合作社

30家，家庭农场5个；主要景点是五皇山国家地质公园；镇内特色产品有红椎菌、柑橙。

全年，全镇共发放低保金891万元，低保金全部实行社会化发放。全镇城镇低保58户96人；农村低保1746户3975人，及时清退不符合低保条件和死亡的低保人员共223户440人；五保户800人，补助金额298.56万元；全镇医疗救助296人次，发放救助资金77.30万元，其中农村医疗救助292人次，救助资金75.80万元；城镇医疗救助4人(次)，救助资金1.50万元；完成危房改造123户，发放补贴239.85万元。

全年，龙门镇有文化体育和广播电视站1个，村级文化中心12个，藏书1.2万册。年末，有幼儿园54所，在园幼儿5138人，教师294人；小学31所，在校学生6975人，教师430人，小学适龄儿童入学率100%；初中3所，在校学生2920人，教师206人，初中适龄人口入学率、小升初升学率、九年义务教育覆盖率分别为100%、100%、100%。有镇级医疗卫生机构1个，门诊部(所)28个，床位76张；专业卫生人员112人，其中。执业医师17人，执业助理医师12人，注册护士33人。

全年，龙门镇排查矛盾纠纷643宗，其中“三大纠纷”233宗，征地拆迁62宗，调处643宗，调处率100%，调结608宗，调结率94.85%；2017年接处警963起，立案47起，破案24起，逮捕13人(贩毒4人，盗抢6人，涉枪爆1人，其他2人)，强制戒毒43人。

【征地搬迁工作】2017年，龙门镇为加快各工程项目工作的推进，专门抽调人员组成10个专职的征地工作组，确保“三个”到位(人员到位、时间到位、后勤保障到位)。

大浦高速公路龙门段的征地搬迁 从9月中旬开始，利用20天的时间完成内分测量和青苗清点，完成征地44公顷，坟山迁移450座。年内，全部完成征地任务和迁移坟山工作。

龙门风力发电项目 完成升压站征地2.11公顷，迁坟23座、发放补偿款68万元，基建作业有序推进；完成220KV输出线路全部塔基征地工作，塔基建设全部完成，正在进行挂线工作；进场路改扩建工作，完成征地2.70公顷，发放补偿款60万元，长约2.30千米。35KV集电线路施工，与业主方完成委托征地协议书签订，年内开展现场定点放线工作。

龙门产业园 年内，完成征地50公顷，迁移坟山20座，共发放征地补偿款约1000多万元。

五皇山项目建设 五皇山环山公路(五皇寺—北阳石—四合院茶厂)完成征地3.53公顷，迁坟4座。景观大门征地5.47公顷，签字49户，五皇寺完成土地平整，年内开工建设，南门道路扩建，年内征收并签字231户，面积5.22公顷，五皇山矿泉水项目征地0.87公顷，项目年内开工建设

镇村建设项目 2017年，龙门江防洪堤建设项目涉及龙门村委的三八和新街生产队共35户，共征收土地面积2.48公顷，拨付土地、青苗及地上附着物补偿款56.27万元，年内主体工程建设全部完成；龙门镇垃圾处理中心、垃圾中转站、平垌村垃圾处理设施项目和马兰村垃圾处理设施项目征地均已完成，并建成通过验收；龙门污水处理厂建设项目涉及征地1.53公顷，租用土地0.58公顷，年内均已全部按期完成。

【夯实经济发展基础】

抓好招商引资工作 2017年，龙门镇通过改善投资环境，提供优质服务，充分利用龙门籍外出经济能人多的优势，搜集招商引资信息，抓住招商机遇。成功引进老板进入龙门产业园内办企业有4个，投资额达3.58亿元；在产业园外办企业、合作社等有5家，投资额达1.77亿元。

项目建设保持良好的态势 全年，全镇共实施项目建设48个，投资额达8亿元。通过实施项目建设有效地改善全镇基础设施和群众生产生活和道路交通的环境。

【脱贫攻坚】2017年，龙门镇以精准脱贫为抓手，推行“1+2+N”工作机制，发挥党建工作在脱贫攻坚工作中的主导引领地位，开展脱贫攻坚工作。

产业扶贫 根据产业特色和发展规划，通过对五云山种植、富民黑豚养殖、全东生态种养等龙头专业合作社实施产业重点扶持开发。利用扶贫对象“量化到户带资入股”产业扶贫资金扶持浦北县五云山种植专业合作社100万元，带动贫困户100户参与产业发展，同时引入浦北县石祖农产品产销专业合作社，带动200户贫困户加强产业发展。

金融扶贫 2017年，龙门镇扶贫产业“以奖代补”拟奖补933户4045人，补助金额150多万元。在参加扶贫小额信贷方面，全镇总户数515户，贷款金额2497.79万元，

每户年按贷款额的8%收益分红，全年年分红约190多万元。

落实房改政策 2017年，龙门镇按照上级要求，认真落实贫困户危房改造政策。全镇建档立卡贫困户享受危房政策的62户，年内已全部达到入住条件。

调整贫困人口动态 2017年，龙门镇动态调整新增应纳尽纳贫困户72户313人，退出户返贫10户47人，剔除户错评户19户85人，共修正完善错误信息5643条，解决扶贫对象信息数据不精准的问题。

【党建工作】

推进“两学一做” 2017年，龙门镇在抓好规定动作的基础上，充分发挥党建工作站授权监督作用，通过“督促指导、监督落实、收集民意”三大措施，推进“两学一做”学习教育深学真做实改。6月8日，在浦北县推进“两学一做”学习教育常态化制度化工作会议上，龙门镇就“两学一做”学习教育工作经验作交流发言。

村(社区)“两委”换届选举 2017年，龙门镇莲塘村作为全市村“两委”换届选举的试点村，成功选出群众和组织双满意的村“两委”班子，拉开全县“两委”换届工作的序幕。莲塘村还作为全县换届选举观摩现场，为全县村(社区)“两委”换届选举提供参考。

党建引领扶贫 2017年，龙门镇坚持以问题为导向，充分发挥党建工作站督导、监督、协调、服务的职能，解决党务队伍“不懂抓、不愿抓、不会监督、不敢监督”四大问题，打通联系服务群众“最后一公里”。2017年9月8日，龙门镇作为浦北县的代表，在全市党建工作站会议上介绍党建工作站的经验做法。

推行“1+2+N”工作机制 2017年，龙门镇以全镇7个党建工作站为载体，实行挂帅领导机制，由镇主要领导挂帅联系工作站，压实工作责任，推动党建工作与脱贫攻坚和乡村建设工作深度融合，村级阵地建设、“一站一中心”、党建引领脱贫攻坚、生态乡村、乡村旅游等工作取得明显的成效。10月25日，全区基层干部业务能力提升培训班到龙门镇莲塘和塘田村，参观考察农村基层党建工作，对龙门镇的党建工作做法及取得的成果给予充分肯定。

【宜居乡村建设】

规范集镇管理 2017年，龙门镇规范集镇管理，增加基础设施建设的投入。共投资720万元，完成硬化道路1850米，硬化江底250米，水沟3081米；新安装太阳能路灯302盏；种植绿化树苗1100多株；组织发动各村(社区)、各镇直单位、各中小学校对公路沿线和街道保洁，整治乱象，出动垃圾车300多车次，共收集和处理300多吨垃圾，对集镇的乱搭乱建、占道经营进行统一拆除，共拆除各类铁片棚，遮阳、遮雨篷布546处，清理垃圾51吨，清理排污排水沟212处3600米，清理河道115条15.6千米；规范集镇车辆摆放，投入8多万元，划定4千米的街道行车线，513个小车停车位，6327个摩托车停车位。

规范乡村建设 2017年，龙门镇加快宜居乡村建设步伐，认真做好《广西清洁乡村条例》宣传及资料发放，在各村主要路口、公路沿线、单位、自然村和五皇山旅游景区悬挂宣传横额和固定标语达300条、标语3200多份，发活动宣传资料(包括倡议书)5万份，设立68幅宣传牌，每个行政村设置1个宣传牌和1处宣传栏，张贴宣传海报400份；清洁乡村督查小组，现场督查指导，监督跟踪，处理群众投诉。年内，督查组先后6次分赴村委开展“清洁乡村”督查活动，组织召开督查汇报总结会6次；全年全镇收取保洁费99.70万元，聘请保洁员240人，做好日常的垃圾保洁工作，保洁员工资能正常发放；同时，大力推广“生态循环”和“绿色植保”理念，在部分村屯举办农业清洁生产技术培训班，总计培训学员600多人；在中南垌信、大坡陈村和龙门翁全东3个村开展应用绿色植保技术示范点。

11月16日，钦州市“美丽钦州·宜居乡村”活动现场推进会在龙门镇金浦龙茶厂设现场观摩点。

【特色产业】 2017年，龙门镇注重培育红椎菌和柑普茶产业。红椎菌年产量达15万千克，产值近2亿元；全镇共有生产加工企业4家，注册有商标6个。柑橘种植面积600公顷，有柑普茶加工企业50多家，务工人员3000多人。柑普茶产业的发展给群众提供就业岗位，增加农民收入。全镇27个村委全部完成经济发展计划制定完善工作，做到“一村一品”，确定柑普茶、芋头、茶叶、百香果、小龙虾、鱼类养殖、黑豚、柑橘、荔枝等为特色产业的农业格局。全镇共建设现代农业生产示范基地12个，涵盖柑橘种植、柑普茶加工、芋头种植、黑豚养殖、荔枝种植、乡村旅游、休闲农业等。全镇共有农民专业合作社126家，家庭农场9个。

【落实各项惠农政策】

推进土地确权颁证工作 2017年，龙门镇农村土地承包经营权确权登记颁证工作基本完成，土地权属确认面积3401公顷，合同签订数1.86万户，确权登记完成率100%，可发证率100%。

落实各项强农惠农政策 全年，龙门镇共向1.60万户种粮农户进行农业综合支持保护补贴，补贴面积2260公顷，补贴金额518.78万元；对273户农户购买的289台农机进行补贴，发放中央补贴资金26.05万元；完成订单粮食收购1000吨，发放粮食直接补贴24万元。通过落实各项强农惠农政策，提高农民发展生产的积极性，提升农业机械化、现代化水平。

生态公益林补偿资金发放 全年共对发放公益林补助金1.10万公顷，发放补偿金额244.99万元，涉及村委27个、村民小组450个、农户1.12万户。

【教育卫生事业】 2017年，龙门镇全力推进义务教育均衡化发展。加大经费投入，改善办学条件。推进依法治校工作，规范办学行为。注重师资队伍建设，提高教师整体素质。加强教育教学常规管理，提升优质教育教学质量。龙门第二中心校、中心幼儿园正在建设当中；义务教育均衡发展已顺利通过市级复评；教育教学质量名列前茅，全镇考上示范性高中人数再创新高。

卫生计生事业协调发展。积极推进医疗卫生体制改革，全面提升公共卫生及医疗服务水平。强化责任落实，艾滋病防治工作取得新成效。贯彻落实全面二孩政策，计划生育基层基础工作扎实推进，全镇人口自然增长率、性别比、多孩率等指标均在上级下达指标的范围内。

【社会综合管理】

强化社会综合治理 2017年，龙门镇狠抓社会综治、民事调解工作，及时解决一批可能引发群体性事件的苗头性、倾向性问题。年内共处理事关群众切身利益的问题280多个，调处纠纷270多起，确保社会和谐稳定，社会公众安全感和满意度逐步提升，走在全县的前列。

落实安全生产监管 2017年，龙门镇对镇内的烟花爆竹企业、加油站、石场、学校、快餐店、药店切实加大 安全隐患排查力度。特别是在“三月三”“清明”“五一”“中秋”“国庆”等节假日及各中小学开学前，组织人员进行专项排查。共召开安全生产会议20多次，多次组织派出所、工商、安监、食监学校等相关部门开展安全生产检查，发放宣传资料2000多份，发放限期整改通知书14份。妥善处理中南村委“5·29”合石麓岭发生疑似非法烟花储存点爆燃事件。

严厉打击“两违”现象 2017年，龙门镇对87户“两违”进行立案，发放整改(停建)通知252份，拆除17宗违法建设，拆除面积1924.8平方米。

（宋文锋）

福旺镇

【概况】 福旺镇位于浦北县中部。距县城12千米，东与官垌镇相邻，南与小江镇接壤，西与三合镇交界，北与寨圩镇毗邻。行政区域面积231.48平方千米。辖26个村(社区)，分别为福旺、大垌、大田、关塘、古立、长塘、龙眼、南山、六潦、六合、下垌、中山、石均、玉叶、大湾、凤山、北兰、坡心、镇脚、大双、武溪、华新、万垌、枫木、长昆和东风社区，有594个村民小组，2017年总人口8.6万人。

2017年，全年完成财政收入3229万元，增长67.40%；完成固定资产投资3.20亿元，完成全年任务的1.14%；工业总产值10.26万元，其中：规模以上工业总产值6865万元；城镇居民人均可支配收入1.19万元，增长7.11%；全镇项目建设共28个，其中新建项目26个，续建项目2个，年内竣工项目20个；农业总产值4.71亿元，有林地面积1.51万公顷、耕地面积2666公顷，种植优质水稻面积1800公顷，抛秧技术普及率90%~95%，粮食总产值2.3万吨；经济林面积1376公顷；全镇家禽存栏19万羽，生猪存栏1.46万头。主要经济作物有八角、茶叶、橘柑、黄榄等，旅游资源有犀牛湾等。

全年，福旺镇参加新型农村合作医疗7.39万人，参加城镇居民合作医疗2010人；全镇参加养老保险1.70万人，社会扩面保险征缴233万元；发放救济款25.60万元；低保1300户3853人，发放低保金555.10万元；五保户772人，发放五保金202.40万元；发放“农业三项”补贴资金403万元；完成贫困户危房改造71户，发放补贴163.30万元。完成农村改厨260户，改厕353户。硬底化道路21千米。

全年，有文化体育和广播电视站1个，村级文化中心9个。有乡村图书室51个，藏书15.30万册。有幼儿园29所，在园幼儿1738人，幼师 93 人；小学 21 所，在校学生 5618 人，教师 302 人，小学适龄儿童入学率 100%；初中 2 所，在校学生 3615 人，教师 212 人，初中适龄人口入学率 98.5%，小升初升学率 100%，九年义务教育覆盖率 100%。全镇有卫生院 2 所，医务人员 105 人，其中执业医师 9 人，执业助理医师 15 人，注册护士 36 人；村级卫生室 26 个，乡村医生 59 人。

全年，排查矛盾纠纷 297 起，调处 297 起，调处率 100%，调处成功 294 起，成功率 98.99%。立刑事案件 29 起，破案 23 起。

【城镇基础设施建设】 2017 年，福旺镇坚持“建城镇”的工作思路，因地制宜，优化布局，完善功能，进一步改善城镇面貌。贵合高速公路（福旺段）全长 15.5 千米年内通车。投资 550 万元的保障性安居工程配套基础设施项目一期工程完成建设，投资 2500 万元的镇污水处理厂完成基础部分的建设，投资 120 万元安装长兴路、环城西路和一江两岸路灯 200 盏。投资 240 万元的六合、古立、武溪三个村级垃圾处理设施项目完成建设，投资 826 万元建设一批农村公路，20 户以上的自然村通水泥路达 70%。一事一议财政奖补项目 52 个共 245.86 万元；特惠制项目 1 个 35.43 万元，农村公共服务运行机制项目 3 个 15 万元，革命老区项目建设 3 个共 7000 米，总投资概算 219 万元，这些项目年内在施工当中。

【农业产业化发展】 2017 年，福旺镇鼓励和引导农民群众种植超级稻 1000 公顷，优质稻 867 公顷，进一步稳定粮食生产；从茶叶、黄瓜皮、优质水稻、马铃薯、荔浦芋、沙糖橘等特色农产品入手，重点抓好“一村一品”特色产业，扶持壮大绿源农产品产销专业合作社的发展；鼓励支持农民实现规模化种植，打造农业品牌，继续加大和苗木花卉基地的建设，提升合作社的服务水平，并以“公司 + 基地（合作社）+ 农户”的模式，农业产业合作社达到 15 个，推动农业实现产业化发展。

【招商引资】 2017 年，福旺镇扩大委托招商和市场化招商成果，充分利用异地商会、行业协会和本地籍企业家资源，召开春节招商恳谈会。坚持外出招商机制，开展外出招商 10 批次。1—11 月，引进项目 2 个，投资达 3000 万元。

【脱贫攻坚】 2017 年，福旺镇以精准脱贫为抓手，推行“1+2+N”工作机制，发挥党建工作在脱贫攻坚工作中的主导引领地位，开展脱贫攻坚工作。集中人员、集中时间，集中精力，抓好扶贫档案规范整理。基本完成贫困村和镇级扶贫材料归档。抓好村级集体经济带动产业发展，通过土地流转结合“村支部 + 合作社 + 贫困户”的模式，形成特色产业。预脱贫的六合村，通过流转土地 20 公顷，打造“百亩连片”的黄瓜产业，带动“千亩”富硒水稻产业，同时为村集体经济每年增收 1.8 万元。实事求是，稳步抓好贫困人口的动态调整，年内已识别新增贫困人口 41 户 152 人。强化服务水平，落实惠民政策。组织全体干部加强学习“雨露计划”、助学金、助学贷款和新农合、大病救助、危房改造、低保等惠民政策，向结对帮扶户进行宣传解释。全镇落实“雨露计划”政策帮扶贫困学生 73 人，教育补助政策帮扶贫困学生 233 人，“危房改造”政策确定 80 户贫困户指标，扶贫小额信贷政策扶持贫困户 200 户，量化到户带资入股政策实现贫 200 户困户入股合作社，低保政策惠及 481 户 1777 人。

【宜居乡村建设】 2017 年，福旺镇加快宜居乡村建设，推进农村居住环境持续改善。在加大对农村保洁费收取同时，加强对资金开支的监管，做到每月账目经村监会成员签字审核，每月开支经党建工作站签字监督。同时抓好日常监督，党建工作站会同镇政府聘请 3 名党员监督员，每周对各村进行一次以上的随机督查，发现问题，限时整改。另外，对集镇保洁进行社会化购买服务，实行集镇全天候保洁。推进项目建设，改善村容村貌。年内，新铺设农村道路 21 千米，完成 3 个村级垃圾中心的建设，完成危改 71 户，改厕 353 户，改厨 260 户，分别完成任务的 88%、70% 和 50%。

【平安建设】 2017 年，福旺镇完善巡防机制，组建巡防队伍，坚持开展巡防活动，提高公众安全感和满意度。加大对各类矛盾纠纷的排查和调处力度，努力做到小事不出村、大事不出镇。严厉打击各种违法犯罪行为，维护社会稳定。坚持“安全第一，预防为主”方针，落实安全生产“一岗双责”责任制，加强对企业、水库、石场、人员密集场所（学校、网吧）、城镇建筑、交通、危险物品、食品安全等进行专项检查和整治，确保全镇无安全生产事故发生。

【廉政建设】 2017 年，福旺镇以开展“两学一做”学习教育为契机，组织干部队伍贯彻《廉洁自律准则》和《纪律处分条例》,进一步加强干部队伍建设,改进工作作风,提高行政效率。持续深化政务公开,高度重视舆情引导。认真执行中央"八项规定",切实控减"三公"经费支出,坚持不懈反对"四风",严格落实党风廉政建设责任制和"一岗双责",切实把纪律和规矩挺在前面。加强工程项目建设、土地征收、政府采购、危房改造、新农合等重点领域的监管,自觉接受人大的法律监督,大力营造风清气正的政治生态。

(苏圣淮)

寨圩镇

【概况】 寨圩地处钦州、玉林、贵港三市县交通枢纽交汇处,是浦北县北部中心城镇、工业重镇,全国第三批改革发展示范镇。2017年,寨圩镇辖区面积180平方千米,总人口8.3万人,其中镇建成区面积2.23平方千米,人口2.3万人。下辖寨圩、乌石、仁旺、伯家、歌棉、秋香、兰门、子垉、丰门、平村、甘村、朋山、竹较、亚旺、康乐、大江口、三江、平塘、分村、土东、柘木等21个村和朝阳社区,有292个村民小组。有党支部47个,党员1879人。

全年完成财税收入4006万元,其中国税收入2229万元,地税收入1140万元,财政非税收收入637万元;完成固定资产投资8.2亿元,增长7.89%;农民人均纯收入达1.16万元,增长8%;城镇居民人均可支配收入3.11万元,增长7%;工业总产值14.33亿元,增长5.07%;农业总产值3.71亿元,增长6%。;有耕地面积2133公顷,粮食种植面积866公顷,总产量2133吨;生猪饲养量5.49万头,存栏2.34头;家禽饲养量72.49万羽;境内主要景点有金兰公园、石牛山。矿产资源有锰、铅、锌、磷、钛、铜、铁和石灰石。特色产品有龟、兔、蛇、油茶、百香果等。

全年,全镇城乡居民养老保险参保2038人,领取农村居民养老补贴173人,发放率100%;大病医疗救助118人,补贴金额28.79万元;城镇低保户96户204人,补贴金额85.56万元;农村低保户1236户3876人,补贴金额821.06万元;五保户587人,补贴金额221.47万元;完成农村危房改造工程项目104户,完成贫困户危房改造54户,发放补贴125万元。农村改厨改厕项目各562户。硬底化道路3条4.7千米。

全年,有文化体育和广播电视站1个,村级文化中心7个,有乡村图书室21个,藏书4万多册。有幼儿园6所,在园幼儿园1597人;小学25所,在校学生6365人,教师385人,小学适龄儿童入学率100%;初中2所,在校学生3187人,教师230人,初中适龄人口入学率98.7%,小升初升学率99.7%,九年义务教育覆盖率98.6%。有医疗卫生机构22个,门诊部(所)1个,床位250张;有专业卫生人员227人,其中执业医师27人,执业助理医师27人,注册护士78人。

全年,排查矛盾纠纷386起,调处386起,调处率100%,调处成功372起,成功率96.37%。立刑事案件57起,破案50起。

【工业园区建设】 2017年,寨圩镇以产业园为龙头推动工业发展,充分利用自治区A类工业园的发展平台,加大产业园项目招商引资以及基础设施建设力度,分别新引进了投资2500万元的建业物流中心、投资2000万元的信达汽车商贸城项目;投资3000万元的业鸿木业已正式投产;粤桂物流中心完成办公大楼的装修,推动粤桂商贸城、信达汽车商贸城建设,不断完善园区内水、电、路网等基础设施,建设一幢120套公租房。同时不断加强园区环保、安全生产的督查,完成工业园区排污管网建设,为工业园壮大发展打下良好基础,为企业发展提供良好的服务环境。

【特色农业建设】 2017年,寨圩镇以合作社为平台推动特色农业发展。围绕"三农"工作方针,依托粤桂龟鳖养殖、乌石软枝油茶、艺趣园花木盆景、万山猪场等专业合作社平台,大力发展绿色农业、特色农业,推动乌石村油茶种植基地、益泰养殖场、长兴畜牧良种养殖专业合作社猪场、寨圩花木(盆景)基地,以及秋香、仁旺养蛇基地,康乐、土东养蜂、养兔基地,寨圩、伯家养鸡基地,子厄村委子厄垌、寨圩村委佛子垌水稻试验示范基地,粤桂龟鳖养殖生产养殖示范场发展。形成盆景、养兔、养蜂、龟鳖养殖等特色农业,推动农业发展转型创新。11月8日,浦北县寨圩镇黄沙鳖现代特色生态养殖示范区成功申报为第二批广西县乡两级现代特色农业示范区。

【脱贫攻坚】 2017年,寨圩镇有贫困村6个,贫困户950户3925人。年内,积极推进脱贫攻坚工作,满足"八有一超"脱贫标准的贫困户共182户788人,脱贫完成率

100%。三江村各项指标达到贫困村的脱贫要求。

完善农村基础设施 2017年，寨圩镇总投资共163.5万元的三江雀儿村至金兰村、红坭至六珠、榃稔到那坚坪三条硬底化道路共4.7千米已完成并投入使用，使312户1245人受益。多渠道整合资金76多万元新建甘村村级服务中心、村级卫生室、灯光球场等新型村级服务设施并已投入使用。投资48万元的三江村委村级公共服务中心项目、投资33万元的歌棉村委六笔村文化娱乐中心项目已完成。投资7万元的榃稔村球场等文化娱乐设施项目，年内施工建设。

产业扶贫 2017年，寨圩镇以公司+专业合作社+贫困户股份合作等形式大力发展扶贫产业，并以财政兜底和“合作社+基地+贫困户”模式对贫困户进行帮扶，提高贫困户收入。推动丰门村龟鳖养殖，大江口村黑豚养殖，甘村村富硒水稻种植，歌棉村、柘木村富硒百香果种植，三江村龟鳖养殖等扶贫产业发展，其中浦北县粤桂龟鳖养殖专业合作社争取上级“量化到户带资入股”财政专项扶贫资金50万元，带动50户贫困户增加收入。浦北县石祖农产品产销专业合作社争取专项扶贫资金150万元，带动150户贫困户增加收入。全镇共有515户贫困户提交财政专项扶贫资金“以奖代补”项目的申请，产业奖补金额82.8万元。

落实惠民政策 2017年，寨圩镇有低保户1353户4149人，其中贫困户640户2203人。全镇评议贫困户危房改造共54户。在低保发放、危房改造上给予贫困户政策帮扶，抓好扶贫小额信贷发放，切实解决贫困户最低生活保障以及住房问题。为108户贫困户发放小额信贷资金21.6万元。

【民生保障】 2017年，寨圩镇切实抓好民生保障事业发展，努力做好民政优抚等工作，完成全民参保登记调查及数据的录入，完成2017年城乡医疗保险征缴工作，加快构建以最低生活保障、农民养老保障、农村新型合作医疗、特困人员集中供养等为主要内容的覆盖城乡的新型社会救助体系。累计发放特困人员589人补贴20.3万元；大病医疗救助71人20.2万元；发放临时救助资金119户33.4万元，共帮扶各类困难群众3500多人(次)；发放各类优抚对象补助金450人共148.5万元；发放高龄补贴35万元；残疾人重度护理、困难生活补贴29.1万元；全镇城市低保户100户211人，农村低保户1253户3938人，发放低保金845.8万元，切实解决困难群众最低生活保障问题。

【基层党建】 2017年，寨圩镇以“一站一中心”建设提高服务群众水平。针对干部工作变动较大的情况，及时调配充实党建工作站工作人员，使党建工作站人员不减、力度不减保持正常高效运转。建立季度督查机制，以查促改、以改促进，不断提高各基层党组织的凝聚力的先锋堡垒作用。通过一站一中心的授权监督职能，收集化解群众的热点难点问题，解决群众热点难点问题，为群众办好事实事，不断密切党群干群关系。年内，全镇层级联动共解决群众热点难点问题120件，其中村级解决问题76件，片区党建工作站解决问题27件，镇级解决问题53件。各片区党建工作站共收集意见186条，化解矛盾97个，解决问题36个。落实党建工作站监督1445多次，发现问题438个，整改落实438个，促进全镇公众安全感满意度稳步提升，2017年第二季度排名全市第18位，全县排名第5位。

【“两委”换届】 2017年，寨圩镇严格按照自治区党委、市委、县委的统一部署，依法有序推进“两委”换届工作。全镇22个村(社区)“两委”换届选举任务圆满完成，全镇新任村干部达55人，新调整支书10人，主任14人，村干部的年龄结构和学历层次得到进一步优化，实现党组织和群众“双满意”的目标。换届后及时加强新任村“两委”干部的各项培训工作，切实提高新任村“两委”的理论水平和工作能力。

【环境治理】 2017年，寨圩镇按照中央环保督查要求，加强对存在污染的养猪场、养鱼场进行清理，全镇共拆除养猪场6个，拆除5220平方米，共补偿6户业主共120万元；共拆除网箱养鱼7户补偿5.5万元；联合县直相关单位对武思江、温汤江流域违法采沙行为进行整治，出动人员300多人(次)，整治大小违法采砂点38处。

【社会综合治理】 2017年，寨圩镇的社会治安管理始终保持高压态势。由镇综治办、派出所牵头，组建治安巡逻队，认真做好春节、全国两会、国庆节暨中秋节等重要节假时间段的安全维稳工作，及时排查不稳定因素，共排查调解矛盾纠纷386件，全年成功调解372件，成功率96.37%；走司法程序6件；立刑事案件57起，破案50起，起诉45人；受理治安案件150件，其中处罚调解95件;强戒48人。强化安全生产工作,深入对工业园区、学校、超市、酒店等重点领域进行安全生产排查,共召开安全生产部署会议10余次,开展安全生产检查20余次,严防安全事故发生。严抓消防工作,开展电气火灾综合治理,健全专职消防队建设,扑灭居民火灾4起。

(谭文俊)

乐民镇

【概况】 乐民镇位于浦北县的西北部,东与寨圩镇毗邻,西南与灵山县石塘镇接壤,北与横县马山乡交界。全镇总面积82平方千米,辖乐民、平佳、蒙竹、金康、白石、社头、莫村、黄马、马朗、西角、山鸡、高山村和乐城社区,有93个自然村,218个生产队,2017年年末总人口4.46万人。

2017年,全镇工业生产总值13.86亿元,比上年同期增长19%;规模以上工业总产值12.47亿元,比上年同期增长20%;全社会固定资产投资3.9亿元,比上年同期增长77%;财政收入完成1895万元,占任务的109.1%,比上年同期增长14.8%;农民人均纯收入1.17万元,比上年同期增长9.1%。

【基层党建】 2017年,乐民镇履行法定程序,通过选举选出53位村(社区)党组织委员。其中:选出书记13人,委员40人。8月18日完成村委会换届选举,选举产生43位村委会委员。此次选举共产生68名村"两委"干部,交叉任职27人。其他配套组织换届,村(居)务监督委员会换届选出主任13人,委员26人;村(社区)团支部换届选出团支书13人,委员26人;村(社区)妇联换届,选出执委共143人。扎实开展党员发展和党员管理工作。全年,转正党员21人,吸收预备党员22人,培养入党积极分子36人。

【项目推进建设】

园区建设 2017年,乐民产业园区新征土地15公顷,平整土方190多万立方米,动员坟主100多户,迁移坟山90多穴,建设园区涵道工程1条、农业灌溉管道400米,园区雏形已现。

重点项目 全年,投资330万元对新民路、民兴街等道路进行铺设和建设排水管道,安装路灯92盏;投资350万元对青龙街、永兴街、乐建路等道路铺设、建设排水、排污、绿化、亮化工程;投资2000万元建成镇污水处理厂、镇垃圾处理中心、镇垃圾中转站和马朗片区垃圾处理中心;投入186.35多万元完成西角村委红社队至西角小学和士子六队至焚烧炉、高山村委民乐村至天皇山勒菜、金康村委六岳村六庙麓路口至麓尾、白石村委进村路等5.61千米村道硬底化建设;投入33万元建设西角村级公共服务中心;投入36万元建设西角村委红社桥1座;通过争取"一事一议"项目27个,投资263.3万元建成一批水泥道路、路灯、灯光球场、文化室等便民设施,受益群众达2.85万人。

【生态乡村建设】 2017年,乐民镇制作大型户外宣传广告牌5块,悬挂横额25条,张贴宣传标语330条,发放宣传资料共1300多份,让《广西壮族自治区清洁条例》深入人心。2017年投入资金10万多元购置16辆电动三轮车和1200多个垃圾桶,购买一批保洁服,并为全部保洁员购买意外保险。"清洁乡村"活动扎实推进,在市第一阶段考核验收中乐民镇排名全市第6名。

【农业产业化建设】 2017年,乐民镇水稻面积2280公顷,总产稻谷1.37万吨。农业特色产业规模不断扩大,天池世寿合作社在壮岭发展沃柑种植13公顷、绿源合作社在金康村委大坪坡发展沃柑近20公顷、荷桂合作社在石墨垌发展莲子种植15公顷。全年,约5万人(次)到点参观游览,该点被评为钦州市"十佳赏花基地"。

【脱贫攻坚】 2017年,乐民镇认真围绕脱贫攻坚工作目标,突出工作重点、狠抓工作落实,全力推进脱贫攻坚工作。

产业奖补 通过贫困户申请、帮扶干部和村委确认、镇实地验收、镇村公示公告后,有208户贫困户在种养方面得到300~5000元不等的产业奖补,年内镇奖补资金39.95万元。

政策落实 2017年,乐民镇有33名贫困学生享受"雨露计划"政策补助,补助金额14.4万元。年内,全镇有79户229人贫困人口达到"八有一超"标准顺利脱贫,西角村达到"十一有一低于"标准成功摘帽,2016年摘帽村金康村脱贫成效得到巩固提高。

【社会民生】

民政工作 2017年,乐民镇推进救灾救济工作,共发放冬春救济款8.20万元。对临时陷入困难的群众进行救助,年内共受理临时救助申请72户,发放救助资金

20.87 万元。

教育 全年，乐民镇结合义务教育均衡发展工作，加强校园的建设，争取130多万建设黄马小学教学楼，45万元建设龙塘分校文化长廊和加层教学楼；并投入384万元对各小学进行穿衣戴帽工程项目建设；投资170多万元加层建设乐民中学功能室，更新实验室的装备，新建校道、跑道并安装路灯等。

社会保障 全年，乐民镇城乡居民基本医疗保险任务3.74万人，通过宣传发动，完成3.79万人的征缴任务，占任务的101.4%。年内，失业再就业人数为40人，占任务数的100%，城镇新增就业人数280人，占任务数的103.7%，转移农村劳动力508人，占任务数的101.6%。

【党风廉政建设】 2017年，乐民镇围绕中共浦北县委员会、县人民政府打击“两违”的部署，严肃查处党员干部参与“两违”等违纪行为，立案11起，给予党纪处分11人。结合换届选举、“一问责三整治”等工作，运用廉政谈话、谈话提醒等手段，倒逼党员干部履行主体责任。开展廉政谈话、谈话提醒29余人(次)，个别约谈5人，问责2人。

信访线索排查 全年，乐民镇建立信访举报台账，推行信访举报件办理“零暂存”。年内，共受理信访件8件，其中上级转办7件，转立案1件，办结率100%；办理案件20件，开除党籍3人，党内严重警告13人，党内警告4人，结案率100%。

扶贫监督 2017年，乐民镇共清退不符合条件低保75户215人，查处党员干部1人，党内警告处分1人，退还低保户低保补助4300元。

(陈华)

六硍镇

【概况】 六硍镇地处桂南六万山区，位于浦北县的最北端，距县城67千米，东与博白县双凤镇交界，北与兴业县城隍镇和福锦区樟木镇相连，西与县内寨圩、官垌镇毗邻，南与平睦镇接壤。

2017年，辖区总人口4.99万人，流动人口55人。党员1455人。全镇总面积225.15平方千米，辖村18个，分别是六硍、关埲、新坡、大能、横岗、六秀、横岭、垌心、官村、塘肚、新华、门楼、木格、旺塘、白花、六台、石合、民生。有323个村民小组，425个自然村屯。年内，组织财政收入1245万元，其中国税完成344万元，地税完成620万元，非税收入完成281万元；完成固定资产投资3.3亿元，增长65%；农民人均纯收入8000元，城镇居民人均可支配收入8500元，分别增长5%和4.5%；招商引资到位资金2500万元；引进优质高产水稻新品种8个，良种覆盖率达90%以上；水稻种植面积含早晚造2144公顷，总产量12.69吨；玉米种植总面积517公顷，总产量1730千克；其他粮食作物种植面积95公顷，总产量260千克；粮油作物(花生、芝麻等)种植面积113.47公顷，总产量276.63千克；肉猪出栏量3.5万头，肉鸡出栏量49万羽，肉鸭出栏量12.5万羽；生猪存栏为2.5万头，家禽存栏26万羽，牛存栏为334头，羊存栏为2238头，蜜蜂4697群；水产总产量3242千克，其中“官垌鱼”总产量3208千克；林业以八角、杉木为主，其中八角林面积已达6667公顷，年产鲜八角约5万千克。境内主要矿产资源为铅、锌。主要景点有葵岭飞瀑、刘永福祖坟、天鹅头。

全年，六硍镇城乡居民养老保险参保1.18万人，领取农村居民养老补贴5429人，发放率98.4%；职工医保98%，参合率98%；大病医疗救助25人，补贴金额10万元；城镇低保户25户69人，补助金额30万元；农村低保户620户2205人，补助金额476万元；五保户361人；完成危房改造109户。硬化道路12条，共13千米。

全年，六硍镇有在校中小学生3793人，教师231名。初中适龄人口入学率、小升初升学率、九年义务教育覆盖率均为100%。有中心卫生院1所，医务人员68人，村级卫生室18个。

全年，共排查矛盾纠纷61起，化解57起，调处57起，调处率93%；立刑事案件21起，破案6起。

【经济建设】 2017年，六硍镇对接企业5家，发展蔬菜20公顷，中草药67公顷，沃柑、沙糖橘、百香果、四会柑共67公顷，养殖淡水虾1.3公顷，总投资6500万元，新增就业400余人。

【交通建设】 2017年，六硍镇基本完成贵港木格经城隍至博白水鸣二级公路(即木水公路)六硍的收尾工作；新铺设长3.5千米、宽4.5米的门楼兰冲至塘肚四级水泥道路；新铺设共长25千米、宽3.5米的关埲至甘竹进村道路、石合至车禾厄、白花4条进村道路、六秀木棉冲进村道路、六硍大山口梅子田进村道路、大能至上垌塘水泥道路、新坡大水江濂进村道路等15条水泥道路；拓宽共长15千米、宽5~6

米的石合有运岭进村道路、石合新塘至岭比田道路、关埲水顶和祥埲以及通往博白方向等12条机耕路；修建桥梁三座；硬化村道一批，农村公路管理养护60多千米，发动各村完成优良等路养护40多千米。完成六硍经官垌至福旺二级公路六硍段前期工作。

【基础设施】 2017年，六硍镇重点推进项目浦北县六硍镇保障性安居工程配套基础设施项目一期工程，改造六硍集镇10条街道，包括道路工程、排水工程、照明工程等，总投资584.81万元。10月开工建设，建设内容全部完成。

（容兴生）

平睦镇

【概况】 平睦镇位于浦北县东北面，六万山南麓，距县城38千米，镇东南面分别于博白县的双凤、浪平、永安、水鸣等镇接壤，西北面与浦北县官垌、六硍镇毗邻。2017年，平睦镇行政区域面积123.4平方千米，辖11个村委，211个村民小组，年末总人口31132人。镇党委下辖党支部28个，党总支部1个，党员833名。全年，有耕地面积1.02万公顷，林地面积1.24万公顷。实现地区生产总值7.7亿元，比上年同期增长33%；固定资产投资3.18亿元，增长10%；财政收入732万元，增长12.6%；农民人均纯收入9356元，比上年同期增长12%。城镇居民人均可支配收入1.60万元，比上年同期增长14%；工业以编织业、木材加工业为主，工业总产值7亿元，其中，规模以上工业总产值达9.93亿元；农业总产值4.9亿元，耕地面积1.02万公顷，粮食种植面积690.33公顷，总产量7250吨；生猪存栏9632头、鸡存栏3.1万羽、肉产量2030吨；林业主要以杉木、八角为主，年内采伐量780立方米。境内主要矿产资源为铜矿、硫铁矿。

主要景点有五峰毓秀、旺贵岭、平聶岭。镇内特色产品有茶叶、四会柑、木薯淀粉、大红八角、竹笋、石磨粉。

全年，平睦镇参加农村新型合作医疗人数达2.50万人，参合率达到101.85%。新型农村社会养老保险参保人数达9800人；有3121人领取60岁以上老人福利待遇；五保供养户266人，孤儿供养2人；享受农村最低生活保障629户2205人，发放生活保障金39.45万元；落实大病医疗救助87人，发放救助款3.97万元。完成危房改造96户，发放补贴154万元。硬化道路19条5.1千米。

全年，平睦镇有文化体育和广播电视站1个，村级文化中心6个，藏书1.15万册。年末，有幼儿园6所，在园幼儿1775人，教师61人；小学14所，在校学生2453人，教师167人，小学适龄儿童入学率100%；初中1所，在校学生1100人，教师58人，初中适龄人口入学率、小升初升学率、九年义务教育覆盖率均为100%。有镇级医疗卫生机构1个，门诊部（所）3个，床位33张；专业卫生人员48人，其中。执业医师6人，执业助理医师3人，注册护士10人。

全年，共排查矛盾纠纷37起，化解32起，村级排查矛盾纠纷58起，解决51起；立刑事案件3起，破案3起。

【开放创新】 2017年，平睦镇围绕五峰山生态旅游产业，利用传统文化资源，实施精准招商；利用平睦优质木材、竹、芒藤，山地多、劳动力富裕等优势，做木材加工、工艺编织、茶叶、花卉苗木、八角深加工等产业。健全项目服务机制，建立重大投资项目协调机构，完善财政、税费、土地等配套政策。年内，平睦镇先后引进浦北县锦香饼业有限公司、千亩甜竹笋和千亩香樟树种植项目3个，引进合同资金2000多万元。

【交通建设】 2017年，木水二级公路平睦段14.2千米建成通车；农村道路交通国债项目共8个，全长约12千米，投资约360万元；县一事一议项目硬底化道路10条，总长7.3千米；95%村民小组通硬底化水泥路。

【城乡建设】 2017年，平睦镇投资279万元的保障性安居工程配套基础设施建设一期项目已建成投入使用；投资143万元的六峰、良村、平睦、新丰、茂平国债项目，年内全部完工；投资295万元镇级垃圾处理中心项目厂房已建成并安装机械；投资3613万元的35千伏送变电站项目完成招标；总投资1263万元的平睦镇土地整治项目（涉及官屋、平安、平睦、富足4个村）年内开展勘测、设计；投资900万元污水处理厂项目完成土地平整和设计；派出所搬迁项目年内开展征地工作。推进“美丽平睦”专项活动，先后投入20多万元购置垃圾桶（箱）800多个、修建垃圾池33个，增设一批流动垃圾箱；与拥有专业资质的保洁公司签订垃圾清运合同，由保洁公司承包集镇的卫生清洁工作，确保垃圾清运及时、彻底。全年植树造林68公顷，全镇森林覆盖率提高到77.3%。农村无害化卫生厕所普及率达

97.8%以上;农村清洁厨房普及率达到85%。县一事一议财政奖补项目共23个,获得奖补资金229.92万元,群众自筹资金30.02万元。其中,水泥篮球场1个、路灯项目8个、人饮项目4个、排污项目2个、拓宽路基项目8个,惠及11个村委。

【现代特色农业】 2017年,平睦镇发展现代特色农业。在海拔500米以上地带种植甜竹笋、茶叶;在海拔300~400米的地带进行山泉水养鱼、野花养蜂;在低海拔的地带种植四会柑、荔浦芋头,形成自山顶至山底的立体种养模式。年内,平睦镇创立5个千亩产业基地(千亩四会柑产业基地、千亩生态茶产业基地、千亩香樟树产业基地、千亩甜竹笋产业基地、千亩八角产业基地),4个百亩示范点(百亩花卉示范点、百亩荔浦芋示范点、百亩中草药示范点、百亩冬种马铃薯示范点)。有峰茂茶叶、林茂柑橘等农民专业合作社(协会)16家,超40亩的示范基地有13个。其中峰茂茶叶专业合作社生产的红茶、绿茶在3月通过中国绿色食品发展中心认证,五峰茶业示范园获认定为广西乡级现代特色农业示范区。2017年,新发展种植四会柑35公顷、茶叶17公顷,全镇四会柑种植已达320公顷,茶叶153公顷。

【脱贫攻坚】 2017年,平睦镇抓脱贫攻坚工作,实施"五个一批"和"八大扶贫攻坚行动"。年内,投入各级财政专项扶贫资金1100多万元支持扶贫项目建设,实现69户352名贫困人口脱贫、贫困村新丰村脱贫摘帽,脱贫村富足村达到稳定脱贫。年内,商定在富足新丰2个村共投资65万元建设光伏发电,预计每年将有7万元收益。

【民生工作】 2017年,平睦镇推进"产业富民、服务惠民、基础便民和文化乐民"四个专项活动。完成农村改厕295户、改厨175户;如期完成农村危房改造81户;建立生产基地5个,带动农户实现增收;落实推行河长制,建立治水长效机制和责任体系;发展教育事业,配备充足的师资力量,推进教育均衡发展,义务教育均衡发展工作顺利通过市级验收。全年,平睦镇参加中考330人,高中上线230人,高中上线率69.7%,其中15人考上重点中学;参加小升中考试学生347人,8人考上浦北中学初中部,位列全县第八名。年内开展文化娱乐活动400多场(次)。卫计事业稳步发展,深入推进医疗体制改革,医疗费用增幅控制在10%以内。2017年,开展义务兵家属、残疾等人员的春节慰问活动,慰问金折合人民币1.6万元;年内,发放五保金104.7万元、低保金475.2万元、春荒救济款3.8万元、冬令救助款4.2万元、重度补贴12.78万元、残疾人生活补贴12.36万元;投入2万资金扶持残疾人创业4人;投入8000元进行残疾人无障碍改造2户。2017年,平睦镇在夏秋季征兵工作中,超额完成任务,获浦北县征兵办的通报表扬。

【平安法治】 2017年,平睦镇发生刑事案件3件,破3件,逮捕3人,受理治安案件15起,查处12起;排查矛盾纠纷37起,解决32起,村级排查矛盾纠纷58起,解决51起。平睦镇群众安全感和满意度连续3年位居钦州市前列,被评为"钦州市平安建设先进乡镇""钦州市无毒乡镇",是钦州市获"全区2015—2016年度平安建设先进镇"称号的唯一镇。

2017年,平睦镇国土规建环保安监站、派出所、工商所、食品药品监督管理所、卫生院、市场物业管理所等有关部门成立镇级联合检查组,对镇内企业、市场、商场、超市、饭店、KTV、网吧等公共密集场所进行安全生产大检查、大排查共8次。共发现问题32处,现场立即整改9处,发出整改通知书23份,整改完成23处。年内,平睦镇无安全责任事故。

【党内廉政建设】 2017年,平睦镇落实党风廉政建设"一岗双责",开展"一问责三整治"专项活动,着力解决"庸政懒政怠政"等方面的突出问题,重点对工作中出现的不作为、慢作为、乱作为等问题严肃问责。接受人大的法律监督,回应人大代表和群众对社会热点问题的关切,办理人大代表建议6件,及时办理市长、县长热线3件。推进政务公开和政府信息公开。加强扶贫领域监督执纪问责。

(梁飞　黎序德)

官垌镇

【概况】 官垌镇位于浦北县东北面。距县城33千米,东邻平睦镇,西北与福旺、寨圩、六硍等镇接壤,南与小江镇、博白县永安镇相邻。

2017年,官垌镇行政区域面积199.21平方千米。辖官垌、芳田、月光、垌口、文明、福明、平石、旺充、垌表、江口、龙地、文丰、大岸、甜竹、群生、历山、东叶景17个村委,有293个村民小组,年末总人口4.73万人。2017年,全镇工业总产值3.08亿元,农业总产值2.51亿元,财税收入1351万元,农民人均纯收入1.05万元;完成固定资产投资3.01亿元。2017年,全镇有林地面积25.5万公顷,耕地面积2257公顷,种植优质水稻面积1778公顷,抛秧技术普及率90%,粮食总产值1.35万吨,经济林面积8157公顷。全镇家禽存栏75.89万羽,生猪存栏13.75万头,水产品产量5825吨。官垌镇主要经济作物有水稻、玉米、木薯等,旅游资源有神龟谷山庄、文明百花谷等。

全年,全镇参加新型农村合作医疗3.94万人,参加城镇居民合作医疗486人。全镇参加养老保险8102人。

2017年,官垌镇有初中1所,在校学生917人,教师72人;小学22所,在校学生4045人,教师203人。全镇有乡村图书室17个,藏书3.02万册。有卫生院1所,医务人员26人;村级卫生室17个,乡村医生17人。

【扶贫攻坚】 2017年,官垌镇成立扶贫工作领导小组,组建17个驻村工作组,镇、村扶贫信息员全部到位,做到从镇到村各级脱贫攻坚组织健全。通过产业扶持、完善基础设施、金融扶贫等形式实现投资326.6万元新建鱼塘93张,发放猪苗54头、鸡苗300羽、鱼苗5380斤、鱼饲料5.5吨、草种950斤,新建引水渠275米,惠及贫困户97户。在"以奖代补"项目中,全镇10个产业项目申报资金达67.4万元,惠及贫困户344户,鼓励贫困户通过发展生产拓宽增收渠道。加强与联谊单位的联系促成挂点县领导、联谊单位领导、帮扶干部帮助贫困村、贫困户解决问题。鼓励贫困户勇敢转变脱贫方式,从政府主导式脱贫向群众参与式脱贫转变,激发广大贫困户的脱贫热情和积极性。

【发展特色农业】 2017年,官垌镇实施"特色农业提升工程",推动官垌鱼养殖、八角种植、八角林下养鸡、茶叶产业等特色农业全面发展。

官垌鱼养殖 全年,官垌镇养殖官垌鱼面积达146.67公顷,年产值超亿元,被命名为国家农业部水产健康养殖示范场(区)。年内,垌口村建成官垌鱼"双百"养殖示范核心基地,新增鱼塘53张。同时,充分利用合作社规范化、规模化的养殖示范的作用,加快官垌鱼养殖标准、包装销售环节标准化建设步伐。

八角林种植 全年,官垌镇种植八角林约8000公顷,年产量600多万千克,年产值达1亿多元,是全县最大的八角生产基地。

生态放养 全年,官垌镇实行生态放养,共有养殖合作社11个,林下养鸡80多万羽,产值达3000多万元。

【项目建设】 2017年,官垌镇投资225万元建设集镇"五个一"工程和"绿色照明示范工程",年内完成该项目的市场周边道路改造2000多平方米,文化广场1个和排水沟1000多米的改造工程,公厕筹建中;投资80万元开工建设公租房项目,解决干部职工的住房问题;投资30万建设文峰村委"两延伸"村屯基础设施和公共服务设施;投资200万推动全镇新农村建设,把垌口村打造为田园风光美丽、人居环境适宜、村风民风文明的生态村;推进官垌镇保障性安居工程配套基础设施建设项目,项目计划投资580万元,道路硬底化1098.77米、排水沟建设4882米、安装太阳能路灯125盏、绿化357棵秋枫树及其他配套设施。

【生态乡村建设】 2017年,官垌镇结合特色农业发展以及生态旅游,全力加快生态新农村建设,打造垌口村"三合一"综合示范片。年内,垌口村新村建设总投资200多万元,建设垌口街排水沟,拆除旧房、危房,垌口小广场建设中。

【民生工作】 2017年,官垌镇共发放4.4万公斤口粮,粮食直补资金246多万元;共投资203万元建设一事一议项目58个;投资196.3万元,完成危房改造任务107户;2017年,官垌镇以社会化发放形式累计发放春荒冬令救助款8.2万元,帮助灾民394户1318人,按时发放全镇5名孤儿生活保障金。

【党建工作】 2017年,官垌镇党委与全镇36个支部签订《官垌镇2017年基层党建工作目标责任书》,建立年终党建考评、季度考评和动态考评机制;推进"一站一中心"建设提升工程为载体,统筹推进各村、镇直机关单位、"两新"组织等基层党建工作;落实"三会一课""四议两公开"轮流坐班等制度,抓党员发展和教育培训工作,全力整顿软弱涣散基层党组织1个。2017年,官垌镇按程序发展党员,共发展入党积极分子26名,转正预备党员19名,收缴党费5.3万元。在年度村"两委"换届工作中,官垌镇成立领导机构和工作机构,精心组织,明确职责,贯彻落实区、市、县有关换届工作精神,组织镇、村干部学习"十个严禁""六个一律"的换届纪律。

(彭奕锦)

荣誉榜

个人荣誉

全国先进个人

姓名	性别	单位职务	荣誉称号	授予单位
冯恩珍	女	浦北县张黄中心卫生院	第六届全国道德模范提名奖获得者	中央精神文明建设指导委员会
莫祝夏	女	浦北县商务局局长	第十届全国五好文明家庭	全国妇联
覃世武	男	浦北县人民法院调研室主任	网评之星	最高人民法院

自治区先进个人

姓名	性别	单位职务	荣誉称号	授予单位
包能海	男	浦北县人民法院民二庭审判员	荣誉天平奖章	广西壮族自治区高级人民法院
宾华山	男	浦北县人民法院执行局司法行政人员	全区法院第二个“执行月”活动先进个人	广西壮族自治区高级人民法院
丁俊杰	男	浦北县委组织部干部	全区组织系统2017年度优秀信息员	中共广西壮族自治区党委组织部
何　如	女	浦北县妇联副主席	广西实施2010—2020年妇女儿童发展规划先进个人	广西壮族自治区妇女儿童工作委员会
何　徽	女	浦北县人民法院少年庭副庭长	广西三八红旗手	广西壮族自治区妇女联合会
何相庆	男	浦北县人民法院刑庭副庭长	“百日清案”专项活动先进个人	广西壮族自治区高级人民法院
黄华柏	男	浦北县人民检察院法警大队副大队长	全区检察机关第十七期司法警察培训班优秀射手	广西壮族自治区人民检察院司法警察总队
黄　炎	男	浦北县机关事务管理局局长	2017年度全区机关事务系统个人记二等功	广西壮族自治区机关事务管理局 广西壮族自治区人力资源和社会保障厅
姜　森	男	浦北县公安局寨圩派出所所长	2016年度全区优秀人民警察——“十佳执法标兵”	广西壮族自治区公安厅
黎　黎	女	浦北县人民法院北通法庭审判员	“百日清案”专项活动先进个人	广西壮族自治区高级人民法院
李丽萍	女	浦北县白石水镇妇联主席	广西维护妇女儿童权益先进个人	广西壮族自治区妇联
李　闹	男	浦北县人民法院党组成员、执行局局长	全区法院第二个“执行月”活动先进个人	广西壮族自治区高级人民法院
梁广祥	男	国家统计局浦北调查队副队长	广西调查队系统先进工作者	国家统计局广西调查总队

续表

姓名	性别	单位职务	荣誉称号	授予单位
梁剑锋	男	浦北县司法局龙门司法所所长	2011—2015年全区法治宣传教育先进个人	广西壮族自治区党委宣传部、自治区司法厅
梁剑锋	男	浦北县司法局龙门司法所所长	2017年度全区监狱戒毒人民警察和社区矫正工作队伍“岗位练兵能手”	广西壮族自治区司法厅
梁世鹏	男	浦北县人民法院执行局副局长、执行二庭庭长	全区法院第二个“执行月”活动先进个人	广西壮族自治区高级人民法院
刘德伟	男	浦北县人民法院执行局副局长	“百日清案”专项活动先进个人	广西壮族自治区高级人民法院
罗德辉	男	浦北县人民法院审判委员会专职审委	荣誉天平奖章	广西壮族自治区高级人民法院
宁　琦	女	浦北县人民检察院案管办科员	2017年全区检察机关“喜迎十九大”主题文化建设周竞赛优胜奖	广西壮族自治区人民检察院
邱　剑	男	浦北县人民法院民二庭副庭长	“百日清案”专项活动先进个人	广西壮族自治区高级人民法院
邱　卫	女	县物价局党组书记、局长	2017年度全区价格监督检查工作先进个人	广西壮族自治区物价局
宋　军	男	浦北县人民法院党组成员、副院长	全区法院第二个“执行月”活动先进个人	广西壮族自治区高级人民法院
覃金华	男	浦北县商务局 主任科员	第三届全区人民满意公务员评比记全区一等功	中共广西壮族自治区委员会 广西壮族自治区人民政府
覃世武	男	浦北县人民法院调研室主任	“百日清案”专项活动先进个人	广西壮族自治区高级人民法院
王其武	男	浦北县人民法院立案庭审判员	荣誉天平奖章	广西壮族自治区高级人民法院
王世昆	男	浦北县地方税务局小江税务分局副局长	记二等功	广西壮族自治区人力资源和社会保障厅、广西壮族自治区地方税务局
韦秋娟	女	浦北县人民法院法警大队司法警察	2017年度全区法院司法警察培训班优秀学员	广西壮族自治区高级人民院法警总队
冼俞任	男	浦北县委组织部研究室主任	全区组织系统2017年度优秀网宣员	中共广西壮族自治区党委组织部
张倚华	男	乐民镇金康村第一书记	广西壮族自治区2017年度优秀第一书记	广西壮族自治区党委组织部
郑大军	男	中共浦北县委政法委员会会员、县综治办主任	2015—2016年度建设平安广西活动先进个人	中共广西壮族自治区委员会、广西壮族自治区人民政府
钟亿雄	男	浦北县人民检察院检委委员	2017年度全区检察机关信息工作先进优秀信息员	广西壮族自治区人民检察院办公室 政治部
钟志贤	男	浦北县人民法院执行局司法警察	全区法院第二个“执行月”活动先进个人	广西壮族自治区高级人民法院

钦州市先进个人

姓名	性别	单位职务	荣誉称号	授予单位
黄　辉	女	浦北县金浦小学副校长	钦州市三八红旗手	钦州市妇联
姜丽萍	女	政企支局长	五一劳动奖章	钦州市总工会
李　林	男	中共浦北县委政法委员会维稳办主任	2015—2016年度建设平安钦州活动先进个人	中共钦州市委员会、钦州市人民政府
周平安	男	中国移动公司浦北分公司总经理	钦州市五一劳动奖章	钦州市总工会

集体荣誉

全国先进集体

名称	荣誉	授予单位
官垌镇人民政府	第五批标准化气象为农服务县(市、区)和乡(镇)	国家气象局
浦北县林业局	全国集体林权制度改革先进集体	人力资源和社会保障部　国家林业局
浦北县北通、龙门、福旺卫生院	2016—2017 年度群众满意的乡镇卫生院	国家卫生和计划生育委员会办公厅
浦北县人民法院	2017 年度在司法宣传工作中做出突出成绩的人民法院	最高人民法院
浦北县人民检察院	第九届全国检察机关“文明接待示范窗口”	最高人民检察院
浦北县人民检察院	全国文明单位	中央精神文明建设指导委员会
浦北县人民政府	2017 年国家园林县城	中华人民共和国住房和城乡建设部
浦北县市政管理局	国家园林县城	国家住建部
浦北县新华书店有限公司	2017 年第二十四届全国青少年爱国主义读书教育活动发行先进奖	全国青少年爱国主义读书教育活动组织委员会

自治区先进集体

名称	荣誉	授予单位
中共浦北县委组织部	全区组织系统 2017 年度信息工作优秀集体二等奖	中共广西壮族自治区委员会组织部
浦北县信访局	2017 年度自治区“三无”标准县	广西区党委区人民政府信访局
浦北县文明办	全区未成年人思想道德建设工作先进单位	广西壮族自治区精神文明建设委员会
浦北县政协	2017 年度自治区政协报刊宣传工作先进单位特等奖	广西壮族自治区政协
浦北县物价局	全区价格监督检查工作先进集体	广西壮族自治区物价局
浦北县物价局	全区收费统计工作先进集体	广西壮族自治区物价局
浦北县科学技术协会	2017 年广西“十月科普大行动”先进集体	广西科学技术协会
浦北县调处办	2016 年度全区“三大纠纷”调处工作先进集体	广西壮族自治区调解处理土地山林水利纠纷工作领导小组
浦北县卫生和计划生育局	广西 2016 年度人口和计划生育工作先进单位	广西壮族自治区人民政府
浦北县卫生和计划生育局	广西自治区卫生先进单位	广西壮族自治区爱国卫生运动委员会
浦北县商务局	广西壮族自治区电子商务进农村综合示范工作成绩突出单位	广西壮族自治区商务厅
浦北县人民检察院驻县看守所检察室	二级规范化检察室	广西壮族自治区人民检察院
浦北县人民检察院	自治区维护妇女儿童权益先进集体	广西壮族自治区妇女联合会
浦北县人民检察院	2017 年度广西“青少年维权岗”	广西壮族自治区人民检察院
浦北县工商行政管理局	广西壮族自治区无传销县(2014—2016 年)	广西壮族自治区打击传销工作领导小组

续表

名称	荣誉	授予单位
浦北县工商行政管理局龙门工商所	全区工商行政管理系统记二等功集体	广西壮族自治区工商行政管理局、广西壮族自治区人力资源和社会保障厅
浦北县武思江(土东库区)优势特色鱼类产业扶贫示范园	自治区巾帼脱贫示范基地	广西壮族自治区妇联
浦北县公安局	广西维护妇女儿童权益先进集体	广西壮族自治区妇联
浦北县人民检察院	广西维护妇女儿童权益先进集体	广西壮族自治区妇联
浦北县教育局	广西实施2010—2020年妇女儿童发展规划先进集体	广西壮族自治区妇女儿童工作委员会
浦北县人社局社保就业服务窗口	自治区巾帼文明岗	广西壮族自治区妇联
浦北县桑生生态园	自治区"金绣球"农家乐示范点	广西壮族自治区妇联 广西壮族自治区旅游发展委员会 广西壮族自治区扶贫开发办公室
浦北县农机局	2017年度全区农机化工作先进单位	广西壮族自治区农机局
浦北县北通镇	2017年自治区级生态乡镇	广西壮族自治区环境保护厅
浦北县信访局	2017年度自治区"三无"标准县	广西壮族自治区党委区人民政府信访局
浦北县环境保护局	2017年广西环境保护宣传工作突出单位	广西壮族自治区环保厅
浦北县机关事务管理局	2017年度自治区公共机构节能工作成绩突出集体	广西壮族自治区公共机构节能工作领导小组办公室
浦北县文化体育广电局	2017年度全区县级播出机构供片工作先进单位	广西壮族自治区文新广电局
浦北县工商业联合会	广西县级"五好"工商联	广西壮族自治区工商业联合会
广西壮族自治区浦北公路管理局	广西壮族自治区沿海公路管理局2017年度各直属单位绩效考核第一名	广西壮族自治区沿海公路管理局
广西壮族自治区浦北公路管理局	2017年度广西"安康杯"竞赛优胜班组	广西壮族自治区总工会、广西壮族自治区安全生产监督管理局
国家统计局浦北调查队	2017年住户调查先进集体三等奖	国家统计局广西调查总队 广西壮族自治区统计局
国家统计局浦北调查队	2017年调查信息工作先进集体二等奖	国家统计局广西调查总队
浦北县财政局	自治区卫生先进单位	广西壮族自治区爱国卫生运动委员会
浦北县人民法院	全区法院第二个"执行月"活动先进集体	广西壮族自治区高级人民法院
浦北法院团支部	2016年度广西五四红旗团支部	共青团广西区委
浦北县人民法院工会委员会	2017年全区工会职工书屋示范点	广西壮族自治区总工会办公室
浦北县人民法院寨圩人民法庭	"百日清案"专项活动先进集体	广西壮族自治区高级人民法院
乐民镇中心小学(本部)	广西文明先进单位	广西壮族自治区精神文明建设委员会
浦北县民政局	在全区2013—2017年度民政工作中做出重大贡献,记二等功	广西壮族自治区民政厅、广西壮族自治区人力资源和社会保障厅
浦北县公安局	广西维护妇女权益先进集体	广西壮族自治区妇女联合会
浦北县公安局出入境	2016年度全区优秀公安基层单位——"十佳窗口单位"	广西壮族自治区公安厅

续表

名称	荣誉	授予单位
浦北县人民政府	“广西生态板材生产基地”二轻行业特色产业区域称号	广西壮族自治区二轻城镇工业联合社
浦北县人民政府	2017年自治区级优秀电子商务进农村综合示范县（市）称号	广西壮族自治区商务厅、广西壮族自治区财政厅、广西壮族自治区扶贫办
浦北县人民政府	第七轮自治区文明城市称号	中共广西壮族自治区委员会、自治区人民政府
浦北县人社局	2017年度广西壮族自治区巾帼文明岗	广西壮族自治区妇女联合会
浦北县人社局	2017年度《人事天地》杂志宣传工作先进单位	广西壮族自治区人力资源和社会保障厅办公室
浦北县人社局	2016—2017年全区脱贫攻坚先进集体	中共广西壮族自治区委员会
浦北县普法依法治县领导小组办公室	先进集体	广西壮族自治区司法厅

钦州市先进集体

名称	荣誉	授予单位
浦北县委统战部	2016年度全市统战工作实践创新成果奖	中共钦州市委统战部
官垌镇人民政府	2015—2016年度建设平安钦州活动先进镇	中共钦州市委员会\钦州市人民政府
浦北县妇联	钦州市三八红旗集体	钦州市妇联
浦北县公安局警务保障室	钦州市五一巾帼标兵岗	钦州市总工会
浦北县人民政府	2017年度政协提案优秀承办单位	中共钦州市委员会办公室、钦州市人民政府办公室、钦州市政协办公室
浦北县人民政府	党十九大期间安保维稳工作表现突出的单位	中共钦州市委员会办公室、钦州市人民政府办公室
浦北县人社局	2015—2016年度建设平安钦州活动先进单位	中共钦州市委员会办公室、钦州市人民政府办公室
浦北县委政法委	2015—2016年度建设平安钦州活动先进集体	中共钦州市委员会办公室、钦州市人民政府办公室

文　献

全面贯彻落实党的十九大精神　奋力开创世界寿乡美丽浦北新局面

——在县委十三届六次全体会议上的报告

中共浦北县委书记　**韦业葵**

（2017 年 12 月 27 日）

中国共产党浦北县委员会书记　韦业葵

本次全会的主要任务是：深入贯彻落实党的十九大精神和中央经济工作会议、广西壮族自治区党委十一届三次全会、市委五届三次全会精神，总结回顾 2017 年工作，研究部署 2018 年主要工作任务和发展思路，动员全县上下坚持以习近平新时代中国特色社会主义思想为指导，不忘初心、牢记使命，开拓进取、创优争先，奋力开创世界寿乡美丽浦北新局面。

总结回顾 2017 年工作

即将过去的 2017 年，是收获丰硕的一年，也是极不平凡的一年。一年来，我们在以习近平为核心的党中央坚强领导下，深入贯彻落实党的十八大、十八届三中、四中、五中、六中、七中全会精神和党的十九大精神，坚持以马克思列宁主义、毛泽东思想、邓小平理论、“三个代表”重要思想、科学发展观、习近平新时代中国特色社会主义思想为指导，全面贯彻落实习近平总书记视察广西重要讲话精神，围绕十三五“两个建成”目标，扎实推进“十大提升工程”，团结带领全县广大党员干部群众化挑战为机遇、变压力为动力，干成一批大事，争创一批亮点，实现一系列突破，经济建设、政治建设、文化建设、社会建设、生态文明建设和党的建设取得新成绩。

一年来，我们办成“六件大事”。

一是获得一批含金量高的荣誉。成功申报成为中国第七个、广西第三个“世界长寿之乡”，创建成为“国家园林县城”，连续 3 年获评为“自治区文明县城”，连续 12 年获评为“自治区平安县”。

二是建成浦北第一条高速公路。10 月 17 日贵合高速公路建成通车，打通浦北通江达海的便捷通道，实现浦北人民的"高速梦"。

三是推进一批重大项目建设。总投资35亿元的奥园城市综合体的建设，填补浦北城市综合体发展的空白。招商引资工作走在全市前列，组织实施5000万元以上投资项目27个，累计完成投资123.5亿元。

四是创出一批新经验。创新建立"1+2+6"党建工作机制，助推脱贫攻坚和乡村建设；成立广西首支生态安全警察队伍，生态执法改革走在全国前列；"宜居乡村""三品一标""医养结合""三大纠纷"调处等工作走在全区前列，分别在全区性工作会议上作经验介绍；地质灾害监测预警系统获全区推广；《光明日报》《中国国土资源报》《广西日报》等省部级主流媒体分别对我县的创新经验作了宣传报道。

五是成功举办首届"山水浦北·常来长寿"旅游文化节。成功推介山水浦北、生态浦北、长寿浦北文旅品牌，搭建浦北对外宣传的新窗口，签约26个文化旅游、健康产业招商项目，总投资达62亿元，形成群众响应、政企双赢、助推发展的节会效应。

六是圆满完成村（社区）"两委"换届工作。严肃换届选举工作纪律，选准配强了村（社区）"两委"干部，进一步夯实基层组织建设基础。

一年来，我们主要做好了"七项工作"。

一是深入学习宣传贯彻党的十九大精神和习近平总书记视察广西重要讲话精神

十九大胜利闭幕后，县委随即召开常委扩大会议，传达学习党的十九大精神，研究贯彻落实的具体措施。及时召开全县会议传达学习并进行总动员，出台学习宣传贯彻党的十九大精神实施方案，对学习培训、集中宣讲、宣传报道等进行全方位部署。县委常委带头深入挂点镇（街道）、联系村宣讲，县委宣讲团深入镇（街道）、机关、园区、企业、村（社区）进行宣讲，迅速掀起学习宣传贯彻党的十九大精神的热潮。习近平总书记视察广西发表重要讲话后，县委常委会紧紧围绕"五个扎实"新要求，结合浦北县情，找准发力点，把生态优势转化为发展优势，以成功申报"世界长寿之乡"为契机，规划健康产业发展，努力让良好生态环境成为农民增收的新增长点、成为展现美丽形象的新发力点。

二是贯彻新发展理念，经济发展跃上新台阶

坚持五大发展理念，落实稳增长各项措施，加强经济运行管理，培育新增长点，推动了全县经济持续健康发展。全年GDP完成216.7亿元，增长10%；固定资产投资完成220亿元，增长17%；规模以上工业总产值完成347.1亿元，增长20%；财政收入8.25亿元，增长11%；社会消费品零售总额完成84.33亿元，增长9%；城镇居民人均可支配收入31359元，增长8%；农民人均可支配收入11734元，增长9.5%。经济运行保持稳中有进，多项指标增速排在全区、全市前列。产业转型升级加速。深入实施"县域工业提升工程"，构建了"一带三区"产业发展格局。出台新的产业扶持办法，木材加工、制药等传统产业转型升级步伐加快，高新技术产业、战略性新兴产业和现代服务业规模逐步壮大。电子商务进农村综合示范项目建设工作成果被商务部评为优秀等级，名列广西第一。发展后劲不断增强。深入开展"创新年"活动，着力推进体制机制、管理服务两大类76项重点创新事项，一批特色改革创新走在全区、全市前列。开展"招商引资突破年"活动，引进项目47个，到位资金88.9亿元。城乡环境明显改善。推进第三批国家新型城镇化综合试点县建设，实施县城市政道路"白改黑"、供水、排污和燃气网管等工程，启动建设华侨山公园和中心公园，县城面貌焕然一新。建成一批镇级污水处理厂、垃圾处理设施项目。启动大浦高速公路建设，推进龙门至平马一级公路和G359东绕城路一期建设，建成农村公路211.65公里，20户以上自然村80%通水泥路。

三是坚持绿色生态发展，生态效益不断凸显

牢固树立绿色发展理念，充分释放浦北山清水秀的生态优势。大力实施"现代特色农业提升工程"，获自治区评定1个三星级示范区、1个县级示范区和3个乡级示范区。土地承包经营权确权登记颁证工作基本完成，土地流转有序进行，农村存量资源得到有效盘活。大力发展全域旅游，整合7800多万元投入旅游基础设施建设，重点打造"两山一水一城"，越州天湖升级为国家AAAA级旅游景区，东方生态园被评为广西五星级乡村旅游区，山水浦北旅游品牌影响力进一步提升。全力推进生态文明建设，创新生态安全管理机制，全面推行河长制。扎实推进宜居乡村建设，"产业富民""服务惠民""基础便民""文化乐民"成效突出。

四是积极发展社会主义民主政治，民主法治建设稳步推进

坚持党的领导、人民当家作主、依法治国有机统一。县委常委会按照总揽全局、协调各方的原则，定期听取县人大常委会、县政府、县政协、县人民法院、县人民检察院党组汇报，全面统筹各方面各领域工作。社会主义协商民主建设进一步加强，爱国统一战线得到巩固和发展。司法体制改革深入推进，法律援助制度逐步健全，群团组织改革全面铺开。创新社会管理，率先完成村级“五个一”建设和综治中心试点工作。矛盾纠纷和信访积案的排查化解工作成效明显，平安浦北建设深入推进。

五是强化宣传思想文化工作，精神文明建设深入开展

创新开展“主动作为，敢于担当”活动和“解放思想大讨论”活动，在全县党员和干部中形成了想干敢干、比学赶超的良好干事创业氛围。强化网络舆论监控，构建“两微一门户”三位一体的网络宣传格局，完善意识形态工作主体责任落实工作机制和监督机制，牢牢把握意识形态工作的领导权、管理权和话语权。加强精神文明建设，大力培育和践行社会主义核心价值观，开展了“道德模范”“身边好人”评选表扬活动，推进“五大创建”活动和“十星级文明示范户”创评活动。全市网络舆情工作交流会、“文化乐民”工作现场会先后在浦北召开。

六是致力保障和改善民生，群众获得感持续增强

脱贫攻坚战扎实推进。安排财政专项扶贫资金1.56亿元，统筹各类资金7687万元投入扶贫领域，13个贫困村8506贫困人口顺利脱贫摘帽。坚持教育优先发展，新建、扩建6所小学和1所高级中学，义务教育均衡发展通过市级初验。全民健身运动深入开展，群众文体生活不断丰富。计划生育惠民政策全面落实，生育文明理念深入人心。推进“大众创业、万众创新”，就业再就业质量进一步提高。住房保障水平显著提升。农村医疗卫生服务网络进一步健全，药品保障体系进一步完善。社会保险、社会救助、社会福利和慈善事业等有序推进。

七是巩固加强党的建设，全面从严治党不断深化

扎实推进“两学一做”学习教育常态化制度化，党风政风持续好转。坚持正确用人导向，选准用好干部。建立公开招聘“绿色通道”，人才队伍建设得到加强。加强基层党组织建设，深化“一站一中心”建设提升工程。健全完善层级联动和授权监督机制，解决群众热点难点问题5849个。扩大“两新”组织党组织覆盖面，充分发挥战斗堡垒作用。严格落实党风廉政建设责任制，加大反腐败惩治力度。持续深化“书记约谈”机制和谈话提醒制度，开展谈话提醒779次。积极实践“四种形态”，全年立案234件，结案228件，给予党纪政纪处分228人，努力营造政治生态的“绿水青山”。完成了县纪委派驻机构改革。作风建设持续推进，深入开展“一问责三整治”活动，一批党员干部“庸政懒政怠政”问题得到有力解决。全面落实中央八项规定精神，全力做好各级巡视督查整改，干部纪律规矩意识明显增强。

过去的一年，我们取得的成绩来之不易，这是上级党委、政府正确领导的结果，是全县各级党组织和广大党员、干部同心同德、真抓实干、奋力拼搏的结果，也是各位委员、候补委员辛勤工作的结果。在此，我代表县委常委会，向大家表示衷心的感谢和崇高的敬意！

在肯定成绩的同时，我们也清醒地看到，在发展改革的道路上，仍然存在不少困难和问题。主要是：产业规模小，结构不够合理，没有形成品牌规模效应；交通瓶颈问题尚未完全解决，大交通网络仍未真正形成；城镇规划还不够完善，城乡发展不够平衡；人才、资金、土地等要素对发展制约进一步显现；少数干部思想不够解放、创新意识不强，等等。面对这些改革发展道路上的阻碍和困难，我们客观上要科学分析，主观上要高度重视，坚持问题导向，采取有力措施加以解决。

2018年工作任务

2018年是进入新时代全面贯彻落实党的十九大精神的开局之年，也是决胜全面小康的关键之年。做好明年的工作，意义十分重大。

2018年工作总体要求是：高举习近平新时代中国特色社会主义思想伟大旗帜，全面贯彻落实党的十九大精神，牢牢把握“五位一体”总体布局、“四个全面”战略布局，深入贯彻新发展理念，全面落实自治区党委、市委的战略部署，坚持全面加强党的建设，深入实施“四轮驱动”发展战略，以满足人民日益增长的美好生活需要为目标，按照“1234”工作思路，加快建设“北部湾美丽后花园”和“国际康养胜地”，全面推进经济社会发展，不断开创世界寿乡美丽浦北新局面。

主要经济预期目标是：生产总值增长9%，固定资产投资增长13%，财政收入增长7%，规上工业增加值增长10.3%，城镇居民人均可支配收入增长8%，农村居民人均可支配收入增长9%，社会消费品零售总额增长10%；城镇登记失业率控制在4.5%以内。

做好2018年工作，主要从三方面努力：

一、深入学习宣传贯彻落实党的十九大精神，用习近平新时代中国特色社会主义思想武装头脑、指导实践

党的十九大是引领全党全军全国各族人民满怀信心为决胜全面建成小康社会、夺取新时代中国特色社会主义伟大胜利而奋斗的历史性大会，必将成为实现“两个一百年”奋斗目标和中华民族伟大复兴中国梦历史进程中一座光辉的里程碑，具有划时代的重大意义。深入学习宣传贯彻党的十九大精神，事关党和国家工作全局，事关中国特色社会主义事业前途命运，事关最广大人民根本利益。全县各级党组织和广大党员干部要把贯彻落实好党的十九大精神作为当前和今后一个时期首要政治任务，学懂弄通做实上下功夫，切实把思想统一到党的十九大精神上来，把力量凝聚到实现党的十九大确定的各项任务上来，推动党的十九大精神在浦北落地生根、开花结果。

二、顺应新时代落实新要求，进一步理清浦北发展新思路

党的十九大、中央经济工作会议、自治区党委十一届三次全会、市委五届三次全会，对下一步经济社会发展作出了一系列新的重大部署，随着“世界长寿之乡”落地浦北、贵合高速公路建成通车，浦北迎来了发展新机遇，我们要顺应新时代，抢抓新机遇，以建设“北部湾美丽后花园”和“国际康养胜地”为发展新目标，以“擦亮一张新名片、打赢两大攻坚战、构建三大核心产业园、实施‘四个年’活动”为发展新思路。

新目标新思路是浦北贯彻落实中央、自治区决策部署的重大举措。党的十九大提出实施健康中国战略，作出“倡导健康文明生活方式”“发展健康产业”等新部署。自治区党委明确提出要把健康产业、服务业作为2018年重点扶持发展产业，确定发展健康产业在用地保障、投融资服务、财税政策、招商引资等方面的优惠措施，这为浦北有序开发生态资源，打响“世界长寿之乡”品牌，发展绿色经济，建设宜商宜居宜乐的美丽浦北，打造山海相连的“国际康养胜地”带来了政策的福音。

新目标新思路是浦北紧跟市委新定位的战略选择。市委五届三次全会提出“建设‘一带一路’南向通道陆海枢纽城市，构建大开放、大通道、大港口、大产业、大物流新格局”的新时期钦州发展新目标新思路，作出“进一步畅通中心城区连接灵山、浦北的交通动脉，促进人流、物流往港口、中心城区集聚，使县域接受港口更多辐射”“要大力发展县域特色产业”“重点发展纺织、新材料、机械等临港配套产业，接受港口的辐射，促进县域向沿海发展”等新部署，这为浦北承接钦州临港配套产业转移，加快推进新材料产业园建设，接受北部湾中心城市辐射，打造“北部湾美丽后花园”带来了崭新的机遇。

新目标新思路是浦北谋求新时期更大发展和实现更大作为的实际需要。浦北地处北部湾腹地，与珠江－西江经济带的贵港接壤，建成通车的贵合高速公路，使浦北成为北部湾经济区连接珠江－西江经济带的新通道，必将促进浦北在南向通道的江海联动中发挥更大作用。正在建设的南宁大塘至北流清湾高速公路，建成后将与首府南宁形成“1小时经济圈”，打通南宁与广东西部城市的便捷通道，更有利于承接珠三角产业转移。浦北优美的生态环境、长寿文化必将成为吸引广大客商投资置业和城市人群慕名而来的新名片。

三、全面贯彻落实党的十九大精神，奋力谱写世界寿乡美丽浦北新篇章

（一）擦亮“山水浦北·常来长寿”新名片

加强生态保护力度。坚守“绿水青山就是金山银山”的发展理念。加强生态空间保护和优化，贯彻落实生态保护红线、永久基本农田、城镇开发边界三条控制线划定工作。严格水生态和饮用水水源保护，加强排污排气监控，落实节能减排责任制，全面落实河长制。加强农村面源污染防治，实现重点镇污水垃圾处理设施全覆盖。强化生态安全执法，筑牢生态安全屏障，永葆浦北山青、水碧、天蓝。

大力发展生态休闲旅游业。积极创建自治区全域旅游示范区，完善提升全县旅游总体规划。重点打造“两山一水一城”，提升全县旅游品质品牌。挖掘旅游文化内涵，促进旅游与文化融合，与产业发展、乡村振兴相结合，加快特色旅游名村和特色小镇建设，继续办好旅游文化节。加快发展特色旅游产品、健康养生绿色产品，推动生态旅游与健康长寿互动、融合发展。

加快健康产业发展。积极贯彻实施健康中国战略，围绕健康养老、健康旅游、休闲运动、智慧健康、医疗康复器械、健康食品及生物医药制造等产业，科学编制《广西养生长寿健康产业浦北发展规划》。重点依托丰富的“三品一标”特色农产品和富硒农产品，加快发展健康食品产业，加强培育和引进龙头企业，延长农产品深加工产业链。大力发展集医疗、保健、康复、护理、临终关怀“五位一体”的医养结合模式，推动养老护理产业发展。

推进新型城镇化建设。坚持“产学城一体化”发展理念，加快第三批国家新型城镇化综合试点县建设，完善县城基础设施建设。启动县城备用水源建设，打牢浦北长远发展基础。深入开展“四城联创”，深化城市精细化治理，进一步提高县城品位。依托全国首批国家结合新型城镇化开展支持农民工等人员返乡创业试点地区，带动农民进城就业创业，促进农民工市民化。加强城乡协调发展，加快基础设施建设，构建布局合理、功能互补的现代城镇体系。大力推进等级公路建设，建好、管好、护好和经营好农村公路，构建县乡快速通道，打造“县域1小时经济圈”。

（二）坚决打赢脱贫攻坚和乡村振兴两大攻坚战

坚决打赢脱贫攻坚战。贯彻以人民为中心的发展思想，层层落实脱贫攻坚责任制，持续推进“八大行动”“五个一批”工程。坚持党建引领，组织开展“十大专项行动”。坚决整改各级巡视督查反馈的问题，大力运用各级巡视巡察成果。建立健全贫困群众诚信体系评价机制，找准帮扶工作切入点，全面提升精准帮扶工作水平和质量，切实做到脱真贫、真脱贫，确保到2020年与全国同步实现全面建成小康社会。

坚决打赢乡村振兴攻坚战。按照产业兴旺、生态宜居、乡风文明、治理有效、生活富裕的总要求，打响乡村振兴攻坚战。深化农村土地制度改革，完善承包地“三权”分置制度。深化农村集体产权制度改革，保障农民财产权益，壮大集体经济。完善农田水利基础设施，拓宽农业技术推广应用范围，引导农村土地经营权有序流转，推动农业机械化发展。加强“三品一标”和富硒农产品建设，促进农民专业合作社和家庭农场规范化运转，加快特色农业核心示范区增点扩面提质升级，推进农业农村现代化。深入推进全国电子商务进农村综合示范县建设，完善镇村两级电子商务服务点，促进农村一二三产业融合发展。全力推进“宜居乡村”活动，打造“美丽浦北”乡村建设升级版。

（三）构建三大核心产业园

加快产业园规划建设。坚持规划先行，探索“一园多区”“一片区一产业”的新模式，构建配套互补、聚集发展的健康产业园、林业循环产业园和新材料产业园。注重园区基础设施完善，加快通水、通电、通路、通信以及餐饮商贸、住房保障、娱乐休闲等基础设施建设，确保开发一片、配套一片。逐步实施产业园环境优化提升工程，加快绿化、美化、亮化，打造功能齐全、配套完善、环境靓丽的产业园。

加快产业转型升级。继续安排财政资金扶持传统产业转型升级，提升产业层次。鼓励和支持制药业实施产品创新和品牌升级，引导现有木业加工企业发展上下游配套关联产品，做特做精做强木业加工产业。加快新能源产业和电子信息产业发展。加大对农业龙头企业的扶持力度，发挥龙头企业带动贫困户脱贫增收的作用，力求达成“民富企强”的双赢效果。

加大招商引资力度。围绕三大核心产业园的功能定位，主动服务于融入钦州市新时期的发展需要，聚焦北部湾临港产业和东部发达地区产业转移，调整招商项目重点，创新招商工作方式方法，提高招商引资的精准度和质量。优化招商环境，健全投资服务工作机制，完善财政、税费、土地等配套政策，营造亲商、爱商、护商的发展氛围。

（四）实施“四个年”活动

实施“深化改革创新年”活动。深化行政审批制度改革和商事制度改革，进一步提高行政效能。加快户籍制度改革。完善非公有制经济发展的政策措施，支持和引导非公有制经济发展。深化科技体制改革，促进科技成果转化。稳步推进供销社、事业单位养老保险改革。加快推进城市综合执法体制改革，健全城市综合执法体系。完善农村普惠金融服务体系，推进农村产权抵押融资。全面推进群团组织改革，统筹推进司法、医药卫生、教育、文化等社会领域改革。

实施“项目建设提速年”活动。优化项目审批流程，简化项目审批环节，规范项目审批条件，搭建高效、便捷的项目审批“一条龙通道”，促进项目早落地早生效。以持续推进征地搬迁攻坚行动为抓手，加快土地开发整理和清理活动，进一步提高土地节约集约利用效率。完善项目入库系统，统筹做好项目谋划和包装，争取国家和自治区投资支持，组织林业循环产业园、科教园、物流中心、龙门风电二期工程等项目申报2018年自治区层面统筹推进重大项目。深入开展“双百行动”，全力推进项目建设，做到快施工、快建设、快投产。

实施“服务企业加强年”活动。继续实行县四家班子领导联系企业制度，深入开展“非公经济接待日”“千名干部入百企”活动，协调解决企业发展中遇到的问题，推动企业加快发展。加强企业融资服务，完善“惠企贷”“助保贷”“金企贷”等政策，解决企业融资难题。深入了解企业的经营情况及发展方向，做好重点企业的监测工作。发挥中小企业专项资金的引导作用，扶持和培育一批规上企业。

实施“民生保障改善年”活动。坚持优先发展教育，实施浦北教育振兴计划，深化教育综合改革，促进义务教育均衡发展。完善城乡社会保障和社会救助体系，统筹推进社会保险扩面和城乡居民基本医疗保险整合工作，加强困境儿童和农村留守人员关爱保护服务。稳步实施全面二孩政策，加强医疗卫生体系建设。稳定粮食安全生产，强化食品药品安全监管，完善重大疾病防控应急机制。提升防灾减灾救灾能力，完善安全生产责任制，坚决遏制重特大安全事故。完善预防和化解社会矛盾机制建设，注重从源头上、基础上和根本上化解各种矛盾纠纷。持续完善社会治安防控体系建设，依法打击各种违法犯罪活动，切实提升人民群众安全感和满意度。

（五）健全人民当家做主制度体系，发展社会主义民主政治

坚持党的领导、人民当家做主、依法治国有机统一，支持人大、政府、政协和法院、检察院依法依章程履行职能。强化人民当家做主制度保障，坚持和完善人民代表大会制度。加强协商民主制度建设，发挥社会主义协商民主重要作用。深化依法治县，推进依法行政，建设法治政府。深入推进“七五”普法，提升法制教育水平。深化机构和行政体制改革，转变政府职能，建设人民满意的服务型政府。巩固和发展爱国统一战线，深化民族、宗教、外事、侨务、对台等工作。深入开展双拥共建，增强军政军民团结，巩固和发展生动活泼、安定团结的政治局面。

（六）推进文化宣传繁荣发展，增强县域发展软实力

健全社会舆情引导机制，抓紧抓实意识形态工作，牢牢把握正确的舆论导向。坚持用社会主义核心价值观凝聚共识，深入开展“道德模范”评选表扬活动，树立浦北好形象，传递浦北好声音。大力推进精神文明建设，着力营造崇德向善的社会风尚。巩固提升“全国文化工作先进县”成果，加快推动文化产业大发展大繁荣。抓好非物质文化遗产的保护、传承与推介，积极打造特色文化品牌，全面提升浦北软实力。建立健全公共文化服务体系，大力实施文化惠民工程、文化精品工程。强力推进“扫黄打非”工作，净化文化市场环境。积极开展群众体育活动，促进全民健身和全民健康深度融合发展。

（七）牢牢把握新时代党的建设总要求，推动全面从严治党向纵深发展

旗帜鲜明讲政治强党性。坚持以新修订的党章为根本遵循，全面落实党委主体责任，巩固和发展良好政治生态。始终坚持把政治建设摆在首位，坚定执行党的政治路线，加强和规范党内政治生活，切实加强党性锻炼，在政治立场、政治方向、政治原则、政治道路上同以习近平为核心的党中央保持高度一致。加强理想信念教育，扎实开展“不忘初心、牢记使命”主题教育，坚守共产党人的精神家园和政治灵魂。加强和改善对人大工作的领导，坚持政治协商制度，汇聚起共建美好家园的强大力量。

从严从实抓干部队伍建设提能力。全面加强和规范党内政治生活，把铁的纪律和严的要求贯穿管党治党全过程。切实加强制度建设，建立健全干部联合监督等工作机制，扎紧从严治党制度的“笼子”。加强干部队伍能力建设，抓好教育培训。坚持正确选人用人导向，认真执行容错纠错办法，旗帜鲜明为敢于担当、踏实做事、不谋私利的干部撑腰鼓劲，调动广大干部干事创业的积极性。深化人才发展制度改革，加大人才引进力度，优化发展环境，集聚各方英才为浦北发展添砖加瓦。

持续深化基层党组织建设聚力量。深化“1+2+6”工作机制，不断夯实党建基础。实施农村基层党建“三聚三强”工程，提升“两站一中心”建设，推进基层党组织“星级化”管理，打造农村基层坚强战斗堡垒。实施城市基层党建“三抓三促”工程，推进城市基层党建提质量、上水平。开展机关党建“浦北党旗红・机关走前头”活动，深化“进驻共建”，全面提升机关党建科学化水平。扎实推进中小学校、医院、国有企业党建工作。继续加强“两新”组织建设，不断扩大“两个覆盖”。深化党建带团建、带群建工作。深入实施“源头培养”和“成长・活力”工程，推进党员积分管理，稳妥有序开展不合格党员组织处置工作。推行支部主题党日、党员政治生日，全面加强和规范党内政治生活。坚持和完善党委（党组）抓基层党建工作责任制，深入开展基层党建工作述职评议考核，层层压实基层党建责任。

坚持不懈推进反腐败转作风。持续深化党的纪律和作风建设，严格落实中央八项规定精神。完善党风廉政建设主体责任清单制度和廉洁工作站党风廉政监督机制，推动全面从严治党向基层延伸。深化运用监督执纪“四种形态”,抓早抓小、防微杜渐。抓好监察体制改革,深化政治巡察,健全县委巡察制度和机制,强化不敢腐的震慑,扎牢不能腐的笼子,增强不想腐的自觉。加强扶贫领域监督执纪问责,加大整治群众身边不正之风和腐败问题力度。深化标本兼治,保证干部清正、政府清廉、政治清明。

新时代要有新气象,更要有新作为。让我们更加紧密地团结在以习近平为核心的党中央周围,以习近平新时代中国特色社会主义思想为指引,不忘初心、牢记使命,开拓创新、攻坚克难,为建设“北部湾美丽后花园”和“国际康养胜地”、开创世界寿乡美丽浦北新局面而努力奋斗!

浦北县人大常委会工作报告

——2018年2月1日在浦北县第十七届人民代表大会第三次会议上

浦北县人大常委会主任　**班博文**

浦北县人大常委会主任　班博文

过去一年的主要工作

2017年是县十七届人大常委会的开局之年。一年来,县人大常委会在县委的坚强领导下,以习近平总书记系列重要讲话精神为统领,坚持以习近平新时代中国特色社会主义思想为指导,认真学习和贯彻党的十九大精神,紧紧围绕全县工作大局,切实依靠全体代表,找准人大工作的结合点和切入点,认真履行宪法和法律赋予的职责。一年来,共召开县人大常委会会议7次,党组、主任会议12次,听取和审议“一府两院”专项工作报告15项、重大事项议案5项,作出决议、决定5项,开展专题调研10次、执法检查6次,配合上级人大开展专题调研和执法检查17次,开展工作评议2次,提出审议意见11项,充分发挥地方国家权力机关的作用,为全县的改革发展和民主法治建设提供了坚强保障。

一、政治引领,不忘初心,在人大工作中保持定力

县人大常委会始终把坚持党的领导贯穿于人大工作全过程,确保人大工作正确的政治方向。

加强思想政治建设。一年来,县人大常委会始终把加强政治理论学习摆在首位,通过党组中心组学习、机关集中学习、开展专题讨论等多种形式,深入学习贯彻习近平总书记系列重要讲话精神,及时传达学习党的十九大精神,奋力推进“五位一体”总体布局和“四个全面”战略布局在浦北的实践。中央、自治区、市委和县委召开重要会议、出台重大决策部署,都及时通过党组会议、主任会议、机关干部会议传达学习,把党的路线方针政策、党委的重大决策部署贯彻落实到人大工作中。扎实推进“两学一做”学习教育常态化制度化,牢固树立政治意识、大局意识、核心意识和看齐意识。

贯彻上级党委决定精神。认真贯彻落实上级人大工作会议精神,明确做好新时期人大工作的具体要求,深入各镇(街道)人大进行调研和指导,推动文件精神的贯彻落实。按要求增设信息化管理中心,配齐人员,强化保障。充分发挥县人大常委会党组的领导核心作用,坚持做到重要工作党组讨论决定,年度工作计划、重大问题等事前报请县委同意后再组织实施。

围绕县委决策部署作出重大事项决定。一年来,县人大常委会围绕我县经济社会发展的重大事项、县委的重大决策部署、群众关注的重大问题开展调查研究，广泛听取意见，认真审议研究、讨论决定重大事项。依法作出重大事项的决议决定 2 项，支持和推动政府工作。紧紧围绕政府债务规范管理，听取审议县人民政府关于公开 2016 年政府债务限额的议案，作出同意 2016 年政府债务限额为 9.17 亿元的决定，要求县人民政府要严格加强政府债务管理，逐步建立完善政府债务风险预警防范机制，深化政府债务审查监督，并按规定定期向社会公开政府债务情况，推进政府债务公开透明，主动接受人大和社会监督。县人大常委会还围绕预算调整等事关全局的工作，主动介入，靠前审查，充分讨论，认真分析研判，注重对决定的重大事项加强跟踪督促，推动决议的贯彻执行落到实处。

确保人事任免工作顺利进行。坚持党管干部和人大依法任免的原则，保证县委推荐的人选通过法定程序成为国家机关领导人员。坚持对拟任命人员实行主任会议审议、法律知识考试、作供职发言、常委会议表决、颁发任命书等制度。一年来，共依法任免国家机关工作人员 32 人次。同时，组织全体新任命人员向宪法宣誓，有力维护了宪法的权威，增强国家机关工作人员的法治意识、自律意识和公仆意识，为我县经济社会发展提供了组织保障。

二、把握导向，突出重点，在依法监督中增强实效

县人大常委会坚持问题导向，抓住事关全局的重要问题和人民群众关注的热点问题开展监督，有效支持“一府两院”依法行政和公正司法。

促进经济平稳健康发展。一年来，县人大常委会把预算审查监督放在重要位置，不断改进预决算审查监督方式，坚持对预算编制、审批、执行、调整及决算进行全过程、全口径监督，每年 2 次听取审议计划报告、预算报告，提出审议意见和建议。审查和批准政府公开债务限额及政府新增债券项目调整的议案。首次开展县本级预算执行和其他财政收支审计查处突出问题整改情况的监督，督促相关部门和单位针对审计查出的 10 项问题进行整改，涉及资金 5.97 亿元，促进了经济发展质量和财政资金使用效益的提升。

聚焦乡村振兴和民生保障。在我县荣获“世界长寿之乡”称号之际，县人大常委会紧紧围绕“乡村振兴战略”的实施，对全县村庄和集镇规划建设情况开展专题调研，围绕存在的问题出谋献策，要求县政府及相关部门切实完善村庄和集镇规划编制、有效强化建设管理，推动我县城镇化建设提质增效。听取和审议全县乡村旅游发展情况报告，就科学编制规划、农民转移就业、增加农民收入等提出意见建议，促进全县乡村旅游产业的健康发展。围绕扶贫产业开发建设情况开展工作评议，并听取和审议工作报告，要求政府和有关部门在政府推动、市场运作、龙头带动、政策扶持、资源整合等方面采取更有力的措施，鼓励、支持和引导更多贫困户通过发展生产拓宽增收渠道，实现脱贫目标，提升群众对“精准扶贫”工作的获得感。县人大常委会还专门听取和审议我县水利项目建设情况的工作报告，为我县水利事业发展把脉献策，推动相关部门加大工作力度，加强科学规划和统筹管理，做好依法治水和用水管水的大文章。

着眼生态环境保护。森林资源丰富是我县的独特优势，县人大常委会围绕十九大报告提出的绿水青山就是金山银山的理念，着力提升寿乡浦北的资源优势，组织执法检查组对我县贯彻实施森林法的情况进行检查，全面了解当前我县在森林环境保护工作的症结所在，要求相关部门严格执行森林保护的法律法规，履行生态环境保护监管职能，进一步做好环境保护的“加减法”，下最大决心、积极营造“山水浦北·常来长寿”的环境氛围，努力实现环境保护与经济发展共赢共生。

推进浦北法治建设。强化法律实施监督，由县人大常委会领导担任执法检查组组长，先后对《中华人

2018 年 2 月 1 日，浦北县第十七届人民代表大会第三次会议

民共和国行政诉讼法》《中华人民共和国旅游法》《中华人民共和国预防未成年人犯罪法》等法律的实施情况进行检查，提出针对性和实用性较强的意见建议。县人大常委会还围绕备受社会关注的司法体制改革工作，听取和审议县人民法院的专项工作报告，支持法院忠实履行法定职责，进一步健全审判权力运行机制，强化审判监督管理，提升办案质量，努力构建开放、透明、便民的阳光司法体制。为让社区矫正工作真正落地见效，县人大常委会组织开展对我县社区矫正工作情况的专题调研，针对社区矫正工作中存在的矫正手段单一、宣传力度不足、工作未形成合力等问题提出意见建议，推动全县社区矫正工作有序有效开展。县人大常委会还进一步加强对规范性文件的审查，修订《浦北县人民代表大会常务委员会规范性文件审查办法》，进一步明确把县政府、镇（街道）规范性文件纳入备案审查范围，全年累计备案审查各类规范性文件12件，切实提高备案审查工作的规范性和实效性。在信访工作方面，县人大常委会充分发挥人大信访作为了解民意、化解民忧的重要作用，全年共接待群众来访200多人次，处理各种涉法涉诉案件127件，转办和回复率均达100%。

三、创新方式，优化服务，保障代表作用的发挥

县人大常委会深入贯彻实施代表法，不断探索加强和改进代表工作的新方法、新途径，最大限度地支持和服务代表依法履职。

创新代表活动载体。县人大常委会深入推进人大代表履职平台和基层人大规范化建设工作，率先在福旺镇召开全县人大代表履职平台暨人大规范化建设现场推进会，先后在福旺、白石水等4个镇（街道）开展“在企业、农村专业合作社设立代表之家”的试点工作，并逐步向全县推开，实现代表之家向更广领域、更深层次的延伸和覆盖。指导各镇（街道）人大全面落实上级要求，建成镇级“代表活动中心”17个，在有条件的行政村建成村级“代表之家”71个，创建企业（合作社）“代表之家”5个，做到“有场所、有牌子、有经费、有资料、有活动”，为代表履职学习、联系选民、开展活动、沟通交流搭建更广泛的平台。

加强代表服务保障。县人大常委会建立完善联系代表制度，组织常委会组成人员与基层人大代表开展经常性联系，认真安排每年集中开展的代表联系活动，深入基层，走访代表，听民声、察民情、解民忧，提高决策的科学性。一年来，根据代表的职业特点和专长优势，有计划地安排21名代表列席县人大常委会会议，邀请23名代表参加常委会开展的视察调研、执法检查、工作评议等活动，组织浦北县辖区的市人大代表开展集中视察活动。县人大常委会还结合精准脱贫工作，动员引导代表发挥各自优势，帮助贫困村户解决一批具体困难和问题，一年来，主动筹集资金350多万元用于贫困村的道路建设和产业扶持发展，真正汇聚和传递扶贫攻坚的强大正能量。

提高代表履职能力。县人大常委会把强化培训作为提高代表履职能力的重要手段，采取专题培训、以会代训、视察考察、寄送资料等多种形式，就如何履行岗位职责、执行代表职务、服务经济发展、回应群众诉求等方面，多层次、多渠道组织代表纵向学习，横向交流，先后组织培训各级人大代表2000多人次，有效增强代表责任意识和履职能力，为代表充分发挥为民“代言”的作用提供保障。

抓好代表建议督办。县人大常委会始终将代表满意、群众认可作为办好建议的第一标准，建立健全交办、承办、督办有关机制，改进办理方式，加大督办力度。坚持年初抓及时交办，梳理确定督办重点，年中抓限期办结，广泛征求代表意见，年末抓跟踪问效，深入排查“回头看”，有效加快办理进度，提高办复质量。在去年的县十七届人大二次会会议期间，代表们共提出建议意见79件，均在法定期限内由承办单位书面答复代表，办复率达100%，一批代表和群众关心关注的突出问题得到有效解决，进一步激发代表的履职热情。

四、夯实基础，提升素质，在加强自身建设中增添活力

县人大常委会把加强自身建设摆在重要位置，努力打牢履职尽责根基，让人大工作有为、有位、有权威，更好担负起服务经济社会发展、推进全县民主法治建设的重任。

作风建设不断深化。县人大常委会认真贯彻《关于新形势下党内政治生活的若干准则》和《中国共产党党内监督条例》，积极推进“两学一做”学习教育常态化制度化。每月坚持开展“党员活动日”活动，定期到西塘社区开展“双报到双服务”活动，通过活动带动增强党性锻炼，增强凝聚力和战斗力。常委会领导带头积极做好扶贫联系村和联系贫困户的脱贫工作，累计捐赠资金物品达到3万余元。一年来，实现扶贫联系村32户179人脱贫。同时，进一步扎实推进旅游产业发展、重大项目建设、征地、招商引资等工作，主动参与“山水浦北　常来长寿”2017年浦北旅游文化节的相关筹备工作，切实做到服务群众、服务基层、服务大局。

加强履职能力建设。坚持以班子建设带动队伍建设，对县人大常委会组成人员和人大机关干部进行全员培训。着力提高人大工作队伍的整体素质，多次组织召开镇（街道）人大工作会议，领导班子成员亲自带队赴各镇（街道），就做好人大例会、基层人大规范化建设和建设代表之家等工作提出明确的指导意见，推动基层人大依法履职，规范基层人大工作。对年内各镇第二次人大例会，安排人员从议程、程序等方面严格把关，确保乡镇人代会的圆满成功。注重制度建设，先后修改或制订6项工作制度，进一步完善工作机制，确保以制度管人、管事、管财，提升机关规范化水平，促进机关工作规范、高效、有序进行。各专工委室切实围绕县委和县人大常委会中心工作，认真履职，积极作为，共同做好各项工作，取得明显成效。

加强党风廉政建设。县人大常委会注重抓好领导班子和机关党风廉政建设，认真落实全面从严治党主体责任，进一步加强人大机关党的建设。切实增强“四个意识”，坚定“四个自信”，坚决同以习近平为核心的党中央保持高度一致，做到思想上拥护核心、政治上维护核心、行动上紧跟核心。全面落实“一岗双责”主体责任，不断完善制度，落实责任，督促检查，筑牢防线，教育全体党员干部进一步学习领会党风廉政建设的相关内容，在工作中坚持原则，廉洁自律，恪守底线，严格遵守党风廉政建设各项规章制度，按照“中央八项规定”的要求，切实做到自重、自警、自省，树立人大机关的良好形象。

加强人大宣传工作。高度重视培养人大宣传工作骨干，着眼于扩大人大在全社会的影响，研究制订《浦北县人大常委会新闻宣传工作制度》，及时充实加强全县人大新闻通讯员队伍，并举办全县人大宣传工作培训班，加强业务培训和工作指导，提高通讯员队伍水平和积极性。2017年人大宣传工作取得新成绩，在《广西人大》《钦州人大》《钦州日报》、钦州电视台等各级媒体刊发和播放反映我县人大工作的作品300多篇，较往年有显著提升。2017年，荣获自治区人大宣传工作一等奖。

过去一年县人大常委会工作所取得的成绩，是县委正确领导的结果，是全体代表、常委会组成人员和机关干部职工辛勤努力的结果，是“一府两院”及其所属部门密切配合的结果，也是全县人民和社会各界充分信任以及各镇（街道）人大大力支持的结果。在此，我谨代表县人大常委会，向全体代表和全县人民，向所有关心、支持和参与人大工作的同志们、朋友们表示衷心的感谢！

回顾过去一年的工作，我们清醒地认识到，与县委和市人大常委会的要求相比，与各级人大代表和人民群众的期待相比，我们的工作还存在一定的差距和不足，主要表现在：监督工作的针对性和实效性有待进一步增强，代表建议意见督办工作还要进一步改进，政策理论、专业知识还需要进一步学习，服务代表的理念和方式还需要进一步创新，基层代表履职平台建设的水平还需要进一步提高。对此，县人大常委会将高度重视，继续虚心听取代表意见，自觉接受人民监督，不断加强和改进工作。

2018年的主要任务

2018年是进入新时代全面贯彻党的十九大精神的开局之年，也是决胜全面建成小康社会的关键之年。做好今年的人大工作，意义十分重大。县人大常委会工作的总体要求是：高举习近平新时代中国特色社会主义思想伟大旗帜，全面贯彻落实党的十九大精神，按照“五位一体”总体布局和“四个全面”战略布局的要求，牢固树立和贯彻新发展理念，紧紧围绕县委“四轮驱动”发展战略和“1234”工作思路，依法履行宪法和法律赋予的各项职权，以建设“北部湾美丽后花园”和“国际康养胜地”为发展新目标，努力推动人大工作与时俱进、创新发展，为不断开创寿乡浦北新局面提供强劲的动力和法制保障。

一、全面贯彻十九大精神，努力开创人大工作新局面

坚持把学习贯彻党的十九大精神作为当前和今后一个时期的首要政治任务，进一步理清人大工作思路，转化为推动人大工作的动力。深入学习和领会习近平新时代中国特色社会主义思想，准确把握党的十九大确立的重大判断、重大战略、重大任务，把思想和行动统一到党的十九大精神上来。始终把人民对美好生活的向往作为人大监督的着力点和落脚点，依法行使好监督权、决定权、任免权，更好地发挥人大代表作用，全面担负起宪法法律赋予的各项职责，使人大常委会成为同人民群众保持密切联系的代表机关。

二、立足发展大局，进一步增强监督工作实效

县人大常委会将继续坚持人大监督与党同向、与民同心、与“一府一委两院”工作同力、与法治建设同步的工作理念，紧紧围绕县委的决策部署，综合运用法定监督方式，加强对“一府一委两院”专项工作的监督，听取和审议县政府关于农村合作社发展、特色文化的保护和传承等情况的专项工作报告。深化对计划和预决算执行的审查监督，做好审计查出问题的监督。加强对执法、司法工作的监督，听取和审议县人民法院执行工作情况等报告，推动“一府一委两院”依法行政、公正司法。重点围绕我县“世界长寿之乡”品牌建设和打造县域一小时经济圈的目标，加强对交通项目建设、文化产业发展、生态环境保护等方面工作情况的调研、检查和审议。同时，继续聚焦民生领域，加大对我县基层派出所的基础设施建设、农村留守儿童关爱工作、基层医疗机构人才工作等方面的调研和监督。认真做好信访工作，注重化解社会矛盾，维护社会和谐稳定和人民群众的合法权益。

三、健全体制机制，进一步完善重大事项决定

不断健全讨论重大事项制度，依法对事关全县发展稳定大局的重大事项进行审议，做出决议决定，努力通过人大法定程序支持促进“一府一委两院”工作，并加强对决议决定和审议意见落实情况的跟踪督查，保障相关工作有效落实。坚持党管干部和依法任免干部相统一，贯彻落实党委意图，依法有序选举产生浦北县监察委员会及其组成人员。加强任后监督，增强被任命人员履职意识、责任意识和接受监督意识，为全县改革发展提供良好组织保障。

四、强化主体地位，进一步提升代表工作水平

着眼提高政治素质和履职能力，强化代表履职培训，加强人大代表对十九大精神的学习贯彻领会，使代表在履行职务中坚持正确的政治方向。加强对代表小组活动的指导，制定和完善加强代表工作的办法。严格按照“十个一”的建设标准要求，深入推进“人大代表之家”等代表履职平台建设，探索推动在有条件的企业、合作社创建代表之家的相关工作，实现县、镇两级人大代表履职平台的全覆盖。继续邀请代表列席常委会会议、参加视察、执法检查、调研等活动，积极为代表履职创造条件。提高代表议案建议办理效率和质量，努力把代表意见建议办理得更好、更到位。

五、注重规范化建设，进一步增强依法履职能力

切实发挥县人大常委会党组的领导核心作用，规范机关党组工作，推进思想政治、纪律作风和党风廉政建设常态化、长效化。加强机关队伍建设，着力打造政治坚定、作风过硬、业务精通、廉洁自律的人大工作队伍。加强人大宣传，重视利用新媒体拓展宣传平台和载体。更加密切与市人大常委会的联系，继续加强对镇（街道）人大的指导，坚持在工作上保持协调联动，努力开创全县人大工作新局面。

寿乡发展充满希望，代表职责神圣庄严。让我们紧密团结在以习近平总书记为核心的党中央周围，在县委的坚强领导下，不忘初心，牢记使命，进一步增强“四个意识”，树立“四个自信”，充分发挥人民代表大会的制度优势，永远保持奋斗的姿态，为全面推进浦北经济社会发展阔步前进！

政府工作报告

——2018年2月1日在浦北县第十七届人民代表大会第三次会议上

浦北县人民政府县长　**李军**

2017年工作回顾

2017年，县人民政府深入贯彻落实党的十八大、十八届三中、四中、五中、六中、七中全会精神和党的十九大精神，以习近平新时代中国特色社会主义思想为指导，深入学习贯彻习近平总书记视察广西重要讲话精神，在县委的坚强领导和县人大、县政协的监督支持下，坚持稳中求进工作总基调，继续实施“兴产业、建交通、扩城镇、办旅游”四轮驱动发展战略，坚定信

浦北县人民代表大会十七届三次会议　李军

心、抢抓机遇、迎难而上、奋发有为,全面履行政府职责,圆满完成县第十七届人民代表大会第二次会议上提出的各项任务指标。

2017年,全县经济总体形势好于预期,地区生产总值完成223.03亿元,比上年同期增长9.5%;规模以上工业总产值完成345.98亿元,增长20.3%;财政收入完成8.27亿元,增长9.75%;固定资产投资完成222.4亿元,增长18.1%;城镇居民人均可支配收入达31069元,增长7%;农村居民人均可支配收入达11573元,增长8%;社会消费品零售总额完成85.57亿元,增长10.6%;城镇登记失业率控制在4.5%以内。

一年来,我们积极回应全县人民对美好生活的向往,以人民为中心,牵住发展"牛鼻子",取得一系列骄人成绩:被评为全国第七个"世界长寿之乡",获"国家园林县城"、"自治区文明县城"、"广西无传销县"、"建设平安广西活动先进县"等称号;连续12年被评为"自治区平安县";贵合高速公路建成通车;大塘至浦北高速公路顺利开工。浦北加快发展的内外部条件更加具备,浦北人民的自豪感、获得感进一步增强,创业奋进的精气神极大提振。我们持续发力,抓好抓实"九大提升工程",各项工作迈上新台阶。

一、在"开放创新提升工程"方面

积极实施"创新年"活动,激发改革创新发展动力,以更加开放合作的姿态,助推我县招商引资工作。深入开展"招商引资突破年"活动,举行重大项目招商洽谈会86场,接待客商105批次,新引进项目47个,到位资金88.9亿元,特别是在2017年"山水浦北·常来长寿"旅游文化节上,成功签约文化旅游、健康产业招商项目26个,总投资达63.93亿元。外出招商有成效,组建9个招商小分队,分赴山东、广东、福建等8个省份开展招商引资,成功引进3个重大项目,其中投资35亿元的浦北奥园城市综合体项目、投资4亿元的农林废弃物发电项目相继落户。推动以商招商,落实驻点招商,引进香港天润制衣等20多个项目落户。提升服务水平,优化招商环境,发挥县帮办中心的作用,全程跟踪服务企业,加快推进项目的落地、建设。

二、在"县域工业提升工程"方面

出台县域经济发展"1+4"系列政策文件,打造工业增长点。投入2.6亿元建设26个项目,不断完善工业园区基础设施建设,"一带三区"发展格局逐步形成。编制完善重大项目投资三年滚动计划,入库项目338个,总投资193亿元。成立县重点项目办公室,协调推进项目建设,组织开展两批次项目集中开竣工,开工建设新生制衣、美良木地板等项目67个,科艺家居、龙腾木业等36个项目竣工、投产。龙门风力发电、生物质发电、G359东绕城二级公路等自治区统筹推进的重大项目完成投资4.57亿元,完成年度计划投资任务的139%。落实钦州市24项降成本措施,重点行业稳产提效,新培育规模以上工业企业7家,全县规模以上工业企业达96家,新增亿元企业5家,亿元企业达88家。着力承接东部产业转移,富通电子、凯兴电子等新兴产业不断发展壮大,年产值达亿元。新培育高新技术企业2家,全县高新技术企业达9家。加强与科研院所合作,裕源药业技术中心被认定为自治区创业技术中心。制药行业逐步回暖,创税2500多万元。出台总部经济及企业扶持、木材加工业转型升级等一系列扶持政策,拨付资金3840万元扶持产业发展壮大。引导烟花爆竹企业转型升级,2017年有13家企业退出烟花爆竹行业。大力扶持木业产业发展,我县成为"广西生态板材生产基地",昌宏木业、宏茂木业、焕发木业被授予"广西现代林业产业龙头企业",新型木业循环经济产业逐步形成,创税6000多万元。加强企业融资服务,通过"惠企贷"、"金企贷"、"政银保"等金融产品和小额贷款,帮助30家企业解决融资难问题。大力培育营利性服务业企业上规入库,新增入库企业12家,完成市下达6家任务的200%。

三、在"交通畅通提升工程"方面

交通瓶颈逐步突破,外联内通的综合交通网络基本形成。贵港至合浦高速公路于2017年10月17日正式通车,实现浦北交通"高速梦",真正融入北部湾"1.5小时经济圈"。基本完成大塘至浦北高速公路浦北段征地任务。龙门至平马一级公路、G359东绕城路、木格经六硍平睦至水鸣、六硍经官垌至福旺二级公路等项目扎实推进。修复浦铁二级公路泉水至张黄、马兰至龙门路段和308省道寨圩至乐民路段。五皇山至越州天湖、北通至五皇山旅游公路启动建设。农村道路基础设施完成投资8135万元,新建成公路211.65公里,实现全县80%的20户以上自然村通水泥路。

四、在"城镇建设提升工程"方面

倾力打造宜居宜商宜业县城,全面推进第三批国家新型城镇化综合试点县建设。改造建设一批市政工程,建成滨水文化休闲公园,启动建设华侨山公园、中心公园,升级改造县交易市场、大发市场,铺设金浦大道延长线连接高速路出口,建设县城排污治理工程,实施主要街道白改黑提升工程,推进县县通管道天然气工程。推动房地产去库存,全县房地产实现销售面积35万平方米,比上年同期增长30%。扎实做好住房保障工作,建成公共租赁住房1736套,棚户区改造745套。寨圩"百镇建设"项目完成一期投资1100万元,龙门红椎菌特色小镇入选广西第一批特色小镇。加快户籍制度改革,推进农村人口城镇化进程。全县上下联动,大力开展征地搬迁攻坚宣传月活动,完成征地搬迁1400多亩。坚决打击"两违",拆除违章建筑5000多平方米。不断提升城市管理水平,常态化开展城区市容市貌整治,县城居住环境进一步优化,获评为"国家园林县城"。

五、在"生态旅游提升工程"方面

大力弘扬长寿文化,打响长寿品牌,做大长寿文章,生态优势不断转化为经济发展优势。2017年4月被评为"世界长寿之乡",12月成功举办"山水浦北·常来长寿"旅游文化节系列活动,树立浦北新形象,提升全县人民的自信心和自豪感。打造全域旅游新名片,创新推进"乡村旅游+扶贫、特色农业、特色产品"模式,成功创建越州天湖国家AAAA级旅游景区,东方生态园、双良芭乐园分别获评广西五星级、四星级乡村旅游区,三合桑生生态园、聚然休闲中心分别获评广西五星级、四星级农家乐。大力推进绿化工程,全年植树造林3.4万亩,全县森林覆盖率提高到73.03%,居全区前列、全市第一。投入3.9亿元建成镇级污水处理设施项目10个、镇级垃圾处理中心13个、垃圾中转站16座、村级垃圾处理中心25个。全面开展农村环境综合整治,美丽乡村建设卓有成效,我县在全区"美丽广西·宜居乡村"活动综合现场会上作书面经验交流,北通镇获2017年"自治区级生态乡镇"称号。成立广西首支生态安全警察队伍,生态执法能力明显加强。抓好中央环保督察组关注的重点问题及全县突出环保问题的整改,扎实推进武思江、南流江等水系水环境综合治理,打击取缔非法采砂场66家,拆除禁养区内养猪场90多家。落实推行河长制,建立治水长效机制和责任体系。

六、在"现代特色农业提升工程"方面

依托"世界长寿之乡"金字招牌,大力发展现代特色农业。着力打造特色农业示范区,成功创建1个自治区级示范区、1个县级示范区和3个乡级示范区。积极申报"三品一标",全县"三品一标"认证达44个。着重打造富硒产业,健翔红茶、浦生花生等6个农产品获得富硒农产品认证。健美乐牌丹竹液、金塑牌给水管获评"广西名牌产品","浦百"百香果获钦州市首个国家生态原产地保护产品。利用"互联网+"模式,加速"黑大帅"等特色农产品进城,实现农产品网上交易1.94亿元,比上年同期增长67%,被评为"广西农村淘宝优秀县城"。产业富民工作有成效,发展柑普茶做法在全区产业富民现场会上获自治区领导肯定。加大新型农业经营主体培育力度,全县工商注册农民合作社707家、家庭农场93家。

七、在"民生改善提升工程"方面

全力以赴抓好脱贫攻坚工作,大力实施"五个一批"和"八大扶贫攻坚行动",让贫困群众真真正正得实惠。投入各级财政专项扶贫资金1.56亿元支持扶贫项目建设,深入推进产业扶贫、健康扶贫、金融扶贫等工作,实现13个贫困村脱贫摘帽、8510贫困人口脱贫,20个脱贫村达到稳定脱贫。扎实推进"产业富民、服务惠民、基础便民和文化乐民"四个专项活动。完成农村改厕、改厨、改圈共16158户,如期完成农村危房改造1476户,改造农村电网工程61个,发展新型农业经营主体800家,建立生产基地254个,带动60%以上农户实现增收,人民生活水平不断提高。大力发展教育事业,投入资金5.3亿元推进教育均衡发展,义务教育均衡发展工作顺利通过市级验收,教育教学成绩实现新突破,2017年高考上一本人数创历史新高,共334人,比上年同期增长39.7%,创建了教育发展基金会。公共文化事业快速发展,全年开展文化娱乐活动2300多场次,小江瓷技艺申报为自治区级非遗项目,全市"文化乐民"工作现场会在我县召开。平坡村、县人民检察院分别获"全国文明村"、"全国文明单位"

称号。卫计事业稳步发展，计生服务水平不断提升，深入推进医疗体制改革，医疗费用增幅控制在10%以内。妇幼保健院整体搬迁项目加快建设，浦北城南医院、越州医院建成使用。社会救助工作体系进一步完善，双拥优抚安置工作扎实推进，县地名普查工作通过区、市验收。投入6200多万元，加快实施中央财政小型农田水利重点县项目，建成6个农村饮水安全工程，加快推进3个河段防洪治理工程建设。共投资28亿元实施为民办实事项目44个。

八、在“平安法治提升工程”方面

以群众安全感和满意度工作为抓手，全面推进“平安浦北”建设，获评为广西“三无县”，获“2015—2016年度建设平安广西活动先进县”，连续12年被评为“自治区平安县”。党的十九大会议召开期间全县社会环境平安稳定，安全维稳工作获全市通报表扬。建设天网三期工程，织牢安全防控网。开展“全警巡城”，组建镇村两级巡防队。成立浦北县人民医院监所分院，从源头上解决关押身患传染病及其他严重疾病的违法犯罪人员问题。保持对犯罪行为的高压态势，刑事案件立案964起，比上年同期下降20.7%。创新建立群众报警、求助、投诉、举报快捷处置的社会应急联动工作机制。排查各类矛盾纠纷2303件，调结率97.8%，获评全区“三大纠纷”调处先进集体。落实“党政同责”“一岗双责”，筑牢安全生产“红线意识”和“底线思维”。集中开展普法宣传教育，增强全民守法意识。

九、在政府自身建设方面

严格落实中央八项规定精神，降低行政运行成本，增强预算刚性约束，2017年压减一般性支出197万元。全面优化行政权力运行流程，加快行政审批速度，提速率达89.2%。全面落实党风廉政建设“一岗双责”，开展“一问责三整治”专项活动，着力解决“庸政懒政怠政”等方面的突出问题，重点对工作中出现的不作为、慢作为、乱作为等问题严肃问责。主动邀请人大、政协领导列席政府常务会，自觉接受人大的法律监督和政协的民主监督，积极回应人大代表、政协委员和群众对社会热点问题的关切，办理人大代表建议20件、政协委员提案64件，及时办理市长、县长热线454件，做到事事有回音，件件有落实。深入推进政务公开和政府信息公开。加强扶贫领域监督执纪问责，风清气正的干事氛围更加浓厚。

工会、共青团、妇联、工商联等人民团体事业有了新进步，国防教育和后备力量建设进一步加强，老龄、编制、物价、科技、供销、对台、侨务、人防、地方志、档案、民族、宗教、消防、地震、气象和关心下一代等事业有新的发展。

过去的一年是不平凡的一年，面对各种困难和风险挑战，我们经受住了严峻的考验，经济社会向好发展，成绩来之不易，这是市委、市政府和县委坚强领导的结果，是全县人民团结一心、迎难而上、开拓进取、奋力拼搏的结果。我谨代表县人民政府，向在各行各业辛勤劳动的全县人民，向给予政府工作大力支持的全体人大代表、政协委员、离退休老同志，向驻浦部队、武警官兵、政法干警，向各人民团体和所有关心支持浦北发展的各界朋友，表示衷心的感谢和崇高的敬意！

回顾一年的艰辛历程，我们深刻体会到，推动浦北县经济社会发展，必须以习近平新时代中国特色社会主义思想为指导，牢固树立“四个意识”，坚定“四个自信”，坚决贯彻落实党中央路线方针政策和自治区党委决策部署，以党的政治建设统领政府各项工作。必须把发展作为第一要务，坚持稳中求进工作总基调，以供给侧结构性改革为主线，牢固树立和践行新发展理念，加快转变发展方式，调整优化经济结构，提高发展质量和效益。必须坚持改革开放，以改革破障碍激活力，以开放促合作拓空间。必须践行以人民为中心的发展思想，不断满足人民群众对美好生活的需要。必须牢固树立正确的政绩观，多做打基础利长远的工作，努力提升产业发展、基础设施和公共服务水平。必须全面推进政府治理能力现代化，不断提高施政能力和服务水平。

在肯定成绩的同时，我们也要清醒认识到，当前我县发展中还面临着不少困难和问题。主要是：经济总量偏低，产业规模小，结构不够合理，没有形成品牌规模效应；交通瓶颈问题尚未完全解决，大交通网络仍未真正形成；城镇规划还不够完善，城乡发展不平衡；教育、卫生、文化等公共服务水平还未能很好地满足群众对美好生活向往的需要；政府职能转变还不到位，营商环境有待进一步改善；少数干部思想不够解放，创新意识不强，人才、资金、土地等要素对发展的制约进一步显现。对于这些困难和问题，我们将切实增强忧患意识，敢于担当，采取有效措施加以解决！

2018年工作目标任务

2018年，是进入新时代全面贯彻落实党的十九大精神的开局之年，是决胜全面建成小康社会的关键之年，也是实施“十三五”规划的承上启下之年。我们要抓住获评为“世界长寿之乡”的机遇，持续打响长寿品牌；我们要抓住贵合高速公路通车的机遇，乘势而上、加快发展；我们要抓住中新互联互通南向通道建设新机遇，找准自身定位，积极融入钦州市“五大”发展新格局。做好2018年的工作，意义十分重大。

根据县委第十三届六次全体会议精神，2018年浦北县经济社会发展的总体要求是：高举习近平新时代中国特色社会主义思想伟大旗帜，全面贯彻落实党的十九大和十九届二中全会精神，牢牢把握“五位一体”总体布局、“四个全面”战略布局，深入贯彻新发展理念，全面落实自治区党委政府、钦州市委政府和县委的战略部署，深入实施“四轮驱动”发展战略，以建设“北部湾美丽后花园”和“国际康养胜地”为发展新目标，按照县委“擦亮一张新名片、打赢两大攻坚战、构建三大核心产业园、实施‘四个年活动’”的“1234”工作思路，全面推进经济社会发展，不断开创世界寿乡美丽浦北新局面。

主要经济预期目标是：生产总值增长9%，固定资产投资增长13%，财政收入增长7%，规上工业增加值增长10.3%，城镇居民人均可支配收入增长8%，农村居民人均可支配收入增长9%，社会消费品零售总额增长10%，城镇登记失业率控制在4.5%以内。

要做好2018年的工作，实现全年的目标任务，必须集中力量抓好以下六个方面工作：

一、践行绿色发展理念，擦亮“山水浦北·常来长寿”新名片

坚持“绿水青山就是金山银山”的理念，立足生态资源优势，发展绿色经济，打造独具特色的寿乡新名片。

以养生休闲为切入点，全力打造精品生态旅游。以创建“自治区全域旅游示范区”为目标，重点打造“两山一水一城”四大旅游板块。围绕“阳元养生，生态休闲”主题，推进五皇山索道、环山路、五皇寺等项目建设，将五皇山打造成集观光旅游、休闲养生的北部湾第一山、国家级生态旅游示范区。围绕六万山负氧离子高、乡村秀美的优势，将六万山打造成为生态休闲、健康体验为一体的乡村休闲旅游集聚区。突出休闲、养生、养老文化，积极申报越州天湖为国家现代农业庄园，打造北部湾第一亲水乐园。推进石祖生态园AAAA级旅游景区创建工作。整合公猪脊森林公园、大朗书院、文昌公园、越州风雨桥、一江两岸、新城公园、华侨公园等县城景点资源，结合养老护理产业，将县城建设成北部湾休闲养生的秀美县城。深入挖掘旅游文化内涵，推进旅游与文化融合，与产业发展、乡村振兴相结合，加快特色旅游名村建设。加大旅游宣传营销力度，继续办好旅游文化节。加快发展特色旅游产品、健康养生绿色产品，推动生态旅游与健康长寿互动、融合发展，提升全县旅游产品品质和核心竞争力。

以大健康产业为发力点，提升差异化竞争能力。结合浦北县独特的长寿文化、生态资源优势，科学编制《广西养生长寿健康产业浦北发展规划》，积极申报“广西健康产业示范县”，策划、包装一批大健康产业招商引资项目，推进健康养老、旅游、休闲运动等大健康产业发展。引进社会资金加快疗养康复医院建设，发展“五位一体”的医养结合模式，推动养老护理产业化。完善县城越州养老护理院和健平颐养院功能服务，推进寨圩、张黄养护院综合楼工程项目建设。依托浦北县“三品一标”、富硒农产品，引进健康养生食品加工企业，打造具有浦北特色的健康养生食品品牌。承接更多国际性、区域性等具有较大影响力的大型文化活动和体育赛事，利用差异化竞争，彰显寿乡浦北开放、包容、健康的独特魅力，提升浦北知名度和美誉度。

以建设“山青水秀美丽浦北”为落脚点，加大环境保护力度。划定生态保护红线，建立最严格的生态保护制度，进一步巩固和发展中央环境保护督察组反馈意见整改工作成果，切实推动环保问题整改。全面推行“河长制”，加强主要河道水环境保护和治理。推进南流江水环境综合治理编制工作，完善南流江水环境综合治理。持续实施大气污染防治行动，坚决打赢蓝天保卫战。充分发挥生态安全警察大队、生态安全综合执法大队等职能部门作用，严厉打击各类环境违法行为。深入开展“宜居乡村”建设，提前完成2018年农村改厨改厕改圈任务，强化农村环境综合整治，抓好平睦镇、六硍镇、官垌镇污水处理厂建设，加强38个污垃项目运行管理。像对待生命一样对待生态环境，永葆浦北山青、水碧、天蓝。

二、坚持以人民为中心，坚决打赢两大攻坚战

深化农村改革，加强农村基础设施建设，打造农特品牌，积极推动一、二、三产业融合发展，举全县之力坚决打赢脱贫攻坚和乡村振兴两大攻坚战。

坚决打赢脱贫攻坚战。层层落实脱贫攻坚责任制,持续实施“八大行动”、“五个一批”工程。组织开展“十大专项行动”。强化督查问责,压实帮扶责任,提升精准帮扶质量。以自治区党委第七巡视组对浦北县进行扶贫领域专项巡视为契机,加大对存在问题的整改力度,切实做到脱真贫、真脱贫。坚持扶贫与扶志、扶智相结合,激发贫困人口内生脱贫动力。加大农业龙头企业扶持力度,发展扶贫特色产业,让群众真正得实惠。动员全社会力量参与扶贫,大力发展村级集体经济,整合各类扶贫资金,争取年内投入1.5亿元以上资金,不断完善贫困村基础设施,实现年度脱贫减贫目标。

坚决打赢乡村振兴攻坚战。积极谋划申报“全国农村经济融合发展试点县”。深化农村土地制度改革,完善土地承包“三权”分置制度。保持土地承包关系稳定并长久不变,第二轮土地承包到期后再延长三十年。稳定粮食产量,夯实粮食安全基础。深化农村集体产权制度改革,保障农民财产权益,壮大集体经济。创新耕地丢荒治理模式,推进“小块并大块”土地整治,建设5000亩糖料蔗“双高”基地,提高农业综合生产能力。实施一批中小河流治理工程,抓好农村饮用水提升工程。拓宽农业技术推广应用范围,引导农村土地经营权有序流转,推动农业机械化发展。加强“三品一标”和富硒农产品建设,推进特色种养、林下经济发展,重点发展官垌鱼、黑猪、红椎菌等特色优势产业,大力发展富硒农业、有机循环农业、休闲农业,创建田园综合体,打造一批具有区域影响力的农产品品牌,形成“一村一品”“一镇一业”特色优势农业产业格局。支持现有农产品加工企业开展技术改造和开发特色新产品,提高农产品精深加工水平,延伸农业产业链、价值链。充分发挥顺路发等电商平台的渠道作用,打造“世界长寿之乡”、“浦北电商”等县域产品名片,提升品牌营销规模。

三、推进三大核心产业园建设,加快产业转型升级

围绕产业园的功能定位,聚集北部湾临港产业和东部发达地区转移产业,调整园区产业结构,编制园区规划,推进产业集聚发展,构建健康产业园、林业循环产业园和新材料产业园等三大核心产业园。

坚持规划先行。立足资源优势,积极探索出“一园多区”“一片区一产业”的新模式和配套互补、聚集发展的新路子。以木业深加工及其下游衍生产品为核心,构建林业循环产业园;以发展混合墙体材料、网管管桩为核心,构建新材料产业园;以医药、医疗仪器设备及器械制造、农产品深加工、高新技术等产业为核心,构建健康产业园。

完善基础设施。以实施“园区基础设施会战年”(2016—2018年)三年计划为重点,继续投入1亿元推进泉水、龙门、福旺等镇工业园区基础设施建设,加快通水、通电、通路、通电信以及餐饮商贸、住房保障、娱乐休闲等基础设施建设,配套完善园区生产服务链条,进一步美化、绿化、亮化园区,建设更多的经济适用房,满足园区外来人口不断增加的趋势要求。争取浦北经济开发区列入国家级开发区名录。

推动转型升级。继续安排财政资金扶持传统产业转型升级,提升产业层次。不断延伸木业产业链,引导企业向家具、木地板等方向发展,拓宽木材加工企业的融资渠道,加大对木材加工企业的信贷资金投放力度,把泉水打造成北部湾最大木材加工生产基地。抓好制药、制糖、建材、缫丝等传统产业的转型升级,确保企业稳产增产。利用交通、劳动力优势,主动承接东部加工制造业和劳动密集型产业转移,支持建材制造智能化与绿色环保建材研发。加快制药业产品创新和品牌升级,利用中草药材资源,建设中草药材种质资源基地和药材原料基地,发展中医保健养生,引进与研发康养用品生产技术,培育发展生活辅助用品、健身用品等加工制造业,打造国际康养胜地。

加强招商引资。坚持“强招商,招大商”,继续实施县领导挂帅、牵头单位和成员单位参与的全员招商工作机制,以园区为招商平台,围绕风电装备生产、汽车板块、生态产品深加工、电子商务、仓储配送等重点板块,着力研究和包装20个以上招商引资新项目、大项目,引进外向型、低污染、高利税、新能源、电子信息、节能环保等战略性新兴产业。主动对接市招商引资项目区域调节流转机制,融入北部湾经济区。继续开展以商招商、驻点招商、乡情招商。围绕三个产业园的规划定位开展专题招商,重点引进大健康产业项目。创新招商方式,加大宣传力度,主动走出去,结合手机APP、微信公众号等新媒体,提高招商引资的精准度和项目质量。优化招商环境,完善招商引资项目入园集中会审机制,做好“一对一”跟踪帮办服务,落实财政、税费、土地等配套政策。强化项目落地,强化项目服务,政府领导和相关部门要像对待自己亲人一样,用心服务企业,让企业家真正感受到家的温暖。

四、深入开展“四个年”活动，营造良好发展环境

以供给侧结构性改革为主线，坚持把创新作为引领发展的第一动力，坚决破除一切不合时宜的旧观念和体制机制弊端。提高服务企业能力，推进项目建设。把民生保障放在第一位，努力满足人民对美好生活的需要。

深入实施深化改革创新年。统筹推进“三去一降一补”、五项重点任务实施。按照中央、自治区的精神，坚定不移推进“放管服”改革工作，把简政放权、放管结合、优化服务改革放在突出位置，继续深化行政审批制度和商事制度改革，积极开展监督检查，加强监管创新，促进社会公平正义。继续优化行政审批流程，积极落实“两随机一公开”机制，拓展完善政务服务平台，继续推进“互联网＋政务服务”，加快行政审批提速。开展城市管理、交通运输等重点领域综合执法体制改革，稳步推进承担行政职能、生产经营类事业单位改革，稳步推进事业单位养老保险改革和公车改革，加快推进公务用车管理平台建设。深化科技体制改革，推进产学研深度融合，加强对企业创新的支持，促进科技成果转化。继续推进户籍制度改革。深化医改工作，做好分级诊疗、岗位设置、薪酬制度改革，全面提高城乡医疗健康保障水平。深化财政管理体制改革，提高财政管理水平。深化农业体制改革，开展宅基地和集体建设用地确权登记改革，推进农村产业抵押贷款试点，落实“三权分置”。

深入实施项目建设提速年。强化用地保障，切实加快项目用地的征拆工作，积极争取新增建设用地指标，加快土地开发整理、土地清理活动，提高土地集约利用。完善《浦北县政府投资建设项目管理办法》，创新招投标机制，建立建筑市场诚信信息管理平台。做好项目前期工作，优化项目审批流程，规范项目审批条件，提供高效、便捷的项目审批途径，促进项目快速落地，实现开工项目30个，竣工项目20个。深入开展“双百行动”，做好项目入库、谋划和包装，积极申报林业循环产业园、科教园、物流中心、龙门风电二期工程等项目为2018年自治区层面统筹推进重大项目。争取2018年中央预算内投资项目和自治区补助资金2亿元以上。

深入实施服务企业加强年。继续实行县四家班子领导联系企业制度，推进服务项目“五包”机制，深入开展“非公经济接待日”“千名干部入百企”活动，协调解决企业发展中遇到的问题，支持企业加快发展。制定完善与社会资本合作的配套政策，拓宽项目融资渠道。强化资金保障，完善政银企对接合作平台，加强对各类金融市场主体的培育发展，引导金融机构加大对实体经济的信贷投放规模。加快电商经济发展，大力扶持发展住宿、餐饮等服务业，发挥中小企业专项资金的引导作用，扶持和培育6家以上工业企业、5家以上服务业企业上规。出台系列扶持政策，完善政府守信践诺机制，积极为企业搭建发展壮大平台。

深入实施民生保障改善年。顺应群众最关心、最受益、最直接的民生难题，继续抓好为民办实事工程。实施“教育强县”战略，深化教育教学改革，建立完善教师激励和教育质量奖励机制，推进教育信息化发展，加快规划县科教园区，加快推进县第四中学等一批中小学、学前教育新改扩建项目建设，均衡配置优质教育资源，确保义务教育均衡发展工作通过国家和自治区验收。大力发展公共卫生事业，力争将县人民医院升级为国家三级综合医院和健全现代医院管理制度示范医院，张黄镇中心卫生院、寨圩镇中心卫生院建成国家二级医院，建成县妇幼保健院整体搬迁项目（一期）业务综合楼，开工建设县中医医院综合大楼项目，争创“广西卫生县城”。继续实施全面两孩政策，加强计划生育服务管理。完善城乡居民大病保险制度，强化社会保险扩面征缴工作。加大保障性安居工程建设力度，落实2018至2020年棚户区改造等保障性住房3200套统规统建工作，规划建设县城城中村棚改示范点1个，征地搬迁安置示范点1个，抓好公共租赁住房分配入住，解决困难群众住房需求。巩固提升“全国文化工作先进县”成果，结合长寿文化推动文化产业大发展大繁荣，实施文化精品战略，创作一批“唱响浦北、走出浦北”的文艺精品，全面提升浦北软实力。深入开展全民健身和全民健康深度融合工作。强化公共安全意识，严格落实安全生产“党政同责、一岗双责”责任制，突出抓好重点领域专项整治，严厉打击非法违法生产经营行为，有效防范和坚决杜绝重特大安全生产事故发生。抓好食品药品安全源头治理，保障群众饮食用药安全，争创“广西首批食品安全示范县”。依法打击和惩治黄赌毒黑拐骗等违法犯罪活动，加强社会治安综合治理，进一步提升群众安全感和满意度。依法规范信访行为和维护信访秩序，健全矛盾纠纷“大调解”体系，完善应急联动机制，确保社会大局和谐稳定。大力弘扬社会主义核心价值观，继续开展文明创建、先进模范评选表彰活动。加强国防动员和后备力

量建设，推动军民融合深度发展。依法保障公民特别是妇女、未成年人和残疾人的合法权益。充分发挥工会、共青团、妇联、工商联等群团组织的作用，统筹推进科技、老龄、编制、物价、供销、对台、侨务、人防、地方志、档案、民族、宗教、消防、地震、气象和关心下一代等工作。

五、加快基础设施建设，打造城乡发展新格局

深入实施大县城战略，畅通县城与镇村交通网络，打造"县域1小时经济圈"。围绕第三批国家新型城镇化综合试点县建设，着力完善城镇基础设施，提高城镇品位，打造宜居宜业新浦北。

加快完善城镇交通建设。构建内联外通、便捷高效的大交通路网格局，融入浦北至南宁、贵港、玉林、北海和钦州等周边城市"1.5小时经济圈"。推动南宁大塘至北流清湾（浦北段）高速公路加快建设。积极推进龙门至平马一级公路、G359东绕城公路二期工程、浦北至钦州（浦北段）公路、六硍经官垌至福旺二级公路、北通至五皇山和五皇山至越州天湖旅游公路等6个项目动工建设。扎实推进泉水至公馆二级公路、浦北六硍至玉林樟木（浦北段）三级公路项目的前期工作。进一步完善农村路网建设，力争实现全县85%的20户以上自然村通水泥路。

加快城镇基础设施提档升级。坚持"产学城一体化"发展思路，加快第三批国家新型城镇化综合试点县建设。继续实施一批市政工程，完善县城金浦新区基础设施建设，改造县城越秀大道为浦北标志性大道，规划建设教育路排水排污绿化亮化工程，推进华侨山公园、中心公园建设，大力推进寨圩镇百镇建设工作。抓好房地产去库存工作，实现销售面积32万平方米。继续开展"两违"整治工作，按网格化开展日常管理和巡查，加大宣传力度，及时制止违法建设，扫除城镇发展障碍。推进县城备用水源（福旺水库）工程建设，保障县城中长期供水需求。深入开展"四城联创"，加快数字城管指挥中心建设，加强城市精细化治理力度，提高县城品位。开展支持农民工等人员返乡创业试点地区建设，带动农民进城就业创业。依托特色农业资源与旅游资源谋划布局，推进特色小镇申报工作，构建布局合理、功能互补的现代城镇体系。

六、坚持依法行政，建设人民满意政府

新时代对政府工作提出了更高更新的要求，我们必须深入推进全面从严治党，以党的政治建设统领政府各项工作，按照习近平总书记提出的信念过硬、政治过硬、责任过硬、能力过硬、作风过硬的要求，全面加强政府自身建设，打造人民满意的服务型政府、法治政府和廉洁政府，以优秀的答卷接受浦北人民的评阅。

坚持依法行政，着力建设法治政府。健全公众参与、专家论证、风险评估、合法性审查、集体讨论决定的依法决策机制，推进行政决策的科学化、民主化、法治化。严格依照法定权限和程序行使权力、履行职责，规范行政执法行为，进一步提高政府执行力和公信力。自觉接受人大法律监督、政协民主监督、社会舆论监督，认真办理人大代表建议和政协委员提案。

坚持立说立行，着力建设高效政府。以立说立行的工作作风，以更加开阔的视野和理性的思维，注重运用市场机制、经济手段解决问题，推动产业发展、项目建设、城市管理等工作，提升政府抓经济工作的能力和水平。在提升项目审批效率和深化商事制度改革方面完善政策措施，建立健全考评机制，不断优化营商环境。在难题面前敢闯敢试，在矛盾面前敢抓敢管，确保决策第一时间落实、工作第一时间启动、任务第一时间完成，高效推进政府各项工作。

坚持转变作风，着力建设廉洁政府。深入开展"不忘初心·牢记使命"专题教育，持续推进"一问责三整治"，把贯彻党的十九大精神融入到工作中，转化为实际力量。始终把纪律和规矩挺在前面，严格落实中央八项规定精神，严控"三公"经费支出，坚决纠正"四风"问题，努力营造风清气正的政治生态环境。加强对工程招投标、政府采购、公共资源交易等重点领域的行政监察和审计监督，从源头上消除权力寻租空间。严肃查处各类违纪违法案件，坚决纠正损害群众利益的不正之风，以铁的纪律、铁的规矩，实现干部清正、政府清廉、政治清明。

当前浦北正处在新的发展起点，迎来新一轮的发展机遇与挑战，满足人民对美好生活的向往责任重大、使命光荣。让我们紧密团结在以习近平为核心的党中央周围，在上级党委、政府和县委的坚强领导下，团结和依靠全县人民，不忘初心、牢记使命、抓住机遇、开拓创新，为建设"北部湾美丽后花园"和"国际康养胜地"，为实现浦北赶超发展、跨越发展做出新的更大的贡献！

中国人民政治协商会议
浦北县第八届委员会常务委员会工作报告

——在政协浦北县第八届委员会第二次会议上

（2017年2月14日）

政协浦北县委员会主席　**陈增平**

政协浦北县第八届委员会主席　陈增平

八届一次会议以来工作回顾

政协浦北县委员会于2016年8月顺利换届以来，在中共浦北县委的正确领导下，新一届政协常委会牢牢把握团结和民主两大主题，围绕中心，服务大局，聚焦创新履职，全力助政攻坚，广泛团结联谊，政协工作呈现出求真务实、生动活泼、开拓创新的良好局面。

一、加强思想建设，夯实政治根基

始终把坚持和发展中国特色社会主义作为巩固共同思想政治基础的主线，强化理论武装，确保政协工作沿着正确方向发展。

加强政治理论学习　通过政协常委会、政协机关和各界别委员小组集体学习和专题研讨等形式，深入学习领会习近平总书记系列重要讲话精神和中国特色社会主义理论创新成果，学习贯彻中共十八届六中全会，自治区第十一次党代会、钦州市第五次党代会以及浦北县第十三次党代会精神，通过深入学习，使广大委员和机关干部深化自我认识，统一思想行动，增强政治定力。

贯彻民主协商要求　深入学习中共中央《关于加强社会主义协商民主建设的意见》和自治区党委、市委、县委实施意见，教育引导政协参加单位和全体委员，自觉坚持中国共产党领导，坚持中国特色社会主义道路，准确把握中央、自治区党委、市委、县委对协商民主发展的新思路、新要求、新举措，大力推进协商民主广泛多层制度化发展。

扎实开展专题教育　按照县委统一部署，积极开展“两学一做”学习教育，通过集中学习教育，将广大政协委员和机关干部的思想行动统一到中央的决策部署上来，始终不渝地坚持中国共产党领导，牢固树立“四个意识”，在思想上、政治上、行动上与中共中央保持高度一致。

二、聚焦创新履职，展现政协作为

坚持县委、县政府中心工作推进到哪里，政协履职就跟进到哪里，立足创新履职谋大事，找准政协定位抓重点，展现新一届政协的作为和担当。

协商议政出成果　一是聚集县委、县政府决策部署集中咨政建言。八届一次全会期间组织委员认真协商《政府工作报告》及其他报告，就全县经济社会发展的重大问题进行协商讨论。将委员们就工业园区建设、招商引资、城镇基础设施建设、旅游产业发展等提出的意见建议，及时整理成六大方面共60多条建议，报县委、县政府作决策参考。县委十分重视委员提出的意见建议，由县委办、县政府办将委员意见建议分解形成责任表印发有关单位研究落实，有效地推动相关工作的开展。二是聚集改革发展重点、热点专题协商建言。围绕县委县政府重视、群众关注、事关全局的重大问题，科学制定协商计划，精选8个重点议题，有序开展常委会议协商、专题协商、对口协商、界别协商、提案办理协商，为党政科学决策提供参考。为助推浦北县精准扶贫工作和电子商务发展，组织常委及部分委员就“加快浦北电子商务发展，提高现代服务业水平”等2个议题开展常委会专题调研，先后到凭祥、靖西、横县等10多个市县考察学习外地先进经验，召开专题协商会，为推进精准扶贫工作和加快电子商务的发展建有用之言、献务实之策。此外，组织部分委员和政协机关干部就加快推进特色旅游名村规划建设、加强浦北县民办幼儿园安全监管、加强村级公共文化设施建设管理等专题调研和协商，形成一批高质量的调研报告和协商成果。县委、县政府分管领导分别出席专题协商会，主要领导对有关的建议案、协商成果和调研报告作出批示，充分肯定委员提出的真知灼见，各相关部门认真回应，并采取措施落实委员的意见建议，推动协商成果的有效转化。

提案督办出实招 一是党政“一把手”领衔督办重点提案。八届一次全会后，我们及时研究制订《重点提案督办意见》和《提案办理实施方案》报告县委。县委、县政府主要领导对重点提案办理非常重视，县委主要领导领衔督办重点提案《关于推进小江瓷文化产业发展的提案》，县政府主要领导领衔督办重点提案《关于提升我县县城城市管理水平的提案》。由于党政“一把手”领衔督办提案，政府有关职能部门高度重视，提案办理取得了很好效果。目前，浦北县有关部门正在加强小江瓷文化的挖掘和研究，积极申报广西壮族自治区文化产业示范基地，加强文化和旅游的融合，加大宣传推介力度，推动小江瓷文化产业的发展。县城管理方面，加强了县城的规划建设和管理，注重旧城区改造和新城区建设相结合，加强市容市貌管理、巡逻执法、交通秩序管理，提高城市管理水平，浦北县被定为第三批国家新型城镇化综合试点县。二是现场督办提案。组织主席会议成员、常委、部分委员、承办单位负责人、提案人及县直有关单位负责人等，现场视察县城工业区电子商务产业园、白石水镇良田村番石榴基地、小江瓷艺公司，听取承办单位现场汇报提案办理情况，委员们现场提出意见建议，有效地推动提案的办理落实。三是开展提案考评。组织部分常委、委员和政协机关干部，成立考评小组，由副主席带队深入各承办单位开展提案办理考评工作，并把考评结果作为提案绩效考评的重要依据。通过以上措施，有效地推动提案办理工作，提案办理的质量效果明显提升。八届一次会议共立案交办提案86件，分由28个承办单位办理，所有提案已全部办复，委员对提案办理的满意率达98.8%。

调研视察出良策 一是围绕县委、县政府“四轮驱动”发展战略和“十三五”规划实施，选准课题，精心组织调研视察活动。为破解商品房销售难题，组织开展“促进我县房地产市场健康发展”调研视察活动；为推动越州天湖景区建设，组织开展“助推生态旅游基础设施建设”调研视察活动；为推动电子商务进农村，组织开展“电子商务进农村”调研视察活动；为推动小江瓷文化产业发展，组织开展“助推小江瓷文化产业发展”调研视察活动。通过调研视察，委员们积极提出意见建议，为相关工作的开展起到了积极的推动作用。二是协助市政协到浦北县开展现代公共文化体系建设、城市管理综合执法体制改革、钦州至浦北交通体系建设等10多个课题的专题调研。通过协助市政协调研，收集整理资料和信息，以报送调研报告、会议发言等形式向上级建言献策，从而助推浦北县发展。

民主监督出实效 一是坚持和完善民主评议制度，做好民主评议政府职能部门工作，履行人民政协民主监督职能。八届一次会议以来，民主评议了县公安局、县司法局工作。为做好民主评议工作，在召开民主评议会议之前，组织三个调研组深入镇、村和县直有关单位，通过召开座谈会、实地察看、走访被评议单位服务对象等形式，调查了解被评议单位近两年来的工作情况。民主评议活动结束后，及时将民主评议报告报送县委、县政府。通过民主评议，有效地推动被评议单位工作的开展。如，县公安局针对县政协民主评议会上指出的县城电动车、摩托车被盗案件较多的问题，积极组织人力、物力实施“车安网—两轮电动车智能防盗系统”项目，有力破解群众关注的盗窃电动车案件防控难题，有效预防和减少盗窃电动车违法犯罪案件的发生，进一步提升群众的安全感和满意度。二是召开常委会听取县纪委通报浦北县党风廉政建设和反腐败工作，提出意见建议。三是组织政协委员担任纪检、公安、法院、检察院、食品药品、环保等部门行业监督员，依照政协章程参与政风行风、服务管理等民主评议活动，为促进相关部门改进工作作风，依法行政，提高效率发挥积极作用。

信息宣传出亮点 一是密切与新闻媒体的联系，组建宣传报道小组，积极宣传浦北县经济社会发展和政协工作的亮点，在《广西政协报》《钦州日报》等媒体刊发稿件10多篇，向广西壮族自治区政协、钦州市政协报送信息50条，获全区政协报刊宣传工作特等奖和钦州市政协信息宣传工作先进单位。二是加强理论研讨及文史工作，组织书画作品参加广西壮族自治区政协、钦州市政协的书画作品展，组织委员撰写论文参加广西壮族自治区政协、钦州市政协理论研讨，推荐5篇论文参加广西壮族自治区政协理论研讨，推荐12篇论文参加钦州市政协理论研讨，有4篇获钦州市政协优秀奖，进一步提升政协的影响力。

三、全力助政攻坚，贡献政协力量

紧紧围绕全县工作大局，协助县委、县政府在脱贫攻坚、“三个年”活动和助推“非公”经济发展中攻坚克难，贡献政协的智慧和力量。

为脱贫攻坚献计出力 把精准脱贫工作作为助政攻坚的头等大事来抓。一是组织开展“加强基础设施扶贫，打赢精准脱贫攻坚战”专题调研。通过组织调研组深入基层调查了解贫困户和贫困村的所需、所盼，倾听一线干部、群众最真实的情况和心声，收集整理形成建议案，向县委、县政府提出意见建议。二是以县政协班子成员联系的寨圩、官垌、小江、六硍、安石等五个镇（街道）为重点，组织帮扶单位，协调相关职能部门，争取项目、资金，开展基础设施扶贫、产业扶贫、教育扶贫，帮助贫困村和贫困户脱贫致富，目前已实现5个村脱贫摘帽160多户贫困户脱贫。为了做好县政协办公室联系寨圩镇大江口贫困村的帮扶工作，派驻工作队员开展精准识别、精准扶贫和精准脱贫工作，争取项目资金300多万元，加强道路、学校等基础设施建设；引进老板投入资金180万元，创办大江口村黑豚养殖专业合作社；组织资金34.5万元扶持贫困户发展种植业、养殖业。此外，还积极开展教育扶贫，帮助贫困户解决危房改造、饮水难、看电视难等困难和问题。目前，大江口村有28户112人脱贫，按照脱贫标准已实现整村脱贫摘帽。三是发挥委员在脱贫攻坚中的作用。组织委员开展扶贫献爱心捐资活动，组织委员企业帮助贫困村修桥、铺路，为贫困户解决就业、小额贷款扶贫等问题，通过公司+基地+农户的形式，实施产业扶贫。

为“三个年”活动献计出力 一是按照县委、县政府提出的“兴产业、建交通、扩城镇、办旅游”四轮驱动发展战略，为驱动新型城镇化这个“轮子”前进，跟踪调研房地产发展情况，组织考察组先后到广东佛山、顺德和区内北流、兴宾、柳北等地学习借鉴新型城镇化发展的先进经验，为县委、县政府提供“他山之石”。二是按照全县“三个年”活动的部署和要求，县政协班子成员经常深入联系的工业园区、重大项目和企业进行实地调研，组织召开专题协商会、推进会，协调有关职能部门解决重大项目建设，工业园区水、电、路、通信等基础设施建设以及企业融资、用工等困难和问题，县政协班子联系的张黄中央财富广场等15个重大项目建设都能按照计划扎实推进，完成年度建设任务。在打击“两违”建筑方面，按照网格化的要求，组织责任单位和政协机关干部，深入网格责任区开展巡查、防控和拆除“两违”建筑工作，遏制“两违”现象的发生。三是主席会议成员经常深入委员企业调研，协调解决用地、用工难等问题，引导和鼓励委员企业，立足岗位，想方设法，为推进县域经济发展作出贡献。

四、合力共促和谐，发挥政协优势

牢牢把握团结和民主两大主题，发挥人民政协在协调关系、理顺情绪、凝聚人心、汇聚力量、增进团结等方面的优势，加强同政协参加单位和社会各界人士的联系和交往，营造团结和谐的社会生态。

支持参加单位履职 一是支持政协参加单位做好本职工作。县工商联、县总工会、团县委、县科协、县残联、县妇联、县侨联、县文联等八个政协参加单位充分发挥各自的优势和特点，创造性地开展工作，成绩显著，部分工作走在全区、全市的前列，受到上级部门的表彰和奖励。二是支持政协参加单位利用政协平台参政议政。组织参加单位根据工作实际有计划地开展专题调研，通过报送调研报告、提交提案、会议发言等形式向县委、县政府提供决策参考。八届一次会议以来，八个参加单位积极开展调查研究，形成调研报告15份，提交集体提案7件，较好地发挥参政议政的作用。三是加强与参加单位的联动。县政协的重要会议和活动邀请参加单位负责人列席，相互通报工作情况。组织调研组深入各政协参加单位走访调研，帮助解决工作中的困难和问题。组织参加单位视察越州天湖景区，了解生态旅游发展情况。召开座谈会，听取政协参加单位通报工作开展情况和工作设想，为发展生态旅游建言献策。

加强对外交流合作 密切与自治区政协、市政协的联系，争取上级政协对我县政协工作的指导和帮助。加强与各地政协的友好交往，做好马山、靖西、武鸣等10多个外地政协考察团到我县考察的接待工作。组织驻浦市政协委员、部分县政协常委、委员开展跨市县调研考察，学习借鉴外地先进经验，不断提高浦北县政协工作水平。密切与外地客商的交往，积极宣传推介浦北的投资环境和优惠政策，支持有投资意向的人士到浦北参观考察、投资创业，推动浦北对外开放合作。联系邀请广州合浦学会医学专家代表团一行16人到浦北县开展义诊和医学讲座活动，推动浦北县医疗单位人员提升医学水平。

关心关爱弱势群体 积极为老年群众和弱势群众办实事。争取钦州市政协爱心慈善基金会支持，出资10万元完善龙门泰禾中心敬老院建设，出资10.8万元在重阳节慰问108名百岁老人。关注留守妇女、儿童生活，开展教育扶贫助学活动，资助贫困学生上学。组织慰问贫困户48户、困难老党员20多人、困难儿童12人。

五、着力自身建设，树立政协形象

加强教育管理，从严落实管党治党责任，努力营造良好政治生态，树立新一届政协良好形象。

加强委员服务管理 一是加强委员培训。八届一次会议期间邀请自治区政协领导到会指导并对委员进行政协知识培训。组织委员到广西师范大学参加提升履职能力培训班学习，提高委员的履职能力和水平。二是完善委员管理。按照《浦北县政协服务与管理委员暂行办法》，建立委员履职档案，加强对委员的履职考核，提高委员履职的自觉性和主动性。三是开展走访委员活动。分南中北三片组织开展走访委员活动。通过视察业鸿木业、凯兴科技创新公司等企业，召开座谈会，听取委员汇报学习、工作、生活情况，向委员通报县委、县政府重点工作，听取委员对县委、县政府、县政协工作的意见建议，为委员知情明政、反映社情民意、加强沟通交流搭建平台。

加强政协机关建设 重新选配任命机关委室领导，抓好政协办支部改选工作，召开好政协党组、机关党组、支部专题民主生活会，认真查找和整改突出问题，取得实际成效。加强政协机关管理制度建设，坚持用制度管人、管事、管物，不断提高管理科学化、程序化、规范化水平。重视加强工、青、妇和老干部工作，开展丰富有益的活动，营造和谐机关文化。

从严落实治党要求 始终把纪律和规矩挺在前面。坚持重大事项向县委报告制度，发挥政协党组核心领导作用，牢固树立政治意识、大局意识、核心意识、看齐意识。加强党风廉政建设，严格落实"一岗双责"，严格贯彻《中国共产党廉洁自律准则》和《中国共产党纪律处分条例》，严格执行中央八项规定，自觉接受党组织和群众的监督，努力营造风清气正、团结合作，积极向上的良好氛围。

八届一次会议以来，我们励志奋进、开拓创新，各项工作取得了新成绩，为全县经济社会发展做出了新贡献。这些成绩的取得，是县委加强对县政协工作领导的结果，是县人大、县政府和各镇(街道)、县直各单位关心、支持和配合的结果，是全体政协委员和政协各参加单位共同努力的结果。在这里，我代表县政协常委会，向所有关心支持县政协工作的各级领导和同志们、朋友们，表示衷心感谢，向认真履行职能、努力奉献的全体政协委员致以诚挚的敬意！

在看到成绩的同时，我们也清醒地认识到工作的差距和不足：新委员对政协业务知识不够熟悉，撰写提案的能力和水平有待提高；服务委员履职的能力有待加强；协商成果转化力度有待进一步加强等等。这些问题需要我们在今后的工作中认真研究，加以改进。

2017年工作意见

2017年是实施"十三五"规划承上启下的重要一年，是推进供给侧结构性改革的深化之年，也是浦北县抢抓机遇、加快发展的关键之年。新一年县政协工作的总体要求是：在中共浦北县委的正确领导下，高举中国特色社会主义伟大旗帜，全面贯彻落实中共十八大和十八届三中、四中、五中、六中全会精神以及习近平总书记系列重要讲话精神，深入贯彻县第十三次党代会精神，主动适应新常态，立足全县改革发展大局，牢牢把握团结和民主两大主题，广泛团结各界人士，紧紧围绕"四轮驱动"战略，助力推进"十大提升工程"，切实履行政治协商、民主监督、参政议政职能，开拓创新，积极作为，努力推进政协事业新发展，为加快实现浦北"两个建成"宏伟目标作出新的更大贡献。

一、创新机制，在发挥协商重要渠道上有新成果

聚焦全县深化改革、"十三五"规划实施、民生福祉等重点，建真言、出实招、谋良策。

健全协商机制 全面贯彻落实县委《关于加强人民政协协商民主建设的实施意见》，协助县委研究制定《〈关于加强人民政协协商民主建设的实施意见〉的贯彻落实意见》，扎实推进政协协商内容具体化、协商程序制度化、协商形式多样化、协商议题科学化、协商成果实效化。通过广泛征集议题，集思广益选好协商议题，制定好政协年度协商计划，报县委批准实施，使协商议政符合党政所需、群众所盼、政协所能，确保建言建在需要时，议政议到点子上。

突出重点协商 贯彻落实自治区、市、县经济工作会议精神，选准事关浦北"十三五"发展的全局性、关键性问题，围绕"产业转型升级，促进地方财源发展"、"推进新型城镇化建设，促进产学城融合发展"、"加强园区基础设施建设，提升园区管理服务水平"、"加强教师队伍建设，助推'五名'工程实施"等重点方面，进行深入调研，推进专题性常委会议协商、专题协商、对口协商、界别协商和提案办理协商。规范协商程序，邀请党政领导、职能部门负责人和委员互动协商，积极咨政建言，努力增强协商议政的主动性、预见性和实效性，拓展协商深度，打造议政建言精品。积极推动协商成果转化，联合党政督查部门，结合绩效考评工作，对党政主要领导批示的重要协商成果落实情况进行督查，及时跟踪反馈，使协商成效更加明显。

强化提案工作 加强提案引导、征集、立案、遴选、交办、督办、协商、宣传、考评、评优等工作，进一步严格立案标准，认真遴选高质量的提案作为重点、热点提案。注重提高提案质量、办理质量和服务质量，建立健全联系沟通、办理协商、研讨交流机制。在坚持党政领导、政协领导领衔督办重点提案的基础上，进一步健全提案办理跟踪问效的协商机制，深入抓好提案督办考核、评优等工作。

反映社情民意 推动政协工作向基层延伸，探索在各镇(街道)建立委员联络站，围绕惠民利民政策落实、精准扶贫等问题，实地走访调研，与群众谈心谈话，通过新媒体新手段，广开言路，广纳良言，积极向县委县政府报送社情民意信息，协力推动解决涉及群众切身利益的教育、就业、社会保障、医疗卫生等重要问题。

二、创新形式，在加大民主监督力度上有新突破

按照党的十八届六中全会提出"人民政协依章程进行民主监督"的要求，突出人民政协的特点，坚持在监督中支持、在支持中监督的原则，创新监督形式，拓展监督领域，提高监督实效。

开展民主评议活动 继续组织开展民主评议2个以上政府职能部门工作，结合县委、县政府中心重点工作，根据政府职能部门相对应的重点工作职责，在深入调研听取各方面意见建议基础上，组织召开民主评议会议，组织政协委员和邀请有关部门参加评议会，听取部门通报工作和参与对有关部门工作评议，提出意见建议。通过民主评议部门工作，促进部门提高工作效能，推动部门相关工作有效开展。

听取工作情况通报 通过召开政协常委会议或民主监督会议，邀请县政府、纪检监察、法院、检察院通报工作开展情况，邀请政府职能部门就重点工作、重点项目建设以及群众关注的热点、难点问题进行专题通报，与政协常委、委员进行互动交流，听取常委、委员意见建议，为委员知情明政、参与民主监督发挥作用。

深入开展视察活动 选准监督性议政专题，组织县政协常委和界别委员对浦北县重大项目建设、旅游交通基础设施建设，创建全国新型城镇化示范县建设等开展视察，强化组织协调、知情反馈、沟通联系等工作，深入了解工作推进情况，查找突出问题，提出监督性意见建议。

选派特约监督员 继续推荐和支持政协委员担任政府部门和执法机关的特约监督员、行风监督员等工作。引导委员选好角度，把好尺度，切实履行监督职能，发挥监督作用，增强监督实效。

三、紧扣中心，在助力改革攻坚上有新作为

紧紧围绕中心、重点工作，动员政协委员和各政协参加单位，积极贡献智慧和力量，协力推进全县重大改革、攻坚克难工作。

助力重点项目建设 充分发挥各界别委员的资源优势，协助县委、县政府破解重点项目征地搬迁以及重大招商引资项目、优化投资环境等瓶颈问题。推动委员在助政攻坚中有新作为，作出新贡献。

助力脱贫攻坚工作 把精准脱贫作为履职为民的重要工作，以"建言践行"为抓手，以"行动工程"为载体，助推精准脱贫攻坚，突出问题导向，抓好产业扶贫重点难点问题，引导委员积极参与结对帮扶，支持贫困村基础设施建设、产业发展、生态环境治理，助推贫困农村经济社会发展。

助力"非公"经济发展 继续开展协推"非公"企业发展活动，组织政协委员深入"非公"企业调研，了解非公企业发展情况，协助解决"非公"企业生产、经营过程中遇到的困难和问题，促进"非公"企业发展。动员"非公"企业委员立足岗位、改革创新、加快发展，为浦北发展多作贡献。

助力宜居乡村建设 积极引导动员广大政协委员、政协参加单位和委员企业参与宜居乡村建设，重点抓好主席会议成员联系点建设，切实为联系点办实事好事。

四、把握主题，在促进社会和谐稳定上有新建树

牢牢把握团结和民主两大主题，发挥人民政协作为最广泛爱国统一战线组织的大团结大联合功能，努力形成最大公约数，画出最大同心圆。

密切各政协参加单位合作 加强与政协参加单位的团结合作，积极支持政协参加单位在政协会议上踊跃发表意见，加大对重大课题开展联合调研的力度，健全县政协与各政协参加单位开展联谊活动制度，切实组织政协参加单位开展联谊活动。积极向县委、县政府反映各政协参加单位提出的意见建议，协调解决在履行职能中遇到的困难和问题，更好发挥各政协参加单位在政协中的重要作用，为浦北县各项工作的协调发展营造心齐、气顺、劲足的良好氛围。

密切各界友好交流 以乡情、亲情、友情为纽带，加强同港澳台侨和海外人士的联系，促进浦北对外交流与合作。加强同少数民族、宗教界代表人士的联系，积极宣传民族政策和宗教政策，努力促进民族团结和宗教和睦。加强同外地客商和浦北在外创业人士联系，积极宣传推介浦北，吸引外地客商和浦北在外创业人士落地浦北投资创业发展。加强与各界群众的联系，关注各种影响社会稳定的不利因素，发挥界别作用，最大限度地团结一切可以团结的力量，调动一切积极因素，积极协助党委、政府做好协调关系、化解矛盾、沟通感情、理顺情绪的工作。

密切政协工作联系 积极争取自治区政协、市政协的指导，配合做好自治区政协、市政协在浦北县的调研视察工作。加强与区内外各级政协的联络联系，交流借鉴工作经验和做法，提升政协工作水平。

五、固本强基，在加强自身建设上有新提升

加强学习，夯实基础 始终坚持中国共产党的领导，在加强理论武装、统一思想认识上下功夫，认真贯彻落实十八大以来中共中央对政协工作的一系列新要求、新部署，牢牢把握正确的政治方向，在思想上、政治上、行动上同以习近平为核心的中共中央保持高度一致，确保人民政协事业沿着正确的方向继续前进。加强对中央、自治区党委、市委、县委重大决策部署的学习宣传和贯彻落实力度，使党的主张成为全体政协委员、各政协参加单位和各族各界人士的广泛共识和共同意志，成为全县广大群众的自觉行动，努力开创全县上下和衷共济谋发展、齐心协力促改革的良好政治局面。

加强培训，提升能力 采取走出去、请进来的办法。制定好培训计划，组织政协委员和政协机关干部举办针对性强的专题培训班，扩大委员培训参与面，不断增强发展人民政协事业的荣誉感和使命感，提升委员、政协机关干部履职能力和水平。坚持组织开展走访委员活动，向委员通报县委、县政府和县政协工作，了解委员学习、工作和生活情况，进一步为委员知情明政创造条件，增强委员履职积极性。

严守纪律，落实责任 要始终强化责任担当，不断巩固党的群众路线教育实践活动、“三严三实”和“两学一做”学习教育成果，以改革思维、创新理念、务实举措大力推进政协履职能力建设。自觉接受和维护县委的领导，坚持重大事项请示报告，充分发挥政协党组的领导核心作用，全面落实党风廉政建设主体责任，严守政治纪律和政治规矩，建立健全党内政治生活制度体系，层层建立责任制，形成责任压力层层传导，全面落实从严治党要求。

严格管理，带好队伍 要认真组织政协委员中的共产党员和政协机关中的共产党员学习贯彻《中国共产党廉洁自律准则》和《中国共产党纪律处分条例》，推动营造风清气正的政治生态。要完善委员服务管理办法，探索推进委员量化考核管理，引导广大政协委员不断加强政治约束，坚守真理，坚守正道，坚守道德，坚守规矩，模范遵守宪法法律和政协章程，自觉履行委员职责和义务。针对政协机关的特点，建立廉政风险防控机制，从调研、视察、会议活动、出访、公务接待、财务管理等方面加强督促检查，严格日常监督，打造忠诚干净担当的政协干部队伍。

展望新一年，我们充满信心和希望，让我们更加紧密地团结在习近平为核心的中共中央周围，在中共浦北县委坚强领导下，高举中国特色社会主义伟大旗帜，深入贯彻落实习近平总书记系列重要讲话精神，迈开步子大胆走，撸起袖子加油干，锐意进取，开拓创新，为浦北经济社会发展做出新的更大贡献，以优异成绩迎接中共十九大胜利召开！

中共浦北县委员会关于深入学习宣传贯彻党的十九大精神的决定

（2017年12月27日中国共产党浦北县第十三届委员会第六次全体会议通过）

中国共产党第十九次全国代表大会，是在全面建成小康社会决胜阶段、中国特色社会主义进入新时代的关键时期召开的一次十分重要的大会，是一次不忘初心、牢记使命、高举旗帜、团结奋进的大会。为深入学习宣传贯彻党的十九大精神，努力建设“北部湾美丽后花园”和“国际康养胜地”，谱写好新时代中国特色社会主义美丽浦北新篇章。结合浦北实际，特作如下决定。

一、全面准确学习领会，切实把思想和行动高度统一到党的十九大精神上来

（一）全面准确领会把握党的十九大精神实质和丰富内涵。深入学习宣传贯彻党的十九大精神，是当前和今后一个时期的首要政治任务。学习领会党的十九大精神，必须坚持全面准确，坚持读原著、学原文、悟原理，做到学深悟透。要组织党员干部认真学习党的十九大报告和党章，学习习近平总书记在党的十九届一中全会上的重要讲话精神，深刻领会党的十九大主题，深刻领会习近平新时代中国特色社会主义思想的历史地位和丰富内涵，深刻领会党的十八大以来党和国家事业发生的历史性变革，深刻领会中国特色社会主义进入了新时代，深刻领会中华人民共和国主要矛盾的变化，深刻领会新时代中国共产党的历史使命，深刻领会实现第一个一百年奋斗目标和向第二个一百年奋斗目标进军，深刻领会社会主义经济建设、政治建设、文化建设、社会建设、生态文明建设等方面的重大部署，深刻领会坚定不移全面从严治党的重大部署。要在学懂弄通做实上下功夫，使党的十九大精神成为指导实践、推动工作的强大思想武器。

（二）把学习宣传贯彻党的十九大精神与贯彻落实习近平总书记对广西工作的重要指示精神紧密结合起来。习近平总书记赋予广西“三大定位”新使命和提出“五个扎实”新要求，是浦北做好各项工作的根本遵循和行动指南。深入学习宣传贯彻党的十九大精神，必须与深入贯彻落实习近平总书记对广西工作的重要指示精神结合起来，在习近平新时代中国特色社会主义思想的指引下，紧紧围绕党的十九大各项重大决策部署，紧紧围绕富民强县这个总要求，统筹推进“五位一体”总体布局，协调推进“四个全面”战略布局，扎实做好改革发展稳定各项工作，为实现“两个一百年”奋斗目标和中华民族伟大复兴的中国梦贡献浦北力量。

（三）迅速兴起学习宣传贯彻党的十九大精神热潮。学习宣传贯彻党的十九大精神，既要整体把握、全面系统，又要突出重点、抓住关键，把着力点聚焦到习近平新时代中国特色社会主义思想是党必须长期坚持的指导思想上，聚焦到5年来党和国家事业取得历史性成就和发生历史性变革上，聚焦到作出中国特色社会主义进入了新时代、中华人民共和国社会主要矛盾已经转化为人民日益增长的美好生活需要和不平衡不充分的发展之间的矛盾等重大决策部署上，聚焦到以习近平同志为核心的新一届中央领导集体是深受全党全国各族人民拥护和信赖的领导集体上，聚焦到习近平总书记是全党拥护、人民爱戴、当之无愧的党的领袖上。全县各级党组织要按照中央、自治区党委、市委和县委的部署要求，压紧压实领导责任，有重点、分步骤、多层次、全覆盖地开展好党的十九大精神的学习宣传贯彻工作，重点在加强组织领导、深入学习领会、开展集中宣讲、全方位宣传、深入调查研究、全面贯彻落实、党员干部带头示范七个方面下功夫。结合推进“两学一做”学习教育常态化制度化，采取“三会一课”“送学上门”等形式，扎实开展“基层大讲堂·宣讲面对面”活动，把党的十九大精神传达到每个支部、每名党员。各级各部门要制定科学合理的学习培训计划，分级分类、分期分批举办专题培训班、研讨班，对党员干部进行集中轮训。县委组织部、县委党校要把学习宣传贯彻党的十九大精神作为教育培训的必修课，作为“两学一做”学习教育的重要内容。集中开展宣讲活动，组成宣讲团深入企业、农村、机关、校园、园区、社区进行宣讲，把党的十九大精神讲清楚、讲明白，让老百姓听得懂、能领会、可落实。宣传部门和新闻媒体要加大对党的十九大精神的宣传力度，全面准确、深入浅出、生动鲜活地开展宣传解读，充分反映基层干部群众学习贯彻的实际行动、具体措施、典型事迹和良好风貌，在全县形成深入学习宣传贯彻党的十九大精神的浓厚氛围。

（四）推进学习成果转化运用。坚持把学习贯彻党的十九大精神同学习马克思主义基本原理贯通起来，同把握党的十八大以来我们进行伟大斗争、建设伟大工程、推进伟大事业、实现伟大梦想的实践贯通起来，同把握党的十九大作出的各项战略部署贯通起来，深化认识党的十九大关于党和国家事业各项战略部署的整体性、关联性、协同性，全面做好各项工作。坚持理论联系实际，把运用党的十九大精神指导实践、推动工作作为衡量学习成效的重要标准，引导广大党员、干部、群众学而信、学而用、学而行。牢固树立"一盘棋"思想，根据党的十九大提出的近期、中期、长期目标任务统筹安排，结合自身实际，分清轻重缓急，一项一项拿出规划方案、制定创新措施，有计划有秩序加以推进，以加快发展成效体现学习贯彻党的十九大精神实效。开展形式多样的理论研究和工作研究，努力把党的十九大提出的新思想、新观点、新论断转化为推动工作的新思路、新方法、新举措。

二、高举习近平新时代中国特色社会主义思想伟大旗帜，坚决维护以习近平为核心的党中央权威和集中统一领导

（五）坚决维护以习近平为核心的党中央权威和集中统一领导。党的十九大把习近平总书记在党中央和全党的核心地位写进党章，符合时代要求、体现全党意志、顺应人民期盼，众望所归、当之无愧。全县各级党组织和广大党员干部要把维护习近平总书记在党中央和全党的核心地位作为最大的政治，牢固树立政治意识、大局意识、核心意识、看齐意识，做到思想上高度认同核心、政治上忠诚维护核心、组织上坚决服从核心、行动上自觉紧跟核心，自觉向习近平总书记看齐，向党中央看齐，向党的理论和路线方针政策看齐，向党中央的决策部署看齐，在政治立场、政治方向、政治原则、政治道路上同以习近平为核心的党中央保持高度一致。自觉维护对党的绝对忠诚，坚定执行党的路线方针政策，严格遵守党的政治纪律和政治规矩，任何时候任何情况下都始终做到政治信仰不变、政治立场不移、政治方向不偏，不折不扣贯彻中央决策部署，确保中央政令畅通。

（六）自觉把习近平新时代中国特色社会主义思想作为一切工作的根本遵循和行动指南。习近平新时代中国特色社会主义思想，是马克思主义中国化的最新成果，是中国特色社会主义理论体系的重要组成部分，是全党全国人民为实现中华民族伟大复兴而奋斗的行动指南。必须站在新时代坚持和发展什么样的中国特色社会主义、怎么坚持和发展中国特色社会主义的高度，深刻理解把习近平新时代中国特色社会主义思想作为党必须长期坚持的指导思想的重大意义，深刻理解习近平新时代中国特色社会主义思想的时代背景、历史地位、科学体系、精神实质、实践要求，紧密联系社会主要矛盾的重大变化，紧密联系"两个一百年"奋斗目标和各项任务，着力在融会贯通、学以致用、解决问题上下功夫，把习近平新时代中国特色社会主义思想贯彻到浦北经济社会发展全过程、体现到党的建设各方面。

（七）全面贯彻新时代坚持和发展中国特色社会主义的基本方略。要自觉增强道路自信、理论自信、制度自信、文化自信，深刻学习领会新时代坚持和发展中国特色社会主义基本方略的精神实质和丰富内涵，始终坚持党对一切工作的领导，坚持以人民为中心，坚持全面深化改革，坚持新发展理念，坚持人民当家做主，坚持全面依法治国，坚持社会主义核心价值体系，坚持在发展中保障和改善民生，坚持人与自然和谐共生，坚持总体国家安全观，坚持党对人民军队的绝对领导，坚持"一国两制"和推进祖国统一，坚持推动构建人类命运共同体，坚持全面从严治党，把基本方略在各项工作中全面准确贯彻落实，更好引领各项事业沿着正确方向健康发展。

三、准确把握中国特色社会主义进入新时代的历史方位，进一步理清浦北发展新目标新思路

（八）准确把握中国发展新的历史方位以及浦北发展的阶段性特征。中国特色社会主义进入新时代，中华人民共和国社会主义矛盾转化为人民日益增长的美好生活需要和不平衡不充分的发展之间的矛盾，这是中国发展新的历史方位和新的历史变化，也是我们谋划新时代浦北发展的战略基点。要准确把握党和国家的历史方位，科学分析新阶段的新机遇与新挑战，深入谋划新时代浦北的发展目标、发展思路、发展战略和发展举措。当前浦北正处于赶超跨越的重要时期，正处在与全国同步全面建成小康社会的关键节点上，要牢牢把握浦北县作为农产品主产区、工业发展处于起步阶段的县情，进一步增强忧患意识、机遇意识、创新意识、发展意识，坚定不移把发展作为第一要务，推动经济社会持续健康发展，下更大力气解决好发展不平衡不充分问题，着力提升发展质量和效益，更好满足人民在经济、政治、文化、社会、生态等方面日益增长的美好生活的迫切需要，与全国人民一道，朝着建设富强民主文明和谐美丽的社会主义现代化国家的目标奋勇前进。

（九）顺应新形势进一步理清浦北发展新目标新思路。党的十九大提出实施健康中国战略，作出了“倡导健康文明生活方式”“发展健康产业”等新部署。4月19日—21日习总书记到广西视察时，也提到了“广西生态优势金不换”“让良好生态环境成为人民生活质量的增长点、成为展现美丽形象的发力点”。广西壮族自治区党委明确提出要把健康产业、服务业作为2018年重点扶持发展产业。钦州市委五届三次全会也作出了“进一步畅通中心城区连接灵山、浦北的交通动脉，促进人流、物流往港口、中心城区集聚，使县域接受港口更多辐射”“要大力发展县域特色产业”“重点发展纺织、新材料、机械等临港配套产业，接受港口的辐射，促进县域向沿海发展”等新部署。浦北处于北部湾经济区腹地，随着贵合高速公路建成通车和获评为“世界长寿之乡”，为浦北承接钦州临港配套产业转移，接受北部湾中心城市辐射和发展大健康产业迎来发展新机遇。县委审时度势，抢抓新机遇，以建设“北部湾美丽后花园”和“国际康养胜地”为发展新目标，以“擦亮一张新名片、打赢两大攻坚战、构建三大核心产业园、实施四个年活动”为发展新思路。新目标新思路进一步明晰了新时期浦北今后的发展方向和发展重点，体现了全县广大干部群众的热切期盼，体现了新时代浦北发展的历史使命，完全符合党的十九大精神，必须保持定力，真抓实干，坚定不移地朝着新目标迈进。

四、全面贯彻落实党的十九大精神，奋力谱写世界寿乡美丽浦北新篇章

（十）擦亮“山水浦北·常来长寿”新名片。抓住当前中央、自治区大力发展大健康产业的战略机遇，以荣获“世界长寿之乡”为契机，立足良好生态优势，大力发展健康产业和生态休闲旅游业，推动浦北“生态颜值”转化为“绿色增值”，擦亮“山水浦北·常来长寿”新名片。

加强生态保护。坚持践行习总书记提出的广西生态金不换的要求，加大生态保护力度，推动人与自然和谐共生、建设美丽浦北。加强生态空间保护和优化，贯彻落实生态保护红线、永久基本农田、城镇开发边界三条控制线划定工作。严格水生态和饮用水水源保护，加强排污排气监控，落实节能减排责任制，全面落实河长制。加强农村面源污染防治，实现重点镇污水垃圾处理设施全覆盖。强化生态安全执法，筑牢生态安全屏障。划定生态保护红线，建立最严格的生态保护制度，永保浦北山青、水碧、天蓝。

发展大健康产业。积极贯彻实施健康中国战略，实施全民健康素养行动计划。围绕健康养老、健康旅游、休闲运动、智慧健康、医疗康复器械、健康食品及生物医药制造等产业，依托“世界长寿之乡”品牌、丰富的“三品一标”特色农产品和富硒农产品，科学编制《广西养生长寿健康产业浦北发展规划》，大力发展健康产业。支持社会办医，推进寨圩、张黄养护院综合楼工程项目建设，引进社会资金加快疗养康复医院建设，发展集医疗、保健、康复、护理、临终关怀“五位一体”的医养结合模式，推动养老护理产业发展。推广全民健身，加快发展体育事业和体育产业。

推进生态休闲旅游业发展。树立和践行绿水青山就是金山银山的理念，推进绿色发展和可持续发展，以休闲健康长寿旅游为切入点，以“全域生态旅游”为目标，大力发展生态休闲旅游业。进一步完善提升全县旅游总体规划，以“两山一水一城”为重点，以长寿村落和养生基地为载体，以独特健康美食为营销热点，打造集休闲观光、田园体验、养老度假、长寿美食为一体的生态休闲旅游产业。深入挖掘古越文化内涵，使生态旅游充分体现浦北特色文化。加大商场、酒店、餐饮的招商引资力度，鼓励民众自主建设、经营特色餐馆、小旅馆等，提升城市承载能力。借助“世界长寿之乡”的金字招牌，加大浦北旅游、特色产品、古越文化的宣传和策划，继续办好旅游文化节，提升全县旅游产品品质和核心竞争力。

（十一）打赢脱贫攻坚和乡村振兴两大攻坚战。全面落实以人民为中心的思想，努力使人民群众获得感、幸福感、安全感更加充实、更有保障、更可持续，举全县之力，坚决打赢脱贫攻坚和乡村振兴两大攻坚战。

坚决打赢脱贫攻坚战。层层落实脱贫攻坚责任制，持续推进“八大行动”“五个一批”工程。坚持党建引领，压实帮扶责任，激发内生动力，组织开展“基础便民大会战、产业富民大发展、服务惠民大落实、文化乐民大宣讲、金融扶贫大创新、实际问题大协调、社会参与大扶贫、工作推进大督查、廉洁扶贫大监督、工作成效大考核”十大专项行动。切实整改各级巡视、督查反馈的问题，切实做到脱真贫、真脱贫。建立健全贫困群众诚信体系评价机制，找准帮扶工作切入点，全面提升精准帮扶工作水平和质量，确保到2020年与全国同步实现全面建成小康社会。

坚决打赢乡村振兴攻坚战。按照产业兴旺、生态宜居、乡风文明、治理有效、生活富裕的总要求，打响乡村振兴攻坚战。加快建立健全绿色低碳循环发展的经济体系，加强“三品一标”和富硒农产品建设，促进农民专业合作社和家庭农场规范化运转，加快特色农业核心示范区增点扩面提质升级，推进农业农村现代化。深化农村土地制度改革，完善承包地“三权”分置制度。深化农村集体产权制度改革，保障农民财产权益，壮大集体经济。完善农田水利基础设施，拓宽农业技术推广应用范围，引导农村土地经营权有序流转，推动农业机械化发展。全力推进“宜居乡村”活动，综合治理乡村环境，推动农村人居环境和文明程度显著改善、持续改观，打造“美丽浦北”乡村建设升级版。继续推进全国电子商务进农村综合示范县建设，完善镇、村两级电子商务服务点，促进农村一二三产业融合发展。

（十二）构建三大核心产业园。高起点、高标准、高质量编制健康产业园、林业循环产业园和新材料产业园等三个核心产业园的发展规划，积极探索“一园多区”“一片区一产业”的新模式和配套互补、聚集发展的新路子。加快通水、通电、通路、通信以及餐饮商贸、住房保障、娱乐休闲等基础设施建设，完善提升园区功能。继续安排财政资金扶持制药、木材深加工等传统产业转型升级，做特做精园区产业。结合脱贫攻坚，加大农业龙头企业扶持力度，带动贫困户脱贫增收。围绕三大核心产业园的功能定位，主动服务于融入钦州市新时期的发展需要，聚焦北部湾临港产业和东部发达地区转移产业，调整招商项目重点，充分利用全员招商、以商招商、委托招商、驻点招商、市场化招商等方式，进一步提高招商引资的精准度和质量。进一步完善投资环境，确保项目尽快落地，实现开工投产。

（十三）实施“四个年”活动。主动适应形势新变化，进一步转作风、重执行、提效能、保民生，推动经济社会健康发展。

实施“深化改革创新年”活动。以深化经济体制改革为重点，加快推进具有标志性引领性的重大改革。继续深化机构和行政体制改革，转变政府职能，深化简政放权，优化服务，提高行政审批效率，建设人民满意的服务型政府。全面实施市场准入负面清单制度，完善鼓励、支持、引导非公有制经济发展的政策环境和市场环境，更好地激发各类市场主体活力。稳步推进供销社、事业单位养老保险改革。深化科技体制改革，推进产学研深度融合，促进科技成果转化。扎实推进群团改革工作。深化户籍制度改革，深入开展“产学城一体化”，加快推进新型城镇化建设。完善农村普惠金融服务体系，推进农村产权抵押融资。统筹推进司法、医药卫生、教育、文化等社会领域改革。深化各级各部门党（工）委（党组）抓改革落实的主体责任，加强改革督查，确保改革落地生根见效。

实施“项目建设提速年”活动。优化项目审批流程，简化项目审批环节，规范项目审批条件，提供高效、便捷的项目审批途径，促进项目快速落地。加快土地开发整理，拓展用地空间，开展土地清理活动，提高土地节约集约利用。完善项目入库系统，做好项目入库工作。提前做好项目谋划和包装，争取国家和自治区投资支持；组织林业循环产业园、科教园、物流中心、龙门风电二期工程等项目申报2018年广西壮族自治区层面统筹推进重大项目。深入开展“双百行动”，全力推进项目建设，做到快施工、快建设、快投产。

实施“服务企业加强年”活动。继续实行县四家班子领导联系企业制度，深入开展“非公经济接待日”“千名干部入百企”活动，协调解决企业发展中遇到的问题，支持企业加快发展。强化企业扶持和企业融资服务，切实解决企业融资难。积极帮助企业做好各种补助申报，增强企业发展动力。深入了解企业的经营情况及发展方向，做好重点企业的监测工作。发挥中小企业专项资金的引导作用，扶持和培育准上规企业，争取2018年培育5家以上服务业企业上规入统。

实施“民生保障改善年”活动。坚持优先发展教育，实施重塑浦北教育辉煌行动计划，深化教育综合改革，强化师德师风建设，推进县第四中学建设，促进义务教育均衡发展，办人民满意教育。实施更加积极灵活的就业创业政策，促进创业就业。全面实施全面参保计划，完善城乡社会保障和社会救助体系，加快建成覆盖全民、城乡统筹、权责清晰、保障适度、可持续的多层次社会保障体系。加强“三留守”人员关爱保护服务，保障困难群众基本生活。稳步实施全面二孩政策，加强医疗卫生体系建设，加快推进新妇幼保健院建设。完善重大疾病防控应急机制，稳定粮食安全生产，加强食品药品安全监管。完善安全生产责任制，坚决遏制重特大安全事故，提升防灾减灾救灾能力。继续创新社会治理，加强预防和化解社会矛盾机制建设。加快完善社会治安防控体系建设，依法打击各种违法犯罪活动。

（十四）推进城乡协同发展。坚持“产学城一体化”发展理念，加快第三批国家新型城镇化综合试点县建设，完善县城基础设施建设。启动县城备用水源建设，扩大县城人口容量基础。深入开展“四城联创”，加大城市精细化管理力度，提高县城品位。依托全国首批国家结合新型城镇化开展支持农民工等人员返乡创业试点地区，带动农民进城就业创业，促进农民工市民化。加强城乡协调发展，抓好寨圩镇“百镇建设”项目建设，注重特色小镇建设，形成布局合理、功能互补的现代城镇体系。大力推进等级公路建设，建好、管好、护好和经营好农村公路，构建县乡快速通道，打造“县域1小时经济圈”。

（十五）加强精神文明建设。增强文化自觉，坚定文化自信，加强文化创新，促进文化繁荣，维护文化安全，让文化自信彰显丝路古越的底蕴和魅力。健全社会舆情引导机制，抓紧抓实意识形态工作，牢牢把握正确舆论导向。坚持党管媒体，健全网络综合治理体系，唱响主旋律，弘扬正能量。巩固自治区文明县城的创建成果，积极创建全国文明城市，培育和践行社会主义核心价值观，深入开展“道德模范”评选表扬活动，着力营造崇德向善的社会风尚。坚持立德树人、德育为先，加强中小学校、中职中专思想政治工作。巩固提升“全国文化工作先进县”创建成果，加快推动文化产业大发展大繁荣。抓好“跳岭头”“舞青龙”和“小江瓷”等非物质文化遗产的保护、传承与推介，积极打造浦北特色的文艺精品和文化品牌，全面提升文化浦北软实力。

（十六）巩固和发展生动活泼、安定团结的政治局面。坚持党的集中统一领导，支持人大、政府、政协和法院、检察院依法依章程履行职能、开展工作、发挥作用。强化人民当家做主制度保障，坚持和完善人民代表大会制度。加强协商民主制度建设，发挥社会主义协商民主重要作用。深化依法治国，推进依法行政，建设法治政府。深化司法体制综合配套改革，维护司法公正。深入推进“七五”普法，提升法制教育水平。深化机构和行政体制改革，转变政府职能，建设人民满意的服务型政府。巩固和发展爱国统一战线，深化民族、宗教、外事、侨务、对台等工作。深入开展双拥共建，增强军政军民团结，巩固和发展生动活泼、安定团结的政治局面。

五、切实加强党的全面领导，深入推进全面从严治党

（十七）旗帜鲜明地把党的政治建设摆在首位。坚持党对一切工作的领导，认真贯彻中央政治局《关于加强和维护党中央集中统一领导的若干规定》精神，坚定执行党的政治路线，严格遵守政治纪律和政治规矩，做到党中央提倡的坚决响应、党中央决定的坚决执行、党中央禁止的坚决不做，对以习近平为总书记的党中央绝对忠诚，确保中央政令畅通。做到全面落实党建责任制，始终把抓好党建作为最大政绩，推动全面从严治党落地生根。自觉尊崇党章，认真贯彻《中国共产党廉洁自律准则》和《中国共产党纪律处分条例》，严肃党内政治生活，强化党内监督，增强党内政治生活的政治性、时代性、原则性、战斗性，扎实营造风清气正的良好政治生态。加强党性锻炼，不断提高政治觉悟和政治能力，弘扬忠诚老实、公道正派、实事求是、清正廉洁等价值观，永葆共产党人政治本色。

（十八）始终坚持用习近平新时代中国特色社会主义思想武装头脑。把坚定理想信念作为党的思想建设的首要任务，教育引导每一名党员牢记党的宗旨，挺起共产党人的精神脊梁，解决好世界观、人生观、价值观这个“总开关”问题，自觉做共产主义远大理想和中国特色社会主义共同理想的坚定信仰者和忠实实践者。大力弘扬马克思主义学风，扎实推进“两学一做”学习教育常态化制度化，以领导干部为重点，扎实开展“不忘初心、牢记使命”主题教育，引导党员、干部深入学习领会和把握习近平新时代中国特色社会主义思想的科学体系、精神实质、实践要求，始终坚持用习近平新时代中国特色社会主义思想武装头脑、指导实践、推动工作。坚持和完善党内学习制度机制，健全完善党（工）委（党组）抓思想建设责任制，贯彻执行党（工）委（党组）中心组学习制度，推动形成理论学习的浓厚氛围，更加自觉地为实现新时代党的历史使命不懈奋斗。

（十九）从严从实抓好干部队伍建设。坚持党管干部的原则，坚持德才兼备、以德为先，坚持任人唯贤，坚持事业为上、公道正派，把好干部标准落到实处。坚持正确选人用人导向，突出政治标准，提拔重用牢固树立“四个意识”和“四个自信”、坚决维护党中央权威、全面贯彻执行党的理论和路线方针政策、忠诚干净担当的干部。积极储备年轻干部，注重在基层一线地方培养锻炼年轻干部，大胆提拔使用经过实践考验的优秀年轻干部。加强干部管理，深入贯彻落实《关于推进领导干部能上能下若干规定（试行）》，建立健全干部联合监督等工作机制，积极构建干部监督工作数据库。加强干部队伍能力建设，抓好教育培训。坚持严管和厚爱结合、激励和约束并重，全面落实绩效考评、容错纠错等机制，推动形成激励改革创新、勇于担当作为、积极干事创业的良好环境。深化人才发展制度改革，加大引进力度，优化发展环境，集聚各方英才为寿乡浦北添砖加瓦。

（二十）提高基层党组织建设工作水平。以提升组织力为重点，突出政治功能，统筹推进各领域基层党建工作。进一步完善“1+2+6”工作机制，深化抓党建促脱贫攻坚和乡村建设，发展壮大村级集体经济，不断夯实党建基础。深入实施农村基层党建“三聚三强”工程，提升“两站一中心”建设，推进农村基层党组织“星级化”管理，打造农村基层坚强战斗堡垒，实施城市基层党建“三抓三促”工程，推进城市基层党建提质量、上水平。深化“进驻共建”，全面提升机关党建科学化水平。继续加强“两新”组织建设，不断扩大“两个覆盖”，扎实推进中小学、医院、国有企业党建工作。深化党建带团建、带群建工作。深入实施“源头培养”和“成长·活力”工程，注重从产业工人、青年农民、高知识群体和“两新”组织中发展党员，深入推进党员积分管理，稳妥有序开展不合格党员组织处置工作。推行支部主题党日、党员政治生日，全面加强和规范党内政治生活。坚持和完善党委（党组）抓基层党建工作责任制，深入开展基层党建工作述职评议考核，层层压实基层党建责任。

（二十一）持续深化党的纪律和作风建设。深入开展纪律教育，强化纪律执行，使党员、干部知敬畏、存戒惧、守底线，习惯在受监督和约束的环境中工作生活。把纪律挺在前面，按照惩前毖后、治病救人方针，深化运用监督执纪“四种形态”，规范和推动运用“第一种形态”，抓早抓小、防微杜渐。赋予有干部管理权限的党组相应纪律处分权限，强化监督执纪问责。以强化政治纪律和组织纪律为重点，严肃查处有规不依、有章不循、执纪不严等行为，带动党的其他纪律全面严起来。坚持以上率下，巩固和拓展落实中央八项规定精神成果，继续整治“四风”问题，坚决反对特权思想和特权现象，坚持不懈改作风转作风，凡是群众反映强烈的问题都要严肃认真对待，凡是损害群众利益的行为都要坚决纠正。全面推行单位党组织和党员到社区“双报到·双服务”制度，不断密切党同人民群众的血肉联系，厚植党执政的群众基础。

（二十二）深入推进反腐败斗争。充分认识反腐败斗争形势依然严峻复杂，以永远在路上的坚韧和执着，以坚如磐石的决心，夺取反腐败斗争的压倒性胜利。完善党内监督体系，整合监督方式，推进审计管理体制改革，完善统计体制。完善党风廉政建设主体责任清单制度和廉洁工作站党风廉政监督机制，推动全面从严治党向基层延伸。深化政治巡察，进一步健县委巡察制度和机制，配合推进市县联动巡察新方式，实现上下联动、信息共享，形成市县巡察“一盘棋”。坚持无禁区、全覆盖、零容忍，坚持重遏制、强高压、长震慑，坚持受贿行贿一起查，重点查处政治问题和腐败问题通过利益输送相互交织，在党内培植个人势力、结成利益集团的行为。深化民生监督，加强扶贫领域监督执纪问责，加大整治群众身边不正之风和腐败问题力度。推进监察体制改革，组建县监察委员会。抓好党内法规制度建设，扎紧制度“笼子”，构建不敢腐、不能腐、不想腐的有效机制，深化标本兼治，保证干部清正、政府清廉、政治清明。

六、以勇往直前的奋斗姿态，向新时代新目标砥砺前行

（二十三）思想解放，破解发展难题。唯改革者进，唯创新者强。越是后发展欠发达，越要改革越要创新。广大党员、干部要带头开阔眼界，带头勤学善思，带头走在前面，做思想解放的先行者、改革创新的引领者。要勇于解放思想，打破因循守旧、不合时宜的思想禁锢，打破封闭僵化、阻碍发展的体制机制，打破按部就班、亦步亦趋的思维定势，敢为人先、敢创新路、敢争上游。要把改革创新精神贯穿于经济社会发展的各个领域、各个环节，勇于推进工作创新、实践创新、理论创新、制度创新，善于发现、总结、归纳、推广基层的创新经验，在全县营造大胆改革、竞相创新的浓厚氛围。

（二十四）强化担当，狠抓工作落实。广大党员、干部要增强使命感、责任感、紧迫感，勇做新时代的坚定者、奋进者、搏击者，以时不我待、只争朝夕的精神，牢记使命，勇于担当，狠抓各项工作的落实。要始终保持锐意进取的精神风貌，善于结合实际创造性推动工作，善于与时俱进运用新技术新方法开展工作。要始终坚

持说实话、谋实事、出实招、求实效，把雷厉风行和久久为功有机结合起来，敢于担当担责，勇于攻坚克难，看准了的事情，就要坚定不移干。要始终高度重视防控各方面风险，不断创新理念思路、体制机制、方法手段，增强工作预见性，把握工作主动权，确保社会长治久安、人民安居乐业。

（二十五）凝心聚力，推进快速发展。建设“北部湾美丽后花园”和“国际康养胜地”，需要全县上下同频共振、凝心聚力。广大党员、干部要坚持以对党和人民高度负责的态度，把人民群众的小事当作自己的大事，从人民群众关心的事情做起，从让人民群众满意的事情做起，始终同人民想在一起、干在一起。要加大先进典型宣传力度，引导广大党员、干部对标先进，学习先进，立足岗位作贡献。要牢固树立全县“一盘棋”思想，充分发挥党员、干部先锋模范作用，充分发挥群众主体作用和基层组织引领带动作用，全面激发社会各界干事创业热情，凝聚起浦北人民开创新局面的磅礴力量。

全县各级党组织和广大党员干部要更加紧密地团结在以习近平为核心的党中央周围，坚持以习近平新时代中国特色社会主义思想为指导，全面贯彻落实党的十九大精神，不忘初心、牢记使命，开拓创新、攻坚克难，为建设“北部湾美丽后花园”和“国际康养胜地”、开创世界寿乡美丽浦北新局面而努力奋斗！

中共浦北县委员会办公室　浦北县人民政府办公室关于印发《浦北县党建引领脱贫攻坚和“美丽广西·乡村建设”组织保障实施细则》等六个实施细则的通知

各镇（街道）党委（工委）、人民政府（办事处），县直（含直线驻县）各单位：

现将《浦北县党建引领脱贫攻坚和“美丽广西·乡村建设”组织保障实施细则》《浦北县党建引领脱贫攻坚和“美丽广西·乡村建设”资金政策实施细则》《浦北县党建引领脱贫攻坚和“美丽广西·乡村建设”基础便民实施细则》《浦北县党建引领脱贫攻坚和“美丽广西·乡村建设”产业富民实施细则》《浦北县党建引领脱贫攻坚和“美丽广西·乡村建设”服务惠民实施细则》《浦北县党建引领脱贫攻坚和“美丽广西·乡村建设”文化乐民实施细则》等六个实施细则印发给你们，请结合实际，认真抓好贯彻落实。

中共浦北县委员会办公室

浦北县人民政府办公室

2017年11月17日

浦北县党建引领脱贫攻坚和“美丽广西·乡村建设”组织保障实施细则

一、实施村党组织“带头人工程”，充分发挥脱贫攻坚和乡村建设骨干引领作用

（一）选好配强村党组织书记。抓住村“两委”换届的契机，选好配强村党支部班子，特别是把优秀党员选拔到村党支部书记岗位。注重从农村致富能手、专业合作组织负责人、外出务工经商人员、回乡大中专毕业生、军队退役人员、大学生村官、乡村医生教师、机关和企事业单位退休干部职工中选拔村党支部书记。同时，推行村党支部书记县级备案管理制度，落实村干部小微权力清单，确保管好用好村党支部书记。

（二）加强对村党组织书记的培训。以村党支部书记为重点，抓好农村党员大培训，加大资金投入，按照每人每年不少于120元的标准落实农村党员培训经费，确保培训全覆盖、常态化。县级每年举办村党支部书记培训示范班，镇（街道）负责培训村党支部委员。支持新任村党支部书记、支委参加大专、中专学历教育和职业技能培训，帮助他们提升综合素质和创业技能。突出抓好党章党规、习近平总书记系列重要讲话精神以及党支部书记应知应会知识学习的职责要求，加强民主集中制教育培训，提升党支部书记履职能力。积极运用现代信息技术，把“互联网+”引入农村党员教育培训，开办网络党校、网上课堂，用好微博、微信、手机客户端等新载体，充分运用农村党员现代远程教育这个平台，增强培训的针对性、灵活性和实用性。

（三）加强村党组织书记后备队伍建设。大力实施“村党组织带头工程”，按每个行政村1至2名的标准挑选培养基层党组织书记后备干部。按照不低于村“两委”职数1∶1比例培养储备后备干部，重点物色好村“两委”正职特别是村党支部书记后备人才。同时，建立规范的后备干部档案，实行动态管理、跟踪培养、定期考察,加大培育力度,逐步建立一支德才兼备、结构合理的村党组织书记后备干部队伍。

二、实施党员“创业带富工程”,深入开展“争当八桂先锋、争做合格党员”行动,充分发挥脱贫攻坚和乡村建设先锋模范作用

(一)开展精准脱贫、乡村建设党员大培训。结合“两学一做”学习教育和实施2016—2020年农村党员大培训规划,围绕精准扶贫、精准脱贫和乡村建设,根据农村党员实际需求,开展精准培训、全面轮训,增强农村党员脱贫致富的决心和信心、能力和本领,确保有劳动能力的农村党员掌握1门以上实用的创业技术和职业技能,提高农村党员参与推动脱贫攻坚、乡村建设意识和能力。各镇(街道)、各有关部门也要安排针对农村党员的专项培训,在举办各类培训班时优先安排农村贫困党员参训。

(二)发挥党支部带领农民群众脱贫致富引领作用。认真抓好《关于进一步加强贫困村党组织建设助推脱贫攻坚工作的通知》(桂组通字〔2016〕65号)各项任务落实。大力推行“1+2+6”工作机制,充分发挥党建引领脱贫攻坚作用,从项目、资金、技术、信息上,鼓励和支持党员带头创办合作社、致富项目;组织有帮带能力的党员与重点脱贫对象结成对子,带动脱贫致富。充分发挥广大党员在脱贫攻坚中的带头致富作用,每个村要培育几个党员创业致富带头人。

(三)开展贫困党员“结对”帮扶。广泛开展“结对”帮扶活动,让领导干部、机关党员、企事业党员等与贫困党员“一对一”或“多对一”结成对子,帮助贫困党员解决困难、发展产业和拓宽就业。对于老、弱、病、残困难党员,制定出台浦北县党内关爱激励机制,对生活特别困难的农村老党员进行生活补助,确保让困难党员感受到党组织的温暖和关爱。

(四)推进“美丽广西·乡村建设”。充分发挥党建引领乡村建设作用,发动广大党员群众积极参与乡村建设。继续实施宜居乡村、幸福乡村两个阶段的乡村建设,实现农村生活条件明显改善及生态环境明显改观,为农民群众建设一个卫生、便捷、舒适的宜居家园,让农民群众过上文明、和谐、幸福的美好生活。

(五)推动村级集体经济发展。深入推进抓党建促脱贫攻坚工作,大力发展“薄弱村”“空壳村”集体经济,不断夯实农村基层党组织凝聚服务群众的物质基础。充分发挥村党组织领导核心作用,把党员集合起来、把群众组织起来,因地制宜、抱团发展,积极探索成立合作社发展产业、实行股份经营、开展物业经营、提供有偿服务等,实现集体有收益、村民有分红。规范村集体资源、资产的管理使用,确保公开透明,加强对村干部、村集体经济组织负责人的监管,防止出现集体经济发展起来了村干部却出了问题的现象。

三、实施第一书记和工作队员“管理提升工程”,充分发挥脱贫攻坚、乡村建设支撑作用

(一)严格考勤,加强督查。严格贯彻执行自治区、市工作队员相关管理规定,并结合浦北县驻村工作管理实际,健全“镇(街道)党(工)委、工作分队长、党建工作站及村党组织”四级联动考勤制度,采取周考勤和月考勤相结合,整合第一书记和工作队员等人员充实“一站一中心”工作力量和进行管理。第一书记和工作队员管理情况纳入镇(街道)、工作分队长、党建工作站及村党组织年终绩效考核。压实镇党委、工作分队长、党建工作站及村党组织的管理责任。同时,加强对第一书记和工作队员的日常管理监督,调整一批不胜任工作或严重违反驻村纪律,群众反映不良的第一书记和工作队员,传导必要的压力,并结合脱贫攻坚和乡村建设工作督查,建立通报制度,不定期对第一书记和工作队员驻村工作情况进行督查,对工作表现好的,进行全县通报表扬,对工作表现差的,依据有关规定进行严肃处理。

(二)搭建扶贫新平台,推进党旗领航电商扶贫。以“党旗领航·电商扶贫”为契机,发挥非公企业党组织优势,扎实开展电商扶贫,借势借力“互联网+”电商企业的平台技术和商业模式,整合社会资源推进脱贫攻坚、乡村建设工作。引导第一书记和工作队员充分利用县级电子商务运营服务中心、物流配送中心,镇级电子商务服务站、物流站,村级电子商务服务点等,拓宽农产品销售渠道,助推群众脱贫致富。

(三)建立交流平台,强化培训。紧紧围绕精准扶贫、精准脱贫和乡村建设,通过组织工作队员参加上级培训,县级培训、交流会等,有针对性地提升第一书记和工作队员在政治导向、脱贫攻坚、乡村建设和群众工作等方面的处理能力。每季度定期召开工作分队长座谈会,了解掌握各工作分队开展脱贫攻坚的进展情况、存在的问题及工作亮点;创建“浦北县乡村建设(扶贫)工作队员”微信群和“踏石留印”Q群等工作交流群,实现全天候工作交流;建立片区交流制度,将全县17个镇(街道)的“美丽广西·乡村建设”(扶贫)工作分队分为南部片区、中部片区、北部片区,各片区设片区轮值分队长，由各镇（街道）工作分队长轮流担任，促进工作队内部交流和学习。

四、实施“一站一中心”提升工程和农村基层党组织“星级化”管理，提升基层党组织服务水平

（一）深化“一站一中心”建设提升工程。充分发挥党建工作站的职能作用，完善层级联动解决基层群众反映热点难点问题机制，打造党建工作站民情“直通车”。按照“服务场所标准化、队伍管理标准化、工作流程标准化、履行职责标准化、基础保障标准化”的要求，深化“一站一中心”建设提升工程，整合“美丽广西·乡村建设”（扶贫）工作队员等人员充实“一站一中心”工作力量，优化抓党建促基层问题解决层级联动机制，落实党建工作站人员走访基层群众制度，切实解决基层热点难点问题。继续推进党群服务中心代办点建设，搭建高效便捷的代办服务平台，为村民提供高效便捷的服务，切实解决村民在生产、生活中遇到的实际困难和问题。同时，密切党和政府与人民群众的联系。

（二）推行农村基层党组织“星级化”管理。全面打造“领导班子好、党员队伍好、工作机制好、工作业绩好、群众反映好”的“五个好”党支部，实现“有坚强有力的领导班子、有本领过硬的骨干队伍、有功能实用的服务场所、有形式多样的服务载体、有健全完善的制度机制、有群众满意的工作业绩”的“六个有”，努力使每一个基层党组织每年整体素质都有新提高、整体功能都有新提升。力争到2020年，有90%以上的村党组织达到三星级以上，在全县打造一批示范效应好、带动作用强、个性特色鲜明的农村党组织示范群，全面提升基层党组织整体素质、整体功能。

五、加强组织领导，为脱贫攻坚和乡村建设提供坚强保障

（一）强化工作保障。把队伍建设情况列为每年抓基层党建述职考核评议的内容。各镇（街道）、各有关部门要创新办法和举措，加大资金项目整合力度，以财政拨款为主、党费补助为辅、社会捐助为补充，为队伍建设工作开展提供经费保障。要结合本地实际，研究具体方案，细化任务分工，明确责任和时限要求，形成项目清单，实行项目化推进，扎实有序推进队伍建设。

（二）注重典型示范。创设“浦北先锋”电视栏目，挖掘亮点、树立典型、弘扬正能量，引导激励广大党员干部在服务脱贫攻坚、乡村建设工作中当先锋走前头。各镇（街道）、各有关部门要注意及时发现、挖掘树立一批先进典型，大力推广他们的先进经验、先进事迹，充分发挥他们的示范带动作用。要做好宣传引导，充分发挥新闻媒体的作用，营造学习先进、崇尚先进、争当先进的浓厚氛围。

（三）加强督促检查。按照有部署、有检查、有总结、有考核的要求，采取专项督查、明查暗访等方式，加强对队伍建设落实情况的督促检查，及时发现问题，严格督促整改。县委组织部将进行全程督导，并对各镇（街道）实施情况进行年度检查验收。

浦北县党建引领脱贫攻坚和“美丽广西·乡村建设”资金政策实施细则

根据《关于印发“十三五”全区脱贫攻坚财政稳定增长投入机制工作方案的通知》（桂政办发〔2016〕25号）、《中共浦北县委员会、浦北县人民政府关于党建引领脱贫攻坚和“美丽广西·乡村建设”工作的实施意见》（浦发〔2017〕5号）的文件精神，结合浦北县实际，特制定本细则。

一、目标任务

坚持统一规划、分期实施、确保稳妥的原则，以整合各类资金集中建设为主，在原有基础上分散建设为辅，采取依托县城、重点镇、产业园、乡村旅游区、中心村建设和“插花”建设的方式，到2019年确保全县78个贫困村全部“摘帽”，全县建档立卡贫困人口全部脱贫；到2020年实现农村生产、生活条件明显改善，生态环境明显改观，为人民群众建设一个卫生、舒适、便捷的宜居家园，让农民群众过上文明、和谐、幸福的美好生活。

二、资金筹措渠道

县资金政策专责小组成员单位应积极发动群众参与，要多层次、多形式、全方位筹集资金，形成“国家投一点、地方筹一点、社会捐一点、部门帮一点、银行贷一点、市场融一点、企业助一点、群众出一点”的资金投入模式。

（一）筹措落实县本级应承担的资金

1. 年度内县本级财政专项扶贫资金预算安排增量占一般公共预算收入增量比例要达到10%以上。2017年度安排财政专项扶贫资金2200万元，预算安排增量占一般公共预算收入增量的比例为14.17%，以后年度按照中央、自治区相关政策要求据实安排。

2. 当年清理收回财政存量资金可统筹资金中用于扶贫开发的金额占比要达到50%以上。2017年清理收回存量资金中可统筹使用金额为700万元，可统筹资金中用于扶贫开发的金额为350万，当年清理收回存量资金可统筹资金中用于扶贫开发的金额占比50%，以后年度按照中央、自治区相关政策要求据实安排。

（二）会同相关部门争取国家资金

1. 结合浦北县加快发展优势特色农业产业的总体要求，选送富硒农产品、牲畜、生态旅游、荔枝、水产养殖、家禽、柑橘、茶叶等产业项目，积极参与上级竞争立项，争取更多的项目扶持资金；

2. 通过加强基层政权、宜居乡村、扶贫开发等项目管理，加快项目推进和资金拨付；建立健全项目库等影响绩效目标的因素，积极争取上级部门按绩效因素补助的资金额度。

（三）统筹整合涉农部门资金

“1+2+6”建设资金中，以各业务主管部门现有资源统筹整合为主。根据桂政办发〔2016〕25号关于部门行业资金投入按照“渠道不乱、用途不变、各负其责、各记其功”整合原则和管理的要求，由各业务主管部门根据基层政权建设、乡村建设、扶贫开发的总体要求，围绕行业扶贫规划和资金用途、管理规定制订使用方案，经统筹安排后报县人民政府审核、批复。

（四）争取社会各届人士、企业捐资

通过广泛的宣传、发动社会帮扶网、社会帮扶协会等平台，争取社会各界爱心人士、爱心企业捐资、赞助，使广大贫困户感受到社会各界的关怀和帮助。

（五）后盾单位、帮扶联系人捐资

后盾单位、帮扶联系人是与贫困户有直接联系的责任人，除了帮助、指导贫困户制订发展生产脱贫计划外，倡议后盾单位、帮扶联系人根据实际情况献上爱心，捐资帮扶引导脱贫。

（六）包装特色优势产业，引进社会合作资金

特色优势产业包装应向县委、县政府选定的“5+2”个特色产业靠拢(5个特色产业：优质稻、百香果、猪、水产（鱼）、电子商务，2个备选特色产业：柑橘、荔枝），通过招商引资、合作参股经营等模式，解决一些合作社、企业的资金困难问题。休闲观光农业、旅游景点等基础设施可采用“PPP”模式引进社会资金来建设。

三、资金的使用原则

（一）优先用于贫困户、贫困村脱贫摘帽

按照贫困户的“八有一超”和贫困村的“十一有一低于”的脱贫摘帽标准，缺什么，补什么，确保资金精准、高效使用。

（二）优先用于产业基地基础设施建设

完善“5+2”个特色产业基地基础设施建设，做强做大特色产业，打造特色产业向规模化、集约化方向发展。

（三）优先用于解决农田水利建设

着重建设“五小”水利工程，解决农田水利设施落后，避免因排灌不畅造成农田无法耕种、丢荒的问题。“小水池、小沟渠、小塘坝、小堰闸、小泵站”是农业基础设施的重要组成部分，是山区农村最实用、最能解决问题的水利设施，是解决农田水利“最后一公里”问题的关键，是真正的民生水利工程。

四、资金的监督管理

（一）通过制度建设进行监管

制订了《浦北县扶贫对象“量化到户带资入股”资金使用及监督管理办法》《浦北县扶贫小额信贷资金使用及监督管理办法》；为了规范浦北县财政专项扶贫资金的使用管理，资金政策专责小组起草《浦北县财政专项扶贫资金管理实施办法》，目前已通过县法制办审核，该办法经县人民政府同意后以人民政府办公室名义下发。

（二）通过其他方式进行监管

依法依规强化项目资金监管，严把工程质量关。项目建设过程要做到“五公开”：即资金补助和筹集公开，项目建设标准和投资总额公开，招投标公开，项目申报和审核公开，确定工程队公开；监管做到“四到位”，即政府部门监管到位、群众监督到位、专业抽检到位、施工单位自查到位，发挥各级工程质量监督机构的作用，组织受益群众、村民代表、理财小组、村务监督委员会全程参与监督；资金管理做到“三规范”，即规范资金筹集、资金补助和资金拨付方式。在资金筹措上，对批准实施的项目，应由县级财政配套的，县级财政要足额筹措；在资金补助方式上，依照程序合理确定建设项目、建设内容及相应的补助额度，确保精准补助；在资金拨付方式上，县级财政要按施工进度分批划拨项目资金，确保资金使用安全高效。

五、明确职责

（一）职责分工

1. “1+2+6”工作机制由县大党建办牵头，基层组织工作组、脱贫攻坚工作组、乡村建设工作组负责统筹协调，专责小组成员单位负责组织实施。通过建立专责小组全体会议制度、专项会议制度、牵头单位协调会议制度、信息通报制度，加强成员单位之间的工作联系。浦北县发改局、工信局、财政局、环保局、文体广电

局、交通运输局、住建局、水利局、农业局、林业局、卫计局、民政局、水库移民局、扶贫办、水产畜牧兽医局、农信社、供电局等专责小组成员单位，要按照各自的工作职责和任务分工，负责组织、推进本系统项目实施，指导服务各镇（街道）完成建设任务。各成员单位每月定期向专责小组报送工作进展及项目进度信息。

2. 为扎实推进党建引领脱贫攻坚和“美丽广西．乡村建设”工作，根据目前资金政策专责小组开展工作的实际情况，在县直涉及资金政策、管理的相关部门中充实、调整部分人员到资金政策专责小组工作。

（二）落实镇级工作责任

镇人民政府（街道办事处）、驻村工作队及村委会各负其责，层层细化任务。县大党建办负责统筹推进“1+2+6”工作机制，基层组织工作组、脱贫攻坚工作组、乡村建设工作组分别根据各村基层政权建设和乡村建设的需要，审核、汇总各镇（街道）上报的项目资金需求，并递交综合协调组审核，确保项目资金用于精准扶贫、精准脱贫上。各镇人民政府（街道办事处）负责组织各村群众召开会议，宣传政策，参照“一事一议”方式商讨确定施工地段，审核公示各项资金补助情况，协调处理供料、供电、供水等问题及工程管理等事项。驻村工作队负责指导村委会开展项目建设，参与项目调查及审核工作，及时完成上级交办工作。村委会负责带领群众筹资投劳、协助施工，处理纠纷、质量监督等事项。

（三）分类组织项目推进

基层政权建设和乡村建设要与脱贫攻坚效益相挂钩，在县大党建办的统筹协调下，加快项目建设进度，层层签订项目建设责任状，实行责任包干制，落实领导责任及实施责任。基层组织工作组负责组织基层政权建设项目推进；乡村建设工作组负责组织乡村建设项目的推进。充分发挥各专责小组成员单位各自在项目建设中的优势，牲畜栏舍改造项目由县水产畜牧兽医局组织实施；农村危房改造项目由县住建局实施；村屯绿化项目由县林业局组织实施；一事一议项目由县“一事一议”办组织实施；农田水利、农村人饮项目由县水利局组织实施；村屯道路项目由县交通运输局、水库移民局组织实施；清洁乡村由各镇（街道）组织实施等。项目建设全面实施清单管理和建设，科学安排工期，细化工程进度。要做好项目建设前期调查、项目审核和补助公示，发动农民以自建或联建为主开展项目建设，必要时根据群众意愿组织专业队伍或农村工匠承包建设。涉及公共设施建设项目，根据各类项目的建设要求，按照规定的程序组织实施。项目完工后，要及时组织验收，及时兑现补助资金。

六、工作要求

（一）建设要求

各镇（街道）结合本地经济社会发展实际，选取部分群众积极性高、代表性强、建设需求强烈、示范作用大的村开展“1+2+6”工作机制示范建设，探索“整村推进”的试点示范模式，打造出一批“责任落实好、管理规范好、工程质量好、环境保护好、制度建立好”的示范村屯，发挥其示范带动作用。

（二）优化项目设计

在项目安排上按照轻重缓急原则，优先安排涉及群众较多、群众积极性较高的村屯，重点建设受益面广、受益人口多、带动作用大、社会经济效益明显的项目。在项目设计上，要以乡村建设规划为指导，按照不同地方的实际和经济社会发展水平、农民的收入水平等因素，进一步优化“1+2+6”工作机制设计方案，因地制宜采取经济技术合理、安全可靠、施工方便的技术方案，尽量使用当地建筑材料，降低建设成本；在满足技术标准的前提下，尽量少占耕地、少拆迁，减少投资量。

（三）发动社会参与

要积极引导社会参与“1+2+6”工作机制。项目建设可探讨专业企业打包建设、项目建设运营全托管、承包项目运营等市场化方式，鼓励企业或个人出资进行村屯绿化等项目建设，大力推行民办公助、村民自建等建设方式进行建设，采取先建后补、以奖代补等方式进行补助，发挥好财政资金的杠杆作用。

（四）创新活动机制

引入新机制、新办法推动项目建设，充分挖掘当地人力资源，以专业队伍、建筑工匠为主力，农民投工投劳，能人带头、工匠领衔，鼓励村民自发组建劳务队伍、农民成立工程承包施工队参加项目建设。县发改局、扶贫办、财政局要牵头有关部门制定50万以下小型基础设施建设项目的农村农民自建机制文件，按照报帐制要求实施项目建设，减少项目立项、设计、环评、财评、招投标等众多环节，降低行政运行成本。鼓励群众通过支持建设用地、配合拆迁、投工投劳、自筹资金等方式参与项目建设。

（五）加强督查考评

建立督查工作机制，定期对“1+2+6”工作机制的组织管理、资金筹措、施工进度、质量安全、群众满意度等进行督促检查。建立绩效考评机制，将“1+2+6”工作机制纳入绩效考评范围，对提前完成重点任务的，由县资金政策专责小组提出意见呈报县委、县政府同意后，给予绩效加分，对没有完成重点任务的给予绩效扣分，并强化考核结果使用。建立工作进度月报制度，及时报送“1+2+6”工作机制好的经验和做法。

浦北县党建引领脱贫攻坚和“美丽广西·乡村建设”基础便民实施细则

一、工作目标

以乡村规划为引领，以持续改善农村人居环境为目标，以实施农村厕所、厨房和牲畜栏舍改造工程（简称“三改”工程）为重点，统筹推进农村道路通行、饮水安全、垃圾治理、村屯特色、住房安全和能源利用水平提升工程（简称“六提”工程），以及增加农村公共照明、增强宽带通信能力、增强供电能力工程（简称“三增”工程）建设，培育一批农村标准化设备生产和运营维护管理企业，建立健全农村环境卫生长效管理机制，培育社会主义精神文明新风尚，增强农村基础设施便利性便捷性，方便农村居民生产生活，建设美丽宜居乡村。到2018年底，实现以下目标（最终任务数以自治区下达为准）：

——完成7700户农村改厕任务，农村无害化卫生厕所普及率达到90%以上。

——完成7700户农村改厨任务，农村清洁厨房普及率达到60%以上。

——完成15户农村畜圈改造任务，“楼上住人楼下养畜”人畜混居畜禽栏舍改造完成率达50%以上。

——完成农村公路整治隐患里程40公里，78个脱贫摘帽贫困村20户以上村屯道路建设项目。

——完成78个脱贫摘帽贫困村农村饮水安全巩固提升工程项目；完成10个镇级污水处理厂建设项目。

——完成农村垃圾专项治理两年攻坚，实现全县90%以上村庄的生活垃圾得到有效治理。

——完成19个水库移民新村（新建新村11个，续建新村8个）村屯容貌整治工程。完成旧房改造55户和村内道路硬化等公共基础设施。

——完成约2679户农村危房改造任务。

——新增沼气管道化用户200户。

——完成20个自然村公共照明建设试点项目。

——完成所有行政村宽带信息网络全覆盖。

——完成新建35千伏变电站1座；10千伏新建或改造架空线路100公里，新增和改造配变200台；一户一表改造10.2万户。

二、主要任务

“基础便民”专项活动的主要任务是全面推进“三改、六提、三增”工程即“363”工程建设。

（一）“三改”，即实施农村改厕、改厨、改圈工程

一是改造农村厕所。以改善居住条件、预防疾病传染、提高宜居水平为目标，按照“统一标准、统一设计、统一生产”的要求，以建设和完善“两池一洗”（化粪池、便池、冲洗设备）为主要内容，对约7700户（最终任务数以自治区下达的为准）农村厕所实施无害化卫生厕所。各镇（街道）要引导农村户厕进院入户，因地制宜选择标准化的无害化处理设备或设施，用水条件较好的村屯，倡导建设水冲式厕所，推广使用三格式化粪池；不具备单户建设化粪池的农户，可以选择建设联户共用的化粪池。沼气池较普及的村屯，积极开展利用旧病沼气池实施无害化卫生厕所改造。干旱缺水的村屯，可以选择建设节水型无害化卫生厕所或者增加负压式节水冲洗装置，或者建设村屯无害化公共厕所。使用公共厕所的村屯或者广西四星级以上乡村旅游景区景点，要组织实施公共厕所无害化改造，并将公共厕所的卫生保洁纳入日常规范管理。

新建或改造无害化卫生厕所的农户，在保障“两池一洗”设施建设的基础上，农户可按舒适型或小康型改造厕所，铺装瓷砖、增加采光通风、添置卫浴设备，提高舒适程度，同时规范使用卫生厕所，形成良好的卫生习惯。

牵头单位：浦北县住建局、卫计局

配合单位：浦北县林业局、水库移民局、扶贫办、财政局、旅游局

责任主体：各镇（街道）人民政府（办事处）

二是改造农户厨房。以建设干净整洁卫生、满足基本功能、管线安装规范、烟气排放良好的清洁厨房为目标，对约7700户（最终任务数以自治区下达的为准）农户厨房实施以“改灶、改台、改柜、改管、改水”为主要内容的改造，按照“五改”标准，以及“缺什么、补什么”的要求建设农村清洁厨房，整体提高农村厨房卫生整洁程度。改灶，即改用节能灶具，增加排烟装置；改台，即对厨房灶台、案台铺装瓷砖并改善排烟、通风、采光条件；改柜，即将厨房敞开式橱柜改为密闭式橱

柜;改管,即将厨房的电线、燃气管线、沼气管线等进行固定、归整;改水,即改造厨房上下水道、储水池、洗菜池等设施,做好厨房排水与化粪池或村屯排污系统的连接。对于已具备基本功能,但设施布局不当、摆放凌乱、整体较差的厨房,应参照农村清洁厨房的基本要求进行归整,达到干净、明亮、整洁的基本要求。经济条件较好的农户在实施“五改”的基础上,可以增加瓷砖铺装面积、选用成品厨具橱柜、提高舒适整洁程度,彻底解决“黑、脏、乱”问题。

牵头单位:浦北县住建局

配合单位:浦北县水库移民局、扶贫办、财政局

责任主体:各镇(街道)人民政府(办事处)

三是改造牲畜栏舍。以基本实现农房人畜分离为目标,按照“一建二用三成立”的标准(“一建”即建设牲畜生态养殖栏舍,推进人畜分离;“二用”即在生态养殖中配合使用微生物,实现“零排放”、“零污染”;“三成立”即成立养殖专业合作社进行经营管理),以屋外建设独立畜圈为主,完善储粪房、沼气池或储液池配套设施,加强粪污处理力度和资源化利用。通过改造,基本实现人畜分离,减少蚊蝇、除恶臭,降低人畜共患病风险,提高村民生活环境宜居舒适程度。到2018年底,完成农村畜圈改造4户,农村“楼上住人楼下养畜”人畜混居畜禽栏舍改造完成率达50%以上。

牵头单位:浦北县水产畜牧兽医局

配合单位:浦北县住建局、财政局、水库移民局

责任主体:各镇(街道)人民政府(办事处)

(二)“六提”:即统筹推进农村道路、饮水安全、垃圾治理、村屯特色、住房安全、能源利用等六项水平提升工程

一是农村垃圾治理水平提升工程。开展农村垃圾专项治理两年攻坚,完成13个镇级片区处理中心和25个村级垃圾处理设施建设,实现全县90%以上村庄的生活垃圾得到有效治理,农村垃圾处理长效机制不断健全。

牵头单位:浦北县乡村办、县住建局

配合单位:浦北县市政局、环保局、农业局

责任主体:各镇(街道)人民政府(办事处)

二是农村道路通行水平提升工程。以改善群众出行条件和便捷程度为目标,按照村村通硬化路的要求,加快农村道路基础设施全面改造,统筹推进农村公路安全生命防护工程,完成农村公路整治隐患里程约40公里;组织实施78个贫困村的通屯道路建设项目,使当年脱贫摘帽贫困村中未通路的集中居住20户以上自然村屯全部通屯级道路,到2018年底,实现80%的自然村(20户以上)通水泥路。

牵头单位:浦北县交通运输局

配合单位:浦北县水库移民局、扶贫办、民宗局、财政局

责任主体:各镇(街道)人民政府(办事处)

三是农村饮水安全巩固提升工程。重点解决78个脱贫摘帽贫困村的贫困人口,以及饮水保障程度低的群众饮水困难问题。到2018年底,全县农村自来水普及率达到78%以上,水质达标率和供水保障程度进一步提高。实施农村污水处理设施建设,到2018年底,完成10个镇级污水处理厂建设项目。

牵头单位:浦北县水利局、住建局

配合单位:浦北县发改局、财政局、卫计局、扶贫办

责任主体:各镇(街道)人民政府(办事处)

四是村屯特色建设水平提升工程。深化乡村规划建设体制改革试点,开展乡土特色建设示范、传统村落保护发展、水库移民村屯村容村貌整治、“绿色村屯”创建等工作,推进特色村屯建设,打造“美丽广西·宜居乡村”风景线。到2018年底,完成19个水库移民新村(新建新村11个,续建新村8个)村屯容貌整治工程。主要完成旧房改造55户和村内道路硬化等公共基础设施。

牵头单位:浦北县水库移民局、住建局

配合单位:浦北县乡村办、林业局、民宗局

责任主体:各镇(街道)人民政府(办事处)

五是农村住房安全水平提升工程。加大农村危房改造工作力度,优先解决脱贫摘帽村建档立卡贫困户的安全住房需求。到2018年底,完成约2679户的农村危房改造任务。

牵头单位:浦北县住建局

配合单位:浦北县水库移民局、扶贫办

责任主体:各镇(街道)人民政府(办事处)

六是农村能源利用水平提升工程。实施农村能源利用提升改造,增加农村燃气供给,改造沼气管理模式,扩大太阳能使用范围,提高清洁能源利用水平。到2018年底,新增沼气管道化用户200户。

牵头单位:浦北县林业局

配合单位:浦北县发改局、县财政局、县水产畜牧兽医局

责任主体:各镇(街道)人民政府(办事处)

（三）“三增”：即增强农村供电能力、通信能力、公共照明能力工程

一是增强农村供电能力工程。实施新一轮农村电网改造，新建110千伏变电电站1座；新建35千伏变电站1座；10千伏新建或改造架空线路100公里，新增和改造配变200台；一户一表改造10.2万户。到2018年底，完成中心村电网改造和贫困村通动力电项目，完善浦北县农村配电网架，提高供电可靠率，确保满足农村居民的生产生活用电需求。

牵头单位：浦北供电局

配合单位：浦北县住建局、国土资源局、公路局、拆迁办、工信局、工管委

责任主体：各镇（街道）人民政府（办事处）

二是增强农村通信能力工程。实施宽带通信村村通工程，加强通信基站和网络建设，推动光缆入村入屯入户，提高宽带通信网络覆盖能力，提升宽带接入速率，加强贫困村屯信息网络基础设施建设，到2017年底基本实现行政村宽带信息网络全覆盖。

牵头单位：中国电信浦北分公司

配合单位：浦北县工信局

责任主体：各镇（街道）人民政府（办事处）

三是增加农村公共照明范围工程。按照“简洁、实用、满足需要”的要求，在全县各建制村的主干道和活动场所等重点区域，根据实际需要，安装一定数量的夜间照明设施，到2018年底，完成20个自然村公共照明建设试点，增加农村公共照明覆盖范围，鼓励和引导农村居民参与路灯建设。

牵头单位：浦北县住建局

配合单位：浦北县财政局

责任主体：各镇（街道）人民政府（办事处）

在推进“363”工程建设的同时，要制定土地、财税等优惠政策，扶持培育农村标准化设备生产企业和农村基础设施运营管理维护的服务企业，建立健全农村环境卫生、基础设施建设和管理维护的长效机制，以及农村农民购买服务的契约机制。

牵头单位：浦北县乡村办

配合单位：浦北县发改局、工信局、财政局、国土资源局、环保局、住建局、交通运输局、水利局、农业局、林业局、卫计局、水产畜牧兽医局、金融办、扶贫办

责任主体：各镇（街道）人民政府（办事处）

三、示范建设

“363”工程各子项目负责单位，要选择不同区域、不同类型、不同条件、基础条件好、群众积极性高的村屯，实施整村推进，分别建设一批便于学习借鉴、适合推广应用的示范项目，打造一批“责任落实好、管理规范好、工程质量好、环境保护好、制度建立好”的示范村屯，通过示范带动、以点带面、连线成片，形成集群效应，打造乡村建设特色风貌。各镇（街道）在打造各类示范村屯的基础上，以自然村为单位，重点创建以下五类建设范例：

（一）无害化卫生厕所建设范例。按照农村户厕卫生规范要求，全村所有农户家庭有无害化卫生厕所，要求厕屋清洁无臭、粪渣定期清掏、排放干净有序、形成管理公约。

（二）农村清洁厨房建设范例。按照广西农村清洁厨房标准要求，全村所有农户家庭厨房建设全部达标，要求厨房清洁整齐、布局合理、排放良好，并且实现长期保洁。

（三）人畜分离独立畜圈建设范例。村内所有“楼上住人楼下养畜”人畜混居现象得到全部治理，整村实现人畜分离；建设的独立圈全部达到验收标准，生态养殖效果显著。

（四）农村公共照明建设范例。实施村屯公共照明补助建设项目，具备条件的村屯采用光伏发电装置，主要街道、公共场所全部安装有新型节能路灯，全村公共照明实现全覆盖，并且形成村民自我维护的长效管理机制。

建设范例实行县统筹、先创建、后申报、集中审核、统一评定，并且纳入专项活动验收内容，从中选择优秀范例上报。

四、实施方式

（一）科学合理谋划。各镇（街道）人民政府（办事处）根据建设需要分类制定项目计划和管理办法，落实配套资金，明确资金使用方向、资金管理、使用要求等。镇级人民政府应将下一年度项目计划报县人民政府审核汇总后，集中报送市相应主管部门。由县级人民政府根据上级下达的任务，按有关规定整合资金并负责项目的具体实施。

（二）多方筹措资金。各镇（街道）人民政府（办事处）要千方百计筹措相关建设资金，确保“基础便民”相关项目的顺利实施。各镇（街道）要拓宽筹资思路，适度利用银行贷款，加大社会引资力度，积极采取市场方式开展融资，增加资金投入量。此外，还应积极发动群众参与，形成多元化的筹集资金模式。

（三）统一建设标准。“363”工程中，已有国家或自治区建设规范标准的，严格按照相关建设规范标准执行；没有国家建设标准的，根据自治区明确的各项建设标准，实行统一的改造标准、设备标准和验收标准，指导项目的实施。要遵照既定的标准，根据实际情况合理选择建设方式。

（四）优化项目设计。在项目安排上按照轻重缓急原则，优先安排涉及群众较多、群众积极性较高的村屯，重点建设受益面广、受益人口多、带动作用大、社会经济效益明显的项目。在项目设计上，要以乡村建设规划为指导，按照不同地方实际和经济社会发展水平、农民的收入水平等因素，进一步优化“363”工程设计方案，因地制宜采取经济技术合理、安全可靠、施工方便的技术方案，尽量使用当地建筑材料，降低建设成本；在满足技术标准的前提下，尽量少占耕地、少拆迁，减少投资量。

（五）分类组织项目推进。各部门要统筹项目建设进度，层层签订项目建设责任状，实行责任包干制，落实领导责任及实施责任。项目建设全面实施清单管理和标准件建设，科学安排工期，细化工程进度。“三改”项目要按照“统一设计、统一标准、统一生产”的要求实施，要做好入户调查、项目审核和补助公示，发动农民以自建或联建为主开展项目建设，必要时根据群众意愿组织专业队伍或农村工匠承包建设。涉及公共设施建设项目，根据各类项目的建设要求，按照规定的程序组织实施。项目完工后，要及时组织验收，及时兑现补助资金。

五、工作要求

（一）明确部门职责。“基础便民”专项活动专责小组由县交通运输局牵头，通过建立专责小组全体会议制度、专项会议制度、牵头单位协调会议制度、信息通报制度，加强成员单位之间的工作联系。浦北县发改局、工信局、财政局、国土资源局、环保局、交通运输局、水利局、农业局、林业局、卫计局、水库移民局、金融办、扶贫办、水产畜牧兽医局、浦北供电局等专责小组成员单位，要按照各自的工作职责和任务分工，负责组织本系统本单位推进项目实施，指导服务镇级政府完成建设任务。各成员单位每月定期向专责小组报送工作进展及项目进度信息。

（二）落实工作责任。镇级政府、驻村工作队及村委会各负其责，层层细化任务。县人民政府及相关部门负责统筹推进所辖镇（街道）“基础便民”专项活动，审核、汇总各镇（街道）上报项目，并向上级相关主管部门申请项目及资金，加强资金管理，协调解决相关问题，督促推进项目建设。镇级人民政府是“基础便民”工作的责任主体，负责宣传发动，组织群众积极参与，具体实施项目建设，指导基层开展工作，协调解决困难和问题；负责组织各村群众召开会议，宣传政策，参照“一事一议”方式商讨确定施工地段，审核公示各项资金补助情况，协调处理供料、供电、供水等问题及工程管理等事项。驻村工作队负责指导村委会开展项目建设，参与项目调查及审核工作，及时完成上级交办工作。村委会负责带领群众筹资投劳、协助施工，处理纠纷、质量监督等事项。

（三）加强项目监管。依法依规强化项目监管，严把工程质量关。项目建设过程要做到“五公开”：即资金补助和筹集公开，项目建设标准和投资总额公开，招投标公开，项目申报和审核公开，确定工程队公开。监管做到“四到位”，即政府监管到位、群众监督到位、专业抽检到位、施工自查到位，发挥各级工程质量监督机构的作用，组织受益群众、村民代表、理财小组、村务监督委员会全程参与监督。资金管理做到“三规范”，即规范资金筹集、补助和拨付方式；在资金筹措上，对批准实施的项目，应由县级财政配套的，由县财政足额筹措；在资金补助方式上，依照程序合理确定改造对象、改造内容及相应的补助额度，确保精准补助；在资金拨付方式上，县财政要按施工进度分批划拨项目资金，确保资金使用安全高效。

（四）发动社会参与。要积极引导社会参与“363”工程。一方面，发动企业参与研发标准化、规范化、模块化的“三改”设施设备；另一方面，引导企业参与相关工程建设，推广使用一体化设备和先进技术，培育具有广西特色、面向农村的环保产业。可探讨专业企业打包建设、项目建设运营全托管、承包项目运营等市场化方式，鼓励企业或个人出资进行改厕后检查维修、定期收运、粪渣资源利用等后续工作，探索试点由专业企业承包检查维修、废弃物回收、资源利用等，形成管收用并重、责权利一致的长效管理机制。

（五）创新活动机制。引入新机制、新办法推动项目建设，充分挖掘当地人力资源，以专业队伍、建筑工匠为主力，农民投工投劳，能人带头、工匠领衔，鼓励村民自发组建劳务队伍、农民成立工程承包施工队参加项目建设。根据广西壮族自治区小型基础设施建设项目的农村农民自建机制相关规定，按照报帐制要求实施项目建设，减少项目立项、设计、环评、招投标、财评等众多环节，降低行政成本。充分利用“一事一议”政策，采取“以奖代补”等方式，发挥好财政资金的杠杆作用。鼓励群众通过支持建设用地、配合拆迁、投工投劳、自筹资金等方式参与项目建设。

（六）加强督查考评。建立督查工作机制，定期对“363”工程的组织管理、资金筹措、形象进度、质量安全、群众满意度等进行督促检查。建立绩效考评机制，将“363”工程纳入绩效考评范围，对提前完成重点任务的，由基础便民专责小组提出意见呈报县委、县政府同意后，给予绩效加分，对没有完成重点任务的给予绩效扣分，并强化考核结果使用。建立工作进度月报制度，及时报送“363”工程好的经验和做法。

（七）加强宣传引导。充分利用广播、电视、报刊和宣传标语等媒介，广泛宣传“363”工程的重要性、意义、进展和经验做法，发动和引导群众积极参与，引导社会力量共同参与。大力开展农村精神文明教育，引导农民群众养成健康、良好的卫生习惯，增强卫生意识，营造良好氛围，强化培训服务。

六、完善政策支持

“基础便民”专项活动建设项目涉及面广、内容多，特别是厕所、厨房、栏舍改造应用的设备产品需求量大，各镇（街道）要加大招商引资力度，引导本地企业转型转产，或引入区外企业落户当地，提供符合标准、质优价廉、便于维护的产品。

（一）资金奖补。农村厕所改造户均奖补1200元，农村厨房改造户均奖补700元，建设屋外独立畜圈的户均奖补1000元，自治区本级财政负责其中一半，其余不足部分由县财政统筹解决；各镇（街道）要对建档立卡贫困户改厕改厨予以适当倾斜。乡土特色示范建设每个自然村屯自治区本级补助150万元，县财政配套150万元，每个乡土示范村完成不少于300万元的建设。

（二）用地政策。支持企业打造农村厕所厨房设备制造、运营维护产业集聚区和生产基地。新办的改厕改厨标准化设备生产企业，优先保障用地，开辟用地预审和用地报批绿色通道。

（三）金融政策。鼓励金融机构建立绿色融资通道，积极为节能环保企业提供固定资产贷款、项目融资贷款、融资租赁、票据贴现等服务。推进知识产权金融发展、依法合规推动知识产权质押融资；支持社会资本以PPP等模式参与农村改厕改厨改圈。

（四）财税政策。按照相关财税支持政策，鼓励投资新建乡村污水处理、农村垃圾处理、沼气综合开发利用、节能减排等标准化或一体化设备生产等项目。属于新建项目的，享受《国务院关于大力推进大众创业万众创新若干政策措施的意见》的政策。全面落实国家关于环境保护、资源综合利用等税收优惠政策，用好用足企业研发费用加计扣除、高新技术企业所得税按15%税率征收、小型微利企业结构性减税等政策；农村厕所成套设备生产企业用电自投产起五年内，给予大工业用电政策优惠。

（五）市场推广政策。公布和定期更新发布农村改厕改厨改栏设备采购目录。按广西壮族自治区农村改厕改厨产品标准化核验指标要求，发挥政府采购推广应用作用，有关财政专项资金在同等条件下对采购目录内的产品项目优先支持。加大监管力度，制定完善并严格执行产品标准，对产品质量达不到要求的企业，停止在专项资金补助、政府采购、金融信贷等方面的支持，其产品或服务不列入政府采购目录。

浦北县党建引领脱贫攻坚和“美丽广西·乡村建设”产业富民实施细则

一、总体思路

以广西壮族自治区《“美丽广西·宜居乡村”活动指导意见》《“产业富民”专项活动工作指南》和钦州市《“美丽钦州·宜居乡村”活动指导意见》《“产业富民”专项活动任务分工和实施方案的通知》为依据，重点围绕“产业富民”专项活动（2017—2018年）提出的“五个一”目标和“十项进村行动”任务，结合实际，突出落实产业富民计划制定、新型经营主体培育、示范基地建设、集体经济发展和种植业“三品”提升、“一村一品”、休闲农业、富硒农业、生态农业、科技推广、农村改革、社会化服务等进村行动，着力培育新动能，打造新业态，扶持新主体，拓宽新渠道，千方百计完成“产业富民”专项活动工作指南提出的各项目标任务。

二、主要任务及分工

“产业富民”专项活动工作指南提出“五个一”目标和“十大进村行动”，由县产业富民专责小组牵头和配合实施的任务及具体分工如下：

（一）“五个一”目标

1. 制定1个村级经济发展规划。根据“美丽钦州”乡村建设重大活动规划纲要、“美丽钦州”乡村建设重点区域建设规划，结合浦北县"十三五"发展要求和各村屯资源禀赋，广泛听取群众意见，科学编制《村级经济发展规划（2017—2018年）》，突出村屯特色优势，突出"产业富民"主题，重点选择1个以上特色优势产品进行综合开发，构建"一村一品"的产业布局，为农民增收打好基础、谋划长远。

2.培育1个带动农户增收的新型农业经营主体。到2018年底，在全县70%的行政村（178个行政村），每个行政村要发展或引进1家以上农业龙头企业（或专业合作社、家庭农场、种养大户等），推广"新型经营主体+基地+农户"等模式，提高组织化程度，扩大经营规模，覆盖和带动行政村60%以上的农户增收。

3.建设1个现代特色农业示范基地。到2018年底，每个行政村至少要建设1个100亩以上规模化、标准化、生态化的种植基地（或相应规模的养殖基地、休闲农业项目、乡村旅游项目或加工物流项目等），有条件的行政村要按照广西现代特色农业（核心）示范区建设标准创建乡、县或自治区级现代特色农业（核心）示范区，全县新建一批乡、县或自治区级现代特色农业（核心）示范区。

4.发展1个农村集体经济项目。积极培育引进新型经营主体，积极开发利用集体所有的房屋、地皮、耕地、山林、水体、河滩等资源，兴办各类集体经济项目，每个行政村要开发1个以上村级集体经济项目，争取全县45%以上的行政村（115个行政村）每年集体经济收入达5000元以上，列入"十三五"脱贫摘帽计划的贫困村，村集体经济收入标准按照脱贫摘帽要求执行，努力解决乡村清洁、公益事业、公共服务"无钱办事"等问题。

5.建设1个农村电子商务服务点。大力发展"互联网+现代农业"，推进农村电子商务建设，构建覆盖县乡村的三级农村电子商务服务体系，完善物流、快递等配套设施和功能，健全上下游服务链，到2018年底，全县85%以上的行政村（216个行政村）有电子商务服务点。

（二）十大进村行动

结合浦北县实际，实施"十大进村行动"，促进产业转型升级和提质增效。

1.实施"产业富民"和村级集体经济谋划进村行动。结合"十三五"规划发展要求，组织各级驻村干部深入调查研究，广泛动员群众，凝聚各方智慧，分析农业农村发展新形势新任务新要求，按照市场导向、因地制宜、突出特色、合理布局、注重实效的原则，以镇（街道）为单位，用半个月的时间，指导每个行政村继续选定1项以上特色明显的富民产业，完善制定行政村经济发展规划（2017—2018年），做到统筹布局、统一规划、长短结合，分步实施。要具有前瞻性、指导性、针对性和可操作性，既考虑两年活动目标，也考虑长远发展，特别是"十三五"规划发展目标。

要结合脱贫攻坚行动，把村级集体经济项目纳入发展计划，既可通过开发集体山林、耕地、养殖等资源，提高集体种养经济效益，也可以通过以地生财、筑巢引凤，大力招商引资办厂，还可以通过开展物业租赁、发展物业管理等有偿服务业，对集体闲置的土地、林场、渔塘、房产等实行租赁经营等，采取多种形式实现集体资产保值、增值，发展壮大集体经济。2017年至2018年年底，全县每年选择脱贫村和预脱贫村，开展"扶持村级集体经济发展试点"。

牵头单位：浦北县农业局、财政局

配合单位：浦北县发改局、旅游局、扶贫办和农口各单位

责任单位：各镇人民政府（街道办）

2.实施种植业结构调整和"三品"提升进村行动。加快转变农业发展方式，提升种植业规模化、组织化、标准化水平，提升品种品质，打造品牌，重点发展粮食、水果、花卉、蔬菜、糖料蔗、茶叶、中药材、蚕桑、食用菌和木薯等9大特色优势产业，以及富硒农业、绿色循环农业和休闲农业3大新兴产业，统筹发展其他特色优势产业。

（1）制订耕地丢荒治理工作方案，开展"一年种三造，亩产万斤粮和亩产超万元田"的高产高效创建活动，确保年粮食种植面积71万亩，总产25.8万吨。

（2）实施"菜篮子"工程，蔬菜面积达26万亩，产量15万吨，其中秋冬蔬菜种植面积稳定在18万亩左右，产量11万吨。

（3）推进"优果工程"升级行动，到2018年年底水果种植面积60万亩，总产65万吨以上，全县优果率达75%，良种覆盖率96%以上，采后商品化处理率60%以上；

（4）大力发展经济作物。基本建成0.41万亩"双高"糖料蔗基地的任务，"双高"糖料蔗单产比传统种植提高2吨以上。茶叶种植面积达到1.25万亩，产量1450吨。食用菌鲜品产量达0.07万吨，总产值超过0.38亿元。蚕桑种植面积稳定在0.4万亩，鲜品产量0.014万吨。木薯种植面积扩大并稳定在12万亩，产量5.16万吨。

（5）到2018年年底，打造水稻、花生、绿茶、红茶等

富硒农产品基地，新认定“三品一标”4个以上。2017年、2018年计划培育浦北县银丽果蔬专业合作社生产的稻谷、浦北县龙门镇龙发水果专业合作社生产的柑桔、浦北县健美乐果蔬种植专业合作社生产的荔枝、浦北县顺丰农作物专业合作社生产的马铃薯、广西浦北县桂越香蕉农民专业合作社生产的香蕉、浦北精丰农牧业有限公司生产的凤梨、浦北县红果园柑桔种植专业合作社生产的沙糖桔认证为无公害农产品，培育广西浦生粮油食品有限公司生产的花生、广西北部湾珠乡橄榄食品有限公司生产的橄榄认证为绿色食品，培育浦北县石祖农产品产销专业合作社生产的茶叶认证为有机食品，每年至少认证无公害农产品、绿色食品、有机食品或地理标志农产品各2个。同时做好无公害产地及产品的复查换证、产地督查和“三品一标”标志监管工作。

牵头单位：浦北县农业局

配合单位：浦北县水产畜牧兽医局、林业局、水果局等农口各单位

责任单位：各镇人民政府（街道办）

3. 实施生态养殖进村行动。以生态循环理念引领优势特色养殖业发展，以合作社、企业的规模化、集约化经营带动农户，全面推广应用“微生物+”生态养殖模式，通过生态养殖，生产无公害、绿色、有机水产品和畜禽产品，提升养殖业竞争力。突出抓好种养循环技术推广，因地制宜推广生猪“微生物+”等4种生态养殖技术模式。到2020年底，全县畜禽养殖场生态养殖比率达90%。大力培养农村生态养殖技术能人和带头人。特种养殖业按照“产出高效、产品安全、资源节约、环境友好”的思路，推进养殖业的布局区域化、养殖规模化、生产标准化、经营产业化和服务社会化。开展畜禽养殖标准化示范场创建、全国和全区休闲渔业示范基地创建等活动，大力发展水产畜牧规模化、生态健康养殖，每年水产品总产量3.93万吨以上，出栏肉猪54.7万头以上，肉类总产量6.26万吨以上，禽蛋产量0.45万吨以上。

浦北县以养殖奶水牛、肉牛、生猪、肉羊、肉鸡、肉鸭、官垌草鱼、蜜蜂等品种为主。

到2018年年底，全县生态养殖比率要达到50%以上，每个镇要打造1个以上生态养殖产业，创建1个以上生态养殖助农增收合作社示范点；创建北通镇旱田村、白石水南明村等2个以上生态养殖养猪场，助农增收示范村。

组织技术服务队伍，编制示范基地生产实施方案，实行全程跟踪服务，确保示范基地发挥最大效益和辐射带动作用。

牵头单位：浦北县水产畜牧兽医局

配合单位：浦北县农业局等农口各单位

责任单位：各镇人民政府（街道办）

4. 实施林下经济提升进村行动。总结推广和拓展提升浦北县林下经济发展模式，实施林下经济精品示范基地建设工程，制定建设标准，在加强林业生态保护的基础上，重点发展林下经济，建设一批富有地方特色的林下种养基地（其中新建的示范基地不少于80%），深入实施林下经济“千万林农千元增收”工程，因地制宜推广林果、林草、林菌、林药、林蛇、林禽、林畜、林蜂等林下经济模式。

(1) 各镇（街道）指导辖区各村，结合当地实际，利用资源、技术、人才优势，选择适合本村发展的林下经济模式。

(2) 到2018年年底，全县要创建2个以上林下种养示范基地（其中新建的示范基地不少于80%）。重点建成浦北风源林下肉鸡养殖示范基地、浦北县佳荔园林下养蜂示范基地等2个以上的林下经济示范基地。

牵头单位：浦北县林业局

配合单位：浦北县水产畜牧兽医局等农口各单位

责任单位：各镇人民政府（街道办）

5. 实施新型经营主体进村行动。加大对龙头企业、农民专业合作社、家庭农场、专业大户等新型经营主体的培育和扶持力度，引导更多新型经营主体进入农村、带动农户，构建农户与新型主体的利益联结机制，改变农民单打独斗闯市场的状况。重点实施农民专业合作社和家庭农场能力建设补助资金项目，实施龙头企业成长计划，培育壮大一批农业产业化龙头企业和林业、农垦、水产畜牧重点龙头企业，加强龙头企业“产加销”一体化建设，带动产业和农户发展。鼓励支持新型经营主体积极参与发展村级集体经济。开展新型职业农民示范培育和现代青年农场主培养。鼓励新型经营主体和涉农院校、科研院所成立产业联盟、行业协会等，联合推进科技创新、成果转化、品牌创建、统一营销等。加强对具有专业技术的外出务工人员返乡创业的培训和扶持力度，支持返乡创业人员成立企业主体，领办合作社，组建家庭农场，带动村民致富。2017—2018年，每年培育生产经营型、专业技能型和专业服务型三种类型的新型职业农民300人以上。到2018年年底，全县70%以上的行政村（178个）和60%以上的农户有新型经营主体覆盖带动。到2020年年底，全县培育家

庭农场突破 120 家,农民专业合作社 750 家以上,市级以上农业产业化重点龙头企业 18 家。

牵头单位:浦北县农业局

配合单位:浦北县工商局、工信局、水产畜牧兽医局、林业局等农口各单位

责任单位:各镇人民政府(街道办)

6. 实施农旅结合休闲农业进村行动。编制《浦北县乡村旅游发展规划》,开发乡村特色旅游资源,深入挖掘农耕文化,发展休闲农业、都市农业。鼓励有条件的村庄开发星级乡村旅游景区、休闲农场、观光农园、休闲农庄、农业博览园、农(林、牧、渔)家乐等农旅结合项目,开发农耕、采摘、猎捕、垂钓、捕捞、攀爬、越野、烧烤、餐饮、购物、文娱活动等休闲农业和体验旅游项目。利用山地、幽谷、森林、湖泊、河流等生态资源发展生态旅游、度假旅游和健康养老、休闲养生产业。充分利用世界长寿之乡、美食文化茶节等节会活动,发展节会经济。

(1)完善乡村旅游基础设施,提高经营管理服务水平。争取项目和整合资金,完善乡村旅游区的道路、电力、饮水、厕所、垃圾污水处理设施等公共服务设施建设。

(2)全力培育白石水镇双良芭乐园、北通镇石祖生态园、浦北县东方生态园、三合镇桑生生态园等一批星级乡村旅游区或农家乐。

(3)2017 年创建并申报 3 家星级乡村旅游区或农家乐,2018 年创建并申报 2 家星级乡村旅游区或农家乐。

牵头单位:浦北县旅游局

配合单位:浦北县发改局、财政局和农口各单位

责任单位:各镇人民政府(街道办)

7. 实施科技推广和改革创新进村行动。(1)大力创建现代特色农业示范区。以现代特色农业示范区为平台,引领农村先进适用技术推广应用,打造农村改革先行区。扩大现代特色农业示范区的辐射带动作用,加快县、镇级示范区创建,努力覆盖更多的村屯和农户。到 2017 年年底,新建一批自治区级、县级、乡级现代特色农业示范区,使示范区成为发展优势产业、推广先进技术、发挥科技人才作用的示范区,成为体制机制改革、培育新型经营主体、产业融合发展的示范区,成为农民增收、农村和谐、城乡发展一体化的示范区。2018 年进一步巩固和提升。

2017 年计划创建一批自治区、市、县、乡级现代农业示范区。

自治区级示范区:浦北县官垌鱼现代特色养殖示范区。市级示范区:浦北县官垌鱼现代特色养殖示范区、浦北县越州橄榄示范区。县级示范区:浦北县越州橄榄示范区、浦北县南国特色水果示范区、浦北县黑猪养殖示范区、浦北县石祖禅茶示范区。创建乡级示范区:浦北县平睦镇五峰古茶园示范区、浦北县安石精丰生态种养示范区、浦北县寨圩镇粤桂龟鳖养殖示范区、浦北县白石水强兴种养示范区等。每个镇(街道)都要创建 1 个现代特色农业示范区。

(2)强化科技支撑和指导服务。一是加快推进标准化生产技术示范基地、农业科技园区等科技创新平台建设,覆盖带动更多村屯农户。完善钦州市竹类食品加工工程技术研究中心、钦州市橄榄食品加工工程技术研究中心、钦州市百香果食品加工工程技术研究中心等建设,充分发挥科技创新平台的科技引领、示范带动和转化效益的作用。二是整合科技服务资源和力量,从自治区、市、县(区)、镇四级集中选聘一批科技特派员,分别驻进 78 个贫困村开展科技推广和转化工作。精准对接全县贫困村的产业发展需求,及时指导和帮助解决农村产业发展中的技术难题。鼓励科技特派员采取资金、技术入股等形式到镇、村、屯发展产业项目,或领办、创办、协办各类专业合作社、涉农企业。三是加强农业科技成果的转化与应用推广,每年培育新型职业农民 1400 人以上,其中,农村技术骨干 350 人次,新型农业经营主体骨干 150 人次,普通农民 900 人。推广应用与集成示范新品种 10 个以上、新技术 8 项以上。到 2018 年年底,主要农作物良种覆盖率达 90% 以上。四是成立专业技术指导专家组,进村入户开展技术指导和培训等服务工作,充分发挥“产业富民”专责小组成员单位的技术、资金、项目等资源优势,根据不同的生产、加工关键环节,组织相关部门骨干人员开展技术指导、培训和销售等服务。

(3)深入推进农村土地产权制度改革。抓好农村集体资产股份权能改革、土地承包经营权抵押、林权抵押和水利、供销、农垦等改革试点。2017 年底基本完成农村土地承包经营权确权登记颁证工作。加快农村土地有序流转,探索农村土地入股、土地托管、代耕代种等经营模式,创新农户与新型经营主体的利益联结机制,鼓励发展订单农业、“公司 + 基地 + 农户”等生产模式,创新生产方式、经营方式和社会化服务,为提升产业竞争力,增加农民经营性收入和财产性收入创造条件。

根据县委、县政府部署,在白石水镇南明村、北通镇旱田村引进浦北县扬丰养殖有限公司、浦北县德海

种养加工专业合作社、浦北县良晨农产品产销专业合作社，开展土地流转，打造“公司+基地+农户”等生产模式，发展黄皮套种花生，春花生+晚稻，百香果，建立富硒农产品和生态养殖“黑大帅”有机猪产业示范基地。在安石镇安石村土地流转2500多亩，用于浦北县精丰农牧业有限公司发展生态种养循环利用示范基地。在泉水、石埇、安石、张黄、大成、白石水等镇开展土地流转4100多亩，建成14个片区，每个片区200亩以上的双高糖料基地。各镇(街道)须在各村开展土地流转100亩以上，发展种养示范基地或农产品加工项目，实现产业富民的目标。

牵头单位：浦北县农业局

配合单位：浦北县科技局、水产畜牧兽医局、林业局、水果局等农口各单位

责任单位：各镇人民政府(街道办)

8.实施农产品保鲜加工和冷链物流进村行动。在水果、蔬菜等大宗农产品生产基地或有需要的行政村，加快农产品分拣包装、保鲜储存、加工和冷链物流设施建设，拉长产业链，增加农产品附加值。积极创建现代农产品加工产业园区，带动农村产业融合发展。实施龙头企业成长计划，充分发挥工业和信息化发展资金、中小企业发展资金的引导作用，扶持或引进一批具有科技、人才、资本、市场等优势的农产品加工企业。加强农产品加工技术研发体系建设，建设一批特色优势农产品加工技术集成基地，支持一批成熟适用的加工技术、工艺和设施设备改造升级。加强农产品加工企业“产加销”一体化建设，引导生产要素在农村地区和工业园区之间合理流动，鼓励企业参与“产业富民”行动。鼓励物流企业与农村专业合作社、涉农企业合作，发展农产品冷链物流，为特色农产品提供包装、仓储、运输的标准化、定制化服务，促进农产品进城销售。

(1)重点打造浦北县扬丰食品有限公司、浦北县健翔食品厂、浦北县绿源农产品加工厂、浦北南国水果种植农民专业合作社水果加工厂等现代农产品加工基地(或物流基地)，开展农产品生产、加工、包装、冷链运输和销售，增加农产品附加值。

(2)计划建设张黄、寨圩、三合田头冷库，增强浦北鲜活农产品加工、包装、贮运能力，延长货架期和调节上市季节，提高商品率和效益。

牵头单位：浦北县工信局、供销社

配合单位：浦北县商务局、农业局等农口各单位

责任单位：各镇人民政府(街道办)

9.实施电子商务进村行动。加快发展“互联网+现代农业”，建设农村电子商务服务体系、支撑体系以及农村物流配送体系，打造农副产品交易平台，扩大农副产品的网络销售份额，发展农业生产资料电子商务，打造农村电商产业。

到2018年年底，建成县电子商务公共服务中心或电子商务集聚区，各镇建成电子商务工作站，85%以上的行政村(216个行政村)要有电子商务服务点，农村居民能够通过电子商务销售自产产品、购买生产生活资料。到2020年年底，全县17个镇(街道)以及90%以上的行政村建立农村电商服务体系。加快发展“互联网+”经营模式，建设农村电子商务服务体系、支撑体系以及农村物流配送体系，打造农副产品交易平台，扩大农副产品的网络销售份额，发展农业生产资料电子商务，打造农村电商产业。

通过顺路发、农村淘宝、供销E家等电商平台，发展镇(街道)、村两级电子商务，实现全覆盖，拓宽产品购销渠道，开展电子商务业务培训，提高电商服务能力，组织农产品网上销售，促进我县农村经济持续稳步发展。

牵头单位：浦北县商务局

配合单位：浦北县工信局、供销社、发改局等

责任单位：各镇人民政府(街道办)

10.实施社会化服务提质进村行动。加强农村社会化服务组织建设，完善农村社会化服务平台，提升农业农村社会化服务水平。探索开展土地托管、代耕代种代收等农村社会化服务模式，推进育种育苗、科学施肥、病虫害防治等专业化服务，扩大机耕机种机收的社会化服务范围，建设一批集水稻耕种收、烘干、加工、储藏、销售于一体的全程机械化示范基地。全面推广农村金融改革“田东模式”，加快构建农村金融组织、信用、支付、保险、抵押担保和村级服务“六大体系”。培育农机合作组织和农机作业公司，发展壮大生产全程机械化社会服务。

(1)建立健全社会化服务体系。积极引导农机专业合作社或农机大户开展机械耕、种、收作业、代耕代种代收等的农村社会化服务，到2017年年底，全县农机总动力达到50万千瓦，农机作业总值达到5.4亿元，农作物耕种收综合机械化水平达到50%；到2018年年底，全县农机总动力达到52万千瓦，农机作业总值达到5.6亿元，农作物耕种收综合机械化水平达到53.5%左右。其中，水稻耕种收综合机械化水平达到70%以上，糖料蔗“双高”基地耕种收综合机械化水平

达到58%以上。大力开展农民工劳务输出和返乡创业服务，推进全县所有镇（街道）就业社保服务中心建设，为农民工提供免费的政策咨询等公共就业服务。

(2)整合部门技术、资金、项目资源，做好示范基地的土地平整、机耕道路、防洪排涝、滴喷灌等农业设施，提高示范基地的辐射带动作用。

(3)实施肥料、农药零增长行动。提倡施用有机生物肥，推广测土配方肥，改善土壤生态环境，提高肥料利用率，减少污染环境，增加经济效益。推广生物、物理等绿色防控病虫害技术，采用统防统治等综合防治技术，提高防治效果，有效减少农药用量，提高农产品质量安全。

牵头单位：浦北县科技局、农机局、水利局、国土资源局、金融办、供销社、人社局

责任单位：各镇人民政府（街道办）

三、保障措施

（一）切实加强组织领导。各镇人民政府（街道办）、产业富民专责小组成员单位要深刻认识开展“产业富民”专项活动的重大意义，高度重视，加强领导，强化组织，扎实推进，确保完成各项任务。成立由县政府分管副县长任组长，县政府办联系副主任、县农业局局长任副组长，由县农业局、财政局、水产畜牧兽医局、林业局、工信局、旅游局等十九个县直单位主要领导为成员的专责小组，专责小组下设办公室，办公室设在农业局，办公室主任由县农业局局长兼任，成员从成员单位抽调组成，负责产业富民专项活动具体工作，各成员单位共同负责落实。各镇人民政府（街道办）要及时健全组织机构，细化实施方案，落实责任和分工，全力抓好“产业富民”专项活动各项工作。各镇人民政府（街道办）、产业富民专责小组成员单位主要负责人要亲自抓，并确定1名分管领导具体抓，确保完成分工任务。

（二）加强帮扶，形成强大合力。根据广西壮族自治区、钦州市有关部门的指导意见，与“产业扶贫”相结合、相衔接，统筹抓好“产业富民”各项工作；要科学安排产业工作队进村帮扶，做到每镇有1个工作队，充分调动驻村干部的积极性、创造性，把主要精力花在帮助群众发展产业、脱贫致富、产业富民上，深入一线推进产业富民各项工作。要广泛动员企业和社会各界力量进村入户，凝聚起推动产业富民的强大正能量。

（三）以项目为抓手，推进产业富民。要集中力量，整合资源，狠抓“产业富民”项目策划和实施，抓好种植、养殖、林下经济、农产品加工、休闲农业、乡村旅游等覆盖乡村的重点项目的申报。要在科学制定规划的基础上实施一批有地方特色的项目，优先安排覆盖村屯多、受益群众多、群众积极性较高、经济社会效益明显的项目。各类项目都要优化设计，强化科技创新和机制创新驱动，突出融合发展。要严格按照国家和自治区相关建设标准精心实施，严格项目实施和管理，对项目的实施主体、推进力度、实施方式和时间节点进行跟踪督查，年中抽验，年底总验，确保按时按质按量完成项目建设任务。

（四）落实兑现支农惠民富民政策。要全面贯彻落实国家和自治区、市在税收、金融、土地、人才、用水、用电、用气等方面支持农业农村发展的优惠政策，确保各项政策措施落地生效。特别是要把对合作社、农业企业等新型经营主体的财政扶持资金，不折不扣落实到村、到主体；要把扶持种植、养殖等生产基地和示范区创建的各项政策落实到村、到基地、到示范区；要积极扩大农业政策性保险的覆盖面，把各类生产基地优先纳入保险范围；要加大村级农村电商示范点政策扶持，多举措推进农村电商健康发展。要创新机制和办法，提高政策扶持效益。要加强对惠民富农助农政策落实情况跟踪督查，政策落实好、产业富民工作进展好的要进行通报表扬，并在下一年度建设资金安排等方面优先支持；落实不好的要通报批评、严肃问责。

（五）多方筹措扶持资金。各镇（街道）、各部门都要积极筹措资金，特别是要发挥优势争取上级项目资金，采取以奖代补、先建后补、民办公助、贷款贴息等方式，发挥财政资金扶持和杠杆作用，撬动金融资金、工商资本、民间资金等下乡发展产业。银行等金融机构要加大金融支农力度，创新农村信贷、保险、抵押等金融服务产品和方式，提高对富民产业项目的贷款额度；要创新落实好扶贫小额信用贷款政策，盘活、用活资金。要进一步加大招商引资力度，狠抓农业招商引资项目落地，引进更多工商资本、民间投资参与项目建设。

（六）广泛组织群众支持参与。坚持专业队伍和农民群众参与相结合，尊重群众意愿、听取群众意见，发挥群众的主观能动性、积极性，自力更生参与产业项目的制定、选点、实施，让群众直接从产业发展中受益。要及时总结宣传各地的好典型、好经验、好做法，营造齐力抓好产业富民工作的浓厚氛围。

（七）搞好信息报送工作。各镇人民政府（街道办）、产业富民专责小组成员单位要确定一名联络员，负责进度和实施情况等信息的报送，报送的材料经单位主

要领导审核、盖章后及时上报县产业富民专责小组办公室。原则上每个月报送1次进度，并视情况和要求，不定期报送。半年报送年中总结，每年12月中旬报送全年总结。各镇人民政府（街道办）、产业富民专责小组成员单位要高度重视进度报送和总结工作，认真对照“五个一”和“十大进村行动”具体任务，实事求是报送进度、总结和典型事例等活动情况。

（八）加大活动宣传力度。各镇人民政府（街道办）、产业富民专责小组成员单位要高度重视对“产业富民”专项活动的宣传报道，特别是对活动中涌现出来的先进典型、优秀人物和好经验、好做法、好机制、好成效，要形成新闻报道材料，每单位每月要上报材料给县产业富民专责小组办公室，经整理后选送到各级报刊、电视等主流媒体上报道，加大宣传报道力度，为“产业富民”专项活动营造良好氛围。

（九）强化督查验收考评。严格按照广西壮族自治区统一制定的督查办法开展定期和不定期督查，主要采取明查和暗访相结合的方式进行，明查主要采取平时检查和年终抽查的办法进行。“产业富民”专项活动已列入各级政府和有关部门绩效考核内容，要严格按照“产业富民”专项活动验收标准进行验收考评。对在实施过程中工作任务完成得好、成效显著的单位和个人要通报表扬，对实施过程中工作存在懈怠、措施不力的，按照自治区制定的办法，进行约谈、问责通报。

浦北县党建引领脱贫攻坚和“美丽广西·乡村建设”服务惠民实施细则

一、工作目标

以增强农村基层党组织政治功能和服务功能为目标，以实现城乡基本公共服务均等化为引领，以建设村级综合服务中心（简称“一个中心”），做好就业、社保、教育、卫生、文体、法律六项服务（简称“六项服务”）为重点，抓好“服务惠民”工作，确保实现“农村基本公共服务全覆盖、农民群众办事不出村”的目标。

到2018年年底，全县254个行政村实现如下目标：

——村级综合服务中心建设全覆盖；

——行政村就业服务全覆盖；

——城乡居民养老保险参保率90%以上，城乡居民医疗保险参保率95%以上，60周岁以上参保老年人100%享受养老待遇；

——符合救助条件的建档立卡贫困户或非贫困户，经本人及其家庭成员自愿申请，按程序100%纳入最低生活保障范围；

——依托乡村儿童之家等设施开展困境儿童保障工作，行政村100%配备儿童福利督导员；

——实现基础教育阶段农村家庭经济困难在校（园）在籍学生资助全覆盖，对农村建档立卡扶贫对象接受中等以上教育的学生补助实现全覆盖，对参加48所技工院校就读的我县建档立卡贫困家庭“两后生”技能服务实现全覆盖；

——行政村100%建立村卫生室，并至少配备有1名乡村医生；

——乡村医生签约服务覆盖面100%，农村常住居民家庭户签约率60%以上；

——行政村每年至少组织1场文艺演出，平均每月放映1场免费电影；广播综合覆盖率和电视综合覆盖率达到97%和98.5%以上；

——行政村人民调解和法律援助全覆盖，行政村法律顾问覆盖面达到60%。

二、主要任务

主要任务是“建好一个中心，做好六项服务”。

（一）建设村级综合服务中心

1.明确建设标准。村级综合服务中心按照有人员、有场地、有设备、有流程、有网络、有经费的“六有”标准进行规范化建设。每个服务中心有1名以上协管员（可由村干部兼任）；有相对独立的服务场所；有必要的办公条件和设备；有统一规范的办事流程；有上下连通的网络（村级信息网络依托现有已经连通的新农保或新农合的网络进行升级改造）；有必要的经费保障。中心建成后，统一悬挂“浦北县□□镇（街道）□□村综合服务中心”牌子。

2.整合各项建设。在全县组织开展村级综合服务中心建设工作，以增强农村基层党组织政治功能和服务功能为目标，完善乡村公共服务载体（平台），坚持节约资源和方便村民原则，整合已有的村级公共服务中心、“农事村办”站点、农村社区服务站、村级组织活动场所、村级政务服务中心、村卫生室、村小学旧校舍、农家书屋等资源，建设村级综合服务中心。部分无基础设施或现有基础设施确实无法满足村级综合服务中心建设需要的行政村，可通过申报自治区文化厅村级公共服务中心、自治区民政厅农村社区服务站项目等方式新建。到2018年年底，实现全县所有行政村村级综合服务中心全覆盖。

3. 明确服务功能。村级综合服务中心要制定管理规定，明确向村民提供就业、社保、教育、卫生、文体、法律等为重点的基本公共服务，足额配备协管员和相关办公设施，安装相关业务信息系统，张贴各项服务项目办事流程，确保各项服务功能有效实现。

4. 落实经费保障。村级综合服务中心的日常运行管理和协管服务采取政府购买服务方式解决，所需资金由自治区、市、县按 2∶3∶5 比例分担。县项目主管部门与所辖镇政府（街道办）签订经费保障合同，各镇政府（街道办）与所辖行政村村委签订协管协议，按协议约定的协管事项支取协管报酬。

牵头单位：浦北县人社局

配合单位：浦北县委组织部、残联、教育局、民政局、司法局、财政局、文体广电局、卫计局、扶贫办

责任主体：各镇人民政府（街道办事处）

（二）做好就业、社保、教育、卫生、文体、法律六项服务

1. 做好村级就业服务。全面推进就业信息综合服务体系建设，2018 年年底前，将城镇就业服务延伸到全县所有行政村，建成覆盖全体农村劳动力的资源状况信息库。以“服务到村、信息到户、调查入户”为目标，通过定期编制《广西企业用工信息手册》，推广微信、手机 APP、网站和网络电视等“互联网 + 就业”服务新模式，并专设包括残疾人等特殊群体在内的就业信息栏目，将就业服务延伸到村。村级协管员收集居民求职意愿筛选推荐岗位，让广大农民群众不出村就能享受就业服务。协管员入户调查农村劳动力资源状况和流动变化情况整理上报，提高劳动力资源动态管理水平。

2017 年年底前，发放《广西企业用工信息手册》到村级综合服务中心，实现通过微信服务和手机 APP 等方式查询招聘信息，基本完成农村劳动力资源信息库采集、核验工作。2018 年年底前，建成完善精确的农村劳动力资源信息库，就业服务覆盖所有行政村。

牵头单位：浦北县人社局

配合单位：浦北县残联、扶贫办

责任主体：各镇人民政府（街道办事处）

2. 做好社会保障经办服务。全面推进全民参保计划，深入开展有针对性的社会保险政策法规宣传，保持农村居民基本养老保险参保率在 90% 以上、基本医疗保险的参保率在 95% 以上。对农村特殊困难人员实行动态跟踪掌握，确保他们按时足额享受基本养老保险、医疗保险和大病保险等待遇。

通过开展社保经办各项便民利民服务活动，全面实现城乡居民社会保险“三到位”服务和“四个不出村”。“三到位”服务，即经办服务延伸到村、政策宣传深入到户、社保卡发放到人。“四个不出村”，即在全县所有村级综合服务中心建立养老保险、医疗保险、最低生活保障经办业务，通过协管员收集、初审参保材料，报送镇级审批并反馈信息，实现村民参保登记不出村；通过签订三方代扣代缴协议，从参保人银行存折（银行卡、社保卡）扣除社保费，实现缴费续保不出村；通过在每个行政村设立 1 个金融便民服务网点（设立 POS 机等），实现领取待遇不出村；推广广西社保局微信服务公众号手机 APP，实现信息查询不出村。

牵头单位：浦北县人社局

配合单位：浦北县残联、民政局、卫计局

责任主体：各镇人民政府（街道办事处）

围绕精准脱贫目标，按照“低保政策兜底一批”要求，加快推进农村低保制度与扶贫开发政策有效衔接，将符合救助条件的建档立卡贫困户全部纳入农村低保范围。逐年提高农村低保平均保障标准和人均补助水平，确保农村低保标准逐步达到扶贫标准。切实保障低保家庭的基本生活，充分发挥农村低保制度对脱贫攻坚的兜底作用。

以儿童利益最大化为核心，针对农村困境儿童生活、医疗、康复、教育、服务、监护和安全保护等方面的突出问题，进行分类保障，促进困境儿童健康成长。到 2018 年年底，配合构建县、镇（街道）、农村困境儿童保障工作网络，已建成儿童之家的行政村 100% 配备村级儿童福利督导员，开展困境儿童保障政策宣传等工作，调查登记困境儿童家庭基本情况，指导监督家庭依法履行抚养义务和监护职责，告知或协助困境儿童及其家庭申请相关社会救助、社会福利等保障，落实儿童人身安全受到威胁或侵害的强制报告责任，并积极协助镇政府（街道办）、民政、妇儿工委和教育、卫生计生、人力资源社会保障等部门及公安机关、残联组织开展困境儿童保障工作。

牵头单位：浦北县民政局

配合单位：浦北县残联、人社局、卫计局、妇联、扶贫办

责任主体：各镇人民政府（街道办事处）

3. 做好教育助学服务。以教育助学“一个都不能少”为目标，2018 年年底前，对浦北县建档立卡贫困户适龄在园幼儿 100% 按照每生每年 1500 元标准核拨

保教费(保育费和教育费)补助资金;对在浦北县农村义务教育阶段公办学校和接受政府委托、承担义务教育任务的农村民办学校就读的家庭经济困难寄宿生,100% 按小学阶段每生每年 1000 元、初中阶段每生每年 1250 元的标准给予生活补助。2018 年年底前,对就读全县普通高中的建档立卡等家庭经济困难学生(含非建档立卡的家庭经济困难残疾学生、农村低保家庭学生、农村特困救助供养学生)100% 免除学费、课本费和住宿费等学杂费。对因免除学杂费导致学校收入减少的部分,由财政按照享受免学杂费政策学生人数和免学杂费标准补助学校,以保障学校正常运转。免学杂费补助标准:自治区示范性普通高中每生每学年 2000 元(城市学校)和 1800 元(农村学校),非自治区示范性普通高中每生每学年 1600 元(城市学校)和 1400 元(农村学校)。

在全县开展扶贫助学活动,从 2015 级学生起,以学生所读专业的学制为补助年限,对接受中、高等职业学历教育的浦北县农村建档立卡贫困户学生每生每学期补助 1500 元(扶贫巾帼励志班每生每学期补助 2000 元);从 2016 年开始,对当年参加全日制普通高校本科学历教育并取得学籍的广西壮族自治区农村建档立卡贫困户学生,每生一次性补助 5000 元;对参加 48 所技工院校结对帮扶 54 个贫困县建档立卡贫困家庭“两后生”为期一学年的中期就业技能培训的农村建档立卡扶贫对象,给予扶贫培训生活费补助每人每学年 5500 元,职业技能培训费补助每人每学年 6500 元。

加强“乡村少年宫”建设。结合农村文化礼堂建设,依托学校现有教育资源,争取宣传、共青团、关工委、科技、教育等部门和社会力量的支持,在 2017 年年底前建设的乡村学校少年宫,每所补助 3 万元,使乡村少年宫成为山区留守儿童兴趣的摇篮和成长的乐园,促进留守儿童快乐学习、健康成长。实施乡村少年健康成长工程,各级党委、政府把留守儿童的教育、管理和服务工作作为建立完善社会公共服务体系的重点工作,在具备条件的农村中心小学,积极推行“留守儿童之家”、“留守儿童寄宿制”和“亲子会见室”,建立健全农村中小学(幼儿园)关爱留守儿童协同工作制度,对留守儿童的生存、教育、发展保障,承担兜底责任。积极争取妇联、团委、公安、司法、卫计等部门的支持,健全留守儿童教育与管理的联动机制,努力开展留守儿童寄宿服务和开设“亲子会见室”工作,形成关爱工作合力,协同推进留守儿童关爱工作。

牵头单位:浦北县教育局

配合单位:浦北县残联、人社局、扶贫办、财政局

责任主体:各镇人民政府(街道办事处)

4. 做好卫生健康服务。通过政府投资建设,行政村全部建有村卫生室(镇所在地的行政村可不设村卫生室),并配备乡村医生,为居民提供基本医疗和基本公共卫生服务。

开展乡村医生签约服务,农村居民以户为单位与乡村医生签订服务协议,约定服务内容、方式、期限和权利义务等款项。乡村医生在乡镇卫生院的指导下和服务团队的支持下,定期为签约居民提供基本医疗服务、基本公共卫生服务,集预防、保健、康复、健康评估与管理为一体的综合性、连续性服务,以及特色便民服务。

2018 年年底前,行政村 100% 建有村卫生室,并至少配备 1 名乡村医生;开展乡村医生签约服务覆盖面 100%,农村常住居民家庭户签约率 60% 以上。到 2020 年,力争签约服务覆盖至全体农村居民,建立健全农村常见病、多发病在村级首诊、分级诊疗的服务新模式。

每个行政村配备 1 名康复协调员,与乡村医生等人员采取入户或集中访问的方式,开展残疾人康复需求登记、初步评估、转介和信息上报等残疾人康复服务工作。

牵头单位:浦北县卫计局

配合单位:浦北县残联

责任主体:各镇人民政府(街道办事处)

5. 做好群众文化体育服务。积极培育和践行社会主义核心价值观,深入推进农村精神文明创建工作,以乡风民风美起来、人居环境美起来、文化生活美起来为目标,以“好家风好家训”为重点,继续巩固和发展乡村文化阵地、开展群众喜闻乐见的文体活动,不断提高农村社会主义精神文明建设水平。采取各级财政投入解决大部分、行政村集体收入和社会筹资解决小部分的办法,在行政村建设和完善文化广场、文化活动室、农村党员远程教育播放室、篮球场、舞台、村史展览室、农家书屋、宣传文化栏等场所,打造乡村多功能文化阵地,加强乡村演出队、宣传队、体育队等一线队伍建设,广泛开展电影播放、文艺演出、体育比赛、民间和民族文化活动、文化宣传等群众喜闻乐见的有益活动,不断丰富乡村精神文化生活,增强社会主义精神文明建设实效。到 2018 年年底前,100% 行政村完善农村党员远程教育播放室;完成广西壮族自治区体育局每年支持建设村级篮球场任务,到 2018 年年底,实现 85% 以

上行政村建成篮球场;除此以外,每个行政村每月至少放映1场电影,县、镇文体部门负责组织行政村每年至少1场文艺演出。继续完善乡镇广播电视发射台站建设,使覆盖地群众可以免费收看收听到自治区及市、县的6套调频广播以及中央、自治区及市、县的10套电视节目。到2018年年底前,广播综合覆盖率达到97%,电视综合覆盖率达到98.5%。

牵头单位:浦北县文体广电局

配合单位:浦北县委组织部、县委宣传部、县财政局、人社局

责任主体:各镇人民政府(街道办事处)

6.做好法律服务。大力推进覆盖农村居民的公共法律服务体系建设,全面建立和规范村(居)委人民调解委员会,实现村(居)委人民调解委员会全覆盖。村级人民调解组织每月至少开展1次矛盾纠纷排查,每年民间矛盾纠纷调解率达到100%,调解成功率达到95%以上。建立完善一村一法律顾问制度,引导群众通过合法途径表达利益诉求,解决矛盾纠纷。2020年年底前,全县实现一村一法律顾问全覆盖。持续开展"法律援助进万村"活动,健全村级法律援助联系点和联络员工作制度,每年每村开展一次法律援助宣传活动,协助各级法律援助机构为困难群众及特殊群体提供法律援助,帮助有法律援助需求的困难群众申请法律援助,做到应援尽援。

牵头单位:浦北县司法局

配合单位:浦北县综治办、教育局、文体广电局、信访局、调处办、法制办

责任主体:各镇人民政府(街道办事处)

除了重点做好以上六项服务外,其他能通过村级综合服务中心开展的涉农服务项目都尽可能地逐步纳入该中心统一办理,以最大限度方便老百姓办事。

三、示范建设

浦北县在开展村级综合服务中心建设过程中,首先要打造一批示范村,以点带面,促进"服务惠民"专项活动又好又快发展。县级制定示范村建设计划,各镇(街道)合理选择不同类型的行政村作为示范点,加强指导,分类建设,示范村建设率不低于30%,要求2017年10月底前完成。示范村可区分现有基础设施条件较好、条件一般和条件较差等三个类型,按照"六有"标准开展规范化建设。按照村级综合服务中心服务功能要求,配备协管员,配置办公设施,接通网络,安装相关业务信息系统,张挂各项服务项目办事流程,制定中心管理规定,悬挂中心牌子,实现"六项服务"落地,真正起到示范作用。

四、实施方式

(一)科学谋划,严密组织。县服务惠民专责小组各成员单位,按照"服务惠民"工作指南明确的工作目标和任务,合理安排年度工作任务下达到各镇(街道),由各镇(街道)负责具体计划和组织实施。各镇(街道)和县直有关单位要以广西壮族自治区《"美丽广西·乡村建设"重大活动规划纲要(2013—2020)》《"美丽广西·宜居乡村"活动指导意见》和钦州市《"美丽钦州·宜居乡村"活动指导意见》为指导,按照广西壮族自治区和钦州市"服务惠民"工作指南及部门实施方案的要求,结合本地实际制定"服务惠民"具体的工作计划,集中力量,采取措施抓好落实。

(二)整合资源,分类建设。村级综合服务中心根据浦北县行政村现有基础设施条件和现有公共服务项目情况,以整合为主、新建为辅进行规范化建设。行政村已建有村级公共服务中心、"农事村办"站点、农村社区服务站、村级就业社保服务站、村级组织活动场所、村级政务服务中心、村级卫生室等场所的,原则上利用现有场所和条件进行整合,不再新建;服务项目布局应因地制宜合理安排,能集中的就集中,宜分布的则分布。行政村现有基础设施确实无法满足村级综合服务中心建设需要的,可通过申报新建村级公共服务中心方式进行建设。

(三)明确分工,合力推进。服务惠民专责小组由县人社局牵头,县委组织部、县委宣传部、县妇联、县残联、县教育局、县民政局、县司法局、县财政局、县文体广电局、县卫计局、县信访局、县调处办、县法制办、县扶贫办等部门根据各自职责开展工作,既各负其责,又相互配合,形成合力,共同推进工作落实。各部门根据各自职责制定服务项目的实施方案,并报专责小组备案。专责小组通过建立和落实专责小组全体会议制度、专项会议制度、牵头单位协调会议制度、信息通报制度,加强成员单位之间的工作联系,研究解决各种存在问题。各成员单位按照各自的工作职责和任务分工,指导、服务各镇政府(街道办)完成村级综合服务中心建设和各服务项目实施。各成员单位每月定期向专责小组报送工作进展及开展服务情况。

(四)压实责任,强力推进。各镇政府(街道办)和驻村工作队、村"两委"要明确责任,尽职尽责抓工作落实。县乡村办审核、汇总各镇(街道)上报项目,并向

广西壮族自治区相关主管部门申请项目和资金，协调解决相关问题，督促推进项目落实。各镇人民政府（街道办事处）是"服务惠民"工作的责任主体，负责制定工作方案并组织实施，指导各镇开展服务活动，协调解决基层实际困难和问题，并负责"服务惠民"工作宣传，组织各行政村发动群众参与村级综合服务中心建设，督促指导行政村开展惠民服务；驻村工作队负责组织村"两委"开展调查摸底情况，详细掌握行政村各种公共场所和公共服务现有情况，指导行政村按照计划完成各项建设任务。村"两委"负责征求村民意见，提出村级综合服务中心建设和服务项目需求，发动带领群众参与建设，反映中心建设和服务项目各种情况和问题。

（五）筹措资金，加强保障。"服务惠民"专项活动经费由广西壮族自治区、钦州市、浦北县三级政府共同分担，筹措办法另行规定。

五、工作要求

（一）统一建设标准。全县村级综合服务中心按照"六有"标准进行规范化建设，为惠民服务搭建一个良好的工作平台。"服务惠民"专责小组按照"简单明了易操作"原则，制定各服务事项统一的办事流程和验收标准。各镇（街道）要严格按照统一的"六有"标准、统一的办事流程和统一的验收标准推进工作，要根据经济社会发展，适应村民需求，适时调整、充实、拓展惠民服务项目和服务功能，引导更多的公共服务项目在村级综合服务中心落地，为群众提供更多的惠民服务，促进乡村居民公平享受基本公共服务。

（二）统一建设行动。按照广西壮族自治区"宜居乡村"的工作部署和"惠民服务"的建设标准及要求，在全县所有行政村同步推进村级综合服务中心建设，同步开展示范村建设，同步实现惠民服务项目落地。在2018年建成"一个中心"、提升"六项服务"的基础上，继续做好巩固提高工作，到2020年村级综合服务中心进一步完善，服务项目有所拓展，服务功能不断增强，惠民服务更加简便、快捷、高效。

（三）统一办事流程。村级综合服务中心统一实行"对外一个窗口受理、内部分流专人办妥"的简易流程，即"群众办事—值班协管员受理—分派协管员专人代为办理直至办妥"。各部门应简明扼要告知所办事项需要其本人提交的证件、材料等，制作成图板并在相关服务窗口张挂上墙。县组织制定服务项目表，注明服务项目名称、服务内容、服务窗口地点、服务时间、协管员姓名及电话或手机号码等内容，并制作成图板张挂上墙。村级综合服务中心除公布本工作指南明确的重点服务项目外，应结合行政村日常服务工作，把相关服务工作列入服务项目表一并公布。各镇（街道）可将办事流程、服务项目表印制成小册子或单行张发送群众，以便群众按图找人办事。

（四）加强宣传，扩大影响。县相关部门应充分利用广播、电视、报纸、宣传栏、政府网站、短信、微博、微信等宣传平台，采取多种形式，大力开展宣传活动，广泛宣传"服务惠民"专项活动的重要性和现实意义、惠民服务的项目和标准、专项活动的进展和经验做法，营造各级各部门重视支持，群众关心拥护开展专项活动的良好氛围。

（五）建好队伍，加强培训。采取村干部兼职、政府购买服务等办法，配好配强村级综合服务中心协管员。加强协管员队伍教育，解决好协管员工资待遇问题，保持协管员队伍稳定。对不胜任服务岗位工作的要及时调整；服务岗位空缺要及时补充。加强协管员队伍业务建设，采取集中培训、以会代训、业务指导等形式，对协管员进行职业道德教育、业务技能培训，不断提高其服务水平。

（六）加强督查，严格考核。建立督查工作机制，定期对"一个中心"建设和"六项服务"落实情况进行督促检查，及时发现问题并限期整改。充分发挥绩效考核的激励、导向、约束和监督作用，将各项工作目标任务纳入当地镇政府（街道办）及县各有关部门年度绩效考评体系，实施绩效考评，并落实强化考核结果使用。建立工作进度报送制度，按时向上级报送工作进展情况。县"服务惠民"专责小组加强对各镇（街道）工作的督促指导，帮助解决相关问题，及时总结推广各地好的经验和做法。

浦北县党建引领脱贫攻坚和"美丽广西·乡村建设"文化乐民实施细则

一、指导思想

全面学习宣传贯彻党的十八大和十八届三、四中、五中、六中全会精神，坚持以马列主义、毛泽东思想、邓小平理论、"三个代表"重要思想、科学发展观为指导，深入贯彻落实中央、广西壮族自治区党委、钦州市委、浦北县委关于加强宣传和意识形态工作的重大决策部署，全面加强党的建设，深入实施"兴产业、建交通、扩城镇、办旅游"四轮驱动战略，为营造"三大生态"、实现"两个建成"目标提供强大的思想文化保证和舆论支撑。

二、工作目标

深入开展"七项文化服务"活动以及文明村镇、文明家庭、十星级文明示范户、道德模范与"身边好人"评比活动，强化脱贫攻坚和乡村建设在评比中的内容，让广大群众广泛参与进来。巩固农村文艺阵地建设，提升"村企校"文艺队的影响力。推进"一站一中心"与农家书屋资源整合，把农家书屋设置在有条件的党群服务中心，资源共享，人员整合，让农家书屋更加惠民，让党群服务中心更加便民。在电视台、广播、网站等媒体开辟脱贫励志标杆、乡村建设等栏目，打造"一月一主题"宣传片，重点宣传贫困户中的致富能人、致富手段、产业发展和乡村建设中的先进典型，引导群众对照典型，激浊扬清，激励广大群众积极参与脱贫攻坚和乡村建设。促使广大群众汲取榜样力量，在标杆的示范带动下，在潜移默化中更加注重社会公德、职业道德、家庭美德和个人品德修养，自觉践行社会主义核心价值观，推动村级精神文明建设，推进脱贫攻坚和乡村建设。

到 2018 年 12 月 31 日，全县 17 个镇（街道）综合文化站、273 个行政村实现如下目标：

——12 个镇（街道）文化站达到国家三级站及以上建设标准

——全县建成 178 个村级公共服务中心，覆盖率达 70%；

——每个行政村（社区）每年至少开展 1 场文体活动；

——每个行政村（社区）平均每月放映 1 场免费电影；

——广播综合覆盖率达 97%，电视综合覆盖率达到 98.5% 以上

——每个行政村文化协管员或文艺骨干至少轮训 1 次；

——各镇（街道）每年至少举办 1 次民间民俗文化展示展演

三、工作措施

（一）培育和践行社会主义核心价值观

开展文明村镇、文明家庭、十星级文明示范户、道德模范与"身边好人"评比活动，继续开展"我们的节日"主题活动，通过文明榜样、先进人物带动广大群众参与脱贫攻坚和乡村建设工作。

牵头单位：浦北县文明办

责任单位：各镇（街道）党委（工委）、政府（办事处），县直各单位

（二）加强先进典型和榜样标杆宣传工作

在县电视台、县内各网站等媒体开设脱贫励志标杆、乡村建设等专栏，及时宣传报道贫困户在党建引领脱贫攻坚中自立更生，克难题增收入的先进事迹及乡村建设中的先进人物事迹。以脱贫攻坚和乡村建设为中心，捕捉亮点，打造"一月一主题"宣传片。

牵头单位：浦北县新闻信息中心、浦北县电视台

责任单位：各镇（街道）党委（工委）、政府（办事处），县直各单位

（三）推进"一站一中心"建设

1. 完善乡镇（街道）文化站建设

(1) 人员配置。按规定的编制配强配足，并保证文体广电站人员专职负责开展文化工作。

(2) 面积标准。乡镇（街道）文化站建设面积不低于 300 平方米。

(3) 功能室设置。乡镇（街道）文化站的功能厅室设施包括：多功能活动室、辅导培训室、图书室、电子阅览室（共享工程活动室）、办公室、宣传橱窗、板报栏、文化走廊等。

牵头单位：浦北县文体广电局

责任主体：各镇（街道）党委（工委）、政府（办事处）

2. 建好村级公共服务中心

(1) 建设标准及建设内容。严格按照国家有关标准和《广西农村公共服务中心建设工程指导手册》相关要求进行建设，建设内容包括：一栋综合楼（不少于 160 平方米，包括儿童之家），一个篮球场、一个舞台、一个宣传墙（栏）、一支文艺队、一支篮球队。

(2) 加强村级公共服务中心的管理。根据中央、广西壮族自治区有关规定选配好文化协管员，明确文化协管员职责，确保村级公共服务中心有人管，能正常发挥作用。

(3) 完善经费保障制度。根据财政部《中央补助地方公共文化服务体系建设专项资金管理暂行办法》的规定，落实好村级公共服务中心建设专项经费，建立完善村级公共服务中心长效管理机制。

牵头单位：浦北县文体广电局

配合单位：团县委、浦北县妇联、民政局、卫计局、扶贫办

责任主体：各镇（街道）政府（办事处）

（四）开展七项文化服务活动

1. 文体服务。浦北县依托公共文化惠民活动，组织开展"和谐之声"千场文艺演出进农村活动，通过每

年每村（社区）开展一场文体活动、“戏曲进农村”、“欢乐田园”农村文艺汇演、“下基层·心连心”、体育比赛等深入开展“文化乐民”文体活动。各镇（街道）综合考虑本地特点和农民群众实际需求，开展群众喜闻乐见的文体娱乐活动。

牵头单位：浦北县文体广电局

责任主体：各镇（街道）人民政府（办事处）

1. 广播电视服务。继续推进镇（街道）广播电视发射台站建设和广播电视“户户通”工程，通过地面数字电视、有线电视、直播卫星电视和互联网电视协调发展，有效提升广播电视综合覆盖率，让覆盖地群众可以免费收看中央、自治区及市、县 10 套电视节目，收听到自治区及市、县的 6 套调频广播。

牵头单位：浦北县文体广电局

配合单位：广西广电网络浦北分公司

责任主体：各镇（街道）人民政府（办事处）

3. 电影放映服务。实施农村公益电影放映服务提升工程，保证每个行政村平均每个月放映 1 场免费电影。同时，将电影放映向人口密集的自然村延伸。

牵头单位：浦北县文体广电局

责任主体：各镇（街道）人民政府（办事处）

4. 书报阅读服务。推进农村公共图书服务一体化建设，开展共建图书馆活动和流动图书服务，并对书目进行更新，每个农家书屋拥有基本藏书 1500 册以上，并根据广西壮族自治区新闻出版广电局的工作安排开展出版物补充更新。

牵头单位：浦北县文体广电局

责任主体：各镇（街道）人民政府（办事处）

5. 互联网上网服务。整合文化信息资源共享工程和党员远程教育等资源，推进镇（街道）互联网上网服务场所转型升级，让农民群众共享互联网带来的便利与实惠。到 2018 年年底，所有建有村级公共服务中心的行政村能够开通互联网。

牵头单位：浦北县文体广电局

配合单位：浦北县委组织部、县工信局、广西广电网络浦北分公司

责任主体：各镇（街道）人民政府（办事处）

6. 文化培训服务。通过实施“三区人才”支持计划、“两馆一站”免费开放项目，开展“结对子·种文化”、“千村万户”文艺惠民工程等活动，加强村屯文艺队文艺骨干培训，提高农民群众自办文化的能力。到 2018 年年底，全县组建村屯文艺队达到 264 支，能够开展专场演出的文艺队占全县文艺队总数的 50% 以上。

牵头单位：浦北县文体广电局

责任主体：各镇（街道）人民政府（办事处）

7. 文化展示服务。文化示范村通过村史展示室、文化墙、宣传栏、板报等载体，展示浦北县 16 家书院文化、小江瓷文化，以及本镇（街道）本村（社区）非物质文化遗产、历史文化名人乡绅、村情村史。全县每年结合壮族“三月三”、“文化遗产日”等节庆活动开展山歌大赛、欢乐田园、文化遗产等民间民俗文化展示展演活动。

牵头单位：浦北县文体广电局

责任主体：各镇（街道）人民政府（办事处）

（五）加强氛围营造工作

1. 在外宣工作上，要加强宣传手段和形式的创新，加强与各媒体的沟通，充分利用各级党报党刊、广播电视、网络媒体等载体，要不断挖掘在开展脱贫攻坚、乡村建设等工作中的优秀人物和典型事件，及时宣传推介一些典型经验和做法，协调各新闻媒体广泛宣传各级党组织和党员队员、领导干部建设的新变化、新气象，不断提升浦北知名度，扩大浦北的影响力。

2. 在内宣工作上，利用多种形式，进一步加大社会主义核心价值观、讲文明树新风公益广告、“美丽浦北·宜居乡村”、“我的中国梦”等重大主题宣传力度，为加快浦北如期完成脱贫攻坚任务和宜居乡村建设凝聚强大的正能量。

牵头单位：浦北县委宣传部

责任单位：浦北县直各单位，各镇（街道）党委（工委）、政府（办事处）

（六）加强网络舆情管理

按照守土有责、守土负责、守土尽责的要求，做意识形态工作的领导者、推动者、执行者，继续加强网络舆情队伍建设、舆情监控、报告和处置。调整充实网宣员、网评员、网监员队伍，加强对重大舆情的分析、总结，加强向上级部门的汇报和与网站的沟通与联系，不断提高各镇（街道）、各部门处置舆情的能力，为脱贫攻坚和乡村建设工作保驾护航。

牵头单位：浦北县委宣传部

责任单位：浦北县直各单位，各镇（街道）党委（工委）、政府（办事处）

示范建设

在开展“文化乐民”专项活动过程中，实施“十镇百村”示范建设工程，打造一批示范点，以点带面，促

进“文化乐民”专项活动扎实开展。各镇(街道)政府(办事处)要制定示范点建设计划,合理选择不同村屯、不同类型的村级服务中心作为示范点,加强指导,精心组织,分类建设,建成一批符合标准、可复制的示范点。

“十镇百村”示范点建设为示范镇(街道)文化站和文化示范村。其中,建成示范镇(街道)综合文化站2个;建成文化示范村25个。

五、实施方式

(一)统一规划,分级实施。县“文化乐民”专项活动专责小组统一制定“文化乐民”专项活动工作的实施方案,各成员单位按照实施方案明确的工作目标和任务,合理安排年度工作任务下达到镇政府(街道办),由镇政府(街道办)负责具体计划和组织实施。各镇政府(街道办)要按照“文化乐民”专项活动工作实施方案的要求,结合本地实际,制定具体工作计划,采取措施抓好落实。

(二)整合资源,分类建设。已达到国家3级以上的镇(街道)综合文化站,要进一步健全工作制度、完善基础设施、建好队伍、恢复功能,充分发挥文体广电站的阵地作用。已建有村级公共服务中心、党建工作站、党群服务中心、村级卫生室、儿童家园等场所的行政村,原则上利用现有场所和条件进行整合,不再新建;服务项目布局应因地制宜,合理安排,能集中的就集中,宜分布的则分布。

(三)明确分工,合力推进。“文化乐民”专项活动由浦北县委宣传部牵头,浦北县扶贫办、文体广电局、团县委、妇联、文联、教育局、卫计局、民政局、工信局、浦北新华书店、广西广电网络浦北分公司等部门和单位根据各自职责开展工作,既各负其责,又相互配合,形成合力,共同推进工作落实。各部门根据各自职责制定服务项目的实施方案,并报专责小组备案。专责小组通过建立和落实会议和信息通报制度,加强成员单位之间的工作联系,研究解决各种存在问题。各成员单位每月定期向专责小组报送工作进展情况。

(四)压实责任,狠抓落实。各镇(街道)党委(工委)、镇政府(街道办)和驻村工作队、村“两委”要明确责任,尽职尽责抓好工作落实。县委宣传部负责统筹推进全县“文化乐民”专项活动,协调解决相关问题,并由县乡村办收集工作落实情况。各镇政府(街道办)是“文化乐民”工作的责任主体,负责制定具体工作方案并组织实施,开展活动,遇到实际困难和问题向县“文化乐民”专项活动专责小组反馈协调解决。镇政府(街道办)负责宣传、组织发动、督促指导行政村开展“文化乐民”活动;驻村工作队负责组织村“两委”开展调查摸底情况,详细掌握行政村各种公共场所和文化公共服务现状,指导行政村按照计划完成各项建设任务。村“两委”负责征求村民意见,提出村级公共服务中心建设和服务项目需求,发动带领群众积极参与建设活动。

(五)筹措资金,加强保障。“文化乐民”专项活动经费由广西壮族自治区、钦州市、浦北县三级政府共同分担,筹措办法另行规定。

六、工作要求

(一)统一标准,规范建设。“文化乐民”专责小组按照“简单明了易操作”原则,制定服务事项统一的办事流程和验收标准。各镇(街道)文体广电站和村级公共服务中心建设要严格按照国家有关标准和自治区相关要求进行建设,搭建好“文化乐民”的服务平台。严格按有关标准、办事流程和验收标准推进工作。

(二)因地制宜,突出特色。各镇(街道)要根据本地实际情况和群众文化需求,因地制宜地开展“文化乐民”活动,使活动更接地气。要与当地的历史文化资源、旅游资源、文化产业资源等有机结合起来,突出特色,在做好文化服务的同时发展本地文化产业,拉动地方经济发展,增加农民收入。

(三)加强宣传,扩大影响。各镇(街道)及其相关部门要充分利用电视、宣传栏、网站、短信、微博、微信等宣传平台,采取多种形式,大力开展宣传活动,广泛宣传“文化乐民”专项活动的重要意义、进展情况和经验做法,营造专项活动的良好氛围。

(四)加强培训,建好队伍。按照中央、广西壮族自治区和钦州市关于加快构建现代公共文化服务体系实施意见的要求,采取干部兼职、政府购买服务等办法,配好配强镇(街道)文体广电站工作人员和行政村文化协管员,并解决好他们的工资待遇问题,保持基层文化队伍稳定。要通过集中培训、以会代训、业务指导等方式,加强基层文化队伍的职业道德教育和业务技能培训,不断提高其服务能力。对不胜任岗位工作的要及时调整,岗位空缺要及时补充。

(五)强化督查,严格考核。建立督查工作机制,定期对“一站一中心”建设和“七项服务”落实情况进行督促检查,及时发现问题并限期整改。建立工作进度报送制度,按时向上级报送工作进展情况。县“文化乐民”专责小组加强对镇(街道)工作的督促指导,帮助解决相关问题,及时总结推广各地好的经验和做法。

调研报告

关于助推浦北县房地产业健康发展的调研报告

政协浦北县委员会

（2017 年 7 月 28 日）

一、近年来浦北县房地产产业发展的基本情况

近年来，浦北县房地产产业得到进一步发展。2016 年，在建的房地产项目有 27 个，完成房地产投资额 80287 万元；在销售的房地产项目有 33 个，商品房销售为 2414 宗，比上年同期增长 1.26%；商品房销售面积为 30.2753 万平方米，比上年同期增长 9.12%；商品房销售额 8.8943 亿元，比上年同期增长 9.3%。其中商品住房销售面积为 29.0511 万平方米，比上年同期增长 9.8%；商品房均价为 2937 元 / 平方米，比上年同期增长 0.2%；商品住房均价为 2724 元 / 平方米，比上年同期增长 3.6%。

2017 年 1 月至 6 月底，在建项目有 20 个，已完成的房地产投资额 10519 万元；在销售的房地产项目有 26 个，商品房销售为 908 宗，比上年同期负增长 25.88%，商品房销售面积为 11.9649 万平方米，比上年同期负增长 14.76%；商品房销售额 3.9980 亿元，比上年同期负增长 3.51%。其中商品住房销售面积为 10.5870 万平方米，比上年同期负增长 21.81%。商品房均价为 3341.45 元 / 平方米，比上年同期增长 13.2%，商品住房均价为 3038.87 元 / 平方米，比上年同期增长 16.11%。

2016 年，浦北县出让房地产开发用地 13 宗，出让面积 102.2 亩，出让成交价款 8763 万元，其中县城出让房地产开发用地 5 宗，用地面积 83.94 亩，出让成交价款 7789 万元，平均成交单价 92.79 万元 / 亩。寨圩镇 1 宗，面积 1.96 亩，出让成交价款 160 万元，成交单价 81.63 万元 / 亩；其余 7 宗均在泉水镇，属历史遗留用地补办手续，面积 16.3 亩，出让成交价款 814 万元，平均成交单价 50 万元 / 亩。

2017 年，计划出让房地产开发用地面积约 104 亩，基本与 2016 年持平，但截止今年 6 月底还没有成功出让房地产开发用地。

二、目前浦北县房地业发展存在的主要问题

（一）国家调控政策出台，一定程度影响浦北县房地产产业发展。去年以来，从国家到地方，相继出台房地产限购限贷政策，从热点城市向全国各地扩展，目前房地产调控进一步收紧的预期强烈，市场交易回落，房地产开发商和购房者都在等待观望，投资建设和购置需求受到阶段性抑制，浦北县的房地产市场也遇到同样的情形。

（二）县城的总体规划建设滞后，城市品位提升速度慢。县城的规划建设没有特色、档次低。新旧城区衔接不好，城区道路规划弯窄、不平直，城区排涝、排污设施不完善，规划布局不合理。县城越州大道，南进城大道，每逢大雨都被淹的现象没有从根本上得到改善。南北进城大道作为进入县城的主干道，规划建设不够大气、美观。县城街道美化、亮化、靓化设施跟不上，没有城市气息，对农村群众及外出务工（外地）人员进城安居，缺乏足够的吸引力。

（三）房地产开发过程的遗留问题未能很好解决，影响房地产项目开发建设。在调研过程中房地产企业普遍反映几个比较突出的共性问题：一是征地拆迁工作力度不够大，造成有些项目用地拖延几年都得不到手，还有不少项目用地出现土地纠纷，无法进行正常的开发建设。二是项目周边的道路、供水、供电、排水、排污问题得不到及时的解决。如越州尚城商住小区一期项目，由于越州大道延长线部分以及荣和路涉及越州尚城标段的地下市政管网工程至今未施工，影响一期项目顺利交房。文昌房地产公司所开发的“源轩公馆”项目一期工程已接近竣工，但项目所在文化路没有市政排污管网可接，排污问题亟待解决。“文昌苑”项目所在的滨江东路破损严重，对项目建设及周边群众出行带来诸多不便。天隆万象城项目原先安排 90 多亩开发用地到目前还有 40 多亩未有落实得使用。城市名园周边通往县城中心规划的道路、浦北商业街通往汽车站的规划立交桥一直迟迟未动工建设，影响项目建设和已建成楼盘的销售。

（四）县内产业经济发展滞后，无法有效支撑带动房地产产业发展。浦北县是一个比较典型的农业县，支撑全县经济发展的工业少，上规模的产业更少，尤其是县城工业园区，目前能够提供就业的企业有限，产业培育发展不快，就业岗位不多，造成进城购房人员找不到就业岗位，即使购了房屋住，生计问题得不到解决，发展难以为继，难以带动房地产产业的发展。

（五）农村“两违”建房现象未能有效遏制，影响农村群众进城购房积极性。一是全县总人口虽然有 90 多万人，但由于全县的地形呈长方形，南北有张黄、寨圩两个中心集镇，导致群众到县城买房置业刚性需求不强。各地村庄密集，交通便捷，生产生活环境良好，使得部分原计划到县城买房的农村居民暂时不考虑购房了。二是全县实施农村危房改造和通过新农村基地设施建设，农村居住环境得到极大的改善，村庄越来越美，大部分农民在自家庭院建设楼房，这些农村居民到县城买房的欲望不强烈。三是近年来，农村居民自建房的热情风生水起，甚至出现“两违”不断加剧的现象，“两违”建筑造价较低，造成部分原想到县城购买住房的农村居民改变主意，宁愿违章也要建房。

（六）县城房地产推进宣传不够，对群众吸引力不强。宣传的针对性不够强、渠道不够多、范围不够广。宜居、宜业、宜学、宜商县城、平安县城、绿色县城等名片宣传工作还未做到家喻户晓，深入人心，很多外出创业人员、在城镇、农村的群众还不知晓。如 2016 年浦北县出台的有关购房补助政策就有不少群众不知情。

（七）公积金政策杠杆撬动力不强，未能有效激活潜在购买力。住房公积金能够有效增强群众的购房能力，对全县房地产产业的健康稳定发展作用不可低估。但全县在编在职职工中占很大比重的中小学老师，其单位部分缴存比例长期徘徊在 6%，与周边博白 12%、钦南、钦北区 12% 和灵山 8% 相比较，浦北县预算资金安排明显偏低；另外，浦北县卫生系统的公立医院，特别是人民医院、中医院和妇幼保健院这些人员比较多的事业单位，能参加住房公积金人数不多，公积金缴存比例也很低。全县机关事业单位聘用的公益性岗位人员、大部分非公单位职工没有缴存公积金，他们并没有享受到公积金政策带来的好处，这些潜在的购买力未能发挥出来。

（八）房地产管理部门体制机制未能理顺到位，办理业务工作效率低。浦北县是钦州市率先把不动产登记局设在国土局的试点县，承接原来住建局二层机构房产局的业务，但两个部门之间由于管理机制没有很好理顺，业务衔接不够，造成房屋交易与不动产登记业务之间出现了不少问题，加上办理规划、测量、审批等专业技术人员缺少，使不少房地产企业和购房者在办理房屋买卖、不动产登记、房产抵押手续时用时过长，工作效率低。房地产企业普遍反映，目前设立的办证大厅，房地产企业进行备案办证都须将相关材料先送到办证大厅，但是办证大厅只是收集材料不负责审批，定时将收集到的材料转送回到单位相关股室审批，这样一来一回，阻隔时间过长，一般需要等一个星期，有的半个月以上才能审批，严重影响和制约房地产企业办理抵押以及销售。

（九）部分房地产开发项目规划建设不够合理，不适应新生代购房者的要求。从调研中发现浦北县房产销售出现两极分化现象。一些规划布局合理、地段好，功能设施配套齐全，绿化好、有休闲活动场所、停车位比例大的房地产销售就好。如万荣华府、雍华府、榕桥阳光城、天隆万象城、浦北商业街等楼盘。而一些规划布局不合理的部分楼盘功能设施不配套、楼盘空间窄小，没有绿化场地、休闲活动场所和停车位，对购房者缺乏吸引力，造成楼盘的销售业绩不佳。加上有的房地产开发商由于对消费者定位的不准，过高地估计了人们的购买力，开发出超大面积的商住房或别墅楼房，从而出现了销售困境，造成开发缓慢，如城市名园的别墅目前的销售缓慢。

三、加快浦北县房地产产业健康发展的意见建议

（一）以国家新型城镇化综合试点县建设为契机，加大对县城规划建设工作。把以县城为重点的房地产产业发展纳入浦北县实施国家新型城镇化建设试点总体规划，作为保障和改善民生、推动县域城镇化发展的重点产业来抓。围绕全县经济社会发展战略规划布局特别是要结合浦北县荣获世界长寿之乡的金字名片，做好浦北县房地产产业（包括养老房地产），落实建设项目和年度计划，确保房地产产业有序推进。健全房地产开发投资机制，引导外来企业和资本投资开发，不断提高房地产产业特别是养老地产对经济增长的贡献率。在进行县城总体规划时，要进一步完善县城各片区详细规划，要考虑融入绿色生态、宜居宜学、平安祥和、养生长寿元素，加大养生养老地产发展。同时加快以南北进城大道为主的县城主干道的规划建设，建设好县城进城南北门面，以高端、大气的魅力来提升县城的建设品位。

（二）加强招商引资工作，大力培育产业经济，促进产城融合发展。要抢抓浦北县实施国家新型城镇化建设试点的重大机遇，以农产品精深加工、食品工业、建材工业、山水乡村文化旅游、现代物流等产业为方向，加快县城工业园区招商工作，突出承接劳动密集型项目及企业，做大产业规模，开发就业岗位，进一步扩大城乡群众就业总量，使县城发展按照产城融合、职住平衡转型，吸引农村居民有序流向县城居住生活，通过农村人口转移，释放新增住房需求，消化商品房存量；为进城买房的农村居民就业创造条件，消除进城买房居民的生存后顾之忧，为房地产市场持续健康发展提供原动力。

（三）加大县城基础设施建设力度，切实提升县城的品位。针对房地产企业提出的问题，加快县城城市基础设施转型升级，全面提升城市基础设施水平。一要加强城市道路交通基础设施建设。加快完善城市道路网络系统，提高城市道路网络连通性和可达性。二要加大城市管网建设和改造力度。加强城市供水、污水、雨水、通信等各类地下管网的建设。三要加快污水和垃圾处理设施建设。四要加强生态园林建设。结合环境整治、推动生态园林县城建设。

（四）加大征地搬迁和打击“两违”工作力度，防止对房地产产业的冲击。要继续组成专门工作组，有针对性克难攻坚，明确相关目标责任，强化督查，切实解决房地产开发用地问题。同时，要在原来打击“两违”的基础上，进一步在全县范围内加大打击农村违法占地建房的现象，把打击“两违”扩大至全县各镇（街道），大张旗鼓的开展大摸底、大清理、大整治。要加大宣传力度，让相关政策家喻户晓，形成强大的舆论声势。对少数屡教不改、顶风而上的“两违”行为，相关部门和镇要采取联合执法的形式，坚决取缔。要建立长效机制，充分发挥职能部门作用，强化监管，落实责任，发现问题及时处置，使房地产项目用地能及时交付使用，很好地化解“两违”建筑对房地产产业发展的冲击。

（五）进一步理顺房地产管理的体制机制，切实提高部门工作效率。县政府要针对目前住建和国土两个都有房地产管理体制机制不完善，房屋交易与不动产登记业务工作效率低的问题，县政府要抓紧制订解决方案，协调县国土、住建两部门联合定期召开不动产登记工作联席会议，将实际工作中遇到的问题形成统一的解决方案，争取设立过渡时期的联席会议制度，解决房地产工作中的业务衔接问题。通过采取政府购买社会服务的方式解决专业技术人员的问题，提高办事效率。

（六）研究出台相关鼓励发展政策措施，促进房地产市场平稳健康可持续发展。2016年出台的购房补助政策对浦北房地产销售起了很大的促进作用，希望2017年县政府能够继续推出有利于浦北县房地产市场平稳健康可持续发展的措施，出台促进房地产的刺激政策，如就业、购房人员子女入学的优惠政策，鼓励农村居民进城购房。同时，结合目前全县的扶贫攻坚政策，对有意愿到县城居住的农村困难户，在县城购买商品房的根据需要给予相关政策扶持。运用财政杠杆，适度提高事业单位住房公积金缴存比例，再通过政府协调，部门配合，想方设法实施非公单位、政府公益性岗位和事业单位合同制聘用人员住房公积金政策，提高这部分人员的购房能力，增强其购房欲望。

（七）合理配置县城教育资源，促进学城融合发展，助推房地产产业发展。要科学合理规划县城学校建设，整合县城教育资源，将县城所有义务教育阶段的小学、初中进行统筹管理，重新科学规划，均衡师资调配，把优质师资均衡分配到各个学校，有效引导学生向新城区的学校分流，从而带动新区房产项目发展。

（八）切实加强对房地产企业的监管，防止出现不良社会矛盾问题。相关职能部门要加强对各个房地产企业进行必要的及时的监管，特别是在企业中标后的

各个环节如：程序报建、按时按规定交足相关费用等进行必要及时监管，发现问题要及时报告并采取相应措施加以解决，以杜绝“问题”企业投机取巧，蒙混发展。

（九）加大宣传推介力度，为房地产产业营造良好发展氛围。一是政府及相关部门要强化宣传，刷亮浦北名片。通过广播电视、报纸杂志、户外广告尤其是高速路的高架广告等传统媒介和微信等互联网新兴媒介，策划一系列宣传活动，大力推介“宜居、宜业、宜学、宜游”充满活力的新浦北，刷亮浦北县“七大”名片，特别要借助浦北县获得“世界长寿之乡”的金字招牌，提高浦北的知名度、美誉度，不断增强浦北县投资开发前景，推动浦北县房地产产业发展。二是坚持政府搭台，企业唱戏。深入房企调研，积极筹备浦北县房地产营销策划活动，通过举办房地产巡展，同时展开系列宣传推广活动，在潜在客户区域如附近的博白县、合浦县等地大力宣传和推广浦北的发展和居住优势，为房地产企业搭建营销平台，纵深推进房地产市场营销。三是房地产企业要主动出击，加大宣传。房地产公司要多到中心集镇开展房地产巡展，向农村广大群众宣传房地产优惠的政策，展示企业精品楼盘，激活消费需求。要有针对性地针对公务员、教师、医务人员、外出务工人员等不同群体有区别性地利用广告、微信、电视、印发宣传资料、举办专题晚会等形式对精品楼盘推介宣传，提高群众知晓率和活动吸引力。

加强教师队伍建设，助推“五名”工程实施

政协浦北县委员会

（2017 年 11 月 7 日）

国运兴衰，教育为本；教育发展，教师为本，造就和培养一支政治素质高、学术造诣深、教学能力强的教师队伍，是提高教学质量的关键。县委、县政府站在建设教育强县的战略高度，提出实施“教育名县、名学校、名校长、名教师、名班主任”五名工程。

一、浦北县学校教师队伍基本情况

浦北县现有高中 5 所、初中 25 所、小学 265 所、中等职业技术学校 1 所、特殊教育学校 1 所、县直幼儿园 4 所，镇中心幼儿园 18 所，村级幼儿园 142 所。

全县学校教职工核定编制数 8433 名，实有在编在岗教职工 6935 人，特岗教师 717 人，缺编 781 人。教职工队伍中专任教师 5971 人，入职前为师范专业 5232 人，占专任教师总数的 87%。聘用代课人员 1200 人左右，其中县聘 90 人，校聘 1100 人左右，主要集中在幼教阶段。全县教职工每年自然减员在 200 人左右。

二、近年来浦北县加强教师队伍建设的主要做法及成效

近年来，浦北县不断加大对教育的投入，高度重视教师队伍建设，不断优化教师队伍结构，强化师德师风建设和业务能力培训，建立了教师管理机制，教师队伍整体素质有了明显提升，为提高教育教学质量奠定了坚实的基础。

（一）加大招聘力度，多渠道补充师资力量。浦北县多措并举，补充教师，优化师资结构，注入新鲜活力。一是公开招聘“特岗教师”和招录公办教师。近年都面向社会公开招聘“特岗教师”和招录公办教师，其中 2012 年至 2016 年共招聘“特岗老师”1633 名、招录公办教师 580 名。二是安置全科教师。2012 年至 2016 年共安置分配小学全科教师 132 名。三是聘用代课教师。目前，浦北县共有各类代课教师 1200 人左右，其中县聘代课教师 90 人，校级自请 1100 人左右，主要在学前教育段工作。通过特岗、全科、自聘等方式，一定程度上缓解了教师队伍人员不足问题、优化了教师队伍结构。

（二）注重师德建设，提升教师职业道德素养。县教育行政主管部门把师德师风建设作为教师队伍建设的核心，健全制度，严格考核，形成了以德育师的良好环境。一是成立师德教育工作领导小组，将师德建设与加强教师队伍建设统一部署、统一规划，统一推进。二是积极开展德育活动。组织全县教职工认真学习贯彻教育部、区、市教育部门关于师德师风建设的一系列文件，在全县教育系统开展了“爱岗敬业”、“正师风、树师魂、正行风、树形象”、“公开承诺”等主题教育活动，强化教师职业道德意识。三是加强制度

建设。建立师德考核评价制度，组织开展师德评议活动，实行评优评先"师德一票否决制"。坚持评选和表彰师德标兵，树立师德典型，注重榜样示范，培育崇德向善的良好风尚。

（三）加强培训，提高专业水平。一是抓好培训项目落实。每年都认真抓好"国培计划"、"区培计划"及市级统筹培训项目的落实，有计划有针对性地对教师进行分类、分层、分岗培训。二是抓好校本培训。注重以校本教研为基础，通过示范课、公开课、课评等形式，以研带训，以赛代培，扎实推进学科教师岗位技能培训。三是抓好校长培训。在县教研室、浦北中学建立了校长培训基地，通过假期举办培训班集中校长培训。先后举办多期校长培训班，开展校长建设年活动，所有中小学校长都实现先培训后上岗，持培训合格证上岗。四是抓好骨干培训。每年有计划组织部分学科骨干教师到县外参加培训、学科教学研讨会和观摩展示课等活动。近五年来，浦北县中小学教师接受过国家级进修培训（连续时间半个月）以上300多人，自治区级学习培训（连续10天）以上800多人，市级学习培训（连续时间5天）超过2000人，县级学习培训超过4000人，校本培训覆盖面达100%。

（四）实施支教轮教交流转岗，促进师资均衡。一是抓好支教轮教工作。每年从县城中小学选派10名教师到镇及以下学校支教轮教，提升这些学校教学质量。二是建立校长教师交流轮岗机制。2017年2月，县教育局印发《浦北县推进县域内义务教育学校校长教师交流轮岗实施方案的通知》，规定校长、副校长在同一所学校连续任满6年的，原则上必须交流；凡男50周岁、女45周岁以下，且在同一所学校连续任教达12年的教师必须交流。目前，符合交流轮岗的校长、副校长44名、教师700名，已进行交流轮岗校长、副校长9名、教师500名。

（五）建立激励机制，营造尊师重教氛围。一是实施乡村教学点教师补助。自2014年起，每年财政投入25万元对112名乡村教学点教师进行生活补助。二是建立优秀人才表彰激励机制。县财政每年安排表彰经费16万元，在教师节对全县教育系统优秀人才进行表彰奖励。三是改善农村教师住宿条件。2012年以来，累计投入建设资金8030万元实施教师周转公共租赁住房建设项目、周转住房建设项目65个，建设住房1720套，建筑面积60216平方米，解决1720位教师的住房问题。四是解决代课教师问题。浦北县积极采取考录和清理结合的办法逐步解决代课教师问题，近三年主要面向代课人员招聘公办教师426名，县聘代课人员人数从2008年初的740人下降到现在的90名。

三、存在的主要问题

（一）教师队伍总体数量不足。

1.教师补充不及时、空编多。目前，浦北县学校教职工核定编制数8433名，实有在编在岗教职工6935人，其中：正式教师6186人，特岗教师717人，职工32人，空编781人，且每年教职工自然减员200人左右，导致教师数量严重不足。具体编制及师生比情况如下表：

全县教职工编制情况一览表

	核定编制数	现有人员		空编
		编内	编外聘用	
幼儿园（县城）	104	76	159	28
小　学	4381	4004	431	377
初　中	2694	1835	241	859
高　中	941	762	110	179
职　校	313	258	29	55
合　计	8433	6935	1284	1498

全县教职工数与学生人数比一览表

教育阶段＼内容	教职工数（编制内）	学生人数	师生比
县直幼儿园	76	2483	1：32.67
小　学	4004	70881	1：17.70
初　中	1835	34033	1：18.55
高　中	762	12982	1：17.04
职　校	258	5015	1：19.44
合　计	6935	125394	1：18.08

2. 师资配置不合理，教师缺失严重。随着城镇化的发展，浦北中学等高完中、城镇驻地的学校教学资源相对较好，乡村学生大量涌入，造成教师相对紧缺，特别是各镇的中心校，教师严重不足，导致有的教师超负荷工作，每周课时多达 25 节；部分村小学生源少、办学规模小、班额小，有的甚至一所学校学生都不足 10 人，如大成镇罗南小学，义务教育阶段的学生只有 3 个，幼教阶段学生有 7 个，但由于年级数的设置，也存在教师不足及教师资源浪费并存的现象，浦北县大部分农村小学，均出现 “一位教师包一个班” 全科教学的现象。

（二）教师队伍学科结构不合理、区域分布不均衡

1. 学科结构不合理。基础学科教师基本能够满足需求，多数镇村小学的英语、音乐、美术、体育、信息技术专业、通用技术学科的教师严重不足，初高中的历史、地理、生物等科目教师也明显不足。由于缺乏专业教师，跨学科教学、非专业任教的现象严重，如寨圩镇中，思想品德科 5 名教师中只有 2 名是本专业，数学科的 11 名教师只有 7 名是本专业，物理科的 4 名教师只有 1 名是本专业，生物科的 4 名和地理科的 4 名教师，各只有 2 名是本专业，历史科的 4 名教师只有 1 名是本专业。据统计，小学教师的专业匹配率为 84%、初中教师的专业匹配率为 89%、高中教师的专业匹配率为 93%。许多中小学的音、体、美等非考试科目课程基本上流于形式，形同虚设，尤其是村级小学的这种状况尤为严重，由班主任包完所有科目的教学，直接影响教育质量。

2. 区域分布不均衡。近年来，由于县城不断新建学校，大量镇村骨干教师调进县城学校，优质教师资源大多集中在县城；镇村学校条件相对艰苦，难以留住教师，尤其是优秀教师，师资力量日益薄弱，能够挑大梁的骨干教师越来越少，导致城乡师资差距越来越大，强校更强、弱校更弱。

（三）教师队伍流失及断层现象严重，学科带头人、骨干教师缺乏

1. 学科带头人、骨干教师流失较多。近年来，各地都比较重视教育的发展和教师人才的引进招揽，以较为优厚的条件向外招揽学科带头人、优秀教师和教学骨干。如广东省及区内南宁二中、三中、钦州市二中等名校都开出优厚条件招揽人才，使教师流动比较普遍。浦北县各中小学同样受上述因素的影响，骨干教师跳槽流失较多。如浦北中学，2017 年流失 7 个骨干教师，还是这 10 多年中最少的一年。其他学校，尤其是村级小学，流失更加严重。

2. 教师人才储备及补充机制滞后，跟不上现实的发展。近年来，浦北县在教育上投入很大，重视教育无庸讳言，但是偏重的是硬件的投入，对教师生活和工作上待遇的改善比不上周边的市县，跟不上现实发展的需求，对教师人才的储备机制、补充机制、发展机制、激励机制研究改革很少，可操作的创新措施不多，对学科带头人、优秀的教师人才奖励、激励措施和政策缺乏及滞后，未能起到激励效应，调动不起教师的积极性，未能使教师感受到在浦北当教师光荣感、使命感，教育发展缺乏人才保障，长此以往，造成人难招，人难留。从近年来情况看，浦北县每年约有 200 名老教师退休，老教师退休后，往往不能及时补充相同数量或更多的优秀教师，能招聘到的高等师范专业本科毕业的人员较少，优秀的毕业生往往不愿到浦北县，本籍的毕业生不愿回来，相当部分非本籍的教师任教几年后就调走，好的教师缺乏来源，往往只能够退而求其次，从非师范专业中招收教师及代课教师或超负荷地使用老教师。加上开放二孩生育政策后，在各学校青中年女教师很多生育二孩，造成学校措手不及，教师空缺的问题更为突出。

3. 对教育领军人物、学科带头人的快速成长缺乏有效激励机制。浦北县缺乏对教学研究上取得卓越成绩的重奖机制，不利于激励领军人物、学科带头人的成长。很多学校反映，在新老教师更替过程，由于缺乏外培经费，未能够让新教师到名校访学、跟班外培，致使新教师不能开阔眼界、更新理念、快速成长。长此下去，教育领军人物、学科带头人在教师队伍的占比过低，引领示范作用有限，难以提升整体教师队伍水平。特别是小学、初中阶段，有相当部分人员是从代课人员中招录，这部分人员相对素质不高，教学水平有限，难以挑重担；加上很多是跨学科教学、非对应专业任教，也难以起到引领示范作用。

4. 对教师职称评聘设置问题未能很好地解决，影响部分教师工作积极性。浦北县在2013年执行教师职称评聘结合改革前已评得各级别职称但未聘任的教师有838名（其中高级97人，中级741人，初级0人）。按桂职办(2016)68号文件规定，目前教师参加职称评审的前提是，各学校在相应级别岗位有空岗才能参加评审，且只能按照1∶3的比例报名参加，而当前浦北县各学校高级和中级职称的岗位均已使用完毕，甚至有些学校近五年或十年都没有高级或中级的空岗，这就意味着这些学校的教师没有机会申请高级或中级职称的评审。就算有空岗，也由于高级职称名额设置过少，使职称评审竞争非常激烈，十几人、几十人争一个职称评定指标已成普遍现象，有许多本来早已符合评定条件的教师受指标的限制，只能排序等待。同时，这也导致初级职称教师因为没有足够的岗位而很难评上中级职称，未评职称的教师很难评上初级职称，进而严重影响了教师工作的积极性，尤其是青年教师感觉到没有“奔头”，不利于浦北县教师队伍的稳定，也影响学校内部的团结。

（四）非师范专业和代课教师占比较大，一定程度上影响教学质量提高

1. 部分教师非师范专业毕业，教学基本功不够扎实。浦北县的教师队伍中，有部分教师是“民转公”教师，他们当中大部分学历原本偏低，是后来进修学历达标，接受系统教育时间过短、外培机会少，加之由于自身素质和其他因素，自我更新知识和接受继续教育能力有限，教学理念陈旧、教学方法落后、教育技能掌握缺乏，直接影响教育教学质量的提高。此外，近年来浦北县招收的“特岗教师”有很大一部分为非师范类毕业学生，他们没有受过系统的正规师范教育，教学技能水平不高，教学质量难以保证。

2. 代课教师仍大量存在。目前浦北县中小学共有各类代课人员1200人左右，主要分布在学前教育阶段、小学、初中，高中相对较少。特别是学前教育阶段，由于没有专门教师编制，县城幼儿园及镇村小学附设幼儿园的老师绝大部分都是代课人员。这些代课人员素质不一，有相当部分人员都不具备教师资格，教学质量难以保证。且代课教师的存在，隐患较多，随着时间的推移，都会有强烈要求转为正式教师的愿望，将会引发许多纠纷，影响教育教学质量及教育稳定。

四、外地加强教师队伍建设的经验及做法

（一）实施名师工程，培育具有示范带头作用的教育教学骨干

博白县在教学骨干的培养方面，以“名师支撑、名师带动、名师引领”为突破口，大力开展“名师工程”建设，培养造就一批具有示范带头作用的高层次教育教学人才。一是开展“名师工作坊”和“一师一优课、一课一名师”活动。成立“特级教师工作坊”3个、党员名师工作坊”9个，创建“名师工作室”县级9个、镇(校)级网络270个，在全县中小学开展磨课、课例点评、话题等网络考研活动，既为教师个人成长提供展现舞台和上升渠道，促进教师专业化水平提升，同时也充分发挥名师引领、辐射和示范作用；二是实施系统化培养工程。博白高中开设“入职教师培训班”，用学校自编的《博白高中教科书》指导青年教师教学，规范教学方式方法，培训内容除了帮助教师练就驾驭课堂的能力，还涉及到有效试卷的编制、教学分析撰写、学情诊断等。培训结束后，设置相应检查考核方法进行检查，比如对课标的理解考察、定期闭卷考察中考试题等。安排青年教师每周都参加集体备课，由有经验教师作为中心发言人讲课，年青教师评讲，能很好起到以老带新，经验传承的作用。同时，学校聘请退休教研员和专家，每周五到校对青年教师常规课进行听课和评课，促进青年教师快速成长。此外，每年高考结束后，学校邀请区专家到校为教师作高考试卷的讲解分析，并要求所有教师撰写试卷分析，促进教师专业化水平提升。

（二）加大培训学习经费投入，搭建教师专业化成长平台

南宁武鸣区、博白县为提高教师专业化水平，不断加大培训经费投入，拓宽促进教师专业成长的培养渠道。南宁武鸣区每年除了将公用经费的5%专用于教师培训之外，从2017年起，城区财政按教师工资总额

2% 的比例安排专项经费 683 万元，用于教师中小学教师培训以及外出学习交流。每年都有计划选派教师外出学习、考察、参加学术交流研讨会，让教师开阔视野，提升教师专业水平。并通过与贵州、江苏等教育发达地名校联合办学，互派教师顶岗交流，有效促进教师专业化水平提高。博白 2013—2016 年投入 1000 多万元，委托广西师范大学对 500 名骨干教师和 120 名骨干校长进行为期 3 年的培训，促进教师教育教学专业化水平快速提升。

（三）加大优秀人才引进与奖励力度，优化教师队伍结构

宾阳县、博白县在人才引进和激励方面，广开引才渠道，出台优惠政策，加大优秀人才引进与奖励力度，激励优秀人才专心从教、长期从教。宾阳高中每年拿公开招聘教师人数的 20% 用于“双向选择”招聘，宾阳县政府对在“双向选择”过程中招聘到的优秀本科生、研究生，分别补助 10000 元、20000 元安家费。同时，在住房方面优先安置这些毕业生，为他们的生活提供周到的服务，为他们的教学、科研提供切实保障。宾阳县政府每年安排经费 60 万元奖励或补助优秀教师，其中评上县“十大名师”的教师每人奖 10000 元，县 100 名优秀班主任每人奖 2000 元，获得自治区学科带头人每人补助 200 元 / 月，获得市学科带头人每人补助 100 元 / 月，并连续享受 5 年补助待遇。此外，由县财政投入，对不同层次的高中毕业班科任教师，按每人每年 1 至 1.3 万元标准增核高中毕业班科任教师的奖励性工资。博白县每三年进行一次“博白名师”、“博白骨干教师”评选，每名“博白名师”奖励 3000 元，连续享受 3 年，每名“博白骨干教师”一次性奖励 1000 元，并作为评选下一届“博白名师”的必备条件。

（四）灵活解决职称评聘问题，提高教师工作积极性

博白县、南宁武鸣区、平南县在教师职称评聘问题上，根据各自实际情况灵活处理。博白县对因职称评聘政策改革遗留的高级、一级未聘教师，采用不下发文件，但承认并给予其高级职称最低级（七级）的待遇，并用三年时间把这些高级、一级未聘教师消化完。南宁武鸣区从 2016 年起，对已取得中、高级称职的老师，任职资格满 5 年，且任期内年度考核合格的，但因所在学校没有岗位而未聘的教师，可不受岗位设置总量限制，直接聘到相应的专业技术岗位的最低档次，享受相应工资待遇。平南县采用不打乱、不重新“洗牌”、依次聘用的方式聘用，用三年时间把未聘高级教师消化完。

（五）实行乡村教师奖补制度，改善学校之间教师资源不均衡状况

宾阳县为改善教师资源区域存在不均衡状况，实行“乡村教师生活补助计划”。从 2014 年起，在落实区对教学点教师每人每月奖补 200 元的基础上，由县财政投入，对教学点教师每人每月再奖补 100 元，对边远艰苦村委学校教师每人每月再将奖补 300 元，对县城及镇政府所在地以外的村委学校老师每人每月再奖补 100 元。同时，对边远农村小学老师按档次平均每人每月补助 100 元、50 元、30 元。

（六）开展民间捐资助学活动，营造尊师重教氛围

北流市为营造浓厚尊师重教氛围，开展民间捐资助学活动，于 2007 年 1 月成立北流市奖学助学协会，号召社会力量捐资助学，设立专门的账户，用于激励优秀教师、资助贫困家庭学生、改善办学条件等，以此提升教师职业吸引力。

五、加强浦北县教师队伍建设的意见建议

为切实加强浦北县教育队伍建设，提高浦北县的教育教学质量，再创浦北教育辉煌，建议如下：

（一）建立教师补充机制，解决教师紧缺问题

1. 及时补充空编教师。2009 年，教育部已下达通知严禁在有合格教师来源的情况下“有编不补”、长期聘用代课人员。因此，教育行政主管部门要根据全县各类各级学校教师自然减员和缺编情况，制定新任教师补充计划，严格按照编制标准配齐配足各个学校教师，解决教师紧缺问题。同时，要建立健全教师招录制度，严格各类教师的招录条件，加大师范类毕业生和紧缺学科教师的招录力度，从源头上把好教师队伍的质量关。

2. 引进高素质人才。建议采取宾阳中学的做法，每年安排招聘教师人数的 20% 用于到国内知名师范大学“双向选择”招聘优秀毕业生到浦北教育一线工作，县政府对“双向选择”招聘工作给予经费支持，对在“双向选择”过程中招聘到的优秀本科生和研究生，政府补助一定的安家费，县教育主管部门、县人社局、县编委办、县财政局对招聘到人员要简化招录入编审批程序。同时，在住宿方面优先安置这些毕业生，为他们的生活提供周到的服务，为他们的教学、科研提供切实保障。

3. 探索政府购买服务的形式解决教辅人员问题。

建议对学校教辅人员，如宿舍管理员、饭堂人员、校卫、校医等人员，由县教育主管部门根据各个学校的需要，收集统计所需各类人员数统一上报给县政府，采取政府购买服务的形式，由县政府出资向劳务公司购买服务，劳务公司可从县人才交流中心委托管理的人才库选派人员解决学校教辅问题，从而消除聘用产生的系列隐患问题。

4. 妥善解决代课人员问题。根据相关政策要求，代课人员的问题要在 2018 年前解决。为此，建议县教育主管部门通过择优招聘、辞退补偿、纳入社保等方式，分类分批逐步解决代课教师问题，并且避免新代课教师的产生。同时，要严格按照《劳动法》等政策法规管理代课教师，原则上与聘用的代课教师每年签订一次合同，按照政策要求缴纳各种社会保险。此外，浦北县幼儿园（含镇村学校幼教点）教师没有专门的编制，建议浦北县编办、人社局、财政局等相关职能部门增加一定数量幼儿园教职工编制，且浦北县代课老师工资 1030 元远远低于周边县区的（如灵山县代课老师工资 1600 元），可参照周边县区的代课人员工资标准将浦北县代课老师的工资提高到 1500 元左右，提高部分工资用于购买养老保险和医疗保险。

（二）搭建成长平台，提升教师专业教学水平

1. 实施系统化培养工程，搭建新教师成长平台。一是开设“青年教师入职前培训班”。县教育主管部门要对未上岗青年教师进行岗前培训，培训内容除了帮助教师练就驾驭课堂的能力，还要涉及到有效试卷的编制、教学分析撰写、学情诊断等。培训结束后，设置相应检查考核方法进行检查。二是实行师傅“传帮带”。学校要为每一名新上岗青年教师，安排一名教学经验丰富教师，进行一对一传带，并设置相应任务，促进青年教师的快速成长。三是专家指点带教。学校可聘请退休优秀教师每周定期到校对新教师常规课进行听课和评课，促进青年教师教学水平的提高。

2. 加大培训专项经费投入，搭建骨干教师成长平台。建议县财政借鉴南宁武鸣区的做法，每年按教师工资总额的 1.5%~2% 的比例提取“五名工程”专项实施资金，用于教师专项培训，并从 2018 年开始，利用三年时间，由县教育主管部门从各个学校遴选一批学科基础扎实、具有创新能力和发展潜力突出的优秀青年教师作为学科带头人、教学名师的后备力量，委托区内外知名师范类院校对这些教师进行教学技能培训，切实提高骨干教师专业水平，使之成为教师队伍的中坚力量。同时，由县教育主管部门主动与发达地区的名校建立联系，结成长期合作伙伴，派出浦北县骨干教师到名校跟班学习，开阔教师视野、更新教育理念、提升教学水平。

3. 加大学术交流研讨力度，搭建校长成长平台。学校的发展，校长起到至关重要的作用。为提高校长管理水平，教育主管部门除要委托高校对校长进行轮训外，还要组织浦北县校长与区内外的名校长交流，通过集体研修、通识培训、走出去、请进来等形式，拓宽浦北县校长的视野，更新教育教学管理理念，改进教育行为与方式，提高学校的办学管理水平。

4. 实施“定向”培养，搭建幼儿骨干教师成长平台。针对浦北县镇村附设幼儿园教师多数为代课人员，素质不一的状况，县教育主管部门每年可以通过委托区内幼儿专科学校定向培养一定数量的幼儿园教师。县人社局、县编委办探索设立镇村幼儿教师特设岗位，让定向培训毕业后就能入编入职。同时，将县城 4 所幼儿园以及镇村附设幼儿园教师的继续教育纳入“中小学教师培训计划”，有计划、分层次地开展幼儿园教师培训，每年举办园长和骨干幼师县级培训，加大学前教育教师培养力度，有效提高浦北县幼师幼教水平。

（三）加快“名工程”实施，发挥优秀人才引领作用

1. 做好“五名工程”实施规划。县教育主管部门要尽快制订“五名”工程具体实施方案，明确工作目标任务、工作措施、活动载体等。同时，要制订“名校长、名教师、名班主任”的评选方案，设置科学考核评选办法，明确具体的工作任务，如要明确名师每学期内要上多少节示范课、带领多少名新教师、到对口支援学校去上多少节课或开展多少次培训等。

2. 开展“名师名课”活动。县教育主管部门要认真研究，组织开展“名师名课”活动，探索全县中小学创建县级工作室、镇（校）级网络工作室，动员全县教师参与网站注册，报名晒课，落实人员进行审核、发布，开展磨课、课例点评、话题等网络教研活动，充分发挥名师引领、辐射和示范作用，并从中评选出“名教师”。

3. 建立激励和保障机制。加大对“名校长、名教师、名班主任”的奖励力度，对完成“五名”工程实施方案中的年度工作目标任务，并经相关考核达到优秀的，由县财政拨出专项经费进行奖励，可以借鉴博白县的做法，每三年进行一次“名校长、名教师、名班主任”评选，每名“名校长、名教师、名班主任”评选奖励 3000 元，连续享受 3 年，使我县优秀教育教学人才能专心从教、长期从教。

（四）营造尊师重教氛围，提升教师职业吸引力

1. 加大对“名校长、名教师、名班主任”的宣传。浦北县委宣传部、教育局、文广局要充分发挥各种新闻媒体作用，对评选出来的“名校长、名教师、名班主任”进行广泛宣传，提升教师职业的影响力。

2. 开展民间捐资助学活动。借鉴北流市的经验，通过倡议号召社会力量捐资助学，在全社会开展捐资助学活动，所捐助资金建立助教助学基金，除了用于改善办学条件，资助贫困家庭学生外，还对在教学一线默默奉献、教学成绩突出的优秀教师进行重奖，进一步调动教师工作积极性。

3. 妥善解决教师职称评聘问题。浦北县可以借鉴武鸣区经验，适当调整评聘条件，如对已取得中、高级称职的老师，任职资格满 5 年，且任期内年度考核合格的，但因所在学校没有岗位而未聘的教师，可不受岗位设置总量限制，直接聘到相应的专业技术岗位的最低档次，享受相应工资待遇，从而提高教师工作积极性。

4. 建立人文关怀制度。各级政府要重视教师队伍建设工作，从制度上、政策上、组织上给予教师人文关怀，营造人人关心教师的氛围，让教师有归属感。如建立四家班子领导和县直部门领导、镇（街道）领导联系“名校长、名教师、名班主任”制度，在生活上、精神上给予相应的鼓励和帮助；加大教师教育教学的投入，大力改善办学条件和教师生活条件，为教师安心从教创造良好的环境。

推进浦北县国家新型城镇化建设，促进产学城融合发展

政协浦北县委员会

（2017 年 12 月 15 日）

一、浦北县推进国家新型城镇化建设，促进产学城融合发展基本情况

浦北县从 2016 年 11 月获得第三批国家新型城镇化综合试点县以来，县委、县政府根据国家和自治区相关文件精神，紧紧抓住实施国家新型城镇化综合试点县的契机，结合浦北县实际在实施“兴产业、建交通、扩城镇、办旅游”的四轮驱动战略基础上，以农民工融入城镇为主题，以产业发展为载体，以农民工创业园区为平台，以城镇公共服务承载力提升为保障，以体制机制创新为动力，积极推进浦北县国家新型城镇化建设。

（一）结合实际，制定规划

为更好地贯彻落实国家新型城镇化综合试点工作，县委、县政府及时研究、分析和部署浦北县国家新型城镇化综合试点重点工作。一是成立以县委、县政府主要领导为组长的综合试点工作领导小组，并成立工作办公室，切实指挥、协调、推进浦北县国家新型城镇化综合试点重点工作；二是组织有关部门从新调整编制了浦北县新型城镇化建设规划。先后编制《浦北县城城北商贸中心区控制性详细规划》《浦北县城城南片区控制性详细规划》，以及 15 个镇的总规和 366 个村庄规划。对龙门、寨圩、北通等七个镇的总规进行了修编。同时，还组织编制《龙门镇五皇山片区乡土特色规划》和《浦北县绿地系统专项规划(2016—2035)》，为浦北县新型城镇化建设提供指导。

（二）明确任务，落实责任

为了使浦北县城镇化综合试点重点工作有效推进，县委、县政府把“四轮驱动”战略与国家新型城镇化综合试点重点工作密切融合、统筹推进，把具体工作目标任务分解落实到各镇（街道）和县（含直线驻县）各单位，并明确每项重点工作的牵头单位和责任单位。同时，结合浦北县荣获世界长寿之乡的招牌，进一步谋划浦北县国家新型城镇化综合试点重点工作，通过开展“创新年”活动，进一步把新型城镇化建设 86 项重点工作列入“创新年”推进的重点项目一起布置，并把重点项目推进工作列入单位年度绩效考评抓落实。

（三）重点推进，取得实效

1. “一带三区”的建设发展推进快。近年以来，县委、县政府加大工业园区的建设力度，加快园区的土地开发和园区厂房及水、电、路等基础设施建设，园区建设投入资金 5.3 亿元，县城工业园区今年新开发土地 7450 多亩，龙门工业园、福旺工业园、乐民工业园征地工作推进快，一期工程实现征地 3400 亩。县城工业园

区内的浦北县农民工创业园一期项目已建成标准厂房7栋，建筑面积50400平方米，目前县城工业园区入园企业12家，提供就业岗位1000个，吸纳就业人数766人（其中农民工673人）；泉水工业园入园企业达32家，其中规模以上企业28家，亿元企业28家，在园区企业就业的农民工5000多人，为农民工融入城镇就业提供了平台。

2. 城镇基础设施建设步伐加快。今年以来，共投资6700万元推进县城旧城路网改造、城区内涝治理、供电供水供气管网、信息网络改造、路灯改造及绿化提升工程；实施北通等8个镇城镇供水改扩建和加快三合等5个镇供水设施项目的前期工作，完善各镇市政基础设施，进一步提升城镇承载能力。

3. 学城融合发展初步形成。县委、县政府加大县城学校的建设力度，按照每年新建一所学校的目标，先后建成县职教中心、金浦中学、第一小学、第三幼儿园、金浦小学、金浦幼儿园，在建的第四中学即将建成。逐步规划建成一批镇中心幼儿园、义务教育寄宿制学校并投入使用，进一步解决进城人员子女入学问题，城镇入学难和大班额的问题逐步缓解，初步形成学城融合发展的格局。

4. 全域旅游发展取得新突破。加大旅游基础设施建设力度，加大对五皇山，越州天湖，石祖生态园等旅游景点和县城滨水公园、越州风雨桥、奥园综合体建设，大力推进全域旅游创建和品牌创建工作，启动编制《全域旅游发展规划》，制定一批创A创星工作方案，切实开展创A创星工作。越州天湖、双良芭乐园等6个项目的创A创星工作取得显著的成效，2017年10月份已通过自治区旅游质量委员的评定验收。目前，浦北县的全域旅游有国家AAAA级景区1家（五皇山国家地质公园），国家AAA级景区4家（大朗书院、公猪脊森林公园、文昌景区、越州天湖），广西4星级农家乐2家（月亮山庄、桑生生态园）。

二、浦北县推进国家新型城镇化建设，促进产学城融合发展存在的困难和问题

（一）规划起点不高，缺乏前瞻性

1. 规划缺乏高技术引领。相关业务部门缺乏高层次的专业技术人才，无法担当起浦北县繁重的规划任务，规划水平不高、规划工作难开展，不利于新型城镇化的发展。

2. 规划缺乏前瞻性。浦北县虽然制定了县城总体规划和片区规划以及各镇规划，但总的看规划起点低、不够大气。规划只考虑当时需要，没有考虑长远发展，规划没有体现浦北山水人文文化特色，一些地方的规划缺少公共服务、文化娱乐活动设施。市政管网建设缺乏统筹规划，经常出现谁需要谁就挖，随时要就随时挖的乱象。有的为了节约用地不得不降低规划标准，规划跟不上浦北县城镇化快速发展的步伐。如：县城金浦大街的规划建设为40米，县城工业园区科园路的规划建设为24米，现在随着县城的快速发展和工业园区企业的进驻，已不适应城区和工业园区的发展。此外，越秀大道的排水排污管网规划只有60厘米，每逢下雨天该道路变成了江河。

3. 规划缺乏科学性。由于缺乏规划人才和规划资金，规划前期工作不深入，对规划内容考虑不周，出现了一些规划无法实施。如：白石水镇的污水处理项目，由于项目规划前缺乏实地勘察，把污水处理管网规划在镇中心街区穿过，建设时需挖6米深，由于挖得太深，影响周边居民房屋安全，因此不能施工；乐民镇的污水处理项目同样由于规划的不科学出现不能施工的现象。

（二）建设用地不足，项目建设实施难

1. 土地征用难。近年来，浦北县为了加快城镇化建设征用了大量土地，随着经济社会发展，农民普遍认为征地拆迁补偿标准低，一些征地拆迁历史遗留问题没有得到解决，加上农民群众的思想意识和大局意识不强，征地拆迁工作开展比较困难。

2. 用地指标落实难。随着浦北县新型城镇化建设步伐的加快，实施项目建设需要大量的土地，虽然上级安排的用地指标每年有所增加，但远远满足不了浦北县新型城镇建设的需求，一些城镇化建设项目、产业园区、“美丽浦北·宜居乡村”建设工程等无法按时开工或实施。如张黄镇三年前就开始谋划建设一所幼儿园，解决大班额问题，因土地问题未能解决，至今无法实施。福旺产业园区，一期工程建设规划用地2000亩，目前有300亩土地已平整，由于没有用地指标，园区基地基础设施建设无法实施，计划入园企业只能空等。北通镇、龙门镇、寨圩镇都有房地产开发项目，也由于用地没有落实，项目建设无法实施。

（三）资金投入不足，项目建设推进慢

根据浦发〔2017〕11号、浦政办发〔2017〕37号、浦办发〔2017〕21号文件精神，浦北县新型城镇化综合试点重点工作涉及基础设施建设、城镇建设、产业发展、服务保障和其它共五大类165个项目，其中列入

2017—2018年实施的项目99个，而2017年实施的项目就多达86个。据有关部门提供数据，到2017年9月30日止，完成项目8个，正在实施项目38个，还有40个项目找不到资金支持，目前还没有正式实施。按照年内的重点工作目标任务，时间很快就过去了，但还有将近一半项目等待资金投入，如果得不到上级项目资金和社会资金支持，靠地方财力很难组织实施，更谈不上完成任务。

（四）沟通协调不够，工作未形成合力

浦北县实施国家新型城镇化综合试点工作，点多、面广，为推进工作开展，把涉及的重点工作安排由各有关单位负责抓落实，在分解任务时出现同一工作多个单位负责、同一单位负责多项工作的现象。由于工作交叉重叠、多头负责，在推进过程中，工作扯皮比较多，加上平时沟通联系少，碰到问题能躲就躲，工作推进未形成合力，造成工作不能按时完成。如G359线浦北县城东绕城二级公路建设，责任单位是畜牧水产局，配合单位是县交通局，项目业主是县开投集团公司，征拆单位是江城街道办，目前，个别地方征地拆迁问题没有解决，施工队伍少，工作推进慢，因各有各责任，牵头单位又不积极协调，项目建设施工企业履约能力不足，统筹解决问题不及时，工作未形成合力，导致项目推进慢。通往五皇山景区的南门拓宽公路和一些镇（街道）污垃项目建设工作，同样由于牵头单位与各责任单位沟通协调不够，造成工作实施过程中遇到问题久拖不决，以致项目建设无法按时完成。

（五）产学城相互带动能力不强，融合发展成效不明显

1. 城镇缺乏聚集力。浦北县城镇基础设施、服务设施建设配套差，特别是城镇的公共服务设施少，城镇生活文化气息不浓，城镇应有的聚集力、吸引力、辐射力没有发挥出来。如泉水工业园区内企业多达32家，承载农民工超过5000人，辐射到周边张黄镇、安石镇、石埇镇以及合浦县的常乐镇等地农民工，但是由于园区缺乏相应的公租房、学校、商贸、文体娱乐等基础服务配套设施，造成技术人员纷纷离开，工人晚上下班后返乡下住，老板晚上到合浦住，无法聚集人口。泉水镇基本上处于“有产无城”状态，而且该镇的城镇居民常住人口比例相当低，只有11.45%，距离国家新型城镇化常住人口城镇化率指标达40%，户籍人口城镇化率达18%（目前只有9.33%）相差较大。

2. 产业缺乏拉动力。近年来，全县上下共同努力创建“一带三区”，但进驻企业少，特别是有实力的龙头企业少，企业创新能力低，产业链短，无法形成真正特色工业主导产业。加上商贸旅游服务行业发展不快，容纳农村剩余劳动力能力低，严重制约农村富余劳动力向城镇转移。如县城工业园由于缺少更多产业的支撑，存在有场地少产业的现象，园区内就业人员只有2000人左右，按国家新型城镇化综合试点重点工作规划，全县每年要吸纳转移农民工就业15000人，县城城镇常住人口从现在8万到2020年增加到16万相差甚远。

3. 教育缺乏支撑力。近年来，浦北县虽然加大了教育硬件设施的建设，建设了职教中心、金浦中学，金浦小学和镇级中心小学，寄宿制学校等一大批学校，但是随着城镇化步伐的加快，农民工进城的增加，现有的教育设施和条件，难以支撑城镇化发展的需要，远远满足不了群众的要求，出现很多进城人员子女找不到学校读书，出现入学托人情的现象。

三、外地的主要经验和做法

（一）桂林市做法：实施城镇化示范引领，集中力量，重点打造城镇化建设示范点。桂林市为了打造国家新型城镇化建设示范点，每年集中人力、财力、物力投入，并且将国家新型城镇化建设作为县（区）书记一号工程狠抓落实，建成一个新型城镇化建设示范镇。该市荔浦县于2014年集中投入1.3亿元打造的荔浦马岭镇，年内完成强弱电入地、供排水改造、污水处理、绿化亮化、道路改造、街道立面特色改造、沿街铺面统一制作电子屏、城镇卫生管理等工程，使之成为该市国家新型城镇化建设重点示范镇。

（二）平果县做法：实施教育拉动，多渠道办学，为县城扩容增人。一是采取“公助民办引进社会力量办学”打造平果大学园。即是政府提供土地并负责规划建设好校舍，与北京师范大学构建“北京师范大学平果附属学校”，吸引县内外学生就读；二是通过招商引资引进港澳人士创办国际化综合性品牌大学“广西培贤国际职业学院”。学院占地800亩，目前在校学生3800人；三是与自治区相关部门联系，吸纳广西工程职业学院和广西幼儿师范高等专科学校等移到平果县办学。两校共规划占地2000多亩，目前在校学生达15300人。

（三）北流市做法：实施龙头企业带动，通过项目支持，龙头企业带动产业园区建设。北流市巧借本地陶瓷、家具等龙头企业特有的优势，采取政府负责道路等基础设施建设，引导和鼓励陶瓷、家具两大龙头企业引领北流十厘工业园区建设。在陶瓷小镇三环核心区规划600亩土地，两龙头企业投资30亿元，重点建设高档陶瓷生产平台、陶瓷研发平台、人才培养平台、创业平台和日用陶瓷贸易物流平台等。

四、意见建议

（一）坚持规划先行，把城镇化建设起点做高

1. 重视高技术引领规划。浦北县组织人事部门要重视规划建设方面的高层次技术人才引进工作，出台引进高层次人才的支持政策，建立健全高层次人才引进使用机制，解决好高层次人才的工作生活待遇。在人员编制受限制的情况下，可采取政府购买服务的方式，加强与高等院校或规划设计院、所合作，通过聘请或购买技术服务，提高浦北县规划建设技术水平。加大对原有人员的技术培训力度，不断提高现有人员的技术水平，同时，加大对规划部门的资金支持，确保规划部门工作有效开展。

2. 科学编制好总规。高起点是财富，低水平是包袱。要按照“生态环境优、山水特色明、文化品位高、现代气息浓、带动能力强”的要求，坚持规划先行，谋定而动，深化规划的统筹性，在编制规划时，要深入调研，实地勘测，多方面征求意见，确保规划更科学。要根据浦北县经济社会发展的趋势，特别要考虑浦北县寿乡的发展，编制出布局合理、功能明确，特色明显、错位发展的县城、重点镇、一般镇的总体规划。合理布局基础设施和公共设施，使县城、各镇经济、社会、生态等方面的优势互补和共同发展，适应浦北大建设大发展的需要。

3. 精细编制详规。在进一步完善现有的总体规划的基础上，抓好县城新区和重点镇、产业园区、重点旅游景区的建设用地控制性详规，着重加强对县城新区、重要地段、重点组团的详细规划和设计工作，做好县城和重点镇的道路、水、电、气、通讯、环保、防洪，绿化等各类专项规划编制工作，使各项规划相互衔接，确保规划实用性、可操作性。

4. 严格执行规划。充分发挥规划对城镇化建设的引导和调控作用，强化规划的刚性约束，要坚持一张蓝图绘到底，久久为功的理念，避免出现“随意改变规划”或“先上车后补票”的现象。

（二）坚持多措并举，把城镇化建设用地工作做实

1. 继续开展征地攻坚。继续采取县四家班子领导成员挂帅征地，明确落实牵头单位、责任单位负责征地的办法，实行每年分批次进行攻坚，力争每年征地拆迁有新突破，特别是对长期遗留棘手问题，要下大力气重点突破，重点解决，确保浦北县城镇化建设急需用地能有效地落实。

2. 创新征地工作机制。完善相关征地政策，加大规划用地指标的储备，加强对城镇化被征地的农民的思想教育工作，加大打击各种违章建筑和违法用地行为，以促进征地搬迁工作开展。

3. 多方面解决用地指标。县发改、住建、国土等部门要加强重点项目规划、包装、申报工作，通过上级立项，多争取上级安排建设用地指标支持。各镇、各部门要加大土地增减挂钩工作，置换落实更多的用地。国土部门要千方百计向上争取用地指标，及时解决城镇化建设和入园企业用地指标问题，使城镇化重点建设项目和招进来的企业能尽快落地，开工建设发挥效益。

（三）坚持改革创新，把城镇化建设融资机制做活

资金匮乏是制约浦北县新型城镇化建设的“瓶颈”，仅靠县财政投入远远不够，必须改革创新，拓宽融资渠道，加大融资力度。

1. 抓好项目申报工作。相关部门要切实根据国家新型城镇化综合试点工作要求，逐一对照相关内容，积极做好项目的规划、包装、对口向上申报，争取上级更多项目支持，确保浦北县国家新型城镇化综合试点得到上级更多的项目资金支持。

2. 加大招商引资力度。结合新型城镇化重点工作推进，做好相关项目的规划、包装、推介工作，通过走出去引进来或者以商招商的办法，争取引进外地客商投资浦北县城镇化建设，从而解决浦北县城镇化建设资金不足问题。

3. 利用土地融资。树立经营土地理念，建立有形市场，盘活原有资产，激活闲置资金，增加城镇化建设资金投入。

4. 搭建好融资平台。按照“适度举债，加快建设”的原则，进一步整合资产，打捆包装新项目，充分发挥浦北县开投公司和金投公司作用，采取企业债、专项债、融资租赁、信托基金、银行贷款等方式筹资。力争筹集充足资金，投入到浦北县国家新型城镇化综合试点重点项目建设上来，确保重点项目有足够的资金支持。

（四）坚持统筹兼顾，把城镇化建设重点工作做快

1. 加强县级层面的指挥统筹协调工作。对已经获得的国家新型城镇化综合试点项目，要强化分管联系领导的指挥统筹协调推进工作作用，对未有项目支撑的重点工作，要指挥协调相关职能部门及时向上申报，争取列入国家项目支持建设；对涉及多个单位、部门承担的重点工作，分管联系领导要定期听取相关单位、部门的工作进展情况汇报，组织开好协调推进会，研究、布置推进工作。

2. 加强对项目招投标监管工作。有关部门要加强对重点项目招标中标单位的监督管理，严禁将建设工程进行转包，建立重点工程项目中标或施工单位信誉考评机制，对中标或施工单位进行全程的评定，被评为差的中标单位列入下年度不能参标单位，避免中标或施工单位拖拉工程进度影响项目推进工作。

3. 加大工作的沟通协调力度。各有关部门之间要加强联系、沟通，狠抓工作落实。进一步落实牵头单位和各责任单位责任，形成一级抓一级，级级抓落实的工作格局。对项目实施过程中遇到的困难和问题，牵头单位要主动沟通，责任单位要主动配合，牵头单位要切实担负领导职责，其他责任单位要积极支持牵头单位工作，共同研究推进所承担的重点工作，确保重点工作目标任务尽快完成。

4. 加强督查工作。县委、县政府督查部门要定期或不定期对新型城镇化重点项目推进工作跟踪督查。进一步完善考核评估机制，加大考核问责力度，充分发挥督查考核的助推作用，使我县国家新型城镇化综合试点建设工作有序按计划顺利完成。

（五）坚持突出重点，把产学城融合发展动力做强

1. 统筹推进城镇建设，增强城镇聚集力。要进一步完善县城和“一带三区”建设发展规划，统筹推进县城和“一带三区”基础设施和公共服务设施建设，加快“一带三区”沿线镇的城镇空间提升工程建设，重点把县城和基础比较好的泉水镇打造成示范区，并且在人、财、物上集中加大投入，加强示范区路网、管网、供水、排水、美化、绿化、亮化以及生活、文化娱乐设施建设，使之真正起到示范带动作用，进一步带动“一带三区”沿线镇发展，提升承载能力，从而增强聚集力。在这方面，我们可以学习借鉴桂林市的做法。

2. 扎实推进教育振兴，增强城镇支撑力。要进一步规划好县城各片区中小学校、幼儿园和“一带三区”沿线镇中心幼儿园、中心小学、义务教育寄宿制学校等教育设施的建设。探索办学新模式，在撤销外国语学校后，可通过鼓励和引导社会力量办学，加快县城学校的改制建设，引入社会力量支持学校建设发展。强化教育“五名”工程实施，加大师资队伍建设和推进教育均衡发展，不断提高教育教学水平。同时，加大职业教育的发展，通过提档升级，向职业技术学院迈进或者与著名的高等院校合作，挂靠联合办学，提高浦北县职校的知名度，吸纳外地更多的学生到浦北县就读，为城镇化人口倍增目标提供教育保障，增强学城融合发展支撑力。在这方面，可以借鉴平果县的经验做法。

3. 着力推进产业发展，增强城镇拉动力。规划好产业布局，根据浦北县经济发展特色，突出城镇产业功能，编制好产业发展规划，推进产业体系建设。认真做好“一带三区”产业布局，加强园区发展与产业集群发展相衔接，实行项目向园区集聚，关联产业向龙头企业集聚，大项目、大企业向园区集结，走项目产业集聚之路，加快产业发展进程。加快传统产业的转型升级，积极培育优势产业，重点打造生物医药、电子信息、木材加工、农品产品加工的特色产业集群，围绕木材加工、生物医药、电子信息、新能源等培育和壮大行业龙头企业，建立产业集团，带动产业发展。在这方面，北流市的经验值得借鉴。要充分利用世界长寿之乡招牌，大力发展健康养生、养老服务。出台相关政策，做好项目包装、推介，通过招商引资加快发展旅游观光、生态农业、休闲娱乐等产业，引进更多的产业进入园区，增加园区的企业。出台和完善农民工返乡创业优惠措施，吸引更多的农民工返乡创业或进城进园区就业、兴业，为农民工提供更多就业机会，从而为城镇化加快发展提供拉动力。

深入挖掘浦北长寿元素　推进浦北健康养生长寿产业发展

政协浦北县委员会

（2017 年 12 月 28 日）

一、浦北具有丰富独特的长寿元素

浦北具有优越的地理位置，丰富的绿色生态资源，厚重的文化底蕴，自然资源禀赋和发展要素突出，有着得天独厚的健康养生长寿资源优势。

（一）资源丰富独特

浦北地处广西南部，位于六万山下，南流江畔，属南亚热带季风气候区，日照充足、热量丰富、雨量充沛、无霜期长，气候宜人宜物，享有森林浴、桑拿浴、日光浴，是最佳栖居地。一是自然资源禀赋，1 月和 7 月全县月平均植被覆盖指数(NDVI)分别为 0.65 和 0.76，年均 NDVI 高达 0.71，森林覆盖率达 70.1%。二是空气质量优良，空气清洁度指数高，2016 年全年空气质量优良率为 94.8%，空气负离子数 520~53000 个 / 立方厘米，平均值为 5853 个 / 立方厘米，实属“天然氧吧”。三是土地资源类型丰富，农用地土壤中微量元素含量符合农用土壤环境质量国家标准，土壤中硒等元素含量相对富足，59% 的土壤样品中硒含量达到富硒等级。四是农特产品质量均符合食品安全国家标准的相关要求，且富含生命必需元素硒。五是旅游资源丰富，境内已打造国家级 AAAA 旅游景区 1 个，国家 AAA 级旅游景区 4 个，尚有六万山等一批旅游资源待开发。

（二）文化底蕴厚重

一是历史文化悠久，享有“北有景德镇，南有小江瓷”美誉的小江瓷文化、推崇儒教的书院文化、反映百姓劳动生活的客家山歌文化、祈求平安的舞青龙文化、南流江“海上丝绸之路”文化等都已走过了千年的历史。二是敬老孝亲风气浓厚，2013 年浦北县平睦镇平睦村的小梁燕，用自己的孝心感动全国 13 亿人民，获得“感动钦州人物”“全国道德模范提名奖”、“中国最美孝心少年”的荣誉称号，并得到习总书记的亲自接见。2016 年浦北县安石镇卫生院职工冯恩珍被评为第九届“广西十大孝心人物”，他们用行动向世界彰显了浦北敬老孝亲的传统文化。三是崇文重教，浦北县历来推崇教育，境内有十六所书院。注重教育的均衡发展，浦北先后培养出三名广西高考状元，三名世界举重冠军。

（三）农副产品优质

浦北拥有全国最大连片的原始次生天然红椎林，有着“中国红椎菌之乡”的称号，是红椎林中特有的珍稀天然野生菌—红椎菌的主要产区。良好的生态环境孕育了浦北丰富的农副产品，浦北的香蕉、红椎菌、官垌鱼、红衣花生、野生茶叶、水稻等特色富硒农产品远近闻名。目前，全县已有香蕉、稻谷、红椎菌等 42 个产品通过“三品一标”认证；其中无公害农产品 30 个、绿色食品 3 个、有机农产品 5 个、国家地理标志保护农产品 4 个。浦北已发展成为“中国香蕉之乡”“中国红椎菌之乡”“中华蜜蜂之乡”。

（四）风味小吃独具特色

“民以食为天，食以安为先”，浦北人的健康长寿，跟浦北拥有健康环保的特色地方风味小吃是分不开的。蒸圆蹄、石磨粉、酸料等二十多种独具浦北风味的小吃都是由生态绿色的原料制作而成，不仅口感好，更有益于身体健康。为了使食品饮食安全得到保障以及规范城镇化建设，浦北着力打击街边存在卫生隐患的小吃摊，重新装修规范浦北交易市场的商贩摊位同时还在金浦新区开设夜市（饮食）一条街，使食品卫生的安全得到进一步的保障，也方便外来游客们能够品尝到安全放心的美食。

二、浦北发展健康养生长寿产业面临的问题

浦北虽然蕴含丰富的长寿资源，然而经过走访调研发现，浦北在挖掘长寿资源，推进健康养生长寿产业发展方面仍存在着一些不足。

（一）宣传氛围不浓，社会知晓度不够高

自浦北县荣获“世界长寿之乡”称号以来，各部门做了大量的工作。但仍存在着媒体宣传及群众节庆活动中涉及长寿文化特色的节目较少；宣传手段单一、宣传声势小、影响面窄；广场、公园、街道、车站、出入城路口等公众场所展现长寿文化元素的载体较少等问题。

导致尚有不少民众不知道浦北是“世界长寿之乡”，浦北作为“世界长寿之乡”这一品牌没有在大众中烙下印记，没有产生应有的品牌效应。

（二）现有基础设施滞后，制约健康养生长寿产业的发展

一是城镇基础设施滞后，城镇风貌尚未形成清晰规划，县城旧城区与新城区衔接不好，城镇街道、通讯、文化娱乐、卫生、购物等现代化城乡基础设施仍未跟上。二是交通基础设施薄弱。目前浦北虽然修通了浦北至博白、浦北至南宁、浦北至铁山港、浦北至钦州等二级公路，开通了贵港至合浦过境高速路，但县城通往首府南宁的高速公路未建成，与区内各城市的城际铁路尚未建成，而且县内通往各镇及景区的一些道路崎岖不平，景区之间公共交通配备尚未完善，游客来往交通不方便，制约了健康旅游产业的发展。三是境内旅游接待设施、服务质量存在隐忧。现有的宾馆、酒店较少，且档次低，乡村旅游村寨和农家乐大多属于中低端档次，有些乡村旅游景点、农家乐的厨房、卫生间设施简陋，环境卫生、食品安全等难于保证。四是产业发展基础不完善，农业的灌溉排洪、机耕运输、喷滴灌以及保鲜、冷链，产业园区路网、污水垃圾处理、通讯网络、公共服务等设施没有完善，影响产业发展。

（三）资源整合不足，健康养生长寿产业发展尚处于起步阶段

一是浦北的健康养生长寿产业还处于自由发展的初级状态，总体规划、市场开发等方面尚未形成系统合力。二是一些部门对发展健康养生长寿产业认识不足、重视不够，健康养生产业还未形成规模。三是特色优势农产品处于粗加工模式，虽注册品牌，但有牌不响。而且很多品牌尚未融入长寿元素，大多数产品在网上搜索不到品牌名称，市场上、超市里也很少看到浦北品牌的农副产品，甚至于还有些浦北本土的农副产品使用的是外地品牌包装。

（四）特色农产品附加值低，制约健康养生长寿产业规模化发展

由于浦北县粗放型加工农产品类合作社重复建设且规模小，企业间的恶性竞争，造成辖区内的特色农产品附加值低、加工层次低，健康养生长寿产品规模化、品牌化发展后劲不足。很多农产品合作社生产的都是初级农产品，缺少高端产品研发、技术改造升级、品牌策划营销的能力，浪费了优质的特色农产品资源，造成健康养生长寿特色农产品产业难以做大做强做优。

（五）资源保护意识不强，健康养生长寿产业发展潜藏危机

一是浦北境内的古书院遗址、古城遗址没有得到完整保存，“跳岭头”、木偶戏、采茶戏等传统习俗文化活动多为群众自发组织，缺乏大型活动策划的带动，影响范围不广。随着现代化生活步伐的加快，一些传统习俗文化面临失传的危机。二是早些年群众砍伐原有天然林木，种上大批速生桉，影响了自然生态环境。三是由于缺乏科学的引导，一些农民在沿江沿河发展种养业，以及农村生活污水排放导致部分地方的水源被污染。四是一些工业企业生产排放设施没有达到标准，致使排放气体污染空气。五是对景区景点的维护和保护措施跟不上，以及少数游客的不文明行为，让景区的一些设施及环境遭到不同程度的破坏。

三、外地健康养生长寿产业发展的经验及做法

（一）完善基础设施建设，夯实健康旅游产业发展基础

南丹县、上林县、平桂区在发展健康旅游产业过程中，特别注重基础设施建设，实行政府统一规划，采取国家政策扶持、招商引资合作等形式，大力发展健康旅游。一是加强县城基础设施建设，统一规划城区建筑，将当地的民俗风情融入到建筑中去，打造特色旅游县城。二是加大交通基础设施的建设，畅通乡村旅游交通网络。三是引进龙头企业参与开发及保护古村落的建设，推进生态乡村建设、乡村旅游业的发展。

（二）善用“长寿之乡”造势，打造特色健康养生长寿产品品牌

巴马县、南丹县、上林县、昭平县等在发展健康养生长寿产业方面，充分利用“长寿之乡”效应，推动健康养生长寿产业走品牌之路。一是全方位宣传造势，使长寿之乡深入人心，境内以“寿”字命名的景区景点、街区、建筑不在少数，吸引大批候鸟人慕名到巴马定居养生。二是挖掘长寿元素，将长寿元素融入到当地的特产中，打造特色长寿养生产品品牌。三是依托专家权威，提升产品的品牌价值。比如，巴马县充分挖掘特色水资源，开发了多个矿泉水品牌。为提升产品的价值，还成立专门的瓶装水商会，邀请权威鉴水专家对水质进行鉴定，根据水质的等级，将水按照不同的等次包装成产品，并在包装附上专家名字及鉴定结果，以提高产品的品牌价值。

（三）政企合作，发展健康养生养老产业

巴马县、贺州市八步区等在养生养老产业发展上，

采取政府引导、企业参与的方式,引进龙头企业参与发展健康养生养老产业,打造了一批养生养老基地。一是仿照酒店的模式在养老中心开设不同等次的房间;采取短租、日租等不同的方式以满足不同收入群体的老人养生养老的需求。二是聘请中西医专业医疗团队,以优质的医疗看护服务满足不同层次老人养老的需求。三是聘请专业营养师制定各种不同的餐单,提供营养均衡的膳食。对于有特别需求的老人还会提供个性化膳食服务。四是在养生养老基地组织成立多种形式的兴趣小组,如手工工艺兴趣小组、太极、书法、绘画等,根据老人的喜好,引导他们参加兴趣小组,并定期举行节日大型活动,茶聚、生日会、健康教育及戏曲欣赏等,以丰富老人的精神生活。

(四)因地制宜,发展特色乡村旅游产业

巴马县、南丹县、上林县、昭平县抓住长寿之乡的金字招牌效应,以"生态、休闲、长寿、养生"为口号,将当地的特色民俗融入到产业发展当中,打造集生态休闲、观光、度假为一体的特色乡村旅游景区。例如,巴马活泉山庄以"长寿水"为概念,不仅开发生产出优质的"巴马活泉"矿泉水,并以此为契机将其发展成为巴马活泉观光景区,建设民宿,吸引旅客到景区度假养生。南丹县依托当地白裤瑶族生态及神秘的民俗风情文化,在白裤瑶族的原住址上以"生态休闲观光、采摘体验、养生度假,农旅融合"为主题,打造了歌娅思谷农旅融合示范区。上林县结合当地民俗打出"壮族老家·养生上林"口号,根据自身的地理优势及人文底蕴,大力发展旅游业。昭平县以黄姚古镇为依托,打造"游黄姚古镇、览桂江风光、品昭平银杉、探长寿文化"的生态旅游品牌。

四、加快浦北县健康养生长寿产业发展的意见和建议

基于以上浦北长寿元素资源及当前存在的不足分析,借鉴外地先进发展经验,对浦北健康养生长寿产业的发展提出如下建议:

(一)多渠道加大宣传力度,营造浓厚的健康养生长寿氛围

一是利用"媒体+"宣传浦北长寿文化的丰富内涵,推行健康科学的养生方式,培养全民健身的氛围,不断地强化民众的养生意识。二是增加"山水浦北·常来长寿"等宣传片在电视上的播放档位,特别是黄金时段的播放。三是策划更多有影响力的长寿文化专题宣传片,把长寿元素融入到更多的传统节庆活动中去,尤其要坚持精心策划并提升"山水浦北·常来长寿"旅游文化节的内涵,把旅游文化节作为浦北每年一次的节日,积极对外宣传推介浦北健康养生长寿产业和旅游业。四是与移动、联通、电信等通信企业合作,凡进入浦北境内的外来商客均可收到"世界长寿之乡——浦北欢迎您!"的信息,在推介浦北的同时也彰显寿乡人民的热情好客。五是在城镇建设中融入长寿文化,提升品味,突出寿乡浦北的特色。在广场、公园、街道、车站、出入城路口、高速公路出口及高速公路服务区增设"世界长寿之乡——浦北欢迎您!"宣传牌及浦北特色农产品的宣传推介图片;在景区景点、休闲广场等地方适当增加一些浦北长寿文化的故事碑文。六是将浦北的特色旅游景区景点、特色农副产品、特色小吃简介编印成册投放到商场、超市、酒店等各种公共场所,还可以将其影印到手帕纸、抽纸的包装上,投放到各个餐厅、饮食店或直接发放给民众。

(二)完善基础设施建设,夯实健康养生长寿产业发展基础

一是加强城镇基础设施规划建设。完善浦北城镇化建设的整体规划,加快城镇水、电、路、网络、通信等公共设施和文化娱乐设施建设,对城区建筑物有重点规划和改造以及实施街道美化、亮化工程,使城镇风貌更具寿乡风格。二是加强交通基础设施建设。积极争取上级项目、资金支持,建设完善境内各镇(街道)之间、特别是通往景区的交通路网建设;以"一体化、便利化、快捷化、无障碍"为标准,合理布局旅游交通基础设施,提高旅游"可到达性"。对通往主要景区的道路进行整治、提升,逐步开通通往旅游景区、乡村旅游重点镇村的旅游专线或公交车。加快推进南宁至浦北的高速公路建设。积极配合上级部门工作,推进过境浦北的玉林至钦州港、贵港至北海城际铁路的建设,让浦北深度融入北部湾经济区,扩大浦北健康养生长寿产业市场辐射范围。三是加大旅游服务设施建设。持续加大旅游配套设施、公共服务等方面的投入,建议完善旅游景区(景点)的道路、登山步道、停车场、旅游厕所、旅游标识等公共服务设施的餐饮、住宿、购物等商业配套设施。比如,可以参照国家全域旅游示范区创建工作导则要求,规划建设县城游客服务中心,参照A级旅游厕所标准,对旅游厕所进行新建、改建等。在县城及五皇山、越州天湖等景区规划建设星级酒店,提高接待能力,满足外来游客的住宿需求。四是改善提升产业基础设施,围绕浦北县现代特色农业发展,推进灌

溉排涝渠道、治污排污设施，机耕运输道路、农业机械、喷滴灌以及保鲜、冷链等农产品生产加工基础服务设施建设，加强产业园区的路网、污水垃圾处理、供排水、通讯网络、配套公共交通、商贸、餐饮等基础公共服务设施，提升产业发展服务水平。五是在县城道路及景区道路上增设多个旅游标识指示牌，便于指引外来游客的出行。六是在高速路出口附近或者长途客运站附近规划建设一个“浦北长寿农产品展示中心”将浦北的特色文化、特色农产品、手工编织品等等集中向游客展示推介。

（三）发挥政府主导作用，为健康养生长寿产业搭建平台

一是加强产业发展的组织领导。设立“浦北县长寿养生经济发展办公室”，负责对健康养生长寿产业统筹协调指导工作。统筹指导做好规划、项目、政策、资金支持等方面工作。二是做好健康养生长寿产业发展规划。充分利用浦北县“世界长寿之乡”的品牌，结合“十三五”规划，制定全县性的长寿资源开发利用整体规划。突出浦北特色、正确定位浦北长寿经济发展模式，高起点规划康养长寿产业布局、科学引领健康养生长寿产业发展。整合住建、国土、农业、林业、交通、文化、旅游等部门的资源力量，重点抓好长寿食品、长寿旅游、长寿疗养、长寿文化、长寿地产等特色健康产业发展规划、项目的包装、申报、推介工作。三是尽快出台推动健康养生长寿产业发展的扶持政策。尽快研究出台支持产业发展、市场准入、产业聚集、科技创新、用地保障、资金支持、税收优惠、人才保障等相关政策，发挥政策的引导作用，推进产业加快发展。四是把职教中心打造成为职业技术学院，与区内外的大学联合办学，增加设置与健康养生长寿、旅游康养相关的专业，为健康养生长寿产业发展储备人才。

（四）整合优势资源，促进健康养生长寿产业发展

浦北具有丰富的山水人文长寿元素资源，要把这些资源分类整合，围绕“康养+”的战略，发展康养文化、康养旅游、康养农业、康养医疗和康养地产等五大康养核心产业，把浦北资源优势转化为经济增值，做好健康养生长寿产业文章。

1. 整合人文文化资源，促进康养文化产业发展

一是在浦北县博物馆增设“浦北长寿展馆”。探索浦北百岁老人长寿的秘诀，包括老人的居住环境、生活和饮食习惯等，将其形成图片及文字资料，存入浦北长寿展馆。二是引进文化传媒巨头，成立规范化、规模化文化传媒公司，加快网络视听、移动多媒体、数字出版等新兴文化产业发展，把浦北的“跳岭头”、舞青龙等传统的文化元素融入到文化产品的开发创作中去，创建文化产业示范基地，开发出更多具有寿乡特色的文化产品。三是加强文化遗产保护传承工作。深入挖掘越州古城、旧州古城、古书院等历史文化资源，抓好非物质文化遗产的保护、传承与推介，重点打造“小江瓷器”等一批具有浦北特色的文化品牌，推进健康文化与康养的融合发展。

2. 整合山水生态资源，促进康养旅游产业发展

整合资源，引进旅游龙头企业，成立浦北康养旅游集团公司，科学规划，着力打造“生态养生”旅游县。一是以建设第三批国家新型城镇化综合试点地区为契机，加大县城建设力度，加快推进华侨山公园、中心公园建设，提升新城公园品质，完善提升游玩设施，增加游乐项目，以县城就是景点的理念，打造“城在景中，景在城中”的县城美景。二是在县城规划建设寿乡浦北特色产品一条街或特色产品购物中心，将浦北的长寿水、富硒茶、红椎菌、富硒红衣花生等特色农产品集中向游客展示推介，方便游客购买。三是着力推进五皇山国家地质公园、越州天湖两条“旅游带”建设。借助自治区综合开发六万山区域生态文明经济带的契机，争取尽快开发六万山区域旅游点。四是以“生态休闲、采摘体验、养生度假，农旅融合”为理念，将钦浦二级公路沿线的北通平坡、清湖、高林和白石水镇的良田、陈依等村整体打包，打造“万亩生态农业观光示范基地”，充分发挥5万多亩生态荔枝和几千亩番石榴的生态效益，积极发展生态乡村观光旅游。

3. 整合农特产品资源，促进康养农业产业发展

在推进“农业养生”过程中，重点打造浦北特色农产品产业。一是将浦北县境内的石祖禅茶、柑普茶、神海云峰牌神茶等制茶企业整合起来，打造“浦北长寿富硒茶集团公司”，引进国内外名优茶品种如安吉白茶、龙井长叶等发展种植展示，打造集科研、教育、摄影观光等为一体的寿乡浦北茶博园，打造成龙头企业，延伸茶业产业链，做大做强浦北茶业产业。二是学习巴马的成功经验，整合浦北县饮用水企业，成立“浦北长寿生态水集团”。将专家检测报告作为产品的推介凭证，开发生产浦北瓶装矿泉水，提升产品的价值，将资源变成民众的财富。将浦北的富硒茶和生态水打造成为浦北县的特色旅游产品品牌，带动富硒大米、富硒红衣花生等其他农产品的产业发展。三是围绕浦北县农

业资源优势和特色重点打造创意农业、农事体验等功能于一体的田园综合体，延伸康养农业链，使康养农业增值。

4. 整合医疗养老资源，促进康养医疗产业发展

一是以“保基本、强基层、建机制”为核心，优化医疗卫生资源配置，科学布局医疗卫生机构。在保障基础医疗服务公益性的同时，促进社会办医，发展特色医疗养生服务。如鼓励发展中药养生、营养饮食养生、保健养生等特色医养服务，以满足健康养生医疗消费的多元化和多层次需求，实现从单一救治向“防—治—养”一体化模式的转变。二是鼓励发展“互联网+”的医疗卫生服务，积极推进医疗机构和互联网合作建设互联网医院，创建互联网分级诊疗创新平台，发展远程医疗、移动医疗、智慧医疗等，提供远程诊断、在线预约、划价缴费、诊疗报告查询、药品配送等便捷服务，促进医疗产业向电子信息化方向发展，为健康养生产业发展提供强大医疗保障。三是推进医疗卫生机构与养老服务融合发展，开通绿色通道，提供“防、治、保、康”一体化服务，让养老中心与医院签订医养结合协议，通过整合养老和医疗服务资源，实现医养无缝对接。

5. 科学布局统筹规划，促进康养地产产业发展

一是依托浦北独特的自然生态环境、气候条件以及旅游资源优势，引进专业的、有实力的地产集团企业参与建设一批面向国内外高端人群的颐养型机构和连锁度假式的健康养生基地。二是以“两山一水一城”为重点，打造养生健康地产。在县城规划建设以商务、会议、社交、运动健身、特色旅游、特色医养、美丽养生、休闲购物等的健康养生活动场所；在五皇山、六万山周边规划建设以乡村民宿、天然氧吧、矿泉仙居、椎林叠翠、林海避暑等健康养生场所；在越州天湖开发建设旅游健身、竹林疗养、山水体验、运动休闲、游乐养生、美丽养生、特色美食等一批大众化的健康长寿养生场所。三是结合浦北敬老孝亲的优良传统，在五皇山、六万山周边一带着力打造极具“世界长寿之乡”特色的生态养老之家、生态养老村，吸引更多老年人到浦北来养老。

（五）加强保护治理，确保健康养生长寿产业长期可持续发展

一是将辖区内古城、古书院遗址的修缮保护纳入政府的工作中，对民间艺人实施人文关怀政策，使传统习俗文化得以传承和发扬。二是督促林业局等部门尽快研究出惠林政策，加强政策引导，加快天然林生态修复工作。有计划地引导业主选种椎树、鸭脚树、油茶树、湿地松、竹类等浦北本土优质物种，对目前的速生桉树林进行更新改造，逐步退出。三是农业、林业、畜牧、环保部门联合行动，加大对农民的种养知识的培训及环境保护意识宣传力度，规范农药喷洒及畜牧家禽粪便的处理。四是提高工业企业的进驻门槛，杜绝重污染源企业落户浦北。五是对景区的基础设施后续管理维护做出规划，同时制定一些对游客不文明行为的惩治措施，使景区的管理规范化。

索　引

说　明

一、本索引采用主题分析索引方法。正文(包括条码、文献、资料、图片和表格)中凡具有独立检索意义的完整资料,均可通过本索引进行检索。少数条目名因语言环境需要,在名称前或者名称后酌加修饰词;有的条目名称动词置后;有的条目名称重复的动词作省略;有的条目名称作简化。为突出图片主题,有的图片文字说明作简略处理。

二、索引按汉语拼音字母(同声字按声调)升序排列。类目、分目、次分目作索引款目用黑体字排印,其余均用宋体字排印。表格、图片在其款目后分别注明“表”“图”。

三、索引款目后的阿拉伯数字和拉丁字母(a,b,c)分别表示内容所在的页码和栏别(即左、中、右栏)。

四、索引空两字位起排的款目为上一主题的“附见”。同一主题的“参见”只标页码。为便于读者检索,内容有交叉的款目,在本索引中重复出现。

五、“编辑说明”“大事记”等栏目不作索引,阿拉伯数字开头的款目排在索引的前面。

C

D

H

J

K

Q

R

S

T

W

X

Y

Z